न रहूं किसी का दस्तनिगर

मेरा सफ़रनामा

न रहूं किसी का दस्तनिगर

मेरा सफ़रनामा

कैप्टन अब्बास अली

राजकमल प्रकाशन

ISBN : 978-81-267-1735-4

मूल्य : ₹1295

पहला संस्करण : 2009
दूसरा संस्करण : 2020
This book is printed on **Print on Demand** Technology : 2025

प्रकाशक : राजकमल प्रकाशन प्रा.लि.
1-बी, नेताजी सुभाष मार्ग, दरियागंज
नई दिल्ली-110 002

शाखाएँ : अशोक राजपथ, साइंस कॉलेज के सामने, पटना-800 006
पहली मंजिल, दरबारी बिल्डिंग, महात्मा गांधी मार्ग, प्रयागराज-211 001
1, अनमोल सोराबजी संतुक लेन, धोबी तलाव, मरीन लाइंस, मुम्बई-400 002

वेबसाइट : www.rajkamalprakashan.com
ई-मेल : info@rajkamalprakashan.com

NA RAHOON KISI KA DASTNIGAR : MERA SAFARNAMA
by Captain Abbas Ali

शहीद-ए-आज़म भगत सिंह
नेताजी सुभाषचन्द्र बोस
और
डॉ. राममनोहर लोहिया
को समर्पित

अध्याय क्रम

परिशिष्ट

प्रस्तावना

कैप्टन अब्बास अली की आत्मकथा 'न रहूँ किसी का दस्तनिगर : मेरा सफ़रनामा' की पांडुलिपि को आदि से अंत तक, उनके सुपुत्र और देश के जाने-माने पत्रकार भाई क़ुरबान अली के माध्यम से मुझे पढ़ने का अवसर मिला। गत पांच दशकों से कैप्टन अब्बास अली के अत्यंत सक्रिय, समर्पित राजनीतिक जीवन के उतार-चढ़ाव को देखने और समझने का मुझे अनुभव रहा है। मेरे पिता स्वर्गीय दलश्रृंगार दुबे और कैप्टन साहब देश में समाजवाद की अलख जगाने के पथ के पथिक और लोहियावादी राजनीति के स्तंभ रहे हैं। उस विचारधारा से प्रभावित बौद्धिक जनचेतना युक्त सक्रियता के साथ मेरे जैसे हज़ारों किशोर और युवा जुड़े रहे हैं। कैप्टन साहब की आत्मकथा का मैंने समान राजनीतिक सहभागिता और बौद्धिक तटस्थता के साथ अवलोकन किया है।

भाई क़ुरबान अली से बातचीत में मैंने कहा था कि यह आत्मकथा एक व्यक्ति के माध्यम से संक्षेप में ही सही, भारतीय समाज और उसकी सभ्यता के गत एक हज़ार वर्षों के परिवर्तनों का एक जीवंत दस्तावेज़ है। कैप्टन साहब के पूर्वज सूर्यवंशी क्षत्रिय थे। आत्मकथा की पहली पंक्तियां 'हमारा ख़ानदानी शजरा (पैडीगिरी) सूर्यवंशी राजा रामचंद्र जी से शुरू होता है। उनकी नस्ल दर नस्ल राजपूतों के मुख़तलिफ़ गोत्र हो गये और हिंदुस्तान के विभिन्न सूबों में फैल गये। चुनांचे हमारे पुरखे राजपूत गोत्र सोलंकी से थे और सोमनाथ मंदिर के रक्षक थे,' इस निरंतरता और परिवर्तन की प्रक्रिया को उजागर करती हैं। सोमनाथ मंदिर पर सन् 1026 में महमूद ग़ज़नवी के हमले के ख़िलाफ़ उनके पुरखे आख़िरी वक़्त तक लड़ते रहे थे। बाद में इनके ख़ानदान के लोग दिल्ली में तंवरों और पृथ्वीराज चौहान के संरक्षण में रहे। पृथ्वीराज चौहान ने ही इनके पूर्वज राजा सारंग देव को आज के बुलंदशहर ज़िले में 84 गांवों की जागीर दी थी। कैप्टन साहब की आत्मकथा के अनुसार इनके पूर्वज ठाकुर खानचन्द्र सिंह ने सूफ़ी संत हज़रत शम्स ख़ैल की तरग़ीब (प्रेरणा) से इस्लाम मज़हब कुबूल किया।

कैप्टन अब्बास अली की ज़िंदगी के अनेक स्वर्णिम अध्याय हैं। वे अंग्रेज़ी फ़ौज में सन् 1939 में सैकेंड लेफ़्टिनेंट की हैसियत से भरती हुए थे। मलेशिया में सर्विस करते हुए जापानियों की पकड़ में आने के बाद नेताजी सुभाषचंद्र बोस की प्रेरणा से ये आज़ाद हिंद फ़ौज में भर्ती हो गए और इनका ओहदा बढ़ा कर कैप्टन का कर दिया गया। दूसरे महायुद्ध में अंग्रेजों की जीत के बाद इन्हें मुल्तान के क़िले में नज़रबंद कर के रक्खा गया और इन्हें फांसी की सज़ा हुई। आज़ादी मिलने के बाद इनकी सज़ा रद्द हुई और इनकी रिहाई हुई। घर लौटने के बाद फांसी की सज़ा पाये इस स्वाधीनता सैनिक और उसके परिवार को सांप्रदायिकता की आग में झुलसना पड़ा था।

सन् 1948 में कैप्टन साहब सोशलिस्ट पार्टी में शामिल हो गये और अस्सी के दशक तक एक प्रतिबद्ध लोहियावादी के रूप में सक्रिय राजनीति से जुड़े रहे। देश में राजनीतिक परिवर्तन की अहम वेला में वे 1966-67 में उत्तर प्रदेश संयुक्त सोशलिस्ट पार्टी के राज्यमंत्री थे। उस काल के संयुक्त मोर्चे और संयुक्त विधायक दल के गठन उसके तैंतीस सूत्री कार्यक्रम की पृष्ठभूमि में कैप्टन साहब की अहम भूमिका थी। समाजवादी आंदोलन की टूट, एका और बिखराव का इस आत्मकथा में सजीव चित्रण है। आपातकाल में वे जेल में रहे और छूटने के बाद वे उत्तर प्रदेश जनता पार्टी के अध्यक्ष बनाए गये। यह बहुत कम लोगों को मालूम है कि रामनरेश यादव जब उत्तर प्रदेश के मुख्यमंत्री के पद से हटाए गए थे तो देश के अनेक अग्रणी राजनेताओं ने कैप्टन साहब को राज्य का मुख्यमंत्री बनाये जाने की मंशा ज़ाहिर की थी।

कैप्टन साहब का बेदाग़ सियासी सफ़र प्रेरणा का स्रोत है। नब्बे वर्ष की आयु में भी दिल्ली में आयोजित होने वाली समाजवादी गोष्ठियों और समारोहों में उनकी उपस्थिति हमारे जैसे लोगों के लिए प्रेरणा का स्रोत बन जाती है।

आज की पीढ़ी इस बात को भूलती जा रही है कि देश की आज़ादी की लड़ाई में बंटवारे और पाकिस्तान की मांग के विरोध में देश में एक धर्म-निरपेक्ष, भाई-चारे पर आधारित संस्कृति के निर्माण के संघर्ष में, भारत में समाजवाद की लौ को जलाए रखने में यूसुफ़ मेहर अली, मुंशी अहमद्दीन, मुबारक मज़दूर जैसे महानतम समाजवादियों के साथ कैप्टन अब्बास अली की अग्रणी भूमिका रही है। मेरे लिए वे हमेशा पिता तुल्य रहे हैं। मेरे बड़े भाई स्वर्गीय सत्यकेतु दुबे जब बुलंदशहर में 1956-57 में ज़िला सूचना अधिकारी थे तो उनके कैप्टन साहब, बेनी प्रसाद माधव और ईश्वरी सिंह से अत्यंत आत्मीय और पारिवारिक रिश्ते थे।

कैप्टन साहब की आत्मकथा के विषय में भाई कुरबान अली के आदेश पर दो शब्द लिखते समय कैप्टन अब्बास अली के स्वर्णिम राजनीतिक जीवन के अनेक पन्ने और सन् 1956 से लेकर आज तक की अनेक स्मृतियां मेरे स्मृति पटल पर रह-रह कर उभर रही हैं। मैं उनकी दीर्घायु की कामना करते हुए आश्वस्त हूं कि 'न रहूँ किसी का दस्तनिगर : मेरा सफ़रनामा' प्रकाशन के बाद आने वाली पीढ़ियों के लिए प्रेरणा का स्रोत बना रहेगा।

–प्रो. सत्यमित्र दुबे

1216, सेक्टर 37
अरुण विहार, नोएडा-201 303

कैप्टन साहब की आत्मकथा के बहाने

कैप्टन अब्बास अली समाजवादी आंदोलन के जीवित लोगों में उम्र के लिहाज़ से वरिष्ठतम व्यक्ति हैं। आज वे क़रीब 90 वर्ष के होने जा रहे हैं। मुझे नहीं लगता कि उत्तर प्रदेश में श्री प्रभुनारायण सिंह को छोड़ कर उनके समकक्ष या उनसे बड़े कोई प्रमुख व्यक्ति जो समाजवादी आंदोलन में रहे हों, आज जीवित हैं। हममें से कुछ लोग आदर से उन्हें चाचा कह कर संबोधित करते रहे हैं। मैं ऐसे वरिष्ठ व्यक्ति की 'आत्मकथा' की भूमिका लिखने का अपने को अधिकारी नहीं मानता। जब उनके सुपुत्र प्रसिद्ध पत्रकार कुरबान अली ने मुझे भूमिका लिखने को कहा तो बहुत संकोच के साथ कैप्टन साहब का हुक्म मानकर मैंने उसे स्वीकार किया। वास्तव में कैप्टन साहब का सफ़रनामा उनका नहीं बल्कि बहुत हद तक उत्तर प्रदेश में समाजवादी आंदोलन की 'कथा' है। मैं इसी रूप में इसे देख रहा हूं। इस सफरनामे ने मेरे भी कई भ्रमों एवं पूर्वाग्रहों को दूर किया है।

कैप्टन साहब ने अपनी 'आत्मकथा' में अपने ख़ानदान का जिक्र किया है। बड़े फ़ख्र के साथ उन्होंने बतलाया है कि वे राजा रामचंद्र के वंशज हैं। बहुत पहले एक सूफी संत से प्रभावित होकर उनके पूर्वजों की एक शाखा ने इस्लाम धर्म को कुबूल किया। उनका ख़ानदान फ़ौजियों का रहा है। वे कहते हैं, पृथ्वीराज की फौज में उनके पुरखे शामिल थे और मोहम्मद ग़ौरी के ख़िलाफ लड़े थे। ब्रिटिश फ़ौज में भी उनके ख़ानदान के लोग रहे। स्वयं उनके पिता ब्रिटिश फ़ौज में थे।

इस्लाम धर्म कुबूल करने के बाद भी उन्होंने देखा कि समाज में ऊंच-नीच का चलन वैसा ही है जैसा कि हिन्दुओं में। वे अपनी 'आत्मकथा' में कहते हैं, चूंकि वे राजपूत और जागीर के मालिक थे इसलिए उनके दरवाज़े पर पंडित, राजपूत और वैश्य को छोड़कर दूसरी किसी भी जाति का व्यक्ति तख़्त पर नहीं बैठ सकता था। यह उन्हें अजीब लगता था। इसके बारे में वे अपने चचा से भी सवाल करते थे कि इस्लाम में तो जात-पात और ऊंच-नीच नहीं है तो हमारे यहां क्यों? इस सवाल का जवाब उन्हें नहीं मिला।

बचपन में उनकी पढ़ाई और पालन-पोषण उनके ताया-ताई ने किया। थोड़ा बड़े होने पर वे अपने पैतृक गांव क़लंदर गढ़ी, ख़ुर्जा, ज़िला बुलंदशहर चले आये। कैप्टन साहब के पूर्वज क़लंदर ख़ां के नाम पर ही गांव का नाम पड़ा था। वहीं स्कूल में उनकी

पढ़ाई शुरू हुई। किशोर वय में ही एक घटना घटी जिससे उनके देशप्रेम की झलक मिलती है। भगत सिंह को फांसी 23 मार्च, 1931 को दी गई थी। उसके तीसरे दिन ही खुर्जा में एक जुलूस निकला। उसमें वे शामिल हुए। उनका गांव खुर्जा से दूर था इसलिए घर देर तक नहीं लौटे। घर वालों को इससे काफी चिंता हुई और उनके लौटने पर उन्हें डांट भी पड़ी।

पढ़ाई में वे मेधावी थे। उन्हें कई स्तरों पर वज़ीफा मिला था। सन् 1937 में उन्होंने मैट्रिक पास किया और अलीगढ़ यूनिवर्सिटी में दाख़िला लिया। वहां प्रसिद्ध साम्यवादी कुंवर मोहम्मद अशरफ़ उन्हें इतिहास पढ़ाया करते थे। उनके व्यवहार, प्यार और पढ़ाई से कैप्टन साहब बहुत प्रभावित हुए। उनके प्रभाव में आकर अखिल भारतीय स्टूडेन्ट फ़ेडरेशन के मेम्बर बन गये। उन दिनों कम्युनिस्ट लोग भी अंग्रेज़ों के ख़िलाफ थे और जब द्वितीय महायुद्ध के बादल मंडराने लगे तो राष्ट्रवादियों की तरह कम्युनिस्ट भी 'वार-रेसिस्टेंस' की मुहिम (युद्ध में अंग्रेजों का साथ न देने की नीति) में शामिल थे। कुंवर अशरफ साहब ने उन्हें बतलाया था कि ब्रिटिश साम्राज्यवाद से लड़ने के लिए फौज में बग़ावत ही एक रास्ता है।

सन् 1939 में ब्रिटिश फौज में भर्ती का विज्ञापन निकला। कैप्टन अब्बास अली उसमें शामिल हो गये। उन्हें कमीशन्ड ऑफीसर के प्रशिक्षण के लिए कई जगह भेजा गया। सन् 1940 में वे छुट्टी में घर लौटे। घर लौटने पर दो बातें हुईं। एक तो कैप्टन साहब की शादी की बात चली। दूसरे, उन्हें पता चला कि उनके शिक्षक कुंवर मोहम्मद अशरफ नज़रबंद हैं। घर से लौटने पर वे फौज में आपूर्ति विभाग के अफसर के पद पर तैनात किये गये। सन् 1941 में उन्हें सिंगापुर भेजा गया। आठ दिसम्बर को जापान ने मलाया पर हमला किया और 15 फरवरी, 1942 को अंग्रेज जनरल पर्सीवेल ने आत्मसमर्पण कर दिया। समर्पण करने वाले सभी लोग युद्धबंदी बना लिये गये। समर्पण करने वालो में अंग्रेज़ तथा हिन्दुस्तानी सैनिक एवं पदाधिकारी शामिल थे। जापानियों की नीति थी हिन्दुस्तानियों को ब्रिटिश लोगों से अलग-थलग बैरकों में रखने की। कैप्टन अब्बास अली और अन्य हिन्दुस्तानी फ़ौजियों को जहां रखा गया वहां रासबिहारी बोस, महेंद्र प्रताप जैसे क्रांतिकारी नेता आते थे और अंग्रेज़ों के ख़िलाफ एकजुट होने का प्रचार करते थे। वे नेताजी सुभाषचंद्र बोस के विचारों का भी प्रचार करते थे। फिर सुभाषचंद्र बोस का रंगून आगमन हुआ और 31 अक्टूबर, 1943 को आज़ाद हिंद सरकार का गठन हुआ। सन् 1944 के शुरू में नेताजी ने गांधी डिवीजन को रंगून से अराकान जाने का हुक्म दिया। कैप्टन साहब बतौर आपूर्ति अधिकारी उसके ब्रिगेड में शामिल हुए। बाद में जब आज़ाद हिन्द फौज़ ने सरेंडर किया तो कैप्टन ढिल्लन, सहगल, शाहनवाज़ आदि को कोर्ट मार्शल के लिए दिल्ली भेज दिया गया और कैप्टन अब्बास अली व अन्य को मुल्तान भेज दिया गया। कोर्ट मार्शल ने अब्बास अली को फांसी की सज़ा दी लेकिन तब तक पंडित जवाहरलाल नेहरू के नेतृत्व में अंतरिम सरकार बन चुकी थी और उन्हें सजा से मुक्ति मिली। कोर्ट मार्शल वाले मुक़दमे में उनकी पैरवी भीमसेन सच्चर और मियां

इफ़्तिखार उद्दीन ने की थी। भीमसेन सच्चर बाद में पंजाब के मुख्यमंत्री बने। वे प्रसिद्ध विधिवेत्ता श्री राजेन्द्र सच्चर के पिता थे।

जब कैप्टन साहब सज़ा से मुक्त होकर अपने गांव आये तो पूरा माहौल बदला हुआ था। देश का विभाजन हो चुका था और लोग उसका दंश झेल रहे थे। ऐसी स्थिति में कैप्टन साहब ने सियासत में प्रवेश किया और वे सोशलिस्ट पार्टी के साथ हो लिये। यहां एक सवाल ज़रूर उठता है कि वे देश विभाजन के दंश को महसूस कर रहे थे, अपने शिक्षक कुंवर मोहम्मद अशरफ के प्रभाव में आकर किशोरावस्था में ही अखिल भारतीय स्टूडेंट्स फेडरेशन के सदस्य बन गये थे, फिर भी वे सोशलिस्ट पार्टी में शामिल क्यों हुए? उनकी आत्मकथा पढ़ने से लगता है कि यह निर्णय मात्र संयोग नहीं था। भगत सिंह की फांसी के बाद किशोरावस्था में ही ब्रिटिश सरकार विरोधी जुलूस में उनका शामिल होना, फिर कम्युनिस्टों का 1941 के बाद ब्रिटेन का साथ देना और अन्य राष्ट्रीय नेताओं को गाली देना ऐसी बातें थीं कि वे कम्युनिस्ट पार्टी में शामिल नहीं हो सकते थे। नेताजी सुभाषचंद्र बोस के साहचर्य में आने तथा आज़ाद हिन्द फौज के अनुभव ने कैप्टन साहब को देश के बंटवारे के भी ख़िलाफ कर दिया था।

संयोग यह भी हुआ कि कैप्टन साहब के घर लौटने के कुछ ही दिनों के बाद खुर्जा में एक उप चुनाव हुआ। उस उप चुनाव का कारण था समाजवादियों द्वारा एक आदर्श पेश करना। सन् 1946 में जब आम चुनाव हुआ, उस समय कांग्रेस सोशलिस्ट पार्टी कांग्रेस का हिस्सा थी। सन् 1948 में जब कांग्रेस सोशलिस्ट पार्टी, सोशलिस्ट पार्टी के नाम से कांग्रेस से अलग हुई तो नैतिकता के आधार पर विधानसभा के 12 सोशलिस्ट सदस्यों ने आचार्य नरेंद्र देव के नेतृत्व में विधानसभा से इस्तीफा दे दिया। खुर्जा से प्रो. रघुकुल तिलक चुने गये थे और उन्हीं के इस्तीफा देने पर उप चुनाव हो रहा था। उस उप चुनाव में डॉ. लोहिया प्रचार के लिए आये थे। वहां के कार्यकर्ताओं के बीच डॉ. लोहिया ने देश के सियासी हालात पर भाषण दिया था। कैप्टन साहब उनसे काफी प्रभावित हुए। उन लोगों ने सोशलिस्ट पार्टी की तरफ से काफी प्रचार किया लेकिन सोशलिस्ट पार्टी के उम्मीदवार जीत नहीं सके। इसका एक कारण यह भी था कि बालिग़ लोगों को वोट का अधिकार नहीं मिला था। लेकिन यह बात साफ हो गयी थी कि कांग्रेस को टक्कर केवल सोशलिस्ट पार्टी ही दे सकती है। श्री शंकर प्रसाद ने कैप्टन साहब को सोशलिस्ट पार्टी का प्राथमिक सदस्य बनाया।

कैप्टन साहब सन् 1948 में सोशलिस्ट पार्टी में शामिल हुए। उससे पहले सोशलिस्ट पार्टी कांग्रेस का एक हिस्सा थी। पार्टी का नाम ही था—कांग्रेस सोशलिस्ट पार्टी। उसके विधान में साफ-साफ लिखा था कि कांग्रेस सोशलिस्ट पार्टी का सदस्य वही व्यक्ति हो सकता था जो कांग्रेस का सदस्य हो। स्वयं कांग्रेस एक मंच का काम करती थी, जिसमें विचारों की भिन्नता के लिए जगह थी। कांग्रेस सोशलिस्ट पार्टी के नेतृत्व में भी अलग-अलग विचार के लोग थे लेकिन मुख्य धारा मार्क्सवादी थी। शर्त केवल यह थी कि सदस्य भारत को अंग्रेज़ी साम्राज्यवाद से मुक्ति के समर्थक हों। जब अंतरिम सरकार

बन गयी तो विवाद का एक मुद्दा यह बना कि कांग्रेस के अंदर भी क्या कोई दूसरी पार्टी रह सकती है?

कांग्रेस सोशलिस्ट धीरे-धीरे लोकतांत्रिक समाजवाद की ओर बढ़ रहे थे। सन् 1947 के शुरू में ही यह प्रश्न सामने आया और जेल से छूटने के बाद कांग्रेस सोशलिस्ट पार्टी का राष्ट्रीय सम्मेलन कानपुर में हुआ जिसकी अध्यक्षता डॉ. राममनोहर लोहिया ने की थी। उस सम्मेलन में पार्टी के नाम के साथ जो 'कांग्रेस' शब्द था, उसे हटा दिया गया और 'सोशलिस्ट पार्टी' नाम रहा। कांग्रेस से हटने की बात नहीं हुई। सही मायने में यह वह समय था जब युवजनों में सोशलिस्ट पार्टी के प्रति बड़ा आकर्षण था। वास्तव में 'भारत छोड़ो आंदोलन' में जिन किशोरों और युवजनों ने हिस्सा लिया था, उनमें अधिकतर लोगों के 'हीरो' जयप्रकाश नारायण, राममनोहर लोहिया, अच्युत पटवर्द्धन, अरुणा आसफ अली जैसे समाजवादी नेता थे। प्रत्येक प्रांत में ऐसे हीरो थे जिनका समाजवादी आंदोलन और राष्ट्रभक्ति के प्रति अटूट श्रद्धा और विश्वास था। सोशलिस्टों को लेकर कांग्रेस नेतृत्व में भी मतभेद था। गांधी जी चाहते थे कि "कांग्रेस को पार्टी बनने की कोशिश नहीं करनी चाहिए बल्कि एक राष्ट्रीय संगठन बने रहना चाहिए। ऐसी कांग्रेस में एक सैद्धांतिक ग्रुप के रूप में काम करने वाली सोशलिस्ट पार्टी की जगह है। लेकिन समाजवादियों को तभी बने रहना चाहिए जब कांग्रेस के नेतागण उनके रहने का स्वागत करते हों। अगर निरंतर तनाव रहता है तो समाजवादियों के लिए बेहतर होगा कि वे कांग्रेस छोड़कर उसके बाहर से जनता के लिए काम करें। सोशलिस्ट पार्टी को कभी यह नहीं भूलना चाहिए कि वह कांग्रेस की है। उसका नियामक दृष्टिकोण प्रतिद्वंद्विता का नहीं बल्कि भक्ति का होना चाहिए।" गांधी जी ने कृपलानी एवं शंकरराव देव (क्रमशः कांग्रेस अध्यक्ष एवं महामंत्री) से पूछा कि वे समाजवादी कांग्रेस में रहना चाहते हैं या नहीं। उनसे बातचीत से स्पष्ट था कि वे कांग्रेस में रहना चाहते थे।* वे देश में एक शक्ति हैं और उनका अधिकतम उपयोग कर कांग्रेस अच्छा ही करेगी। कांग्रेस नेतृत्व के एक धड़े के प्रति सोशलिस्टों को भी शिकायत थी। शुरू में यह कोशिश की गयी कि उस धड़े के साथ जो ग़लतफहमी थी, वह दूर हो जाए लेकिन उसमें सफलता नहीं मिली। संगठनात्मक स्तर पर वह धड़ा काफी शक्तिशाली था। वैचारिक मतभेद के बावजूद सोशलिस्ट नेतृत्व गांधी जी के नज़दीक होता जा रहा था और गांधी जी का विश्वास भी युवा सोशलिस्ट नेतृत्व के प्रति बढ़ता जा रहा था।

30 जनवरी, 1948 को गांधी जी की हत्या हो गई और कांग्रेस ने भी अपने विधान में संशोधन कर यह प्रावधान जोड़ दिया कि कांग्रेस के अंदर कोई दूसरा संगठन नहीं रह

---

* आजादी मिलने के पहले और अंतरिम सरकार बनने के बाद समाजवादियों का कांग्रेस के साथ कैसा रिश्ता रहे, इस पर गांधी जी, पंडित जवाहरलाल नेहरू, सरदार वल्लभ भाई पटेल, आचार्य कृपलानी, मौलाना आजाद, शंकरराव देव आदि नेताओं के बीच बातचीत हुई। यह दस्तावेज उसी की रपट है। इससे स्पष्ट होता है कि गांधी जी चाहते थे कि समाजवादी कांग्रेस में रहें और कांग्रेस एक राष्ट्रीय मंच का ही काम करे।

सकता। अब समाजवादियों के सामने दो ही रास्ते थे। या तो वे अपनी पार्टी भंग करें और कांग्रेस में रह जाएं या फिर कांग्रेस से अलग हो जाएं। कांग्रेस से अलग होने के मुद्दे पर भी सोशलिस्ट नेतृत्व एकमत नहीं था। आचार्य नरेंद्र देव और डॉ. लोहिया और बहुत हद तक जयप्रकाश नारायण नहीं चाहते थे कि कांग्रेस से नाता तोड़ लिया जाए क्योंकि उन्हें लगता था कि भारत को राष्ट्र-राज्य बनाने के लिए आज़ादी के समर्थकों का एकजुट रहना आवश्यक है। यहां यह उल्लेख अप्रासंगिक नहीं होगा कि आज़ादी की लड़ाई के दौरान जिन वर्ग संगठनों को समाजवादियों और आज़ादी के सिपाहियों ने खड़ा किया था, वे इन लोगों के जेल में बंद रहने या ब्रिटिश सरकार के कोपभाजन बनने के कारण कम्युनिस्टों के कब्ज़े में चले गये थे। अखिल भारतीय ट्रेड यूनियन कांग्रेस, अखिल भारतीय स्टूडेंट फेडरेशन, अखिल भारतीय किसान सभा जैसे संगठनों पर सन् 1941 से 47 के दौरान कम्युनिस्टों ने क़ब्ज़ा कर लिया था और इन वर्गों के नये संगठन खड़ा करने की ज़रूरत थी।

एक सोच सोशलिस्ट नेतृत्व में यह भी थी कि अगर कांग्रेस राजनीतिक पार्टी के रूप में काम करती है और संसदीय प्रणाली अपनाती है तो निश्चित तौर पर एक सशक्त विपक्षी दल की अनिवार्यता होगी और अगर समाजवादी विपक्षी दल की भूमिका अदा नहीं करेंगे तो संसदीय लोकतंत्र का भविष्य अंधकारमय होगा। इसलिए जब सन् 1948 के मार्च में नासिक में कांग्रेस सोशलिस्ट पार्टी का अधिवेशन हुआ तो मजबूरन यह फैसला लेना पड़ा कि कांग्रेस से हट जाया जाए। कांग्रेस से नाता तोड़ने का जो प्रस्ताव नासिक सम्मेलन में पारित हुआ, उसमें समाजवादियों को कांग्रेस से अलग होने का आह्वान भारी मन से किया गया।

नासिक सम्मेलन में उस समय की राजनीतिक स्थिति का विश्लेषण करते हुए प्रस्ताव में कहा गया था, "माउंटबेटन की योजना लागू होने के फलस्वरूप राजनीतिक एवं वर्ग शक्तियों की पुनर्पंक्तिबद्धता से चार मुख्य राजनीतिक धाराएं विकसित हुई हैं। पहली और सबसे ख़तरनाक निहित अधिकारों के प्रभाव और धन से पृष्ठपोषित सांप्रदायिक शक्तियों का प्रतिनिधित्व करती है। स्वतंत्रता संग्राम में इसका योगदान नकारात्मक और अवरोधक था। फिर भी स्वतंत्रता प्राप्ति और विभाजन से इसे अपार लाभ हुआ है। इन राजनीतिक शक्तियों द्वारा सांप्रदायिक प्रतिक्रियाओं का बेशर्मी से इस्तेमाल किया जा रहा है। इनके प्रयासों की परिणति है—महात्मा गांधी की क्रूर हत्या। ये प्रतिक्रियावादी शक्तियां भारतीय राष्ट्र के लोकतांत्रिक और धर्मनिरपेक्ष आधार को ही नष्ट कर देना चाहती हैं। ये विवेकपूर्ण सोच को कमज़ोर करने और लोगों के अविवेकवाद को बढ़ाने का प्रयास कर रही हैं। सर्वाधिक क्रूरता और कठोरता को छोड़ सभी मानवीय वृत्तियों के प्रति ये उदासीन हैं। ये नये राज्य की आधारशिला के लिए सबसे गंभीर ख़तरा है।

"राजनीतिक सप्तक के दूसरे छोर पर होने के बावजूद इतनी ही दुस्साहसी दूसरी धारा इस उच्छृंखल प्रतिक्रियावाद से ताक़त हासिल करती है। यह धारा कम्युनिस्ट पार्टी

के रूप में है। यथास्थिति के कट्टर समर्थक ऐसी स्थिति पैदा करते हैं, जिसमें वर्ग शक्तियों और भावनाओं को भौंड़े तरीक़े इस्तेमाल कर कम्युनिस्ट आगे बढ़ते हैं।

''कम्युनिस्ट लोग राज्य की स्थिरता और एकात्मकता पर थोड़ा भी विचार किये बिना अपने उद्देश्य में लगे रहते हैं। अतः वे ख़तरे का एक गंभीर स्रोत हैं। सन् 1942 की तरह 1948 में भी कम्युनिस्ट सिद्धांत और कर्म का मार्गदर्शन भारतीय जनता का कल्याण या महानता नहीं है।

''जहां तक लोकतंत्र के प्रति असहिष्णुता, राज्य के अस्तित्व और स्थिरता के प्रति बेफिक्री का सवाल है, भारत की राजनीति के दो अंतर्विरोधी कतार में खड़े होने वाले ये लोग एक ही तरह के हैं। सोशलिस्ट पार्टी का मुख्य काम इन दोनों अतिवादियों को मुख्य राजनीतिक धारा से अलग-थलग कर देना है।

''अब दो राजनीतिक मुख्य धाराएं बच जाती हैं : एक कांग्रेस और दूसरी सोशलिस्ट पार्टी। सरकारों से अलग कोई पहचान न रहने और जनता के संघर्षों का समर्थन करने से इनकार करने के कारण कांग्रेस अपना वर्ग चरित्र छोड़कर समाजवाद का औज़ार बनने में अक्षम है। कांग्रेस की क्रांतिकारी परम्परा संघर्षों के दौरान स्थापित हुई थी, जब वह तत्कालीन सरकार का हमेशा विरोध करती थी।...चूंकि कांग्रेस अपनी क्रांतिकारी परम्परा बनाये रखने में अक्षम है, इसलिए दूसरी पार्टी की आवश्यकता पैदा होती है। यह इसलिए कि आर्थिक संस्थाओं के ढर्रे को पुनर्पारिभाषित किए बिना वर्तमान गंभीर आर्थिक ग़ैरबराबरी और तंगी की हालत में स्थिरता कभी प्राप्त नहीं हो सकती। केवल समाजवादी राज ही राजनीतिक स्थिरता की ठोस नींव को निश्चित कर सकता है। अतः लोकतांत्रिक समाजवादी शक्तियों के लिए इसके अलावा कोई दूसरा रास्ता नहीं है कि वे समाजवादी राज का विजयी झंडा लेकर आगे बढ़ें।...अतः लोकतांत्रिक वातावरण बनाये रखने के लिए एक विरोधी पक्ष ज़रूरी हो जाता है। ग़रीबों के संघर्षों के साथ पहचान बनाये रखने की परम्परा जारी रखने वाली एकमात्र सोशलिस्ट पार्टी ही इस तरह का विरोधपक्ष प्रस्तुत कर सकती है। हमें इस सम्भावना को भी नज़रअंदाज़ नहीं करना चाहिए कि देश में लोकतंत्र के लिए सहायक वातावरण अगर नहीं बनता तो उस हालत में सोशलिस्ट पार्टी को सत्ता पर कब्जा करने के लिए जनता को तैयार करना होगा।...अन्यायी यथास्थिति के विरुद्ध चलने वाले सभी आंशिक संघर्षों का निरंतर समर्थन और मेहनतकश वर्गों के व्यापक लोकतांत्रिक अंगों को पुनर्जीवित करने के निरंतर सक्रिय प्रयासों के माध्यम से ही सोशलिस्ट पार्टी को अपनी आधारशिला रखनी होगी।

''यह याद रखना चाहिए कि सोशलिस्ट पार्टी विकसित होकर पूर्णता तक पहुंच सकती है बशर्ते वह कांग्रेस की ग़लतियां न दोहराए। इसे मात्र नकारात्मक और आलोचनात्मक होने से बचना होगा। राजनीतिक परिवर्तन की एकमात्र शक्ति के रूप में प्रशासनिक कदम पर निर्भर रहने के आसान मार्ग को कभी नहीं चुनना होगा। केवल लोकतांत्रिक संगठन और खेतों एवं कारखानों में चेतना का विकास ही सोशलिस्ट पार्टी

में वास्तविक शक्ति ला सकता है।''

नासिक सम्मेलन के बाद एक लोकतांत्रिक समाजवादी पक्ष को मजबूत करने का प्रयास तत्काल शुरू कर दिया गया। सबसे पहले बोल्शेविक लेनिनिस्ट पार्टी के नेताओं के साथ वार्ता चलायी गयी। बोल्शेविक लेनिनिस्ट पार्टी चतुर्थ इंटरनेशनल के साथ थी लेकिन सोशलिस्ट पार्टी के साथ विलय के समय उससे संबंध तोड़ने का निर्णय लिया। भारत में जहां-जहां बोल्शेविक लेनिनिस्ट पार्टी के लोग थे, उनमें से अधिकतर लोग सोशलिस्ट पार्टी में शामिल हो गये। उसके कुछ ही दिनों बाद किसान कामगार पक्ष तथा सोशलिस्ट पार्टी के प्रतिनिधियों के बीच खंडाला में बातचीत हुई। उसका उद्देश्य भी एक लोकतांत्रिक समाजवादी विकल्प तैयार करना था। लेकिन यह वार्ता विफल रही। हालांकि औपचारिक तौर पर यह कहा गया कि भविष्य में यह वार्ता जारी रहेगी। उसका मुख्य कारण किसान कामगार पार्टी के नेताओं का सोवियत रूस के प्रति अत्यधिक झुकाव था।

सोशलिस्ट पार्टी ने झारखंड पार्टी के नेता श्री जयपाल सिंह, किसान मज़दूर प्रजा पार्टी के नेता जेबी कृपलानी के साथ भी एका या समझौते की कोशिश की लेकिन इस प्रयास को ख़ास सफलता नहीं मिली। किसान मज़दूर प्रजा पार्टी ने सोशलिस्ट पार्टी के साथ सहयोग करने के निर्णय की घोषणा की लेकिन दक्षिण भारत के कुछ प्रांतों में किसान मज़दूर प्रजा पार्टी ने कम्युनिस्टों के साथ सहयोग और समझौता किया, जिस कारण सोशलिस्ट पार्टी और किसान मज़दूर प्रजा पार्टी के बीच प्रथम आम चुनाव में व्यापक समझौता नहीं हो सका। वैसे, प्रथम आम चुनाव में डॉ. अम्बेडकर के नेतृत्व में गठित अनुसूचित जातियों की पार्टी 'परिगणित जाति महासंघ' के साथ सोशलिस्ट पार्टी का कई राज्यों में समझौता हुआ।

यह ध्यान में रखने की बात है कि लोकतांत्रिक विकल्प बनने के सिलसिले में सोशलिस्ट पार्टी के संगठनात्मक ढांचे में भी मूलभूत परिवर्तन किये गये। नासिक सम्मेलन तक सोशलिस्ट पार्टी एक कैडर पार्टी थी लेकिन उसके अगले ही साल 1949 में पटना में सम्मेलन हुआ, जिसमें कैडर पार्टी की जगह 'मास पार्टी' का विधान स्वीकार किया गया। एक और परिवर्तन यह हुआ कि पार्टी संगठन में वर्ग संगठनों की सम्बद्धता को भी स्वीकृति दी गयी। यह लोकतांत्रिक चरित्र बनाने की ओर एक बड़ा क़दम था। बहुत सारे समाजवादियों ने कैडर पार्टी की जगह मास पार्टी बनाने का विरोध किया था और कुछ लोग यह भी मानते रहे कि समाजवादी आंदोलन में आयी विकृतियों का एक बड़ा कारण विधान में यह परिवर्तन था।

पटना सम्मेलन की अध्यक्षता करते हुए स्वयं आचार्य नरेंद्र देव ने कहा था, ''कुछ साथी ईमानदारी से यह महसूस करते हैं कि बड़े पैमाने पर बिना विचार किये पार्टी सदस्यता में भर्ती बड़ा ही जोखिम भरा क़दम होगा और पार्टी विधान में इस तरह के परिवर्तन के वे कट्टर विरोधी हैं। इससे पार्टी का क्रांतिकारी चरित्र खत्म होगा, ऐसा उनका मानना है।...लेकिन मैं यह ज़रूर कहूंगा कि पार्टी में यह प्रवृत्ति साफ-साफ देखी

जा रही है कि नये लोगों के आगमन पर बहुत सारी बाधाएं खड़ी की जा रही हैं और ऐसा वे लोग कर रहे हैं जो पार्टी को अपनी मुट्ठी में रखना चाह रहे हैं। यह एक दुर्भाग्यपूर्ण बात हो रही है और अगर पार्टी को और विकसित करना है तो इस तरह की प्रवृत्तियों पर अंकुश लगाना होगा। युवजनों का पार्टी में शामिल होना स्वागतयोग्य है। पार्टी को कुछ लोगों का एकाधिकारी संगठन बनने नहीं दिया जा सकता और प्रत्येक सच्चे समाजवादी का यह अधिकार है कि वह पार्टी में शामिल हो। अगर उन्हें रोका जाता है तो वास्तव में यह समाजवादी हितों के प्रति विश्वासघात होगा।...यह तो साफ़ बात है कि जब तक पार्टी आम लोगों की नहीं बनती, वह उन लक्ष्यों को नहीं प्राप्त कर सकती जो उसने अपने लिए निर्धारित किये हैं।'' अपने भाषण में आचार्य जी ने कहा था–''सभी ट्रेड यूनियनों, किसान पंचायतों, सोशलिस्ट यूथ लीग, सहकारिता समितियां जैसे संगठनों को पार्टी में लाना होगा।''

प्रथम आम चुनाव में सोशलिस्ट पार्टी को अपेक्षित सफलता नहीं मिली। वोट की दृष्टि से वह कांग्रेस के बाद 10.5 प्रतिशत वोट लेकर दूसरे नम्बर की पार्टी तो रही लेकिन लोकसभा में इसे मात्र 12 सीटें मिलीं। कम्युनिस्ट पार्टी और उसके सहयोगी दलों को मात्र 5 प्रतिशत मत प्राप्त हुए लेकिन 26 सीटें मिलीं।

इससे एक तरह की निराशा पैदा हुई और उस संदर्भ में ही चुनाव के तत्काल बाद पचमढ़ी में सोशलिस्ट पार्टी का विशेष सम्मेलन हुआ और सही मायने में भारतीय पृष्ठभूमि में समाजवाद को विश्लेषित किया गया। उसी सम्मेलन में किसान मज़दूर प्रजा पार्टी के साथ विलय का भी निर्णय किया गया। किसान मज़दूर प्रजा पार्टी को प्रथम आम चुनाव में क़रीब 6 प्रतिशत वोट मिले थे और उसके 10 सदस्य लोकसभा के लिए चुने गये थे। पचमढ़ी सम्मेलन में ही डॉ. लोहिया ने अपने अध्यक्षीय भाषण में भारतीय संदर्भ में समाजवाद की पुनर्व्याख्या की थी और मार्क्सवाद को बुनियादी तथ्यों के आधार पर चुनौती दी थी।

पचमढ़ी सम्मेलन में सोशलिस्ट पार्टी के महामंत्री श्री अशोक मेहता ने प्रथम आम चुनाव और उसके बाद उत्पन्न स्थितियों के विश्लेषण की विस्तृत रपट रखी और उस पर विस्तार से चर्चा हुई। उसके बाद उस चर्चा में भाग लेते हुए जयप्रकाश नारायण ने किसान मज़दूर प्रजा पार्टी की विस्तार से चर्चा की और कहा कि उनके साथ काम करने से एक विकल्प खड़ा हो सकता है। जिन राज्यों में हम कमज़ोर हैं, वहां हम मजबूत बन सकते हैं। उन्होंने प्रतिनिधियों को यह भी बतलाया कि कृपलानी जी तो किसान मज़दूर प्रजा पार्टी और सोशलिस्ट पार्टी के विलय के लिए भी तैयार हैं।

पचमढ़ी सम्मेलन के बाद 25 अगस्त, 1952 को आचार्य नरेंद्र देव तथा जे.बी. कृपलानी के हस्ताक्षर से यह बयान दिया गया कि किसान मज़दूर प्रजा पार्टी और सोशलिस्ट पार्टी के प्रतिनिधि बम्बई में 25 से 27 सितम्बर, 1952 को मिलेंगे और विलय को अंतिम रूप देंगे। ऐसा ही हुआ और बम्बई बैठक में 'प्रजा सोशलिस्ट पार्टी' (प्रसोपा) का विधिवत गठन हुआ। आचार्य कृपलानी अध्यक्ष और श्री अशोक मेहता महामंत्री बने।

प्रजा सोशलिस्ट पार्टी में फारवर्ड ब्लॉक का सुभाषवादी धड़ा भी मिला। प्रजा सोशलिस्ट पार्टी को एक दोहरी विरासत प्राप्त हुई। सभी लोग आज़ादी की लड़ाई से निकले थे। विभिन्न कारणों से वे कांग्रेस से अलग हुए थे लेकिन उनकी देशभक्ति और राष्ट्र-प्रेम की गहराई को संदेह की नज़र से नहीं देखा जा सकता था। राष्ट्रहित के प्रति उनकी निष्ठा असंदिग्ध थी। लेकिन समाजवादी नेतृत्व के एक हिस्से को इतने भर से ही संतोष नहीं था। वे संसदीय विकल्प बनाने के प्रति मोह से इतने ग्रस्त थे कि उन लोगों ने गणतंत्र परिषद के साथ भी विलय का प्रयास किया। गणतंत्र परिषद उड़ीसा के राजा-महाराजाओं की पार्टी थी। आज़ादी की लड़ाई में उनका कोई योगदान नहीं था और समाजवाद के प्रति तो उनके रुझान का कोई सवाल ही नहीं पैदा होता था। उड़ीसा के स्थानीय नेताओं सुरेंद्रनाथ द्विवेदी, बांका बिहारी दास जैसे लोगों के दबाव के कारण यह विलय मूर्त्त रूप नहीं ले सका लेकिन इतना तो लगता ही है कि संसदीय विकल्प तैयार करने के क्रम में कुछ नेताओं ने इसका ध्यान नहीं रखा कि कैसे तत्त्वों के साथ चलकर समाजवादी समाज की रचना की जा सकेगी।

प्रसोपा का प्रथम राष्ट्रीय सम्मेलन इलाहाबाद में हुआ। सम्मेलन 29 दिसम्बर, 1953 से पहली जनवरी, 1954 तक चला। लेकिन अपने आपमें आश्चर्य की बात यह है कि प्रथम सम्मेलन होने के पहले ही प्रसोपा का विशेष सम्मेलन 14 से 16 जून, 1953 को बैतूल में करना पड़ा। इसके सबसे महत्वपूर्ण दो कारण थे। एक तो श्री अशोक मेहता का लेख, जिसका शीर्षक था–'पिछड़ी अर्थव्यवस्था की अनिवार्यताएं और सहमति का दायरा' (अंग्रेजी 'जनता' में प्रकाशित लेख)। और, दूसरे जेपी-नेहरू पत्राचार के कारण कांग्रेस से सहयोग के मुद्दे पर पार्टी में उत्पन्न तीव्र मतभेद। बैतूल में ही श्री अशोक मेहता ने पार्टी के महामंत्री पद से इस्तीफा दिया और एन.जी. गोरे महामंत्री बनाये गये। इलाहाबाद में हुए प्रसोपा के प्रथम राष्ट्रीय सम्मेलन में जे.बी. कृपलानी अध्यक्ष बने और डॉ. राममनोहर लोहिया महामंत्री।

इलाहाबाद के राष्ट्रीय सम्मेलन में जो नीति वक्तव्य पारित हुआ, उसका आधार वही था जो पचमढ़ी में डॉ. राममनोहर लोहिया ने अध्यक्षीय भाषण में प्रतिपादित किया था। कहा जाता है कि श्री अशोक मेहता ने डॉ. लोहिया से कहा था कि संगठन की ज़िम्मेदारी भी डॉ. लोहिया को ही स्वीकार करनी चाहिए क्योंकि यह कैसे हो सकता है कि नीतियां उनकी चलें और संगठन की ज़िम्मेदारी कोई दूसरा ले! पहली बार संगठन की ज़िम्मेदारी लेने से परहेज़ करने वाले डॉ. लोहिया ने संगठन की कमान संभाली और अशोक मेहता संगठन के संयुक्त मंत्री बनने को तैयार हुए।

प्रसोपा के गठन के बाद समाजवादी आंदोलन में फिर से हलचल पैदा हुई और लगा कि कांग्रेस का एक प्रखर राष्ट्रवादी, समतावादी लोकतांत्रिक विकल्प उभरेगा। उन्हीं दिनों उत्तर प्रदेश में नहर रेट बढ़ने के ख़िलाफ आंदोलन शुरू हुआ। स्वयं डॉ. लोहिया ने उस सत्याग्रह में हिस्सा लिया और गिरफ़्तार हुए। उन्हीं दिनों (1954) केरल में प्रसोपा मुख्यमंत्री पट्टम थाणु पिल्लई के नेतृत्व में संयुक्त सरकार बनी और पुलिस ने

प्रदर्शकारियों पर गोली चलायी थी जिसमें कई लोग मारे गये थे। उसका क़िस्सा यूं है कि केरल में तमिलनाडु कांग्रेस नामक छोटा सा दल था जो केरल के तमिल भाषी क्षेत्र को मद्रास में मिलाने की मांग कर रहा था। इस मांग को लेकर उसने केरल में आंदोलन शुरू किया। उसके प्रदर्शनकारियों पर प्रसोपा सरकार की पुलिस ने गोली चलाई। नौ आदमी मारे गये। उस समय डॉ. लोहिया केंद्रीय जेल नैनी में बंद थे। उन्होंने जेल से ही पट्टम थाणु पिल्लई को तार भेजा कि मंत्रिमंडल पदत्याग करे। डॉ. लोहिया का तर्क था कि जब कांग्रेस की सरकार में गोली चलती है तो हम इस्तीफे की मांग करते हैं तो नैतिकता का तक़ाज़ा है कि हम भी इस्तीफ़ा दें। इससे राजनीति में गुणात्मक परिवर्तन आएगा, कथनी और करनी का फ़र्क़ मिटेगा, राजनीति के प्रति विश्वसनीयता पैदा होगी और बढ़ेगी। दूसरी ओर श्री अशोक मेहता ने यह प्रश्न उठाया कि क्या जब भी गोलीबारी होगी, मंत्रिमंडल को तुरंत इस्तीफा दे देना चाहिए? यह प्रश्न भी उठाया कि क्या गोलीबारी की न्यायिक जांच की प्रथा स्थापित करना अधिक उचित नहीं होगा? इस मुद्दे पर बहस छिड़ गयी और संगठन का पारम्परिक तरीक़ा और सत्ता-संचालन के बीच के अन्तर्द्वंद्व उभरे और अंततोगत्वा भारतीय समाजवादी आंदोलन की दो धाराएं चल निकलीं। डॉ. लोहिया ने 1955 के दिसम्बर में सोशलिस्ट पार्टी के नाम से नये दल का गठन किया। इसका सम्मेलन हैदराबाद में हुआ। दूसरी ओर प्रजा सोशलिस्ट पार्टी का राष्ट्रीय सम्मेलन भी गया में उसी समय हुआ, जिसकी अध्यक्षता आचार्य नरेंद्र देव ने की। बीमार रहने के कारण वे उसमें उपस्थित नहीं थे।

समाजवादी आंदोलन में इस टूट के लिए किसे ज़िम्मेदार माना जाए, इसका विश्लेषण यहां प्रासंगिक नहीं होगा लेकिन इतना ज़रूर कहा जा सकता है कि जहां एक ओर संगठनात्मक दृष्टि से समाजवादी आंदोलन कमज़ोर हुआ, वहीं दूसरी ओर वैचारिक दृष्टि से उसकी धार तेज़ हुई। नये शब्द, नये मुहावरे, नये नारे और नयी अवधारणाएं इसी अवधि में विकसित हुईं। डॉ. लोहिया ने 'एकला चलो' की रणनीति अपनाई लेकिन दूसरी ओर एक उद्देश्यीय आधार पर आंदोलन चलाने का भी प्रयोग किया। हिमालय बचाओ, सामाजिक न्याय के लिए विशेष अवसर का सिद्धांत, अंग्रेज़ी हटाओ, समान शिक्षा आदि ऐसे मुद्दे प्रकाश में आये जिन पर दलीय सीमा से बाहर के लोगों की भरपूर साझेदारी मंज़ूर हुई। कैप्टन अब्बास अली इन परिवर्तनों को एक कार्यकर्ता की हैसियत से देख रहे थे और लोगों को परख रहे थे। उन्होंने 1949 से पार्टी के सभी आंदोलनों में भाग लिया और पार्टी में विभाजन होते हुए भी देखा, जिसका विस्तार से वर्णन इस आत्मकथा में किया गया है।

सन् 1962 के आम चुनाव के बाद भारतीय राजनीति में दो धाराएं उभर कर आयीं जो काफी महत्वपूर्ण थीं। मुझे लगता है कि बाद के समय में इन दोनों घटनाओं का सही उत्तर देने में समाजवादी आंदोलन के नेतृत्व की विफलता उसके कमज़ोर होने का बड़ा कारण रहा।

सन् 1962 में तीसरा आम चुनाव हुआ। उस चुनाव में स्वतंत्र पार्टी और जनसंघ

का प्रतिनिधित्व कई राज्यों के विधानसभाओं और लोकसभा में काफी बढ़ा। नासिक सम्मेलन के प्रस्ताव में धन से पृष्ठपोषित सांप्रदायिक शक्तियों की जिस धारा का उल्लेख किया गया था, उसी का प्रतिनिधित्व ये दोनों पार्टियां कर रही थीं। समाजवादी आंदोलन अंदरूनी मतभेद और आपसी झगड़ों के कारण तुलनात्मक रूप से कमजोर हो रहा था। उत्तर प्रदेश देश का सबसे बड़ा राज्य था और इस राज्य में भी सबसे बड़ा विरोधी दल जनसंघ बन गया था। गुजरात, राजस्थान, बिहार में भी स्वतंत्र पार्टी और जनसंघ मुख्य विपक्षी दल बन गया था। संसदीय लोकतंत्र में मान्यता प्राप्त सबसे बड़े विपक्षी दल को सत्ता का वैकल्पिक आधार माना जाता है।

सन् 1955 से 1962 तक समाजवादी आंदोलन की दो धाराएं चलीं। इनके आपसी रिश्ते ऐसे थे जो एक-दूसरे को क्षति ही पहुंचाते थे। कांग्रेस से अलग होने के समय समाजवादियों ने जिन ख़तरों की आशंका से अपना अलग रास्ता चुना था, वह प्रत्यक्षतः प्रकट हो गया था। सन् 1962 के आम चुनाव में पूंजीवादी नीतियों और राजा-महाराजाओं के समर्थन से स्वतंत्र पार्टी कई राज्यों में काफी शक्तिशाली बन गयी और जनसंघ भी उभर कर सामने आया। समाजवादियों में फूट के कारण उत्तर प्रदेश विधानसभा में जनसंघ सबसे बड़ा दल बन गया था। प्रजा सोशलिस्ट पार्टी से श्री गेंदा सिंह हट चुके थे और वह नेतृत्वहीन हो गयी थी। ऐसे में प्रसोपा विधान मंडल के उपनेता बलवान सिंह यादव तथा कल्पनाथ सिंह ने सोपा तथा प्रसोपा के बीच उत्तर प्रदेश विधानसभा में एकता के लिए सेतु का काम किया। उत्तर प्रदेश विधानसभा में यूनाइटेड सोशलिस्ट पार्टी का गठन हो गया। यू.एस.पी. विधान मंडल दल के नेता उग्रसेन बने।

एका के इस क़दम का स्वागत प्रसोपा के नेतृत्व ने किया। लेकिन सोपा का नेतृत्व इन घटनाओं से अनभिज्ञ था। सोपा के तत्कालीन अध्यक्ष श्री राजनारायण आश्चर्यचकित थे और महामंत्री श्री रविराय ने हैदराबाद से बयान दिया कि उत्तर प्रदेश विधानसभा में जो एकता हुई है, वह पार्टी की नीति और अनुशासन का उल्लंघन है। विधानसभा में समाजवादियों की एकता से लोगों में आशा की किरण जगी और आम समाजवादी कार्यकर्ताओं ने इसका स्वागत किया।

दिसबंर 1962 के अंतिम सप्ताह में सोशलिस्ट पार्टी का छठा राष्ट्रीय सम्मेलन भरतपुर में हुआ। उस सम्मेलन में सोपा नेताओं ने भी महसूस किया कि समाजवादियों की एकता सही क़दम है। स्वयं डॉ. लोहिया ने कहा कि विधानसभा सदस्यों के बीच एकता की ओर बढ़ाया गया क़दम अच्छी बात है। उन्होंने यह चेतावनी ज़रूर दी कि ठोस सिद्धांत के आधार पर जो एकता नहीं होती, वह ख़तरनाक और क्षणिक होती है। डॉ. लोहिया ने कहा बेहतर होता कि एकता का आधार सोपा द्वारा हैदराबाद सम्मेलन में स्वीकृत नीति वक्तव्य होता लेकिन उसके बदले सोपा का चुनाव घोषणा-पत्र माना गया है जो अल्पकालिक होता है। एकता के प्रस्ताव का अनुमोदन भरतपुर सम्मेलन में किया गया। श्री मधु लिमये ने केवल यह चेतावनी दी कि एकीकृत पार्टी के किसी व्यक्ति या समूह द्वारा कांग्रेस के प्रति कोई नरमी नहीं दिखलायी जाए।

सन् 1963 आते-आते डॉ. लोहिया के दृष्टिकोण में भी परिवर्तन आने लगा। उन्हें लगा कि जब तक कांग्रेस का एकाधिकार समाप्त नहीं हो जाता, देश की प्रतिष्ठा नहीं बच सकती। इसके लिए ज़रूरी है कि विरोधी दलों के वोट आपस में न बंटे।

सन् 1963 में लोकसभा के लिए चार उप चुनाव की घोषणा हुई। तीन उत्तर प्रदेश में और एक गुजरात में। उत्तर प्रदेश में अमरोहा से आचार्य कृपलानी, फर्रुखाबाद से डॉ. राममनोहर लोहिया, जौनपुर से दीनदयाल उपाध्याय और गुजरात के राजकोट से मीनू मसानी उम्मीदवार बने। जौनपुर से कांग्रेस उम्मीदवार की जीत हुई। शेष तीनों जगह से विपक्ष के उम्मीदवार जीते। यह भी एक अवसर था जब समाजवादी एकता का प्रयास किया जा सकता था। उप चुनाव में फर्रुखाबाद से डॉ. लोहिया खड़े थे। तीसरे आम चुनाव में प्रजा सोशलिस्ट पार्टी के उम्मीदवार भरत सिंह राठौर को काफी वोट मिले थे और वे दूसरे स्थान पर थे। लेकिन देश में परिस्थितियां बदल चुकी थी। चीन द्वारा भारतीय भूमि पर कब्जे ने माहौल बदल दिया था। 1963 के उप चुनाव में प्रसोपा उम्मीदवार, श्री भरत सिंह राठौर को मात्र सात या आठ हजार वोट आये थे।

देश की राजनीतिक हवा में परिवर्तन के फलस्वरूप डॉ. लोहिया के विचारों में बदलाव आया। जो डॉ. लोहिया 'एकला चलो' की नीति चलाते रहे, वह कांग्रेस को हराने और हटाने के लिए विपक्ष के सभी दलों में समझदारी की रणनीति के प्रवर्तक बने। वे संसदीय मंच के महत्व को शायद पहले से ज़्यादा महसूस करने लगे।

अप्रैल 1964 में विदेश जाने से पहले वे संभवतः सर्वश्री राजनारायण और मधु लिमये को निर्देश देते गये कि ज़रूरी हो तो बिना शर्त भी एका कर लें। इसके लिए पहली बैठक प्रसोपा दफ़्तर में हुई। उस बैठक में संयुक्त राष्ट्रीय कार्यकारिणी बनी और साल के अंत में वाराणसी में संसोपा का पहला राष्ट्रीय सम्मेलन होना तय हुआ।

इसी बीच, बिहार के मुंगेर में लोकसभा के लिए उप चुनाव होने की घोषणा हुई। संसोपा की ओर से श्री मधु लिमये खड़े हुए और जीते। मधुजी अक्सर चर्चा करते थे कि मूल संयुक्त सोशलिस्ट के एकमात्र उम्मीदवार वे ही थे, झोंपड़ी चुनाव चिह्न था। यह याद रखने की बात है कि जून 1963 में प्रसोपा का राष्ट्रीय सम्मेलन भोपाल में हुआ। उसमें उसने समाजवादी शक्तियों के बीच बिना शर्त एका का प्रस्ताव पास किया।

संयुक्त सोशलिस्ट पार्टी का गठन हो गया और उसकी तदर्थ राष्ट्रीय कार्यकारिणी बन गयी। अध्यक्ष, महामंत्री भी चुन लिए गये। राष्ट्रीय सम्मेलन की तारीख़ और स्थान भी तय हो गया। लेकिन कुछ ही दिनों में यह स्पष्ट हो गया कि एका होने वाला नहीं है। इसका कारण था—एक दूसरे पर अविश्वास और मिज़ाज का फ़र्क़। कैप्टन साहब ने उत्तर प्रदेश विधानसभा का उदाहरण अपनी 'आत्मकथा' में लिखा है और श्री एस.एम. जोशी ने वाराणसी में टूट का विस्तृत वर्णन "Split at Varanasi" में किया है।

इस विभाजन से भी समाजवादी आंदोलन को धक्का लगा। बहुत सारे साथी कांग्रेस में चले गये। श्री अशोक मेहता के नेतृत्व को मानने वाले भी कांग्रेस में गये। मध्य प्रदेश, तमिलनाडु, उड़ीसा आदि में भी पार्टी कमज़ोर हो गयी।

उपर्युक्त घटनाओं का एक परिणाम यह हुआ कि 1965 से पहले जहां प्रसोपा समाजवादी आंदोलन की मुख्य धारा थी वहीं अब संसोपा मुख्य धारा बन गयी। इसका एक बड़ा कारण यह भी था कि सन् 42 की क्रांति से जो चार लोकप्रिय नायक–अरुणा आसफ अली, अच्युत पटवर्धन, राममनोहर लोहिया तथा जयप्रकाश नारायण उभरे थे, उनमें केवल डॉ. लोहिया ही सक्रिय थे। दूसरे, संसोपा के नेतृत्व में पहली बार कई राज्यों में कांग्रेस या तो पराजित हो गयी या चुनाव बाद टूट के कारण अल्पमत में चली गयी। अगर विपक्षी दलों के बीच वोटों का बंटवारा नहीं हुआ होता तो बिना दल-बदल के भी कांग्रेस की सरकारें अनेक राज्यों में नहीं बनती। यह डॉ. लोहिया की रणनीति का परिणाम था। क्या यह समाजवादी आंदोलन, भारत में लोकतंत्र के भविष्य, राजनीति में नैतिकता आदि मूल्यों की दृष्टि से अच्छी दिशा की ओर यात्रा थी?

पीछे मुड़कर देखने से मुझे लगता है कि गैर-कांग्रेसवाद की रणनीति डॉ. लोहिया की 'एकला चलो' की रणनीति की एक कड़ी थी लेकिन उस रणनीति को चलाने का धैर्य तथा कौशल का डॉ. लोहिया के बाद के नेताओं में सर्वथा अभाव था। डॉ. लोहिया ने जब 1956 में अपनी पार्टी में 'एकला चलो' की रणनीति चलायी तो उसके साथ ही सत्ता तक पहुंचने की एक सात-साला योजना भी बनायी। लेकिन 1962 के अंत तक अपेक्षित सफलता नहीं मिली। इसके उलट समाजवादी आंदोलन की अंदरूनी खटास तथा पूर्वाग्रहों के कारण कुल मिलाकर समाजवादी आंदोलन कमज़ोर ही होता गया। अतः उन्होंने ग़ैर-कांग्रेसवाद की रणनीति चलायी। इस नीति में अधिक धैर्य और कौशल की ज़रूरत थी। सिद्धांतों और नीतियों पर अडिग रहकर सं.वि.द. सरकारों को छोड़ने और गिराने के लिए सदैव तैयार रहना उस नीति का अपरिहार्य अंग था।

ट्रविनकोर-कोचिन (केरल) सरकार के अपने ही मुख्यमंत्री को इस्तीफा देने के लिए उन्होंने तार भेजा तो वे इस क़दम के द्वारा यह दिखलाना चाहते थे कि प्रसोपा एक ऐसी पार्टी है जिसकी 'कथनी और करनी' में कोई विरोधाभास नहीं है। उनका आकलन और विश्वास था कि इससे भारतीय राजनीति का एक नया स्वरूप उभर कर आएगा जो न केवल लोकतंत्र और संसदीय राजनीति के लिए बल्कि दुनिया के समाजवादी आंदोलन के लिए उज्जवल भविष्य सुनिश्चित करेगा। जिस तरह उन्होंने पट्टम थाणु पिल्लई के मामले में किया था, वैसा ही रुख़ उन्होंने सं.वि.द. सरकारों के प्रति रखा। बिहार में लोकसभा के लिए चुने गये श्री बिन्देश्वरी प्रसाद मंडल का सरकार में जाने का विरोध, उत्तर प्रदेश सरकार के मामले में मृत्युशैया पर बेहोशी की हालत में भी बड़बड़ाना कि लगान के मामले में समझौता नहीं हो सकता आदि उसी रणनीति के प्रति निष्ठा तथा विश्वास के उदाहरण हैं। देश और समाजवादी आंदोलन के दुर्भाग्यवश डॉ. लोहिया इस प्रयोग को तार्किक परिणति तक नहीं पहुंचा सके और 12 अक्टूबर, 1967 को उनका देहावसान हो गया।

मुझे लगता है कि डॉ. लोहिया के देहावसान के बाद ग़ैर-कांग्रेसवाद की रणनीति में जो विकृतियां आयीं उसका चरमोत्कर्ष सन् 1969 में हुआ। राष्ट्रपति पद के चुनाव में

श्रीमती इन्दिरा गांधी श्री नीलम संजीव रेड्डी की उम्मीदवारी के पर्चे में प्रस्तावक बनीं और बाद में अंतरात्मा की आवाज़ को सुनने की छूट देकर श्री वी.वी. गिरि को वोट दिलवाया। गैर कांग्रेसवाद को रणनीति के बदले सिद्धांत तथा दर्शन मानने वाले समाजवादियों को लगा कि अब संसोपा को गिरि के ख़िलाफ वोट देना चाहिए। उन दिनों संसोपा में इस मुद्दे पर गरमा-गरम बहस चलती थी। मेरी दृष्टि में उस समय भी सवाल केवल नीतियों का नहीं ब़ल्कि नैतिकता का था। क्या हमें भी श्रीमती गांधी जैसा ही अनैतिक काम करना चाहिए था? दुनिया के समाजवादी आंदोलन के इतिहास में भारत के समाजवादी आंदोलन की देन रही है—सामाजिक विषमता को दूर करने का प्रयास और नैतिक मूल्यों का निर्वाह।

श्रीमती इन्दिरा गांधी 1966 में प्रधानमंत्री बनी थीं। उनके युग में घटनाएं तेज़ी से घटीं। कांग्रेस का विभाजन हुआ। अपने को प्रगतिशील साबित करने के लिए श्रीमती इन्दिरा गांधी ने बैंकों का राष्ट्रीयकरण, प्रिवी पर्स का ख़ात्मा आदि की घोषणा की। ये मांगें समाजवादी शुरू से उठा रहे थे। इन्हीं घटनाओं के मध्य श्रीमती इन्दिरा गांधी ने लोकसभा भंग कर दी। उस समय पुणे में संसोपा का राष्ट्रीय सम्मेलन हो रहा था। श्री कर्पूरी ठाकुर अध्यक्ष थे और साथ ही बिहार के मुख्यमंत्री थे।

पुणे सम्मेलन के तुरंत बाद संसोपा ने जनसंघ, संगठन कांग्रेस, स्वतंत्र पार्टी के साथ सीटों का तालमेल करने का फैसला किया। अखबार वालों ने इसे 'ग्रैंड एलायंस' का नाम देकर बदनाम करने की कोशिश की। समाजवादियों के प्रसोपा धड़े तथा इन्दिरा कांग्रेस के बीच सीटों के तालमेल की बात चली, लेकिन बनी नहीं। वास्तव में तथाकथित 'ग्रैंड एलायंस' के बीच भी किसी राज्य में तालमेल नहीं हो सका। बदनामी जरूर हुई।

सन् 1971 के चुनाव में दोनों समाजवादी धड़ों की बूरी तरह फज़ीहत हुई। संसोपा को मात्र तीन सीटें मिली। दो बिहार में और एक मध्य प्रदेश में। उसी तरह प्रसोपा को भी दो ही सीटें मिलीं। एक महाराष्ट्र से मधु दंडवते और दूसरे पश्चिम बंगाल से समर गुहा। दोनों धड़ों को यह अहसास हुआ कि समाजवादी आंदोलन के विभिन्न धड़ों को एक साथ आना चाहिए। इस तरह 1971 के नौ अगस्त के ऐतिहासिक दिन प्रसोपा, संसोपा तक भासोपा (इंडियन सोशलिस्ट पार्टी)* के लोगों ने मिलकर सोशलिस्ट पार्टी का गठन किया। इसके अध्यक्ष कर्पूरी ठाकुर तथा महामंत्री मधु दंडवते बने। लेकिन इसके पहले ही संसोपा में काफी मतभेद उत्पन्न हो गये थे। इसलिए एकीकृत सोशलिस्ट पार्टी ज़्यादा दिनों तक नहीं चल सकी। श्री राजनारायण जी के अनुयायी इससे अलग हो गये और संसोपा (लोहियावादी) के नाम से एक नयी पार्टी बना ली। इन घटनाओं का वर्णन कैप्टन साहब ने अपनी 'आत्मकथा' में किया है। इसके तुंरत बाद श्री राजनारायण जी अपने साथियों को लेकर भारतीय लोकदल में शामिल हो गये। इस दल

* संसोपा तथा प्रसोपा से अलग होकर कुछ समाजवादी नेताओं ने इन्डियन सोपा का गठन किया था। केरल की पार्टी इसमें प्रमुख थी। बिहार के श्री सूरज नारायण सिंह, श्री त्रिपुरारी प्रसाद सिंह आदि भी इसके नेता थे।

में बलराज मधोक जैसे जनसंघ के पूर्व अध्यक्ष, स्वतंत्र पार्टी के पीलू मोदी तथा चौधरी चरण सिंह के अनुयायी शामिल हुए। श्री राजनारायण तो बांका के उप चुनाव में मधु लिमये के ख़िलाफ लड़े और बुरी तरह हारे भी।

सन् 1971 से '76 के बीच भारतीय राजनीति में बड़ी तेजी से घटनाएं घट रही थीं। पाकिस्तान से अलग होकर बंगला देश का बनना, इन्दिरा गांधी के पुत्र संजय गांधी का संविधानेतर शक्ति केंद्र बनना, नव-निर्माण आंदोलन तथा मोरारजी भाई के उपवास के फलस्वरूप गुजरात विधानसभा का भंग होना, विपक्ष का एकजुट होकर 'जनता मंच' के बैनर तले चुनाव लड़ना और जीतना, बिहार तथा अन्य राज्यों में जयप्रकाश जी के नेतृत्व में 'संपूर्ण क्रांति' आंदोलन का चलना, श्रीमती इन्दिरा गांधी के चुनाव का अदालत द्वारा भ्रष्टाचार के आधार पर रद्द होना और अंततः आपात-स्थिति की घोषणा ने भारतीय राजनीति के आयाम को ही बदल दिया। परिस्थितियों का तक़ाज़ा था कि जे.पी. श्रीमती इन्दिरा गांधी की चुनावी चुनौती को स्वीकार करें। इस सिलसिले में उन्होंने शर्त रखी कि विपक्ष के चारों दल संगठन कांग्रेस, जनसंघ, भारतीय लोकदल और सोशलिस्ट पार्टी मिलकर एक दल नहीं बना लेते तो वे चुनाव में प्रचार भी नहीं करेंगे। समय कम रहने के कारण औपचारिक रूप से यह संभव नहीं था। मुझे याद है–16 या 17 जनवरी को मोरारजी भाई रिहा हुए और 18 जनवरी को उनके घर पर बैठक हुई। इन्दिरा गांधी ने चुनाव की घोषणा कर दी थी। उस बैठक में जे.पी. मौजूद भी नहीं थे। लेकिन लोग उनके महत्व को समझते थे। अतः एक ही चुनाव चिह्न पर चुनाव लड़ना तय हुआ। वह चुनाव चिह्न भारतीय लोकदल का था–'चक्र-हलधर।'

सन् 1977 के लोकसभा चुनाव में जनता पार्टी की शानदार जीत हुई। उत्तर भारत से तो कांग्रेस उखड़ ही गई थी। जिस काम को डॉ. लोहिया ने शुरू किया था, उसे जयप्रकाश जी ने पूरा किया। पहली बार केंद्र से कांग्रेस अपदस्थ हुई। स्वयं डॉ. लोहिया ने एकाधिक बार कहा था कि जयप्रकाश ही देश को हिला सकते हैं। जानकार लोग जानते हैं कि अपने देहावसान से पहले आख़िरी बार जब डॉ. लोहिया बिहार आए थे तो तय हुआ कि जे.पी. और लोहिया मिलेंगे और समाजवादी आंदोलन को शक्तिशाली बनाने के तरीके पर विचार करेंगे। लेकिन यह नियति को मंज़ूर नहीं था। सन् '77 के 'जनता-प्रयोग' से जे.पी. क़तई खुश नहीं थे। इतिहास की यह विडंबना देखिए कि आज़ादी के आंदोलन में सर्वाधिक योगदान देने वाले महात्मा गांधी आज़ादी प्राप्त होने के बाद बनने वाली सरकार के क्रिया-कलापों से बेहद असंतुष्ट थे। उनके सपने बिखर गये। उनकी इच्छा के विरुद्ध देश का बंटवारा हो गया। छह माह के अंदर उनकी हत्या हो गयी। गांधी जी की इच्छा की अवहेलना करके कांग्रेस को राष्ट्रीय मंच के बदले एक राजनीतिक पार्टी में बदल दिया गया। लेकिन उस दुर्घटना के बाद बहुत सारे समाजवादियों के कांग्रेस में रह जाने के बावजूद सोशलिस्ट पार्टी एक बड़ी शक्ति के रूप में उभरी।

सं.वि.द. का प्रयोग डॉ. लोहिया के नेतृत्व में हुआ। उस प्रयोग के द्वारा वे जिस लक्ष्य पर पहुंचना चाहते थे, नहीं पहुंच सके। इस प्रयोग के 6-7 महीने के अन्दर वह इस संसार से चल बसे। भारतीय राजनीति का चरित्र तो बदला लेकिन न तो समाजवादी आंदोलन एकजुट हुआ, न मज़बूत। इस दूसरे उत्कर्ष के बाद समाजवादी आंदोलन कमज़ोर होता गया।

तीसरे, 'जनता-प्रयोग' के शिखर पुरुष जे.पी. थे। लेकिन सत्ता प्राप्ति के पहले दिन से ही अपने लक्ष्य की ओर चलने में बाधा उपस्थित होने लगी। जनता प्रयोग की विफलता के बाद तो सोशलिस्ट पार्टी का नाम तक नहीं रह गया। समाजवादी समाज निर्माण की लक्ष्य प्राप्ति के लिए जिस यंत्र को जे.पी. के ही नेतृत्व में गढ़ा गया था, उसे जे.पी. ने ही तहस-नहस करने का आग्रह किया। मुझे अब भी पीछे मुड़कर देखने से लगता है कि विभिन्न प्रयोगों से आम लोगों में सत्ता-प्राप्ति की इच्छा-शक्ति की चेतना ज़रूर बढ़ी। यह लोकतंत्र के लिए बहुत ही शुभ लक्षण कहा जाएगा। लेकिन उस इच्छा शक्ति का दायरा सीमित हो गया। इसी कारण राजनीति धर्म, जाति, क्षेत्र, उप-जाति और अंततः कुनबे के दायरे में सिमट गयी। यह बहुत ही ख़तरनाक परिवर्तन था—लोकतंत्र, समाजवाद, देश, क्षेत्र यहां तक कि कुनबे के लिए अहितकर था। आज जो विकृतियां हम देख रहे हैं, उसका संबंध कहीं न कहीं 'शॉर्ट-कट' की राजनीति से जुड़ा हुआ है।

ऐसा नहीं कि इन प्रयोगों के दौरान लक्ष्य से भटकाव की आशंका न जतायी गयी हो। लेकिन आशंका के पीछे इतनी ताक़त नहीं थी कि दिशा मोड़ी जा सके। वह छिट-पुट प्रतिरोध बनकर रह गयी। आज एक ओर जहां पूंजीवाद अपनी विजय-पताका के लहराने पर इतरा रहा है, उदार लोकतंत्र को ही मानव सभ्यता का चरमोत्कर्ष मानता है, इसके आगे की राह उसे बंद दिखती है, वहीं पहली बार एक ग़ैर-श्वेत मूल का व्यक्ति अमरीका का राष्ट्रपति चुना जाता है, जगह बे जगह एक छोटा समुदाय विभिन्न नामों से पूरे मानव सभ्यता के इतिहास में अर्जित मूल्यों को चुनौती देता है।

अल्पकालिक अधिकतम आर्थिक समृद्धि का लक्ष्य खुले-बाज़ार और गला घोंटू प्रतिस्पर्धात्मक व्यवस्था में ग़ैर बराबरी बढ़ा कर तनाव ही पैदा कर सकती है। इसलिए समता का दर्शन के रूप में समाजवाद पहले से ज्यादा प्रासंगिक है और होगा। लेकिन समाजवाद की पुनर्व्याख्या करनी होगी। आर्थिक समृद्धि के बदले समता, सादगी, स्वावलंबन और आत्मसम्मान तथा पहचान उसके आधार मंत्र हो सकते हैं। ज़रूरत को सीमित करने का गांधी जी के द्वारा सिखलाया गया मूल मंत्र तथा मार्क्स की परिकल्पना के नये मनुष्य के सृजन के समन्वय के साथ समाजवाद के नये स्वरूप की कल्पना कर सकते हैं। इतिहास अर्थात हमारे पुरखे हमसे पूछ रहे हैं कि क्या आप यह काम कर सकेंगे। कैप्टन साहब भी यही सवाल पूछ रहे हैं। अपनी दूसरी तथा तीसरी पीढ़ी से। उत्तर तो वारिस ही देंगे। उनका नाम तभी रहेगा, जब निरन्तरता बनी रहेगी। समाजवाद तो आएगा ही। कब और कैसे आएगा—इसका जवाब हमें देना है।

कैप्टन साहब 1948 में सोशलिस्ट पार्टी में शामिल हुए। यही वर्ष सोशलिस्ट पार्टी का स्थापना वर्ष भी है। फिर प्रजा सोशलिस्ट पार्टी, सोशलिस्ट पार्टी, संयुक्त सोशलिस्ट पार्टी और एक बार फिर 1972 में सोशलिस्ट पार्टी बनने और 1 मई, 1977 तक इसके जनता पार्टी में विलय होने तक वह ज़िला स्तर से लेकर राज्य और उसकी राष्ट्रीय कार्यकारिणी के सदस्य तक रहे। लेकिन उनका अधिकतर कार्य क्षेत्र उत्तर प्रदेश तक सीमित रहा। उन्होंने इस दौर के समाजवादी आंदोलन के न केवल हर आंदोलन में शिरकत की बल्कि कई मोर्चों पर उसके अगुवा भी रहे। 1966 में जब डॉ. लोहिया ने ग़ैर-कांग्रेसी दलों को इकट्ठा कर ग़ैर कांग्रेसवाद की रणनीति बनाई तो कैप्टन साहब उस समय उत्तर प्रदेश संसोपा के राज्यमंत्री थे और 1967 में राज्य में हुए आम चुनावों की कमान उनके हाथों में थी। इन चुनावों में संसोपा देश भर में क़रीब 125 लोकसभा सीट लड़ी जिनमें 45 अकेले उत्तर प्रदेश में थीं और कई राज्यों में क़रीब साढ़े आठ सौ विधानसभा सीटों पर चुनाव लड़ी जिनमें ढाई सौ उत्तर प्रदेश में थीं। इसका विस्तृत ब्यौरा कैप्टन साहब ने अपनी आत्मकथा में दिया है।

1977 में जनता पार्टी बनने के बाद वह उत्तर प्रदेश जनता पार्टी के अध्यक्ष बने और 1980 तक इस पद पर रहे। जनता पार्टी के अनुभवों और इसकी टूट के कारणों की भी उन्होंने विस्तार से चर्चा की है।

आमतौर पर कतिपय अपवादों को छोड़ राजनेताओं द्वारा लिखित 'आत्मकथा' में घटनाओं का वस्तुगत वर्णन और विश्लेषण नहीं रहता। कैप्टन साहब बहुत हद तक उन कतिपय अपवादों की श्रेणी में रखे जाएंगे। उन्होंने ईमानदारी से घटनाओं और व्यक्तियों का वर्णन किया है, न केवल अपने साथियों के बारे में बल्कि एक समय के अपने विरोधियों के बारे में भी।

प्रो. विनोद प्रसाद सिंह

'परिवर्तन'
62, कौटिल्य नगर, पटना 800 014

मुश्किल है जिनको भूल पाना

यूं तो मेरे राजनीतिक जीवन की शुरुआत महज़ 11-12 वर्ष की उम्र में 23 मार्च, 1931 को उस समय हो गई थी जब शहीदे आज़म भगत सिंह को लाहौर जेल में फांसी दी गई। भगत सिंह ही मेरे पहले आदर्श थे जिनकी फांसी के विरोध में ख़ुर्जा में निकाले गए जूलूस में, मैं शामिल हुआ था। लेकिन बाद में छात्र जीवन के दौरान कम्युनिस्ट नेता कुंवर मुहम्मद अशरफ़ मेरे प्रेरणास्रोत बने जिनके कहने पर पहले मैं कम्युनिस्ट पार्टी और बाद में ब्रिटिश फ़ौज में भर्ती हुआ। नेताजी सुभाषचंद्र बोस के नेतृत्व में आज़ाद हिंद फ़ौज में काम करने और देश को आज़ाद कराने के लिए लड़ी गई लड़ाई में शरीक होने का मौक़ा मेरे लिए गर्व की बात है। देश आज़ाद हो जाने के बाद सोशलिस्ट रहनुमा डॉ. राममनोहर लोहिया सही मायनों में मेरे नेता और आदर्श बने और उनके नेतृत्व में समाजवादी आंदोलन में लगभग 19 वर्षों तक भाग लेने का मुझे जो मौक़ा मिला वो मेरी जिंदगी का कभी न भूलने वाला बाब (अध्याय) है जिसकी अमिट छाप जीवन भर मेरे ऊपर रही।

इसके अलावा मेरे बड़े बहनोई मसूद अली ख़ां, मेरे मामूज़ाद भाई फ़ैज़ अली ख़ां, बड़े साले मक़सूद अली ख़ां और उनके छोटे भाई अब्दुल ख़लील ख़ां का मैं बेहद मशकूर और ममनून हूं जिन्होंने ज़िंदगी के हर उतार-चढ़ाव और सुख-दुख में मेरा साथ दिया।

दादा शंकर प्रसाद ने 1948 में मुझे न केवल सोशलिस्ट पार्टी का सक्रिय सदस्य बनाया बल्कि समाजवादी दर्शन से वाक़िफ़ भी कराया। बेनीप्रसाद माधव पहले 1948 से 55 तक और फिर 1972 से 1990 तक पहले सोशलिस्ट पार्टी और फिर जनता पार्टी में मेरे साथ-साथ रहे। ठाकुर ईश्वरी सिंह, मौलाना फ़तेह मोहम्मद, ठाकुर छत्तर सिंह, सैयद अली हादी, गिरिराज सिंह, प्रेमपाल सिंह वकील, राजवीर सिंह सोलंकी, कस्तूरी लाल जुनेजा, मुज़्ज़फ़्फ़र अली, राजेन्द्र सिंघल, हरिदास, अब्दुल समद ख़ां, मैना, मसरूर अली ख़ां, असग़र पुर, भेदी सिंह सोंदा और बहोरी सिंह क़लंदर गढ़ी ने समाजवादी आंदोलन के हर चरण में मेरा साथ दिया। हालांकि ठाकुर ईश्वरी सिंह और मौलाना फ़तेह मोहम्मद कांग्रेस पार्टी में शामिल हो गए और छत्तर सिंह, गिरिराज सिंह और कुछ अन्य साथी राजनीतिक रूप से निष्क्रिय हो गए।

समाजवादी आंदोलन में डॉ. लोहिया के अलावा फ़रीदुल हक़ अंसारी, एस.एम. जोशी, मामा बालेश्वर दयाल, राजनारायण, रामसेवक यादव, मधु लिमये, प्रेम भसीन,

जॉर्ज फ़र्नांडीज़, प्रो. मधु दंडवते, सुरेन्द्र मोहन, गोलप बोरबोरा, रवि राय, किशन पटनायक, कर्पूरी ठाकुर, रामानंद तिवारी, रामसुंदर दास, कपिल देव सिंह, भोला प्रसाद, बालकृष्ण गुप्त, प्रो. विनोद प्रसाद सिंह, रामविलास पासवान, मनीराम बागड़ी, हीरा लाल जैन, पंडित रामकिशन, पुरूषोत्तम कौशिक, लाडली मोहन निगम, जगदीश जोशी, यमुना प्रसाद शास्त्री, अब्दुल ख़ालिक़ 'बच्चा', आरिफ़ बेग, रघु ठाकुर, शरद यादव, ऐ.पी. ज़ैदी, रमाशंकर सिंह, सुश्री रमा मित्रा, सुश्री मृणाल गोरे, सुश्री शांति नाईक, सुश्री मंजू मोहन, सुश्री प्रमिला दंडवते, सुश्री चंपा लिमये, बद्रीविशाल पित्ती, अध्यात्म त्रिपाठी, लोकनाथ जोशी, गौड़े मुराहरि, के. चंद्रशेखरन, एम.पी. वीरेन्द्र कुमार, के.के. अब्बू, पी. मुहम्मद इस्माईल, डॉ. बापू कालदाते, डॉ. जी.जी. पारिख, भाई वैद्य, सरदार हरभजन सिंह, तेजा सिंह टेवाना, ब्रजमोहन तूफ़ान, मास्टर नुरुद्दीन, रामगोपाल सिसोदिया, मदनलाल हिंद, प्रो. राजकुमार जैन, ललित मोहन गौतम, विजय प्रताप और न जाने कितने अनगिनत साथी हैं जिनके साथ लंबे समय तक समाजवादी आंदोलन में भागीदारी रही।

राज्य स्तर पर सालिगराम जायसवाल, गोपाल नारायण सक्सेना (पालन जी), कमांडर अर्जुन सिंह भदौरिया, सुश्री सरला भदौरिया, महाराज सिंह भारती, विश्राम राय, बृजराज सिंह, वासुदेव सिंह, उग्रसेन, मधुकर दिघे, मंगल देव विशारद, रामस्वरूप वर्मा, चंद्रबली सिंह, दल श्रृंगार दुबे, विष्णुदेव गुप्त, रामसागर मिश्र, नंद किशोर नाई, शेरसिंह धोनी, त्रिभुवन नाथ सांडा, शिव प्रसाद पांड्या, मुल्की राज सैनी, शम्सी मीनाई, युसुफ़ बेग, शफ़ीक़ अहमद तातारी, बाबू बदरे, बशीर महमूद ज़ुबैरी, हफ़ीज़ुर्रहमान दोशी, अनीसुर्रहमान शेरवानी, फ़ना गोरखपुरी, बालोजी अग्रवाल, काशीनाथ मिश्रा, राधेश्याम शर्मा, प्यारेलाल शर्मा, मंज़ूर अहमद समाजवादी, रामनरेश कुशवाहा, रामधारी शास्त्री, सत्यप्रकाश मालवीय, अनंत राम जायसवाल, जनेश्वर मिश्र, रामशरण दास, मुलायम सिंह यादव, रघुवर दयाल वर्मा, भगवती सिंह, रमाशंकर कौशिक, रामेश्वर सिंह, चंद्रशेखर मिश्रा, हरिराज सिंह त्यागी, सरयू प्रसाद त्यागी, जोगेन्द्र सिंह, विमल मेहरोत्रा, गया प्रसाद, बैजनाथ पाल, मोतीलाल देहलवी, रेवा शंकर त्रिवेदी, सुश्री सरस्वती और अलमेलू अम्माल, सुश्री बासंती देवी, सुश्री प्रभावती, सुश्री हबीबा बानू तहसीन, रजनीकांत वर्मा, डॉ. एम.ए. हलीम, मदन पांडे, रमाशंकर गुप्ता, बरकतउल्ला चौहान, धर्मवीर गोस्वामी, हरि केवल प्रसाद, जर्नादन प्रसाद ओझा, भंते कौंडिल्य, हुकुम सिंह परिहार, राजवंत सिंह, श्यामदत्त पालीवाल, रमाकांत पांडेय और युवा साथियों में परिमल कुमार दास, विनय कुमार, कल्पनाथ राय, बृजभूषण तिवारी, सत्यदेव त्रिपाठी, सत्यपाल मलिक, नरेन्द्र गुरु, जर्नादन द्विवेदी, विजय नारायण, मोहन सिंह, मुख़्तार अनीस, उदयन शर्मा, श्याम पाठक, रामजी लाल सुमन, राजनाथ शर्मा, जयशंकर पांडे, हर्षवर्धन, शतरूद्ध प्रकाश, फ़तेह बहादुर, डॉ. आनंद कुमार, सुश्री कुसुम, सुश्री रंजना कुमारी, सुधीन्द्र भदौरिया, के.सी. त्यागी, राजेन्द्र चौधरी, शिवदेव नारायण राय, जगदीश लाल श्रीवास्तव, धर्मराज सिंह और जीतेन्द्र पांडे देवरिया, हरिदास और न जाने कितने सारे साथी जिनके साथ समाजवादी आंदोलन के तहत धरना-जुलूस, प्रदर्शन में भाग लिया, याद आते हैं।

वालिद अयूब अली खां

वालिदा फ़ैज़न

1960 के दशक में

बीवी सुल्ताना बेगम

प्रो. के. एम. अशरफ़

डॉ. राममनोहर लोहिया

समाजवादी आंदोलन के साथी बेनी प्रसाद माधव और दादा शंकर प्रसाद

बटर्सवर्थ, मलेशिया में फ़ौजी दोस्तों के साथ

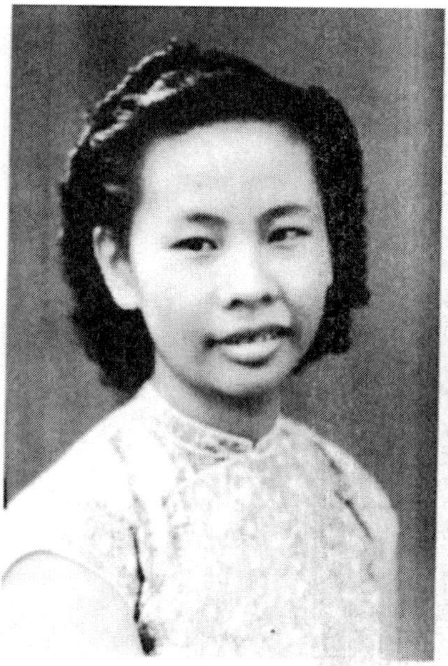

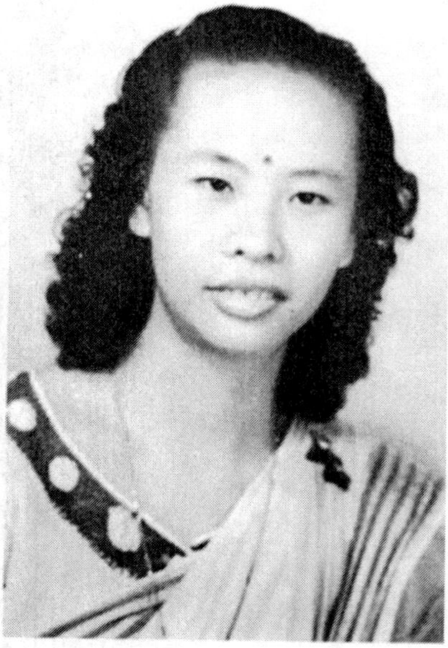

कमलान

पेंनाग, मलेशिया में कमलान के साथ

कमलान, उसकी मां और पिता षणमुगम चैट्टी

मलाया में फ़ौजी दोस्तों के साथ

पेंनाग में रसोइये के साथ

मलाया में आर. आई. ए. एस. सी., ब्रितानी फ़ौज के अधिकारी के रूप में अपनी यूनिट के साथ

आज़ाद हिंद फ़ौज के साथियों के साथ

कुआलालम्पुर, मलेशिया में फ़ौजी दोस्तों के साथ

जनता पार्टी बनने के बाद उत्तर प्रदेश का कोई ज़िला ऐसा नहीं था जिसके सभी घटकों के नेताओं से संपर्क न रहा हो। लेकिन ये बहुत कम समय के लिए था (1977 से लेकर 1980 तक)। इसमें संगठन कांग्रेस, लोकदल, जनसंघ और सीएफ़डी गुट के लोग शामिल थे। प्रधानमंत्री मोरारजी देसाई, उपप्रधानमंत्री चौधरी चरण सिंह और बाबू जगजीवन राम, अटल बिहारी वाजपेयी, चंद्रशेखर, नानाजी देशमुख, सुंदर सिंह भंडारी, हेमवती नंदन बहुगुणा, सुश्री कमला बहुगुणा, बनारसी दास, राजमंगल पांडे, कृष्णकांत, रामधन, रामनरेश यादव, राम प्रकाश गुप्त, डॉ. मुरली मनोहर जोशी, माधव प्रसाद त्रिपाठी, कौशल किशोर, केसरीनाथ त्रिपाठी, कल्याण सिंह, कैलाश प्रकाश, राममूर्ति, रामदत्त जोशी, गौरीशंकर राय, सैयद शहाबुद्दीन, कुंवर महमूद अली ख़ां, महमूद हसन ख़ां, मोहन लाल पिप्पल, ग़यूर अली ख़ां, हरिकेश बहादुर, रियासत हुसैन, रईसउद्दीन वारसी, रफ़ीउल्ला, रशीद मसूद, आरिफ मुहम्मद ख़ां, आज़म ख़ां, बेनी प्रसाद वर्मा, रामलखन शुक्ल, अवधेश कुमार, रविन्द्र सिंह, ओमप्रकाश श्रीवास्तव, मैनेजर सिंह, गौरी भय्या, राम गोविंद चौधरी, सोहनवीर सिंह तोमर, सत्यप्रकाश त्यागी, एम.ए. लारी, हाजी इसलाम कुरैशी, नवाबुद्दीन अंसारी, मज़ाहिर राणा, सौलत अली, रघुनंदन सिंह 'काका', अशोक वाजपेयी, इरफ़ान अली, अनीस अहमद, बहादुर ख़ां, रियासत कुरैशी के साथ काफ़ी संबंध रहा।

ग़ैर कांग्रेस की रणनीति को साकार करने में उत्तर प्रदेश के कई अन्य विपक्षी नेताओं के साथ निकट का संपर्क रहा। रिपब्लिकन पार्टी के नेता बुद्धप्रिय मौर्य, गया प्रसाद प्रशांत और शमीम आलम, भारतीय कम्युनिस्ट पार्टी के नेता डॉ. ज़ेड.ए. अहमद, झारखंडे राय, रुस्तम सैटिन, रमेश सिन्हा, हरीश तिवारी, मार्क्सवादी कम्युनिस्ट पार्टी के शिव कुमार मिश्र और शंकर दयाल तिवारी, स्वतंत्र पार्टी के भानुप्रताप सिंह और अख़्तर अली ख़ां, प्रजा सोशलिस्ट पार्टी के प्रताप भय्या और निर्दलीय रामचंद्र विकल के साथ काफ़ी साथ रहा।

अपनी सियासी और समाजी ज़िंदगी का सफ़रनामा लिखने के लिए मुझे कमांडर अर्जुन सिंह भदौरिया और मेरे अज़ीज़ दोस्त सग़ीर अहमद ने काफ़ी प्रेरित किया और इस किताब की शुरुआत 12 साल पहले कमांडर साहब के उस ख़त से हुई जो उन्होंने अपनी आत्मकथा 'नींव के पत्थर' का दूसरा खंड लिखते समय मेरे बेटे कुरबान अली को लिखा था। इस ख़त में मुझसे जुड़ी समाजवादी आंदोलन की कुछ घटनाओं का ब्यौरा मांगा गया था।

1996 में हमारे दोस्त स्वर्गीय शकील चंद्र और मोहन गुप्त पत्रकार सुश्री अन्नू आनंद को लेकर मेरे पास आए और अन्नू ने ही इस सफ़रनामे के पहले कुछ अध्याय क़लमबंद किए। 10 वर्ष बाद दूरदर्शन में कार्यरत स्वस्ति कुमार प्रिये ने इस सिलसिले को आगे बढ़ाया और कई माह तक मेरे पास आकर सारे संस्मरण नोट किए और उन्हें टाइप करके किताब की शक्ल दी। कुमार ने जो मेहनत की, उसके लिए मैं उसका बहुत ही अभारी हूं। कमांडर साहब की आत्मकथा 'नींव के पत्थर' और साथी मधुकर दिघे की आत्मकथा 'मेरी लोकयात्रा' से कई आंदोलनों और घटनाओं का संदर्भ मिला जो मेरी

याददाश्त में नहीं थे। इसके अलावा लोकसभा में लोहिया के प्रकाशित 16 खंड और नेहरू संग्रहालय और पुस्तकालय में काफ़ी ऐसे दुर्लभ दस्तावेज़ मिले जिनसे यह आत्मकथा लिखने में काफ़ी मदद मिली। मधु लिमये की किताबों से सोशलिस्ट पार्टी और जनता पार्टी दौर की कई अहम तारीखों और संदर्भों की जानकारी मिली।

इस किताब को संपादित करने का काम कुरबान अली ने किया और बुलंदशहर, अलीगढ़, आगरा, दिल्ली, लखनऊ, पटना, मुंबई और कई अन्य शहरों में समाजवादी साथियों से आंदोलन के दस्तावेज़ और फ़ोटो हासिल किए। जिन घटनाओं, कार्यक्रमों और आंदोलनों से मेरा जुड़ाव रहा था और जिनका ज़िक्र मैंने इस क़िताब में किया है, मैं विशेष रूप से आगरा के बुजुर्ग फोटो पत्रकार और कलाकुंज स्टूडियो के मालिक भाई सत्यनारायण गोयल का आभारी हूं जिन्होंने 40 साल पुराने 1967 के संसोपा के आगरा सम्मेलन के फ़ोटो उपलब्ध कराए। इस सफ़रनामे को अंतिम रूप देने में इश्तिहार के मालिक भाई राजिन्दर अरोड़ा और शैलेन्द्र राय ने बहुत मेहनत की और अपना अमूल्य सहयोग दिया। वरिष्ठ पत्रकार राम बहादुर राय, मधुकर उपाध्याय और राजीव विश्वकर्मा ने कई बहुमूल्य सुझाव दिए। प्रो. विनोद प्रसाद सिंह और प्रो. सत्यमित्र दूबे ने पांडुलिपि पढ़कर इस किताब की भूमिका और प्रस्तावना लिखी। प्रिय संतोष भारतीय और राजकमल प्रकाशन के मालिक अशोक महेश्वरी ने जिस लगन के साथ इसे प्रकाशित किया, उसके लिए मैं इन सब लोगों का बहुत ही शुक्रगुज़ार हूं कि मुझ जैसे साधारण कार्यकर्ता के जीवन के इस छोटे से इतिहास को इन लोगों ने इस लायक़ समझा कि उसे किताब की शक्ल दी जा सके। बदले में कुछ और तो मैं नहीं दे सकता, इन सभी लोगों को सिर्फ़ दुआ ही दे सकता हूं।

बचपन से ही अपने इस अज़ीम मुल्क़ को आज़ाद और ख़ुशहाल देखने की तमन्ना थी जिसमें धर्म, जाति, संप्रदाय और भाषा के नाम पर किसी तरह का शोषण न हो, हिन्दोस्तान का हर शहरी सर ऊंचा करके चल सके, जहां अमीर-ग़रीब के नाम पर कोई भेदभाव न हो। हमारा पांच हज़ार साल पुराना इतिहास जाति और धर्म के नाम पर शोषण का इतिहास रहा है। ज़िंदगी में अपनी आंखों के सामने मुल्क़ को आज़ाद देखने की ख़्वाहिश तो पूरी हो गई लेकिन अब भी समाज में व्याप्त असमानता, शोषण, सांप्रदायिकता, अन्याय और भ्रष्टाचार को देखकर तक़लीफ होती है। अपने सार्वजनिक जीवन के 70 वर्षों में इस ग़ैर बराबरी और नाइंसाफ़ी को ख़त्म करने के लिए जो बन पड़ा, किया और डॉ. लोहिया की इस हिदायत को मज़बूती से पकड़े रखा कि 'कप्तान, खाद बनो, आने वाली नस्लों के लिए।'

हम तो चराग़-ए-सहरी (सुबह का दिया) हैं। न जाने कब बुझ जाएं लेकिन मौजूदा नस्ल से और आने वाली पीढ़ियों से यही गुज़ारिश और उम्मीद है कि सच्चाई और ईमानदारी का जो रास्ता हमने अपने पुरखों से सीखा, उसकी मशाल अब तुम्हारे हाथों में है। इस मशाल को कभी बुझने मत देना।

इंक़लाब ज़िंदाबाद!

अब्बास अली

पारिवारिक पृष्ठभूमि

हमारा ख़ानदानी शजरा (पैडीगिरी) सूर्यवंशी राजा रामचंद्र जी से शुरू होता है जिनकी सरयू नदी के किनारे अयोध्या में फ़ैज़ाबाद के क़रीब उत्तर प्रदेश में राजधानी थी। उनकी नस्ल दर नस्ल राजपूतों के मुख़्तलिफ़ गोत्र हो गये और हिंदुस्तान के विभिन्न सूबों में फैल गए और उन्होंने अलग-अलग रियासतें क़ायम कर लीं। चुनांचे हमारे पुरखे राजपूत गोत्र सोलंकी से थे और सोमनाथ मंदिर के रक्षक थे। जब महमूद ग़ज़नवी ने 1026 ई. में सोमनाथ के मंदिर पर चढ़ाई की और चारों तरफ़ से मंदिर को घेर लिया और समुद्र के रास्ते से हल्ला बोलकर मंदिर में दाख़िल हो गया तो हमारे पुरखे आख़िर वक्त़ तक लड़ते रहे। जब कोई और रास्ता न दिखाई दिया तो औरतों ने जौहर कर के अपनी ज़िंदगी ख़त्म कर ली। फ़ौज के जो लोग मरने से बच गये, उन्हें महमूद ग़ज़नवी ने क़ैद कर लिया और सोमनाथ में लूट की। जो लोग क़ैद कर लिए गए थे, उनसे काफ़ी हरजाना वसूल कर के उन्हें रिहा कर दिया। दिल्ली के तंवर राजा इन बचे-खुचे फ़ौजी लोगों को गुजरात के सोलंकी राजा के भतीजे सारंगदेव के क़यादत (नेतृत्व) में दिल्ली ले आये और अपनी हिफ़ाज़ती फ़ौज में तैनात किया। तंवरों के बाद जब दिल्ली की गद्दी पर पृथ्वीराज चौहान आसीन हुए और पृथ्वीराज की महोबा, बुंदेलखंड के राजा से लड़ाई हुई तो हमारे पूर्वजों ने बड़ी बहादुरी दिखाई। इस लड़ाई में जो 1182 ई. में हुई, पृथ्वीराज चौहान की जीत हुई और उन्होंने ख़ुश होकर दिल्ली के पास बरन (बुलंदशहर का पुराना नाम) के 84 गांवों का इलाक़ा जागीर में हमारे पुरखे राजा सारंग देव (द्वितीय) को दे दिया। कन्नौज में राजा जयचंद से हुई पृथ्वीराज चौहान की लड़ाई में राजा सारंग देव मारे गए। सन् 1192 ई. में पानीपत के पास तराईन की दूसरी लड़ाई में पृथ्वीराज क़ैद हो गए और मोहम्मद ग़ौरी उन्हें अफ़गानिस्तान ले गया और दिल्ली पर ग़ौरियों का क़ब्ज़ा हो गया। इसके बाद राजा सारंगदेव के पोते राजा हमीर सिंह से मोहम्मद ग़ौरी के सिपहसालार कुतुबुद्दीन ऐबक की लड़ाई हुई। राजा हमीर सिंह बादशाह की फ़ौज से बहुत लड़े लेकिन आख़िर में सुलह कर ली। राजा हमीर सिंह को 'भाले सुल्तान' का ख़िताब दिया गया। उसी ख़िताब की वजह से राजा हमीर सिंह की औलाद को 'भाल सोलंकी' भी कहा जाता है। राजा हमीर सिंह की सातवीं पुश्त में उनकी नस्ल में बरन के राजा केहरी सिंह हुए जिनके दो लड़के थे। बड़े लड़के का नाम नाहर सिंह और छोटे लड़के का नाम खानचंद्र सिंह था। ठाकुर खानचंद्र सिंह ने मशहूर सूफ़ी संत हज़रत शम्स

ख़ैल की तरग़ीब (प्रेरणा) से इस्लाम मज़हब कुबूल किया और उनका नाम मल्लाह ख़ां रखा गया। नाहर सिंह के लड़के नरपत सिंह और मल्लाह ख़ां के लड़के लाड खां ने अपनी चौरासी गांवों की जागीर आपस में बांट ली। लाड खां के हिस्से में ककोड़ की बयालीसी आई जबकि बड़े भाई ठाकुर नाहर सिंह के लड़के नरपत सिंह को अरनिया की बयालीसी मिली। मगर मुग़ल बादशाह अकबर के दौर में इन दोनों भाईयों की औलादें ख़ुर्जे में आकर आबाद हुईं और अकबर बादशाह ने इन दोनों भाईयों की औलादों को चौरासी गांवों की चौधराहट (मनसब) का अधिकार दे दिया।

चुनांचे आज तक बुलंदशहर ज़िले में राजा नाहर सिंह की औलाद हिंदू मज़हब और राजा खानचंद्र सिंह की औलाद इस्लाम मज़हब के होते हुए भी इन दोनों भाईयों की औलादों में आपसी रस्मों-रिवाज, मेल-जोल आज तक बना हुआ है और हर रंज और ख़ुशी के मौक़े पर बिना लिहाज़ मज़हब हर तक़रीब में शरीक होते हैं।

राजा लाड खां की औलाद में उनके जानशीनों में चौधरी अज़मत अली ख़ां मौज़ा बादौली जो ख़ुर्जे से पांच मील पूर्व में है, जाकर आबाद हो गये। और चौधरी नरपत सिंह के जानशीन चौधरी मोहर सिंह अरनिया गांव में जो ख़ुर्जे से तीन मील दक्षिण में है, आबाद हुए। चौधरी अज़मत अली के चार लड़के हुए, जिनमें से सबसे छोटे भाई चौधरी क़लंदर खां थे। यही क़लंदर ख़ां मेरे खानदान के मूरिस (पूर्वज) थे जिन्होंने 1857 की जंग-ए-आज़ादी से पूर्व मौज़ा बादौली परगना और तहसील ख़ुर्जा, ज़िला बुलंदशहर से आकर ख़ुर्जे (ख़ुर्जा दिल्ली से अलीगढ़ जाने वाले राष्ट्रीय राजमार्ग संख्या 29 पर दिल्ली से 90 कि.मी. और अलीगढ़ से 45 कि.मी. पर है) से दक्षिण में पांच मील पर क़लंदर गढ़ी गांव को आबाद किया और अपने नाम पर ही इस गांव का नाम क़लंदर गढ़ी रखा। इन्हीं क़लंदर ख़ां से मेरा शजरा (पैडीगिरी) शुरू होता है जो इस प्रकार है :

शजरा - ख़ानदान

क़लंदर खां के बड़े लड़के रिसालदार मेजर मुराद अली ख़ां अंग्रेज़ी फौज़ में मुलाज़िम थे और 1848 की लड़ाई में जो अंग्रेज़ों ने सिखों के ख़िलाफ लड़ी थी, शामिल थे। इस लड़ाई में अंग्रेजी फ़ौज की सिख फ़ौज के ख़िलाफ़ जीत हुई। रिसाले के कमांडिंग अफ़सर ने रिसालदार मेजर मुराद अली ख़ां के लिए ज़िला बुलंदशहर के डिस्ट्रिक्ट मैजिस्ट्रेट को यह सिफारिश की थी कि उनकी बहादुरी को देखते हुए बुलंदशहर ज़िले में जो सबसे बड़ी जागीर हो, वो रिसालदार मेजर मुराद अली खां को दी जाए।

उधर तो डिस्ट्रिक्ट मैजिस्ट्रेट को पंजाब से यह सिफ़ारिश मिली, दूसरी तरफ़ कुछ लोगों ने बुलंदशहर के डिस्ट्रिक्ट मैजिस्ट्रेट को यह चुग़ली की कि 1857 की लड़ाई में मुराद अली ख़ां के छोटे भाई इमाम बख़्श ख़ां ने मुग़ल बादशाह सिराजुद्दीन मुहम्मद ज़फ़र की हिमायत में अंग्रेज़ों से सलीमगढ़ में जंग की थी जिसकी वजह से नाराज़ होकर ज़िला बुलंदशहर के मैजिस्ट्रेट ने उन्हें काले आम पर फांसी पर लटकाने का हुक्म दिया। जब यह ख़बर मुकेरियां, ज़िला होशियारपुर, पंजाब में उनके बड़े भाई रिसालदार मेजर

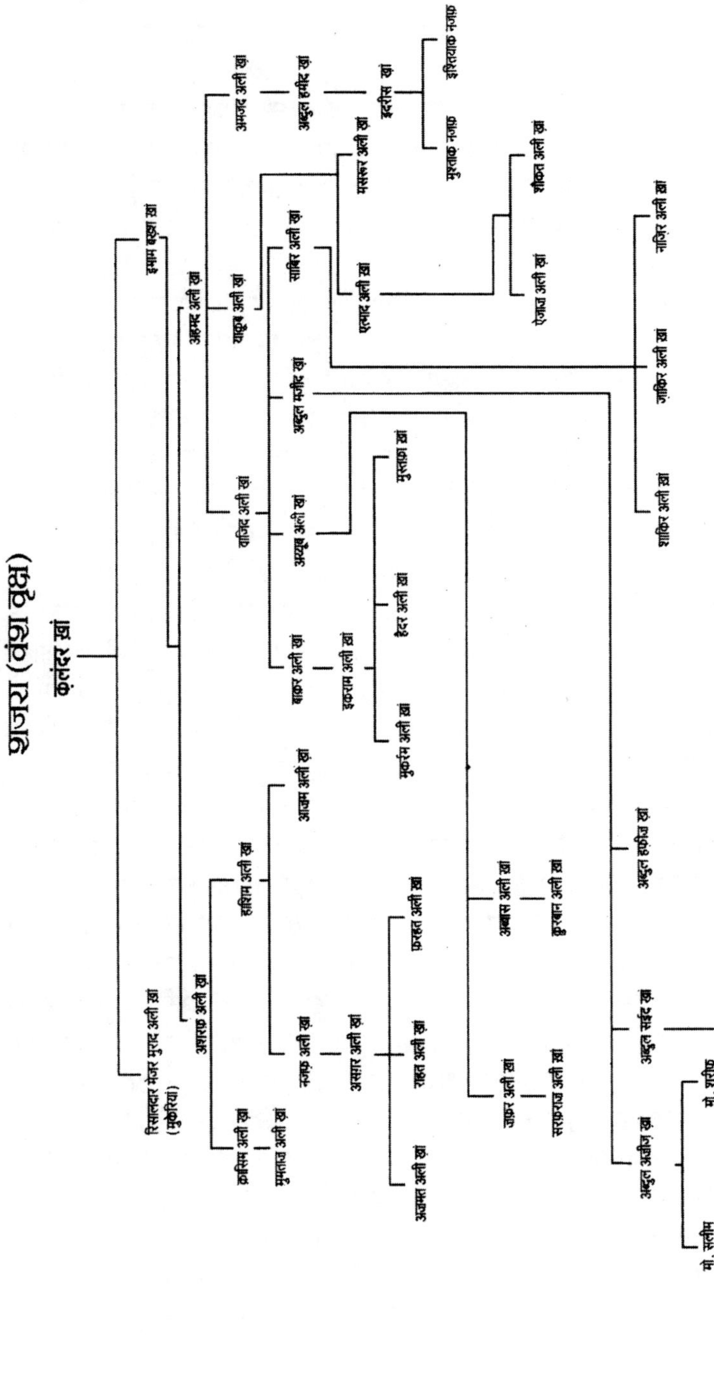
शजरा (वंश वृक्ष)
क़लंदर ख़ां
इमाम बख़्श ख़ां
रिसालदार मेजर मुराद अली ख़ां (मुकेरियां)
अहमद अली ख़ां
अशरफ़ अली ख़ां
अमजद अली ख़ां
याक़ूब अली ख़ां
वाजिद अली ख़ां
हाशिम अली ख़ां
क़ासिम अली ख़ां
मुमताज़ अली ख़ां
अब्दुल हमीद ख़ां
इदरीस ख़ां
मुश्ताक़ नजफ़
इश्तियाक़ नजफ़
मसरूर अली ख़ां
एतमाद अली ख़ां
ऐजाज़ अली ख़ां
शौकत अली ख़ां
साबिर अली ख़ां
अब्दुल मजीद ख़ां
अय्यूब अली ख़ां
बाक़र अली ख़ां
इकराम अली ख़ां
मुस्तफ़ा ख़ां
हैदर अली ख़ां
मुकर्रम अली ख़ां
आज़म अली ख़ां
नजफ़ अली ख़ां
असरार अली ख़ां
फ़रहत अली ख़ां
राहत अली ख़ां
अज़मत अली ख़ां
नाज़िर अली ख़ां
ज़ाकिर अली ख़ां
शाकिर अली ख़ां
अब्बास अली ख़ां
क़ुरबान अली ख़ां
ज़फ़र अली ख़ां
सरफ़राज़ अली ख़ां
अब्दुल हफ़ीज़ ख़ां
अब्दुल सईद ख़ां
अब्दुल अज़ीज़ ख़ां
मो. शरीफ़
मो. सलीम
गुलाम जीलानी
गुलाम रब्बानी
गुलाम रहमानी

मुराद अली ख़ां को मालूम हुई तो उन्होंने फ़ौज से छुट्टी ली और रिसाले के कमांडिंग अफ़सर से अपने छोटे भाई इमाम बख़्श ख़ां की रिहाई का सिफ़ारिशी ख़त लेकर बुलंदशहर आये।

ज़िला मैजिस्ट्रेट बुलंदशहर ने रिसालदार मेजर मुराद अली ख़ां के रिसाले के कमांडिंग अफ़सर की सिफारिश पर उनके भाई इमाम बख़्श ख़ां को फांसी से तो बरी कर दिया मगर जो जागीर रिसालदार मेजर मुराद अली ख़ां को देनी तजवीज़ की थी, वो रद्द कर दी। और उनके ख़ानदानी भाई रूस्तम ख़ां को जो गांव मैना क़लंदर गढ़ी में रहते थे, फांसी लगा दी।

इस तरह इस जिस काले आम पर सैकड़ों बेगुनाह फांसी पा गये, वहां से दादा इमाम बख़्श ख़ां की जान ख़लासी हो जाने से सारे एहले खानदान को ख़ुशी हासिल हुई। दादा इमाम बख़्श साहब ने जो निहायत मुनत्ज़िम ज़मींदार थे, अपनी ज़िंदगी में गांव क़लंदर गढ़ी से मिले हुए एक और गांव ज़ाहिदपुर ख़ुर्द को ख़रीद लिया। चौधरी इमामबख़्श खां के दो लड़के अशरफ़ अली खां और अहमद अली ख़ां हुए जिनमें आपस में बेहद मोहब्बत थी, यह दोनों जमींदारी करते रहे। अशरफ़ अली खां बेहद ख़ुदापरस्त और इबादतगुज़ार थे जबकि उनके छोटे भाई अहमद अली ख़ां साहब को घोड़े की सवारी और शिकार का शौक़ था। दादा अशरफ़ अली ख़ां के दो लड़के क़ासिम अली ख़ां और हाशिम अली ख़ां हुए। क़ासिम अली खां बड़े थे और दोनों सालिम गांव क़लंदर गढ़ी और ज़ाहिदपुर ख़ुर्द के नंबरदार भी थे। उनके छोटे भाई हाशिम अली ख़ां साहब महकमा पुलिस में सब-इंस्पेक्टर थे। वह ज़्यादातर ज़िला अलीगढ़ व एटा (उत्तर प्रदेश) में तैनात रहे। अशरफ अली ख़ां के छोटे भाई अहमद अली ख़ां के इंतक़ाल के बाद उनके तीन लड़के दादा वाजिद अली ख़ां, याक़ूब अली ख़ां और अमजद अली ख़ां हुए। मगर दोनों भाईयों की औलाद, यह पांचों भाई एक जगह रहते थे। हालांकि क़ासिम अली खां साहब दोनों गांवों के नंबरदार थे मगर दरअसल ज़मींदारी का सारा काम मेरे सगे दादा वाजिद अली खां साहब ही देखते थे, जो दादा क़ासिम अली ख़ां साहब और हाशिम अली ख़ां साहब से उमर में छोटे थे। उनके सगे भाई याक़ूब अली ख़ां साहब और अमजद अली ख़ां साहब दादा वाजिद अली ख़ां से उमर में छोटे थे। उस ज़माने में सर सैयद अहमद ख़ां मरहूम ने अलीगढ़ में मोहमडन एंग्लो ओरिएंटल कॉलेज की बुनियाद डाल दी थी। मगर इस डर से कि कॉलेज की तालीम से कहीं मेरे भाई अपने इस्लामी मज़हब से न फिर जाएं, दादा वाजिद अली ख़ां ने अपने छोटे भाईयों को अलीगढ़ कॉलेज में दाख़िल नहीं कराया। सिर्फ मकतब तक ही उनकी तालीम हो सकी। सन् 1902 में दारोग़ा हाशिम अली ख़ां का और 1903 में नंबरदार क़ासिम अली ख़ां साहब का इंतक़ाल हो गया। दोनों तायाज़ाद बड़े भाईयों की मौत के वक़्त मेरे दादा वाजिद अली ख़ां साहब की उमर सिर्फ 37-38 साल की थी और दोनों छोटे भाई दादा याक़ूब अली ख़ां साहब 33 साल और दादा अमजद अली ख़ां साहब 28 साल के थे। दादा हाशिम अली ख़ां के बड़े लड़के नजफ़ अली ख़ां साहब की उम्र 22 साल की थी

और छोटे लड़के आज़म अली खां साहब की उमर 19 साल की थी। बड़े दादा क़ासिम अली ख़ां साहब के इकलौते बेटे मुमताज़ अली ख़ां थे जो उनके बुढ़ापे में पैदा हुए और 1903 में उनकी उम्र सिर्फ 5 साल की थी। इधर मेरे हक़ीक़ी ताऊ बाक़र अली ख़ां की उमर 20 साल की थी और वालिद साहब अय्यूब अली ख़ां उस समय (1903) में सिर्फ़ 18 साल के थे। क़लंदर गढ़ी में हमारे बुज़ुर्गों का यह छोटा सा ख़ानदान था। दो गांवों की ज़मींदारी और लंबी काश्त का इंतज़ाम सब मेरे दादा वाजिद अली ख़ां के सुपुर्द था। सबसे बड़े दादा क़ासिम अली ख़ां साहब बेहद ख़र्चीले थे। पांचों भाइयों की जायदाद से जो आमदनी होती थी, वो तो ख़र्च कर ही डालते थे, उसके अलावा बेहद क़र्ज़ लेकर अपने वसी दस्तरख़्वान और अपने मुसाहिबों में ख़र्च पर कभी कमी नहीं आने देते थे। नतीजा यह हुआ कि 1903 में जब दादा क़ासिम अली खां साहब की मौत हुई तो वो 35 हज़ार रुपये के क़र्ज़दार थे। ज़ाहिर है कि दो गांवों की चौथाई जायदाद इस क़र्ज़ को अदा करने के लिए नाकाफ़ी थी। इस वजह से दादा ने अपने छोटे भाइयों और दादा हाशिम अली ख़ां के बड़े लड़के नजफ़ अली ख़ां से मशविरा किया कि किस तरह इस क़र्ज़ को अदा किया जा सकता है। सबने यही जवाब दिया कि इस जिस तरह आप चाहें, इंतज़ाम करें। हम सब आप की हिदायत पर अमल करेंगे। इसके बाद दादा वाजिद अली ख़ां ने गांव ज़ाहिदपुर ख़ुर्द और क़लंदर गढ़ी की सरहद पर जहां पहले नील की कोठी थी, एक मकान जंगल में बनाया और वहीं से दोनों गांव में खेती कराई और एहद किया कि जब तक बड़े भाई का क़र्ज़ अदा न हो जायेगा, गांव में क़दम नहीं रखूंगा। वह 12 साल तक जंगल में रहे। इस बीच उनकी मां बीमार हुईं और उनका इंतक़ाल भी हो गया लेकिन मां की शक्ल देखने को भी वो गांव में दाख़िल नहीं हुए बल्कि गांव से बाहर क़ब्रिस्तान में मां के जनाज़े में शामिल होकर उनका आख़िरी दीदार किया और जब 1915 ई. में बड़े भाई का सब क़र्ज़ अदा कर दिया, तब जंगल से लौटकर गांव में आए।

पैदाइश और परवरिश

मेरे वालिद अय्यूब अली ख़ां पहली जंगे अज़ीम (प्रथम विश्वयुद्ध) से पहले अंग्रेजी फ़ौज में भर्ती हो गये थे और 1908 से 1914 तक वज़ीरिस्तान के क़बायली इलाक़े में बन्नू, डमडेल और रज़मक छावनियों में रहे। ये इलाक़ा वज़ीरिस्तान कहलाता है, जहां वज़ीरी क़बीले के पठान रहते हैं। इन्होंने अपने आपको न तो अंग्रेज़ी हुक़ूमत के मातहत रहना तस्लीम किया और न अफ़ग़ानिस्तान की पठान बादशाहत के मातहत रहना स्वीकार किया। वो आज़ाद वज़ीरिस्तान की क़बायली सरकार चलाते थे और बराबर अंग्रेजों से लड़ते रहते थे। अंग्रेज़ भी इस इलाक़े में जो फ़ौज रखते थे, उनकी एक अच्छी-ख़ासी ट्रेनिंग इस क्षेत्र में हो जाती थी। बन्नू से रज़मक और मीरानशाह तक जो फ़ौज रहती थी, वो साल दर साल बदल दी जाती थी और इस इलाक़े में ट्रेनिंग पाकर ब्रिगेड आगे जाने के लिए 'ट्रेन्ड' हो जाती थी। चुनांचे मेरे वालिद भी पहले विश्वयुद्ध में वज़ीरिस्तान से अदन ट्रूप्स में तैनात हो कर 1914 में हिंदुस्तान से अदन चले गए और वहीं अंग्रेज़ी फ़ौज में रहते हुए तुर्की के ख़िलाफ़ लड़ाई में हिस्सा लिया। लड़ाई के ख़ात्मे के बाद वो 1918 में अदन (यमन) से हिंदुस्तान लौटे और 1920 में मेरी पैदाइश हुई। हमारे मुल्क़ के इतिहास में साल 1919 ई. एक ग़ैरमामूली साल रहा। इसी साल के दौरान मुल्क़ में रौलेट एक्ट लागू कर के अंग्रेज़ी हुक्मरानों ने अवाम की बुनियादी आज़ादी ख़त्म कर दी और पूरे मुल्क़ में दहशत फैला दी थी। पहली जंगे अज़ीम (विश्वयुद्ध) के बाद अंग्रेज़ों ने तुर्की साम्राज्य और उसकी ख़िलाफ़त को ख़त्म कर दिया जिसकी वजह से दुनिया भर के मुसलमानों में अंग्रेज़ों के ख़िलाफ़ ग़ुस्सा फैल गया। हिंदुस्तान में मौलाना शौकत अली और मोहम्मद अली की क़यादत में ख़िलाफ़त आंदोलन शुरू हुआ जिसमें महात्मा गांधी ने भी कांग्रेस पार्टी की तरफ़ से सहयोग दिया। उन दिनों उत्तर भारत में एक गीत गाया जाता था :

"बोली अम्मां मोहम्मद अली की,
बेटे जान ख़िलाफ़त पे देना"

पहली जंगे अज़ीम (प्रथम विश्वयुद्ध) के ख़त्म हो जाने के बाद अंग्रेजों ने एक ख़ास काम ये किया कि दुनिया के सभी देशों को मिला कर 'लीग ऑफ़ नेशन' क़ायम की

जिसमें अंग्रेज़ों ने अपने हिमायतियों के साथ मिलकर अपना दबदबा क़ायम किया और पहले विश्वयुद्ध में जो मुल्क़ उनके ख़िलाफ़ लड़े थे, उन पर बड़ा तावान (लड़ाई का हर्जाना) लाद दिया और उनके इलाक़ों को आज़ाद कर दिया।

उस ज़माने में उत्तर भारत में ज़मींदारी प्रथा चल रही थी और समाज में ऊंच-नीच और छूआछूत का गहरा असर था। क्योंकि हमारा ख़ानदान गांव में ज़मींदार था और हम लोग ख़ानदानी एतबार से मुसलमान राजपूत थे इसलिए गांव के दीगर लोगों के मुक़ाबले में हमें समाज में ऊंचा दर्जा हासिल था। ज़मींदारी निज़ाम ने गांव के समाज को कई हिस्सों में बांट रखा था। हमारी चौपाल पर सिर्फ़ पंडित, ठाकुर और वैश्य लोगों को ही चारपाई या कुर्सी पर बैठने की इजाज़त थी।

तालीम और तरबियत

अपने ताया-ताई से मुझे मां-बाप का प्यार मिला। बचपन में जब मैंने होश संभाला तो अपने ताया-ताई के पास ही रहता था। मेरे ताया पुलिस में उत्तर प्रदेश के झांसी ज़िले के पास उन्नाव थाने में तैनात थे। वहीं उन्होंने मेरा स्कूल में दाख़िला कराया और बाप के नाम की जगह अपना ही नाम लिखवा दिया। ताया के पास रह कर मैंने पहला दर्जा पास किया। इसके बाद जब हमारी दादी का इंतक़ाल हो गया तो मैं अपने मां-बाप के पास क़लंदर गढ़ी आ गया और गांव के नज़दीक मैना क़लंदर गढ़ी के स्कूल में दर्जा दो में दाख़िला ले लिया और वहां अपनी वल्दियत अय्यूब अली ख़ां लिखवाई। इन हालात की वजह से तालीम के दो साल खराब हो गए। दर्जा दो में दाख़िला दिलाने के लिए मेरे दादा मुझे मैना क़लंदर गढ़ी ले गए, तो वहां स्कूल में दाख़िल होने से पहले मैना क़लंदर गढ़ी में हमारे एक और ख़ानदानी दादा आफ़ताब अली ख़ां की चौपाल पर बैठे। उन्होंने मुझे चने की दाल का हलवा खिलाया और प्यार से ये कहा कि अगर तुम्हें स्कूल में किसी तरह की दिक़्क़त हो तो मेरे पास आ जाना। उनका प्यार भरा माहौल मुझे आज तक याद है। पहले लोगों में कैसा भाई-चारा था, वो अब देखने को नहीं मिलता। मुझे आज तक याद है कि मेरे दादा वाजिद अली ख़ां साहब मुझे रोज़ाना मैना क़लंदर गढ़ी स्कूल पहुंचाते और लाते थे। दर्जा दो पास कर मैं तीसरे दर्जे में ख़ुर्जा शहर के प्राइमरी स्कूल नंबर एक में, जो मेरे गांव से पांच मील दूर है, पैदल सफ़र कर के स्कूल जाता था। उस वक़्त स्कूल में क़लंदर गढ़ी से मैं अकेला छात्र था जबकि मेरे साथ मैना क़लंदर गढ़ी से ठाकुर लक्खी सिंह और सोहनपाल सिंह भी जाते थे। हम तीनों में बहुत प्यार था और दोपहर के लिए नाश्ते में जो पराठे और अचार घर से ले जाते थे, तीनों मिल-बांट कर खाते थे। इसमें किसी तरह का छूआ-छूत नहीं होता था। तालीम ख़त्म करने और फ़ौज से वापस आने के बाद भी हम तीनों में आपसी भाईचारा क़ायम रहा। और जब तक ये दोनों जिंदा रहे, मुझे अपने भाई की तरह प्यार देते थे। प्राइमरी स्कूल ख़ुर्जा में टाट-पट्टे के फ़र्श पर हम बैठते थे और काली स्याही और सरकंडे की क़लम से लिखना पड़ता था। स्याही की दवात हमें घर से ही बना कर ले जानी पड़ती थी। गर्मियों में स्कूल सुबह 6 बजे से दोपहर 12 बजे तक चलता था और सर्दियों में सुबह 10 बजे से शाम के 4 बजे तक।

जिस दिन सरदार भगत सिंह और उनके साथियों को अंग्रेज़ी सरकार ने फांसी दी

यानि 23 मार्च 1931 को, उसके तीसरे दिन ख़ुर्जे में इस फांसी के ख़िलाफ़ एक जुलूस निकाला गया। स्कूल की छुट्टी हो गई और मैं जुलूस में शामिल हो गया। हम लोग बा-आवाज़े बुलंद गा रहे थे

भगत सिंह तुम्हें फिर भी आना पड़ेगा,
हुक़ूमत को जलवा दिखाना पड़ेगा।
ए दरया-ए-गंगा तू ख़ामोश हो जा,
ए दरया-ए-सतलुज तू सियाहपोश हो जा।
भगत सिंह तुम्हें फिर भी आना पड़ेगा।
हुकूमत को जलवा दिखाना पड़ेगा।

इस गाने ने मुझे बेहद मुतास्सिर किया। किताबें बग़ल में लिए मैं जुलूस के साथ हो लिया। कई घंटों तक जुलूस ख़ुर्जा के बाज़ारों में घूमता रहा। फिर मंडी दानगंज में एक जलसा हुआ। जलसे में सरदार भगत सिंह और उनके साथियों की क़ुरबानी को सराहा गया। जलसे के बाद जब मैं गांव लौटा तो अंधेरा हो गया था। गांव से वालिद साहब और मेरे बड़े भाई साहिबान इकराम अली ख़ां और ज़फ़र अली ख़ां मेरी तलाश में ख़ुर्जे आने वाली सड़क पर मुझे देखने के लिए खड़े थे कि आज मैंने लौटने में इतनी देर क्यों कर दी। मेरे बड़े भाई मुझे देखते ही चिल्लाए कि आज मैंने इतनी देर कहां लगा दी। मैंने फ़ख़्र से कहा कि मैं भगत सिंह की शहादत के सिलसिले में निकाले गए जुलूस में शामिल था। इस पर भाई साहब ने मेरे एक थप्पड़ जड़ दिया और नाराज़गी में कहा, ''अभी से भगत सिंह के जुलूस में जाने लगा।'' मैं सहम गया। मगर रात को मैंने अपनी मां से शिकायत की कि आज मुझे बड़े भाई ने सिर्फ़ इस बात पर मारा कि मैं भगत सिंह के जुलूस में क्यों शामिल हुआ। मां ने तसल्ली दी और कहा, ''भगत सिंह ने पढ़-लिखकर अंग्रेज़ों के ख़िलाफ़ लड़ाई शुरू की, तुम्हारी पढ़ाई अभी शुरुआती दौर में ही है। पहले ख़ूब पढ़-लिख लो फिर भगत सिंह की पैरवी करना।''

उस ज़माने में गांव में हमारी चौपाल पर पिछड़े और दलित वर्गों के लोग ज़मीन पर ही बैठते थे। खाने-पीने में भी छूआछूत होती थी। हम पंडितों, ठाकुरों और वैश्यों का बनाया हुआ खाना ही खा सकते थे और गांव में नीची जाति के लोगों में ब्याह-शादी के मौक़े पर भी हमारी शिरकत नहीं होती थी।

गांव में एक रोज़ मैंने अपने चचा मुमताज़ अली ख़ां से इस छूआछूत के बारे में गुफ़्तगु की और कहा, ''आपके इस्लाम में तो छूआछूत कहीं नहीं है। फिर आपने गांव में ये बंदिशें क्यों क़ायम कर रखी हैं ? तो मेरे चचा ने मुझे बताया कि हम ऊंची ज़ात में पैदा हुए हैं। हमारा खाना-पीना बड़ी जातियों के साथ है। हम नीची ज़ातों के साथ खाना-पीना नहीं कर सकते। मैंने उनसे कहा कि यह बात तो इस्लामी तालीम के ख़िलाफ़ है। तो वो मुझसे नाराज़ हो गए। उन्होंने कहा कि क्या हमारी मेहतरानी

अगर साबुन से हाथ साफ़ कर के खाना परोसे तो तुम ऐसे खाने को खाओगे? मैंने जवाब में कहा कि मुझे इसमें कोई ऐतराज़ नहीं है। इस पर चचा ने कहा कि अब घर में तुम्हारे बर्तन अलग रखे जाएंगे क्योंकि तुम ऊंच-नीच में यक़ीन नहीं रखते।

1931 में जब मैं क़रीब 12 साल का था, तो दर्जा चार के इम्तहान में ज़िले भर में मुझे ग्यारहवां स्थान मिला और तीन साल के लिए वज़ीफ़ा भी। मेरे दादा और ख़ानदान के लोग सब मुझसे बेहद ख़ुश हुए। बड़े भाई साहब ने भी जिन्होंने भगत सिंह के जलसे में शिरकत पर मुझे थप्पड़ मारा था, मुझे प्यार किया और मिठाई खिलाई। 1935 में मुझे इलाहाबाद बोर्ड में मिडिल के इम्तहान में गणित में इम्तियाज़ (distinction) मिला। अब मैं स्कूल में होने वाली तक़रीरों में हिस्सा लेने लगा। कई बार मुझे ईनाम भी मिले। मुझे स्कूल की तरफ से तक़रीरों में हिस्सा लेने के लिए अलीगढ़, मथुरा और मेरठ भी भेजा गया। वहां भी मैंने ईनाम हासिल किए। ख़ुर्जा मिडिल स्कूल में जब मैं सातवें दर्जे में पढ़ता था तो उस समय उर्दू भाषा मेरी पहली ज़बान थी और उसके साथ दर्जा चार की पढ़ाई दूसरी भाषा के रूप में हिंदी थी जिसके पर्चे में भी मुझे बहुत अच्छे नंबर हासिल हुए जबकि हमारी इसी क्लास के साथी मलखान सिंह को कोई नंबर नहीं मिला। इस पर हमारे हेडमास्टर पं. दयाराम शर्मा ने मेरा नाम मलखान सिंह और मलखान सिंह का नाम अब्बास अली रख दिया और पूरी क्लास के सामने मलखान को शर्म भी दिलायी कि एक हिंदू होते हुए हिंदी भाषा के पर्चे में उन्होंने एक नंबर भी हासिल नहीं किया। मुझे आठवीं और नवीं में भी वज़ीफ़ा मिला। उस वक़्त जे.ऐ.एस. हाई स्कूल ख़ुर्जा के हेडमास्टर लक्ष्मी नारायण माथुर बड़े देशभक्त थे और देशप्रेम के नाते मुझसे बेहद ख़ुश रहते थे क्योंकि हमने स्कूल में 'नौजवान भारत सभा' का गठन किया था। स्कूल में राजाराम उपाध्याय, बदन सिंह तोमर, कल्याण सिंह वर्मा और फ़ैयाज़ मोहम्मद ख़ां मेरे दोस्त थे। इन सबको पढ़ने-लिखने में बड़ी दिलचस्पी थी। राजाराम उपाध्याय राजनीति में भी दख़ल रखते थे।

1937 के सूबाई एसेंबली के चुनाव के मौक़े पर पंडित जवाहर लाल नेहरू जो उस वक़्त कांग्रेस पार्टी के ऑल इंडिया प्रेसीडेंट थे, ख़ुर्जे आए थे। वो प्रोग्राम में चार घंटे देर से पहुंचे मगर लोग उन्हें सुनने के लिए चार घंटों तक बैठे रहे। उसी साल हाई स्कूल का इम्तहान हुआ मगर ख़ुर्जे में ताऊन (प्लेग) फैल गया। मुझे गांव से आने में दिक़्क़त होती थी जिसकी वजह से मैं हाई स्कूल का इम्तहान सेकेन्ड क्लास में पास कर सका। मेरे उस्ताद और स्कूल के हेडमास्टर ने जो मुझे आचरण प्रमाणपत्र (character certificate) दिया उसमें लिखा कि रोज़ाना गांव से पैदल चल कर आने वाला ये लड़का शहरियत की वह सभी ख़ूबियां रखता हैं जो शहरी 'स्कॉलर्स' में होती हैं।

मेरे बचपन में ही दादा वाजिद अली ख़ां के पास एक राजपूत नेता चौ. नासिर अली ख़ां अक्सर आते थे। 1930 में वो दादा के पास एक माह तक रहे। उन्हें हिंदू और मुसलमान राजपूतों के इत्तहाद (**एकता**) का बड़ा ख़्याल था मगर स्वामी श्रद्धानंद जी की शुद्धि तहरीक ने मुसलमान राजपूतों को हिंदू राजपूतों से बहुत नाराज़ कर दिया क्योंकि

ज़िला मथुरा, आगरा और अलीगढ़ में काफ़ी मुसलिम राजपूत शुद्धि आंदोलन के ज़रिए हिंदू हो गये थे। लिहाज़ा चौधरी साहब की कोशिशों से मुसलमान राजपूतों की संस्था 'अंजुमन मुस्लिम राजपूताने हिंद' की बुनियाद डाली गई। वो राजपूतों में फैले ग़लत रस्मो-रिवाज के ख़ात्मे और तालीम की तरक़्क़ी के लिए बड़े ख़्वाहिशमंद थे और राजपूतों का सही इतिहास लिखना चाहते थे। उन्हें हुक़्क़ा पीने का बड़ा शौक़ था। वो मेरे दादा के साथ बैठ कर हुक़्क़ा पीते थे और राजपूतों की दिन-ब-दिन पस्ती और ज़वाल पर गुफ़्तगू करते थे। मैं उनके हुक़्क़े की चिलमें भरता और उनकी बातें दिलचस्पी से सुनता। एक मर्तबा उन्होंने छतारी के नवाब अहमद सईद ख़ां को जो उस वक़्त उत्तर प्रदेश के गवर्नर थे, ख़त लिखा कि राजपूतों का सही इतिहास लिखा जाना चाहिए वरना आने वाली नस्लें अपनी पुरानी तारीख़ को भूल जायेंगी।

1937 में ख़ुर्जे से हाई स्कूल का इम्तहान पास कर मैंने अलीगढ़ मुस्लिम यूनिवर्सिटी में दाख़िला लिया। मैं इतिहास का विद्यार्थी था और मुझे इतिहास पढ़ाने वाले मशहूर कम्युनिस्ट लीडर कुंवर मुहम्मद अशरफ़* थे। वे कार्ल मार्क्स से मुत्तासिर थे और ऑल इंडिया कांग्रेस के सेक्रेट्री भी थे। सूबाई एसेंबली के बाई-इलेक्शन (उप चुनाव) में कांग्रेस की तरफ़ से मरहूम निसार अहमद शेरवानी जो बाद में यू.पी. के कृषि मंत्री भी रहे और मुस्लिम लीग की तरफ़ से शौकत अली उम्मीदवार थे। कांग्रेस की तरफ से इस इलेक्शन को लड़ाने की ज़िम्मेदारी डॉ. कुंवर मुहम्मद अशरफ़ को सौंपी गई। क्योंकि मैं बुलंदशहर का रहने वाला था, डॉ. अशरफ़ मुझे अपने साथ बुलंदशहर ले जाते थे। इस दौरान उन्हें काफ़ी क़रीब से देखने का मौक़ा मिला और उनके बर्ताव में किसी तरह का भेदभाव दिखाई नहीं दिया। वो मुझे अपने साथ खाना खिलाते और तक़रीर करने का मौक़ा होता तो नौजवानों की तक़रीर कराते। उनकी कॉमरेडशिप से हम नौजवान बेहद उत्साहित थे। वो मुझे भी अक्सर तक़रीर करने का मौक़ा देते थे। इस उप चुनाव में मेरी ड्यूटी मेरे वालिद के साथ बुलंदशहर के मामन पोलिंग बूथ पर लगी थी। जो वोटर अपना पहचान पत्र नहीं लाते थे, उन्हें मैं वोटर लिस्ट से पर्चा बनाकर उनका वोट डलवाता था। कांग्रेस उम्मीदवार निसार अहमद शेरवानी एटा ज़िले के रहने वाले थे। मुस्लिम लीग के उम्मीदवार शौकत अली ख़ां बुलंदशहर के निवासी थे। बाहरी और मुक़ामी का सवाल उठता था इसलिए मुस्लिम लीग का उम्मीदवार कामयाब हो गया। शेरवानी साहब चुनाव हार गये। पर कांग्रेसी नेताओं ने डॉ. अशरफ़ की कारकर्दगी और मेहनत की काफ़ी तारीफ़ की। ख़ुद पंडित जवाहरलाल नेहरू ने डॉ. अशरफ़ की तारीफ़ की। उन पर गांधी जी की अहिंसा का असर कम था। वे कार्ल मार्क्स की सोशलिज़्म की तहरीक के मानने वाले थे। डॉ. साहब चाहे हमें 'वॉर ऑफ़ रोज़ेज' पढ़ायें या पानीपत की लड़ाइयां, हफ़्ते में एक बार उनसे ये ज़रूर सुनने को मिलता था कि गांधी जी की अहिंसा की नीति पर चल कर मुल्क़ को स्वराज नहीं मिलने वाला। अगर मुल्क़ को अंग्रेज़ों की ग़ुलामी से

* कुंवर मुहम्मद अशरफ़ (1903-1962) ऑल इंडिया कांग्रेस पार्टी के सचिव बाद में कांग्रेस सोशलिस्ट पार्टी और कम्युनिस्ट पार्टी में शामिल क्रांतिकारी विचारों के प्रणेता इतिहासकार। निधन 7 जून 1962 बर्लिन (जर्मनी) में।

निजात दिलानी है तो इसके लिए हिन्दुस्तानी फ़ौज को बग़ावत पर आमादा करना होगा और अंग्रेज़ों से हिंसा के ज़रिये ही मुल्क़ को आज़ाद कराया जा सकता है। उनकी इस तालीम ने मेरे ऊपर बड़ा असर किया। उधर कांग्रेस के अध्यक्ष के चुनाव में नेताजी सुभाषचंद्र बोस दूसरी बार भी सदर चुन लिए गए जबकि इस चुनाव में गांधी जी ने सुभाषचंद्र बोस की डटकर मुख़ालिफ़त की और यहां तक ऐलान कर दिया कि नेताजी के मुक़ाबले उम्मीदवार पट्टाभि सीतारमैय्या की हार मेरी हार होगी। इसके बावजूद पट्टाभि सीतारमैय्या कांग्रेस सदर का चुनाव हार गए। मगर गांधी जी के चेलों ने पुरानी कांग्रेस कार्यकारिणी जिसका वजूद नए सदर नियुक्त होने पर ख़त्म हो गया था, की बैठक बुलाई और प्रस्ताव पास किया कि सुभाषचंद्र बोस कांग्रेस के दुबारा सदर तो बन गए मगर वे अपनी नई कार्यकारिणी गांधी जी के मशविरे से बनायें। यह आदेश एक मुर्दा कार्यकारिणी एक नए चुने सदर को दे रही थी जो जम्हूरी सियासत के बिल्कुल ख़िलाफ़ था। इस पर सुभाषचंद्र बोस ने कांग्रेस की सदारत से इस्तीफ़ा दे दिया। गर्म दल और ख़ासकर कांग्रेस में शामिल नौजवानों को इस घटना से बहुत तकलीफ़ पहुंची और उनमें से बहुत से लोगों ने कांग्रेस छोड़ कर फ़ारवर्ड ब्लॉक नाम की जमात बना ली। डॉ. अशरफ़ की सोहबत में आने के बाद मैं अलीगढ़ मुस्लिम यूनिवर्सिटी में आल इंडिया स्टूडेंट फेडरेशन का सदस्य बन गया था और उनके रोज़मर्रा के लेक्चर्स से मेरा 'ब्रेनवाश' होने लगा था।

आज़ादी की लड़ाई का फ़ौजी रास्ता

तीन सितंबर, 1939 को जर्मनी ने अंग्रेज़ों के ख़िलाफ़ यूरोप में जंग का ऐलान कर दिया। जर्मनी के साथ इस जंग में इटली और जापान, उधर अंग्रेज़ों के साथ फ्रांस और अमरीका था। रूस उस वक़्त तक ग़ैर जानिबदार (निरपेक्ष) रहा। अंग्रेज़ों ने ऐलान किया कि हमें हिंदुस्तानी फ़ौज के लिए हिन्दुस्तानी कमीशन्ड अफ़सरों की ज़रूरत है। जो नौजवान इण्टरमीडिएट पास हों और उनकी सेहत अच्छी हो, उन्हें फ़ौज में कमीशन्ड अफ़सर बना दिया जाएगा। मैंने अक्टूबर, 1939 में यह कमीशन हासिल करने की दरख़्वास्त दे दी और नवंबर, 1939 के पहले हफ़्ते में मेरा देहरादून में फ़ौजी ब्रिगेडियर जनरल के सामने इंटरव्यू हुआ। पहले तो जनरल ने मुझे बहुत डराया और ग्रेट ब्रिटेन में जर्मनी के हवाई हमले से होने वाली तबाही का ख़ौफ़नाक मंज़र पेश किया मगर मैंने उन्हें ये बताया कि ये चीज़ें मेरे लिए बेमानी हैं और मेरा यक़ीन है कि मौत अपने वक़्त पर आती है और वक़्त से पहले कोई नहीं मरता। मैंने उन्हें ये भी बताया कि मेरे वालिद दफ़ेदार अय्यूब अली ख़ां पहली जंगे अज़ीम (विश्वयुद्ध) में शामिल थे और वो 18 साल से फ़ौज की पेंशन ले रहे हैं तो ये सुनकर ब्रिगेडियर जनरल ने मुझसे हाथ मिलाया और कहा कि तुम जैसे निडर नौजवानों की ही हमें ज़रूरत है। दूसरे दिन बंगलौर जाने के लिए फ़र्स्ट क्लास का रेलवे पास मुझे दे दिया गया और फ़ौज में भर्ती होने के लिए एक हफ़्ते का वक़्त दिया गया। मैं बहुत ख़ुशी-ख़ुशी देहरादून से अलीगढ़ लौटा। मैंने अपने रूम पार्टनर फ़ैयाज़ मोहम्मद ख़ां को, जो मेरे गांव के क़रीब मुंडा खेड़ा गांव के रहने वाले थे, अपना हमख़्याल बना कर उन्हें यह हिदायत दी कि मैं दो-तीन दिन में अपनी नौकरी पर जा रहा हूं। तुम एक माह तक मेरे ख़त का इंतज़ार करना। जब मैं बंगलौर में अपनी मुलाज़मत से मुतमईन हो जाऊंगा तो तुम्हें ख़बर कर दूंगा। तब तुम मेरा सामान मेरे घर पहुंचा देना। मेरे उस्ताद डॉ. अशरफ़ ये जानकर बहुत ख़ुश हुए और मुझे फ़ौजी ज़िंदगी में आने वाली मुश्किलों से आगाह किया। उन्होंने मुझे नसीहत दी कि मुल्क की आज़ादी के लिए फ़ौज में बग़ावत करने के मक़सद से तुम भर्ती हो रहे हो, इसलिए तुम्हें हर सूरत में अपनी मंज़िल पर पहुंचना है चाहे इसमें कितनी भी मुश्किलें तुम्हारे सामने आयें। डॉ. साहब ने मुझे अपने घर खाने पर भी बुलाया और शाबाशी दी।

एक हफ़्ते के अंदर मैं बंगलौर 'ऑफिसर्स ट्रेनिंग स्कूल' पहुंच गया। यहां मुझ जैसे क़रीब 100 कैडेट ट्रेनिंग ले रहे थे। हमें परेड, पी.टी. और हथियार चलाने के

साथ-साथ मिलिट्री क़ानून की तालीम भी दी जाती थी। यहां हिन्दुस्तानी अफ़सरों का एक जत्था था। तमाम अंग्रेज़ सार्जेंट थे जो फ़र्राटेदार अंग्रेज़ी बोलते थे और उनके हर जुमले में एक गाली ज़रूर होती थी। मुझे मेस में छुरी-कांटे से खाना खाना पड़ता था। मेस का खाना बड़ा बदमज़ा होता था। उबला हुआ गोश्त, उबली हुई सब्ज़ी जिस पर नमक और काली मिर्च डालकर खाना पड़ता था। टीन के डिब्बों से मछली निकाल कर मेज़ पर रख दी जाती थी जिससे बदबू आती थी। आमतौर पर मैं उबली हुई सब्ज़ी और अंडा खाता था और गोश्त और मछली से परहेज़ करता। एक दिन एक अजीब वाक़या पेश आया। लैटरिन के लिए जो कमोड था, उसमें लैटरिन के बाद पानी का इस्तेमाल नहीं किया जाता था। मैं काग़ज़ से सफ़ाई का आदी नहीं था और पानी से सफ़ाई करता था। मेरे पास लखनऊ का एक बड़ा लोटा था जिसमें चार लीटर पानी आता था। मैं उससे सफ़ाई करता था। मगर दूसरे लोग काग़ज़ का इस्तेमाल करते थे जिससे कमोड काग़ज़ों से भरा रहता था। एक दिन मेरे लौटने के बाद सार्जेंट मेजर लैटरिन गया और उस कमोड पर ही बैठा जहां मैं पानी से सफ़ाई करके आया था। इस वजह से पानी सार्जेंट मेजर के बदन पर जा लगा। वो इससे इतना नाराज़ हुआ कि उसने मेरी पेशी कमांडिंग अफ़सर के सामने कर दी और चार्ज लगाया कि मैं यूरोपियन तरीक़े से रहने से नफ़रत करता हूं। जब कमांडिंग अफ़सर ने मेरे ख़िलाफ़ चार्ज पढ़ कर सुनाया तो मैंने साफ़ कह दिया कि मैं हिन्दुस्तानी तरीक़े से रहने का आदी हूं। अगर इससे मेरे कमीशन अफ़सर की ज़िम्मेदारी में कोई फ़र्क़ आता है तो मुझे कमीशन से हटा दिया जाए। कमांडिंग अफसर मेरी बात से बेहद मुत्तासिर हुआ और उसने मुझे हिन्दुस्तानी तरीक़े से रहने की इजाज़त दे दी और हम लोगों के लिए अलग से हिंदुस्तानी तरीक़े के लैटरिन और हमारे खाने के लिए अलहदा मेस का भी इंतज़ाम कर दिया। इसके बाद मैं अपना प्रशिक्षण पूरी मुस्तैदी से करता रहा और मैंने अलीगढ़ में अपने रूम पार्टनर फैयाज़ मोहम्मद ख़ां को ख़त लिखा कि वह मेरा सामान मेरे घर पहुंचा दे। घर में सब लोग मेरी फ़ौज की मुलाज़मत से नाराज़ हो गए। मगर मेरे वालिद मेरे कमीशन अफ़सर बनने से ख़ुश हुए और उन्होंने मुझे मेहनत से ट्रेनिंग पूरा करने की राय दी।

इस प्रशिक्षण के दौरान बहुत सख़्त मेहनत करनी पड़ती थी। एक रात हमें बंगलौर से कृष्णाराजापुरम तक रोड मार्च करने जाना पड़ा। सड़क पर हम लोगों के बूटों की आवाज़ एक सुर में निकलती। रात में 12 मील का रोड मार्च करने के बाद हमें सुबह एक घंटे आराम का मौक़ा दिया गया जिसके फ़ौरन बाद वापसी का हुक्म मिला। हम पूरी रात जागते रहे और फिर सुबह टार्गेट पर गोली चलाने का मौक़ा मिला। ये सब फ़ौजी स्कीमें दिलचस्प होतीं और इनमें काफ़ी मशक़्क़त करनी पड़ती थी। मगर मुझ 19 साल के नौजवान के लिए यह सब करना ज़्यादा दिक़्क़त तलब नहीं होता था। एक दिन दोपहर बाद की क्लास में मेरे प्रशिक्षक ने सवाल किया कि अगर हवाई हमले के दौरान आग लग जाए और क़रीब ही पेट्रोल डिपो हो तो तुम उस मौक़े पर क्या तदबीर करोगे।

मुख़तलिफ़ कैडेटों ने इसके मुख़तलिफ जवाब दिए। मगर मैंने बताया कि हमारी सबसे पहली कोशिश ये होगी कि हम आग को पेट्रोल डिपो से दूर रखें और उसके लिए रेत 'फ़ायर एक्सटिंग्वशर' का इस्तेमाल कर आग को किसी भी हालत में पेट्रोल डिपो तक न पहुंचने देंगे चाहे इसके लिए हमें ख़ुद आग पर लेटना पड़े। मेरे इस जवाब से अंग्रेज़ प्रशिक्षक बड़ा ख़ुश हुआ। जब मेरा प्रशिक्षण ख़त्म हो गया तो मैंने पैदल पलटन में कमांड करने की ख़्वाहिश ज़ाहिर की। मगर अंग्रेज प्रशिक्षक मेरे आग बुझाने के जवाब से इतना मुत्तासिर हुआ कि उसने मुझे पलटन में न भेजकर रॉयल इंडियन आर्मी सर्विस कोर (आर.आई.ए.एस.सी.), आर्मी सर्विस कोर में कमीशन दे दिया।

सितंबर 1940 में नौ माह का प्रशिक्षण पूरा कर मैं रॉयल इंडियन ऑर्मी सर्विस कोर के डिपो फ़िरोज़पुर में तैनात हुआ। सर्विस कोर लड़ाई में शामिल फ़ौज को राशन, पेट्रोल आदि की आपूर्ति करता है और ट्रांसपोर्ट मुहैया कराता है। फ़िरोज़पुर आने के एक माह के अंदर मुझे ब्रिगेड सप्लाई अफ़सर की पोस्ट पर वज़ीरिस्तान जाना पड़ा जहां अंग्रेजों को 'फ़कीर ऑफ इपी' से लड़ाई लड़नी पड़ती थी। एन.डब्ल्यू.एफ़.पी. सूबे यानि सूबा सरहद और अफ़ग़ानिस्तान के बीच ये क़बाइली इलाक़ा आज़ाद था। यहां पश्तो ज़बान बोलने वाले क़बाइली पठानों का राज था जिनका सरदार 'इपी का फ़क़ीर' था जो इस इलाक़े में अंग्रेज़ों का दख़ल पसन्द नहीं करता था और जब मौक़ा मिलता, उन पर चढ़ाई कर देता और गोरिल्ला लड़ाई लड़ता था जिससे अंग्रेज़ी फ़ौज को काफ़ी नुक़सान उठाना पड़ता था। एन.डब्ल्यू.एफ.पी. की बन्नू छावनी से हमारे ब्रिगेड को, जो बन्नू से 60 मील क़बाइली इलाक़े में रज़मक के क़रीब डेरा डाले हुए था, हफ़्ते में एक रोज़ राशन वग़ैरह सप्लाई होता था जबकि बन्नू से रज़मक तक सड़क के दोनों तरफ फ़ौजी लोग सड़क की हिफ़ाज़त के लिए तैनात होते थे। फिर भी 'फ़कीर ऑफ इपी' के फ़ौजी कहीं न कहीं हमारे फ़ौजी राशन को लूट लेते थे। अंग्रेज़ी फ़ौज और 'फ़कीर ऑफ इपी' की फ़ौज में दो-चार लोग हर हफ़्ते ज़ख़्मी होते या मार दिये जाते। इस तरह रज़मक छावनी में भी सिर्फ़ दिन में अंग्रेज़ों की हुकूमत रहती और रात में क़बाइली पठान हमारी पिकेटों पर हमला कर देते। इस तरह हमारी फ़ौज को दुश्मन से लड़ने का एक अच्छा ख़ासा तजुर्बा हो गया।

तीन माह बाद मुझे देहली के पास ख़ानपुर कैम्प में एक अंग्रेज़ी तोपख़ाने की सामान सप्लाई का काम सुपुर्द हुआ। यहां महरौली के पास चिल्ला शरीफ़ में जो लाडो सराय के पास है, सूफ़ी वली मोहम्मद से मुलाक़ात हुई जो जंगल में अकेले रहते थे और ख़ुदा की इबादत करते थे। कुछ ही दिनों में उन्होंने मेरे दिल से कम्युनिस्टों की ये तालीम ख़त्म कर दी कि मज़हब अफ़ीम का नशा है। अब मैं पांच वक़्त की नमाज़ दिल से पढ़ने लगा और ख़ुदा की ज़ात पर मेरा भरोसा क़ायम हो गया। तीन माह में तोपख़ाने की प्रैक्टिस ख़त्म हो गई और मैं वापस अपने डिपो पहुंच गया। ये अंग्रेजी तोपख़ाना मेरठ से प्रैक्टिस के लिए ख़ानपुर कैंप देहली गया था। मेरठ से मुझे अपने डिपो फ़िरोज़पुर वापस कर दिया गया।

फ़िरोज़पुर में तैनात होने के बाद मुझे एक माह की छुट्टी पर घर जाने का मौक़ा मिला। एक स्टार लगाकर बहैसियत सेकेंड लेफ़्टिनेंट मैं अपने गांव में पहुंचा तो सभी ख़ानदान वालों और अज़ीज़ों-रिश्तेदारों ने मुझे बेहद प्यार किया। इस मौक़े पर मेरी शादी के लिए कई जगह से पैग़ाम भी आए मगर मैंने यह कह कर मना कर दिया कि जब तक मैं फ़ौज में हूं, शादी नहीं करूंगा। वालिद के बेहद इसरार पर क़स्बा टप्पल, ज़िला अलीगढ़ के बशीर ख़ां की साहिबज़ादी से मेरी मंगनी कर दी गई। मगर शादी जंग के बाद ही होनी तय हुई। मेरे उस्ताद डॉ. कुंवर मुहम्मद अशरफ़ को नज़रबंद कर दिया गया था। और बहुत से लीडर भी (आज़ादी के आंदोलन के तहत) क़ैद कर लिए गए थे। छुट्टी ख़त्म होने पर मैं वापस अपने डिपो फिरोजपुर (पंजाब) पहुंच गया। अभी मुझे घर से आए एक माह भी पूरा नहीं हुआ था कि मेरे डिपो के एक हिन्दुस्तानी मेजर डालचंद को आर्मी हेडक्वार्टर, दिल्ली से हुक्म मिला कि उन्हें सातवें ब्रिगेड के साथ बरेली से सिंगापुर जाना है और वह फौरन बरेली ब्रिगेड हेडक्वार्टर, बरेली रिपोर्ट करें।

मेजर साहब फ़िरोज़पुर, पंजाब से अपनी लड़की की शादी कर रहे थे जिसके कार्ड भी बंट गए थे। मेजर डालचंद बड़े शरीफ आदमी थे। उन्होंने सेंटर के कमांडर से दरख़्वास्त की कि उनका तबादला एक माह के लिए रोक दिया जाए। मगर कमांडेंट उसके लिए राज़ी नहीं हुए। अलबत्ता उन्होंने यह तजवीज़ रखी कि आपकी जगह अगर कोई और कमीशन अफ़सर सिंगापुर जाने के लिए तैयार हो जाए तो आपका तबादला रोका जा सकता है। उस वक़्त साउथ एशिया में लड़ाई के बादल मंडरा रहे थे। जापान ने 27 सितंबर, 1940 को जर्मनी और इटली के साथ समझौता कर लिया था और किसी भी वक़्त वह जंग का ऐलान कर सकता था। उस माहौल को देखते हुए मेजर डालचंद ने मुझे अपनी परेशानी बताई। मैंने उनसे कहा कि मैं सिंगापुर जाने को तैयार हूं। दूसरे दिन मेजर साहब ने मुझे कमांडिंग अफ़सर के सामने पेश किया और वहां सिंगापुर जाने के लिए मैंने अपनी रज़ामंदी दे दी। एक हफ़्ते के अंदर मेजर डालचंद की जगह कमांडिंग अफसर ने मेरी पोस्टिंग आर्मी हेडक्वार्टर, दिल्ली से सातवें ब्रिगेड के साथ सिंगापुर जाने को करा दी। मैं सिंगापुर जाने से बेहद ख़ुश था और सोचता था कि उस्ताद ने मुझे जो तरग़ीब (शिक्षा) दी थी शायद उसे अब पूरा करने का मौक़ा आ गया है। मैं 1941 में सातवें ब्रिगेड के साथ शामिल हो गया। इस ब्रिगेड ने एक माह बंबई के पास भिवन्ड़ी कैम्प में ट्रेनिंग की और फिर बम्बई से सिंगापुर रवाना हो गया।

यहां से पूरे मलाया (अब मलेशिया) का राशन और पेट्रोल सप्लाई होता था। सिंगापुर में सात-आठ माह काम करते बीत गये। सितंबर, 1941 में सिंगापुर से मलाया के शहर कुआलालम्पुर, ब्रिगेड सप्लाई अफ़सर के पद पर मेरी नियुक्ति हो गयी और अब मैं एक लड़ाकू दस्ते के साथ जुड़ गया। मैं ब्रिगेड मेस में खाना खाता और सभी फ़ौजी अफ़सरों से, चाहे वो ब्रिटिश हों या हिन्दुस्तानी, मेरी दोस्ती हो गयी। इसके तीन महीने बाद जापान ने आठ दिसंबर, 1941 को मलाया पर हमला कर दिया। दस दिसंबर, 1941 को जापानियों ने फ़ौजी जंगी जहाज़ 'प्रिंस ऑफ वेल्स' और 'रिपल्स' को सिंगापुर के पास समंदर में डुबो दिया। अब हमारी जापानियों से आमने-सामने की लड़ाई शुरू हो

गई। हमारा दस्ता जापानी फ़ौजों से मलाया में लड़ता हुआ सिंगापुर की तरफ पीछे हटता रहा। 11 जनवरी, 1942 को हमने कुआलालम्पुर ख़ाली कर दिया क्योंकि हमारी फ़ौज की मदद के लिए ब्रितानी हवाई जहाज़ न होने से हम जापानी हवाई फ़ौज का मुक़ाबला न कर सके। नतीजा यह हुआ कि हमें रोज़ाना पीछे हटना पड़ता था। आख़िरकार हटते-हटते 31 जनवरी, 1942 को हम सिंगापुर पहुंच गये।

मलाया पेनिनसुला के आख़िर में सिंगापुर एक द्वीप (जज़ीरा) है जिससे लोगों के लिए पीने का पानी मलाया पेनिनसुला बड़े-बड़े पाईपों के ज़रिये आता था। जापानियों ने हमला कर सबसे पहले इन पाईप लाईनों को तोड़ दिया। नतीजा यह हुआ कि एक हफ़्ते तक समंदर का पानी उबाल कर पीना पड़ा जिससे फ़ौजियों की बड़ी तादाद को दस्त लग गए। सैकड़ों जवान मरने लगे। जापानियों ने सिंगापुर को चारों तरफ़ से घेर लिया। 13-14 फ़रवरी, 1942 से जापानियों ने सिंगापुर पर हवाई बमबारी के साथ-साथ तोपों से भी गोलाबारी की। चारों तरफ़ आग लगी हुई थी और जिधर देखो, उधर धुआं उठ रहा था। मजबूर होकर 15 फ़रवरी, 1942 को जनरल पर्सीविल को, जो मलाया में जनरल ऑफिसर कमांडिंग थे, एक लाख फ़ौज के साथ हथियार डालने पर मजबूर होना पड़ा। जापानियों के सामने हथियार डालने से पहले जनरल पर्सीविल ने अपने सभी फ़ौजी जनरलों से मशविरा करते हुए कहा कि अब हमारे सामने दो ही विकल्प हैं : या तो अपनी बची हुई फ़ौज और बचे हुए हथियार और गोले-बारूद के साथ जापानियों पर टूट पड़ें या फिर हथियार डाल दें। जनरलों ने एक सहमति से यही मशविरा दिया कि अब लड़ाई जारी रखना, जबकि चारों ओर से फ़ौज से घिर गये हैं, ठीक नहीं है। इसलिए जरनल पर्सीविल ने हथियार डालने का फ़ैसला लिया। हिन्दुस्तानी फ़ौज, जो अंग्रेज़ कमांडरों के मातहत लड़ रही थी, अपने कमांडरों के फ़ैसले से नाराज़ थी और इंडियन इंडीपेंडेंट लीग के तहत बनी जनरल मोहन सिंह की आई.एन.ए. (इंडियन नेशनल आर्मी) में दिलचस्पी रखती थी। जापानी बहुत चालाक थे। हथियार डालने के फ़ौरन बाद उन्होंने नारा दिया कि एशिया, एशिया में रहने वालों का है। यहां अंग्रेज़, फ़्रांसीसी और डच क्यों हुक्मरानी करते हैं। ये नारा सुन कर बहुत से हिन्दुस्तानियों के मन बदले। हथियार डालने के बाद जापानियों ने अंग्रेज़ी अफ़सरों और फ़ौजियों को अलहदा बैरकों में रखा और हिन्दुस्तानी अफ़सरों और फ़ौजियों को उनसे अलग रखा। इसके बाद क्रांतिकारी रासबिहारी बोस, राजा महेंद्र प्रताप सिंह और इंडियन इंडीपेंडेंट लीग के आला नेता हिन्दुस्तानी अफ़सरों और दीगर फ़ौजियों को समझाने के लिए हमारी बैरकों में भेजे गए।

इस मौक़े पर हम जैसे लोगों ने, जो पहले से फ़ौज में बग़ावत करना चाहते थे, बढ़-चढ़ कर हिस्सा लिया और लोग आई.एन.ए. में भर्ती होने लगे। मैं ऑल इंडिया स्टूडेंट फ़ैडरेशन और कम्युनिस्ट पार्टी की नीतियों से प्रभावित होकर ब्रिटिश फ़ौज में भर्ती हुआ था, मगर नेताजी सुभाषचंद्र बोस के 1942 में मलाया पहुंचने से पहले कम्युनिस्ट पार्टी ने अपनी रणनीति बदल दी और दुनिया की सियासत में रूस अंग्रेज़ों के साथ हो गया। हिंदुस्तानी कम्युनिस्ट पार्टी ने भी अब अंग्रेज़ों का समर्थन करना शुरू कर

दिया। मुझे उनकी ये दोग़ली नीति पसंद नहीं आई। मैंने खुलेआम इसका विरोध किया कि जब मेरा मुल्क़ आज भी अंग्रेज़ों का ग़ुलाम है तो मैं इस ग़ुलामी का समर्थन करने के लिए अंग्रेज़ी फ़ौज का समर्थन क्यों करूं और मैं आई.एन.ए. में शामिल हो गया।

इसके बाद नेताजी सुभाषचंद्र बोस जर्मनी से पनडुब्बी के ज़रिये जापान होते हुए सिंगापुर पहुंचे। उनके आने के बाद सिर्फ़ जंगी क़ैदी ही आई.एन.ए. में शामिल नहीं हुए बल्कि साउथ ईस्ट एशिया के लाखों शहरी, औरतें और मर्द आज़ाद हिंद फ़ौज में शामिल हुए और हमें अपने उस्ताद कुंवर मुहम्मद अशरफ़ की नसीहत को पूरा करने का मौक़ा मिला। 1942 में नेताजी के आने के बाद इस इलाक़े में सभी हिन्दुस्तानियों में एक नया जोश पैदा हुआ। आज़ाद हिंद फ़ौज के सुप्रीम कमांडर की हैसियत से उन्होंने आई.एन.ए. की नये सिरे से शुरुआत की। नये ब्रिगेड और दस्ते बनाये गये और देशप्रेम का जोश पैदा किया। यहां तक कि औरतों ने ज़ेवर उतार कर नेताजी के पैरों में डाल दिए। कर्नल लक्ष्मी को रानी ऑफ़ झांसी बटालियन का कमांडिंग अफ़सर बनाया गया। हमें मैदानी और जंगलों में लड़ाई लड़ने का प्रशिक्षण दिया गया। इंडियन नेशनल आर्मी को नेताजी ने एक बेहतरीन लड़ाकू फ़ौज के रूप में प्रशिक्षित किया था जो किसी भी फ़ौज का मुक़ाबिला करने की ताक़त रखती थी।

सियासी तौर से नेताजी सुभाषचंद्र बोस ने जापानी हुक़ूमत से एक समझौता किया था और यह तय पाया था कि हमारी हिंदुस्तानी फ़ौज जापानी फ़ौज से कंधे से कंधा मिला कर अंग्रेजी साम्राज्यशाही के ख़िलाफ़ लड़ेगी। हमारे पास 'मैन पावर' तो है मगर लड़ाई लड़ने के लिए हमें गोला-बारूद, हथियार और तोपख़ाने के साथ-साथ और भी दूसरी चीज़ों मसलन राशन और पेट्रोल वग़ैरह की ज़रूरत होगी और इस लड़ाई में सबसे अहम हवाई ताक़त है। अगर हवाई जहाज़ से 'रिपल्स' और 'प्रिंस ऑफ़ वेल्स' की चिमनियों में जापानी फ़ौजी न उतरते तो सिंगापुर और मलाया को फ़तह करना मुश्किल होता इसलिए हमारी आज की सबसे बड़ी ज़रूरत हवाई ताक़त है। जापानियों ने इन सब ज़रूरतों को जायज़ माना और इनको आई.एन.ए. को वक़्त पर मुहैया कराने का वायदा किया।

नेताजी ने पूरे साउथ ईस्ट एशिया का दौरा किया। वो हर उस शहर और छावनी में जाते, जहां कहीं हिंदुस्तानी फ़ौजी क़ैदियों के कैंप थे। वहां वे अफ़सरों, जवानों और हिंदुस्तानी शहरियों के दरम्यान जोशीली तक़रीरें करते थे जिसे सुनकर हिंदुस्तानी तो क्या, जापानी अफ़सर भी दंग रह जाते थे। उनकी तक़रीरें सुनकर आदमी के रोंगटे खड़े हो जाते थे और अक्सर उनकी तक़रीर के दौरान हज़ारों लोग उनकी फ़ौज में भर्ती के लिए अपने आपको पेश करते थे। यहां तक कि बर्मा, मलाया, जावा, सुमाटरा, हिंद चीन, (थाईलैंड) बोरीन्यू फ़ारमूसा हत्ताकि चीन और जापान में भी जहां कहीं हिंदुस्तानी रहते थे, वो इस आज़ादी की लड़ाई में जो, जिस तरह का सहयोग दे सकता था, वो उससे सहयोग मांगते थे। उनका नारा था–

"Give me blood, I shall give you liberty"

"तुम मुझे खून दो, मैं तुम्हें आज़ादी दूंगा"

एक साल की काफ़ी दौड़-धूप के बाद उन्होंने काफ़ी दौलत, लाखों आदमी और उनमें लड़ाई लड़ने का जज़्बा कूट-कूट कर भर दिया था। 21 अक्टूबर, 1943 को उन्होंने आज़ाद हिंद गवर्नमेंट क़ायम की और रंगून की एक फ़ौजी परेड में जापान के वज़ीरे आज़म फ़ील्ड मार्शल टोजो ने उन्हें अंडमान निकोबार जज़ीरे (द्वीप) हुकूमत करने के लिए सौंपे। आज़ाद हिंद गवर्नमेंट को जर्मनी, जापान और इटली के अलावा दुनिया के ग्यारह और मुल्क़ों ने तसलीम किया था। यह एक ऐसा इंक़लाब था जिसे नेताजी हिंदुस्तान की सरज़मीं से बाहर पड़ोसी मुल्क़ों में रहने वाले हिंदुस्तानी और जंगी क़ैदियों की मदद से लाये थे। आज़ाद हिंद गवर्नमेंट ने जनरल मोहन सिंह की बनाई हुई इंडियन नेशनल आर्मी को अपनी आर्मी के तौर पर अपना लिया। मलाया, बर्मा, जावा, सुमाटरा और हिंद चीन में इसके कैंप क़ायम किए गए जहां बड़े पैमाने पर फ़ौजी ट्रेनिंग शुरू की गई।

जिन अफ़सरान और आम फ़ौजियों को पहले से ट्रेनिंग हासिल थी, उन्हें नये भर्तीशुदा लोगों को ट्रेनिंग देने की ज़िम्मेदारी दी गई। ख़ुद मुझे फौज में सप्लाई और ट्रांसपोर्ट में काम करने वाले लोगों को ट्रेनिंग देने की ज़िम्मेदारी सौंपी गई। अब मेरा ओहदा (रैंक) भी बढ़ा कर कैप्टन कर दिया गया। ग़रज़ कि 1943 साल आने तक हिंदुस्तान की सरज़मीं से बाहर हिंदुस्तान की जंगे आज़ादी लड़ने के लिए एक मुस्तैद और अनुशासित फ़ौज खड़ी कर के नेताजी सुभाषचंद्र बोस ने एक नामुमकिन काम को मुमकिन बना दिया। नेताजी में एक फ़ौजी कमांडर के सब गुण मौजूद थे। जापानी फ़ौजी अफ़सर भी पूरी दिलचस्पी से इस नई फ़ौज की ट्रेनिंग से ख़ुश थे कि उन्हें दुश्मन से लड़ने के लिये एक बेहतरीन फ़ौजी संगठन मिल गया था।

नेताजी ने जापानी वज़ीरे आज़म से यह तय कर लिया था कि हिंदुस्तान की सरहद पर दाख़िल होने पर जो इलाक़ा फ़तेह होगा, उसका इंतज़ाम आज़ाद हिंद गवर्नमेंट करेगी। अब वक़्त आ गया था कि आज़ाद हिंद फ़ौज के लोग अपनी वतन परस्ती का सबूत पेश करते। सन् 1944 के शुरू में नेताजी ने आज़ाद हिंद फ़ौज की गांधी डिवीजन को रंगून से अराकान की तरफ़ कूच करने का हुक्म दिया। मैं भी इस डिवीजन के एक ब्रिगेड के साथ बतौर सप्लाई अफ़सर साथ था। रंगून (बर्मा) में हिंदुस्तान के आख़िरी मुग़ल बादशाह बहादुर शाह ज़फर की क़ब्र के पास खड़े होकर उन्होंने इस डिवीजन के लोगों के सामने 'ऑर्डर ऑफ दी डे' (Order of the Day) देकर अपनी फ़ौज का मनोबल बढ़ाते हुए कहा था, "ऐ हिंदुस्तान के बेताज बादशाह, ज़ालिम अंग्रेज़ ने आपको दफ़न होने के लिए दो गज़ ज़मीन भी वतने अज़ीज़ में नहीं दी। आज मुल्क़ से हज़ारों मील दूर आपको यहां बर्मा में दफ़न किया गया है। आप ख़ुदायेताला से दुआ करें कि हमारी यह फ़ौज उस साम्राजी हुकूमत (imperialism) से आपके अपमान का बदला ले सके। ये नौजवान हिंदुस्तान की उस आज़ादी के परवाने हैं जिसकी शमा आपने ख़ुद 1857 में दिल्ली के लाल क़िले में रौशन की थी। आप हमें ताक़त दें कि हम उस लाल क़िले पर आज़ादी का झंडा लहरा सकें।"

इस हुक्म को सुन कर हम लोगों के रोंगटे खड़े हो गए। दिलों में अंग्रेज़ों के ख़िलाफ़ नफ़रत का जज़्बा बढ़ गया। मातृभूमि पर मर-मिटने के लिए हर फ़ौजी का दिल जोश मारने लगा। इस तरह फ़रवरी, 1944 में हम लोग बर्मा में हिंदुस्तान की पूर्वी सरहद की तरफ़ रवाना हुए। उस इलाक़े में अंग्रेज़ों ने तैंतीसवीं ब्रिटिश इंडियन कोर को, जिसमें तीन डिविजन फ़ौज थी, लगा रखी थी जो अराकान से कोहिमा तक फ़ैली हुई थी।

नेताजी सुभाषचंद्र बोस आज़ाद हिंद प्रोविजनल गवर्नमेंट के प्रधानमंत्री थे और इंडियन नेशनल आर्मी के सुप्रीम कमांडर। इंडियन इंडिपेंडेंट लीग भी उनके मातहत काम करती थी। आज़ाद हिंद फौज की काबीना इस तरह थीः प्रधानमंत्री–नेताजी सुभाषचंद्र बोस जिनके पास युद्ध और विदेश विभाग थे। लेफ्टिनेंट कर्नल ए.सी. चटर्जी वित्तमंत्री थे। एस.ए. अय्यर प्रचारमंत्री **थे। कैप्टन लक्ष्मी सहगल महिलाओं के मामले देखती थीं। इसी तरह रेवेन्यू, मैनपॉवर सप्लाई, पब्लिसिटी और प्रोपागैंडा, स्वास्थ्य और समाज कल्याण और शिक्षा** (Revenue, Man power supply, publicity & propaganda, health - social welfare and education) **के मंत्रालय थे। रासबिहारी बोस इस गवर्नमेंट के प्रमुख सलाहकार** थे। **षणमुगम चैटी जो पूर्व में मलाया में बैरिस्टर थे, इस सरकार में क़ानूनी सलाहकार थे।** इंडियन इंडिपेंडेंट लीग का प्रोग्राम इंडियन नेशनल कांग्रेस के उसूल और सिद्धांतों पर ही आधारित था। नेताजी हिंदुस्तान के इतिहास में एक ऐसे बड़े हीरे की तरह थे जिसकी चमक हर तरफ़ जाती थी। उनमें हिंदुस्तान को अंग्रेज़ की गुलामी से आज़ाद कराने का बेइंतहा जज़्बा था। उन्होंने इंडियन इंडिपेंडेंट लीग को जापानियों की किसी तरह भी हीन भावना से ग्रस्त नहीं होने दिया बल्कि उन्होंने जापानी लीडरों और जनरलों के दिलोदिमाग में यह कूट-कूट कर बिठा दिया था कि वे एक बड़ी सूझ-बूझ रखने वाले नेता हैं। उन्होंने जापानी जनरलों को ये भी साफ़ बता दिया था कि जब तक अंग्रेज़ हिंदुस्तान पर क़ाबिज़ है, वो हिंदुस्तान को बतौर सप्लाई बेस इस्तेमाल कर सकेंगे। अगर अंग्रेज़ हिंदुस्तान से नहीं निकाले गये तो जापानियों को साउथ ईस्ट एशिया से निकलना पड़ेगा।

उनकी फ़ौज में हिंदू और मुसलमानों में आपस में बड़ा मेलजोल था। उन्होंने आई.एन.ए. में शामिल मुसलमानों में भरोसा क़ायम करने के लिये तीन डिवीजनल कमांडरों में से दो कमांडर मुसलमान बनाये थे। इन दोनों डिवीजनल कमांडरों में, जिन्होंने सबसे पहले 'फ़ाइटिंग लाइन' की तरफ़ कूच किया, मेजर जनरल कियानि और मेजर जनरल शाहनवाज़ शामिल थे। नेताजी जब जर्मनी से पनडुब्बी में बैठकर टोकियो आये, तब भी उनके साथ उनके एकमात्र साथी आबिद हुसैन थे। इसी तरह जब वे अपने आख़िरी सफ़र पर जापान के लिए हवाई जहाज़ से जा रहे थे तब कर्नल हबीबुर्रहमान उनके साथ इस सफ़र में हवाई हादसे में ज़ख़्मी हुये थे। औरतों में भी रानी ऑफ़ झांसी की रेजीमेंट का हर अफ़सर और सिपाही उन्हें अपने पिता की तरह चाहता था और वे भी उन्हें ऐसी ही इज़्ज़त देते थे। उन्होंने जापानी जनरलों से 1944 में कलकत्ते पर बमबारी करने के लिए मना किया था। इसी तरह आई.एन.ए. ने नेताजी सुभाषचंद्र बोस

के मशविरे पर चलकर अगस्त, 1944 में सियामी (थाईलैंड) फ़ौज के ख़िलाफ़ चपोंग में और मार्च, 1945 में बर्मा फ्रंट पर बर्मी नेशनल आर्मी के ख़िलाफ़ जापान के कहने पर भी लड़ने से मना कर दिया था। आज़ाद हिंद गवर्नमेंट को चलाने और आई.एन.ए. को एक उम्दा लड़ाकू फ़ौज बनाने के लिए नेताजी ने बर्मा मलाया, जावा, सुमाटरा, स्याम और हिंद-चीन यानि पूरे साउथ ईस्ट एशिया के मुल्क़ों में व्यापक दौरा कर के हिंदुस्तानी बाशिंदों के सामने जोशीले भाषण दिये। उन्होंने एक नारा दिया था, ''करो सब न्यौछावर, बनो सब फ़क़ीर।'' इस नारे को सुनकर जिसके पास जो भी सरमाया होता, वह उसे आज़ाद हिंद गवर्नमेंट की मदद के लिए पेश करता। इस नारे को सुनकर थोड़े दिनों में हिंदुस्तानियों ने अपनी बिसात से ज़्यादा 20 करोड़ रूपया इकट्ठा कर के रंगून के आज़ाद हिंद बैंक में जमा कर दिया था। औरतों ने सोने-चांदी के जो ज़ेवर दिये, वे इसके अलावा थे। वैसे तो जनरल मोहन सिंह ने नेताजी के सिंगापुर आने से पहले आई. एन.ए. बनाई थी लेकिन इसका असली गठन नेताजी के जर्मनी से आने पर हुआ। जनवरी, 1944 में नेताजी ने कुछ बड़े हिंदुस्तानी फ़ौजी अफ़सरों को खाने पर बुलाया और तभी आई.एन.ए. की बाक़ायदा तशकील की।

गांधी डिवीजन बंगाल की खाड़ी से लगे समंदर के किनारे-किनारे अराकान में अक्याब जज़ीरे पर क़ाबिज़ हो गयी और यहां से उसकी टुकड़ियों ने रामरी द्वीप पर अंग्रेजों के ख़िलाफ़ मोर्चा संभाला। हमारा ब्रिगेड, जिसका मैं सप्लाई अफ़सर था, रामरी द्वीप से अराकान की तरफ़ आगे बढ़ता गया और वहां उसका मुक़ाबला ब्रिटिश फ़ौज की 33वीं इंडियन कोर से हुआ। हमने इस कोर की सप्लाई लाइन, जो चटगांव से होती हुई अराकान की तरफ आती थी, काट दी। नतीजा ये हुआ कि ये कोर चारों तरफ़ से अराकान की पहाड़ियों में हमारे गांधी डिवीजन से घिर गया। इस कोर की राशन सप्लाई टूटने से कोर में बड़ी अफ़रा-तफ़री फैल गई और 35,000 लोगों की फ़ौज को राशन हवाई जहाज़ के ज़रिये अंग्रेज़ गिराते थे। ये इत्तेफ़ाक़ ही था कि हम लोग भी बड़ी-बड़ी सफ़ेद चादरों के झंडे बनाकर अंग्रज़ों के जहाज़ों से गिराया हुआ राशन इकट्ठा कर लेते थे । पहाड़ियों पर जो हिंदुस्तानी फ़ौज तैनात थी, उससे हम लोग बड़े-बड़े लाउड स्पीकर लगाकर उन्हें लानत-मलामत करते थे कि वो क्यों अंग्रेज़ों की गुलामी को बर्दाश्त कर रहे हैं और आज जब एक मौक़ा आया है कि जापान की मदद से हम अपने देश को आज़ादी दिला सकते हैं तो वो इस सुनहरे मौक़े का क्यों नहीं फ़ायदा उठाते।

उस ज़माने में जापानी हवाई फ़ौज कभी-कभी इस इलाक़े में हमलावर भी होती थी। ब्रिटिश सेना की 33वीं इंडियन कोर का मनोबल टूटने लगा था। उधर मानसून आने के बाद अराकान के इस इलाक़े में बेइंतहा बारिश होती थी। इस कोर को इस मौसम में लड़ाई करने का न तो कोई 'इक्यूपमेंट' दिया गया था, न ही मच्छरों और जोंकों से बचने का कोई इंतज़ाम किया गया था और न ही ज़्यादा बारिश के मौसम में उन्हें लड़ने की कोई ट्रेनिंग दी गयी थी जबकि जापानियों ने हमें इस मौसम में लड़ने के लिए 'इक्यूपमेंट' भी मुहैया किया और इस मौसम के मच्छरों और जोंकों से बचने के लिए पूरी

हिदायत भी दे रखी थी। छह महीने तक लड़ाई के इस मैदान में हमारा अंग्रेज़ों के मुक़ाबले में पलड़ा भारी रहा परंतु जापानियों ने बार-बार आग्रह करने के बावजूद हमें हवाई मदद उपलब्ध नहीं कराई गई। नतीजा ये हुआ कि ठंड का मौसम आते-आते हमारा घेरा ढीला पड़ गया। उधर अमरीकन हवाई बेड़े ने अराकान के इलाक़े पर ताबड़तोड़ हमले करने शुरू कर दिए। इस बीच दिसंबर, 1944 में हमारे गांधी डिवीजन को आराम करने के लिए मलाया भेज दिया गया। हमारी जगह अराकान में जापानी डिवीजन ने ले ली।

अब हमारे ब्रिगेड को मलाया में मलाका, जो समंदर के किनारे एक बंदरगाह है, वहां के कैंपों में रखा गया। यहां मुझे षणमुगम चैटी, जो आज़ाद हिंद गवर्नमेंट में क़ानूनी सलाहकार थे, के साथ मिलिट्री अटैची की ड्यूटी पर लगाया गया। षणमुगम के पूर्वज तमिलनाडु से आकर यहां मलाया में रबर के बाग़ाने में काम करते थे। उनके पिता, जो फ़ार्म मैनेजर थे, ने अपने बेटे को इंग्लैंड भेजकर क़ानून की आला तालीम दिलायी और षणमुगम ने लिंकन-इन में रहकर बैरिस्टरी पास की। षणमुगम चैटी रंग के बेहद काले थे और इंग्लैंड में रह कर डांस के बड़े शौक़ीन थे। इसी दौरान उन्होंने एक चाइनीज़ लड़की से शादी भी कर ली थी और वे उसे लेकर दूसरे महायुद्ध शुरू होने से पहले मलाया के मलाका शहर में रहने लगे। यहां उन्हें एक बेटी भी हुई जिसे वे बेहद प्यार करते थे। मां-बाप की अकेली संतान होने के कारण उसे बहुत लाड-प्यार मिला और उसके पालन-पोषण में बहुत पैसे ख़र्च किये गए। नतीजा यह हुआ कि ये लड़की बहुत ज़िद्दी हो गई। बैरिस्टर साहब अपनी इस इकलौती बेटी से बहुत प्यार करते थे और उन्होंने अपनी इस लड़की कमलान को सीनियर कैंब्रिज तक तालीम दिलाकर घर की देख-रेख के लिए घर पर ही रखा। अपनी मां की तरह कमलान भी अंग्रेज़ी नाच की बेहद शौक़ीन थी और अक्सर घर पर कोई और नाचने के लिए साथ न होता, तो मां के साथ ही नाचा करती थी।

बैरिस्टर साहब मुझ पर बड़े मेहरबान थे और अक्सर अपनी कार से मुझे मेरे मिलेट्री कैंप तक पहुंचाने आते थे। जब कभी उनकी कोठी पर मुझे ज़्यादा रात हो जाती, तो कोठी पर ही मेरे सोने का इंतज़ाम करा देते।

कमलान हिंदुस्तानियों से बेहद नफ़रत करती थी और कभी-कभी अपनी मां से गुस्से में कह बैठती थी कि तुमने बाप जैसे काले आदमी से क्यों शादी की। मगर उसके ऐसा कहने पर न तो उसकी मां नाराज़ होती और न बाप। बैरिस्टर साहब अंग्रेजी का ये जुमला ज़रूर कहते थे, "India's heart is always with China."

मैं उनकी कोठी पर रहते हुए पांच वक़्त की नमाज़ पाबंदी से अदा करता था। मैंने दाढ़ी भी रखी थी। कभी-कभी कमलान मेरी नमाज़ का भी मज़ाक़ उड़ाती और दाढ़ी पर भी फब्ती कसती जिस पर बैरिस्टर साहब और उनकी चीनी बीवी अपनी बेटी को डांट देते थे। एक दफ़ा उसने मुझ पर भी इंग्लिश नाच सीखने के लिए ज़ोर डाला मगर मैंने ये कह कर टाल दिया कि मुझे ये नाच पसंद नहीं है। घर पर जिस दिन मुझे खाना खाने

के लिए बुलाया जाता, मुझे मुर्ग़ा ख़ुद हलाल करके गोश्त बनाना पड़ता। उस दिन श्रीमती चैटी ख़ुद मुर्ग़े का गोश्त तैयार करती। आहिस्ता-आहिस्ता मुझे इस घर में एक अजनबी का नहीं, बल्कि घर जैसा प्यार मिला। बैरिस्टर साहब जहां कहीं दावत पर जाते, मुझे साथ ले जाते और वहां मेरा परिचय अपने मिलेट्री अटैची के बजाय ये कह कर कराते कि ये मेरा बेटा अब्बास है ("He is my son, Abbas.")। मैं आमतौर पर इन दावतों में शाकाहारी बन जाता था। 1944 में क्रिसमस के दिन कमलान के स्कूल में, जहां से उसने पिछले साल सीनियर कैंब्रिज का इम्तेहान पास किया था, खेल-कूद का प्रोग्राम था। एक प्रोग्राम ऐसा भी था जिसमें मेहमान फ़्री लेग की दौड़ में शामिल होते थे। कमलान ने मुझे बुलाकर कहा, "क्या तुम मेरा पार्टनर बनना पसंद करोगे।" मैंने कहा, "हां, मगर तुम्हें मेरे कौशन (Causion) पर कदम रखना होगा।" वो इसके लिए तैयार हो गई और हम दोनों इस दौड़ में साथ-साथ दौड़े। मैंने फ़ौजी कौशन (Causion) देकर अपने साथ-साथ पैर रखने का मौक़ा दिया जिसका नतीजा ये हुआ कि हमारा जोड़ा सबसे पहले निशाने पर पहुंच गया और हमें पहला ईनाम मिला। उस वक़्त कमलान की उम्र 18 साल की थी।

तीन जनवरी, 1945 को मेरा जन्मदिन था। बैरिस्टर साहब ने मेरा जन्मदिन बड़ी धूम-धाम से अपनी कोठी पर मनाया। आज़ाद हिंद गवर्नमेंट के मिनिस्टरों, अफ़सरों, जनरलों के अलावा बहुत से जापानी अफ़सर भी इस दावत में शरीक हुए। मलाका शहर में बैरिस्टर साहब ने अपनी कोठी को दुल्हन की तरह सजाया। इस कोठी के सामने खुला समंदर था जो शाम के वक़्त बड़ा अद्भुत समां बांधे हुए था। मुझे काफ़ी लोगों से जन्मदिन के तोहफ़े मिले मगर सबसे अजीब तोहफ़ा कमलान ने दिया। उसने एक सेफ़्टी रेज़र, जिसके चारों ओर हाथी दांत के सफ़ेद हिस्से लगे हुए थे, पेश किया। क्योंकि मैं दाढ़ी रखे हुए था, इस तोहफ़े को देख कर सबने मेरा मज़ाक़ उड़ाया। इत्तेफ़ाक़ था कि चार जनवरी से छह जनवरी तक मुझे अपनी फ़ौजी यूनिट में कुछ काम था जिसकी वजह से मैं बैरिस्टर साहब की कोठी पर इन दिनों हाज़िरी न दे सका। इस पर बैरिस्टर साहब और उनकी बीवी ने कमलान को काफ़ी डांट लगायी और कहा कि ये मुसलमान बहुत रूढ़िवादी (orthodox) होते हैं। तुम्हें ऐसा मज़ाक़ नहीं करना चाहिए था जिससे कि कैप्टन साहब नाराज़ हो जाएं। सात जनवरी को जब मैं कोठी पर गया तो कमलान ने अपने इस मज़ाक़ के लिए मुझसे माफ़ी मांगी।

1944 के शुरू में अराकान की फ़ौजी लड़ाई में जो तकलीफ़ें उठायी थीं, 1944 ख़त्म होने तक इस माहौल में मैं सारी तकलीफ़ें भूल गया। मलाका में बैरिस्टर षणमुगम साहब की कोठी के सामने समंदर काफ़ी गहरा था, मगर यहां से आगे 6-7 किलोमीटर दूर समंदर पर लोग नहाने जाते थे। नहाने के कपड़े ऐसे होते थे जिनमें बदन का आधा हिस्सा नंगा दिखाई देता था। इन्हें पहनकर ये लोग समंदर में ग़ोते लगाते थे। मुझे ये नंगापन अच्छा नहीं लगता था इसलिए मैं समुद्रतट (Beach) पर बैठ कर इन लोगों को देखता रहता। एक दिन बैरिस्टर साहब की बीवी मेरे लिए भी एक स्वीमिंग सूट बाज़ार

से ख़रीद कर लाईं। फिर उन्होंने मुझे ज़िद करके वो स्वीमिंग सूट पहनाया और अपने साथ मेरा हाथ पकड़ कर समंदर में ले गईं। मैंने समंदर में ग़ोता लगाया। अब मैं भी इस पार्टी में औरों की तरह शामिल हो गया। एक दिन समंदर में एक अजीब वाक़्या पेश आया। समंदर में एक सफ़ेद धागे की तरह का कीड़ा होता है जिसकी लंबाई एक फुट तक होती है। ऐसा ही एक कीड़ा तैरता हुआ कमलान के क़रीब आया और उसने उसकी जांघ में काट लिया। आनन-फ़ानन में वो बेहोश हो गयी और उसकी बत्तीसी बंद हो गई।

हम लोग फ़ौरन उसे मोटर में डालकर घर ले आए। बैरिस्टर साहब ने मलाका के बड़े-बड़े डॉक्टरों को दिखाया, मगर किसी की दवा ने काम नहीं किया। बैरिस्टर साहब के कहने पर मैं अपने ब्रिगेड गया और अपने दोस्त मेजर सरदार अहलूवालिया को साथ ले आया। मेजर साहब ने कहा, "मेरे पास इसका कोई इंजेक्शन नहीं है। हां, गोली है। अगर किसी तरह ये गोली पानी में घोल कर मरीज़ के गले में उतर जाए तो मरीज़ को आराम मिल सकता है।" तय हुआ कि नौ बजे रात से 12 बजे रात तक कमलान की देखभाल बैरिस्टर साहब करें, 12 बजे रात से तीन बजे रात तक उनकी बीवी ड्यूटी करें और तीन बजे रात से मैं जागता रहूं। जब कभी मरीज़ मुंह खोले, गोली की दवा घोलकर मरीज के मुंह में डाल दें। तीन बजे कमलान की मां ने मुझे जगाया और बताया कि कमलान मुतवातिर बेहोश है और उसने अभी तक मुंह नहीं खोला है जिसकी वजह से दवा भी मुंह में नहीं डाली जा सकी। उसकी हालत बदस्तूर ख़राब है। मैंने उन्हें तसल्ली दी और ख़ुदा से दुआ मांगने को कहा। इसके बाद वो जाकर सो गईं। चार बजे के क़रीब कमलान ने अंगड़ाई ली और मुंह खोलकर कहा, "where I am?" ("मैं कहां हूं")? मैंने उसके मुंह खोलते ही गोली घोल कर उसके मुंह में डाल दी और उससे कहा, "don't worry, you are at home." ("फ़िक्र मत करो। तुम घर में हो।") वो फिर बेहोश हो गयी, मगर सुबह छह बजे उसे होश आ गया। घर वाले बड़े ख़ुश हुए। बैरिस्टर साहब कार लेकर मेजर अहलूवालिया को लेने कैंप चले गए। कमलान की मां ने उसका स्वीमिंग सूट बदलकर उसे दूसरे कपड़े पहनाए और चाय पिलाई। अब वो होश में थी और मां से बात कर रही थी। मैंने ख़ुद सुना कि उसकी मां उससे कह रही थी कि जिन हिंदुस्तानियों से वो नफ़रत करती थी, उन्होंने ही उसकी जान बचाई है। जब मैं उसके पास गया तो मैंने देखा कि उसकी आंखों में आंसू हैं और वो खिसियानी नज़रों से मेरा शुक्रिया अदा कर रही है। आहिस्ता-आहिस्ता वो काफ़ी सेहतयाब हो गई।

अब उसके रवैये में काफ़ी बदलाव आ गया था। वो हिंदुस्तानियों पर अब क़तई तंज़ नहीं करती थी और मुझमें काफ़ी दिलचस्पी लेने लगी थी। मेरा हलाल किया हुआ मुर्ग़ा अब उसकी मां नहीं बल्कि कमलान ख़ुद बनाती। मैं अक्सर उसके बनाए हुए खाने की तारीफ़ करता तो वो मुस्करा देती।

अब साउथ-ईस्ट एशिया में लड़ाई का रंग बदल गया था। अमरीका ने जापान पर ताबड़तोड़ हवाई हमले शुरू कर दिए थे। जो बमबार जहाज़ जापान से हमला करके वापस लौटते थे, वो अपने जहाज़ के बाक़ी बम मलाया और बर्मा के फ़ौजी ठिकानों पर

गिरा देते थे। जापानी हवाई फ़ौज अमरीकन हवाबाज़ों का जवाब नहीं दे पा रही थी। आज़ाद हिंद फ़ौज में भी बेचैनी थी। नेताजी कभी जापान, कभी सिंगापुर तो कभी रंगून जाकर अपने फ़ौजियों का मनोबल बढ़ाते थे। मगर अब उन्हें इस जंग में जापानियों की कामयाबी नज़र नहीं आ रही थी।

1945 के शुरू होते ही मेरी फ़ौजी यूनिट, जिसका पड़ाव मलाका नगर के क़रीब था, का ट्रांसफ़र वहां से उत्तरी मलाया में बटरवर्थ के बंदरगाह पर, जो पेनांग की पहाड़ियों के नीचे समंदर के किनारे स्थित है, कर दिया गया और मेरी जगह षणमुगम साहब के मिलिट्री एटैची की पोस्ट पर एक दूसरे फ़ौजी कैप्टन जगत सिंह तैनात कर दिये गए। बटरवर्थ के बंदरगाह पर जो फ़ौजी सामान और राशन उतरता, मेरी यूनिट का काम था कि उसे बटरवर्थ के रेलवे यार्ड से मलाया की दीगर छावनियों को उनकी डिमांड के मुताबिक़ पहुंचाऊं। ये काम इतना ज़्यादा था कि मुझे रात-दिन मसरूफ़ रहना पड़ता।

मलाका से षणमुगम साहब के घर टेलीफ़ोन पर बात होती रहती और ख़त भी आते रहते जिसमें मेरे मलाका न आने और वक़्त पर ख़तों के जवाब न देने की शिकायत भी अक्सर होती थी। मैं टेलीफ़ोन पर भी अपनी बेहद मसरूफ़ियत का ज़िक्र कर के उन लोगों को अपनी मजबूरी का एहसास दिलाता। इस बीच कमलान ने मलाई मुसलमानों से इस्लाम की मज़हबी किताबें, जो अंग्रेजी में थी, पढ़ ली थीं।

जब मैं मलाका में था तो कमलान की मां ने मुझे एक दफ़े ये इशारा भी किया था कि कमलान तुमसे शादी के लिए राज़ी है। मगर मैंने उन्हें बताया कि मेरी मंगनी हिंदुस्तान में एक जगह हो चुकी है और मैं अब दूसरी जगह कैसे शादी कर सकता हूं। लेकिन ये भी सच है कि मलाका से बटरवर्थ आने के बाद मैं कमलान की हर वक़्त की शोख़ियाना बातों को बेहद याद करता था और यह सोचता था कि ये लड़की अगर वाक़ई मुझसे प्यार करती है तो क्या ये इस्लाम मज़हब को क़बूल कर सकती है। मैं बटरवर्थ से हर शनिवार की शाम रेल से एलोर गाजा के स्टेशन पर तीन-चार घंटे का सफ़र करके पहुंच जाता और वहां स्टेशन पर या तो बैरिस्टर साहब ख़ुद या उनका ड्राईवर और कमलान मुझे लेने आते। रेलवे स्टेशन से मलाका का बंदरगाह क़रीब 20-25 कि.मी. की दूरी पर था और हम बैरिस्टर साहब की कार से एक घंटे में मलाका पहुंच जाते थे।

इस बीच एक दिन कमलान ने ख़ुद मुझे शादी का ऑफ़र दिया तो मैंने वही सब परेशानियां उसे बतायीं कि मैं एक पक्का मुसलमान हूं और उसे यह भी बताया कि मैं भी उसे बेहद प्यार करता हूं। मगर मैं अपनी मज़हबी बंदिशों को नज़रअंदाज़ नहीं कर सकता। दूसरे, मैंने उसे अब अपनी लड़ाई का सुखद अंजाम न होने का भी इशारा दिया और ये भी बताया कि अब जापानी लोग आई.एन.ए. की उतनी मदद नहीं करते जैसे वो पहले करते थे। मैंने उसे ये भी बताया कि हो सकता है कि इस लड़ाई के आख़िरी दौर में हम लोग अंग्रेजों के युद्धबंदी हो जाएं। उस सूरत में फ़ौज में बग़ावत का इल्ज़ाम लगाकर अंग्रेज़ी हुकूमत मुझे फांसी की सज़ा भी दे सकती है। कमलान इन सब बातों को सुनकर रंजीदा तो ज़रूर होती थी, मगर मेरे प्यार की ख़ातिर उसे ये सब बातें मंज़ूर

होतीं। अब वो मेरी ख़ातिर इस्लाम धर्म कुबूल करने के लिए भी तैयार थी। एक दिन बैरिस्टर साहब ने मुझसे इस बात पर लंबी गुफ़्तगू की और बताया कि किस तरह उनकी लड़की हिंदुस्तानियों से नफ़रत करती थी और अब वह किस तरह मुझसे प्यार करने लगी है। उन्होंने ख़ुद अपना किस्सा सुनाया कि वो हिंदुस्तानी थे और कमलान की मां चीनी थी और उनके मज़हब भी अलग-अलग थे। मैंने उन्हें बताया कि मुझे अपना भविष्य बहुत अंधकारमय दिखाई देता है। एक फ़ौजी अफ़सर होते हुए मैंने फ़ौज में बग़ावत की है जिसमें मेरा कोर्ट मार्शल भी हो सकता है और मुझे मौत की सज़ा भी हो सकती है।

इन सब बातों के बावजूद मेरे दिल में कमलान ने एक ख़ास जगह बना ली थी। मलाका से आने के बाद मेरे लिए उसकी जुदाई नाक़ाबिले बर्दाश्त होने लगी थी। मगर इस लड़ाई के ख़ौफ़नाक अंजाम का जब ख़्याल आता तो मैं शादी के ख़्याल को तर्क कर देता, मगर मलाका से आने के बाद अब मुझे अपनी ज़िंदगी बड़ी उचाट लगने लगी। जितना प्यार कमलान को मुझसे था, मेरे दिल में भी उसकी मोहब्बत उससे कम न थी। अब मैं इस मसले पर बैरिस्टर साहब और उनकी बीवी से बहुत खुलकर बातें करता था और मैंने उन्हें ये भी बता दिया था कि मैं एक मध्यमवर्गीय ख़ानदान से ताल्लुक़ रखता हूं जबकि आपकी लड़की बड़े लाड-प्यार में पली है। मैं उसकी ख़्वाहिश के मुताबिक़ आराम न दे पाऊंगा और ये संबंध बड़ा अटपटा हो जाएगा। बैरिस्टर साहब मुझे समझाते कि कमलान मेरी अकेली संतान है और मेरी जो कुछ जायदाद है, वो उसकी है। फिर भी मैं उन्हें ये बताता कि मेरे लिए ये मुमकिन नहीं होगा कि मैं अपने मां-बाप और ख़ानदान को छोड़कर यहां मलाया में आबाद हो सकूं। इन तीन-चार महीनों में कमलान का प्यार बेहद बढ़ गया था और रूख़सत होते वक़्त वो जोश में इतनी बढ़ जाती थी कि बाप के सामने मुझे चूमने लगती। इधर उसने इस्लाम की कुछ किताबें पढ़ कर मुझे ये भी बताया कि इस्लाम में तो एक आदमी दो बीवी भी रख सकता है। बहरहाल वो मुझे मेरे हर सवाल में लाजवाब कर देती। मई-जून, 1945 में अमरीकन हवाई बेड़े के ताबड़-तोड़ हमलों से जापानी ही नहीं बल्कि हिंद-चीन, मलाया, बर्मा और इंडोनेशिया के इलाक़े भी, जो जापान ने जंग में क़ब्ज़ा लिए थे, प्रभावित होने लगे। इन दिनों नेताजी बार-बार कभी रंगून, कभी सिंगापुर और कभी जकार्ता जाकर आज़ाद हिंद गवर्नमेंट की बैठकें बुलाते। उधर यूरोप में जर्मनी और इटली लड़ाई में अंग्रेज़ों से हार चुके थे और वहां रूस, अमरीका, इंग्लैंड और फ्रांस का क़ब्ज़ा हो गया था। इन चारों मुल्क़ों को मिलकर अब जापान को हराने की फिक्र थी। बैरिस्टर साहब अक्सर जब नेताजी से मिलकर आते तो अब वो नाउम्मीदी में ये अल्फाज़ बयान करते कि "लड़ाई का नतीजा कुछ भी क्यों न हो, अब हिंदुस्तान अंग्रेज़ों का गुलाम नहीं रह सकता।"

बैरिस्टर साहब को आज़ाद हिंद गवर्नमेंट का भविष्य अंधकार में दिखाई देने लगा था और वो स्वयं मुझको शादी के लिए मजबूर नहीं करते थे। मगर कमलान अब भी मेरे प्यार में पागल थी। उसका वन-प्वाइंट प्रोग्राम मेरे लिए बड़ा दुखदायी था जिसका मैं कोई जवाब नहीं दे सकता था। अगस्त, 1945 में फ़ॉरमूसा में नेताजी के प्लेन-क्रैश

होने की ख़बर मलाया के अख़बारों में भी छपी, मगर सितंबर, 1945 के पहले हफ़्ते में नेताजी सुभाषचंद्र बोस ने सिंगापुर में आज़ाद हिंद फ़ौज के अफ़सरों को संबोधित करते हुए ये घोषणा की थी कि "मैंने आज़ाद हिंद फ़ौज का गठन कोई इलाक़ा फ़तेह करने के लिए नहीं किया था, बल्कि हिंदुस्तान को अंग्रेज़ों की गुलामी से निजात दिलाने के लिए किया था। इस लड़ाई का नतीजा कुछ भी निकले, इंडियन नेशनल आर्मी अपने मक़सद को जल्द पा लेगी।" अब अमरीका ने जापान पर बमबारी और तेज़ कर दी थी और जापान के दो बड़े शहरों पर एटम बम भी गिरा दिए थे जिसके नतीजे में लाखों लोग मारे गए और जापान का बादशाह अपनी फ़ौजों को हथियार डालने की सलाह देने लगा। 1945 का अंत आते-आते जापानियों ने अंग्रेज़ों और अमरीकनों के आगे हथियार डाल दिए और आज़ाद हिंद फ़ौज ने भी उसके सामने हथियार डाल दिए। अब हम लोग अंग्रेज़ों के युद्ध बंदी बन गए। हमारी फ़ौज को भी जापानियों से अलग बैरकों में रखा गया और अब हमसे भी अंग्रेज़ अफ़सर क़ैदियों की तरह काम लेने लगे। हमें उत्तरी मलाया से कुआलालम्पुर के क़रीब बैरकों में रखा गया और फिर वहां से दो माह बाद सिंगापुर ले जाया गया। आख़िरकार सिंगापुर से फरवरी, 1946 में हमारी यूनिट को हमसे अलग करके, जो फ़ौजी अफ़सर आज़ाद हिंद फ़ौज में शामिल हो गए थे, हिंदुस्तान भेज दिए गए और यहां अफ़सरों को अलग-अलग जेलों में रखकर उनका कोर्ट मार्शल किया गया।

मेजर जनरल शाहनवाज़, कर्नल ढिल्लों और सहगल को लाल क़िले में रखकर कोर्ट मार्शल किया गया। हमें मुल्तान के क़िले में तन्हाई में रखा गया और हममें से हरेक को अलग-अलग कोठरियों में रहना पड़ा। हमारे साथ यहां तक सख़्ती थी कि जो आदमी हमें खाना देने आता, उसको भी हमसे बात करने की इजाज़त नहीं थी। वो केवल खाना देकर और पानी रखकर चला जाता। ऐसी हालत में बाहर क्या हो रहा है, हमें उसके बारे में कोई जानकारी नहीं होती थी। जो आराम हमें 1944 के आख़िर से 1945 के मध्य तक मिला था, वो अब ख़त्म हो चुका था। कोर्ट मार्शल के इन दिनों में इतनी तकलीफ़ उठायीं कि इसका हमारी सेहत पर भी बुरा असर पड़ा। हम लोगों का कोर्ट मार्शल मेजर जनरल चेम्सफ़ोर्ड की अदालत में हुआ। अविभाजित पंजाब के बहुत से कांग्रेसी और राष्ट्रीय नेताओं ने कोर्ट मार्शल में हमारे केस की पैरवी की। लाहौर से भीमसेन सच्चर, जो बाद में पंजाब के मुख्यमंत्री हुए और जो जस्टिस राजिन्दर सच्चर के पिता थे, कोर्ट मार्शल में हमारी पैरवी करने के लिए मुल्तान आए। इसी तरह मियां इफ़्तिख़ारूद्दीन जो पंजाब मुस्लिम लीग के नेता थे, वो भी लाहौर से मुल्तान हमारे कोर्ट मार्शल में पैरवी करने के लिए आते थे।

मेजर जरनल ने हमसे पूछा कि आपको मालूम है कि फ़ौज में बग़ावत करने की सज़ा क्या है? हम तीनों साथियों ने एक साथ जवाब दिया, "सज़ा-ए-मौत।" फिर उसने अगला सवाल किया कि "ये जानते हुए भी फ़ौज में बग़ावत जैसे जुर्म को क्यों अंजाम दिया?" हमने जवाब दिया कि "हिटलर की फ़ौज फ़्रांस में नौरमंडी के किनारे तक पहुंच

गयी थी और अगर उसने इंग्लिश चैनल पार करके इंग्लैंड पर क़ब्ज़ा कर लिया होता और इंग्लैंड, जर्मनी और इटली के क़ब्ज़े में आ जाता और उसके 20-25 साल बाद अंग्रेज़ों को जर्मनी और इटली की गुलामी से निजात हासिल करने के लिए किसी बाहरी मदद के सहारे आज़ादी हासिल करने का मौक़ा मिला होता, तो क्या अंग्रेज़ी क़ौम इस मौक़े का फ़ायदा न उठाती?" इस जवाब के बावजूद मेजर जनरल ने मुझे, कैप्टन अब्दुल अज़ीज़ और कैप्टन मंजीत सिंह को फांसी की सज़ा सुना दी। इसी तरह आई.एन.ए. के दीगर अफ़सरों को मुख़्तलिफ़ जेलों में रखकर बग़ावत के इल्ज़ाम में कोर्ट मार्शल किया गया। इन सभी कोर्ट मार्शलों में ख़ाना-पूरी करके सभी लोगों को 1946 ख़त्म होते-होते फांसी की सज़ा का हुक्म सुना दिया गया। मगर, अब हिंदुस्तान में पं. जवाहरलाल नेहरू के नेतृत्व में केंद्र में इंटरिम गवर्नमेंट (अंतरिम सरकार) बन गयी थी जिसने आई.एन.ए. के अफ़सरों की फांसी के एग्ज़ीक्यूशन (सज़ा) को रोक दिया था। हालांकि आई.एन.ए. के हमारे कई साथियों को पंडित नेहरू के नेतृत्व में अंतरिम सरकार बनने के बाद भी सज़ाए मौत दे दी गई और हमारी ये सरकार कुछ न कर सकी। इसके बारे में विस्तृत जानकारी और फ़ाइलें लंदन की इंडिया हाउस लाइब्रेरी में मौजूद हैं। वरिष्ठ पत्रकार और बाद में कांग्रेस पार्टी के सांसद रहे अंसार हरवानी ने एक नवंबर, 1946 को तीन साल की कैद पूरी कर जेल से रिहा होने के बाद लखनऊ में कहा था कि बहुत कम लोगों को मालूम है कि आई.एन.ए. के सिपाहियों की एक बड़ी तादाद को कोर्ट मार्शल करके सज़ाए मौत दे दी गई (हिन्दुस्तान टाइम्स, दो नवंबर, 1946)।

इन हालात में हमें बाहर से कोई डाक भी नहीं मिली और न बाहर के हालात की जानकारी होती थी। जब हमारी फांसी की सज़ा रुक गयी, तब बाहर से अख़बारों के ज़रिए देश और विदेशों के हालात मालूम हुए। आज़ाद हिंद गवर्नमेंट के लोगों की गिरफ़्तारी के बारे में भी अख़बारों से जानकारी मिली और ये भी पता चला कि अंग्रेज उनके ऊपर बग़ावत का इल्ज़ाम लगाकर उन पर मुक़दमे चला रहे हैं। षणमुगम चैटी जो उस गवर्नमेंट के क़ानूनी सलाहकार थे, भी ग़द्दारी के इल्ज़ाम में गिरफ़्तार किए गए और उन पर भी मुक़दमा चला।

ब्रिटेन की पार्लियामेंट के इलेक्शन में चर्चिल की कंज़र्वेटिव पार्टी जब हार गयी और एटली की लेबर पार्टी ने सरकार बनायी तो उसने हिंदुस्तान में लार्ड माउंटबैटन को वायसराय बनाकर भेजा और हिंदुस्तान को आज़ाद करने का तीन जून, 1947 को ऐलान कर दिया कि 15 अगस्त तक अगर हिंदुस्तानी लीडर आपस में कोई फ़ैसला कर लेते हैं तो ठीक है वरना हिंदुस्तान और पाकिस्तान के दो अलग मुल्क़ बनाकर जहां हिंदू समुदाय की ज़्यादा आबादी हो वहां हिंदुस्तान और जहां मुस्लिम समुदाय की ज़्यादा आबादी हो वहां पाकिस्तान का गठन करके इन दोनों मुल्क़ों को आज़ादी दे दी जाए और 15 अगस्त, 1947 को युद्धबंदियों को रिहा कर दिया जाए।

देश और परिवार का विभाजन

इस ऐलान के फ़ौरन बाद ही जब मुल्क़ 15 अगस्त को आज़ाद हो गया तो हमें भी मुल्तान के क़िले से रिहा कर दिया गया। हम तीनों को एक जुलूस की शक्ल में मुल्तान के क़िले से मुल्तान रेलवे स्टेशन तक लाया गया। एक खुली कार में हम तीनों स्टेशन तक आए और फूल-मालाओं से हमें लाद दिया गया। मुल्तान स्टेशन से कैप्टन मंजीत सिंह को जालंधर, कैप्टन अब्दुल अज़ीज़ को रावलपिंडी और मुझे ख़ुर्जा, जिला बुलंदशहर के फ़र्स्ट क्लास के टिकट दिए गए। कैप्टन अब्दुल अज़ीज़ ने कहा कि अब यहां पाकिस्तान बन गया है, तुम हिंदुस्तान क्यों जा रहे हो? मैंने उन्हें जवाब दिया कि हमने देश की आज़ादी के लिए क्या इसीलिए क़ुरबानी दी थी कि जब मुल्क़ आज़ाद होगा तो हम घर-बदर हो जाएंगे। बहरहाल मैंने उसकी एक न सुनी और मैं दिल्ली होता हुआ ख़ुर्जा जंक्शन के लिए रवाना हो गया।

दिल्ली से कालका मेल से रवाना होकर सुबह साढ़े नौ बजे मैं ख़ुर्जा जंक्शन पहुंचा। मेरा गांव ख़ुर्जा जंक्शन से एक मील के फ़ासले पर है। मैं तांगे में बैठकर गांव जाना चाहता था। मगर मुझे गांव ले जाने के लिए कोई तांगे वाला तैयार नहीं हुआ। बड़ी मुश्किल से एक पुराना तांगेवाला, जिसके तांगे में बैठकर हम ख़ुर्जा स्कूल जाते थे, मुझे लेकर गांव पहुंचा।

गांव में अजीब सन्नाटा था। हमारे ख़ानदान वालों के गढ़ी में आठ-दस मकान थे, मगर उनमें किसी भी घर में कोई औरत या बच्चे नहीं थे। चौपाल पर हमारे ताया, वालिद, तायाज़ाद भाई और एक चचा मौजूद थे जिन्होंने मुझे गले से लगा लिया। मुहब्बत में उनकी आंखों से आंसू बहने लगे। जब मैंने वालिद से अपनी मां, ताई और भाभियों के मुत्तालिक़ मालूम किया कि वो सब कहां हैं, तो उन्होंने रोकर जवाब दिया कि हमारे गांव पर दस हज़ार बलवाईयों ने हमला करने की कोशिश की थी। गांव के आसपास के गांवों में कुछ फ़िरक़ापरस्त लोगों ने ये ग़लत अफ़वाह फैला दी थी कि क़लंदर गढ़ी के मियाओं ने मेवात से कुछ मेवाती मुसलमानों को बुला लिया है और गांव के हिंदू लोगों को मार दिया है। इसलिए ये बलवाई इकट्ठे होकर दिन की रौशनी में हमारे गांव पर हमला करने आए थे। इनके हाथों में लाठी, बल्लम, फ़रसे और कट्टे थे। सारंगपुर गांव के लाला रामशरण दास के पास एक बारह बोर की दो नाली बंदूक़ थी। जब करवन नदी के पास ये लोग पहुंच गये, जहां से हमारे गांव की सरहद शुरू होती

है, तो लाला रामशरण दास ने इन बलवाइयों को रोककर कहा कि मैं क़लंदर गढ़ी के मियाओं को जानता हूं। मेरा उनका लेन-देन भी रहा है। मैं तुम लोगों के कहने से तुम्हारे साथ तो आ गया हूं, मगर जो अफ़वाह हिंदुओं को क़त्ल करने की बतायी गयी है, इस पर मुझे शक है। इस पर उन्होंने बलवाइयों से कहा कि हममें से पांच आदमी जिनमें एक मैं ख़ुद हूं, क़लंदर गढ़ी चलें और इस अफ़वाह की तस्दीक़ करें कि इसमें कितनी सच्चाई है। चुनांचे लाला रामशरण के साथ क्वारसी गांव के पंडित हरिशंकर, सोंदा गांव के ठाकुर कन्हैया सिंह पहलवान, रामगढ़ी के महाशय हरवंश सिंह जाट और तिनैया गांव के माधव जाटव, हमारे गांव क़लंदर गढ़ी आने के लिए तैयार हुए। लाला रामशरण दास ने बलवाइयों से ये भी कहा कि अगर हम एक घंटे तक क़लंदर गढ़ी से वापस नहीं आते, तो फिर आप लोग क़लंदर गढ़ी पर हमला कर सकते हैं।

इन पांचों आदमियों ने पहले तो गांव में घूमकर मालूमात की और पाया कि किसी भी आदमी को मारना तो दरकिनार, परेशान भी नहीं किया गया। गांव के लोगों ने उन्हें ये भी बताया कि यहां कोई मेवाती नहीं बुलाए गये। मियां लोग रात को पहरा देते हैं और हम आराम से सोते हैं। इसके बाद ये पांच लोग हमारी गढ़ी में आए और वहां देखा कि हमारे ख़ानदान के लोग ही मौजूद है, कोई बाहरी आदमी वहां नहीं है। इसके बाद वो वापस लौट गए। लाला रामशरण दास की समझदारी ने एक अनहोनी घटना होने से बचा ली। इस वाक़ये के बाद हमारे ख़ानदान की औरतें और बच्चे गांव छोड़कर ख़ुर्जे क़स्बे में चले गए और किराये के मकानों में रहने लगे। देश की आज़ादी का यह कटु अनुभव पहली बार हुआ। दोपहर बाद मैं ख़ुर्जा क़स्बे में पहुंचा जहां मेरी मां, ताई और बहनों ने मुझे गले लगाया। मैंने देखा कि मेरी मां की एक आंख की रोशनी मेरी याद में रोते-रोते चली गयी थी। सबसे ज़्यादा अचरज तो इस बात पर हुआ कि हमारी दो राइफ़लें और बारह बोर की दो बंदूक़ें भी सरकार ने ख़ुर्जा कोतवाली में जमा करा ली थीं। दूसरे दिन मैं बुलंदशहर गया और वहां जाकर डिस्ट्रिक्ट मैजिस्ट्रेट से मिला और उससे कहा कि मैं आज़ाद हिंद फ़ौज में कैप्टन था और कल ही घर आया हूं। 15 दिन पहले हमारे गांव पर दस हज़ार बलवाईयों ने हमला करने की कोशिश की थी और उसके बाद हमारी दो राइफ़लें और बारह बोर की दो बंदूक़ें एस. डी. एम. ख़ुर्जा ने मंगाकर थाने में जमा कर ली हैं। ज़ाहिर है कि असलहे की अदम मौजूदगी में हम चंद लोग गांव में कैसे रह सकते हैं। मेरे ये कहने पर डी. एम. ने फ़ौरन एक ख़त मुझे एस. डी. एम. ख़ुर्जा के नाम लिख कर दिया और उससे ये रिपोर्ट मांगी कि कैप्टन साहब ने आई.एन.ए. में रहकर देश की आज़ादी के लिए लड़ाई लड़ी है, इनके हथियार क्यों न वापस किये जाएं। मैंने वापस आकर ख़ुर्जे में एस. डी. एम. को ख़त दिया। एस. डी. एम. ने ख़त देखकर कहा कि मैं इसका जवाब डी. एम. को भेज दूंगा। दूसरे दिन जब मैं फिर डी. एम. से मिला तो डी. एम. ने मुझे दस्ती ख़त देकर कहा कि मैं एस. डी. एम. को हुक़्म दे रहा हूं कि वो आपके हथियार और कारतूस फ़ौरन आपके हवाले कर दे। इस आदेश को देखकर एस. डी. एम. ख़ुर्जा ने हमारी बंदूक़ें, राइफ़लें और कारतूस देकर हमें अपनी

सरकारी गाड़ी से गांव भिजवा दिया। दूसरे दिन ख़ुर्जे आकर मैंने अपनी मां से कहा कि मैं तो अब गांव में रहूंगा। मेरी मां के अलावा ख़ानदान की कोई औरत गांव आने के लिए तैयार नहीं हुई। मैं अपनी मां और सात-आठ जवानों को लेकर गांव आ गया। हम लोग दिन में सोते और रात को दो-दो आदमी बंदूक़ लेकर पहरा देते।

इन्हीं दिनों में मेरी छोटी बहन अक़लीमुन निसां की शादी की तारीख़ 16 सितंबर, 1947 तय हो गई थी, मगर उसकी जो बारात गांव जामनका, तहसील खैर, ज़िला अलीगढ़ से आनी थी, वो हालात ख़राब होने की वजह से ख़ुर्जे तक नहीं आ सकी और शादी का इरादा मुल्तवी कर दिया गया। इधर, हम लोगों की खेती-बाड़ी भी चौपट हो गई थी। अक्टूबर-नवंबर के महीने में खेतों की बुआई होती है और उसे करने के लिए हमारे पास कोई इंतज़ाम न था, इसलिए मैं डिबाई स्टेशन के पास एक मुस्लिम गांव में गया जहां के लोगों को बलवाईयों ने मारा-पीटा और वो डिबाई स्टेशन के पास एक गांव गोधना में रहते थे, वो हमारी ननिहाल से वहां आए थे। मैंने उनसे ये तय किया कि हमारे पास खेती का सारा सामान है और आठ-दस जोड़ी बैल भी हैं। अगर वो हमारे साथ खेती करना चाहें तो बैसाख में जो फ़सल होगी, उसे आधा-आधा बांट लेंगे। वो लोग इस शर्त पर तैयार हो गए और हमारे गांव में आकर रहने लगे और मेहनत से खेती करने लगे। वो बहुत ख़ुश थे कि उन्हें खाने-पीने की कोई परेशानी नहीं हुई थी। ये उनकी ख़ुशकिस्मती थी कि उस साल अक्टूबर माह में भी बारिश हुई और हमारा कोई भी खेत बग़ैर बुआई के न रहा।

अंग्रेज़ी राज के ख़ात्मे के बाद जब देश आज़ाद हो गया तो हम लोगों को उम्मीद बंधी थी कि हमारी नई सरकार हमारे जैसे उन लोगों को वापस सेना में ले लेगी जो ब्रिटिश फ़ौज में शामिल थे और जो जापानी फ़ौजों द्वारा युद्धबंदी बनाए जाने के बाद ब्रिटिश फ़ौज से बग़ावत करके आज़ाद हिंद फ़ौज यानि आई.एन.ए. में शामिल हो गए थे। आज़ाद हिंद फ़ौज में एक लाख से ज्यादा लोग शामिल थे। इनमें से करीब 60 हज़ार ऐसे हिन्दुस्तानी थे जो पहले ब्रिटिश फ़ौज का हिस्सा थे। आमतौर पर माना जाता है कि आज़ाद हिंद फ़ौज के केवल तीन युद्धबंदियों जनरल शाहनवाज़ ख़ां, कैप्टन सहगल और कैप्टन ढिल्लो को गिरफ़्तार करके दिल्ली लाया गया था और लाल क़िले में उनके ख़िलाफ़ मुक़दमा चलाया गया, लेकिन हज़ारों लोग ऐसे थे जिन्हें देश की विभिन्न जेलों में रखकर मुक़दमा चलाया गया और मैं भी उन अभागे लोगों में से एक था।

लेकिन बड़े अफ़सोस के साथ लिखना पड़ रहा है कि हम बाग़ियों को ये कहकर दोबारा आज़ाद हिन्दुस्तान की फ़ौज में बहाल नहीं किया गया कि ये अनुशासित फ़ौजी नहीं हैं और उस फ़ौज पर भरोसा किया गया जो ब्रितानी साम्राज्य की वफ़ादार रही थी। मुझे याद पड़ता है कि देश के पहले भारतीय कमांडर इन चीफ़ (सेनाध्यक्ष) जनरल करियप्पा बनाये गए और उन्होंने यह बयान दिया था चूंकि आई.एन.ए. के लोग अनुशासित फ़ौजी नहीं हैं इसलिए उन्हें दोबारा सेना में शामिल नहीं किया जाएगा और

सरकार ने उनकी ये बात मान ली। इससे भी ज्यादा अफसोस की बात तो यह है कि आई.एन.ए. के जनरल शाहनवाज़ ख़ां जो पहले कांग्रेस पार्टी में शामिल हुए और बाद में केंद्र सरकार में मंत्री बनाए गए, उन्होंने भी इस बारे में कुछ नहीं किया। सिर्फ़ डॉ. राममनोहर लोहिया देश के अकेले ऐसे नेता थे जो इस सवाल को उठाते रहे और सरकार को लानत-मलानत देते रहे। 21 सितंबर, 1962 को आंध्रप्रदेश के नागार्जुन सागर में सोशलिस्ट पार्टी के एक शिविर को संबोधित करते हुए उन्होंने ये सवाल बहुत ही तर्कपूर्ण ढंग से उठाया था।

उनका कहना था कि "अंग्रेज़ी राज ख़त्म होने पर पलटन जब कांग्रेस की हिन्दुस्तानी सरकार के क़ब्जे में आई, तब एक बड़ा भारी सवाल यह उठा कि क्या इस पलटन में कोई बुनियादी तब्दीली की जा सकती है या करनी चाहिए। ख़ासतौर से यह सवाल उठा कि क्या उस पलटन के आदमियों को यहां की आज़ाद हिन्दुस्तान की पलटन में भर्ती करना चाहिए या नहीं? एक क्षण के लिए भी यह सवाल नहीं उठना चाहिए था, लेकिन हिन्दुस्तान के मंत्रियों का फ़ैसला था कि आज़ाद हिंद फ़ौज के इन सिपाहियों और अफ़सरों को भारतीय पलटन में शामिल नहीं करना चाहिए क्योंकि ये बग़ावत कर चुके हैं। बग़ावत कर चुके हैं, पर किसके ख़िलाफ़? उनका तर्क यह था क्योंकि भारतीय पलटन के अफ़सर और सिपाही वही लोग हैं जो उस ज़माने में अंग्रेजी साम्राज्य के प्रति ख़ास भक्त रह चुके हैं और जब वे देखेंगे की बग़ावत करने वाले लोगों को भी उसी तरह का रुतबा मिल रहा है या उनसे ज़्यादा अच्छा मिल रहा है तो उनके मन उखड़ जाएंगे। यह कैसा तर्क है? इससे समझा जा सकता है कि आज़ाद हिन्दुस्तान में जो सरकार बनी है वो एक मायने में ग़ैर हिन्दुस्तानी सरकार है। इसके सोचने का ढंग वही है जो अंग्रेज़ों का था यानि उनकी वफ़ादार फ़ौज बनी रहे और उसमें किसी तरह की गड़बड़ न होने पाए। अब देखिए आख़िर उन्हीं का एक आदमी शाहनवाज़ मंत्री बना हुआ है। मान लो थोड़ी-बहुत गड़बड़ हो भी जाती तो लोगों का दिमाग़ हिल जाता जो अच्छा ही होता क्योंकि अंग्रेज़ी साम्राज्यशाही की नौकरी वाला दिमाग़ ज्यों का त्यों चलता रहे इससे देश का क्या फ़ायदा (समाजवादी आंदोलन का इतिहास, पृष्ठ 16-17)।"

इतना ही नहीं, कांग्रेसी सरकार ने आज़ाद हिंद फ़ौज के सिपाहियों और अफ़सरों को सेना में तो भर्ती किया ही नहीं, उन्हें 1972 तक न तो स्वतंत्रता संग्राम सेनानी माना गया और न ही किसी तरह की पेंशन या और कोई सुख सुविधा दी गई। विपक्षी दलों के सांसदों और नेताओं ने जब इस मुद्दे को लेकर संसद में सवाल उठाए और सड़कों पर प्रदर्शन हुए तब जाकर श्रीमती इंदिरा गांधी के नेतृत्व वाली कांग्रेसी सरकार ने उन्हें स्वतंत्रता सेनानी माना और पेंशन दी। 1972 तक आज़ाद हिंद फ़ौज के बहुत सारे सिपाही मर चुके थे और जो ज़िंदा भी थे, उन्हें इसलिए स्वतंत्रता सेनानी नहीं माना गया कि वह इस बारे में सरकार को कोई दस्तावेज़ी सबूत नहीं दे पाए थे। आज़ाद हिंद फ़ौज के सिपाहियों के साथ आज़ाद हिन्दुस्तान की सरकार का यह रवैया था।

30 जनवरी, 1948 को दिल्ली में महात्मा गांधी को नाथूराम गौडसे ने शहीद कर दिया। उसके बाद सरकारी एडमिनिस्ट्रेशन ने फ़िरक़ापरस्त लोगों की धर-पकड़ शुरू कर दी। हमारे गांव के भी तीन-चार आदमी एक रेल पर हमला करने के जुर्म में गिरफ़्तार किए गए। पुलिस और एडमिनिस्ट्रेशन अब हमारी गढ़ी में क़याम भी करता जिससे आस-पास के देहात में और हमारे गांव में एडमिनिस्ट्रेशन को हमारी हिफ़ाजत का पूरा-पूरा ख़्याल रहे। इसका नतीजा ये हुआ कि मार्च का महीना आते-आते गांव के लोग हमारे पास आने-जाने लगे। उस साल सर्दियों में भी एक बारिश हो गई जिससे फ़सल बहुत ही शानदार हुई और हमारे अंदाज़े से ज़्यादा पैदावार हुई।

मलाया में हमारे, अंग्रेज़ों के सामने हथियार डालने से पहले जो आख़िरी मुलाक़ात कमलान से हुई थी, उसमें वो बेहद निढाल थी और काफ़ी देर तक रोती रही। मैंने उसे काफ़ी तसल्ली दी और ये सुझाव भी दिया कि जब तक हम दोनों एक-दूसरे से मिलें, हर हफ़्ते पोस्ट ऑफ़िस के मार्फ़त एक-दूसरे को ख़त लिखते रहें, चाहे वो ख़त हमें मिले या न मिले। मगर जब कभी हालात ठीक होंगे तो इन ख़तों को पढ़कर हमारी याददाश्त ताज़ा हो जाएगी। मेरी छोटी बहन की शादी से पहले एक दिन मेरी मां ने मुझे ये ख़बर सुनाई कि टप्पल, ज़िला अलीगढ़ में जिन बशीर ख़ां की लड़की से मेरी मंगनी हुई थी, उन्होंने पांच साल तक मेरे आने का इंतज़ार किया और आख़िर में नाउम्मीद होकर फ़रवरी, 1947 में अपनी लड़की की शादी कहीं दूसरी जगह कर दी। मुल्तान से वापस आकर मैंने ख़ुर्जे के डाकख़ाने में जब संपर्क किया तो मुझे कमलान के सौ से ज़्यादा ख़त मिले। अगस्त के आख़िर में मैंने उसे एक तफ़सीली ख़त लिखा जिसमें ये भी तहरीर किया कि अब हिंदुस्तान में हालात बड़े ख़राब हैं। हालांकि मुल्क़ आज़ाद हो गया, मगर क़ानून-व्यवस्था पूरे तौर पर ठीक नहीं हो पायी है। मैंने उसे ये भी लिखा कि मेरी छोटी बहन की शादी इसी बदइंतज़ामी की वजह से रुक गई है और उसे ये भी बता दिया कि जहां मेरी मंगनी हुई थी, वहां बेटी वालों ने पांच साल इंतज़ार करने के बाद उस लड़की की शादी कहीं दूसरी जगह कर दी है।

मलाका से कमलान के ख़त से मुझे पता चला कि उसके वालिद एक-डेढ़ साल तक जेल में रहे थे और अब उन्हें अंग्रेज़ों ने रिहा कर दिया है। मगर वो अदालतों में मुक़दमों की पैरवी करने नहीं जाते और घर पर ही रहते हैं। मेरी परेशानियों को पढ़कर उसने जवाब में मुझे भरोसा दिलाया कि जब वो बुरा वक़्त ख़त्म हो गया, तो ये वक़्त भी देर-सवेर गुज़र जाएगा। उसने मुझे ख़त में ये भी इशारा किया कि अब तुम्हें मुझसे शादी करने का कोई उज़्र (कारण) बाक़ी न रहेगा। उसने ये भी लिखा कि जब हालात ठीक हो जायेंगे तो मेरे वालिद का इरादा है कि हम सब तुमसे मिलने आज़ाद हिंदुस्तान में आयेंगे। बहरहाल, अब वो इस जुदाई से नाउम्मीद नहीं थी और उसे हिंदुस्तान आने में कोई बड़ी अड़चन महसूस नहीं होती थी।

इधर मैं अपने ख़ानदान के लोगों के साथ अब गांव में अच्छी तरह बस गया था। गांव ही नहीं, आसपास के लोग भी मुझसे मिलने आते। ख़ानदान के जो दूसरे लोग

ख़ुर्जे में रहते थे, वो भी गांव वापस आ गए। अप्रैल, 1948 में हमारे यहां ज़ोरदार फ़सल हुई। जो लोग बाहर से आये थे, उन्होंने ईमानदारी से हिसाब करके आधा हिस्सा हमें अदा कर दिया। उनका अपना हिस्सा इतना बचा था कि अगली फ़सल तक उनके खाने-पीने और ख़र्च करने के लिए काफ़ी था और उन्होंने अगले साल के लिए भी हमारी ज़मीन पिछली शर्तों पर ले ली। गांव और आस-पास के लोंगों में भी उन्होंने हमारी ईमानदारी की बड़ी तारीफ़ की और इससे आस-पास के लोगों में हमारी इज़्ज़त बढ़ गई।

समाजवादी बाने में

1948 शुरू होते ही कांग्रेस ने अपने विधान में ये संशोधन कर दिया कि कांग्रेस के अंदर कोई दूसरी पार्टी जैसे कांग्रेस सोशलिस्ट पार्टी या कम्युनिस्ट पार्टी नहीं बनी रह सकती। चुनांचे सोशलिस्ट पार्टी कांग्रेस से अलग हो गई और उत्तर प्रदेश में उसके बारह विधायकों ने आचार्य नरेंद्र देव की क़यादत (नेतृत्व) में कांग्रेस पार्टी से इस्तीफ़ा दे दिया और उनकी जगह अक्टूबर/नवंबर में उत्तर प्रदेश में उप चुनाव हुए। ख़ुर्जा एसेंबली हलक़े से उस वक़्त प्रो. रघुकुल तिलक कांग्रेस के टिकट पर 1946 में विधायक चुने गए थे। चूंकि वो भी सोशलिस्ट थे, इसलिए उन्होंने भी आचार्य नरेंद्र देव के साथ इस्तीफ़ा दे दिया था और उनकी जगह उप चुनाव हुआ जिसमें प्रचार के लिए डॉ. राममनोहर लोहिया* ख़ुर्जे आए। इसी उप चुनाव के दौरान डॉ. लोहिया से पहली बार मेरा परिचय हुआ।

डॉ. राममनोहर लोहिया का भाषण एन.आर.ई.सी. कॉलेज के मैदान में हुआ और उन्होंने रात में सभी कार्यकर्ताओं को एक घंटे तक देश के मौजूदा सियासी हालात से आगाह कराया। उधर महात्मा गांधी की हत्या के बाद सोशलिस्टों का मन भी कांग्रेस से खट्टा हो गया। हैरत की बात तो ये है कि बंबई सूबे के गृहमंत्री मोरारजी देसाई ने केंद्रीय गृहमंत्री सरदार वल्लभभाई पटेल को ये ख़बर दे दी थी कि महाराष्ट्र के कुछ सिरफिरे हिंदू जो आर.एस.एस. और हिन्दु महासभा के सदस्य हैं, दिल्ली में राष्ट्रपिता महात्मा गांधी को शहीद करने के लिए पहुंच गये हैं। परंतु इस चेतावनी के बावजूद भारत सरकार का गृहमंत्री आंख बंद करके सोता रहा और 30 जनवरी को महात्मा गांधी की हत्या हो गई।

ख़ुर्जा शहर में जो सोशलिस्ट पार्टी साथी रघुकुल तिलक जी के उप चुनाव के दौरान हमारे साथ सोशलिस्ट पार्टी में शामिल हुए, उनसे मैं काफ़ी घुल-मिल गया गया था। 1948 में ही जब सोशलिस्ट पार्टी का विधिवत गठन हुआ तो मैं ज़िला दफ़्तर बुलंदशहर पहुंचा

---

*डॉ. राममनोहर लोहिया (1910-1967) भारत में समाजवादी आंदोलनों के प्रमुख नेता। पहले महात्मा गांधी के नेतृत्व में राष्ट्रीय आंदोलन में भाग लिया। ऑल इंडिया कांग्रेस कमेटी के विदेश विभाग के प्रमुख बने। कांग्रेस सोशलिस्ट पार्टी, सोशलिस्ट पार्टी, प्रजा सोशलिस्ट पार्टी और संयुक्त सोशलिस्ट पार्टी के संस्थापकों में से एक। निधन 12 अक्टूबर, 1967।

जहां साथी शंकर प्रसाद* ने मुझे सोशलिस्ट पार्टी का विधिवत सदस्य बनाया।

1946 में उत्तर प्रदेश असेंबली के जो चुनाव हुए थे उसमें हिंदू और मुसलमानों के अलहदा-अलहदा हल्क़ों से विधायक चुने गए थे। बुलंदशहर ज़िले के ख़ुर्जा-सिकंदराबाद क्षेत्र से मुस्लिम लीग के टिकट पर चुने गए शौकत अली ख़ां 1948 के शुरू में ही पाकिस्तान चले गए थे और उनकी जगह शुरू 1949 में ही इस क्षेत्र में उप चुनाव हुआ। उस समय के इस उप चुनाव में कांग्रेस ने ख़ान बहादुर रहमत ख़ां, जो एक बड़े ज़मींदार थे और इससे पहले हमेशा कांग्रेस का विरोध करते रहे थे, कांग्रेस के उम्मीदवार बने जबकि उत्तर प्रदेश में बाबू त्रिलोकी सिंह की क़यादत में जिन कांग्रेसी विधायकों ने कांग्रेस से अलग होकर जन-कांग्रेस बना ली थी, उन्होंने विधानसभा की उम्मीदवारी के लिए बुलंदशहर से एक मुस्लिम वकील लियाक़त अली ख़ां को अपना उम्मीदवार बनाया। इस क्षेत्र से सोशलिस्ट पार्टी ने कोई उम्मीदवार खड़ा नहीं किया और जन-कांग्रेस के उम्मीदवार को ही अपना समर्थन दिया। लियाक़त अली ख़ां हमारे रिश्तेदार भी थे, इसलिए मैंने उनके चुनाव में बढ़-चढ़ कर हिस्सा लिया। उस ज़माने में 'एडल्ट फ्रेंचाइज' की तरह हर आदमी वोटर नहीं होता था। वोट देने का अधिकार 25 रु. तक मालगुज़ारी या 50 रु. तक लगान देने वाले को ही था। इस आधार पर चुनाव में आम लोग वोटर नहीं होते थे। कांग्रेस के उम्मीदवार को हुकूमत का समर्थन भी हासिल था, फिर भी हम 29 पोलिंगों में से पांच पोलिंगों पर चुनाव जीत गए और 24 में कांग्रेस के मुक़ाबले चुनाव हार गए। मगर चुनाव में कांग्रेस के दांत खट्टे हो गए और आख़िर वक़्त तक कांग्रेसी लीडर बाबू बनारसी दास चुनाव में अपनी जीत के लिए आश्वस्त नहीं थे। इस चुनाव के बाद ज़िले में ये साफ़ हो गया कि कांग्रेस का मुक़ाबला करने के लिए ज़िले में एक मात्र पार्टी सोशलिस्ट पार्टी ही है जो कांग्रेस का मुक़ाबला कर सकती है।

मेरे दोस्त बेनीप्रसाद माधव** और उनके पिता लाला अंगनलाल और चाचा भगतजी भी स्वतंत्रता सेनानी थे और हमारी तहसील के नीमका गांव के रहने वाले बड़े ईमानदार कार्यकर्ता थे। माधव जी अपना पूरा समय पार्टी के संगठन को मज़बूत बनाने में गुज़ारते थे और मुस्तक़िल ज़िला हेडक्वार्टर बुलंदशहर पर ही रहते थे। उनकी लगन से पूरे ज़िले में पार्टी के काफ़ी कार्यकर्ता सक्रिय हो गये थे। इस दौरान प्रदेश में चीनी मिल मज़दूर संगठन को मान्यता देने के लिए उत्तर प्रदेश की सरकार ने एक चुनाव कराया जिसमें बाबू शिब्बन लाल सक्सेना जो कांग्रेस के लीडर थे और सोशलिस्ट पार्टी के लीडर राजाराम शास्त्री जी भी शामिल थे। हम लोगों ने शास्त्री जी को समर्थन देने के लिए चीनी मिल मज़दूर

* शंकर प्रसाद बुलंदशहर ज़िले के कर्मठ समाजवादी, स्वतंत्रता सेनानी। 1948 से लेकर 1977 तक सोशलिस्ट पार्टी और संयुक्त सोशलिस्ट पार्टी के सभी आंदोलनों में भाग लिया। वह बहुत ही ईमानदार व्यक्ति थे और ज़िंदगी भर समाजवादी विचारों और राष्ट्रीय आंदोलन के मूल्यों में निष्ठा रखते हुए सात अप्रैल, 1989 को ख़त्म हो गए। आपातकाल के दौरान 19 माह बुलंदशहर जेल में नज़रबंद रहे। लखनऊ में संयुक्त सोशलिस्ट पार्टी के दफ़्तर में और 1977 से 1980 तक जनता पार्टी के दफ़्तर क़ैसरबाग़ में काम किया।

** बेनीप्रसाद माधव (1922-2000) स्वतंत्रता सेनानी, उत्तर प्रदेश विधान परिषद (1964-1970) और उत्तर प्रदेश विधानसभा (1977-1980) के सदस्य, उत्तर प्रदेश सोशलिस्ट पार्टी के प्रमुख नेता और बाद में मेरे साथ उत्तर प्रदेश जनता पार्टी में उपाध्यक्ष रहे।

फैडरेशन की मान्यता के लिए चुनाव में हिस्सा लिया। ग़ाज़ियाबाद स्टेशन को छोड़कर मेरठ, मुज़फ़्फ़र नगर और सहारनपुर तक रेलवे स्टेशनों पर जो चीनी मिलें क़ायम है, वहां के मज़दूरों को वोट डलवाने की ज़िम्मेदारी बेनीप्रसाद माधव सूबे से अपने ज़िम्मे ले आए थे।

बुलंदशहर ज़िले से 30 समाजवादी कार्यकर्ता इन चीनी मिलों में मिल मज़दूरों से वोट दिलवाने के लिए पहुंच गए। इसका नतीजा ये हुआ कि पश्चिमी ज़ोन में भारी बहुमत से चीनी मिल मज़दूर फ़ेडरेशन विजयी हुई और इस चुनाव के बाद फ़ेडरेशन को सूबे के स्तर पर मज़दूर यूनियन का प्रतिनिधित्व करने का अधिकार मिल गया और राज्य स्तर पर बुलंदशहर की सोशलिस्ट पार्टी को इस जीत का श्रेय मिला।

1949 में लखनऊ में सोशलिस्ट पार्टी का एक प्रदर्शन हुआ जिसमें मैं पहली मर्तबा समाजवादी आंदोलन के संघर्ष में शरीक हुआ। इस प्रदर्शन में आचार्य नरेंद्र देव, डॉ. लोहिया, गेंदा सिंह, राजनारायण जैसे प्रमुख नेता शरीक हुए। इसी प्रदर्शन के दौरान गेंदा सिंह ने डॉ. लोहिया को लाल टोपी पहना दी जिससे डॉ. साहब उन पर बिगड़ गए और टोपी पहनने से इनकार कर दिया। इस प्रदर्शन में, मेरे और बेनी माधव के अलावा बुलंदशहर से 10-15 साथियों ने हिस्सा लिया।

1949 के मध्य में ज़िले में पार्टी संगठन को और ज़्यादा मज़बूत बनाने के लिए डॉ. राममनोहर लोहिया ने पांच दिन का कार्यक्रम दिया और ये पैमाना रखा कि डॉ. साहब उन्हीं जगह भाषण देने जायेंगे जहां कम से कम उन्हें 500 रुपयों की थैली भेंट की जायेगी। डॉ. साहब ने ये भी कहा कि इन थैलियों की रक़म को पार्टी की स्थानीय इकाइयों को मज़बूत करने में ख़र्च किया जाएगा। ख़ुर्जा तहसील में ख़ुर्जा और जेवर में डॉ. साहब का कार्यक्रम रखा गया। इन दोनों जगह बेनी माधव ने पैसा इकट्ठा करने के लिए मुझे अपने साथ रखा और दोनों जगह से एक हज़ार से ज़्यादा रक़म इकट्ठी हुई। ज़िला कमेटी ने तय किया कि ज़िले में 13 परगने हैं। इसलिए हर परगने में पार्टी का एक पूर्णकालिक कार्यकर्ता रहेगा जिसकी सवारी के लिए इन रूपयों में से साइकिल ख़रीद कर दी जायेगी और वो अपना माहवारी प्रोग्राम कि उसने कहां-कहां सभाएं कीं और पार्टी के कितने सदस्य बनाए, पार्टी का कितना साहित्य बेचा और उत्तर प्रदेश पार्टी जो 'संघर्ष' नाम से अख़बार निकालती थी, उसके कितने ग्राहक बनाए, यह ज़िला पार्टी को अपनी माहवारी रिपोर्ट में लिखकर देगा।

ज़िला पार्टी के इस फ़ैसले को 15 दिन भी नहीं हुए थे कि ज़िले में सिकंदराबाद-ख़ुर्जा क्षेत्र से एक और उप चुनाव का ऐलान हो गया। ख़ुर्जा-सिकंदराबाद के हिन्दू चुनाव क्षेत्र से ठाकुर बलभद्र सिंह विधायक थे, जिनका निधन हो गया और सितंबर, 1949 में उनके निधन से ख़ाली हुए क्षेत्र पर उप चुनाव का ऐलान हो गया। चुनांचे बेनी माधव ने तत्काल ज़िला पार्टी की बैठक बुलाई जिसमें यह विचार करना था कि क्या इस चुनाव में पार्टी के किसी कार्यकर्ता को चुनाव लड़ाया जाए या नहीं। पांच घंटों तक चली इस बैठक में सर्वसम्मति से यह निर्णय लिया गया कि पार्टी को ये उप चुनाव ज़रूर लड़ना चाहिए लेकिन धन के अभाव में कोई कार्यकर्ता चुनाव लड़ने के लिए आमादा नहीं हुआ। ज़िला

पार्टी ने बेनीप्रसाद माधव को ये अधिकार दे दिया कि वो पार्टी के दीगर कार्यकर्ताओं से संपर्क करके चुनाव में उम्मीदवार खड़ा करें और चुनाव के ख़र्च के लिए डॉ. लोहिया ने जो धन पार्टी को ज़िला संगठन के लिए दिया है, वो भी इस चुनाव में ख़र्च किया जाए। चुनांचे धूम गांव के पुराने क्रांतिकारी ठाकुर टीकमसिंह को पार्टी का उम्मीदवार बनाकर चुनाव लड़ा गया। इसमें कांग्रेस के पुराने नेता रफ़ी अहमद क़िदवई ने भी, जो उस समय कांग्रेस से अलग हो गए थे, पार्टी की मदद की। कांग्रेस के उम्मीदवार पं. दीनदयाल शर्मा की छवि भी क्षेत्र में कुछ अच्छी नहीं थी। इसलिए चुनाव में पार्टी का पलड़ा भारी था। आचार्य नरेंद्र देव, बाबू जयप्रकाश नारायण और डॉ. राममनोहर लोहिया की काफ़ी बड़ी सभाएं हुईं जिसमें हज़ारों लोग लाल टोपी लगाकर शामिल हुए।

कांग्रेस के कार्यकर्ता इस उप चुनाव में इस क़दर हताश हो गए थे कि ख़ुद बाबू बनारसी दास* ने सोशलिस्ट पार्टी के ज़िले के प्रमुख नेता बराल के हरिकेश सिंह के ख़िलाफ़ पारसौल के पोलिंग स्टेशन पर लोगों में ये दुष्प्रचार कर दिया कि तुम लोग जिस हरिकेश सिंह के बहकावे में आकर कांग्रेस के ख़िलाफ़ वोट देने जा रहे हो, उस हरिकेश सिंह ने तो मुसलमानों के साथ बैठकर गाय का गोश्त खाया है। मगर, इसके बावजूद चुनाव में पारसौल के पोलिंग स्टेशन पर कांग्रेस के ख़िलाफ़ सोशलिस्ट पार्टी भारी बहुमत से जीती। कांग्रेस की तरफ़ से ये भी दुष्प्रचार किया गया कि अगर कांग्रेस इस उप चुनाव में हार गयी तो कांग्रेस ने जो ज़मींदारी उन्मूलन क़ानून पास किया है, सोशलिस्ट उसे ख़त्म कर ज़मींदारी प्रथा फिर वापस ले आयेंगे। इस उप चुनाव में सोशलिस्ट पार्टी के कार्यकर्ताओं ने बड़ी लगन, त्याग और मुसीबतों से चुनाव लड़ा जिसके नतीजे में ज़िले में पार्टी की लहर दौड़ गई। मगर सरकारी अफ़सरों के हथकंडों से और झूठे प्रचार से चुनाव में पार्टी को 29 पोलिंग स्टेशनों में से सिर्फ़ दो पोलिंग स्टेशनों पर जीत हासिल हुई और हम चुनाव हार गए। पार्टी की ज़िला इकाई ने जो फ़ंड इकट्ठा किया था, वो तो ख़र्च हो ही गया, पार्टी क़र्ज़दार भी हो गयी।

इस चुनाव के बाद ज़िले में ज़मींदारी उन्मूलन के तहत दस साल का पेशगी लगान वसूल करने के लिए एस.डी.एम., तहसीलदार और रेवेन्यू विभाग के सभी अधिकारी और कर्मचारी गांव-गांव जाकर किसानों से जबरन वसूली करने लगे। पार्टी के कार्यकर्ता लाल झंडा लेकर इन सरकारी कर्मचारियों की मुख़ालिफ़त करते। ज़िले भर में पार्टी ने एक नारा दिया-"सोशलिस्ट पार्टी का ऐलान, मत देना दस गुना लगान।" इसका असर ये हुआ कि इलेक्शन में जो पार्टी कार्यकर्ता निकलकर आए थे, उन्होंने सोशलिस्ट पार्टी के हक़ में ज़िले में एक मज़बूत संगठन खड़ा कर दिया और ज़िले में सोशलिस्ट पार्टी एकमात्र कांग्रेस विरोधी पार्टी बन गई।

---

* बनारसी दास (1912-1985) स्वतंत्रता सेनानी, बुलंदशहर में कांग्रेस पार्टी के प्रमुख नेता, बाद में प्रदेश सरकार में मंत्री। संगठन कांग्रेस के प्रदेश अध्यक्ष, विधानसभा, राज्यसभा और लोकसभा के सदस्य। विधानसभा अध्यक्ष और प्रदेश के मुख्यमंत्री। लगभग 15 वर्षों तक संगठन कांग्रेस, जनता पार्टी, जनता पार्टी (एस), डीएसपी और जनता पार्टी में रहने के बाद अंतिम समय में कांग्रेस में शामिल।

शादी का बनता-बिगड़ता इरादा

मेरी छोटी बहन अक़्लीमुन निसां, जिसकी शादी सितंबर, 1947 में होनी तय पाई थी, देश के बंटवारे के बाद हिंदू-मुस्लिम दंगों की वजह से नहीं हो सकी थी। मेरे होने वाले बहनोई ग़ुलाम मोहम्मद साहब और उनका परिवार अक्टूबर, 1947 में ही पाकिस्तान चला गया था। वे नवंबर, 1949 में पाकिस्तान से सिंध के खोकरापार और राजस्थान के मुनाबाव के रास्ते छोटी लाइन से क़लंदर गढ़ी आए और तब जाकर मेरी बहन की शादी हुई। एक हफ़्ते यहां रहकर वो जब वापस पाकिस्तान गए तो अपने साथ मेरे बड़े भाई और उनके बीवी-बच्चों को भी ले गए। अब गांव में मेरे वालिद अय्यूब अली ख़ां और मां फ़ैज़न रह गए। मां का बार-बार ये इसरार था कि मुझे शादी कर लेनी चाहिए। उधर कमलान के बार-बार मलाया से ख़त आते थे कि वो अपने वालिद और मां के साथ हिंदुस्तान आने वाली है। इन हालात में मैं बड़े पसोपेश में था कि अगर ये लोग आ गए तो क्या होगा। मैंने उसे ये लिखा कि अभी मैं इस हालत में नहीं हूं कि शादी कर सकूं। बैरिस्टर साहब मुझे शादी के बाद मलाया ले जाना चाहते थे। आख़िरकार मैंने कमलान को साफ़ कह दिया कि यदि वो मुझसे शादी करना चाहती है तो उसे मेरे साथ हिंदुस्तान में रहना होगा। उधर, बैरिस्टर साहब के दोस्त मिस्टर राघवन ने, जो मलाया में हिंदुस्तान के हाई कमिश्नर थे और तमिलनाडु के रहने वाले थे, उनको यह मशविरा दिया कि आपका हिंदुस्तान में आकर सपरिवार रहना और बेटी की शादी एक मुसलमान से करना यहां के माहौल में मुनासिब नहीं होगा। आख़िरकार, हमारा ये सिलसिला ख़त्म हो गया।

मुझे इन हालात सें बड़ा धक्का लगा और मैंने तय कर लिया कि अब मैं शादी नहीं करूंगा। उधर, मेरे बड़े भाई जो नवंबर, 1949 में पाकिस्तान चले गए थे, जनवरी, 1950 में पाकिस्तान से लौट आए और मेरी शादी के लिए कोशिश करने लगे। मेरी मां मेरी शादी न करने के फ़ैसले से बेहद परेशान थीं। जब कभी मेरे बड़े भाई कहीं से शादी का पैग़ाम लाते तो मैं उन्हें नाराज़गी से ठुकरा देता। ये रिश्ते आमतौर से बग़ैर पढ़ी-लिखी लड़कियों के होते थे जिससे मुझे नफ़रत हो गई थी। इन हालात में मैंने अपना ज़्यादा समय पार्टी की गतिविधियों में लगाया। इसी दौरान मेरी मां बीमार हो गईं और उन्हें बुलंदशहर सदर अस्पताल में भर्ती कराया गया। उन्हें देखने के लिए मेरे दोस्त और समाजवादी साथी बेनीप्रसाद माधव अस्पताल आए, तो मेरी मां ने उनसे रोकर कहा कि भाई, तुम मेरे बेटे की शादी करा दो। घर में मेरी बहू आ जायेगी। फिर तुम मेरे बेटे को

कहीं ले जाना। माधव जी ने मेरी मां से कहा कि अभी मेरी शादी भी नहीं हुई है। आप इनकी शादी पर इतना ज़ोर क्यों देती हैं? बहरहाल कुछ दिन अस्पताल में रहकर मैं मां को लेकर गांव आ गया।

इन हालात में मुझे ज़िंदगी की सबसे बड़ी उलझन से गुज़रना पड़ा। एक दिन हमारे बड़े भाई कहीं से शादी का कोई पैग़ाम लेकर आए और मां से उस सिलसिले में ज़िक्र कर रहे थे। इतने में मैं भी वहां पहुंच गया और भाई साहब मुझसे मुख़ातिब होकर बोले कि तेरा क्या मक़सद है और तू क्यों शादी नहीं करना चाहता? तो मैंने नाराज़ होकर जवाब दिया कि मैं पढ़ा-लिखा आदमी हूं। मेरे लिए अनपढ़ लड़कियां ही रह गयी हैं और दूसरी तरफ़, आप अपने बच्चों को पाकिस्तान छोड़ आये हैं। उनकी परवरिश कौन करेगा? मैं तो अब पाकिस्तान जाने की सोच रहा हूं ताकि उन बच्चों को, जिन्हें आप वहां अकेला छोड़ आये हैं, वापस ले आऊं और उनकी परवरिश करूं। इस पर हमारी मां ने कहा कि ये तो अब्बास ठीक कहता है। आख़िर उन बच्चों की पाकिस्तान में कौन देखभाल करेगा? दूसरे दिन भाई साहब ने मां के ज़रिए मेरे पास ये ख़बर भिजवाई कि मेरा दिल्ली से लाहौर तक का हवाई जहाज़ का टिकट बनवा दो। मैं अपने बच्चों के पास चला जाता हूं, फिर तो ये शादी करेगा। मैंने अगले हफ़्ते दिल्ली से लाहौर जाने का टिकट और पांच सौ रुपये भाई साहब को दिए और वो अगले हफ़्ते अपने बच्चों के पास ज़िला स्यालकोट, पाकिस्तान चले गए।

अब मेरे लिए शादी न करने का कोई बहाना बाक़ी न रहा। मां भी काफ़ी बूढ़ी हो गयी थीं। घर का कामकाज और खाना पकाना भी उनके लिए काफ़ी दुश्वार होता था। इधर एक दिन अलीगढ़ ज़िले के ऊंटगिर गांव से कुछ लोग एक शादी में ख़ुर्जे आए हुए थे। वापसी में ख़ुर्जा जंक्शन पर इनकी गाड़ी चार घंटे लेट थी तो उनमें से चार लोग तांगे में बैठकर हमारे गांव क़लंदर गढ़ी आ गए। क्योंकि उन लोगों से पुरानी रिश्तेदारी थी इसलिए हमारे ताया उन्हें देखकर बहुत ख़ुश हुए और उन्हें चार दिन तक गांव में रोका और दावतें की। इनमें एक चचा महमूद अली ख़ां जो अलीगढ़ यूनीवर्सिटी से ग्रेजुएट थे और यूनीवर्सिटी में मुलाज़िम भी थे, उनसे हमारे ताया ने मेरी शादी के लिए ज़िक्र किया तो उन्होंने अपनी भतीजी तजवीज़ की और ताया से कहा कि अगर आप राज़ी हों तो मैं अब्बास से ही इसका ज़िक्र करूं। लेकिन आप ये समझ लें कि हमारे पास लेने-देने के लिए बेटी है, और कुछ भी नहीं। ताया ने कहा कि आप अब्बास से बात कर लें। अगर वो राज़ी हो जाए तो हमें लेन-देन की कोई ज़रूरत नहीं है। फिर कुंवर महमूद अली ख़ां ने, जिनसे मैं अलीगढ़ यूनीवर्सिटी के अपने तालीम के दिनों से वाक़िफ़ था, मुझसे शादी के लिए ज़िक्र किया तो मैंने यही जवाब दिया कि इसका जवाब तो मेरे बुज़ुर्ग ही दे सकते हैं। इसके बाद वो अपने गांव चले गए।

अब मेरे मामूज़ाद भाई फ़ैज़ अली ख़ां, जो मुझसे उम्र में एक साल बड़े हैं, हमारे गांव आए तो हमारे ताया ने उनसे कुंवर महमूद अली ख़ां से जो बातचीत हुई थी, उसका ज़िक्र किया। भाई साहब फ़ैज़ अली ख़ां की ससुराल भी उसी ऊंटगिर गांव में है। उन्होंने

कहा कि जिस लड़की का रिश्ता कुंवर महमूद अली ख़ां ने तजवीज़ किया है, वो लड़की मेरी देखी हुई है। ये रिश्ता बड़ा माक़ूल है और वहां पढ़ा-लिखा माहौल है। यही बात उन्होंने मेरी मां को भी बताई। दूसरे दिन भाई साहब फ़ैज़ अली ख़ां, जो मेरे मामूज़ाद भाई होने के अलावा मेरे लंगोटिया यार भी हैं, ने मुझसे मज़ाक़िया अंदाज़ में इस रिश्ते के मुतल्लिक़ गुफ़्तगू की और कहा कि "अब तुम्हारी उम्र तीस-बत्तीस साल की हो चुकी है। साल दो साल बाद फिर कोई तुम्हारे दांत भी नहीं देखेगा। उन्होंने मुझे ये भी याद दिलाया कि बचपन में तुम कहते थे कि हम एक ही जगह शादी करेंगे। तो ये रिश्ता भी मेरे ससुराल वालों में ही है। तुम इसके लिए मना मत करना।" मां की मजबूरी को देखते हुए मैं भी ख़ामोश हो गया और दूसरे दिन भाई साहब फ़ैज़ अली ख़ां को इस रिश्ते को तय करने के लिए ऊंटगिर भेजा गया।

भाई साहब फ़ैज़ अली ख़ां ने ऊंटगिर जाकर कुंवर महमूद अली ख़ां और हमारे होने वाले ससुर अब्दुल रहमान ख़ां और उनके बड़े बेटे मक़सूद अली ख़ां से मेरे रिश्ते के सिलसिले में तफ़सील से बातचीत की। मक़सूद अली ख़ां साहब अलीगढ़ यूनीवर्सिटी में पढ़े थे और उन दिनों बुलंदशहर ज़िले में ए.डी.ओ., एग्रीकल्चर के ओहदे पर तैनात थे। वे अपने बीवी-बच्चों के साथ बुलंदशहर ऊपरकोट में रहते थे। क्योंकि मैं पार्टी के काम से अक्सर बुलंदशहर आता था, तो उनसे सियासत पर बातचीत होती थी। सियासी तौर पर उनका झुकाव कांग्रेस की तरफ़ था और उनके दोस्त इर्तिज़ा हुसैन बुलंदशहर से एम.एल.ए. भी थे। मेरी उनसे अक्सर सियासी बहस भी होती थी और वो मुझे अपने घर भी ले जाते थे। भाई साहब मक़सूद अली ख़ां ने अपने वालिद को मेरे रिश्ते के लिए रज़ामंद कर लिया। दूसरे दिन उन्होंने भाई साहब फ़ैज़ अली ख़ां को दावत दी और अपनी बहन के रिश्ते की रज़ामंदी भी ज़ाहिर कर दी। उनके वालिद और उन्होंने ये ज़िक्र ज़रूर किया कि हमारे पास देने के लिए कोई जहेज़ नहीं है, सिर्फ बेटी है। और उन्होंने एक महीने बाद का वक़्त तय किया कि मेरे वालिद बुलंदशहर आ जायेंगे। आप भी अपने फ़ूफा दारोग़ाजी और अब्बास के वालिद को लेकर मेरे घर बुलंदशहर आएं। चुनांचे तारीख़ मुक़र्रर पर मेरे वालिद और ताया दारोग़ाजी और फ़ैज़ अली ख़ां को लेकर बुलंदशहर गए और शादी की तारीख़ अगले महीने अक्टूबर में तय कर दी गई यानि अक्टूबर, 1950।

अगले महीने में हम लोग बारात लेकर ऊंटगिर गये जहां उन लोगों ने बारात की बड़ी ख़ातिर-मदारत की और तीसरे रोज़ बारात वहां से रुख़सत होकर गांव लौट आई। मेरी बीवी सुल्ताना बेगम की उम्र मुझसे तक़रीबन आधी थी। मगर 17-18 साल की उम्र में ही वो बेहद ज़हीन थीं और हर हाल में खुश रहती थीं। उन्होंने मेरी सियासी ज़िदगी में कभी कोई रुकावट नहीं डाली और हमेशा ख़ुशी-ख़ुशी मेरे हर काम में सहयोग देती थीं।

अब मैं एक तरह से पार्टी का फुलटाइमर होकर पूरी लगन से पार्टी का काम करता था। उधर सूबे में हमारे ज़िले के संगठन की प्रगति को देखकर बेनीप्रसाद माधव को सूबे

का संयुक्त सचिव बना दिया गया। राजस्थान से 'एक राजस्थान' आंदोलन चलाने वाले ठाकुर ईश्वरी सिंह*, जो बुलंदशहर नगर के क़रीब गांव चांदपुर के रहने वाले थे, उन्हें डॉ. लोहिया ने बुलंदशहर ज़िले में संगठन का काम करने के लिए कहा। चुनांचे ठाकुर ईश्वरी सिंह जो एक लगनशील, ईमानदार और व्यवहार कुशल आदमी थे, उनके आने से ज़िला संगठन को बढ़ावा मिला। वो भी पार्टी को अपना पूरा समय देते थे। नतीजा ये हुआ कि 1951 आते-आते ज़िले में पार्टी काफ़ी मज़बूत हो गई और अभी से 1952 में होने वाले चुनाव की चर्चा होने लगी। डॉ. लोहिया का ये पूरा प्रयास था कि बुलंदशहर ज़िले से विधानसभा की दसों सीटों पर और लोकसभा की दोनों सीटों पर चुनाव लड़ा जाए। डॉ. साहब ख़ुद भी बुलंदशहर ज़िले को, जब कभी हम चाहते, सभाएं करने के लिए समय दे देते थे। उनका ये भी सुझाव था कि चुनाव के छह महीने पहले हर क्षेत्र में उम्मीदवार तय कर दिये जाएं ताकि ऐन मौक़े पर कोई परेशानी सामने न आए। चुनाव के लिहाज़ से बुलंदशहर की पार्टी में धन का अभाव न हो, इसलिए जो साधन-संपन्न हो, उसे ज़िले में चुनाव लड़ने के लिए तैयार करने का आग्रह किया गया। इधर ज़िला पार्टी की मीटिंग में सभी लोगों से, जो जिस क्षेत्र से चुनाव लड़ना चाहे, अपना नाम पेश करने को कहा गया। साधारण क्षेत्रों से तो उम्मीदवारों के नाम आए, परन्तु लोकसभा की एक आरक्षित सीट और विधानसभा की दो आरक्षित सीटों पर कोई उम्मीदवार चुनाव लड़ने के लिए आगे नहीं आया।

उधर, ज़िले में एक चुनाव क्षेत्र से किसी ने चुनाव लड़ने के लिए अपना नाम पेश नहीं किया। कांग्रेस की तरफ से बाबू बनारसी दास ने ये ज़रूर ख़बर भिजवाई कि ज़िले में कम से कम अल्पसंख्यक उम्मीदवार कांग्रेस और सोशलिस्ट पार्टी एक ही क्षेत्र से लड़ाएं और इसकी पहल उन्होंने सोशलिस्ट पार्टी पर ही छोड़ दी कि वो ये तय करके बताये कि ज़िले में उनका अल्पसंख्यक उम्मीदवार किस क्षेत्र से लड़ेगा ताकि कांग्रेस भी उसी क्षेत्र से अपना अल्पसंख्यक उम्मीदवार खड़ा कर सके। बेनीप्रसाद माधव ने ये चाल चली कि हमारा उम्मीदवार बुलंदशहर सदर से चुनाव लड़ेगा। वो जानते थे कि बुलंदशहर सदर से बाबू बनारसी दास स्वयं विधानसभा क्षेत्र के उम्मीदवार हैं। हालांकि बुलंदशहर क्षेत्र से कोई मुस्लिम उम्मीदवार सोशलिस्ट पार्टी के टिकट पर चुनाव लड़ने को तैयार नहीं था।

इस बीच, तीन जून, 1951 को सोशलिस्ट पार्टी ने दिल्ली में एक बड़ा प्रदर्शन करने का फैसला किया जिसमें ईश्वरी सिंह, बेनीप्रसाद माधव, राजवीर सिंह सोलंकी और मुझ समेत जिले के बहुत सारे साथियों ने शिरकत की।

---

* ईश्वरी सिंह बुलंदशहर ज़िले में सोशलिस्ट पार्टी के संस्थापकों में से एक थे लेकिन 1962 के चुनाव के बाद कांग्रेस पार्टी में शामिल हो गए। 1974 में ख़ुर्जा विधानसभा क्षेत्र से कांग्रेस पार्टी के टिकट पर एम.एल.ए. चुने गए।

पहला आम चुनाव : 1952

भारत के संविधान को, जिसे संविधानसभा ने पास कर दिया था, 26 जनवरी 1950 को लागू किया गया। इसके अनुसार 1952 में बालिग़ मताधिकार के आधार पर विधानसभा और लोकसभा के चुनाव मार्च, 1952 में होने की घोषणा हुई। बुलंदशहर ज़िले में दो सीटें लोकसभा की और दस सीटें विधानसभा की बनायी गईं। लोकसभा की दोनों सीटों के लिए पूरा ज़िला एक ज़िला बनाया गया जिसमें एक सीट सामान्य और दूसरी अनुसूचित जाति के लिए आरक्षित की गयी। इस तरह पूरे ज़िले से बालिग़ मताधिकार के आधार पर हर वोटर को लोकसभा के लिए दो वोट-एक सामान्य वर्ग के उम्मीदवार के लिए और दूसरा अनुसूचित जाति के उम्मीदवार को वोट डालने का अधिकार था। विधानसभा के लिए छह सामान्य क्षेत्र थे जहां से सिर्फ़ एक उम्मीदवार को ही वोट देना होता था। यह क्षेत्र थे : 1. स्याना, 2. अगौता, 3. दादरी, 4. सिकंदराबाद, 5. अहार और 6. बुलंदशहर।

इस चुनाव की रणनीति बनाने के लिए ज़िला पार्टी की आपात बैठक पं. छुट्टनलाल वैद्य के मकान में हुई और काफी बहस के बाद विधानसभा की सीटों के लिए 1. स्याने से प्रिंसीपल मिट्ठनलाल त्रिवेदी, स्वतंत्रता संग्राम सेनानी, 2. अगौते से कुंवर जगवीर सिंह भटौने वाले, 3. दादरी से एक वकील, 4. सिकंदराबाद से भरत सिंह शास्त्री, 5. अहार से लाला करणलाल, स्वतंत्रता संग्राम सेनानी को उम्मीदवार तय किया गया। नंबर 6. बुलंदशहर क्षेत्र का उम्मीदवार तय करने का अधिकार बेनीप्रसाद माधव को दिया गया। नंबर 7. ख़ुर्जा डबल सीट की सामान्य सीट के लिए ठाकुर ईश्वरी सिंह का नाम और रिज़र्व सीट के लिए होराम का नाम तय हुआ।

बुलंदशहर सदर की सीट से माधव जी मुझ पर चुनाव लड़ने के लिए दबाव डाल रहे थे कि यहां से मेरे नाम का ऐलान कर दिया जाए। शायद फिर बाबू बनारसी दास यहां से चुनाव न लड़ें। हालांकि सूबाई पार्टी की संसदीय समिति ने ये तय किया था कि ज़िले में महिला और मुसलमान उम्मीदवार उसी सीट पर लड़ाए जायें जो सीट जीतने के लिहाज़ से पार्टी की सबसे मज़बूत सीट हो। मगर बुलंदशहर से मेरे न चाहते हुए भी मेरे नाम का ऐलान कर दिया गया। जब सूबाई पार्टी की तरफ़ से जनाब फ़रीदुल हक़ अंसारी साहब को बुलंदशहर चुनाव के सिलसिले में बतौर ऑब्ज़र्वर भेजा गया और उन्होंने मुझसे चुनाव के सिलसिले में तफ़सील से गुफ़्तगू की तो मैंने साफ़ बता दिया कि

बुलंदशहर सदर की सीट से कांग्रेस के मौजूदा एम.एल.ए. बाबू बनारसी दास उम्मीदवार हैं और ज़िले में ये सीट कांग्रेस की सबसे मज़बूत सीट है और मेरे लिए ये सीट लड़ना बेहद मुश्किल है क्योंकि मैं इस चुनाव क्षेत्र का रहने वाला नहीं हूं। उन्होंने यही बात मुझसे लिखवा ली और लखनऊ जाकर बुलंदशहर सदर की सीट से मेरी ख़्वाहिश के मुताबिक़ मेरी उम्मीदवारी ख़त्म करा दी और बाद में बुलंदशहर सदर की सीट से ठाकुर झम्मन सिंह वकील को उम्मीवार बनाया गया।

ये चुनाव बड़े ज़ोर-शोर से लड़ा गया। क्योंकि मैं पार्टी का फुलटाईमर (पूर्णकालिक) था, पार्टी ने मेरी ड्यूटी अगौता क्षेत्र में कुंवर जगवीर सिंह* के साथ लगा दी। जगवीर सिंह ने मेरे साथ एक घोड़ागाड़ी कर दी और उसमें एक भजन मंडली लगा दी जो गांव-गांव जाकर मीटिंग करके लोगों को जमा करती और फिर मुझे भाषण देने के लिए कहा जाता। मैं पार्टी की रीति-नीति बताता और फिर पार्टी उम्मीदवार कुंवर जगवीर सिंह के लिए वोट मांगता। अगौता क्षेत्र में 27 गांव ऐसे थे जहां हमारे रिश्तेदार रहते थे। 15 दिन में हमने इन सभी गांवों में बैठकें कीं और लोगों को ये भी बताया कि कांग्रेस, जो किसान और मज़दूरों के हितों की अनदेखी कर रही है, उसके ख़िलाफ़ सोशलिस्ट पार्टी को वोट देना क्यों ज़रूरी है।

चूंकि मैं ही एक ऐसा मुसलमान कार्यकर्ता था जो अपना पूरा वक़्त पार्टी के लिए देता था इसलिए ज़िले में मुझे हर चुनाव क्षेत्र में जाना पड़ता था। हमारे ज़िले में जो भी नेता बाहर से आते थे, उनसे बेनीप्रसाद माधव और ईश्वरी सिंह मेरे काम की बहुत तारीफ़ करते थे। ईश्वरी सिंह ख़ुर्जा तहसील से विधानसभा का चुनाव लड़ रहे थे। मैं उनके चुनाव क्षेत्र में काफ़ी मेहनत से काम करता था। इस चुनाव क्षेत्र का होने की वजह से मेरे काम का अच्छा असर भी दिख रहा था।

इसी दौरान डॉ. राममनोहर लोहिया ने ज़िले का व्यापक दौरा किया और हर चुनाव क्षेत्र में सभाएं कीं। उन सभाओं में बहुत बड़ी भीड़ इकट्ठी होती थी। सबसे ज़्यादा भीड़ ख़ुर्जा चुनाव क्षेत्र में इकट्ठी हुई। इस पूरे दौरे में मैं डॉ. लोहिया के साथ रहा। हालांकि उनसे परिचय चार साल पहले ख़ुर्जा में हुए एक उप चुनाव के दौरान हो गया था लेकिन इस बार उन्हें ज़्यादा नज़दीक से देखने को मिला। इस दौरे के दौरान डॉ. साहब ने एक रात मेरे गांव क़लंदर गढ़ी क़याम भी किया। इसके बाद उनसे जो संबंध बना, वो उनकी ज़िंदगी तक क़ायम रहा। उनसे मिलने पर हर बार ऐसा महसूस होता था कि मैं उनके काफ़ी क़रीब आ गया हूं। चुनाव से पहले आचार्य नरेंद्र देव की ख़ुर्जा शहर, बुलंदशहर और सिकंदराबाद में बड़ी सभाएं हुईं और चुनाव के आख़िरी दिनों में बाबू जयप्रकाश नारायण की दो शानदार सभाएं बुलंदशहर और ख़ुर्जा में हुईं जिसमें हज़ारों की तादाद में लोग शरीक हुए। बेनीप्रसाद माधव ने बुलंदशहर लोकसभा सीट से लखनऊ की

---

* कुंवर जगवीर सिंह (1922-2002) शुरू में समाजवादी पार्टी के सदस्य। फिर कांग्रेस पार्टी में शामिल, बाद में चौधरी चरण सिंह की बी.के.डी. पार्टी के विधायक और राज्यसभा सदस्य (1974-1980)। जनता सरकार के दौरान केंद्र सरकार में सूचना एवं प्रसारण राज्य मंत्री (1977-1980)।

श्रीमती उषा गुजराल को उम्मीदवार बनाया जिन्होंने चुनाव में काफ़ी रुपये ख़र्च किए। लोकसभा के साथ-साथ उन्होंने विधानसभा के उम्मीदवारों की भी माली मदद की जिससे ज़िले भर में चुनाव की अच्छी लहर दौड़ गई। ज़िले के कार्यकर्ताओं के अलावा सूबे के दीगर नेता भी ये अंदाज़ा लगाते थे कि ज़िले में चार-पांच विधानसभा सीट पार्टी ज़रूर जीत जाएगी। कांग्रेस के लोग अब देहात में जाकर ये झूठा प्रचार करने लगे थे कि अगर कांग्रेस ये चुनाव हार गयी तो ज़मींदारी प्रथा, जिसे कांग्रेस ने ख़त्म कर दिया है, सोशलिस्ट पार्टी उसे फिर से ले आयेगी। मार्च, 1952 के चुनावी नतीजों ने ज़िले में सोशलिस्ट पार्टी की कमर तोड़ दी। पार्टी ज़िले की 10 विधानसभा सीटों के साथ-साथ लोकसभा की दोनों सीटें भी हार गई। इस चुनाव में कांग्रेस ने ग़लत हथकंडे अपनाये और ज़िले की सरकारी मशीनरी ने कांग्रेस का पूरा-पूरा साथ दिया। देश के पहले आम चुनाव में सोशलिस्ट पार्टी ने लोकसभा की 264 सीटों पर चुनाव लड़ा और उसे केवल 12 सीटों पर कामयाबी मिली जिनमें से केवल एक उत्तर प्रदेश से देवरिया की थी। पार्टी को कुल 10.57 फीसद वोट मिले।

चुनावों के बाद 23 से 27 मई, 1952 को पचमढ़ी, मध्य प्रदेश में पार्टी का एक विशेष सम्मेलन बुलाया गया जिसमें चुनावों की समीक्षा की गई और भावी रणनीति क्या हो, इस पर विचार किया गया। डॉ. राममनोहर लोहिया ने इस सम्मेलन की अध्यक्षता की और सोशलिस्ट पार्टी का नीति सिद्धांत विस्तार से समझाया। इस सम्मेलन के बाद जयप्रकाश नारायण*, आचार्य जे.बी. कृपलानी से मिले और देश की राजनीतिक स्थिति को देखते हुए दोनों दलों यानि सोशलिस्ट पार्टी और आचार्य कृपलानी की किसान मज़दूर प्रजा पार्टी के बीच सहयोग की जरूरत पर जोर दिया। इतना ही नहीं, यह सहयोग दोनों दलों के विलय की ओर बढ़ने लगा।

इधर, हमारे ज़िले बुलंदशहर में अहार क्षेत्र के ऊंचागांव के राजा और कांग्रेस पार्टी के नेता जो बाद में केंद्र सरकार में मंत्री भी रहे, कुंवर सुरेन्द्र पाल सिंह ने 'ज़मींदारी उन्मूलन क़ानून' के लागू होने के बाद भी किसानों के खेतों में खड़े दर्जनों दरख़्तों को ग़ैरक़ानूनी तौर से कटवाना शुरू कर दिया जबकि इन पेड़ों के मालिक वहां के किसान थे। मुक़ामी एडमीनिस्ट्रेशन (स्थानीय प्रशासन) से जब किसान इस ज़ुल्म की शिकायत करते तो अधिकारियों के कानों पर जूं तक नहीं रेंगती थी और मज़लूम किसानों की फ़रियाद ज़ालिम राजा के दबाव में अधिकारी नहीं सुनते थे। पार्टी की तरफ़ से इस दमन के ख़िलाफ़ अहार क्षेत्र में एक बड़ा जलसा रखा गया मगर ऐन वक़्त पर जलसे की जगह राजा ने नहर कटवा दी और चारों तरफ़ पानी ही पानी भर गया। इस दमनकारी माहौल में ज़िला पार्टी ने ये तय किया कि जुलाई, 1952 में बुलंदशहर में नुमाईश ग्राऊंड से एक प्रदर्शन करके सरकारी

---

* जयप्रकाश नारायण (1902-1979) पहले कांग्रेस पार्टी के प्रमुख नेता। गांधी जी के नेतृत्व में राष्ट्रीय आंदोलन में भाग लिया। कांग्रेस सोशलिस्ट पार्टी, सोशलिस्ट पार्टी, प्रजा सोशलिस्ट पार्टी की स्थापना की, बाद में विनोबा भावे के सर्वोदय आंदोलन में शामिल। 1974 में छात्र और विपक्षी दलों के आंदोलन का नेतृत्व किया। कभी चुनाव नहीं लड़े, लेकिन लोकतांत्रिक तरीक़े से देश में कांग्रेस पार्टी के आधिपत्य को ख़त्म किया।

ज़ुल्म और राजा के दमन के ख़िलाफ सत्याग्रह आंदोलन शुरू किया जाए। सैकड़ों कार्यकर्ता और मज़लूम किसान बुलंदशहर नुमाईश ग्राउंड में प्रदर्शन के लिए तैयार हो ही रहे थे कि बुलंदशहर के ज़िला मज़िस्ट्रेट ने एस.डी.एम. बुलंदशहर को हुक्म दिया कि शहर में धारा 144 लगाकर इन प्रदर्शनकारियों को गिरफ़्तार कर लिया जाए और ज़िले में धारा 144 जारी रखी जाए। इस तरह कानपुर के लेबर लीडर राजाराम शास्त्री और श्रीमती शकुंतला श्रीवास्तव तथा ईश्वरी सिंह के नेतृत्व में मुझ समेत ढाई सौ से ज़्यादा लोग नुमाईश ग्राउंड से गिरफ़्तार करके जेल भेज दिए गए और शाम को एक मजिस्ट्रेट ने जेल में आकर हम लोगों को धारा 144 के उल्लंघन में धारा 188 के तहत तीन-तीन माह की क़ैदे-बामशक़्क़त की सज़ा सुना दी और रात को ही हमें बुलंदशहर जेल से बसों के ज़रिए मेरठ जेल में भेज दिया गया। आज़ाद हिन्दुस्तान में सिविल नाफ़रमानी के तहत जेल जाने का यह पहला अनुभव था। जेल में हम लोगों से 'क्रिमनल' क़ैदियों की तरह बर्ताव किया गया और सख़्त मेहनत करवाई गई। एक हफ़्ते के बाद जब कांग्रेसी लीडर हरिहर नाथ शास्त्री अपनी पत्नी से मिलने मेरठ जेल आए तो श्रीमती शकुंतला श्रीवास्तव ने उनसे मिलने से इंकार कर दिया। फिर वो हमारी बैरकों में आए। ईश्वरी सिंह ने उन्हें जेल का खाना जो हमें दिया जाता था, दिखाया और हमें मशक़्क़त के लिए रस्सी बांटने के लिए जो मूंज दी गयी थी, वो दिखाई। अगले हफ़्ते जेल वालों ने हमसे मशक़्क़त करानी बंद कर दी और खाना पकाने का इंतज़ाम हमारी बैरकों में कर दिया। ईश्वरी सिंह ने हम लोगों को सरकार की तरफ़ से राजनीतिक क़ैदी तस्लीम न करने के हुक्म के ख़िलाफ़ भूख हड़ताल कर दी। जब उन्हें तीन दिन हो गए तो मैंने और बदन सिंह जादौन वालों ने भी उनके समर्थन में भूख हड़ताल शुरू कर दी। हमारी भूख हड़ताल के सात-आठ दिन हुए होंगे कि मेरठ शहर के अख़बारों में ये ख़बर छपी। मेरठ के समाजवादी नेता रघुकुल तिलक हमें समझाने जेल आये। उनके आने का नतीजा ये हुआ कि उन्होंने ग्यारहवें दिन हमारा अनशन ख़त्म करवाया।

जेल में आने के बाद मुझे और मेरे दोस्त राजबीर सिंह सोलंकी को अपने घरेलू हालात की बड़ी फ़िक्र थी क्योंकि हम दोनों के घरों में हमारी बीवियों को ख़ुशी होने की उम्मीद थी। राजबीर सिंह की बीवी ख़ुर्जा शहर में रहती थीं। उन्हें अस्पताल की सुविधा उपलब्ध थी, मगर मेरी बीवी के लिए गांव में कोई इंतज़ाम नहीं था।

इस बीच, मेरे ताया बाक़र अली ख़ां जो पुलिस में इंस्पेक्टर रह चुके थे और जिन्होंने मुझे अपनी औलाद की तरह पाला था, मेरी गिरफ़्तारी से बेहद परेशान थे। इसी दौरान बक़रा-ईद का त्यौहार आया तो उन्होंने ईद से दूसरे दिन मुझसे मुलाक़ात करने के लिए मेरठ जेल आने का प्रोग्राम बनाया और मेरी वालिदा और बीवी को हिदायत दी कि वो मेरे लिए अच्छा खाना तैयार करें। मगर, अचानक उसी दिन उनका 'हार्टफ़ेल' हो गया और डॉक्टर के आने से पहले ही उनकी मौत हो गई। जब मुझे मेरठ जेल में ये ख़बर मिली तो मुझे बेहद अफ़सोस हुआ। अगले महीने मेरठ जेल में हमारी क़ैद के तीन महीने पूरे हो गए और मैं मेरठ जेल से रिहा होकर गांव आ गया। ताया के इंतक़ाल से मैं बेहद रंजीदा था, मगर इस परेशानी के आलम में मेरी बीवी ने बड़ी संजीदगी से काम लिया। उसने मुझे और मेरी वालिदा को तसल्ली दी।

जेल से बाहर आने पर मालूम हुआ कि हमारी पार्टी की राष्ट्रीय समिति ने आचार्य कृपलानी की के.एम.पी.पी. के साथ विलय करने का फ़ैसला कर लिया है। पार्टी अध्यक्ष आचार्य नरेंद्र देव* उन दिनों चीन के दौरे पर थे और इस बात से दुखी थे कि उनके पीछे पार्टी ने के.एम.पी.पी. के साथ विलय की बात चलाई। लेकिन पार्टी सदस्यों के बहुमत को देखते हुए उन्होंने इस विलय को स्वीकार कर लिया और इस तरह बंबई में 25 से 27 सितंबर, 1952 के बीच दोनों दलों के विलय की औपचारिकताएं पूरी हुईं और प्रजा सोशलिस्ट पार्टी का गठन हुआ। आचार्य कृपलानी नई पार्टी के अध्यक्ष और अशोक मेहता महासचिव बनाए गए।

इधर, मेरे ताया के बेटे भाई साहब इकराम अली ख़ां 1949 में मेरे बहनोई के साथ पाकिस्तान चले गए थे। इस बीच, हमारे ख़ानदानी लोगों ने जिन्होंने हमसे मुक़द्दमेबाज़ी कर रखी थी, उन्होंने एक शरणार्थी से ये दरख़्वास्त दिला दी कि बाक़र अली ख़ां के बेटे इकराम अली ख़ां पाकिस्तान चले गए हैं, इसलिए उनकी ज़मीन कस्टोडियन के हवाले कर दी जाए। चुनांचे कस्टोडियन ने हमें नोटिस दे दिया। हमने उस नोटिस का जवाब देकर अदालती पैरोकारी शुरू कर दी।

जैसा कि पहले बताया जा चुका है कि माह नवंबर, 1952 में मेरे घर में ख़ुशी होने वाली थी, मेरी वालिदा इस वजह से परेशान थीं कि गांव में कोई माक़ूल इंतज़ाम नहीं है और चूंकि मेरी बीवी की पहली डिलीवरी है, इसलिए उनका कहना था कि बीवी को ख़ुर्जे के ज़नाना अस्पताल में दाख़िल करा कर वहीं रहा जाए। मैंने उनके मशविरे के मुताबिक़ अपनी बीवी को ख़ुर्जे के ज़नाना अस्पताल के प्राइवेट वार्ड में दाख़िल करा दिया। शहर में महिला डॉक्टर सूद की, जो डिलीवरी के मामले में बहुत होशियार थीं, बहुत तारीफ़ सुनी थी। उन्हीं के ज़रिए दूसरी रात को अस्पताल में मेरी बड़ी बेटी नूरचश्मी सितारा बख़ैर ख़ूबी पैदा हुई। पांच-छह दिन अस्पताल में रह कर हम वापस अपने गांव क़लंदर गढ़ी आ गए। इस बीच हमारे ख़ानदान वालों ने कस्टोडियन को भाई साहब इकराम अली ख़ां के पाकिस्तान जाने के तमाम सबूत मुहैया करा दिए। मगर, हमारे कस्टोडियन वकील साराभाई ने ताया बाक़र अली ख़ां की तरफ से एक वसीयतनामा दाख़िल कराया जिसमें भाई साहब इकराम अली ख़ां के तन्हा हिंदुस्तान छोड़ने पर ताया की नाराज़गी का इज़हार किया गया था और ये कि उन्होंने अपनी काश्त की ज़मीन मेरे नाम मुंतक़िल करके वसीयतनामा तहरीर कर दिया था। चूंकि ये वसीयतनामा रजिस्टर्ड नहीं था, इसलिए वकील साराभाई को शक था कि कस्टोडियन इसे माने या न माने। मगर एक दिन कस्टोडियन ने ख़ुद साराभाई वकील से कहा कि बग़ैर कुछ दिलवाये अपने

*आचार्य नरेंद्र देव देश के समाजवादी आंदोलन का एक बड़ा नाम है। उनकी सादगी देखने लायक़ होती थी। वे बेहद मृदुभाषी थे और उनके भाषणों को सुनने में बड़ा मज़ा आता था। 1952 में चीन से लौटने पर उन्होंने एक किताब लिखी थी 'आंखों देखा चीन।' संघर्ष में भी वह नियमित रूप से लिखते थे। पंडित जवाहर लाल नेहरू ने अपनी किताब 'डिस्कवरी ऑफ़ इंडिया' की भूमिका में लिखा है कि यदि अहमद नगर जेल में उनके साथ मौलाना आज़ाद, नरेंद्र देव, गोविन्द वल्लभ पंत और आसिफ़ अली जैसे साथी न होते तो वह ये किताब कभी न लिख पाते। 19 फ़रवरी, 1956 को आचार्य जी का निधन हो गया।

वसीयतनामे को सही साबित करवाना चाहते हो? उन्होंने कस्टोडियन से पूछा कि क्या चाहते हो, तो कस्टोडियन ने इस काम के लिए 5000 रुपये तलब किए। मैंने ज़िंदगी में कभी रिश्वत नहीं दी थी। इस काम के लिए एक माह तक 5000 रुपये इकट्ठा करने की मैं कोशिश करता रहा मगर कहीं से भी ये रक़म जमा नहीं हो पा रही थी। मेरी मां, वालिद और मेरी बीवी सब मेरी परेशानी से वाक़िफ थे, मगर किसी को भी 5000 रुपये इकट्ठा होने की कोई सूरत नज़र नहीं आ रही थी। लिहाज़ा मेरी बीवी ने यह तजवीज़ रखी कि उनके ज़ेवर की ऐवज़ में अगर 5000 रुपये मिल जाएं तो ले लिए जाएं, फ़सल आने पर ज़ेवर वापस ले लेंगे। अगले दिन मैं ज़ेवर लेकर लाला श्यामलाल सर्राफ़ के यहां ख़ुर्जे गया और उन्होंने एक रुपया माहवार सैकड़ा सूद पर 5000 रुपये ज़ेवर के बदले मुझे दे दिए। तब जाकर ताया की ज़मीन वसीयतनामे के मुताबिक़ मेरे नाम हुई और हमारी परेशानी ख़त्म हुई।

29, 30 और 31 दिसंबर, 1953 और पहली जनवरी, 1954 को इलाहाबाद में सोशलिस्ट पार्टी, किसान मज़दूर प्रजा पार्टी और फ़ारवर्ड ब्लॉक को मिलाकर प्रजा सोशलिस्ट पार्टी का गठन किया गया। इस विलय के बाद पार्टी काफ़ी बड़ी हो गयी। **नई पार्टी के अध्यक्ष आचार्य जे.बी. कृपलानी* और महामंत्री डॉ. राममनोहर लोहिया बनाए गए।** डॉ. लोहिया जो आज तक पार्टी संगठन में किसी ज़िम्मेदार ओहदे पर नहीं रहे थे और जिन पर लोग ये इल्ज़ाम लगाते थे कि डॉ. लोहिया ये चाहते हैं कि पार्टी के लोग उनके विचारों को तो मानें मगर वो ख़ुद संगठन में ज़िम्मेदार पद नहीं लेते, प्रजा सोशलिस्ट पार्टी का राष्ट्रीय महासचिव बनकर लोहिया ने उन लोगों के मुंह बंद कर दिये और संघर्ष का ज़ोरदार तरीक़े से कार्यक्रम शुरू कर दिया।

आबपाशी आंदोलन

मई, 1954 में उत्तर प्रदेश की कांग्रेस सरकार ने नहरों से किसानों की आबपाशी (सिंचाई) की दरों में एक रुपये पर तीन आने की बढ़ोतरी कर दी। उत्तर प्रदेश के पश्चिमी ज़िलों और अवध के इलाक़े में नहरों का काफ़ी जाल बिछा हुआ है और बड़ी तादाद में किसान इन नहरों से आबपाशी करते हैं। फ़रूर्ख़ाबाद ज़िले में किसानों ने इन बढ़ी हुई दरों के ख़िलाफ़ आंदोलन छेड़ दिया। डॉ. लोहिया इस मौक़े पर ख़ुद फ़र्रूख़ाबाद गए और उन्होंने इस आंदोलन का नेतृत्व किया। चार जुलाई, 1954 को फ़र्रूख़ाबाद के स्थानीय प्रशासन ने डॉ. लोहिया को अंग्रेज़ों के बनाये हुए क़ानून 'स्पेशल पावर्स एक्ट' के तहत गिरफ़्तार कर लिया। उनकी गिरफ़्तारी से पूरे उत्तर प्रदेश मे समाजवादी कार्यकर्ताओं में जोश की लहर दौड़ गयी। हर ज़िले से कार्यकर्ता और किसान जत्थे

* आचार्य जे.बी. कृपलानी (1888-1982) कांग्रेस पार्टी के महासचिव और अध्यक्ष रहे। बाद में किसान मज़दूर प्रजा पार्टी का गठन किया और 1953 में प्रजा सोशलिस्ट पार्टी में विलय के बाद उसके पहले अध्यक्ष। तीन बार लोकसभा के लिए चुने गए। 1977 में जनता पार्टी के गठन और मोरारजी देसाई को प्रधानमंत्री बनवाने में महत्वपूर्ण भूमिका निभाई। भारतीय राजनीति के एक उत्कृष्ट नेता।

बनाकर फ़र्रूख़ाबाद जाने लगे। हज़ारों लोग सूबे में गिरफ़्तार कर लिए गए। आबपाशी रेट बढ़ाने के ख़िलाफ़ सूबे में कांग्रेसी हुक़ूमत के ख़िलाफ़ तहलका मच गया। बुलंदशहर ज़िले से चौधरी गिरिराज सिंह के नेतृत्व में हम लोगों ने सैकड़ों किसानों के साथ फ़र्रूख़ाबाद जाकर गिरफ़्तारी दी और दो माह तक फ़तेहगढ़ जेल में बंद रहे।

डॉ. लोहिया ने अपने साथी कार्यकर्ताओं और किसानों की इस गिरफ़्तारी के ख़िलाफ़ इलाहाबाद हाई कोर्ट में रिट दायर की और 'स्पेशल पावर्स एक्ट' को भारत के संविधान में दिए गए व्यक्ति के मौलिक अधिकारों में दख़लंदाज़ी बताते हुए इस एक्ट में हुई गिरफ़्तारियों का विरोध किया। इलाहाबाद हाई कोर्ट में इस रिट की बहस की सुनवाई के मौक़े पर डॉ. लोहिया ख़ुद नैनी सेंट्रल जेल गए और वहां से रोज़ाना हाई कोर्ट में बहस करने के लिए पुलिस की कस्टडी (हिरासत) में अदालत लाए जाते थे। उन्होंने हाई कोर्ट में दलील दी थी कि ये काला क़ानून आज़ाद हिंदुस्तान में लागू नहीं हो सकता। डॉ. लोहिया के हाई कोर्ट में बहस के दौरान समाजवादी पार्टी के पुराने साथी और मशहूर वकील सतीशचंद्र खरे सहायक रहे। पहले ये मुक़दमा जस्टिस देसाई और जस्टिस चतुर्वेदी की बेंच के सामने पेश हुआ। मगर जब दोनों जजों के फ़ैसले में एक राय नहीं बनी और दोनों जजों ने अलग-अलग फ़ैसले सुनाए तो फिर ये मुक़दमा हाई कोर्ट के तीसरे जज जस्टिस अग्रवाल के पास भेजा गया जिन्होंने जस्टिस देसाई के फ़ैसले से सहमति जताते हुए 'स्पेशल पावर्स एक्ट' को संविधान विरोधी क़रार दिया और डॉ. लोहिया तथा उनके साथ गिरफ़्तार किए गए हज़ारों किसानों और समाजवादी कार्यकर्ताओं को जेलों से रिहा कर दिया।

28 अगस्त, 1954 को डॉ. लोहिया जेल से रिहा हुए। इस आंदोलन में उत्तर प्रदेश में पचास हज़ार से ज़्यादा किसानों और पार्टी कार्यकर्ताओं ने हिस्सा लिया और पांच हज़ार से ज़्यादा लोग गिरफ़्तार हुए। पूरे देश के जनमानस ने डॉ. लोहिया द्वारा उठाए गए मौलिक सवालों और शासन तथा जनता के बीच के रिश्तों और हक़ की लड़ाई लड़ने के लिए उनकी तारीफ़ की। सिविल नाफ़रमानी के तहत डॉ. लोहिया की ये एक बड़ी क़ानूनी जीत थी और उन्होंने यह दिखा दिया कि किस तरह लोग शांतिपूर्ण ढंग से आंदोलन करके अपना हक़ हासिल कर सकते हैं।

इसी दरम्यान 17 अगस्त, 1954 को केरल में पट्टम थानू पिल्लै की प्रजा सोशलिस्ट सरकार ने निहत्थे प्रदर्शनकारियों पर गोली चलवा दी थी जिसमें चार लोगों की मौत हो गयी थी और दसियों लोग घायल हो गए थे। डॉ. लोहिया का मानना था कि शांत और निहत्थे प्रदर्शनकारियों पर किसी सरकार को तब तक गोली नहीं चलवानी चाहिए जब तक प्रदर्शनकारी हिंसा पर उतारू न हो जाएं। मुख़्तलिफ़ अवसरों पर इस तरह की कार्रवाई करने पर पार्टी ने कांग्रेसी सरकारों से इस्तीफ़ा मांगा था। इसलिए डॉ. लोहिया का कहना था कि हमारी सरकार को भी इस प्रकार की कार्रवाई नहीं करनी चाहिए। लिहाज़ा उन्होंने जेल से तार भेज कर पट्टम थानू पिल्लै की सरकार के इस्तीफ़े की मांग की। केरल की प्रजा सोशलिस्ट पार्टी की सरकार द्वारा इस्तीफ़ा न देने पर डॉ.

लोहिया ने पार्टी के महामंत्री पद से इस्तीफ़ा दे दिया। इस्तीफ़ा देने से पहले उन्होंने पार्टी अध्यक्ष आचार्य कृपलानी को एक ख़त भी लिखा था मगर उन्होंने उसका कोई जवाब नहीं दिया।

डॉ. लोहिया ने एक बुनियादी सवाल उठाया था। इस पर पार्टी के अंदर काफ़ी विवादास्पद स्थिति पैदा हो गयी। चारों तरफ़ बहस छिड़ गयी। गोली और सोशलिस्ट सरकार के सवाल पर मुल्क़ भर में पढ़े-लिखे लोग बहस करते थे। पट्टम थानू पिल्लै सरकार को लेकर पार्टी में जो बवाल खड़ा हुआ था, उससे ये आशंका बढ़ रही थी कि पार्टी कहीं टूट न जाए। पार्टी के नेता इस मुद्दे पर कोई साफ़ राय तो नहीं देते थे मगर डॉ. लोहिया के इस क़दम को पार्टी विभाजक बताते थे।

आख़िरकार, 25-27 नवंबर, 1954 को नागपुर में पार्टी का एक विशेष अधिवेशन बुलाया गया और अधिवेशन पर ही इसका फ़ैसला छोड़ दिया गया। एक तरफ़ डॉ. लोहिया और नौजवानों का ख़ेमा था तो दूसरी तरफ़ पार्टी के बड़े नेता। सवाल ये उभर कर आया कि क्या पार्टी में वाणी की स्वतंत्रता रहेगी या नहीं। आख़िरकार, पट्टम थानू पिल्लै की सरकार के मुद्दे पर कि क्या सरकार इस्तीफ़ा दे या चलती रहे, वोटिंग हुई। इस प्रस्ताव के पक्ष में 303 और विपक्ष में 217 वोट पड़े और पार्टी दो ख़ेमों में बंट गयी। मैंने भी इस सम्मेलन में शिरकत की और प्रस्ताव के विरोध में वोट दिया।

नागपुर सम्मेलन के बाद बाबू जयप्रकाश नारायण ने काफ़ी हद तक अपने आपको पार्टी से अलग कर लिया और सर्वोदय आंदोलन की तरफ रुख़ कर लिया। मगर पार्टी में आख़िरी वक़्त तक अशोक मेहता, नाना साहब गोरे और एच.वी. कामत वग़ैरह इस पक्ष के समर्थक और डॉ. लोहिया के विरोधी बने रहे। आचार्य कृपलानी ने भी पार्टी में दिलचस्पी कम कर दी।

इधर, हमारे ज़िले बुलंदशहर में बेनीप्रसाद माधव, जो अब तक डॉ. लोहिया के भक्त कहे जाते थे, वो पट्टम थानू पिल्लै की सरकार को बचाने में आचार्य नरेंद्र देव, जयप्रकाश बाबू, अशोक मेहता और गेंदा सिंह के साथ हो गए जबकि ठाकुर ईश्वरी सिंह और उनके साथ नौजवान साथी और कार्यकर्ता डॉ. लोहिया के समर्थन में आगे आ गए थे। मुझे भी डॉ. लोहिया के विचार अच्छे लगे और मैं ईश्वरी सिंह के साथ लोहिया जी का अनुयायी बन गया।

नागपुर सम्मेलन के बाद बंबई प्रांत में अशोक मेहता* और मधु लिमये** में अनबन हो गयी। मधु लिमये ने 'कंपल्शन ऑफ बैकवर्ड इकॉनमी' की अशोक मेहता

* अशोक मेहता (1911-1985) वरिष्ठ समाजवादी, कांग्रेस सोशलिस्ट पार्टी के संस्थापकों में से एक। पहली लोकसभा के सदस्य। सोशलिस्ट पार्टी, प्रजा सोशलिस्ट पार्टी में रहने के बाद कांग्रेस में शामिल। योजना आयोग के उपाध्यक्ष भी रहे। बाद में संगठन कांग्रेस और जनता पार्टी में शामिल।

** मधु लिमये (1922-1995) स्वतंत्रता सेनानी, गोवा मुक्ति आंदोलन के हीरो। पहले कांग्रेस पार्टी में रहते हुए राष्ट्रीय आंदोलन में भाग लिया फिर सोशलिस्ट पार्टी में शामिल। डॉ. लोहिया के निकट सहयोगी। चार बार लोकसभा के लिए चुने गए। 1977 में जनता पार्टी के महासचिव बनाए गए। 1982 में सक्रिय राजनीति से संन्यास। लेखक और विचारक। दो दर्जन से ज़्यादा किताबें लिखीं।

की थीसिस की आलोचना की जिस पर अप्रैल, 1955 में बम्बई शाखा ने मधु लिमये को पार्टी से 'सस्पेंड' कर दिया। डॉ. लोहिया और उत्तर प्रदेश व उड़ीसा की पार्टी ने इसका विरोध किया। चार और पांच जून को उड़ीसा के जगन्नाथ पुरी में पार्टी के युवा सम्मेलन में मधु लिमये को सम्मेलन का उद्‌घाटन करने के लिए बुलाया गया। इसी तरह उत्तर प्रदेश के ग़ाज़ीपुर में 11, 12, और 13 जून, 1955 को होने वाले विशेष सम्मेलन के उद्‌घाटन के लिए मधु लिमये को बुलाया गया और उन्होंने इन दोनों सम्मेलनों के उद्‌घाटन किए। ग़ाज़ीपुर अधिवेशन और उड़ीसा के जगन्नाथ पुरी सम्मेलन और उत्तर प्रदेश पार्टी के मधु लिमये का पक्ष लेने पर और वाणी की स्वतंत्रता और कर्म पर बंधन के सिद्धांत की हिमायत करने पर 19 जुलाई, 1955 को पार्टी की राष्ट्रीय समिति ने डॉ. लोहिया को भी सस्पेंड कर दिया जिसका देश भर में पार्टी कार्यकर्ताओं ने विरोध किया। सबसे ज़्यादा उत्तर प्रदेश की पार्टी इकाई ने विरोध करके राष्ट्रीय समिति के इस फ़ैसले के ख़िलाफ़ प्रस्ताव पारित किया। इसके बाद डॉ. लोहिया, मधु लिमये, राजनारायण, और पी.वी.जी. राजू जैसे बड़े नेता देश भर के दौरों पर निकल पड़े। ग़ाज़ीपुर सम्मेलन के दौरान ही पहली बार मेरा मधु लिमये से परिचय हुआ।

सोशलिस्ट पार्टी का गठन
हैदराबाद : 1955

डॉ. राममनोहर लोहिया प्रजा सोशलिस्ट पार्टी के नेताओं के रवैये से बहुत दुखी थे और पार्टी से निष्कासित कर दिए जाने के बाद उन्होंने, तय किया कि एक अलग संगठन बनाया जाए। 28 दिसंबर, 1955 को हैदराबाद में सोशलिस्ट पार्टी का स्थापना सम्मेलन करना तय हुआ। बुलंदशहर से कामरेड ईश्वरी सिंह के साथ मैं, चौधरी गिरिराज सिंह, छत्तर सिंह, राजबीर सिंह सोलंकी, राजेन्द्र सिंघल और कस्तूरीलाल जुनेजा के साथ काफी नौजवानों का जत्था रेल के ज़रिए दिल्ली से हैदाराबाद को रवाना हुआ। रास्ते में मथुरा से राधेश्याम शर्मा और उनके साथी और आगरे से बृजराज सिंह और उनके साथी और झांसी से काफी लोग हमारे साथ हो गए।

हैदराबाद सम्मेलन की पूरी तैयारी बद्रीविशाल पित्ती ने की थी जबकि सम्मेलन के स्वागताध्यक्ष पी.वी.जी. राजू एम.पी. थे। सम्मेलन बहुत ही शानदार हुआ। देश के सभी सूबों से कार्यकर्ता और नेता इस सम्मेलन में आए थे। विपिनपाल दास बंगाल से, रिशांग किशिंग और झाऊ सिंह मणिपुर से, रविराय और किशन पटनायक उड़ीसा से, पी.वी.जी. राजू और बद्रीविशाल पित्ती आंध्र से, रेड्डी तमिलनाडु से, के.के. अब्बू और चंद्रशेखरन केरल से, मधु लिमये और जार्ज फर्नांडिज़ महाराष्ट्र से, पं. रामकिशन राजस्थान से, रतन सिंह बाग़ी और सरदार तेजा सिंह तिवाना पंजाब से, ग़रज़ कि कर्नाटक, गुजरात, मध्य प्रदेश, दिल्ली, बिहार और कश्मीर, कोई ऐसा सूबा नहीं था जहां के प्रतिनिधि सम्मेलन में न हों। बिहार और उत्तर प्रदेश तो सम्मेलन में छाया हुआ था। उत्तर प्रदेश से गोपाल नारायण सक्सेना, राजनारायण, रामसेवक यादव, उग्रसेन, दलसिंगार दूबे, कमांडर अर्जुन सिंह भदौरिया, शम्सी मीनाई और बहुत से नेता गए थे। इस सम्मेलन में डॉ. राममनोहर लोहिया ने विस्तार से नई पार्टी का नीति सिद्धांत और कार्यक्रम समझाया। सम्मेलन में डॉ. लोहिया को आम राय से सोशलिस्ट पार्टी का अध्यक्ष और विपिनपाल दास को प्रधानमंत्री चुना गया। पार्टी का मुख्यालय भी सुल्तान बाजार, हैदराबाद में बनाया गया। जिस समय हैदराबाद में सोशलिस्ट पार्टी का स्थापना सम्मेलन हो रहा था, ठीक उसी समय गया में प्रजा सोशलिस्ट पार्टी का दूसरा राष्ट्रीय सम्मेलन हो रहा था। इस सम्मेलन में आचार्य नरेंद्र देव तो बीमारी के कारण नहीं जा

सके मगर उन्होंने अपना अध्यक्षीय भाषण लिख कर भेजा जिसमें पार्टी की टूट पर तो दुख व्यक्त किया गया था लेकिन डॉ. लोहिया और मधु लिमये के ख़िलाफ़ पार्टी द्वारा की गई कार्रवाई को सही ठहराया गया था।

इस बीच, प्रजा सोशलिस्ट पार्टी ख़ुद अपने जाल में फंस गयी थी। अशोक मेहता ने 'द कंपल्शन ऑफ़ बैकवर्ड इकॉनमी' की थीसिस देकर प्रजा सोशलिस्ट पार्टी को कांग्रेस में ले जाने की तैयारी शुरू कर दी थी। बाबू जयप्रकाश जी प्रजा सोशलिस्ट पार्टी छोड़कर आचार्य विनोबा भावे के भूदान आंदोलन में शामिल हो गए थे।

आचार्य नरेंद्र देव को डॉ. लोहिया के बिछड़ने का बेहद अफ़सोस था मगर प्रजा सोशलिस्ट पार्टी के नेता उनके मशविरों पर अमल नहीं करते थे। हालांकि विभाजन के बाद जब तक आचार्य नरेंद्र देव ज़िंदा रहे, डॉ. लोहिया जब कभी लखनऊ आते, उनके मकान 'न्यू हैदराबाद' में ही रुकते थे। और दोनों के बीच बड़ा मधुर संबंध था। हालांकि आचार्य जी अब भी प्रजा सोशलिस्ट पार्टी में थे मगर वो डॉ. साहब का बड़ी गर्मजोशी से स्वागत करते थे। आचार्य जी अक्सर डॉ. लोहिया के लिए उनकी ग़ैरमौजूदगी में कहा करते थे कि "अगर डॉक्टर लोहिया राजनीति में नहीं आते तो दुनिया उनकी इल्मी क़ाबिलियत से फ़ायदा उठाती। उनमें बस एक ख़राबी है कि वे एक जगह स्थिर नहीं रहते।" मशहूर समाजवादी नेता यूसुफ मेहर अली कहते थे कि "राममनोहर लोहिया को एक कमरे में बंद कर दो और क़लम-क़ाग़ज़ रख दो, फिर देखो पूरी किताब लिख देंगे।" जनता साप्ताहिक का संपादन करके और कई किताबें लिखकर डॉ. साहब ने यह साबित भी किया।

हैदराबाद सम्मेलन के बाद डॉ. लोहिया पार्टी संगठन को मज़बूत बनाने के लिए पूरी लगन से जुट गए। पार्टी का केंद्रीय कार्यालय हैदराबाद में था। वह नियमित रूप से हैदराबाद से पार्टी के प्रपत्र सूबाई कार्यालयों में भेजा करते थे। उत्तर प्रदेश में पार्टी का राज्य कार्यालय लीला निवास, पान दरीबा, लखनऊ में बनाया गया। नेताओं के दौरे और कार्यक्रम नए उत्साह से होने शुरू हो गए थे। मार्च, 1956 में लखनऊ में उत्तर प्रदेश पार्टी ने एक किसान मार्च का आयोजन किया। महाराष्ट्र के केशव गोरे ने इस प्रदर्शन का नेतृत्व किया। लखनऊ के लोगों ने दिल खोलकर स्वागत किया जिसका बेहद असर हुआ। जगह-जगह फूल-मालाओं से प्रदर्शनकारियों का अभिनंदन किया गया। देश के जनमानस पर सोशलिस्ट पार्टी छाने लगी। प्रदर्शनकारी नारा लगा रहे थे, "हम लखनऊ क्यों आए हैं? सरकार बदलने आए हैं।"

मार्च, 1956 में ही मेरे बहनोई ग़ुलाम मोहम्मद ख़ां, मेरी बहन और भांजे अज़ीज़ क़ादिर को लेकर तीन माह के वीज़ा पर पाकिस्तान से हिंदुस्तान आए। वो चाहते थे कि हम हिंदुस्तान में अपनी ज़मीन-जायदाद, मकान-वग़ैरह फ़रोख़्त करके पाकिस्तान चलें। मगर मेरे वालिद अय्यूब अली ख़ां ने, जिन्हें फ़ौज की पेंशन मिलती थी, पाकिस्तान जाने से इंकार कर दिया। इधर मार्च, 1956 में ही मेरी बीवी के दूसरी बेटी निगहत पैदा हुई। मगर निगहत की पैदाइश के फ़ौरन बाद मेरी बीवी सुल्ताना बेगम कमर के दर्द से बीमार हो गईं। मैंने उन्हें ज़िला अस्पताल बुलंदशहर में सिविल सर्जन डॉ. बेग को दिखाया जो

बड़े होशियार सर्जन थे। उन्होंने मेरी बीवी की रीढ़ की हड्डी का एक्स-रे कराया जिससे मालूम हुआ कि उन्हें हड्डी की टी.बी. है और तजवीज़ किया कि उसका ऑपरेशन होगा। चुनांचे उन्होंने रीढ़ की हड्डी का ऑपरेशन किया और मशविरा दिया कि वो छह महीने तक रीढ़ की हड्डी पर प्लास्टर लगने के बाद लेटी रहेंगी। मेरे साले मक़सूद अली ख़ां साहब उस वक़्त एग्रीकल्चर महकमे में ए.डी.ओ. थे और बुलंदशहर में ही तैनात थे। इसलिए मार्च, 1956 में ऑपरेशन के बाद उन्हीं के घर पर छह माह तक मेरी बेगम रहीं। भाई साहब मक़सूद अली ख़ां साहब की बीवी रफ़ीक़ा बेगम और उनके बच्चों मसरूर और शहनाज़ ने छह माह तक इस हालत में मेरी बीवी की बड़ी देखभाल की।

आख़िर सितंबर, 1956 में डॉ. बेग ने मेरी बीवी का प्लास्टर काटा और मशविरा दिया कि अब इन्हें मेरे साथ नहीं रहना चाहिए। चुनांचे मैं माह अक्टूबर में उन्हें और अपनी दोनों बेटियों सितारा व निगहत को लेकर क़स्बा किलासवाला तहसील पसरूर, ज़िला स्यालकोट छोड़ आया। मेरे बड़े भाई साहब ज़फ़र अली ख़ां ने बेहद प्यार और मोहब्बत से हमारा स्वागत किया और कहा कि अब तुम हिंदुस्तान जाकर छह-सात माह में अपनी जायदाद फ़रोख़्त करके यहां आ जाओ और वालिद साहब और वालिदा साहिबा को भी यहीं ले आओ। मेरे बहनोई भाई साहब गुलाम मोहम्मद साहब ने अपने मकान का आधा हिस्सा भी मुझे दे दिया। लेकिन उन्हें पाकिस्तान में बहुत ज़्यादा वक़्त तक छोड़ने का मेरा कोई इरादा नहीं था। मैं उस वक़्त समाजवादी आंदोलन में सक्रिय था और हिंदुस्तान छोड़कर पाकिस्तान में बसने का मेरा कोई इरादा नहीं था। नज़रियाती (विचारों) तौर पर भी मैं दो क़ौमी नज़रिये (द्विराष्ट्रवाद) और पाकिस्तान बनाए जाने का विरोधी था।

दूसरा आम चुनाव : 1957

1956 में सोशलिस्ट पार्टी का गठन होने के बाद हमारे ज़िले में ठाकुर ईश्वरी सिंह के नेतृत्व में पार्टी का नए सिरे से गठन किया गया। 1957 में प्रदेश में विधानसभा और लोकसभा के चुनाव होने वाले थे। पार्टी को इसके लिए उम्मीदवारों का चयन करना था। हमने ठाकुर ईश्वरी सिंह को फिर दोबारा ख़ुर्जा विधानसभा क्षेत्र से चुनाव लड़ाना चाहा, लेकिन वो इसके लिए तैयार नहीं हुए। वह लोकसभा का चुनाव लड़ना चाहते थे और लड़े भी। ज़िले में अपनी जगह उन्होंने मुझे सचिव चुनवा दिया। ख़ुर्जा क्षेत्र से जेवर क़स्बे के क़रीब दयानतपुर गांव के नौजवान साथी छत्तर सिंह को विधानसभा के लिए खड़ा किया गया और दूसरी सीट पर पार्टी ने डॉ. भीमराव अंबेडकर द्वारा स्थापित 'शेड्यूल कास्ट फ़ेडरेशन' (परिगणित जाति महासंघ) के मास्टर गोपालदास को समर्थन दिया जो हाथी के चिन्ह से चुनाव लड़ रहे थे। इसी तरह डिबाई क्षेत्र से चौधरी खुशहाल सिंह को, दादरी से मास्टर हरकिशन सिंह को और सिकंदराबाद से भरत सिंह शास्त्री को चुनाव लड़ाया गया। हमारे पास इस चुनाव को लड़ाने के लिए ख़ुर्जा क्षेत्र में प्रचार के लिए एक कार थी। बाक़ी क्षेत्रों में साइकिलों और ट्रैक्टरों द्वारा और पैदल चल कर चुनाव लड़ा गया। इस चुनाव में हम ख़ुर्जा क्षेत्र की दोनों सीटों पर कामयाब हुए। ख़ुर्जा क्षेत्र की सामान्य सीट पर छत्तर सिंह ने कांग्रेस के उम्मीदवार को 621 वोटों से हरा दिया और रिज़र्व सीट पर मास्टर गोपालदास ने सिर्फ़ नौ वोटों से कांग्रेस के उम्मीदवार को हराया। उस वक़्त बुलंदशहर में सैयद हामिद डी.एम. थे। उन्होंने ईमानदारी से वोटों की गिनती कराई और कांग्रेसी नेताओं के दवाब में आए बिना नतीजों का ऐलान कर दिया।

ठाकुर ईश्वरी सिंह, जो बुलंदशहर से लोकसभा की सामान्य सीट के लिए लड़े थे, चुनाव हार गए क्योंकि उनके साथ रिज़र्व सीट पर अनुसूचित जाति के उम्मीदवार गंगाराय थे। उन्हें ज़िले में कम वोट मिले और हम लोग लोकसभा की दोनों सीटें हार गए। इस चुनाव में कांग्रेस भी ज़िले की 10 विधानसभा सीटों में से पांच सीटें हार गई जिसमें बुलंदशहर सदर से कांग्रेस के सूबाई नेता बाबू बनारसी दास, प्रजा सोशलिस्ट पार्टी के नेता चौधरी रघुराज सिंह से हार गए और ज़िले में पहली बार चुनाव में कांग्रेस विरोधी हवा चल पड़ी। सूबे में हमारी पार्टी के 21 विधायक जीते।

1957 में हुए लोकसभा चुनावों में सोशलिस्ट पार्टी को केवल सात सीटों पर कामयाबी मिली। इनमें से तीन सीटें पार्टी ने उत्तर प्रदेश से जीती। इटावा से कमांडर

अर्जुन सिंह भदौरिया, बाराबंकी से राम सेवक यादव, फ़िरोज़ाबाद से बृजराज सिंह चुनाव जीते। बिल्हौर से जगदीश अवस्थी स्वतंत्र उम्मीदवार के रूप में जीते लेकिन बाद में सोशलिस्ट पार्टी में शामिल हो गए। इन्हें मिलाकर पार्टी के सांसदों की संख्या आठ हो गई। प्रजा सोशलिस्ट पार्टी को इन चुनावों में 18 सीटों पर जीत हासिल हुई।

1857 की पहली जंगे आज़ादी को 100 साल पूरे हो गये थे। इसलिए ये साल उस प्रथम स्वतंत्रता आंदोलन या कहें तो आज़ादी की पहली लड़ाई की याद ताज़ा करने वाला था। इस शताब्दी वर्ष में सोशलिस्ट पार्टी ने करोड़ों ग़रीब किसानों, मज़दूरों और मेहनतकशों को उनके कष्टों से आज़ाद कराने का फ़ैसला किया। हालांकि पार्टी का अभी नया जन्म ही हुआ था, मगर डॉ. लोहिया ने कार्यकर्ताओं का मनोबल बढ़ाने के लिए 1957 का जन आंदोलन छेड़ दिया। वोट, फावड़ा और जेल के नारे के साथ हज़ारों कार्यकर्ता इस सत्याग्रह आंदोलन में कूद पड़े। इस सत्याग्रह का मुद्दा यह भी था कि आज़ादी के 10 साल बाद भी अंग्रेज़ों की प्रतिमाओं को सार्वजनिक जगहों से अभी तक हटाया नहीं गया था जो हमें गुलामी की याद दिलाती थीं। उस समय उत्तर प्रदेश में बाबू संपूर्णानंद मुख्यमंत्री थे। उन्होंने इस आंदोलन का मज़ाक़ भी उड़ाया था। मगर आंदोलनकारी बड़े जोश के साथ इस सत्याग्रह में जुटे रहे। मेरे साथ 100 से ज़्यादा सत्याग्रही इस आंदोलन में ख़ुर्जे में, चौधरी गिरिराज सिंह के नेतृत्व में 81 और अनूपशहर में बाबू बदन सिंह के साथ 91 सत्याग्रही गिरफ़्तार हुए। इसी तरह, सिकंदराबाद क्षेत्र में मास्टर हरकिशन सिंह के साथ 150 और डिबाई में खुशहाल सिंह के साथ 125 लोगों ने गिरफ़्तारी दी। आख़िर में बुलंदशहर में ठाकुर ईश्वरी सिंह के नेतृत्व में 500 लोग गिरफ़्तार हुए और मलकाबाग़ बुलंदशहर में क्वीन विक्टोरिया की प्रतिमा को खंडित कर दिया गया। इस आंदोलन से ज़िले भर के कार्यकर्ताओं में एक नई जागृति आ गई। कांग्रेसी राज्य में ग़रीबों, किसानों, मज़दूरों और बेरोज़गारों की समस्याओं की अनदेखी हो रही थी, उस पर सरकार का ध्यान दिलाया गया। दूसरी तरफ़, इस आंदोलन ने पार्टी संगठन को मज़बूत किया और नौजवान कार्यकर्ताओं का रुख़ पार्टी की तरफ मोड़ दिया। सारे सूबे में एकमात्र सोशलिस्ट पार्टी ही विरोधी पार्टी दिखाई देने लगी।

10 मई, 1957 के सिविल नाफ़रमानी आंदोलन से बुलंदशहर ज़िले में एक नई जान पार्टी संगठन में आ गयी। इसी तरह बनारस ज़िले से राजनारायण, इटावे से कमांडर अर्जुन सिंह भदौरिया, गोरखपुर से मधुकर दिघे, फ़िरोज़ाबाद से ब्रजराज सिंह, सहारनपुर से मुल्कीराज सैनी, मथुरा से राधेश्याम शर्मा, देवरिया से उग्रसेन और रायबरेली से नंदकिशोर नाई और प्रतापगढ़ से नंदकिशोर गुप्ता के साथ हज़ारों लोग इस आंदोलन में कूद पड़े।

चुनाव के बाद डॉ. लोहिया ने देश में व्याप्त महंगाई के ख़िलाफ़ संघर्ष शुरू कर दिया। किसान की पैदा कज़ला (नक़दी) फ़सलों के दाम दो फ़सलों के दरम्यान बेतहाशा बढ़ जाते थे। किसान को फ़सल आने पर कम दाम मिलता था और जब उसकी पैदावार को बिचौलिया ख़रीदकर रख लेता तो उसे छह माह के अंदर उतने ही दाम का मुनाफ़ा

हो जाता था जितना कि उसने किसान को दिया था। इसलिए लोहिया जी ने 'दाम बांधो' की नीति लागू करने के लिए संघर्ष का रास्ता अपनाया।

1957 के विधानसभा चुनाव में बुलंदशहर ज़िले के ख़ुर्जा चुनाव क्षेत्र से सोशलिस्ट पार्टी के टिकट पर ठाकुर छत्तर सिंह और रिज़र्व सीट पर अनुसूचित जाति महासंघ के टिकट पर साथी गोपालदास की जीत के ख़िलाफ़ कांग्रेस के हारे हुए उम्मीदवार ठाकुर केवलसिंह और चौधरी भीमसेन ने इलेक्शन पेटिशन दायर किए जिसकी सुनवाई के बाद ट्रिब्यूनल ने 14 प्वाइंट तय किए जिनमें 13 प्वाइंट इलेक्शन में जीते हुए उम्मीदवारों के पक्ष में थे मगर 14वां प्वाइंट हमारे ख़िलाफ़ हो गया। दरअसल, इलेक्शन के दरम्यान मेरे और मौलाना फ़तेह मोहम्मद ख़ां, नरायनपुर और डॉ. राग़िब हुसैन, छतारी के दस्तख़तों से एक पोस्टर छपा था जिसे ट्रिब्यूनल ने 'रिप्रेज़ेन्टेटिव ऑफ़ पीपुल्स एक्ट' की धारा 123, उपधारा 3 के ख़िलाफ़ हमारे जीते हुए चुनाव को निरस्त कर दिया। इस पोस्टर का उनवान था, 'अवाम और ख़ुसूसन मुसलमान वोटरों से अपील।' इस पोस्टर में हमने आज़ादी के दस साला कांग्रेसी दौरे हुक़ूमत में मुसलमानों के साथ की गयी नाइंसाफ़ियों का ज़िक्र किया था और फ़िरक़ेवाराना फ़सादात में हुए उनके साथ हुक़ूमत के ज़ालिमाना रवैये का ज़िक्र था। इस पोस्टर में उत्तर प्रदेश में उर्दू ज़बान को जिस तरह शिक्षा के 'करिकुलम' से हटाया गया, उसका भी ज़िक्र था और पोस्टर के आख़िरी पैराग्राफ़ में अपील की गयी थी कि अगर "कांग्रेस की इस दस साला हुक़ूमत में आपका ज़मीर गवाही देता है कि कांग्रेस ने आपकी सेवा की है तो आप फिर कांग्रेस को वोट दें, वरना सोशलिस्ट पार्टी को मज़बूत बनायें।" ट्रिब्यूनल ने इस पोस्टर के आधार पर माना कि ये पोस्टर 'रिप्रेज़ेन्टेटिव ऑफ़ पीपुल्स एक्ट' की धारा 123 उपधारा 3 की परिधि में आता है और ठाकुर छत्तर सिंह और साथी गोपाली के इलेक्शन को निरस्त कर दिया। हमने इस फ़ैसले के ख़िलाफ़ इलाहाबाद हाई कोर्ट में अपील की।

चूंकि कॉमरेड गोपाली भी ये चुनाव हमसे मिलकर लड़े थे इसलिए मैं ही इन दोनों अपीलों की पैरवी करता था। दो माह तक मुझे इस सिलसिले में इलाहाबाद रहना पड़ा था। हाई कोर्ट में बहस होने से पहले शाम को सुरेन्द्र नाथ द्विवेदी, जो हमारे एडवोकेट थे और जो बाद में इलाहाबाद हाई कोर्ट के जज और दिल्ली में सुप्रीम कोर्ट के जज भी हुए, मुझसे बोले, "मौलाना, कल आपकी अपीलें बहस के लिए पेश हो सकती हैं।" मैंने कहा कि "दोनों एम.एल.ए. तो मौजूद नहीं हैं और न कल मैं आपका बाक़ी मेहनताना अदा कर सकता हूं।" इस पर वो हंसकर बोले कि मेहनताना तो आता रहेगा। आप कल सुबह दस बजे कोर्ट में हमारे चैंबर में पहुंच जाना। मैंने उसी शाम को ही छत्तर सिंह और साथी गोपाली को तार भेज दिया कि कल उनकी अपीलें ट्रिब्यूनल में सुनी जाएंगी क्योंकि ये दोनों गांव में रहते थे और वहां टेलीफ़ोन की सुविधा नहीं थी इसलिए तार भेजना पड़ा।

द्विवेदी जी की हिदायत के मुताबिक मैं सुबह 10 बजे हाई कोर्ट उनके चैंबर में पहुंच गया। वो मुझे लेकर अदालत के चैंबर में 10:30 बजे जजों के आने से पहले पहुंच गए।

हमारी ख़ुशक़िस्मती थी कि बैंच के सीनियर जज, जो हमारी अपील सुनने के लिए बैठे थे, जस्टिस नसीरूल्ला बेग थे। उनकी मादरी ज़बान (मातृभाषा) उर्दू थी और वे पोस्टर की भाषा को भली-भांति समझ सकते थे। दूसरे जूनियर जज जस्टिस चतुर्वेदी थे। बेग साहब ने अदालत में आते ही पेशकार से नंबर एक केस के फ़रीक़ैन को आवाज़ लगवाने के लिए कहा मगर पेशकार ने जवाब दिया कि नंबर एक केस में ऐडवोकेट साहब की दरख़्वात आ गयी है। फिर जज साहब ने नंबर दो केस के फ़रीक़ैन को आवाज़ देने को कहा। उस केस के वकील साहब अदालत में मौजूद थे मगर उन्होंने भी आज बहस करने में अपनी मजबूरी ज़ाहिर की। तीसरे नंबर पर हमारा केस था। बेग साहब ने हमारे एडवोकेट द्विवेदी साहब से पूछा, "आर यू रेडी, मिस्टर द्विवेदी?" द्विवेदी जी ने खड़े होकर जवाब में कहा, "यस माई लॉर्ड" और फिर बहस शुरू कर दी। ताज्जुब की बात ये थी कि न तो दूसरे पक्ष का वकील मौजूद था और न उनके पैरोकार। हालांकि अदालत के पेशकार ने अदालत के चपरासी को वकील मुख़ालिफ़ को बुलवाने के लिए पर्चा लिखकर भेजा था। द्विवेदी साहब ने अदालत से अर्ज़ किया कि बुलंदशहर ट्रिब्यूनल की जजमेंट ने 13 प्वाइंट हमारी माफ़क़त (पक्ष में) में तय किए थे और उन्होंने 14वें प्वाइंट पर पोस्टर को लेकर हमारा इलेक्शन ख़त्म कर दिया है। इसलिए उन्होंने इस पोस्टर को लेकर ही बहस शुरू की। लंच से पहले तक वो अपनी बहस कर ही रहे थे कि क़रीब एक बजे फ़ रीक़ मुख़ालिफ यानि ठाकुर केवल सिंह और चौधरी भीमसेन के वकील चतुर्वेदी अदालत में तशरीफ़ लाए और उन्होंने शिकायत की कि आपने एकतरफ़ा बहस सुन ली। इस पर जस्टिस चतुर्वेदी ने उनसे कहा कि आप क्यों वक़्त पर तशरीफ़ नहीं लाए और न आपका कोई पैरोकार यहां आया। अब आप हमें लंच के बाद ये बताएं कि ये पोस्टर, जिसके आधार पर ट्रिब्यूनल ने छत्तर सिंह और गोपाल जी के चुनाव निरस्त किए हैं, ये 'रिप्रेज़ेन्टेटिव ऑफ़ पीपुल्स एक्ट' की धारा 123 की परिधि में किस तरह आते हैं?

लंच से पहले की बहस में ख़ुद मैंने अपने कानों से सुना कि जस्टिस नसीरूल्ला बेग अपने जूनियर जज जस्टिस चतुर्वेदी से कह रहे थे कि "ये पोस्टर जो उर्दू ज़बान के मुत्तल्लिक़ लिखा है, वो तो हिंदुस्तान के वज़ीरेआज़म (प्रधानमंत्री) पं. जवाहरलाल नेहरू भी जब लखनऊ आते हैं, तो वो भी यही कहते हैं कि उत्तर प्रदेश की सरकार ने उर्दू को उसका जायज़ मुक़ाम नहीं दिया।"

आख़िर लंच के बाद द्विवेदी साहब ने अपनी बहस जारी रखी। चतुर्वेदी एडवोकेट ने अदालत से दूसरे दिन अपनी जवाबी बहस करने को कहा। रात को जब मैं छत्तर सिंह, जो अब इलाहाबाद पहुंच गये थे, को लेकर द्विवेदी साहब के घर गया तो उन्होंने हमें देखकर ख़ुशख़बरी सुनाई कि आपकी अपील मंज़ूर हो रही है। ठाकुर छत्तर सिंह ने द्विवेदी साहब का बक़ाया मेहनताना देना चाहा तो उन्होंने कहा कि कल शुक्राने के साथ ले लेंगे। दूसरे दिन लंच से एक घंटे पहले द्विवेदी जी ने अपनी बहस ख़त्म कर ली। फिर चतुर्वेदी साहब एडवोकेट ने अपनी जवाबी बहस शुरू की

मगर वो जजों के सवालात का कोई मुनासिब जवाब न दे सके और अदालत ने उसी शाम को अपना फ़ैसला सुनाते हुए हमारा चुनाव दुरुस्त पाया और अपील मंजूर फ़रमा ली और गोपाल जी की अपील सुनने के लिए दूसरे दिन का ऐलान कर दिया।

दूसरे दिन शाम को यू.एन.आई. के दफ़्तर में हमने अदालत के हुक्म के मुत्तल्लिक़ तफ़सीलात सुनाईं। इस मौक़े पर पार्टी के हमदर्द एडवोकेट्स बरकतुल्ला चौहान, धर्मवीर गोस्वामी, रजनीकांत वर्मा और इलाहाबाद पार्टी के दीगर कार्यकर्ता हमारे साथ मौजूद थे। इस हुक्म की तफ़सील यू.एन.आई. ने नेशनल प्रेस के ज़रिए लखनऊ और दिल्ली में फ़्लैश की। डॉ. लोहिया, राजनारायण, रामसेवक यादव, एम.पी., महाराज सिंह भारती मेरठ वाले, जो 1958 में उत्तर प्रदेश विधानसभा से एम.एल.सी. चुने गए थे, बहुत ख़ुश हुए। महाराज सिंह भारती तो अगले हफ़्ते ख़ुर्जे आकर छत्तर सिंह और साथी गोपाल जी के जुलूस में शरीक भी हुए।

ख़ुर्जे के इस इलेक्शन की जीत और पेटीशन की कामयाबी से मेरा क़द भी सूबे की सियासत में बढ़ गया। मुझे पार्टी की सूबाई कार्यकारिणी का सदस्य चुना गया। ठाकुर छत्तर सिंह तो बग़ैर मेरे मशविरे के कोई काम ही नहीं करते थे।

इलेक्शन पेटिशन ख़त्म होने के बाद छत्तर सिंह का आत्मविश्वास बढ़ा और काम करने की इच्छा जागी। ख़ुर्जा चुनाव क्षेत्र के पहासू इलाक़े में हमारी पार्टी का असर कुछ कम था इसलिए ठाकुर छत्तर सिंह के मशविरे से इस इलाक़े के देहात में दौरा करने की योजना बनी। हमारे साथ धनौड़ा गांव के कॉमरेड करनसिंह निडर की एक भजन मंडली थी।

उन्हें सभा में जो इनाम मिलता, उससे वो संतोष कर लेते। भजनों के बाद हम लोग पार्टी की रीति-नीति बताते और लोगों को पार्टी का सदस्य बनाते। इसी तरह अगले गांव तक यहां के लोग हमारे साथ चलते। इस तरह पूरे पहासू ब्लॉक और क़स्बे को मिलाकर पार्टी के एक हज़ार आम सदस्य बन गए और फ़ज़लपुर गांव के साथी महेन्द्र सिंह और फ़रक़ना गांव के जगत नारायण प्रेमी हमारे पूर्णकालिक कार्यकर्ता बन गए। छत्तर सिंह जो राजनीति में बिल्कुल नए आये थे, उन्हें जनता ने क्षेत्र में काफ़ी सम्मान दिया। अब उनकी भी पार्टी में दिलचस्पी बढ़ गई।

1958 में केंद्र सरकार ने शेख़ अब्दुल्ला साहब को जम्मू-कश्मीर के प्रधानमंत्री पद से हटाकर जम्मू की जेल में डाल दिया था। डॉ. लोहिया ने कमांडर अर्जुन सिंह भदौरिया* एम.पी. और रामसेवक यादव एम.पी. को उनसे मिलने जम्मू जेल भेजा और उन्हें डॉ. लोहिया का ख़त दिया तो शेख साहब उससे बहुत प्रभावित हुए और जेल से आने के बाद डॉ. लोहिया से विस्तार से बातचीत करने की ख़्वाहिश जाहिर की। 1958

* अर्जुन सिंह भदौरिया (1907-2004) और उनकी पत्नी सरला भदौरिया (1921-2005) स्वतंत्रता सेनानी, उत्तर प्रदेश सोशलिस्ट पार्टी के प्रमुख नेता। कमांडर साहब तीन बार लोकसभा और सरला जी एक बार राज्यसभा की सदस्य चुनी गईं। 1967 में संसोपा के राज्य अध्यक्ष और 1982 में उत्तर प्रदेश जनता पार्टी के अध्यक्ष रहे। जीवन भर समाजवादी आंदोलनों में संघर्ष किया और जेल गए।

में कमांडर अर्जुन सिंह भदौरिया ने इटावे की तरह बुलंदशहर ज़िले को भी काफी समय दिया। कमांडर साहब की हमारे ज़िले के कस्बा जहांगीराबाद के चांदौक गांव में रिश्तेदारी थी। वहां के ठाकुर साहिबान बड़े बाअसर लोग थे। वो हमारे साथ कई गांवों में टोलियां बनाकर साथ-साथ चले। नतीजा ये हुआ कि इस इलाक़े से काफी लोग हमारी सोशलिस्ट पार्टी के सदस्य भी बने और पार्टी कार्यकर्ताओं में काफ़ी जोश आया।

पार्टी के केंद्रीय कार्यालय हैदराबाद से हर हफ़्ते 'चौखम्भा' अख़बार निकलता था जिससे देश भर में सोशलिस्ट पार्टी के कार्यकलापों की विस्तृत जानकारी होती थी। शनिवार 18 अप्रैल, 1959 के अंक में छपा था कि नौ अप्रैल, 1959 को लोकसभा से अर्जुन सिंह भदौरिया जो सोशलिस्ट पार्टी से एम.पी. थे, उन्हें लोकसभा के उपाध्यक्ष सरदार हुकुम सिंह ने मार्शल द्वारा बलपूर्वक सदन से बाहर निकाल दिया। इस पर डॉ. लोहिया ने बयान दिया कि उपाध्यक्ष द्वारा समय की कमी का बहाना करके लोकसभा सदस्य की बात को अनसुनी करना लोकतंत्र के लिए अच्छी निशानी नहीं है। अगर समय की कमी है तो ऐसी हालत में समय बढ़ाया जा सकता था।

1957 के चुनावों से पहले मुझे ईश्वरी सिंह की जगह पार्टी का ज़िला मंत्री चुना गया था। इस वजह से मेरी ज़िम्मेदारी बढ़ गई थी। इधर, डॉ. लोहिया से मेरा संपर्क काफ़ी बढ़ गया था और हम जब चाहते थे, ज़िले में उनका कार्यक्रम लग जाता था। नवंबर, 1959 में दिल्ली में पार्टी का एक बड़ा प्रदर्शन होने वाला था। हम चाहते थे कि अक्टूबर में डॉ. लोहिया का कार्यक्रम हो जाए, लेकिन डॉ. लोहिया चाह कर भी बुलंदशहर नहीं आ पाए और अपनी मजबूरियों का ज़िक्र उन्होंने मुझे लिखे एक मार्मिक पत्र में कुछ इस तरह किया।

8.10.1959

प्रिय अब्बास अली,

मुझे अफ़सोस है कि बुलंदशहर, प्रदर्शन के पहले आना नहीं हो सकेगा। तुम अपनी पूरी कोशिश करना। इधर, मैं बहुत तंग हुआ हूं, जिसका पता तुमको लग ही जाएगा। जिन चिट्ठियों को लिखने के लिए तुमने मुझे काग़ज़ दिया था, वह मिलते ही मैं तुमको चिट्ठियां लिखूंगा। प्रेमपाल सिंह का भाई दिल्ली की सभाओं में मुझे मिला और उसने मुझे बताया कि इनका भाई कांग्रेस (में शामिल होने) की बातें सोच रहा है। वैसा अगर हो तो मेरी तरफ़ से भी प्रेमपाल को कह देना कि देश और उसके अपने हित में यह चीज़ अच्छी नहीं होगी। 25 नवंबर के लिए अपनी पूरी मेहनत करना।

तुम्हारा,
राम मनोहर लोहिया

कप्तान अब्बास अली
ज़िला मंत्री, सोशलिस्ट पार्टी,
काला आम, बुलंदशहर

इस ख़त के पांच दिन बाद 13 अक्टूबर, 1959 को डॉ. लोहिया ने मुझे एक और ख़त लिखा, जिसमें कहा गया था :

> प्रिय अब्बास अली,
>
> 25 नवंबर को दिल्ली में प्रदर्शन बहुत सफल होना चाहिए। जैसे 1951 में बुलंदशहर ने नाक रखी थी, उसी तरह इस बार भी होना चाहिए।
> 'जनवाणी दिवस' को सफल बनाने में अभी से जुट जाओ।
>
> तुम्हारा,
> राम मनोहर लोहिया
>
> कप्तान अब्बास अली
> ज़िला मंत्री, सोशलिस्ट पार्टी
> काला आम, बुलंदशहर
>
> प्रतिलिपि :
> 1. प्रेमपाल सिंह वकील
> 2. मास्टर हरकिशन सिंह
> 3. खुशहाल सिंह
> 4. गुरबचन सिंह गौड़
> *(साभार सोशलिस्ट पेपर्स (बद्रीविशाल पित्ती संग्रह) नेहरू स्मारक संग्रहालय एवं पुस्तकालय, नई दिल्ली)।*

बुलंदशहर से इस जनवाणी दिवस प्रदर्शन में एक हज़ार से ज़्यादा लोगों ने शिरकत की। 150 लोगों का एक जत्था लिलोनी, मिर्ज़ापुर से महीपाल सिंह के साथ पैदल दिल्ली पहुंचा। 51 आदमी भाई जमशेद अली ख़ां के साथ छिड़ौली, ग़ाज़ियाबाद से आए। क़रीब 250 आदमी ख़ुर्जा जंक्शन से गिरिराज सिंह और भाई अब्दुल समद ख़ां के साथ आए। एक बस जहांगीर पुर से प्रेमपाल सिंह लाए। एक बस बुलंदशहर से गुरबचन सिंह और दो बसें सिकंदराबाद से मसरूर अली खां लाए। इस जनवाणी दिवस का नारा था, "गद्दी छोड़ जवाहर लाल।" इस जनवाणी दिवस को कामयाब बनाने के लिए मुझे अपनी पचास बीघा ज़मीन बेचनी पड़ी और मैं मेरठ से एक फ़ोर्ड गाड़ी किराए पर लेकर एक माह तक ज़िले में घूमता रहा।

1960 के शुरू साल में, मैं अपने परिवार, बड़े भाई और बहन-बहनोई से मिलने पाकिस्तान गया। मेरे बड़े भाई साहब ज़फ़र अली ख़ां ने मुझसे दरियाफ़्त किया कि

कितने दिनों के लिए आये हो? मैंने कहा कि तीन महीने के वीज़े पर आया हूं, तो वो बहुत ख़ुश हुए। मगर उस वक़्त उनके हैरत की इंतेहा न रही जब 20 दिन बाद क़स्बा किलासवाला, ज़िला स्यालकोट, पाकिस्तान में लखनऊ से मुझे रामसेवक यादव एम.पी. जो पार्टी के राष्ट्रीय संसदीय बोर्ड के चेयरमैन थे, उनका तार मिला कि ''फ़ौरन लखनऊ पहुंचो।'' मेरे बड़े भाई साहब ने मुझसे कहा कि ''तुम तो तीन माह के लिए आये थे, ये तार किस वजह से आया है?'' इस पर मैंने उन्हें बताया कि ''शायद सोशलिस्ट पार्टी मुझे विधान परिद का उम्मीदवार बनाना चाहती है।'' इस पर मेरे बड़े भाई बहुत ख़ुश हुए और दूसरे दिन मुझे साथ लेकर लाहौर तक आये और हिदायत दी कि अमृतसर से अपने घर मत जाना, पहले सीधे लखनऊ जाना और फिर वहां जाकर आगे की योजना बनाना। चुनांचे मैं उनके बताए हुए मशविरे पर लखनऊ पहुंचा जहां भाई छत्तर सिंह ने पहले से ही मेरे लिए माहौल बना रक्खा था। लखनऊ में सबसे पहले मैं रामसेवक यादव से मिला तो उन्होंने फ़रमाया कि ''संसदीय बोर्ड ने तुम्हारा नाम विधान परिषद के उम्मीदवार के लिए सर्वसम्मति से तय कर लिया है, मगर तुम्हारे मित्र राजनारायण* बरेली के शिवप्रसाद सिंह एडवोकेट को टिकट दिलवाना चाहते हैं और तुम्हारा विरोध कर रहे हैं। उनकी टंगड़ी से होशियार रहना।'' चुनांचे जब पार्टी कार्यालय पान दरीबा में मीटिंग हुई तो राजनारायण जी ने पार्टी सदस्यों से कहा कि ''आप लोग क्यों परेशान होते हैं? ये दोनों उम्मीदवार तो आपस में बड़े दोस्त हैं। अभी एक मिनट में ये ख़ुद तय कर लेंगे कि इनमें से कौन चुनाव लड़ेगा।'' और फिर राजनारायण जी ने मुझे और शिवप्रसाद सिंह को एक कमरे में भेज दिया। कमरे में पहुंचते ही ठाकुर शिवप्रसाद सिंह ने अपनी टोपी मेरे पैरों पर डाल दी और हाथ जोड़कर कहा कि ''इस बार तुम मुझे इलेक्शन लड़ने दो।'' मैं उनका हाथ पकड़ कर कमरे से बाहर आ गया और मैंने संसदीय बोर्ड के सदस्यों से कहा, ''हमने ये तय किया है कि अगर पार्टी इन्हें टिकट देती है तो मैं इनका इलेक्शन लड़ाऊंगा और अगर पार्टी मुझे टिकट देती है तो ये मेरा इलेक्शन लड़ाएंगे।'' इस पर पार्टी के सभी सदस्यों ने तालियां बजायीं मगर जब संसदीय बोर्ड ने सर्वसम्मति से विधान परिषद की उम्मीदवारी के लिए मेरा नाम तय कर दिया तो ठाकुर शिवप्रसाद सिंह उसी शाम को सोशलिस्ट पार्टी से इस्तीफ़ा देकर भारतीय जनसंघ के उम्मीदवार बन गए।

मैं उसी रात लखनऊ से ट्रेन के ज़रिए ख़ुर्जे आ गया। गांव में वालिद साहब ने मुझे चुनाव लड़ने के लिए 5000 रुपये दिए और मैं बुलंदशहर इलेक्शन दफ़्तर जाकर अपने वोटर लिस्ट की सत्यापित नक़ल लेकर लखनऊ आ गया और अपने साथी चौधरी गिरिराज सिंह और राजबीर सिंह सोलंकी से कह आया कि वो चुनाव से दो-तीन दिन पहले लखनऊ आ जाएं।

---

* राजनारायण (1917-1986) स्वतंत्रता सेनानी, समाजवादी आंदोलन के जुझारू नेता। 1952 और 1957 में प्रजा सोशलिस्ट पार्टी और सोशलिस्ट पार्टी के उम्मीदवार के रूप में विधानसभा के लिए चुने गए। 1966 में राज्यसभा के लिए निर्वाचित। उत्तर प्रदेश में पहली ग़ैर-कांग्रेसी सं.वि.द. सरकार के निर्माण में अहम भूमिका। 1977 में तत्कालीन प्रधानमंत्री श्रीमती इंदिरा गांधी को लोकसभा चुनाव में हराया। केंद्र में स्वास्थ्य मंत्री बने।

ठाकुर छत्तर सिंह 56 नंबर, बी ब्लॉक, दारूलशफ़ा, विधायक निवास, लखनऊ में रहते थे। उसी बी ब्लॉक में 98 नंबर फ़्लैट में राजनारायण रहते थे। अब राजनारायण मुझे इलेक्शन लड़ाने में पूरी तरह जुट गए। विधानसभा में हमारी पार्टी के कुल 21 एम.एल.ए. थे और इलेक्शन जीतने के लिए 30 वोटों की ज़रूरत थी। नामांकन के समय चार-पांच आज़ाद एम.एल.ए. भी हमारे समर्थन में मौजूद थे जिनमें ठाकुर यशपाल सिंह पनियाला (ज़िला सहारनपुर), राहत मौलाई (मुरादाबाद), नवाब महमूद हसन (संभल) और असलम ख़ां साहब (रामपुर) शामिल थे। प्रजा सोशलिस्ट पार्टी के विधानसभा में 46 सदस्य थे। उन्होंने डॉ. अब्दुल जलील फ़रीदी को 30 वोट एलॉट कर दिए और बाक़ी 16 वोट इलाहाबाद के बाबू सालिगराम जायसवाल को एलॉट कर दिए। हमारे पास पार्टी के चूंकि 21 वोट ही थे इसलिए जीतने के लिए हमें बाहर से नौ वोटों का इंतज़ाम करना था। इलेक्शन से एक दिन पहले हमारे दोस्त असलम ख़ां की सास का इंतक़ाल हो गया और उन्हें सास के दफ़ीने में शरीक होने के लिए रामपुर जाना पड़ा। मगर चलने से पहले उन्होंने मुझसे वायदा किया कि वो वोट डालने के लिए ज़रूर आयेंगे। इस बीच, कुछ मुस्लिम कार्यकर्ताओं ने ये शोहरत कर दी कि प्रजा सोशलिस्ट पार्टी के जिन एम.एल.ए. को डॉ. फ़रीदी को वोट देने के लिए एलॉट किया गया है, उनमें से तो कुछ बाबू सालिगराम जायसवाल को क्रॉस वोटिंग कर रहे हैं। इसलिए हमारे आज़ाद मुस्लिम एम.एल.ए. ने जिन्होंने मुझे वोट देने का वायदा किया था, डॉ. फ़रीदी को वोट दे दिया जबकि डॉ. फ़रीदी को गिनती के पहले चरण में 31 वोट मिले और वो एक वोट की बढ़त से कामयाब हो गए। पहले चरण की गिनती में मुझे 23 वोट मिले और अगले चरणों की वरीयता के आधार पर 29.41 तक मेरी गिनती पहुंची जबकि आख़िरी जीतने वाले उम्मीदवार को 29.70 वोट मिले थे। मैं 0.29 वोट से चुनाव हार गया। हालांकि उस वक़्त दो-दो हज़ार रुपए में निर्दलीय विधायकों के वोट मिल रहे थे और छत्तर सिंह चाहते थे कि ये वोट ले लिए जाएं। लेकिन मैंने यह कहकर उनसे मना कर दिया कि वोट ख़रीदकर मुझे चुनाव जीतना मंजूर नहीं है। उस दिन डॉ. लोहिया भी लखनऊ में थे और उन्होंने रेलवे स्टेशन लखनऊ पर ही मुझे सांत्वना दी और ये भी दरियाफ़्त किया कि आठ दिन बाद तुम्हारे ज़िले में मेरा कार्यक्रम होगा या नहीं। मैंने जवाब दिया कि चुनाव में हार-जीत तो होती रहती है, आपका कार्यक्रम समय पर होगा। सप्ताह भर बाद डॉ. लोहिया कालका मेल से खुर्ज़ा जंक्शन पहुंचे जहां हम लोगों ने उनका स्वागत किया। वहां से हम लोग डॉ. साहब को जेवर ले गए जहां छत्तर सिंह एम.एल.ए. ने सभा करवाई। वापसी में डॉ. साहब मेरे गांव क़लंदर गढ़ी रुके। इसके बाद खुर्जा मंडी, दानगंज में एक सभा को उन्होंने संबोधित किया और फिर बराल, बुलंदशहर पहुंचे जहां हरिकेश जी ने एक जन सभा आयोजित की थी। इसी दौरान बेनीप्रसाद माधव ने कोशिश की कि डॉ. साहब उनके घर आएं और खाना खाएं। उनकी तभी सरला जी से शादी हुई थी। मैं डॉ. लोहिया को लेकर दोपहर के खाने पर उनके घर पहुंचा। डॉ. साहब ने सरला जी और माधव जी को शादी की मुबारकबाद दी

और खाना खाया। इसी दौरान रघुराज सिंह चौधरी शिकारपुर एम.एल.ए. ने डॉ. साहब से कोई ऐसी ग़ैर राजनीतिक बात कह दी जिससे डॉ. साहब बहुत नाराज़ हुए और वहां से चल दिए। बाद में वे सिकंदराबाद होते हुए ग़ाज़ियाबाद चले गए जहां प्यारेलाल शर्मा ने एक जन सभा आयोजित की थी। डॉ. साहब ने वहां भाषण दिया और फिर दिल्ली रवाना हो गए।

मई 1960 में सम्पूर्ण देश में सोशलिस्ट पार्टी का राष्ट्रव्यापी सत्याग्रह

29, 30, 31 दिसंबर, 1959 और एक जनवरी, 1960 को चेन्नामलाई, तमिलनाडु में सोशलिस्ट पार्टी का सम्मेलन हुआ। इस सम्मेलन में पिछड़ों, आदिवासियों और दलितों से संबंधित आरक्षण और 'जाति तोड़ो' मुद्दों पर डॉ. लोहिया ने पार्टी कार्यकर्ताओं का ध्यान आकर्षित किया। शासन में ही नहीं, बल्कि दलों में भी उन्हें प्रतिष्ठा के पद पर बिठाने और उन्हें सत्ता में हिस्सेदार बनाने पर पार्टी में बहस शुरू हो गई। दक्षिण भारत में पिछड़े लोगों की जनसंख्या बढ़ रही थी। पिछड़ों को साठ प्रतिशत स्थान देने की जो नीति पार्टी ने बनाई, वह इसी विचार के आधार पर बनाई। इस नीति का उस समय पार्टी ने काफ़ी मज़बूती से ऐलान किया, ''सोशलिस्टों ने बांधी गांठ, पिछड़े पावें सौ में साठ।''

अप्रैल, 1960 में पार्टी ने पहली मई, 1960 से सारे देश में ''जाति तोड़ो'', ''दाम बांधो'', ''अंग्रेजी हटाओ'', ''हिमालय बचाओ'', ''ख़र्च पर सीमा लगाओ'', ''बेकारों को काम दो वरना बेकारी भत्ता दो'' आदि मुद्दों को लेकर सत्याग्रह करने का फ़ैसला किया। पार्टी का यह निश्चित मत था कि अंग्रेज़ी भाषा न सिर्फ़ विदेशी भाषा है बल्कि यह शोषण का माध्यम भी है और इसे तत्काल छोड़ देना चाहिए। ग़रीबी ने देश में भयंकर रूप धारण कर लिया है। बेकारी और बेरोज़गारी दिन-प्रतिदिन बढ़ रही है। ज़रूरत की चीज़ों के दाम रोज़ाना बाज़ार में बढ़ रहे हैं। इस महंगाई में लोगों को ज़िदगी गुज़ारना मुश्किल हो रहा है। सत्ताधारी लोग और अफ़सरशाही पर अय्याशी के ख़र्च बढ़ रहे हैं। सरकारी ख़ज़ाना इसका बोझ बर्दाश्त करने में असमर्थ है जिसकी वजह से ग़रीब जनता पर टैक्सों का बोझ नाक़ाबिले बर्दाश्त होता जा रहा है। इसलिए पार्टी ने इन मुद्दों को लेकर पहली मई, 1960 से देशव्यापी सत्याग्रह करने का ऐलान कर दिया।

बुलंदशहर ज़िला सोशलिस्ट पार्टी ने भी इस संघर्ष की रूपरेखा तय करने के लिए 20 अप्रैल, 1960 को पार्टी कार्यालय में मीटिंग बुलाई और तय पाया कि सत्याग्रहियों के ज़िला संचालक निम्नलिखित 10 लोग होंगे। यह भी तय हुआ कि जब पहला संचालक गिरफ़्तार हो जाएगा तो उससे दूसरे नंबर का संचालक ख़ुद ही कार्यभार संभाल लेगा।

1. ठाकुर ईश्वरी सिंह, चांदपुर, तहसील- बुलंदशहर
2. अब्बास अली, क़लंदर गढ़ी, तहसील- ख़ुर्जा

3. चौधरी गिरिराज सिंह, गंगथला, तहसील- ख़ुर्जा
4. बदन सिंह, गांव- जादौन, तहसील- अनूपशहर
5. उमराव सिंह यादव, गांव- जरगंवा, तहसील- अनूपशहर
6. झंडा सिंह, गांव- चेचूला, तहसील- सिकंदराबाद
7. बलदेव दत्त शास्त्री, गांव- ख़ुशहालपुर, तहसील- बुलंदशहर
8. छत्तर सिंह, एम.एल.ए., गांव- दयानतपुर, तहसील- ख़ुर्जा
9. जगत नारायण प्रेमी, गांव- फ़रक़ना, तहसील- ख़ुर्जा
10. महेन्द्र सिंह, गांव- फ़ज़लपुर, पहासू ब्लॉक, तहसील- ख़ुर्जा

यह भी तय हुआ कि जब तक एक भी सत्याग्रही बाक़ी रहेगा, ज़िले में सत्याग्रह चलता रहेगा।

यह सत्याग्रह ज़िले में पहली मई 1960 को ही शुरू हो गया जब ठाकुर ईश्वरी सिंह ने अपने साथियों सहित बुलंदशहर कचहरी पर गिरफ़्तारी दी। 10 मई को चौधरी गिरिराज सिंह ने अपने साथियों के साथ जेवर ब्लॉक का घेराव कर गिरफ़्तारी दी। 15 मई को बदन सिंह जादौन वाले जहांगीराबाद ब्लॉक, जो अनूपशहर तहसील में है, अपने साथियों के साथ गिरफ़्तार हुए। 20 मई को उमराव सिंह यादव ने डिबाई ब्लॉक, अनूपशहर तहसील में गिरफ़्तारी दी। 25 मई को झंडा सिंह ने दनकौर ब्लॉक, तहसील सिकंदराबाद में साथियों सहित गिरफ़्तारी दी।

पांच जून को बलदेव दत्त शास्त्री अपने साथियों समेत गुलावठी ब्लॉक में गिरफ़्तार किए गए। 10 जून को छत्तर सिंह विधायक ने अपने साथियों सहित सिकंदराबाद तहसील पर सत्याग्रह किया। 15 जून को जगतनारायण प्रेमी ने पहासू ब्लॉक का घेराव कर गिरफ़्तारी दी और 20 जून को महेन्द्र सिंह, शिकारपुर ब्लॉक, तहसील बुलंदशहर में अपने साथियों के साथ गिरफ़्तार हुए।

सोशलिस्ट पार्टी के राज्य कार्यालय ने आंदोलन के लिए 15 से ज़्यादा संचालक बनाए थे और मुझे राज्य के पश्चिमी ज़िलों के लिए छठा संचालक नियुक्त किया था। मैंने 26 जून को एक बड़े जत्थे के साथ खुर्ज़ा तहसील पर गिरफ़्तारी दी और एक बयान प्रेस के लिए जारी किया। अपनी गिरफ़्तारी से पहले मैंने सहदेव सिंह गौतम वकील उन्नाव को सातवां संघर्ष संचालक नियुक्त किया (संलग्न परिशिष्ट)। सरकार की तरफ़ से सत्याग्रहियों को 15 दिन से लेकर एक महीने तक की सज़ा दी गई। बुलंदशहर जेल में जब सत्याग्रहियों के लिए जगह नहीं रही तो टैंट लगाकर सत्याग्रहियों को रखा गया। सत्याग्रहियों को एख़लाक़ी क़ैदियों से अलग खाना बनाने की व्यवस्था जेल के अंदर की गई और रोटी बनाने के लिए तंदूर लगा दिए गए।

जुलाई के अंत तक सब सत्याग्रही जेलों से रिहा कर दिए गए। इस सत्याग्रह में पूरे देश से एक लाख लोगों ने भाग लिया जिसमें सबसे ज़्यादा तादाद उत्तर प्रदेश की थी। सूबे की कई ज़िला कारागारों में सत्याग्रहियों को पुलिस दमन का शिकार होना पड़ा। सबसे बड़ी बात इस सत्याग्रह में यह रही कि इसमें मर्दों के अलावा औरतें भी

अपने बच्चों के साथ जेल में रहीं। सूबे की कई जेलों में सत्याग्रहियों को जेल के अंदर लाठी चार्ज की वजह से चोटें भी आईं और कई लोगों की मौत भी हो गई। इस सत्याग्रह के बाद पूरे देश में पार्टी की शक्ति की छाप पड़ चुकी थी। सितंबर, 1960 आते-आते सत्याग्रह ख़त्म हो गया। इस सत्याग्रह के बाद बुलंदशहर की सोशलिस्ट पार्टी भी सूबे में एक शक्तिशाली पार्टी बन गई। पार्टी के कार्यकर्ताओं में जोश और हिम्मत बढ़ी और आम जनता में भी पार्टी की साख बढ़ गई। इतना ही नहीं, दीगर अन्य पार्टियां भी पार्टी के जुझारूपन और अन्याय से लड़ने की हिम्मत से प्रभावित हुईं। लोगों में एक धारणा बन गई कि अगर जनता के सवालों के सही जवाब और उनकी सहायता कोई पार्टी कर सकती है तो वह सोशलिस्ट पार्टी ही है।

1960 के आख़िरी दिनों में सोशलिस्ट पार्टी ने अपने संगठन को चुस्त-दुरुस्त बनाने पर ज़ोर दिया। 'जाति तोड़ो' नीति पर और दूसरे दलों से संबंध रखने पर कुछ मतभेद भी उभरे मगर 10 नवंबर, 1960 को चित्रकूट, ज़िला बांदा में रामायण मेले के आयोजन के अवसर पर डॉ. लोहिया ने ख़ुद बहुत से मतभेद दूर कर दिए। जनवरी, 1961 में उज्जैन, मध्य प्रदेश में 'अंग्रेज़ी हटाओ सम्मेलन' हुआ जिसमें बुलंदशहर ज़िले से प्रोफ़ेसर गोयल और राजेन्द्र सिंघल ने शिरकत की।

1962 का आम चुनाव

1962 के आम चुनाव आने से पहले ज़िले में पुराने समाजवादी नेता ठाकुर ईश्वरी सिंह ने अपना पूरा समय हिंद किसान पंचायत का सूबाई संगठन क़ायम करने में लगा दिया। इसलिए अब मुझे पार्टी संगठन को सक्रिय बनाने के लिए ज़िले भर का दौरा करना पड़ता था। अब मेरी जगह पार्टी के ज़िला मंत्री चौधरी गिरिराज सिंह चुने गए। वो भी इन दौरों में मेरे साथ रहते थे और ठाकुर छत्तर सिंह एम.एल.ए. भी हमारे साथ बराबर रहते थे। अब राज्य परिसीमन कमिटी ने ख़ुर्जे के डबल क्षेत्र को दो अलग-अलग चुनाव क्षेत्रों में बांट दिया था जिसमें एक विधानसभा क्षेत्र जेवर और दूसरा चुनाव क्षेत्र ख़ुर्जा कर दिया गया था। जेवर चुनाव क्षेत्र को रिज़र्व क्षेत्र घोषित कर दिया गया था जिससे सिर्फ़ अनुसूचित जाति का उम्मीदवार ही चुनाव लड़ सकता था और ख़ुर्जा विधानसभा क्षेत्र सामान्य घोाित किया गया।

हमारा संगठन जेवर क्षेत्र में मज़बूत था जिसमें ठाकुर छत्तर सिंह एम.एल.ए. का गांव दयानतपुर और ज़िला मंत्री चौधरी गिरिराज सिंह का गांव गंगथला और मेरा गांव क़लंदर गढ़ी आते थे। चूंकि जेवर क्षेत्र परिसीमन में रिज़र्व हो गया इसलिए अब ठाकुर छत्तर सिंह के लिए ख़ुर्जे का सामान्य चुनाव क्षेत्र ही चुनाव लड़ने के लिए रह गया था। यहां से उनके लिए चुनाव लड़ना मुश्किल था। इसलिए तय किया गया कि ख़ुर्जा सामान्य क्षेत्र से ठाकुर राजबीर सिंह सोलंकी, जो ख़ुर्जा नगर में रहते थे और ख़ुर्जे में किसान अख़बार का संपादन करते थे और पार्टी के कई आंदोलनों में जेल जा चुके थे, को पार्टी के टिकट पर चुनाव लड़ाया जाए। इसी तरह, जेवर विधानसभा क्षेत्र से, जो आरक्षित क्षेत्र था, वहां से बुलंदशहर के लक्ष्मीचंद एडवोकेट को चुनाव लड़ाने का फ़ैसला किया गया। ज़िले में प्रजा सोशलिस्ट पार्टी ने पुराने बड़े ज़मींदार रघुराज सिंह चौधरी शिकारपुर को बुलंदशहर से, ख़ां साहब मुमताज़ मुहम्मद ख़ां को स्याने से, चौधरी जगवीर सिंह को अगौता से और ख़ां साहब महमूद हसन ख़ां को ख़ुर्जे से और हरी सिंह वाल्मिकी को जेवर विधानसभा क्षेत्र से चुनाव लड़ाने का फ़ैसला किया। इस चुनाव में प्रजा सोशलिस्ट पार्टी ज़िले में दो विधानसभा और एक लोकसभा की सीट जीत गई। इस चुनाव में चुनावी नतीजों के हिसाब से हमारी पार्टी को कोई सीट नहीं मिली मगर ज़िले में पार्टी की ये पहचान बनी कि एक तरफ ज़िले में जहां प्रजा सोशलिस्ट पार्टी बड़े ज़मींदारों और सरमायदारों की पार्टी है वहीं सोशलिस्ट पार्टी ग़रीब, मेहनतकश और सर्वहारा की पार्टी है।

1962 के इस आम चुनाव में इलाहाबाद के फूलपुर लोकसभा क्षेत्र से भारत के प्रधानमंत्री पं. जवाहरलाल नेहरू के मुक़ाबले सोशलिस्ट पार्टी के नेता डॉ. राममनोहर लोहिया चुनाव लड़े। चुनाव से पहले पंडित नेहरू ने घोषणा की थी कि "मेरा और डॉ. लोहिया का कोई मुक़ाबला नहीं है। मैं तो चुनाव में अपना प्रचार करने के लिए भी नहीं जाऊंगा।" मगर जब चुनाव के आख़िरी दिनों में श्रीमती इंदिरा गांधी ने उनके चुनाव की पतली हालत देखी तो उन्हें दो दिन प्रचार के लिए फूलपुर क्षेत्र में बुलाया गया। यह चुनाव डॉ. लोहिया हार तो गए लेकिन 95 पोलिंग स्टेशनों पर उन्हें पं. नेहरू से ज़्यादा वोट मिले। चुनाव के बाद डॉ. लोहिया ने कहा कि "पत्थर चटख़ तो गया मगर टूटा नहीं।" कांग्रेस पार्टी को चोट पहुंचाने वाला ये एक ज़बरदस्त प्रयास था। इन आम चुनावों में सोशलिस्ट पार्टी को पांच सीटें मिली। मनीराम बागड़ी हिसार से, रिशांग किशिंग मणिपुर से, बी.एन. मंडल सहरसा से, बी. सिंह उतिया, शहडोल से और रामसेवक यादव बाराबंकी से चुनाव जीते। बाद में 1963 में डॉ. लोहिया फ़र्रूख़ाबाद से और 1964 में मधु लिमये मुंगेर से उप चुनावों में कामयाब होकर लोकसभा में पहुंचे।

1962 के चुनाव के बाद इसी साल चीन ने भारत पर हमला किया। ये भी इस साल की सबसे बड़ी घटना थी जिसने पूरे देश को हिला दिया। हालांकि कुछ ही साल पहले भारत के प्रधानमंत्री पं. नेहरू ने नारा दिया था, "हिंदी-चीनी भाई-भाई।" डॉ. लोहिया ने वर्षों पहले भारत के प्रधानमंत्री, सरकार और देश की जनता को आगाह किया था कि चीन के इरादे नापाक हैं। तिब्बत पर चीनी क़ब्ज़े को डॉ. लोहिया ने शिशु-हत्या क़रार दिया था। डॉ. लोहिया ने कहा था, "तिब्बत, हिंदुस्तान और चीन के दरम्यान एक आज़ाद मुल्क़ बना रहता तो उस वक़्त चीन, हिंदुस्तान पर सीधा हमला नहीं कर सकता था।" उनका मानना था कि हिंदुस्तान को तिब्बत की आज़ादी की लड़ाई में हिस्सा लेना चाहिए था जिसे पं. जवाहरलाल नेहरू ने क़तई नज़रअंदाज कर दिया था।

सोशलिस्ट पार्टी और प्रजा सोशलिस्ट पार्टी एका का प्रयास

28-31 दिसंबर, 1962 को सोशलिस्ट पार्टी का राष्ट्रीय सम्मेलन भरतपुर में हुआ। इस सम्मेलन में बुलंदशहर ज़िले से मैंने और गिरिराज सिंह ने शिरकत की।

इससे पहले, 13 सितंबर को उत्तर प्रदेश विधानसभा में सोशलिस्ट पार्टी और प्रजा सोशलिस्ट पार्टी ने मिलकर एक समाजवादी संयुक्त विधायक दल विधान मंडल के अंदर बनाकर एक साथ बैठने का फ़ैसला लिया और सोशलिस्ट पार्टी के चुनाव घोषणा पत्र को मान्यता देकर एक साथ काम करने का निर्णय लिया। इसी तरह 22 फरवरी, 1963 को महाराष्ट्र में सोशलिस्ट पार्टी और प्रजा सोशलिस्ट पार्टी की बैठक में एकता का आह्वान किया गया। सोशलिस्ट पार्टी के भरतपुर राष्ट्रीय सम्मेलन में प्रजा सोशलिस्ट पार्टी से एकता के प्रमुख मुद्दे पर जो चर्चा हुई थी, उसमें

डॉ. लोहिया ने पार्टी के कार्यकर्ताओं का आह्वान करते हुए कहा था कि पार्टी रीति-नीति के मामले में मज़बूती से क़ायम रहे और इसमें कोई फिसलन नहीं आनी चाहिए।

जनवरी, 1963 में सोशलिस्ट पार्टी और प्रजा सोशलिस्ट पार्टी की राष्ट्रीय समितियों की मिली-जुली बैठक दिल्ली में हुई। इसमें प्रजा सोशलिस्ट पार्टी ने एकता के लिए सोशलिस्ट पार्टी का चुनाव घोषणा पत्र मान लिया था मगर प्रजा सोशलिस्ट पार्टी ने विलय का मामला एक कमिटी बनाकर उसके सुपुर्द कर दिया था। उधर 22 मार्च, 1963 को जब उत्तर प्रदेश विधानसभा से समाजवादी नेता उग्रसेन और उनके दीगर साथी विधानसभा सदस्यों को 'मार्शल' के ज़रिए विधानसभा से बाहर फेंका गया तो समाजवादी संयुक्त विधायक दल के प्रजा सोशलिस्ट धड़े ने उनका साथ नहीं दिया। इस तरह बढ़ती हुई एकता की ख़्वाहिश फिर बिखर गई। सोशलिस्ट पार्टी के विधायकों का मन प्रजा सोशलिस्ट पार्टी के इस आचरण से टूट गया और उनमें आपसी मेल-जोल लगभग समाप्त हो गया। उत्तर प्रदेश में संसद और विधानसभा में सोशलिस्ट पार्टी के सदस्यों की तादाद प्रजा सोशलिस्ट पार्टी के सदस्यों से कम थी मगर प्रजा सोशलिस्ट पार्टी निक्रिय और पंगु बन गयी थी।

उत्तर प्रदेश में तीन संसदीय उपचुनावों का ऐलान

मार्च, 1963 में उत्तर प्रदेश में लोकसभा के तीन उप चुनावों की घोषणा हुई जो जौनपुर और अमरोहा (ज़िला मुरादाबाद) में होने वाले थे। जौनपुर से जनसंघ के राष्ट्रीय अध्यक्ष पं. दीनदयाल उपाध्याय और अमरोहा से आचार्य कृपलानी आज़ाद उम्मीदवार के तौर पर यह चुनाव लड़ रहे थे। "कांग्रेस हटाओ, देश बचाओ" की रणनीति के आधार पर जब डॉ. लोहिया ने जौनपुर में पं. दीनदयाल उपाध्याय और अमरोहा ज़िला मुरादाबाद में आचार्य कृपलानी के समर्थन का ऐलान किया तो प्रजा सोशलिस्ट पार्टी ने इसका विरोध करना शुरू कर दिया और डॉ. लोहिया के मुक़ाबले में प्रजा सोशलिस्ट पार्टी ने अपना उम्मीदवार खड़ा कर दिया मगर देश की शोषित, पीड़ित और ग़रीब जनता ने डॉ. लोहिया की उम्मीदवारी का समर्थन किया।

फ़रूख़ाबाद से लोकसभा के कांग्रेसी सदस्य पं. मूलचंद दूबे का जनवरी 1963 में निधन हो गया था। उसके बाद कमांडर अर्जुन सिंह भदौरिया ने इस लोकसभा क्षेत्र का व्यापक दौरा किया और सात फ़रवरी, 1963 को उन्होंने राजनारायण जी को पत्र लिखकर उनसे ये आग्रह किया कि आप डॉ. लोहिया से संपर्क करके उन्हें बताएं कि इस लोकसभा सीट पर उनकी जीत निश्चित है।

22 फ़रवरी को राजनारायण ने कमांडर अर्जुन सिंह भदौरिया के पत्र के उत्तर में उन्हें सूचित किया कि पार्टी की बैठक में जब कमांडर साहब का पत्र पढ़ा गया तो जो लोग वहां मौजूद थे, उन्होंने हर्ष व्यक्त किया। इसके बाद मार्च में फ़रूख़ाबाद के नेता भरत सिंह राठौर एडवोकेट से भी संपर्क किया गया। भरत सिंह राठौर एडवोकेट ने

अर्जुन सिंह भदौरिया को बताया कि वो भी डॉ. लोहिया से संपर्क करके उन्हें फ़र्रूख़ाबाद लोकसभा क्षेत्र से चुनाव लड़ने को आमादा करेंगे और वो इस उप चुनाव में डॉ. लोहिया की मदद करेंगे। फिर अर्जुन सिंह भदौरिया ने उत्तर प्रदेश सोशलिस्ट पार्टी के अध्यक्ष प्रो. वासुदेव सिंह और अखिल भारतीय सोशलिस्ट पार्टी के अध्यक्ष राजनारायण के साथ दौरा करके फ़रूर्ख़ाबाद लोकसभा क्षेत्र में डॉ. लोहिया के पक्ष में जनमत तैयार किया।

फ़र्रूख़ाबाद ज़िले के गुरसहायगंज और छिबरामऊ के बीच स्थित ग्राम समधन में उत्तर प्रदेश पार्टी के अध्यक्ष प्रो. वासुदेव सिंह और बिहार पार्टी के अध्यक्ष स्वामी सहजानंद सरस्वती, डॉ. लोहिया को लेकर ग्राम समधन की सभा में पहुंचे। डॉ. लोहिया ने इस मीटिंग के बाद कार्यकर्ताओं से ख़ुद सवाल किए और उनके जवाबात सुनकर डॉ. लोहिया ने फ़र्रूख़ाबाद लोकसभा क्षेत्र से चुनाव लड़ने की इजाज़त दे दी। उस समय सोशलिस्ट पार्टी के कुछ नियम, सिद्धांत, रीति और निश्चित आचार संहिता लागू थी जिसके आधार पर ही डॉ. लोहिया इस चुनाव को लड़ने के लिए तैयार हुए। उधर प्रजा सोशलिस्ट पार्टी ने मार्च, 1963 में लखनऊ में प्रदेश पार्टी की मीटिंग करके डॉ. लोहिया की उम्मीदवारी का फ़र्रूख़ाबाद क्षेत्र से विरोध किया और उनके ख़िलाफ फ़तेहगढ़ के एडवोकेट भारत सिंह राठौर को उम्मीदवार घोषित कर दिया। मगर प्रजा सोशलिस्ट पार्टी के अन्य नेता गिरीश चंद्र कटियार एडवोकेट (फ़तेहगढ़), कबीरशाह उर्फ़ ख़ैरशाह और भरत सिंह यादव नेता (क़ायमगंज) ने प्रजा सोशलिस्ट पार्टी से इस्तीफ़ा देकर डॉ. लोहिया की उम्मीदवारी का समर्थन किया।

अभी तक कमांडर अर्जुन सिंह भदौरिया की पत्नी सरला भदौरिया प्रजा सोशलिस्ट पार्टी में थीं मगर इस चुनाव में प्रजा सोशलिस्ट पार्टी की ग़लत नीतियों के ख़िलाफ़ उन्होंने भी प्रजा सोशलिस्ट पार्टी से इस्तीफ़ा देकर सोशलिस्ट पार्टी की सदस्यता ग्रहण की और डॉ. लोहिया के चुनाव में बढ़-चढ़ कर हिस्सा लिया। इस चुनाव में देश के मुख़्तलिफ़ सूबों से लोग टोलियां बनाकर फ़रूर्ख़ाबाद पहुंचे।

बद्रीविशाल पित्ती के नेतृत्व में आंध्र प्रदेश से दसियों कार्यकर्ताओं की टोली फ़र्रूख़ाबाद पहुंची। इसी तरह चौधरी अब्दुल ग़नीदर, मनीराम बागड़ी, कॉमरेड शंकर लाल और चौधरी देवीलाल हरियाणा से चुनाव प्रचार में आए। पंजाब से साथी रूपलाल, राजिन्दर सच्चर एडवोकेट और रतन सिंह बाग़ी के नेतृत्व में कार्यकर्ता इस चुनाव क्षेत्र में पहुंचे। असम से गोलप बोरबोरा अपने साथियों के साथ फ़रूर्ख़ाबाद में चुनाव प्रचार में भाग लेने के लिए आए। मध्य प्रदेश से लाडली मोहन निगम, अब्दुल ख़ालिक 'बच्चा' और जगदीश जोशी अपनी टोली के साथ फ़र्रूख़ाबाद आए। दिल्ली से प्रो. रमा मित्रा और मास्टर नुरूद्दीन और उड़ीसा से किशन पटनायक, तमिलनाडु से गौड़े मुराहरि चुनाव प्रचार के लिए फ़र्रूख़ाबाद तशरीफ़ लाए। पश्चिमी उत्तर प्रदेश से महाराज सिंह भारती (मेरठ), मुल्कीराज सैनी (सहारनपुर) और मैं कैप्टन अब्बास अली (बुलंदशहर) टोली बनाकर एक माह तक फ़रूर्ख़ाबाद में चुनाव प्रचार में लगे रहे। इलाहाबाद से कॉमरेड मुबारिक मज़दूर, धर्मवीर गोस्वामी, लक्ष्मी नारायण लल्ला बाबू, जनेश्वर मिश्रा और नरेन्द्र गुरु और बलिया ज़िले से

काशीनाथ मिश्रा के नेतृत्व में सैकड़ों कार्यकर्ता फ़र्रूख़ाबाद आए। लखनऊ से रामसागर मिश्रा, नंदकिशोर नाई और भगवती सिंह की टोली इस चुनाव प्रचार में फ़रूर्ख़ाबाद पहुंची। इसी तरह, कानपुर से शिव कुमार शास्त्री, रेवाशंकर त्रिवेदी, शफ़ीक़ अहमद तातारी, बलवान सिंह यादव, जमना प्रसाद पांडेय और के.के. तिवारी के नेतृत्व में सैकड़ों कार्यकर्ता चुनाव प्रचार में जुट गए। बनारस से प्रभु नारायण और रामेश्वर सिंह मोटरों के साथ अपने कार्यकर्ताओं को लेकर चुनाव प्रचार में लग गए। श्रीमती सरला भदौरिया ने मैनपुरी ज़िले से अपने घर ख़बर भेजकर ट्रैक्टर के साथ-साथ नत्थू सिंह चौहान, प्रभाकर चौहान के साथ एक टोली तैयार की जो क्षेत्र में चुनाव प्रचार में लग गई। इसी तरह छह जून, 1963 को लोहिया नगर में डॉ. लोहिया की मौजूदगी में पूर्व प्रजा सोशलिस्ट पार्टी के कई कार्यकर्ता अपनी पार्टी से इस्तीफ़ा देकर सोशलिस्ट पार्टी में शामिल हुए और डॉ. लोहिया के चुनाव प्रचार में हिस्सा लिया। 6 जून को ही सौरख़ की आम सभा में सियाराम यादव, डॉ. राजाराम, डॉ. धर्मपाल सिंह प्रजा सोशलिस्ट पार्टी छोड़कर सोशलिस्ट पार्टी में शामिल हुए और डॉ. साहब के चुनाव में बढ़-चढ़ कर हिस्सा लिया। मधु लिमये ने महाराष्ट्र से आकर छिबरामऊ क्षेत्र के आसपास डेरा जमाया। वे रात में छिबरामऊ पेट्रोल पंप पर निवास करते और दिन में पं. बाबूराम दूबे के साथ पैदल दौरे में रहते। राजनारायण और शिवदास तिवारी, जो मिर्ज़ापुर से आए थे, करनौल क़स्बा और आसपास के क्षेत्र में दौरा करते थे। प्रो. वासुदेव सिंह, अध्यक्ष उत्तर प्रदेश पार्टी और उग्रसेन एम.एल.ए. और चंद्रबली सिंह जो देवरिया ज़िले से आए थे, तिरवा क्षेत्र में चुनाव कार्य के ज़िम्मेदार थे। सौरख़ क्षेत्र की जिम्मेदारी पुणे, महाराष्ट्र से आईं श्रीमती शांति नायक, इंदुमती केलकर और बिहार की तारा देवी के सुपुर्द थी जिनके साथ-साथ रामसेवक यादव एम.पी. और अनंतराम जायसवाल चुनाव का काम देखते थे। अतरौली के बिजेन्द्र सिंह दूबे, चंद्रपाल सिंह, पं. रामदुलारे और रामसेवक यादव एम.पी., उनके भाई प्रदीप यादव और अनंतराम जायसवाल ने बाराबंकी के पार्टी कार्यकर्ताओं के साथ उमरदा क्षेत्र में चुनाव प्रचार किया। बिहार के धनिकलाल मंडल जो बाद में हरियाणा के राज्यपाल हुए, सौरख़ क्षेत्र में पैदल प्रचार करते थे। उपेन्द्रनाथ वर्मा जो बाद में बिहार के कैबिनेट मंत्री हुए, अपने साथ ज़िला गया, बिहार प्रदेश की महिलाओं की टोली लेकर पूरे क्षेत्र में घूम-घूम कर डॉ. लोहिया के लिए वोट मांगते थे। मसौली, ज़िला पटना के रामनारायण सिंह अपने साथियों के साथ फ़रूर्ख़ाबाद के गंगा पार के रेतीले क्षेत्र में चुनावी प्रचार करते रहे। हज़ारीबाग ज़िला बिहार प्रदेश के विश्वनाथ मोदी और कपिलदेव सिंह और मुंगेर बिहार के बैकुंठ नाथ डे और श्रीमती शारदा देवी ने मुंगेर के अपने अन्य साथियों के साथ इस चुनाव में भाग लिया। राजस्थान से पंडित रामकिशन और हीरालाल जैन पहुंचे।

फ़र्रूख़ाबाद के इस चुनाव में भारतीय जनसंघ के नेता नानाजी देशमुख ने डॉ. लोहिया के पक्ष में घूम-घूम कर सभाएं करके चुनाव में महत्वपूर्ण सहयोग दिया जिससे इस चुनाव को जीतने में बहुत बल मिला। जनसंघ के एक अन्य नेता दयाराम शाक्य ने अपने दसियों कार्यकर्ताओं के साथ पिछड़े वर्ग में जाकर काम किया जिसका चुनाव पर बड़ा असर पड़ा।

इस उप चुनाव से पहले ही बुलंदशहर ज़िले के हमारे वरिष्ठ साथी ठाकुर ईश्वरी सिंह और मौलाना फ़तेह मुहम्मद ख़ां वग़ैरह कांग्रेस पार्टी में शामिल हो गए थे। ईश्वरी सिंह ने तो फ़र्रूख़ाबाद जाकर डॉ. लोहिया के ख़िलाफ़ चुनाव प्रचार तक किया। इसी उप चुनाव के दौरान एक दिन जब उनकी मुलाक़ात राजस्थान के साथी हीरालाल जैन से हुई जो उन्हें पहले से जानते थे, तो जैन साहब ने ईश्वरी सिंह पर कटाक्ष किया कि ''तीन घर तो डायन भी छोड़ देती है।'' इस पर ईश्वरी सिंह बहुत शर्मिंदा हुए।

हम बुलंदशहर ज़िले से अन्य साथियों के साथ छत्तर सिंह पूर्व एम.एल.ए. दयानतपुर, महाराज सिंह भारती एम.एल.सी. और प्रो. हरिराज सिंह त्यागी मेरठवालों के साथ फ़रूख़ाबाद के कमालगंज क्षेत्र में चुनाव प्रचार करते रहे और चुनाव ख़त्म कराकर ही अपने ज़िलों को वापस लौटे। दिन में हम लोग चना-मुरमुरा खाते और रात को या तो किसी मुक़ामी कार्यकर्ता के यहां रोटी खाकर सो जाते या फिर कहीं ढाबे पर खाना खाते। इस चुनाव में डॉ. लोहिया को बड़ी कामयाबी मिली और वह लोकसभा के सदस्य निर्वाचित हुए।

इस चुनाव में, मैं एक माह से ज़्यादा डॉ. लोहिया के चुनाव प्रचार में रहा और काम किया। जब मैं वापस घर आया तो मुझे क़ब्ज़ की शिकायत हो गई और फिर मैं लक़वे की बीमारी का शिकार हो गया। मैंने इसी हालत में अपनी बीवी को पाकिस्तान ख़त लिखा और उनसे फ़ौरन आने को कहा।

मेरी बीवी जो रीढ़ की हड्डी के आपरेशन के बाद अपनी दोनों बेटियों के साथ पाकिस्तान चली गईं थीं, किसी तरह पाकिस्तान से पाकिस्तानी पासपोर्ट पर हिंदुस्तान आईं। मगर यहां उन्हें हिंदुस्तानी शहरी बनने में बड़ी परेशानियां हुईं और अगर डॉ. लोहिया ने यह मामला तत्कालीन सरकार के साथ न उठाया होता तो शायद उन्हें हिंदुस्तान की शहरियत कभी न मिलती। डॉ. लोहिया मुझसे अक्सर मज़ाक़ में कहा करते थे, ''मियां हिंदुस्तानी, बीवी पाकिस्तानी।''

1963 में ही मई-जून के महीने में उत्तर प्रदेश सोशलिस्ट पार्टी का शाहजहांपुर में राज्य सम्मेलन हुआ। इस सम्मेलन में गोरखपुर पार्टी के कर्मठ नेता और मेरे दोस्त मधुकर दिघे* को राज्य पार्टी का महामंत्री चुना गया। दिघे जी ने पूरे राज्य में हर ज़िले में दौरे किए और इस सिलसिले में बुलंदशहर ज़िले में भी दो मर्तबा आए। उन्होंने कार्यकर्ताओं में काफ़ी जोशो-ख़रोश भर दिया।

कलकत्ते का राष्ट्रीय सम्मेलन और ग़ैर कांग्रेसवाद का जन्म

28 दिसंबर, 1963 को कलकत्ते में सोशलिस्ट पार्टी का राष्ट्रीय सम्मेलन हुआ। इसी सम्मेलन में डॉ. लोहिया ने ग़ैर-कांग्रेसवाद का प्रस्ताव एक रणनीति के तौर पर पेश किया जो भारी बहुमत से पास हुआ। इस प्रस्ताव में जनसंघर्ष करने और चुनाव में कांग्रेस के

---

* मधुकर दिघे (जन्म 1920) उत्तर प्रदेश सोशलिस्ट पार्टी के प्रमुख नेता रहे। 1967, '74 और '77 में विधायक चुने गए। 1977 में जनता सरकार में वित्त मंत्री बनाए गए। 1990 में मेघालय के राज्यपाल नियुक्त हुए। कई आंदोलनों में भाग लिया।

ख़िलाफ़ विपक्षी मतों को एकजुट करने को कहा गया था। सम्मेलन में मधु लिमये ने तो शिरकत नहीं की लेकिन उनके क़रीबी जार्ज फ़र्नांडीज* ने इस प्रस्ताव का दो घंटे तक भाषण देकर ज़ोरदार विरोध किया। डॉ. लोहिया ने इस सम्मेलन में रात दो बजे तक जार्ज फर्नांडीज़ के तर्कों का जवाब दिया और उनका नाम लिए बग़ैर कहा कि बम्बई के एक नौजवान नेता जब कांग्रेस के ख़िलाफ़ बम्बई बंद कराते हैं तो भारतीय जनसंघ और कम्युनिस्ट पार्टी का भी सहयोग लेते हैं। मगर यहां जब मैं कहता हूं कि इस काम को एक रणनीति के तौर पर अमल में लाओ तो इस प्रस्ताव का विरोध करते हैं। डॉ. साहब ने इस मौक़े पर ''कांग्रेस हटाओ, देश बचाओ'' का नारा दिया। इस सम्मेलन में उग्रसेन, बृजराज सिंह और उत्तर प्रदेश के अन्य साथियों के साथ मैंने शिरकत भी की।

उधर, जनवरी, 1964 में प्रजा सोशलिस्ट पार्टी में एक नया झगड़ा शुरू हो गया। प्रजा सोशलिस्ट पार्टी के नेता अशोक मेहता ने "The compulsion of backward economy" (पिछड़ी अर्थव्यवस्था की अनिवार्यता) की एक नयी थीसिस देकर ऐलान कर दिया कि अब हमें कांग्रेस में शामिल हो कर देश के बैकवर्ड हालात में सुधार लाना चाहिए। उनकी इस नीति से प्रभावित होकर गेंदा सिंह, नारायण दत्त तिवारी और बलिया के नेता चंद्रशेखर एम.पी. कांग्रेस में शामिल हो गए और बची-खुची प्रजा सोशलिस्ट पार्टी ने अशोक मेहता और उनके साथियों को प्रजा सोशलिस्ट पार्टी से निकाल दिया और सोशलिस्ट पार्टी से बग़ैर शर्त एकता का प्रस्ताव स्वीकार किया।

जनवाणी दिवस

13 मार्च, 1964 को जनता की विभिन्न मांगों को लेकर दिल्ली में संसद भवन पर एक बड़ा प्रदर्शन ''जनवाणी दिवस'' के रूप में सोशलिस्ट पार्टी ने किया जिसमें जनता की आवाज़ को संसद तक पहुंचाने का प्रयास किया गया। संसद भवन के सामने लार्ड इरविन की जो प्रतिमा थी और जो हिंदुस्तानियों को ग़ुलामी की याद दिला रही थी, उसके सामने जब प्रदर्शनकारियों का जुलूस पहुंचा तो गोरखपुर के समाजवादी नेता तुफ़ैल अहमद 'फ़ना' गोरखपुरी ने उस प्रतिमा पर चढ़कर उसे लोहे के हथौड़े से तोड़ दिया और दिल्ली पुलिस ने उन्हें गिरफ़्तार कर लिया।

1964 का जनवाणी दिवस इस बात का गवाह था कि आज़ादी के बाद लोकसभा में पहली मर्तबा भारत के शोषित, पीड़ित और ग़रीबों की आवाज़ डॉ. लोहिया ने उठायी। नेहरू जी उस समय जीवित थे। उनके सामने ही डॉ. लोहिया ने इस देश की ग़रीबी बताते हुए कहा था कि ''एक हिंदुस्तानी की आमदनी औसतन तीन आने रोज़ाना

---

* जार्ज फ़र्नांडीज़ (जन्म 1930) जुझारू सोशलिस्ट नेता, सोशलिस्ट पार्टी के महामंत्री और अध्यक्ष रहे। बंबई बंद के हीरो के रूप में जाने गए। 1967 में लोकसभा के लिए चुने गए। आपातकाल में फ़रारी, बाद में बड़ौदा डायनामाइट केस चलाया गया। 1977 में केंद्र सरकार में मंत्री बनाए गए। संयुक्त सोशलिस्ट पार्टी, सोशलिस्ट पार्टी, जनता पार्टी, लोकदल, जनता दल, समता पार्टी में होते हुए जदयू के नेता। नौ बार लोकसभा के लिए निर्वाचित। रेल और रक्षा मंत्री भी रहे।

है।'' जबकि प्रधानमंत्री पं. नेहरू ने इसे 15 आने रोज़ाना आंका था जिस पर बहुत बहस चली और अंत में योजना मंत्री गुलज़ारी लाल नंदा ने इसे सात आने रोज़ाना तस्लीम किया। इसी तरह डॉ. लोहिया की कोशिशों से भारत की संसद में आज़ादी के बाद पहली मर्तबा पं. जवाहरलाल नेहरू की सरकार के ख़िलाफ़ विपक्ष की तरफ़ से अविश्वास का प्रस्ताव लाया गया। डॉ. लोहिया के संसद में पहुंचने के बाद पं. जवाहरलाल नेहरू सिर्फ़ एक साल तक ही ज़िंदा रहे और चीन और भारत की लड़ाई में उन्हें भारत की विफलता पर बेहद सदमा पहुंचा। उसी हालत में उन्होंने कृष्ण मेनन को रक्षा मंत्री के पद से हटा दिया।

समाजवादी एकता

जनवाणी दिवस के बाद फिर सोशलिस्ट पार्टी और प्रजा सोशलिस्ट पार्टी के मिलन की बातें शुरू हुई। डॉ. लोहिया ने अप्रैल 1964 में विदेश के दौरे पर जाने का कार्यक्रम बनाया। उत्तर प्रदेश पार्टी के मंत्री मधुकर दिघे और उत्तर प्रदेश समाजवादी विधानमंडल पार्टी के मंत्री काशीनाथ मिश्रा एम.एल.ए. सोशलिस्ट पार्टी और प्रजा सोशलिस्ट पार्टी के मिलन के संबंध में डॉ. लोहिया से विदेश दौरे पर जाने से पहले सलाह-मशविरा करने दिल्ली आए। वे डॉ. साहब के बंगले पर ही रुके और वहां जब उन्होंने डॉ. लोहिया से सोशलिस्ट पार्टी और प्रजा सोशलिस्ट पार्टी के मिलन की चर्चा चलाई तो डॉ. लोहिया ने इस पर किसी तरह की राय देने से इंकार कर दिया। डॉ. साहब ने मधुकर दिघे और काशीनाथ मिश्रा से जनेश्वर मिश्रा और रमा मित्रा से बात करने को कहा जिन्होंने मिलन के पक्ष या विपक्ष में डॉ. लोहिया की कोई राय प्रकाशित करने से मना किया। डॉ. लोहिया अप्रैल के तीसरे सप्ताह में अपनी विदेश यात्रा पर अमरीका चले गए।

27 मई, 1964 को दिल्ली में पं. जवाहरलाल नेहरू का निधन हो गया। पं. नेहरू 1947 से मरते दम तक बराबर देश के प्रधानमंत्री रहे और देश में गांधी जी के बाद वो ही एकमात्र ऐसे नेता थे जिनके नेतृत्व में देश ने आज़ादी हासिल की और आज़ादी के बाद भी जिनकी प्रतिभा और कुशलता का बाहर के मुल्क़ों पर असर था। मगर 1962 में भारत-चीन युद्ध के बाद उनका मन टूट गया था। ये बात सही है कि गांधी जी के बाद पं. जवाहरलाल नेहरू में ही ये शक्ति थी कि वो देश को हिला सकें। देश के कई नेताओं ने पं. जवाहरलाल नेहरू और डॉ. राममनोहर लोहिया के संबंध में ये विचार प्रकट किए हैं कि डॉ. लोहिया को नेहरू जी और उनके परिवार से रंजिश थी। मगर ये सरासर ग़लत है। डॉ. लोहिया ने पं. नेहरू की मौत पर जो संवेदना संदेश अमरीका से भेजा था उसमें उनके बड़प्पन और मानवता के प्रति सच्ची भावना व्यक्त की गई थी। उसी दिन डॉ. लोहिया ने अमरीका में काले और गोरे के भेदभाव के ख़िलाफ़ गिरफ़्तारी दी थी और ये ऐलान किया था कि पं. जवाहरलाल नेहरू काले और गोरे के भेदभाव के कट्टर विरोधी थे। डॉ. साहब ने पं. नेहरू को अपने श्रद्धा सुमन अर्पित करते हुए कहा था,

''अपने इस महान नेता को जिसने 1947 से पहले मेरा नेतृत्व किया था, मैं अपनी श्रद्धांजलि अर्पित करता हूं।''

ये सही है कि 1947 के बाद डॉ. लोहिया का राजनैतिक रास्ता पं. नेहरू के रास्ते से अलग हो गया था मगर उन्हें राजनैतिक मतभेद होते हुए भी पं. जवाहरलाल नेहरू की शक्ति के प्रति अटूट विश्वास था। वो कहते थे कि नेहरू जी की ये शक्ति गांधी जी के अलावा देश के अन्य किसी नेता में नहीं थी। नेहरू जी को अपना गुस्सा दिखाकर वो चाहते थे कि नेहरू जी 1947 के पहले की तेजस्विता दिखाएं और देश का नेतृत्व करें तथा पश्चिमी देशों की नक़ल करना छोड़ दें जो भारत जैसे पिछड़े देश के लिए घातक सिद्ध हो रही है।

संयुक्त सोशलिस्ट पार्टी का गठन

6 जून, 1964 को दिल्ली में सोशलिस्ट पार्टी और प्रजा सोशलिस्ट पार्टी को मिलाकर संयुक्त सोशलिस्ट पार्टी के गठन की घोषणा कर दी गई और दोनों दलों की राष्ट्रीय समितियों को एक कर दिया गया। इस नई संयुक्त सोशलिस्ट पार्टी के अध्यक्ष एस.एम. जोशी* और महामंत्री राजनारायण बनाए गए। प्रेम भसीन, सुरेन्द्र मोहन और प्रो. वासुदेव सिंह संयुक्त मंत्री बनाए गए। इसी तरह, उत्तर प्रदेश संयुक्त सोशलिस्ट पार्टी का अध्यक्ष प्रो. मुकुट बिहारी लाल और महामंत्री मधुकर दिघे को बनाया गया।

संयुक्त सोशलिस्ट पार्टी के गठन के समय ही प्रजा सोशलिस्ट पार्टी के कुछ नेता इस मिलन से ख़ुश नहीं थे। देश के पूंजीवादी और कांग्रेसी समर्थक अख़बारों में भी इस मिलन के ख़िलाफ़ कुछ लोगों ने प्रचार किया। उधर, 31 जनवरी 1965 को वाराणसी में सोशलिस्ट पार्टी और प्रजा सोशलिस्ट पार्टी का विशेष अधिवेशन बुलाकर इस मिलन और संयुक्त सोशलिस्ट पार्टी के गठन की विधिवत घोषणा बेनियाबाग़ में हुई जिसमें प्रजा सोशलिस्ट पार्टी के अधिकतर कार्यकर्ता संयुक्त सोशलिस्ट पार्टी में शामिल हो गए। इनका नारा था, ''पार्टी तोड़ेंगे नहीं, लोहिया छोड़ेंगे नहीं।'' एन.जी. गोरे, प्रेम भसीन, एच.वी. कामत, मधु दंडवते, सुरेन्द्र मोहन, राजवंत सिंह और बेनी प्रसाद माधव वग़ैरह संयुक्त सोशलिस्ट पार्टी में शामिल नहीं हुए। संयुक्त सोशलिस्ट पार्टी ने लोकतांत्रिक और शांतिमय उपायों से समाजवादी समाज की स्थापना का लक्ष्य स्वीकार किया जिसमें मनुष्य के द्वारा मनुष्य के शोषण और एक देश द्वारा दूसरे देश के शोषण को समाप्त करने की नीति घोषित की गई। ये भी तय पाया गया कि संयुक्त सोशलिस्ट पार्टी शांतिपूर्ण ढंग से क्रांतिकारी वर्ग संघर्ष को आयोजित कर अवज्ञा आंदोलन चलाएगी और पूंजीवादी तथाद सामंतवादी शोषण और अन्याय को मिटाने के लिए संयुक्त सोशलिस्ट पार्टी सत्तू प्रयास करेगी।

---

* एस.एम. जोशी (1904-1986) स्वतंत्रता सेनानी, भारत में समाजवादी आंदोलनों के प्रमुख नेता। कांग्रेस सोशलिस्ट पार्टी और राष्ट्र सेवा दल के संस्थापकों में से एक। संयुक्त सोशलिस्ट पार्टी के पहले अध्यक्ष। बाद में लोकसभा सदस्य रहे और महाराष्ट्र जनता पार्टी के अध्यक्ष भी।

अधिवेशन के दौरान झगड़ा

संयुक्त सोशलिस्ट पार्टी के मंच पर एस.एम. जोशी अध्यक्षता कर रहे थे और मंच पर मधु लिमये, जार्ज फ़र्नांडिज़, श्रीमती सरला भदौरिया सोशलिस्ट पार्टी से और कुछ प्रजा सोशलिस्ट पार्टी के नेता मौजूद थे। पंजाब के पी.एस.पी. नेता सरदार हरभजन सिंह और राजनारायण के बीच कुछ तनातनी हो गई और आख़िरकार प्रजा सोशलिस्ट पार्टी के आधे से ज़्यादा कार्यकर्ताओं ने इस अधिवेशन से अलग होकर बनारस में ही डी.ए.वी. कॉलेज में अधिवेशन किया। मगर एस.एम. जोशी बनारस में ही बेनियाबाग़ के पुराने अधिवेशन के, जो संयुक्त सोशलिस्ट पार्टी के नाम से बुलाया गया था, अध्यक्ष पद पर बने रहे। उनके अलावा बिहार के प्रजा सोशलिस्ट नेता कर्पूरी ठाकुर, आज़मगढ़ उत्तर प्रदेश के गांधी कहे जाने वाले विश्राम राय, इलाहाबाद के नेता बाबू सालिगराम जायसवाल और छुन्नन गुरु, इटावा से गजेन्द्र सिंह और राजेन्द्र सिंह यादव और मेरठ से गुरदयाल सिंह एडवोकेट और बुलंदशहर से मैं और शंकर प्रसाद संयुक्त सोशलिस्ट पार्टी के अधिवेशन में आख़िर तक शरीक रहे। इस संयुक्त सोशलिस्ट पार्टी के सम्मेलन में प्रस्ताव पास किया गया कि पार्टी जनांदोलनों और संघर्षों के लिए जनता को संगठित करने में पहल करेगी। पार्टी अपने सिद्धांत और कार्यक्रम पर कोई समझौता किए बग़ैर अन्य विपक्षी दलों के साथ सहयोग करेगी और आगामी चुनाव में कांग्रेस को हराने के लिए विरोधी दलों के मतविभाजन को रोकने के लिए आपस में तालमेल करने का प्रयास करेगी। इस सम्मेलन में एस.एम. जोशी पार्टी के अध्यक्ष चुने गए और उन्हें अधिकार दिया गया कि वे राष्ट्रीय समिति के 23 सदस्य और पार्टी का प्रधानमंत्री नामज़द करें। एस.एम. जोशी ने रामसेवक यादव को पार्टी का प्रधानमंत्री (महासचिव) और 23 सदस्यों की एक राष्ट्रीय समिति बनाई। राजनारायण ने इसी सम्मेलन में आगामी 12 मार्च को संसद भवन के सामने जनवाणी दिवस मनाने और प्रदर्शन करने का प्रस्ताव रखा जो सर्वसम्मति से पारित हुआ लेकिन बाद में यह प्रदर्शन नवंबर माह तक के लिए स्थगित कर दिया गया।

रणकच्छ सुलह के ख़िलाफ प्रदर्शन

डॉ. राममनोहर लोहिया जब अपने विदेशी दौरे से लौटे तो बनारस में संयुक्त सोशलिस्ट पार्टी का गठन हो चुका था। भारत पहुंचने पर उन्हें जहां इस गठन की ख़ुशी हुई वहीं देश की उस समय जो राजनीतिक स्थिति थी, उससे उन्हें बड़ी चिंता हुई। पाकिस्तानी फ़ौज की भारत सीमा पर गतिविधियां बढ़ गयी थीं। राजस्थान और रणकच्छ में हिंदुस्तानी और पाकिस्तानी फ़ौज में आपस में झड़पें भी हो रहीं थीं। डॉ. लोहिया उस समय बिहार के दौरे पर थे। पहली अगस्त 1965 को सारे देश में संयुक्त सोशलिस्ट पार्टी ने आम हड़ताल का नारा दिया जिसके अनुसार बुलंदशहर ज़िला हेडक्वार्टर पर और ख़ुर्जे में हम लोगों ने आम हड़ताल कराई जो पुर अमन रही मगर लखनऊ में पार्टी के राज्य सचिव मधुकर दिघे को राज्य सरकार ने गिरफ़्तार कर लिया। सूबे के अन्य ज़िलों में भी पार्टी कार्यकर्ताओं की गिरफ़्तारी हुई। डॉ. लोहिया उन दिनों बिहार दौरे पर थे। पटना के

गांधी मैदान में एक विशाल जन सभा को संबोधित करते हुए उन्होंने विधानसभाओं के घेराव का ऐलान किया जिसके नतीजे में उन्हें नौ अगस्त के तारीख़ी दिन पटना में गिरफ़्तार कर लिया गया। इससे पार्टी कार्यकर्ताओं में बड़ा गुस्सा फूट पड़ा और कई जगह डॉ. लोहिया की गिरफ़्तारी के ख़िलाफ़ सभाएं हुईं और कार्यकर्ताओं ने आंदोलन किया। डॉ. लोहिया ने भी जेल से अपनी गिरफ़्तारी को सुप्रीम कोर्ट में चैलेंज किया और ख़ुद इस मामले में बहस करने की सुप्रीम कोर्ट से इजाज़त मांगी।

उधर, कच्छ की झड़पों के बाद हिंदुस्तान और पाकिस्तान में सुलह हो गयी जिसमें भारत ने कमज़ोरी दिखाकर कच्छ का कुछ इलाक़ा पाकिस्तान को देकर पाकिस्तान से सुलह कर ली। इसके ख़िलाफ़ भारतीय जनसंघ और संयुक्त सोशलिस्ट पार्टी ने 16 अगस्त 1965 को दिल्ली में एक विरोध प्रदर्शन करने का फ़ैसला किया। चूंकि यह दोनों पार्टियों का फ़ैसला था मगर जब भारतीय जनसंघ ने गृह मंत्रालय से प्रदर्शन की इजाज़त मांगी तो गुलज़ारीलाल नंदा ने, जो उस समय भारत सरकार के गृह मंत्री थे, जनसंघ के नेताओं से कहा कि अगर वो अकेले प्रदर्शन करते हैं तो उन्हें इजाज़त दी जा सकती है मगर सोशलिस्टों से मिलकर संयुक्त प्रदर्शन करेंगे तो उन्हें इजाज़त नहीं दी जा सकती। इस पर भारतीय जनसंघ के लोग अलग प्रदर्शन करने पर राज़ी हो गए और उन्होंने संयुक्त सोशलिस्ट पार्टी के नेताओं से मना कर दिया कि वो अपना प्रदर्शन अलग करें। जनसंघियों की इस वायदा ख़िलाफ़ी के ख़िलाफ़ राजनारायण और रामसेवक यादव एम.पी., महामंत्री अखिल भारतीय संयुक्त सोशलिस्ट पार्टी ने पश्चिमी उत्तर प्रदेश का व्यापक दौरा किया। 12 अगस्त को सहारनपुर, 13 अगस्त को ग़ाज़ियाबाद और मेरठ, 14 अगस्त को ख़ुर्जा और बुलंदशहर और 15 अगस्त को मथुरा का दौरा कर के ज़्यादा से ज़्यादा लोगों को 16 अगस्त को प्रदर्शन में भाग लेने के लिए दिल्ली आने का न्यौता दिया।

जब वो ख़ुर्जे गए तो ख़ुर्जे से कस्तूरीलाल जुनेजा और बाबू राधेश्याम शर्मा को लेकर मेरे गांव तशरीफ़ लाए और मुझसे ज़्यादा से ज़्यादा प्रदर्शनकारियों को लेकर आने को कहा। मैंने अपने गांव से मिले हुए गांव मैना से प्रधान अब्दुल समद ख़ां को बुलाया और उनसे भी राजनारायण ने यही अनुरोध किया। मैंने अपने गांव से 200 और प्रधान अब्दुल समद ख़ां के नेतृत्व में 50 प्रदर्शनकारी इकट्ठे हुए। 50 प्रदर्शनकारी भाई कस्तूरीलाल जुनेजा के नेतृत्व में ख़ुर्जे में जमा हुए। इस तरह हम 300 प्रदर्शनकारियों को लेकर 15 अगस्त की रात में ही ख़ुर्जे से दिल्ली के लिए रवाना हो गए। हम सभी प्रदर्शनकारी रामसेवक यादव एम.पी. के फ़्लैट नं. 179, साउथ एवेन्यू पर सुबह चार बजे पहुंच गए और वहां से नहा-धोकर और नाश्ता करके प्रदर्शन के बैनर और पार्टी के झंडे लेकर लालबहादुर शास्त्री*, प्रधानमंत्री, भारत सरकार की कोठी जनपथ पर पहुंच गए। अब प्रदर्शन में हमारे 300 प्रदर्शनकारियों के अलावा 300 दीगर साथी जो सहारनपुर, मेरठ,

---

* लालबहादुर शास्त्री (1904-1966) महात्मा गांधी के नेतृत्व में राष्ट्रीय आंदोलन में भाग लिया। उत्तर प्रदेश सरकार में मंत्री, फिर केंद्र सरकार में मंत्री और अंत में देश के दूसरे प्रधानमंत्री बने। बहुत ही सादा जीवन जीने वाले राजनेता और ईमानदार व्यक्ति। 10 जनवरी 1966 को ताशक़ंद में निधन।

ग़ाज़ियाबाद और मथुरा से आए थे, शामिल हो गए। संसद के सभी सोशलिस्ट मेंबरान जो उस समय दिल्ली में मौजूद थे, रवि राय, मनीराम बागड़ी, किशन पटनायक, राजनारायण और रामसेवक यादव प्रदर्शनकारियों का नेतृत्व कर रहे थे। जैसे ही हमने जनपथ पर लालबहादुर शास्त्री के बंगले का घेराव किया, दिल्ली पुलिस ने सभी मेंबरान पार्लियामेंट और हम सभी 600 प्रदर्शनकारियों को गिरफ़्तार कर लिया। हम लोग नारे लगा रहे थे, "रणकच्छ गंवाया किसने! कांग्रेस ने, कांग्रेस ने।"

दिल्ली पुलिस हमें गिरफ़्तार करके तिहाड़ जेल ले गयी जहां जेलर ने रामसेवक यादव एम.पी. और राजनारायण को बताया कि आपको इख़्लाक़ी क़ैदियों के साथ रखा जाएगा क्योंकि आपके गिरफ़्तारी वारंट में कहीं सुपीरियर क्लास का ब्यौरा नहीं है। इस पर राजनारायण ने टेलीफ़ोन पर प्रधानमंत्री से बात की और उसके बाद हम सभी 600 लोगों को तिहाड़ जेल में सुपीरियर क्लास में रखा गया।

तिहाड़ जेल में राजनारायण जी ने हम सब लोगों को जेल में पार्टी की रीति-नीति, सिद्धांत और कार्यक्रम बताने के लिए रोज़ाना चार घंटे की क्लास लेना शुरू किया। सुपीरियर क्लास में तिहाड़ जेल में हम सब क़ैदियों के लिए बिजली के पंखे, मच्छरदानी और मसेहरी की व्यवस्था थी। खाने-पीने, चाय और फलों का माक़ूल इंतज़ाम था। भाई साहब अब्दुल समद ख़ां प्रधान को सब लोगों ने मैस इंचार्ज बनाया था जो बड़ी मेहनत से मैस का इंतज़ाम करते थे। सुबह चाय, फिर आठ-नौ बजे नाश्ता, दो बजे खाना, शाम को पांच बजे चाय और आठ बजे रात का खाना दिया जाता था। इस तरह हमारे सभी साथी जेल में बहुत ख़ुश थे।

डॉ. लोहिया का तिहाड़ जेल में आना

26 अगस्त, 1965 को रात के 11 बजे डॉ. लोहिया को पटना जेल से मुंतक़िल करके तिहाड़ जेल, दिल्ली लाया गया ताकि वो अपनी गिरफ़्तारी के ख़िलाफ़ रिट की बहस कर सकें। हम लोग जेल के फाटक पर जमा हो गए और नारा लगा रहे थे, "जेल के फाटक टूटेंगे, डॉ. लोहिया छूटेंगे।" दूसरे दिन डॉ. लोहिया ने 600 लोगों को जेल में देखकर मुझसे दरियाफ़्त किया कि 'कप्तान, क्या आजकल गांवों में लोगों को करने के लिए कुछ भी नहीं है?' मैंने उन्हें बताया कि आजकल देहात में खेती-बाड़ी का बड़ा काम फैला हुआ है, तो फिर डॉ. साहब ने कहा कि यहां कोई सत्याग्रह तो हो नहीं रहा है। आप लोग ज़मानत कराके अपने घर क्यों नहीं जाते? मैंने डॉ. साहब को बताया कि यहां दिल्ली में हम ज़मानती कहां से लाएं? इस पर डॉ. लोहिया ने रामसेवक यादव एम.पी. और राजनारायण को बुलाकर हिदायत दी कि सभी एम.पी. जो जेल में हैं, फ़ौरन अपनी ज़मानत करा लें और बाहर जाकर जेल में बंद लोगों की ज़मानत कराएं क्योंकि इन लोगों ने सरकारी नीति का विरोध किया है। अगर सरकार ने इन्हें ग़लत तरीक़े से गिरफ़्तार कर लिया है तो इन्हें ज़मानत करा लेनी चाहिए और ये भी कहा कि एक-एक एम.पी. 20-20 आंदोलनकारियों की ज़मानत ले। इस तरह एक हफ़्ते के अंदर हमारे सभी साथी ज़मानत पर जेल से बाहर आ गए।

पाकिस्तान का भारत पर हमला

अभी हम जेल से बाहर आए ही थे कि सात सितंबर, 1965 को पाकिस्तान ने कश्मीर पर हमला कर दिया। उधर सात सितंबर को ही एक लंबी बहस के बाद सुप्रीम कोर्ट ने डॉ. लोहिया को रिहा कर दिया। भारत की बहादुर फ़ौजों ने पाकिस्तान के लड़ाई में दांत खट्टे कर दिए और हिंदुस्तानी फ़ौजें लाहौर और स्यालकोट की शहरी सीमा में घुस गयीं। डॉ. लोहिया ने उस समय प्रधानमंत्री लालबहादुर शास्त्री की तारीफ़ करते हुए उन्हें सलाह दी थी कि अब पाकिस्तान से एक ही मुद्दे पर बात की जाए कि "अब भारत और पाकिस्तान का महासंघ बने या मैदान में जंग जारी रहे"। मगर विदेशी दबाव के कारण भारत के प्रधानमंत्री लालबहादुर शास्त्री ने रूसी शहर ताशक़ंद में पाकिस्तान के साथ समझौता कर लिया जिसमें दोनों देशों की फ़ौजों को अपनी-अपनी सरहदों में लौटने का हुक्म दिया गया था। इस समझौते पर दस्तख़त करने के कुछ घंटों बाद ही दिल का दौरा पड़ जाने से 10 जनवरी 1966 को लालबहादुर शास्त्री की रूस के शहर ताशक़ंद में मौत हो गई मगर इसके बाद भी नतीजा कुछ नहीं निकला और भारत और पाकिस्तान के बीच का झगड़ा बदस्तूर क़ायम रहा। युद्ध के बाद भारत में महंगाई और बेरोज़गारी बहुत बढ़ गई। लालबहादुर शास्त्री की मौत के बाद कांग्रेस पार्टी ने 1966 में श्रीमती इंदिरा गांधी को प्रधानमंत्री बनाया और उन्होंने हुक़ूमत की बागडोर संभाल ली।

मेरी पत्नी की पाकिस्तान से वापसी और दोबारा हिंदुस्तानी नागरिकता प्राप्त करना

जैसा कि मैं पहले बता चुका हूं 1963 में फ़र्रुख़ाबाद के उप चुनाव के बाद मुझे लक़वा हो गया था। मैंने इसकी ख़बर पाकिस्तान में अपनी बीवी सुल्ताना बेगम को ख़त लिखकर दी तो वो मय अपनी दोनों बेटियों नूर-चश्मी सितारा व निगहत को साथ लेकर 17 जून 1963 को अटारी, अमृतसर के रास्ते बज़रिये रेल हिंदुस्तान पहुंच गयी। चूंकि मेरे भाई और बहनोई ने उनका हिंदुस्तानी पासपोर्ट फाड़ दिया था, इसलिए वो पाकिस्तानी पासपोर्ट से तीन माह का वीज़ा लेकर आईं थीं। बाद में मैंने उनका वीज़ा सात-आठ मर्तबा बढ़वाया। इसी दौरान 1964 में मेरे बेटे कुरबान अली की पैदाइश हुई।

सितंबर 1965 में हिंदुस्तान और पाकिस्तान की जंग छिड़ गई तो पाकिस्तानी शहरियों का वापस जाना सरकारी तौर पर बंद हो गया था। मगर 10 जनवरी 1966 को ताशक़ंद की सुलह के बाद फिर पाकिस्तानी शहरियों को वापस पाकिस्तान जाने का हुक्म दिया गया। तंग आकर मैं अपनी बीवी को लेकर डॉ. लोहिया की एम.पी. कोठी 7, गुरुद्वारा रकाबगंज रोड, नई दिल्ली पहुंचा और मैंने उन्हें तफ़सील से बताया कि मेरी शादी हिंदुस्तान में अलीगढ़ ज़िले की सुल्ताना बेगम से हुई थी। 1952 में मेरी बड़ी लड़की सितारा परवीन और 1956 में छोटी लड़की निगहत हिंदुस्तान में पैदा हुई। उसके बाद उनकी रीढ़ की हड्डी का ऑपरेशन सिविल अस्पताल बुलंदशहर में हुआ। वो छह माह तक प्लास्टर में रहीं और 1956 के आखिर में वो अपनी दोनों लड़कियों के साथ पाकिस्तान चली गईं जहां मेरे भाई और बहनोई ने उनका पासपोर्ट फाड़ दिया और वो

सात साल तक पाकिस्तान में रहीं। 1963 में फ़र्रूख़ाबाद के चुनाव के बाद मैं लक़वे की बीमारी का शिकार हो गया और मेरी बीवी ने हिंदुस्तान आने का फ़ैसला किया। मेरे बड़े भाई जफ़र अली ख़ां और गुलाम मोहम्मद ख़ां ने उन्हें पाकिस्तानी पासपोर्ट पर 17 जून 1963 को अटारी, अमृतसर से रेल के ज़रिए हिंदुस्तान भेज दिया। मैंने डॉ. लोहिया को ये भी बताया कि पिछले ढाई साल से मैं उनका वीज़ा बढ़वा रहा हूं लेकिन पाकिस्तान से लड़ाई शुरू होने के बाद उनका पाकिस्तान जाना मुमकिन नहीं था। मगर अब पाकिस्तान से ताशक़ंद समझौते के बाद उन्हें सरकारी तौर पर वापस पाकिस्तान लौटने का हुक्म दे दिया गया है। डॉ. साहब ने फ़ौरन भारत सरकार के गृहमंत्री जयसुखलाल हाथी को टेलीफ़ोन किया कि ये आपका क्या क़ानून है कि मियां हिंदुस्तानी और बीवी पाकिस्तानी? जयसुखलाल हाथी ने डॉ. साहब को जवाब दिया कि शौहर से ही बीवी की शहरियत मानी जाती है। फिर उन्होंने मुझे अपने दफ़्तर बुलाया और मेरी बीवी की हिंदुस्तानी नागरिक बनने की दरख़्वास्त ले ली और साल भर का लांग टर्म वीज़ा दे दिया। इसके बाद भी आगे एक-एक साल का लांग टर्म वीज़ा बढ़ाया गया और तीन साल के बाद उन्हें हिंदुस्तानी शहरियत मिल पाई।

16 मार्च 1966 को केंद्रीय कार्यालय 179, साउथ एवेन्यू, नई दिल्ली में एस.एम. जोशी की अध्यक्षता में कोटा, राजस्थान में होने वाले राष्ट्रीय सम्मेलन के लिए सिद्धांत, वक्तव्य और कार्यक्रम बनाने के लिए एक ज़रूरी बैठक हुई जिसमें मुझे भी बुलाया गया। इस बैठक में मधु लिमये की अध्यक्षता में तीन लोगों की एक समिति का गठन किया गया जिसमें एस.एम. जोशी और कर्पूरी ठाकुर को रखा गया। कार्यसमिति की इस बैठक में डॉ. लोहिया, राजनारायण, मधु लिमये, कर्पूरी ठाकुर, जगदीश जोशी, रामसेवक यादव, कमांडर अर्जुन सिंह भदौरिया, श्रीमती सरला भदौरिया, किशन पटनायक शामिल हुए। मीटिंग में डॉ. लोहिया ने सिद्धांत, वक्तव्य और कार्यक्रम की रूपरेखा प्रस्तुत की। बाद में डॉ. लोहिया के मशविरे से कोटा सम्मेलन से एक सप्ताह पहले ड्राफ़्ट, राष्ट्रीय कार्यकारिणी द्वारा पास करा के सम्मेलन में प्रस्तुत करने का निर्णय हुआ।

3-6 अप्रैल, 1966 को राष्ट्रीय सम्मेलन कोटा में

1955 में हैदराबाद में सोशलिस्ट पार्टी के स्थापना सम्मेलन के 10 साल बाद 1966 में नए सिरे से मेहनत करके कोटा सम्मेलन में सिद्धांत, वक्तव्य और कार्यक्रम पर तफ़सील से चर्चा कर इसे अंतिम रूप दिया गया।

सिद्धांत : डॉ. लोहिया ने कहा, ''भारत के लोगों की भाषा में उग्रता और व्यवहार में दक़ियानूसीपन, शब्दों में क्रांति और आचरण में प्रतिगामिता होती है। इसे निरंतर चलने में मान्यता भी प्राप्त होती है। जब तक भारतीय जनता राजनीतिक दलों से आग्रह नहीं करती कि वो अपनी मंज़िल ही नहीं बल्कि मंज़िल तक पहुंचने का रास्ता साफ़-साफ़ बताएं तब तक निष्क्रियता का ख़तरा बढ़ेगा और मंज़िल धुंधली और अस्पष्ट रहती है।

मगर उस तक पहुंचने का रास्ता न सुझाया जाए तो उसे निरर्थक बातों से ही भरा जा सकता है। इसलिए संयुक्त सोशलिस्ट पार्टी अपने सिद्धांतों के स्पष्ट निरूपण के साथ निश्चित और ठोस कार्यक्रमों पर आग्रह करती है।''

राजनीतिक दिशा : ''संयुक्त सोशलिस्ट पार्टी के सामने मुख्य कार्यक्रम समाजवाद और लोकतंत्र की सारी ताक़तों को अपने झंडे तले एकत्रित करना और क्रूर नौकरशाही, पूंजीशाही और सामंतशाही के ख़िलाफ़ आंदोलन विकसित करना है। पार्टी अपने ही मंच और अपने ही कार्यक्रम के आधार पर अपने नाम से ही अगला चुनाव लड़ेगी। विधानसभा में पार्टी के प्रतिनिधि ऐसे गुट में शामिल नहीं होंगे जिसमें शामिल होने से पार्टी का नामोनिशान मिटता है। चुनाव के लिए न्यूनतम कार्यक्रम या संयुक्त मंच नहीं बनाया जायेगा।''

चार दिन की कड़ी मेहनत के बाद सिद्धांत, वक्तव्य और कार्यक्रम के ड्राफ्ट को राष्ट्रीय कार्यकारिणी में पेश किया गया और उसके पास होने पर तीनों दिनों की खुली बहस सम्मेलन में की गई। उसके बाद उसे सम्मेलन में सर्वसम्मति से पास किया गया। राजस्थान पार्टी की स्वागत समिति ने इस सम्मेलन का शानदार आयोजन किया। हीरालाल जैन इस सम्मेलन के स्वागताध्यक्ष थे। सम्मेलन के अंतिम दिन घृत-मिश्रित मलीदा और राजस्थानी भोज सभी प्रतिनिधियों को दिया गया। बुलंदशहर ज़िले से इस सम्मेलन में मेरे अलावा महेन्द्र पाल गुप्ता एडवोकेट मय अपनी पत्नी के बतौर डेलीगेट शामिल हुए।

कोटा में राष्ट्रीय सम्मेलन के दौरान पांच अप्रैल को उत्तर प्रदेश के प्रतिनिधियों और राज्य समिति के सदस्यों की एक बैठक सालिगराम जायसवाल की अध्यक्षता में हुई और इसी बैठक में 10 और 11 मई को उत्तर प्रदेश पार्टी का राज्य सम्मेलन और 10 मई को ही सरकार की जनविरोधी नीतियों के ख़िलाफ़ विधानसभा पर प्रदर्शन करने का फ़ैसला किया गया जिसमें शामिल होने के लिए राष्ट्रीय अध्यक्ष एस.एम. जोशी और डॉ. राममनोहर लोहिया ने अपनी स्वीकृति दे दी।

संसोपा के कोटा सम्मेलन में एस.एम. जोशी को निर्विरोध रूप से दोबारा अध्यक्ष चुन लिया गया लेकिन प्रधानमंत्री और राष्ट्रीय समिति के सदस्यों के लिए चुनाव हुआ जिसमें रामसेवक यादव* प्रधानमंत्री (महासचिव) और 23 सदस्य राष्ट्रीय समिति के लिए चुने गए। मधु लिमये पार्लियामेंट्री बोर्ड के अध्यक्ष और गौड़े मुराहरि मंत्री चुने गए।

मई 1966 में संयुक्त सोशलिस्ट पार्टी का राज्य सम्मेलन

तय कार्यक्रम के मुताबिक 9-10 मई को उत्तर प्रदेश पार्टी का राज्य सम्मेलन लखनऊ में आयोजित किया गया। सम्मेलन में तय पाया गया कि प्रदेश में राज्य

---

* रामसेवक यादव (1926-1974) उत्तर प्रदेश सोशलिस्ट पार्टी के प्रमुख नेता। तीन बार लोकसभा के सदस्य। संसोपा के प्रधानमंत्री। 1974 में उत्तर प्रदेश विधानसभा के लिए निर्वाचित। एक सड़क दुर्घटना में मृत्यु। अगर जीवित रहते तो 1977 में उत्तर प्रदेश के मुख्यमंत्री होते।

कर्मचारी अपने मांगों के लिए जो आंदोलन चला रहे हैं, उसके समर्थन में 10 मई को विधानसभा पर धरना-प्रदर्शन और घेराव किया जाए। इस आंदोलन में दोनों कम्युनिस्ट पार्टियों ने भी समर्थन देने और आंदोलन में शिरकत करने का ऐलान कर दिया था। संयुक्त सोशलिस्ट पार्टी का राज्य सम्मेलन नौ मई को शुरू हुआ। महंगाई और जनता के अन्य सवालों पर सम्मेलन में बहस चल रही थी। इसी बीच, राजनारायण जी ने राज्य कर्मचारियों के समर्थन में 10 मई को विधानसभा के सामने प्रदर्शन और धरने का आह्वान किया। राज्य कर्मचारियों की मांग थी कि उन्हें भी केंद्रीय सरकार के कर्मचारियों के बराबर महंगाई भत्ता और वेतन दिया जाए। उनका नारा था, "समान कार्य के लिए समान वेतन मिले।"

ये आंदोलन शांतिपूर्वक चल रहा था मगर संयुक्त सोशलिस्ट पार्टी और दोनों कम्युनिस्ट पार्टियों के आंदोलन को समर्थन दिए जाने से उसने वृहद रूप अख़्तियार कर लिया था। राज्य सम्मेलन की कार्यवाई एक तरफ़ रह गई। दूसरे दिन 10 मई को सम्मेलन में आए हुए प्रतिनिधियों, पार्टी-कार्यकर्ताओं और अन्य दर्शकों ने राज्य कर्मचारियों के साथ मिलकर विधानसभा के सामने धरना दिया और जब पुलिस ने धरने पर बैठे कार्यकर्ताओं के साथ दुर्व्यवहार किया तो भीड़ उग्र हो गयी। विधानसभा के अंदर से भी राज्य कर्मचारी नारे लगाने लगे जिनकी संख्या हज़ारों में थी। विधानसभा के गेट नंबर एक पर जहां मुज़फ़्फ़रनगर के कम्युनिस्ट पार्टी के एम.पी. और उनके साथी गोरखपुर से समाजवादी नेता मधुकर दिघे पार्टी कार्यकर्ताओं के साथ मौजूद थे कि यकायक पुलिस ने मार-पीट शुरू कर दी। गेट नंबर चार पर राजनारायण ने राज्य सरकार के कई मंत्रियों को अंदर नहीं घुसने दिया और वे वापस चले गए। बुलंदशहर ज़िले से भाई अब्दुल समद ख़ां और मेरे साथ आये हुए सभी डेलीगेट और कार्यकर्ताओं की ड्यूटी गेट नंबर नौ पर देवरिया ज़िले से आए हुए कार्यकर्ता जो उग्रसेन एम.एल.ए. और हरिकेवल प्रसाद के नेतृत्व में आए थे, उनके साथ थी। इस गेट पर जब राज्य सरकार के गृहमंत्री ठाकुर हरगोविंद सिंह आए तो हमने उन्हें अंदर नहीं घुसने दिया। वो नाराज़ होकर लखनऊ के एस.एस.पी. सुभाष गुप्ते को फटकारने लगे कि "ये आपका क्या इंतज़ाम है कि हम विधानसभा में घुस भी नहीं सकते।" ये कहकर वो वापस लौट गए। तब सुभाष गुप्ते ने मुझ पर अपने फुल बूट की ठोकर मारी जो मेरे पित्ते पर लगी और मैं बेहोश होकर गिर पड़ा। उग्रसेन एम.एल.ए. ने मुझे रिक्शे में डलवाकर भगवती सिंह के साथ सिविल अस्पताल भिजवाया जहां दूसरे दिन मुझे होश आया। उधर सम्मेलन में डॉ. लोहिया ने प्रस्ताव करके सालिगराम जायसवाल* एम.एल.ए. इलाहाबाद को संयुक्त सोशलिस्ट पार्टी, उत्तर प्रदेश का राज्य अध्यक्ष और मुझे, कैप्टन अब्बास अली को राज्यमंत्री बनाने का प्रस्ताव रखा जिस पर आज़मगढ़ के एक डेलीगेट ने पूछा कि ये अब्बास अली कौन है? तो डॉ. साहब गुस्से में उस पर बिगड़ पड़े और कहा कि

---

* सालिगराम जायसवाल स्वतंत्रता संग्राम सेनानी। इलाहाबाद में कांग्रेस पार्टी के वरिष्ठ नेता बाद में प्रजा सोशलिस्ट पार्टी और संयुक्त सोशलिस्ट पार्टी के विधायक रहे। उत्तर प्रदेश सरकार में मंत्री भी रहे ।

"वो सिविल अस्पताल में बेहोश पड़ा है, जाकर देख लो।" बाद में डेलीगेट्स ने सर्वसम्मति से प्रस्ताव मंज़ूर कर लिया। उधर, विधानसभा के सामने पुलिस ने सैकड़ों कार्यकर्ताओं और नेताओं को गिरफ़्तार करके जेल भेज दिया और दर्जनों ज़ख़्मी कार्यकर्ताओं को अस्पताल में दाख़िल करा दिया। संयुक्त सोशलिस्ट पार्टी के क़रीब साढ़े चार सौ लोग गिरफ़्तार किए गए जिनमें राजनारायण एम.पी., रामसेवक यादव एम.पी., सरला भदौरिया एम.पी. और उग्रसेन एम.एल.ए. भी शामिल थे। संयुक्त सोशलिस्ट पार्टी के नेताओं और कार्यकर्ताओं के साथ लखनऊ में पुलिस द्वारा की गई बदसलूकी और ज़्यादतियों का मामला डॉ. लोहिया ने लोकसभा में भी उठाया और इसके खिलाफ एक बयान भी जारी किया।

उत्तर प्रदेश में गिरफ़्तारियों के बारे में डॉ. लोहिया का बयान

नई दिल्ली, मई 12, 1966 : राममनोहर लोहिया ने एक बयान में कहा कि सर्वश्री राजनारायण, रामसेवक यादव और श्रीमती भदौरिया को मौक़ा ही नहीं मिला कि वे किसी आदमी को विधानसभा या सचिवालय में जाने से रोकें। उन्हें इससे पहले ही गिरफ़्तार कर लिया।

अपराधी विधि संशोधन अधिनियम, 1932 के अन्तर्गत इनको और अन्य दो सौ लोगों को गिरफ़्तार किया गया। ब्रिटिश ज़माने का यह एक असाधारण क़ानून है जो शान्तिपूर्ण धरने को दंडित करता है और शराब के विरूद्ध गांधी जी के धरने को कुचलने के लिए उसे बनाया गया था। इसलिए यह मामला गणतंत्र की बुनियाद से संबद्ध है न के केवल क़ानून और व्यवस्था से।

मैं हर क़िस्म की छेड़छाड़ और धक्कामुक्की की, ख़ासतौर से अगर वह मेरे साथियों द्वारा की गयी है तो, निन्दा करता हूं। लेकिन इस तरह की भीड़ में पता नहीं चलता कि कौन क्या करता है, तब तो और भी पता नहीं चलता जब कांग्रेस के अंदर गुप्ता-त्रिपाठी बैर इतना ठना हुआ हैं। मैं जानता हूं कि हरियाणा के एक विधायक, रतिपाल सिंह को ख़ासी चोटें आयी हैं और नेताजी की आज़ाद हिन्द फ़ौज के एक कप्तान अब्बास अली की पसलियों में पुलिस की लात के कारण बेहोशी की सूई लगानी पड़ी। बीसियों घायल हुए।

विधानसभा सदस्य काशीनाथ मिश्र से मैंने कहा कि मुख्यमंत्री को फ़ोन करो और कहो कि वे हमारे अध्यक्ष एस.एम. जोशी से मिलें लेकिन तब तक वे गुस्सा ही हो गयी थीं। अगर उनका गुस्सा चढ़ा रहा और गिरफ़्तार लोगों को फ़ौरन नहीं छोड़ा गया, तो सोशलिस्टों और कम्युनिस्टों की संयुक्त समिति को कोई क़दम उठाना होगा। तब हालत और बिगड़ेगी। इसलिए मैं उत्तर प्रदेश सरकार और उसकी मुख्यमंत्री श्रीमती सुचेता कृपलानी से निवेदन करता हूं कि गिरफ़्तार लोगों को तुरंत छोड़ दें।

लखनऊ में सोशलिस्टों के साथ पुलिस दुर्व्यवहार का मामला डॉ. लोहिया ने लोकसभा में भी उठाया

डॉ. राममनोहर लोहिया (फ़र्रूख़ाबाद) : अध्यक्ष महोदय, मैं नियम 377 के अन्तर्गत श्री रामसेवक यादव, श्री राजनारायण और श्रीमती सरला भदौरिया संसद सदस्य की गिरफ़्तारी और उनके साथ हाथापाई के बारे में प्रश्न उठाना चाहता हूं। सबसे पहले जो मैं बात कहूंगा उसका सीधा संबंध इस लोकसभा से है, उत्तर प्रदेश की सरकार से नहीं है। वे गिरफ़्तारियां हुई हैं एक विशेष फ़ौजदारी क़ानून के मातहत, साधारण फ़ौजदारी क़ानून के मातहत नहीं जो कि अंग्रेजों ने 1932 में महात्मा गांधी के धरने के ख़िलाफ़ बनाया था जो उन्होंने शराब के ख़िलाफ़ करवाया था। क्रिमिनल ला अमेंडमेंट एक्ट 1932 और उसकी दफ़ा 7 मैं आपको पूरा तो पढ़कर नहीं सुना सकता लेकिन उसमें जो ख़ास बात है कि अगर कोई मर्द या औरत उस इलाक़े में सिर्फ चलता-फिरता रहे और उनका इरादा हो कि कोई आदमी किसी जगह घुस न पाए तब भी उसकी गिरफ़्तारी नहीं हो सकती है। इस तरीक़े का क़ानून आज़ाद हिन्दुस्तान और हमारे वर्तमान संविधान के बिल्कुल ख़िलाफ़ जाता है। ग़लतफ़हमी में या किसी ने उसके ऊपर ध्यान नहीं दिया। यह क़ानून अभी तक किताबों में पड़ा हुआ है। अभी जो मैंने बात बतायी ख़ाली उस वाक्य को सुन लीजिए। यह दफ़ा सात है :

"Whoever loiters or does any similar act at or near the place where a person caÙkies on business in such a way as would intend that any person may there by be deteÙked from entering or approaching or dealing at such a place...."

यानि कोई जरूरत नहीं, किसी से कुछ कहना नहीं है। कोई ज़रूरत नहीं है किसी को रोकने की, कहीं आसपास ही चलता-फिरता रहे लेकिन उसके दिमाग़ में यह बात हो कि किसी को कहीं जाने से रोके तो यह व्यक्ति इस दफ़ा के मातहत गिरफ़्तार किया जा सकता है। 250 के क़रीब आदमी और औरतें इस दफ़ा में गिरफ़्तार हुए हैं। मैं समझता हूं कि इस माननीय लोकसभा को इस सवाल के ऊपर गंभीरता से सोचना चाहिए और न सिर्फ़ उन लोगों को छुड़ाना है बल्कि इस दफ़ा को ख़त्म करना है और इसके साथ-साथ वहां पर ऐसी दफ़ाओं को...(व्यवधान)

श्री शिवनारायण (बस्ती) : वहां पर एक महिला सदस्या की साड़ी उतारी गयी। बड़ी ज़्यादती हुई है।

डॉ. राममनोहर लोहिया : उसके होते हुए भी रामसेवक यादव और दूसरे संसद सदस्यों के साथ पुलिस ने काफ़ी हाथापाई की। एक सदस्य श्री मुरहरि के शरीर के ऊपर पुलिस कोई 5-7 मिनट तक खड़ी रह गयी। रामसेवक यादव को धक्के दे कर

ले गये और मैं ख़ासतौर पर कहना चाहता हूं कि रामसेवक यादव और राजनारायण को ऐसे वक़्त पर ले गये जबकि बिलकुल शुरुआत थी और किसी को रोकने का कोई सवाल उठता ही नहीं था।

अध्यक्ष महोदय : माननीय सदस्य ख़त्म करें।

डॉ. राममनोहर लोहिया : मैं अभी एक मिनट में ख़त्म करता हूं। अब्बास अली जो नेताजी सुभाषचंद्र बोस की आज़ाद हिन्द फ़ौज के कप्तान थे, उनकी कमर में ऐसी चोट मारी कि उनको मारफ़िया का इंजेक्शन देना पड़ा और रतिपाल सिंह को बहुत चोट लगी। मैं यह नहीं चाहता कि मामला आगे बढ़े। मैं आपसे साफ़ कहूं... मैं नहीं चाहता कि मामला आगे बढ़े और इसीलिए मैंने चाहा था कि उत्तर प्रदेश की सरकार से कोई बातचीत होकर मामला निबट जाता। मैं यह अर्ज़ करना चाहता हूं कि अगर यह लोग छोड़े नहीं गये और उनके साथ न्याय नहीं किया गया तो जो साम्यवादियों और समाजवादियों की मिली-जुली एक्शन कमेटी है, कार्यवाही समिति है उसकी तरफ़ से मुमकिन है और कार्यवाहियां आगे बढ़ें...(व्यवधान)

डॉ. राममनोहर लोहिया : क्या आप मुझे ख़त्म नहीं करने देंगे। मैं एक वाक्य कह कर ख़त्म करता हूं। इस झुंड के कारण मैं अपना वाक्य ख़त्म नहीं कर पाया। मैं खाली कह रहा था कि दुर्भिक्ष होने पर तो मैं अलबत्ता इस सरकार से हर वक़्त लड़ाई बढ़ाने के लिए तैयार हूं, वर्ना अगले दस महीने तक मैं कोई लड़ाई नहीं बढ़ाना चाहता। इसलिए मैं इस सरकार से निवेदन करता हूं कि वह उत्तर प्रदेश में ऐसी कार्यवाही करे, जिससे लड़ाई बढ़े नहीं।

(लोकसभा में लोहिया, भाग-9, पृष्ठ संख्या 262-265 और 349 से साभार)

इस आंदोलन से उत्तर प्रदेश में व्यापक असर पड़ा। सरकार भी आंदोलन से घबरा गई। कांग्रेस के अंदर भी इस आंदोलन के बाद आपसी झगड़े और बढ़ गए और राज्य सरकार की ग़लत नीतियों से आम जनता भी ऊब गई। डॉ. लोहिया ने उत्तर भारत के सभी सूबों का व्यापक दौरा किया और ख़ासतौर पर बिहार, उत्तर प्रदेश, राजस्थान और मध्य प्रदेश में विपक्षी दलों की मीटिंग करके ये सलाह दी कि वो आने वाले 1967 के आम चुनाव में कांग्रेस को सत्ता से हटाने के लिए आपस में तालमेल करें और हर क्षेत्र से विपक्ष का एक ही उम्मीदवार चुनाव लड़े ताकि कांग्रेस के विरोधी वोट बंटने न पाएं। डॉ. साहब के इन व्यापक दौरों का असर देख कर उत्तर प्रदेश सरकार ने उन्हें गिरफ़्तार कर लिया। मगर उसका असर भी कांग्रेस के ख़िलाफ ही पड़ा।

11 मई को मुझे सिविल अस्पताल, लखनऊ में जब कुछ होश आया तो सिविल अस्पताल के डायरेक्टर खरे साहब ने बताया कि अगर एक बाल भर चोट और आ जाती

तो फिर आपका पित्ता फट जाता और आपका बचना मुमकिन नहीं होता। डॉ. खरे साहब ने मुझसे ये भी कहा कि अब आपकी ये दूसरी जिंदगी शुरू होती है। मैंने ख़ुदा का शुक्र अदा किया जिसने मुझे दूसरी ज़िंदगी अता की और दो-तीन दिन अस्पताल में रह कर मैं राज्य कार्यालय लीला निवास, पान दरीबा, लखनऊ आ गया। बुलंदशहर के हमारे सभी साथी वापस अपने घर पहुंच गए थे। भाई साहब अब्दुल समद ख़ां प्रधान ने मेरे गांव क़लंदर गढ़ी जाकर मेरे चोट लगने और बेहोश होने की बात मेरी बीवी-बच्चों को बताई। उधर 12 मई को मैंने सिविल अस्पताल, लखनऊ से अपनी ख़ैरियत का तार घर भिजवा दिया तो बीवी-बच्चों ने ख़ुदा का शुक्र अदा किया।

13 मई को अस्पताल से मैं प्रोफ़ेसर वासुदेव सिंह* के साथ, जो मुझे देखने सिविल अस्पताल आए थे, सिविल अस्पताल से पार्टी कार्यालय लखनऊ पहुंचा। रास्ते में प्रोफ़ेसर साहब ने मुझे बताया कि 10 मई को संयुक्त सोशलिस्ट पार्टी के राज्य सम्मेलन में डॉ. लोहिया ने प्रस्ताव करके संयुक्त सोशलिस्ट पार्टी उत्तर प्रदेश के अध्यक्ष पद के लिए बाबू सालिगराम जायसवाल इलाहाबाद को पार्टी का सूबाई अध्यक्ष और मुझे राज्यमंत्री बनवाया है और सूबाई कार्यकारिणी को मनोनीत करने का अधिकार भी हम दोनों को ही दे दिया गया है। प्रोफ़ेसर साहब ने मुझे तफसील से यह भी बताया कि इस वक़्त सूबाई पार्टी दो गुटों में बंटी हुई है। एक गुट के नेता राजनारायण और रामसेवक हैं और दूसरे गुट के नेता महाराज सिंह भारती, एम.एल.सी., मेरठ और रामस्वरूप वर्मा, एम.एल.ए., कानपुर हैं। राज्य कार्यालय में रमाशंकर गुप्ता, जो अब तक मधुकर दिघे, पूर्व राज्यमंत्री के संयुक्त सचिव थे और राजनारायण जी के ही आदमी थे, ने भी मुझसे विस्तारपूर्वक बात की और कहा कि महाराज सिंह भारती और रामस्वरूप वर्मा पार्टी में गुटबाज़ी करते हैं और राज्य कार्यालय को सुचारू रूप से चलाने में मदद भी नहीं करते। उन्होंने मुझे मशविरा दिया कि आप सबसे पहले राजनारायण जी से मिलें जो जेल में बंद हैं। मैं रमाशंकर गुप्त को साथ लेकर उसी शाम को लखनऊ जेल जाकर राजनारायण, रामसेवक, उग्रसेन एम.एल.ए. और मधुकर दिघे से मिला। राजनारायण जी ने मुझे संगठन के राज्यमंत्री बनने पर बधाई दी और हिदायत की कि सूबाई पार्टी कार्यकारिणी का गठन करने का अधिकार भी आपको और अध्यक्ष बाबू सालिगराम जायसवाल को दिया गया है। जायसवाल साहब पूर्व प्रजा सोशलिस्ट पार्टी के बड़े घाघ नेता और पुराने कांग्रेसी रहे हैं। इसलिए आप इनसे होशियार रहना। रामसेवक यादव, जो ऑल इंडिया सोशलिस्ट पार्टी के महासचिव थे, ने मुझे कार्यकारिणी का गठन करने के लिए चंद मुफ़ीद मशविरे दिए और कहा कि सबको साथ लेकर चलिए। उग्रसेन ने भी मुझे राज्यमंत्री बनने की बधाई दी और कहा कि देवरिया से मेरा नाम राज्य समिति में ज़रूर रखना। इसी तरह मधुकर दिघे, पूर्व राज्यमंत्री ने मुझे विस्तार से

---

* प्रोफ़ेसर वासुदेव सिंह उत्तर प्रदेश में संसोपा के प्रमुख नेता और विधायक। बाद में विधानसभा के उपाध्यक्ष और अध्यक्ष चुने गए। कांग्रेस पार्टी में शामिल हुए और उत्तर प्रदेश सरकार में मंत्री बनाए गए।

राज्य कार्यालय चलाने के लिए राजनारायण जी का सहयोग हासिल करने को कहा और यह भी कहा कि सबसे पहले जो 450 लोग यहां जेल में हैं उनकी ज़मानत करवाइये। कानपुर, बाराबंकी, उन्नाव और सुल्तानपुर ज़िले से लोगों को बुलाकर यहां गिरफ़्तार लोगों की ज़मानत होनी चाहिए। मैंने उनकी सलाह के अनुसार एक हफ़्ते के अंदर सभी गिरफ़्तार लोगों की ज़मानत करा दी।

14 मई को सुबह मैं अध्यक्ष सालिगराम जायसवाल एम.एल.ए. के फ़्लैट पर दारूलशफा, लखनऊ गया और मैंने राज्य समिति के गठन के सिलसिले में सदस्यों के नामों के लिए मशविरा किया तो उन्होंने मुझसे कहा कि राज्य समिति के सदस्यों से आपका ही वास्ता ज़्यादा पड़ेगा। जिन लोगों से आपको सहयोग मिलने की उम्मीद है, उन्हें राज्य समिति में रख लो। मैं भी उनके लिए अपनी सहमति दे दूंगा। इसके बाद मैं दारूलशफ़ा में ही महाराज सिंह भारती और रामस्वरूप वर्मा से मिला जिन्होंने मुझे दस नामों की सूची दी कि इन लोगों को राज्य समिति में रखना चाहिए। मैंने उनसे कहा कि 21 सदस्यों में अगर दस सदस्य आपके गुट के होंगे तो फिर बाक़ी लोगों को कैसे 'एडजस्ट' किया जाएगा? इस पर उन्होंने कहा कि हमने एक से दस तक नाम लिख दिए हैं, इनमें से जितने नाम आप रख सकें, सीरियल से रख लीजिएगा। शाम को मैं गोपाल नारायण सक्सेना (पालन जी)*, जो पार्टी के विधान परिषद के सदस्य थे, उनके घर जाकर मिला और उनके मशविरे से अध्यक्ष और मंत्री को छोड़कर 19 नामों की एक फ़ेहरिस्त बनाई जिसमें पांच लोग ऐसे थे जिनका किसी गुट से ताल्लुक़ नहीं था और सात लोग राजनारायण के गुट के और सात लोग महाराज सिंह भारती** गुट के सूची से रखे और इस तरह 21 सदस्यों की सूची टाइप करा के दूसरे दिन 15 तारीख़ को मैं जेल में राजनारायण जी से मिलने गया और मैंने वह सूची राजनारायण जी को दी जिसे देख कर वह मुझसे नाराज़ हो गए और सूची मेरे ऊपर फेंक दी और कहा कि "आपने सब मेरे मुख़ालिफ़ लोग रख लिए हैं। इसलिए मैं अब आपके दफ़्तर की कोई मदद नहीं करूंगा।" इसके बाद मैं रामसेवक यादव के पास गया तो उन्होंने एक नाम डॉ. नोमानी का एडजस्ट करने को कहा। मैंने रामसेवक जी को बतलाया कि राजनारायण इस सूची को देखकर नाराज हो गए हैं तो उन्होंने मुझसे कहा कि "उनके एक-दो नाम बढ़ाकर सूची में तब्दीली कर देना।" दूसरे दिन 16 मई को नई सूची टाइप कराके मैंने रमाशंकर गुप्ता से कहा कि कल दोपहर बाद राज्य कार्यालय में प्रेस कांफ्रेंस बुला लो। मैंने बाबू सालिगराम जायसवाल, अध्यक्ष से भी निवेदन किया कि वे कल दोपहर बाद प्रेस कांफ्रेंस को संबोधित करके राज्य समिति की घोषणा कर दें। रमाशंकर गुप्ता ने मुझसे सवाल किया कि क्या आपने सदस्यों की ये सूची राजनारायण को भी दिखा ली है? मैंने

---

* गोपाल नारायण सक्सेना (1897-1976) उत्तर प्रदेश में प्रजा सोशलिस्ट पार्टी और संयुक्त सोशलिस्ट पार्टी के वरिष्ठ नेता। विधान परिषद के सदस्य भी रहे हैं।

** महाराज सिंह भारती उत्तर प्रदेश में संयुक्त सोशलिस्ट पार्टी के प्रमुख नेता। पहले विधान परिषद के लिए और 1967 में मेरठ से लोकसभा के लिए निर्वाचित।

कहा कि राजनारायण मुझसे नाराज़ हो गए हैं और मैं उनके पास दोबारा नहीं जाऊंगा। अगर तुम चाहो तो ये सूची उनको दिखा सकते हो। इस पर रमाशंकर गुप्ता ने सूची में दो-तीन नाम राजनारायण के सुझाए हुए जोड़कर सूची दोबारा टाइप करा ली।

17 मई दोपहर तीन बजे राज्य कार्यालय, लीला निवास, पान दरीबा, लखनऊ में सालिगराम जायसवाल एम.एल.ए., अध्यक्ष, संयुक्त सोशलिस्ट पार्टी, उत्तर प्रदेश और मैंने 21 नामों की राज्य समिति की घोषणा प्रेस प्रतिनिधियों के समक्ष कर दी। पत्रकारों ने सवाल किया कि क्या इस सूची में राजनारायण गुट और रामस्वरूप वर्मा गुट की सहमति है तो जायसवाल जी ने बताया कि हमारी पार्टी में कोई गुटबाज़ी नहीं है। राज्य सम्मेलन में 10 मई को मुझे और कैप्टन अब्बास अली को जो अधिकार सौंपा गया था, उसी के अनुसार हमने ये कार्यकारिणी घोषित की है और हम लोग एक संयुक्त टीम लेकर पार्टी को आगे बढ़ाएंगे। अध्यक्ष जी ने यह भी ऐलान कर दिया कि 20 जून 1966 को यहीं इसी कार्यालय में संयुक्त सोशलिस्ट पार्टी उत्तर प्रदेश कार्यकारिणी की पहली बैठक सुबह 10 बजे से शुरू होगी। मेरे साथ तीन संयुक्त सचिव भी बनाए गए। यह थे मदन पांडे, भगवती सिंह और रमाशंकर गुप्ता।

18 मई को जेल से ज़मानत पर रिहा होकर मधुकर दिघे, पूर्व सेक्रेट्री, संयुक्त सोशलिस्ट पार्टी, उत्तर प्रदेश ने मुझे पार्टी राज्यमंत्री का विधिवत चार्ज सौंप दिया। मगर मुझे बहुत ताज्जुब हुआ जब उन्होंने मुझे कोई कैश बैलेंस नहीं दिया। बल्कि पांच माह का कार्यालय का किराया अभी तक बाक़ी था और टेलीफ़ोन बिल भी अदा करना था। अब मैंने गोपाल नारायण सक्सेना (पालन जी) को सारी स्थिति बताई। उन्होंने मुझे तसल्ली दिलाई कि घबराओ मत, पैसे की व्यवस्था हो जाएगी। दूसरे दिन उन्होंने डॉ. अब्दुल जलील फ़रीदी साहब से 500 रुपये चंदे में लाकर दिए। मैंने 500 रुपये की रसीद डॉ. साहब के नाम काट दी और उन्हें पहुंचा दी। इसी तरह पालन जी ने मुझे दो-तीन दिन में और दीगर लोगों से चंदा लेकर 2000 रुपये इकट्ठा करके दे दिए। इस तरह काम की शुरुआत हो गई।

संयुक्त सोशलिस्ट पार्टी का नियम था कि पार्लियामेंट का हर सदस्य 500 रुपये माहवार और विधानसभा और विधानपरिद का सदस्य 100 रुपये माहवार राज्य पार्टी को देगा। मगर यह माहवारी आमदनी डॉ. राममनोहर लोहिया एम.पी. के अलावा सभी मेंबरान पर बाक़ी थी। मैंने लेजिस्लेचर पार्टी (विधानमंडल दल) के अध्यक्ष उग्रसेन से लेजिस्लेचर पार्टी की मीटिंग बुलाने का अनुरोध किया। मीटिंग में मैंने लेजिस्लेचर पार्टी के मेंबरान के ज़िम्मे जो रक़म बाक़ी थी, उसकी अदायगी की तरफ़ उनकी तवज्जो दिलायी। हमारे संयुक्त सोशलिस्ट पार्टी के विधानसभा में 21 और विधानपरिषद में तीन मेंबरान थे। इलाहाबाद के छुन्नन गुरु और बाबू सालिगराम जायसवाल एम.एल.ए. ने मुझे 1000 रुपये दिए। इस तरह मई माह के ख़त्म होने तक मेरे पास 5000 रुपये जमा हो गये।

छह जून को संयुक्त सोशलिस्ट पार्टी के राज्य कार्यालय में विपक्षी दलों की संघर्ष समिति की एक बैठक बुलाई गई। इस बैठक में 21 जून को 'उत्तर प्रदेश बंद तैयारी दिवस'

और 20 जुलाई को 'उत्तर प्रदेश बंद' कराने का कार्यक्रम तय किया गया। डॉ. राममनोहर लोहिया ने इस बैठक में खासतौर पर शिरकत की। इस बैठक के बाद अगले दिन एक संयुक्त परिपत्र जिला शाखाओं और कार्यकर्ताओं के नाम जारी किया गया।

संयुक्त संघर्ष समिति, उत्तर प्रदेश का परिपत्र

लीला निवास
पान दरीबा, लखनऊ
7-6-1966

संयुक्त सोशलिस्ट पार्टी, कम्युनिस्ट पार्टी, कम्युनिस्ट पार्टी (मार्क्सवादी), आर.एस.पी. रिपब्लिकन पार्टी की जिला शाखाओं व कार्यकर्ताओं के नाम :

विषय : 21 जून, 1966 को 'उत्तर प्रदेश बंद की तैयारी-दिवस' तथा 12 जुलाई को 'उत्तर प्रदेश बंद' का कार्यक्रम।

प्रिय साथी,
आपको अपने-अपने राज्य कार्यालयों ने 'उत्तर प्रदेश बंद' के 12 जुलाई के कार्यक्रम व तिथि की जानकारी अवश्य ही करा दी होगी। यहां लखनऊ में कल दिनांक 6 जून, 66 को संयुक्त सोशलिस्ट पार्टी, कम्युनिस्ट पार्टी (मार्क्सवादी) तथा आर.एस.पी के प्रतिनिधियों की एक बैठक सालिगराम जायसवाल की अध्यक्षता में हुई। बैठक में सर्वश्री सालिगराम जायसवाल, अब्बास अली, राजनारायण एम.पी., मधुकर दिघे (संसोपा) तथा रमेश सिन्हा, कालीशंकर शुक्ल (कम्युनिस्ट पार्टी), शंकर दयाल तिवारी (कम्युनिस्ट पार्टी मार्क्सवादी) रामेश्वर दत्त मानव, रईस फ़ातिमी (आर.एस.पी) आदि उपस्थित थे।

समाजवादी नेता डॉ. राममनोहर लोहिया ने भी विशेष रूप से बैठक की कार्यवाही में हिस्सा लिया।

बैठक की कार्यवाही व निर्णय आपकी जानकारी व कार्यवाही हेतु भेजे जा रहे हैं। आशा है आप अति शीघ्र अपने जिले में भी विरोधी दलों के उन सभी साथियों को जो 'उत्तर प्रदेश बंद' के कार्यक्रम में सम्मिलित होना चाहते हैं तथा इस कार्यक्रम में जिनकी सक्रिय सहानुभूति हो, बैठक बुला कर एक संयुक्त संघर्ष समिति का निर्माण करेंगे तथा निम्नलिखित निर्णयों को कार्यान्वित करने के लिए तन, मन, धन से जुट जाएंगे :

निर्णय

1. काफ़ी विचार विमर्श के बाद यह निर्णय हुआ कि प्रस्तावित 21 जून, उत्तर प्रदेश बंद की तिथि को बदल कर 12 जुलाई, 1966 कर दिया जाए। इस संबंध में जो प्रस्ताव स्वीकृत हुआ है, वह निम्न प्रकार है :

11 मई के धरना ने सरकार को कम से कम इतनी सद्बुद्धि पैदा करने में कामयाबी हासिल की कि सरकार ने गन्ना विकास कामदारों, राज्य कर्मचारियों, सहकारी सुपरवाइज़रों की मांगों के प्रति सहानुभूति प्रकट कर उनको पूरा करने का आश्वासन दिया और उपर्युक्त संगठनों ने अपने-अपने संघर्षों को स्थगित कर दिया है।

इस रोशनी में संयुक्त बैठक 21 जून को उत्तर प्रदेश बंद कराने के निर्णय को आगामी 12 जुलाई के लिए इसलिए टालती है कि तब तक सरकार उपर्युक्त कर्मचारियों की मांगों की पूर्ति करे और किसानों पर बढ़ा हुआ सवाया लगान, भूमि भवन-कर की समाप्ति तथा 10 मई को दिये गये स्मृति-पत्र की मांगों की पूर्ति करे।

यदि सरकार 21 जून तक ऐसा नहीं करती तो हम आगामी 12 जुलाई को उत्तर प्रदेश बंद करने के निश्चय पर अडिग और अटल रहेंगे और राज्य के सभी तत्त्वों, सरकारी ग़ैर सरकारी, अर्ध सरकारी संस्थानों के कर्मचारियों, मिल मज़दूरों, दुकानदारों और सभी विरोधी दलों से आग्रह करेंगे कि सब मिल कर 12 जुलाई को राज्य के सारे काम काम बंद रखें।

2. उत्तर प्रदेश बंद को कार्यान्वित कराने व उसके संचालन हेतु निम्नलिखित साथियों की एक समिति बनायी गयी जिसका नाम 'उत्तर प्रदेश संघर्ष समिति' रहेगा। समिति में सर्वश्री शिव कुमार मिश्र, शंकर दयाल तिवारी (कम्युनिस्ट मार्क्सवादी), रमेश सिन्हा, झारखंडेराय एम.एल.ए. (कम्युनिस्ट) राम सागर सिंह, रामेश्वर दत्त मानव (आर.एस.पी), अब्बास अली, राजनारायण (संसोपा) सदस्य व श्री राजनारायण एम.पी. संयोजक चुने गये। रिपब्लिकन पार्टी तथा अन्य पार्टियों के दो-दो प्रतिनिधि इसमें सम्मिलित कर लिये जाएंगे।

3. संयुक्त संघर्ष समिति देश में होने वाले आगामी चुनाव में चुनाव संघर्ष की तैयारी करने व कांग्रेस को सत्ता से हटाने के लिए विरोधी वोटों का बंटवारा रोकने व कांग्रेस के विरुद्ध विरोधी दलों का एक ही उम्मीदवार खड़ा करने की

तालमेल की नीति को भी कार्यान्वित कराने के कार्य को करेगी। चुनाव संबंधी मसलों पर विचार करते समय हर पार्टी के अध्यक्ष या मंत्री समिति की बैठक में सदस्य के रूप में उपस्थित रहेंगे।

4. उत्तर प्रदेश संयुक्त संघर्ष समिति की बैठक 7-6-66 को हुई। बैठक में निम्नलिखित निर्णय लिये गयेः-

(अ) 21 जून को 'संपूर्ण उत्तर प्रदेश बंद तैयारी दिवस' मनाया जाए। उस दिन विभिन्न स्तरों पर सरकारी अधिकारियों को 12 जुलाई 1966 को होने वाली बंदी की नोटिस दी जाए। जुलूस तथा प्रदर्शन आयोजित करें। सभी मज़दूर संगठनों से यह निवेदन किया जाए कि वे 21 जून को अपने-अपने औद्योगिक संस्थानों को 12 जुलाई के हड़ताल (कामबंदी) की नोटिस दें। नोटिस के साथ संलग्न मांगों के अलावा जिला समितियां महत्वपूर्ण व सामयिक स्थानीय मांगों को भी जोड़ सकती हैं।

(ब) 12 जुलाई को सभी काम ठप कराया जाए, यातायात भी बंद हो, औद्योगिक संस्थान, कारख़ाने, दुकानें भी बंद करायी जाएं। ग्रामों में भी बाज़ार हाट न लगे। हल चलाना लोग बंद करें और आटे चक्कियां, धान कूटने की मशीनें भी बंद रखें।

(स) उत्तर प्रदेश समिति की तरफ़ से 12 जुलाई की बंदी के संबंध में पोस्टर व पर्चे छाप कर भेजने की व्यवस्था की जा रही है। उसी नमूने के पोस्टर वितरित किये जाएं।

(द) एक बैज '12 जुलाई उत्तर प्रदेश बंद' बना कर भेजा जा रहा है। 21 जून को सभी लोग उसे अपने सीने पर धारण करें और हज़ारों की तादाद में उक्त बैज को जनता में बेचा जाए।

संयुक्त संघर्ष समिति ज़िले में बंदी के कार्यक्रम को सफल बनाने के लिए जो भी आवश्यक तथा उचित कार्य हो करे।

क्रांतिकारी अभिवादन के साथ
हम हैं आपके साथी-

शिव कुमार मिश्र   रमेश सिन्हा   रामसागर सिंह   अब्बास अली

शंकरदयाल तिवारी   झारखंडेराय   रामेश्वर दत्त मानव   सालिगराम जायसवाल

राजनारायण (संयोजक)

अब्बास अली	झारखंडे राय,	शिवकुमार मिश्र	केशव प्र. शर्मा
मंत्री	मंत्री	मंत्री	मंत्री

संयुक्त सोशलिस्ट पार्टी, कम्युनिस्ट पार्टी, कम्युनिस्ट पार्टी (मार्क्स), आर.एस.पी.।

मांगें

1. किसानों के लगान पर बढ़ाये गये 25 प्रतिशत सरचार्ज को समाप्त कर अलाभकारी जोतों से लगान हटाया जाए। 2. प्रदेश में सिंचाई के साधनों को बढ़ाया जाए और सिंचित भूमि की मात्रा को वर्तमान 18 प्रतिशत से बढ़ाकर 50 प्रतिशत किया जाए तथा सिंचाई की दरों को पूर्ववत करके 33 प्रतिशत घटाया जाए और खाद के बढ़े हुए भाव को पूर्ववत किया जाए। 3. मज़दूरों और कर्मचारियों की वेतन, बोनस और महंगाई भत्ते की, तथा महंगाई भत्ते को मूल्यों के सही सूचकांकों से जोड़ने की मांग को माना जाए। सार्वजनिक व राजकीय क्षेत्र के औद्योगिक प्रतिष्ठानों के मजदूरों को बोनस दिया जाए, छँटनी व बैठकी को बंद कराने हेतु क़दम उठाया जाए, महिलाओं को मेटरनिटी लीव (प्रसूति अवकाश) पूर्ववत दिया जाए और आवश्यकता पर आधारित तथा अच्छा वेतन दिया जाए। 4. भूमि-भवन कर समाप्त किया जाए। 5. अपातकालीन स्थिति को समाप्त किया जाए। 6. पुलिस जुल्म व भ्रष्टाचार को रोकने और पुलिस मंत्री हरगोविन्द सिंह को बर्ख़ास्त किया जाए। 7. राज्य के उजड़ते गृह उद्योगों को बचाने हेतु कारीगरों को संरक्षण दिया जाए। 8. पूर्वी उत्तर प्रदेश में पटेल कमीशन की सिफ़ारिशों को लागू किया जाए। 9. महंगाई को रोकने हेतु चोरबाज़ारियों को सख़्त सज़ा दी जाए व खाद्यान्नों के थोक व्यापार का राष्ट्रीयकरण किया जाए। 10. निजी बैंकों, तेल कम्पनियों और आयात-निर्यात व्यापार का राष्ट्रीयकरण किया जाए। 11. अकाल पीड़ित क्षेत्र से लगान तथा सरकारी देय की वसूली बंद हो। 12. टेस्ट वर्क खोले जाएं। सस्ते ग़ल्ले की दुकान हर ग्राम पंचायत में कम से कम दो तथा असहायों को मुफ़्त भोजन की व्यवस्था हो। 13. परीक्षा में सभी विषयों में पास किन्तु अंग्रेजी में फ़ेल होने वाले छात्रों को पास माना जाए, उनकी यूनियनों को मान्यता दी जाए तथा फ़ीस की वर्तमान दरों को घटाकर सस्ती शिक्षा की व्यवस्था हो। 14. सस्ते व शीघ्र न्याय की व्यवस्था की जाए।
(साभार : लोकसभा में लोहिया, भाग 10, पृष्ठ 276-279)

20 जून को राज्य कार्यालय में सालिगराम जायसवाल एम.एल.ए. की अध्यक्षता में राज्य समिति की बैठक शुरू हुई जिसमें राज्य कर्मचारियों की लंबी हड़ताल, सूबे में फैली कमरतोड़ महंगाई, बेरोज़गारी और राज्य कर्मचारियों के साथ राज्य सरकार द्वारा उत्पीड़न पर पांच घंटे बहस हुई। इस बैठक में रामनारायण त्रिपाठी (फ़ैजाबाद), रामसेवक यादव

एम.पी. (बाराबंकी), प्रो. वासुदेव सिंह (प्रतापगढ़), महाराज सिंह भारती एम.एल.सी. (मेरठ), रामस्वरूप वर्मा एम.एल.ए. और रीवाशंकर त्रिवेदी (कानपुर), उग्रसेन एम.एल.ए, चंद्रबली सिंह (देवरिया), कुमारी सरस्वती अम्माल (बस्ती), लक्खी सिंह (मथुरा), कमांडर अर्जुन सिंह भदौरिया (इटावा), जनेश्वर मिश्र (इलाहाबाद), राजनारायण (बनारस) और मैं, मौजूद रहे। राज्य समिति ने उक्त सभी लोगों की एक संघर्ष समिति बनाई और राजनारायण को इसका संयोजक तय किया। तय पाया गया कि 12 जुलाई को उत्तर प्रदेश बंद किया जाएगा और विधानसभा का घेराव भी किया जाएगा। इस समिति ने उत्तर प्रदेश में घूम-घूम कर सघन प्रचार किया और सभाएं की गईं। इस संघर्ष में मार्क्सवादी कम्युनिस्ट पार्टी और कम्युनिस्ट पार्टी ऑफ़ इंडिया ने पूरा सहयोग दिया।

28-29 जून को दिल्ली में संसोपा के केंद्रीय संसदीय बोर्ड और राष्ट्रीय समिति की बैठक हुई। इस बैठक में आगामी लोकसभा चुनावों में देशभर में पार्टी ने 125 सीटों पर और 16 राज्य विधानसभाओं की 925 सीटों पर चुनाव लड़ने का फ़ैसला किया। इसमें उत्तर प्रदेश से सबसे ज़्यादा लोकसभा की 35 और विधानसभा की कम से कम 250 सीटों पर चुनाव लड़ने का इरादा किया गया। यह भी तय पाया गया कि संसोपा कांग्रेस को हराने के लिए अन्य विपक्षी दलों के साथ तालमेल करेगी। इस बैठक में भाग लेने के लिए विशेष रूप से मुझे दिल्ली बुलाया गया।

उधर, 12 जुलाई का बंद सफल बनाने के लिए डॉ. लोहिया ने सूबे भर का दौरा शुरू कर दिया और उन्हें 12 जुलाई से एक दिन पहले 11 जुलाई को ही आगरा में गिरफ़्तार कर लिया गया।

डॉ. लोहिया की गिरफ़्तारी से कार्यकर्ताओं में और भी गुस्सा और जोश आ गया। विधानसभा का अभूतपूर्व घेराव किया गया और चंद्रभानु गुप्ता, पूर्व मुख्यमंत्री और श्रीमती सुचेता कृपलानी, मुख्यमंत्री को विधानसभा के अंदर नहीं घुसने दिया गया। 12 जुलाई से पूर्व ही मुझे और रमाशंकर गुप्ता को पार्टी कार्यालय से गिरफ़्तार कर लिया गया। इसी तरह कॉमरेड शंकर दयाल तिवारी, राज्य सचिव मार्क्सवादी कम्युनिस्ट पार्टी को उनके घर हुसैनाबाद से पुलिस गिरफ़्तार करके ले गई। कॉमरेड रमेश सिन्हा, जो कम्युनिस्ट पार्टी ऑफ़ इंडिया के राज्य सचिव थे, उन्हें भी लखनऊ पुलिस ने लाठी चार्ज करके सैकड़ों कार्यकर्ताओं के साथ गिरफ़्तार कर लिया। बांदा ज़िले के पुलिस कप्तान ने बंद कराने वाले लोगों पर गोली चलवा दी जिसमें तीन कार्यकर्ता शहीद हो गए और दसियों ज़ख़्मी हो गए। इस तरह '12 जुलाई उत्तर प्रदेश बंद' के सिलसिले में सूबे भर में राज्य सरकार की ग़लत नीतियों और निहत्थे लोगों पर लाठी-गोली प्रहार से माहौल गरम हो गया और आम लोग महसूस करने लगे कि सरकार बौखला गई है। इस आंदोलन में राज्य सरकार ने सूबे के मुख़्तलिफ़ ज़िलों से 5000 से अधिक लोगों को गिरफ़्तार किया।

डॉ. राममनोहर लोहिया के साथ आगरे में बृजराज सिंह पूर्व एम.पी., राम सिंह चौहान एम.एल.ए., हुकुम सिंह परिहार एम.एल.ए., शिवचरण लाल एम.एल.ए., मुल्तान

सिंह, बालोजी अग्रवाल और प्रसोपा के डॉ. जगदीश खन्ना गिरफ़्तार हुए। मुल्कीराज सैनी, रामशरण दास सहारनपुर में, विजयपाल सिंह एम.पी., कम्युनिस्ट पार्टी, मुज़फ़्फ़र नगर में, महाराज सिंह भारती एम.एल.सी., सरजूप्रसाद त्यागी, मंज़ूर अहमद, समाजवादी मेरठ में, प्यारेलाल शर्मा ग़ाज़ियाबाद में, सत्येन्द्र त्यागी और गिरिराज सिंह, अध्यक्ष, संयुक्त सोशलिस्ट पार्टी बुलंदशहर में, अनीसुरहमान शेरवानी और गोपाल सक्सेना अलीगढ़ में, लक्खी सिंह और राधेश्याम मथुरा में, बशीर महमूद ज़ुबेरी, अध्यक्ष, संसोपा एटा में, कमांडर अर्जुन सिंह भदौरिया, पूर्व एम.पी. और श्रीमती सरला भदौरिया एम.पी., गजेन्द्र सिंह और रामाधार शास्त्री इटावे में, जगदीश अवस्थी एम.पी., मोतीलाल एम.एल.ए., बाबू बदरे कानपुर में, रामसागर मिश्रा एम.एल.सी. लखनऊ में, रामनारायण त्रिपाठी एम.एल.ए फ़ैज़ाबाद में, रामसेवक यादव एम.पी. बाराबंकी में, मधुकर दिघे और अश्विनी शुक्ला गोरखपुर में, कुमारी सरस्वती और अलमेलू अम्माल बस्ती में, बाबू विश्राम राय और झारखंडे राय कम्युनिस्ट आज़मगढ़ में, उग्रसेन और चंद्रबली सिंह देवरिया में, शंभुनाथ चौधरी एडवोकेट और रामेश्वर सिंह बलिया में, दलश्रृंगार दूबे ग़ाज़ीपुर में, राजनारायण और प्रभुनारायण सिंह एम.एल.सी. बनारस में, डॉ. अंसारी शाहगंज जौनपुर में, त्रिभुवन नाथ साडा सुल्तानपुर में, नंदकिशोर नाई रायबरेली में, सालिगराम जायसवाल एम.एल.ए. और छुन्नन गुरु एम.एल.ए. इलाहाबाद में अपने सैकड़ों कार्यकर्ताओं के साथ गिरफ़्तार हुए।

12 जुलाई, '66 को 'उत्तर प्रदेश बंद' के सिलसिले में बांदा पुलिस ने जो गोली चलाई और जिसमें पार्टी के तीन कार्यकर्ता शहीद हुए और दसियों जख़्मी हुए, उसकी जांच के संबंध में राष्ट्रीय अध्यक्ष एस.एम. जोशी 15 जुलाई को लखनऊ तशरीफ़ लाए। 16 जुलाई को मैं उनके साथ बांदा गया जहां प्रजा सोशलिस्ट पार्टी के नेता जमुना प्रसाद बोस 12 जुलाई को पुलिस दमन के ख़िलाफ़ भूख हड़ताल पर बैठे हुए थे। जोशी जी ने उन्हें जूस पिलाकर उनकी भूख हड़ताल ख़त्म कराई और घोषणा की कि पुलिस की इस दमनकारी नीति के ख़िलाफ़ उत्तर प्रदेश सरकार का विरोध जारी रहेगा। 20 जुलाई 1966 को राज्य कार्यालय ने पुलिस की इस दमनकारी नीति के ख़िलाफ़ निंदा का प्रस्ताव राज्य समिति में पास किया। इस मीटिंग में कमांडर अर्जुन सिंह भदौरिया ने ऐलान किया कि "आइंदा 1967 के आम चुनाव में मैं लोकसभा की इटावा और कन्नौज क्षेत्र में ही अपने और डॉ. लोहिया के चुनाव की देखभाल करूंगा।"

30 जुलाई 1966 को इटावा और कन्नौज क्षेत्र में मेरा और कमांडर अर्जुन सिंह भदौरिया का डॉक्टर लोहिया के साथ दौरा

डॉ. लोहिया के साथ मैं सुबह दो बजे की ट्रेन से शिकोहाबाद पहुंचा। स्टेशन से उतरकर नहर के डाक बंगले पर हमने विश्राम किया और फिर 30 जुलाई को ही वहां से नहा-धोकर इटावा के लिए चल दिए जहां पर कमांडर अर्जुन सिंह भदौरिया ने डॉ. साहब का शानदार स्वागत किया। दिन के दो बजे वकील संघ ने डॉ. साहब

को अपने कार्यालय में आमंत्रित किया जहां पं. जगतनारायण तिवारी के नेतृत्व में स्वागत किया गया। डॉ. साहब ने वकीलों को संबोधित करते हुए एक नारा दिया– ''कांग्रेस हटाओ, देश बचाओ'' और बतलाया कि कांग्रेस की नीतियां जनविरोधी हैं और आज कांग्रेस संगठन की कोई पकड़ भ्रष्टाचार रोकने पर नहीं है। इसलिए सभी राजनीतिक दलों का कर्तव्य है कि आने वाले 1967 के आम चुनाव में कांग्रेस विरोधी मतों का विभाजन न हो और चुनाव में कांग्रेस हारे। वकील संघ के कई वकीलों ने डॉ. साहब के भाषण के बाद इस मुद्दे पर उनसे कई सवाल किए जिस पर डॉ. साहब ने एक घंटे तक तर्कपूर्ण जवाब दिए। रात को इटावा के नगरपालिका मैदान में आम सभा को संबोधित करते हुए भी डॉ. लोहिया ने ''कांग्रेस हटाओ, देश बचाओ'' के नारे से ही अपना भाषण शुरू किया और कहा कि ''कांगेस के पापों का घड़ा भर चुका है। अगर जनता थोड़ी भी जागृत हो जाए, तो इस अन्यायी शासन का अंत हो सकता है।'' इटावा के बाद वो अपने चुनाव क्षेत्र विधूना विधानसभा क्षेत्र में होते हुए दूसरे दिन छिबरामऊ के डाक बंगले पर पहुंचे जहां रामसेवक यादव एम.पी., महामंत्री, ऑल इंडिया संयुक्त सोशलिस्ट पार्टी ने एक कार्यकर्ता बैठक बुला रखी थी। नए परिसीमन के आधार पर फ़रूख़ाबाद ज़िले में कन्नौज लोकसभा क्षेत्र को फ़रूख़ाबाद से अलग कर दिया गया था जिसमें फ़रूख़ाबाद ज़िले की तीन विधानसभा सीटें यानि कन्नौज(रिज़र्व), छिबरामऊ और उमरदा विधानसभा सीटें थीं और दो विधानसभा सीटें इटावा ज़िले की भरतना और विधूना शामिल थीं। डॉ. साहब ने ऐलान किया कि मैं तभी कन्नौज से लोकसभा चुनाव लडूंगा जब मेरे साथ विधानसभा की पांचों सीटों पर पार्टी नीति के अनुसार ''पिछड़े पावें सौ में साठ'' के आधार पर विधानसभा के टिकट दिए जायेंगे। सभी कार्यकर्ताओं को संबोधित करते हुए उन्होंने अभी से चुनाव में सक्रिय होने का आदेश दिया।

छिबरामऊ से डॉ. लोहिया दिल्ली रवाना हो गए और मैं कमांडर साहब के साथ इटावा होते हुए लखनऊ आ गया। चार अगस्त को मैं बनारस गया और साथी भृगनाथ के साथ, जो आराज़ी लाइन विधानसभा क्षेत्र से उम्मीदवार बनाए गए थे, उनके समर्थन में चुनाव सभा की। शाम को चंदौली विधानसभा क्षेत्र गया जहां से गयाप्रसाद विधानसभा के लिए और निहाल सिंह लोकसभा के उम्मीदवार थे, उनके समर्थन में सभाएं की और अगले दिन लखनऊ वापस लौट आया।

लखनऊ आने के बाद राज्य अध्यक्ष बाबू सालिगराम जायसवाल से मशविरा करके 31 अगस्त को राज्य समिति की बैठक बुलाई गई और डॉ. लोहिया के मशविरे के अनुसार राज्य समिति की इस बैठक में प्रस्ताव रखा गया कि संयुक्त सोशलिस्ट पार्टी उत्तर प्रदेश के सभी विपक्षी दलों को आमंत्रित करती है कि वो आने वाले 1967 के आम चुनाव में आपस में तालमेल करके कांग्रेस के मुक़ाबिले में एक उम्मीदवार खड़ा करें ताकि कांग्रेस विरोधी वोट आपस में न बंटें और

कांग्रेस को हराया जा सके। 31 अगस्त 1966 की बैठक में राज्य समिति में ये प्रस्ताव सर्वसम्मति से पारित हो गया।

इसके बाद मैंने उत्तर प्रदेश में कांग्रेस विरोधी विपक्षी दलों, भारतीय जनसंघ, मार्क्सवादी कम्युनिस्ट पार्टी, भारतीय कम्युनिस्ट पार्टी, रिपब्लिकन पार्टी और प्रजा सोशलिस्ट पार्टी को पत्र लिखकर उनसे अनुरोध किया कि "वे 30 सितंबर 1966 तक सूचित करें कि क्या वे आने वाले 1967 के आम चुनाव में विधानसभा और लोकसभा की सीटों के बंटवारे के लिए आपस में तालमेल करके कांग्रेस के मुक़ाबले में सीधी टक्कर देने के लिए तैयार हैं? यदि हां, तो फिर आठ अक्टूबर 1966 को तालमेल के लिए ए ब्लाक, दारूलशफ़ा, लखनऊ के कॉमन रूम में आ जाएं ताकि उसके बाद ये तालमेल लगातार जारी रहे।"

30 सितंबर तक केवल मार्क्सवादी कम्युनिस्ट पार्टी और भारतीय कम्युनिस्ट पार्टी ने अपनी सहमति का पत्र लिखकर हमें सूचित किया कि वे तालमेल के लिए आठ अक्टूबर सन् 66 को दारूलशफ़ा पहुंचेंगे। भारतीय जनसंघ ने हमारे प्रस्ताव का विरोध कर हमें सूचित किया और उत्तर प्रदेश की रिपब्लिकन पार्टी और प्रजा सोशलिस्ट पार्टी ने हमारे प्रस्ताव का कोई जवाब नहीं दिया। इसके बाद मार्क्सवादी कम्युनिस्ट पार्टी के राज्य सचिव शंकरदयाल तिवारी और भारतीय कम्युनिस्ट पार्टी के सचिव रमेश सिन्हा हमसे आकर मिले और उन्होंने हमारे तालमेल के प्रस्ताव की बड़ी तारीफ़ की और आठ अक्टूबर से बराबर इस तालमेल में शिरकत करने के लिए ए ब्लाक, दारूलशफ़ा, लखनऊ में आने के लिए सहमति दी।

आठ अक्टूबर 1966 को लखनऊ, दारूलशफ़ा में तालमेल समिति की पहली बैठक

तालमेल समिति की पहली बैठक लखनऊ में विधायक निवास दारूलशफ़ा के 'ए' ब्लॉक के कॉमनरूम में आठ अक्टूबर, शनिवार को शुरू हुई। इस बैठक में संयुक्त सोशलिस्ट पार्टी की ओर से राजनारायण और प्रभुनारायण सिंह, सचिव, पार्लियामेंट्री बोर्ड और मैं, मार्क्सवादी कम्युनिस्ट पार्टी की तरफ़ से राज्य सचिव शंकर दयाल तिवारी और एक अन्य संगठन मंत्री और कम्युनिस्ट पार्टी ऑफ़ इंडिया की ओर से उनके राज्य सचिव रमेश सिन्हा और उनके संगठन मंत्री शरीक हुए। बैठक में तय पाया कि पहले विधानसभा की नंबर एक सीट से लेकर नं. 425 सीट तक हर सीट पर यदि किसी एक पार्टी का कोई उम्मीदवार है तो इस सीट को एक अलग सूची में रखा जाए और जिस सीट पर एक से ज़्यादा दो या तीन उम्मीदवार है, उन्हें ब्रैकेट करके अलग सूची में रखा जाए। ये छांट तीन दिन तक जारी रही और बड़े ख़ुशगवार माहौल में तीनों पार्टियों के प्रतिनिधियों ने दो अलग-अलग सूचियां बनाईं और दस अक्टूबर की शाम तक ये काम पूरा हो गया। अब यह तय पाया गया कि जहां-जहां एक क्षेत्र में एक से ज़्यादा उम्मीदवार हैं, वहां तीनों पार्टियों के उम्मीदवारों के मुतल्लिक़ पार्टियां ज़िलों में जाकर जानकारी हासिल करें या उन उम्मीदवारों और ज़िला सचिवों को दस व ग्यारह नवंबर

को यहीं लखनऊ बुलाकर तालमेल समिति की अगली बैठक में छानबीन करके तीनों पार्टियों में सबसे ज़्यादा कामयाबी पाने वाले उम्मीदवारों की छंटनी करके ये कोशिश की जाए कि एक विधानसभा क्षेत्र से तीनों पार्टियों का एक कॉमन उम्मीदवार ही चुनाव लड़े। तालमेल समिति की बैठक में ये ऐलान कर दिया गया कि अगली बैठक 10, 11 नवंबर को यहीं लखनऊ में दारूलशफ़ा में होगी क्योंकि उसी दिन अख़बारों में ये ऐलान हुआ था कि श्रीमती इंदिरा गांधी, प्रधानमंत्री और श्रीमती सुचेता कृपलानी, मुख्यमंत्री, उत्तर प्रदेश 15 अक्टूबर 1966 को मुज़फ़्फ़र नगर में कांग्रेस की एक महारैली को संबोधित करेंगी इसलिए तालमेल समिति की पहली बैठक में यह भी तय पाया गया कि मुज़फ़्फ़र नगर में तीनों पार्टियों के कार्यकर्ता कांग्रेस की इस रैली में नेताओं को काले झंडे दिखाकर विरोध करें।

11 अक्टूबर को मैं लखनऊ से बुलंदशहर के लिए रवाना हो गया और 12 अक्टूबर को बुलंदशहर में पार्टी कार्यकर्ताओं को 15 अक्टूबर को मुज़फ़्फ़र नगर चल कर प्रधानमंत्री और मुख्यमंत्री, उत्तर प्रदेश को काले झंडे दिखाने के लिए 50-60 कार्यकर्ता तैयार किए। उसी दिन बुलंदशहर में ज़िला पार्टी ने एक प्रदर्शन का कार्यक्रम रखा था जिसमें 200 प्रदर्शनकारियों के साथ मैं गिरफ़्तार हुआ लेकिन अगले दिन 13 अक्टूबर को हम ज़मानत पर रिहा हो गए। दूसरे दिन मैं मेरठ गया और कामरेड सरजू प्रसाद त्यागी, अध्यक्ष, संसोपा, मेरठ से, वहां से भी ज़्यादा से ज़्यादा लोगों को 15 अक्टूबर को मुज़फ़्फ़र नगर लाने को कहा। फिर मैंने 14 अक्टूबर को मुज़फ़्फ़रनगर पहुंच कर श्री मलिक एडवोकेट, संसोपा से कांग्रेस की रैली में ज़्यादा से ज़्यादा लोगों को लाने का आग्रह किया। इन सभी लोगों से ये भी कहा गया कि वे अपनी ज़ेब में एक वर्गफुट के काले झंडे रखें और हाथ में झंडे लगाने के लिए छोटी डंडी रखें जिससे जब प्रधानमंत्री अपना भाषण शुरू करें तो काले झंडे से उनका स्वागत किया जाए।

बुलंदशहर से जो बस 14 अक्टूबर की रात को साठ प्रदर्शनकारियों को लेकर भाई अब्दुल समद ख़ां के नेतृत्व में मुज़फ़्फ़र नगर के लिए रवाना हुई थी, उसमें बस पर उर्दू में 'ज़ायरीन कलियर शरीफ़' का बैनर लगा दिया गया। मुज़फ़्फ़र नगर में सड़क के किनारे एक पेट्रोल पंप पर ये बस कार्यकर्ताओं को लेकर ख़ैरियत से पहुंच गई जहां इन कार्यकर्ताओं ने बस से उतरकर और फ़ारिग़ होकर एक ढाबे पर नाश्ता किया। सभी कार्यकर्ताओं को बता दिया गया कि रैली ख़त्म होने पर सब लोग एक घंटे के अंदर आ जाएं ताकि यहां से बस वापस बुलंदशहर को चली जाए। कार्यकर्ताओं को मैंने यह भी समझा दिया कि हमारा कोई कार्यकर्ता रैली में गिरफ़्तार होता है तो मैं दूसरे दिन मुज़फ़्फ़र नगर में उसकी ज़मानत करा लूंगा। इस तरह बुलंदशहर से 60 कार्यकर्ता, मेरठ से 20 और मुज़फ़्फ़र नगर से 32 कार्यकर्ता रैली में पहुंच गए और चारों तरफ़ बंट गए।

भाई अब्दुल समद ख़ां प्रधान ने एक अजीब तरकीब बनाई। उन्होंने एक सांढ़ की पूंछ में एक फटा कनस्तर बांध दिया। जैसे ही श्रीमती सुचेता कृपलानी ने स्वागत भाषण ख़त्म किया और श्रीमती इंदिरा गांधी अपना भाषण देने खड़ी हुईं, उन्होंने उस सांढ़ के

कनस्तर में लाठी मार दी और वो सांढ़ भीड़ की तरफ़ भागने लगा। हमारे कार्यकर्ताओं ने भी जेब से काले झंडों को निकाल कर छोटी डंडियों में लगा लिया और चारों तरफ़ से कार्यकर्ताओं ने 'इंदिरा गांधी मुर्दाबाद' और 'इंदिरा गांधी, वापस जाओ' के नारे लगाने शुरू कर दिए। सांढ़ भीड़ के अंदर जिस तरफ़ जाता, वहां भगदड़ मच जाती। इस तरह मीटिंग में भगदड़ मच गई। पुलिस ने हमारे कई कार्यकर्ताओं को गिरफ़्तार कर लिया मगर दस-पंद्रह मिनट में ही रैली में आए हुए लोग तितर-बितर हो गए और भीड़ ख़त्म हो गई।

अख़बारों में दूसरे दिन रैली की नाकामी और पुलिस की बदइंतज़ामी की ख़बरें छाई रहीं। मैं पेट्रोल पंप पर आए हुए 40-45 कार्यकर्ताओं को लेकर बस से वापस बुलंदशहर के लिए रवाना हुआ और हापुड़ आकर कार्यकर्ताओं को खाना खिलाया और फिर हम वापस बुलंदशहर आ गए। दूसरे दिन रविवार था। मैं मुज़फ़्फ़र नगर जाकर मलिक साहब एडवोकेट के साथ जेल में अपने कार्यकर्ताओं से मिला जिसमें दस-बारह कार्यकर्ता भाई अब्दुल समद के साथ ख़ुर्जे के थे, चार-पांच साथी मुज़फ़्फ़र नगर के थे और कॉमरेड सरजू प्रसाद त्यागी मेरठ वाले भी जेल में बंद थे। सोमवार, 17 अक्टूबर को इन सभी की ज़मानत करा के हम बुलंदशहर आ गए। 19 अक्टूबर को जब मैं वापस लखनऊ पहुंचा तो राजनारायण जी ने मेरी बड़ी तारीफ़ की और मुझे मुज़फ़्फ़र नगर रैली को विफल करने का हीरो बताया। कांग्रेस की इस रैली की नाकामयाबी को राष्ट्रीय प्रेस ने ख़ूब उछाला। राजनारायण जी ने जब इस रैली की विफलता की सूचना टेलीफ़ोन पर डॉ. लोहिया को दी तो उन्होंने भी मुझे शाबाशी दी।

राजनारायण जी बहुत सी ख़ूबियों के मालिक थे। अगर ये कहा जाए कि राजनीति में डॉ. लोहिया के जुझारूपन का कोई उत्तराधिकारी था तो वो राजनारायण ही थे। लेकिन डॉ. लोहिया के विचारों को बौद्धिक ढंग से रखने और सोचने का अनूठा अंदाज़ मधु लिमये को है।

डॉ. राममनोहर लोहिया के उत्तराधिकारी होने का श्रेय इन दोनों को ही है। राजनारायण जी बेहतरीन दोस्त थे। जिस पर वे यक़ीन करते थे उसकी पूरी मदद करते थे और दोस्ती में वे किसी भी हद तक जा सकते थे। उन्हें अपना विरोध बिल्कुल पसंद नहीं था। वे अपने विरोधी से किसी हालत में एडजस्ट नहीं करते थे।

20 अक्टूबर को मुझे दिल्ली से डॉ. लोहिया का टेलीग्राम मिला कि उनका "प्रोग्राम 22 अक्टूबर को कानपुर शहर और देहात में है। इसलिए तुम 21 अक्टूबर को दिल्ली आ जाओ।" चुनांचे मैं 21 अक्टूबर की शाम को दिल्ली पहुंच गया। रात में 10 बजे 12 डाऊन हावड़ा एक्सप्रेस दिल्ली से चलती थी। डॉ. साहब के साथ मेरा भी उसी ट्रेन में फ़र्स्ट क्लास में रिज़र्वेशन था। मगर जब स्टेशन चलने के लिए रात के नौ बजे टैक्सी मंगायी गई तो टैक्सी स्टैंड पर टैक्सी नहीं मिली। उस शाम दिल्ली में बड़ी तेज़ बारिश हो रही थी। डॉ. साहब ने एक-दो जगह अपने दोस्तों को टेलीफ़ोन भी किया लेकिन उस वक़्त कहीं से कोई भी सवारी नहीं मिल सकी और आख़िरकार हम गुरुद्वारा रकाबगंज

रोड से दिल्ली स्टेशन तक नहीं पहुंच सके और 10 बजे हमारी ट्रेन चली गई। डॉ. साहब ने मुझसे दरियाफ़्त किया कि ऐसे हालात में नेताजी सुभाषचंद्र बोस क्या करते? मैंने उन्हें जवाब दिया कि नेताजी अपने प्रोग्राम को कभी नहीं छोड़ते थे और न ही वो अपने कार्यक्रम को कभी टालते थे। डॉ. साहब ने मेरे जवाब के बाद लखनऊ में रामसागर मिश्रा एम.एल.सी. को टेलीफोन किया कि वो कल सुबह आठ बजे उनके लिए एक टैक्सी का इंतज़ाम करें जो उन्हें अमौसी हवाई अड्डे, लखनऊ से कानपुर पहुंचा दे। रामसागर मिश्रा ने इसका इंतज़ाम कर दिया। फिर डॉ. साहब ने कनॉट प्लेस, नई दिल्ली में एयर इंडिया के दफ़्तर टेलीफ़ोन किया कि कल सुबह सात बजे की फ़्लाईट से मुझे लखनऊ जाना है। उसके लिए मैं अपना एम.पी. पास कैप्टन अब्बास अली के हाथ आपके पास भेज रहा हूं। आप हम दोनों का रिज़र्वेशन सुबह की फ़्लाईट में कर दें। फिर मैं उनका एम.पी. पास लेकर कनॉट प्लेस, एयर इंडिया के दफ़्तर गया और डॉ. साहब की और अपनी बुकिंग करा कर 11 बजे रात को भीगता हुआ उनकी कोठी पर आ गया। जब मैं वापस सात गुरुद्वारा रकाबगंज रोड पहुंचा तो देखा डॉ. साहब एक बड़ी सी तौलिया लिए बरामदे में खड़े मेरा इंतज़ार कर रहे हैं। उन्होंने फ़ौरन भीगे कपड़े उतारकर मुझे अपने कपड़े पहनने की हिदायत दी। ऐसे थे हमारे डॉ. साहब और ऐसे नेता पर जान न्यौछावर करने को जी चाहता था। अब ऐसे नेता कहां होते हैं ?

रात में ही डॉ. लोहिया ने किसी दोस्त की कार अपने बंगले पर मंगा ली और ड्राईवर को वहीं सुलाया। मुझे भी उन्होंने हिदायत दी कि सुबह पांच बजे उठकर मुझे जगा देना। मैंने सोचा कि अब रात के 12 बज चुके हैं, अब सोना कैसा। मैं एक कुर्सी पर बैठ गया, मगर सुबह पांच बजे कुर्सी पर बैठ-बैठे मेरी आंख लग गई। सुबह साढ़े पांच बजे डॉ. साहब ने मुस्कुराते हुए मुझे जगाया और कहा, "वाह कप्तान, अब सो रहे हो!" ग़रज़ हम आधे घंटे में तैयार हो गए। प्रो. रमा मित्रा ने हमें और ड्राईवर को कॉफ़ी पिलाई और छह बजे हम हवाई अड्डे के लिए रवाना हो गए और सुबह सात बजे के जहाज़ से लखनऊ के लिए रवाना हो गए। सुबह आठ बजे लखनऊ के अमौसी हवाई अड्डे पर रामसागर मिश्रा एम.एल.सी. टैक्सी के साथ मिले और हम साढ़े नौ बजे टैक्सी से कानपुर पहुंच गए जहां एक होटल में नहा-धोकर नाश्ता किया।

कानपुर शहर में 12 बजे डॉ. लोहिया की प्रेस कांफ्रेंस हुई जिसमें उन्होंने प्रेस वालों के समक्ष दलील देकर ये समझाया कि आज के माहौल में कांग्रेस का सत्ता से हटना कितना ज़रूरी है और ऐलान किया कि कांग्रेस के विपक्षी दलों को आपस में सीटों का बंटवारा करके कांग्रेस को आने वाले 1967 के लोकसभा और विधानसभा चुनावों में सीधी टक्कर देनी चाहिए। प्रेस वालों ने उनसे कई सवाल किए जिनका उन्होंने तर्कपूर्ण जवाब दिया। रात को फूलबाग़, कानपुर के मैदान में मज़दूर लीडर विमल मेहरोत्रा की अध्यक्षता में जन सभा हुई जिसमें डॉ. लोहिया ने अपने डेढ़ घंटे के भाषण में "कांग्रेस हटाओ, देश बचाओ" की नीति का विस्तारपूर्वक ऐलान किया और इस नारे को तर्कसंगत बताया। मज़दूर लीडर विमल मेहरोत्रा ने इस बैठक में डॉ. लोहिया को पांच

हज़ार रुपये की थैली भेंट की। डॉ. साहब ने स्टेज पर ही उसमें से तीन हज़ार रुपये कानपुर पार्टी को चुनाव के लिए दिए और दो हज़ार रुपये मुझे देकर कहा कि इसमें से एक हज़ार रुपये केंद्रीय कार्यालय दिल्ली को भिजवा देना और एक हज़ार रुपये अपने कार्यालय, के काम में लाना। दूसरे दिन मैं कानपुर से डॉ. साहब के साथ उनके लोकसभा चुनाव क्षेत्र कन्नौज गया जहां दिन में डॉ. साहब ने गुरसहायगंज के डाक बंगले पर पार्टी के कार्यकर्ताओं को संबोधित किया और रात को कन्नौज में आम सभा में भाषण दिया। उसके बाद वे सुबह कन्नौज से दिल्ली चले गए और मैं 24 अगस्त को राज्य कार्यालय लखनऊ वापस लौट आया।

31 अक्टूबर को मैं दिल्ली पहुंचा और दो नवंबर को दिल्ली में रिपब्लिकन पार्टी के नेता बुद्धप्रिय मौर्य* से मुलाक़ात की। तीन नवंबर को मैं दिल्ली से ताज एक्सप्रेस से मथुरा पहुंचा जहां राधेश्याम शर्मा एम.एल.ए. ने एक जन सभा का आयोजन किया था। इस सभा में भाषण देकर मैं दिल्ली आ गया और 4 और 5 नवंबर को डॉ. लोहिया के साथ दिल्ली में रहकर उत्तर प्रदेश में चुनावों की तैयारियों और उम्मीदवारों के नामों के बारे में चर्चा की।

कुछ दिन पहले लखनऊ में मेरी मुलाक़ात जलालाबाद, ज़िला मुज़फ़्फ़र नगर के पूर्व एम.एल.ए. जनाब ग़यूर अली ख़ां से हुई थी। मैंने उनसे पूछा कि ''मुज़फ़्फ़र नगर लोकसभा सीट से इस मर्तबा आप लोकसभा का चुनाव लड़ने के लिए तैयार हैं? तो वे बोले कि ''चुनाव लड़ने में आप मेरी क्या मदद करेंगे?'' मैंने उन्हें यक़ीन दिलाया कि ''पार्टी उम्मीदवार बनने पर आपकी हर सूरत में मदद की जाएगी।'' बाद में डॉ. लोहिया से मशविरा करके सात नवंबर को मैं यू.पी. संयुक्त सोशलिस्ट पार्टी के अध्यक्ष सालिगराम जायसवाल एम.एल.ए को साथ लेकर दिल्ली से जलालाबाद, ज़िला मुज़फ़्फ़र नगर पहुंचा और रात में ग़यूर अली ख़ां के मकान पर आराम किया और उनसे तफ़सील से लोकसभा चुनाव लड़ने के लिए बात की। वे लोकसभा की मुज़फ़्फ़र नगर सीट से पार्टी टिकट पर चुनाव लड़ने के लिए तैयार हो गए और उन्होंने पार्टी से चुनाव लड़ने का आवेदन पत्र भर कर हमें दे दिया। फिर हम दोनों आठ नवंबर को मुज़फ़्फ़र नगर से मेरठ आए। यहां महाराज सिंह भारती एम.एल.सी. ने मेरठ लोकसभा चुनाव क्षेत्र से चुनाव लड़ने का आवेदन पत्र हमें दिया। महाराज सिंह भारती ने हमें यह भी बताया कि मेरठ ज़िले की हापुड़ लोकसभा सीट से बी.पी. मौर्य रिपब्लिकन पार्टी से लोकसभा का चुनाव लड़ना चाहते हैं और संयुक्त सोशलिस्ट पार्टी से सहयोग लेना चाहते हैं। चुनांचे तय पाया कि हम दिल्ली में उनसे मिलकर विस्तार से बात करके सहयोग की प्रक्रिया पूरी कर लें। दिल्ली में बी.पी. मौर्य से मेरी और जायसवाल जी की बातचीत में ये तय पाया गया कि मौर्य को चुनाव में संयुक्त सोशलिस्ट पार्टी उत्तर प्रदेश पूरा सहयोग देगी और

---

* बुद्धप्रिय मौर्य (1923-2004) डॉ. अंबेडकर के साथी, रिपब्लिकन पार्टी के नेता। बाद में कांग्रेस पार्टी में शामिल हो गए और केंद्र सरकार में मंत्री बने। प्रमुख दलित नेता आखिरी दिनों में भारतीय जनता पार्टी में शामिल। लोकसभा और राज्यसभा के सदस्य रहे हैं।

मौर्य के नीचे विधानसभा की सीट ग़ाज़ियाबाद से संसोपा के उम्मीदवार प्यारेलाल शर्मा और खरखौदा विधानसभा सीट सरजू प्रसाद त्यागी, जो पार्टी के उम्मीदवार हैं, मौर्य के साथ उन्हीं के चुनाव चिन्ह हाथी से चुनाव लड़ेंगे। दिल्ली से हम दोनों 11-12 नवंबर को लखनऊ में होने वाली तालमेल कमेटी की मीटिंग में भाग लेने लखनऊ आ गए। लखनऊ में तालमेल कमेटी की मीटिंग में मार्क्सवादी कम्युनिस्ट पार्टी ने 40 सीटों पर और कम्युनिस्ट पार्टी ऑफ़ इंडिया ने 65 सीटों पर चुनाव लड़ने का निर्णय लिया। शेष 320 सीटें संयुक्त सोशलिस्ट पार्टी उत्तर प्रदेश के लिए चुनाव लड़ने के लिए छोड़ दी गईं। कानपुर शहर की चमनगंज सीट पर दोनों पार्टियों के उम्मीदवार दोस्ताना चुनाव लड़ने के लिए आमादा हो गए। ये भी तय पाया गया कि तालमेल में शामिल सभी पार्टियां इस चुनाव में एक-दूसरे की मदद करेंगी।

13 नवंबर को मैं लखनऊ से शाहजहांपुर के लिए रवाना हुआ, जहां कांग्रेस पार्टी के मौजूदा एम.पी. लाखन सिंह को कांग्रेस पार्टी से इस्तीफ़ा दिलाकर अपनी पार्टी का उम्मीदवार बनाने के लिए तैयार किया। 16 नवंबर को लखनऊ में पार्लियामेंट्री बोर्ड की बैठक हुई। इस बैठक में पार्टी उम्मीदवारों के चयन पर विचार किया गया और अब तक की कार्यवाही की जानकारी दी गई।

19 नवंबर 1966 को लखनऊ में राज्य समिति की बैठक बुलाई गई जिसमें दिल्ली में राष्ट्रीय समिति ने राष्ट्रीय स्तर पर 1967 के चुनाव के लिए जो चुनाव नीति घोषित की है, उसे पढ़कर सुनाया गया, जिसमें उल्लेख था कि "संयुक्त सोशलिस्ट पार्टी देश में विचार परिवर्तन की प्रक्रिया तेज़ करना चाहती है। केवल मत प्रदर्शन से नहीं बल्कि कुछ निष्ठाएं निर्मित करना और समाज को संगठित करना चाहती है। पार्टी चुनाव में चंद स्थान हासिल करने के लिए अपने उच्च आदर्शों का सुलभ सौदा नहीं करना चाहती। डॉ. लोहिया ने स्वाधीन भारत के कांग्रेस के कुटिल स्वार्थी नेताओं की दूषित राजनीति को बेनक़ाब करने के लिए देश के सभी विपक्षी दलों को न्यूनतम कार्यक्रम पर विचार करने का आग्रह किया है। संयुक्त सोशलिस्ट पार्टी भावी आम चुनाव की गहराई को देखते हुए मानती है कि जनता की सार्वभौमिक इच्छा की अभिव्यक्ति देश की सियासी ज़िंदगी शुद्ध, साफ़, मज़बूत करना और देश में सब प्रकार के शोषण का अंत करना, पार्टी का सर्वप्रिय काम है। पार्टी अपना ध्येय सिद्ध करने के लिए प्रयत्नशील है। चुनाव ध्येय प्राप्ति का साधन है। संसोपा जानती है कि इस समय देश में चारों तरफ़ से ख़तरा है लेकिन इस ख़तरे का अंत करने में पार्टी को सफलता प्राप्त होगी।"

19 नवंबर को ही मैं मिर्ज़ापुर के लिए रवाना हो गया जहां 20 नवंबर को डॉ. लोहिया दिल्ली से पहुंचे थे। उनके साथ चुनार और मिर्ज़ापुर शहर क्षेत्र में चुनाव सभाएं कीं। चुनार से शिवदास तिवारी विधानसभा और मिर्ज़ापुर लोकसभा क्षेत्र से विजयदेव नारायण साही पार्टी के उम्मीदवार थे। 20 नवंबर की रात को ही हम इलाहाबाद पहुंचे और रात को लल्ला बाबू के घर रुके। 21 नवंबर को दिन में करछना और मेजा विधानसभा क्षेत्रों में चुनाव सभाएं हुईं और रात को इलाहाबाद के अल्फ्रेड पार्क (चंद्रशेखर आज़ाद पार्क) में डॉ. साहब ने जन सभा को

संबोधित किया। अगले दिन 22 नवंबर को डॉ. साहब इलाहाबाद से दिल्ली के लिए रवाना हो गए और मैं प्रतापगढ़ पहुंचा। 23 नवंबर को कुंडा में हरपाल पटेल और बिहार विधानसभा क्षेत्र में गया प्रसाद के समर्थन में चुनाव सभाएं की और वापस लखनऊ लौट आया।

कानपुर के मौलाना इसहाक़ इल्मी, संपादक व मालिक "सियासत जदीद" जो उर्दू भाषा का अख़बार था और जो मुस्लिम बहुल क्षेत्रों में बहुत पढ़ा जाता था, सोशलिस्ट पार्टी के पुराने सदस्य और डॉ. लोहिया के भक्त थे। वो चाहते थे कि डॉ. साहब मुस्लिम पर्सनल लॉ के ख़िलाफ़ अपने भाषण में कुछ न बोलें, मगर डॉ. लोहिया ने देश भर में एक समान पर्सनल लॉ लाने और समान सिविल कोड बनाने का ऐलान कर दिया और समस्त भारत का दौरा करके परिवर्तन की बात शुरू कर दी। मौलाना इसहाक़ इल्मी ने कानपुर में तथा अन्य क्षेत्रों के मौलवियों ने इसे अपने सम्मान का सवाल बना लिया और दिन-रात 'सियासत' अख़बार ने डॉ. लोहिया के ख़िलाफ ज़हर उगलना शुरू कर दिया। इसके बाद डॉ. लोहिया ने भी और अधिक ज़ोर देकर बहुविवाह को नारकीय पद्धति बताया।

डॉ. लोहिया ने अपनी हार-जीत की परवाह किए बग़ैर अपने सैद्धांतिक पक्ष का मज़बूती से प्रचार किया। वे अपने लोकसभा क्षेत्र की परवाह किए बग़ैर देश भर में "कांग्रेस हटाओ, देश बचाओ" का नारा दे रहे थे। वे देश के दौरे पर जब पूरब से पश्चिम को जाते तो इटावा व कन्नौज क्षेत्र के दौरे पर अपने भाषण में अपने संबंध में कुछ भी नहीं बोलते और अपने लोकसभा क्षेत्र में विधानसभा के उम्मीदवारों के लिए जनता से समर्थन और सहयोग के लिए आग्रह करते। उनके क्षेत्र में राजनारायण एम.पी., रामसेवक एम.पी., कमांडर अर्जुन सिंह भदौरिया, पूर्व एम.पी., रामसागर मिश्रा एम.एल.सी और मैं दौरा करके और सभाएं करके उनके लिए वोट मांगते थे।

कन्नौज (फ़र्रूख़ाबाद) लोकसभा सीट के अंतर्गत पांचों विधानसभा क्षेत्र के उम्मीदवार इस प्रकार थे :

1. बिधूना (इटावा) विधानसभा क्षेत्र से रामाधार शास्त्री
2. भरतना (इटावा) विधानसभा क्षेत्र से सहदेव सिंह यादव एम.एल.ए (सीटिंग)
3. उमरधा (फ़र्रूख़ाबाद) विधानसभा क्षेत्र से होरीलाल यादव
4. छिबरामऊ (फ़र्रूख़ाबाद) विधानसभा क्षेत्र से श्याम सिंह यादव
5. कन्नौज (फ़र्रूख़ाबाद) रिज़र्व विधानसभा क्षेत्र से बिहारी लाल

1967 के लोकसभा चुनाव से सारे देश का नक्शा ही बदल गया। अब तक देश में कांग्रेस पार्टी विजयी होती रही थी। अब एक नई हवा बहनी शुरू हो गई। डॉ. लोहिया की प्रेरणा और अन्य दलों की साझेदारी से कांग्रेस विरोधी दल बड़े दल हो गए। विपक्षी दलों की एकता डॉ. लोहिया के राजनैतिक जीवन की सबसे बड़ी उपलब्धि थी।

1967 का आम चुनाव

1967 के आम चुनाव से पहले उत्तर प्रदेश से संयुक्त सोशलिस्ट पार्टी के लोकसभा में तीन एम.पी. थे : फ़र्रूख़ाबाद से डॉ. राममनोहर लोहिया, कानपुर से जगदीश अवस्थी और बाराबंकी से रामसेवक यादव, और 21 एम.एल.ए थे मगर 1967 में संयुक्त सोशलिस्ट पार्टी के टिकट पर मुज़फ़्फ़र नगर ज़िले से ग़यूर अली ख़ां, मेरठ से महाराज सिंह भारती, फ़िरोज़ाबाद से शिवचरण वाल्मीकि, इटावा से कमांडर अर्जुन सिंह भदौरिया, कन्नौज से डॉ. लोहिया, बाराबंकी से रामसेवक यादव, बांसगांव ज़िला गोरखपुर से मुलहू प्रसाद, चंदौली, ज़िला बनारस से निहाल सिंह, आठ एम.पी. लोकसभा का चुनाव जीतकर आए। विधानसभा उत्तर प्रदेश के लिए हमने जो 250 के क़रीब उम्मीदवार खड़े किए थे, उनमें से 46 एम.एल.ए. चुनकर आए।

इटावा ज़िले की सात सीटों पर पार्टी ने विधानसभा का चुनाव लड़ा जिसमें छह सीटों पर पार्टी उम्मीदवार कामयाब हुए। इटावा की जसवंत नगर सीट पर पहले नत्थू सिंह यादव सीटिंग एम.एल.ए. थे और उस वक़्त सीटिंग एम.एल.ए. को ही टिकट देने का आम रिवाज था। मगर नत्थू सिंह यादव की जगह पर मुलायम सिंह यादव* को टिकट देने की इटावा पार्टी ने संस्तुति की थी। इटावा पार्टी की उक्त संस्तुति पर कमांडर अर्जुन सिंह भदौरिया ने भी, जो इटावे से लोकसभा के उम्मीदवार थे, अपनी सहमति दी थी। इसलिए मैंने नत्थू सिंह का टिकट काटकर मुलायम सिंह यादव को टिकट दे दिया। यही मुलायम सिंह यादव 1967 उत्तर प्रदेश विधानसभा के सबसे कम उम्र के सदस्य निर्वाचित हुए। इसी तरह इटावा ज़िले की बिधूना विधानसभा सीट पर जो डॉ. राममनोहर लोहिया की कन्नौज लोकसभा सीट के नीचे आती थी, वहां पी.एस.पी. से संयुक्त सोशलिस्ट पार्टी में आए गजेन्द्र सिंह मज़बूत उम्मीदवार थे मगर रामाधार शास्त्री, जो बिधूना क्षेत्र से एक जुझारू नेता थे और कई मर्तबा पार्टी आंदोलन में जेल गए थे, चुनाव लड़ना चाहते थे। अंत में सालिगराम जायसवाल, अध्यक्ष संसोपा और मुझे बिधूना जाकर तय करना पड़ा कि रामाधार शास्त्री को बिधूना विधानसभा का टिकट दिया जाए और गजेन्द्र सिंह को 1968 में होने वाले

---

*मुलायम सिंह यादव देश के प्रमुख समाजवादी नेता। 1967 में पहली बार संसोपा के विधायक, बाद में लोकदल में शामिल। 1974 में दोबारा विधायक। 1977 में राज्य के सहकारिता मंत्री और 1982 से 1989 तक पहले विधान परिषद और फिर विधानसभा में नेता प्रतिपक्ष। 1989 में पहली बार प्रदेश के मुख्यमंत्री। केंद्र में संयुक्त मोर्चा सरकार में रक्षा मंत्री। समाजवादी पार्टी के राष्ट्रीय अध्यक्ष।

विधानसभा चुनाव में विधान परिषद चुनाव क्षेत्र से पहला एम.एल.सी. का टिकट दिया जाए। देवरिया ज़िले से भी पार्टी के उम्मीदवारों पर ज़िला पार्टी में आम सहमति नहीं बन रही थी। ज़िले में दो गुट बन गए थे। एक गुट चंद्रबली सिंह, पूर्व एम.एल.ए. का था और दूसरा गुट उग्रसेन का था। डॉ. लोहिया ने दोनों गुटों को बुलाकर मशविरा किया कि उग्रसेन देवरिया से, चंद्रबली सिंह पडरौना से और रामधारी शास्त्री सलेमपुर की लोकसभा सीट का चुनाव लड़ें। लोकसभा के उम्मीदवार के मशविरे से उनके नीचे आने वाली विधानसभा के उम्मीदवारों का नाम तय किया जाए मगर उनके इस फ़ॉर्मूले को भी ज़िला पार्टी ने नहीं माना। उग्रसेन, चंद्रबली सिंह और रामधारी शास्त्री, तीनों ही लोकसभा का चुनाव नहीं लड़ना चाहते थे। इसलिए एक माह की जद्दोजहद के बाद राज्य पार्लियामेंट्री बोर्ड ने उग्रसेन को बरहज, चंद्रबली सिंह को कुशीनगर और रामधारी शास्त्री को पडरौना विधानसभा का उम्मीदवार घोषित किया। इन तीनों नेताओं के मशविरे से बाक़ी विधानसभा और लोकसभा के उम्मीदवार तय किए गए।

गोरखपुर लोकसभा सीट से संयुक्त सोशलिस्ट पार्टी ने रेलवे मेन्स फ़ेडरेशन की सिफ़ारिश पर जमायतराम खटनानी को पार्टी उम्मीदवार बनाया और उनके नीचे पिपराइच विधानसभा सीट से मधुकर दिघे, पूर्व राज्यमंत्री और कौड़ीराम क्षेत्र से अश्विनी कुमार शुक्ला और बांसगांव लोकसभा सीट से मुलहू प्रसाद और उनकी सलाह से बांसगांव विधानसभा क्षेत्र से जगदीश सिंह को और झिंनगा रिजर्व सीट से रामपति हरिजन को टिकट दिया गया। गोरखपुर में पार्टी कार्यकर्ताओं ने आपस में अच्छा तालमेल दिखाया जिसके नतीजे में लोकसभा बांसगांव से ही मुलहू प्रसाद और पिपराइच विधानसभा से मधुकर दिघे और कौड़ीराम विधानसभा क्षेत्र से अश्विनी कुमार शुक्ला और बांसगांव विधानसभा क्षेत्र से जगदीश सिंह और झिंनगा चुनाव क्षेत्र से रामपति हरिजन हमारे विधानसभा उम्मीदवार कामयाब होकर आये।

बनारस में चंदौली लोकसभा हमें तालमेल में लड़ने के लिए दी गयी और बनारस ख़ास से कम्युनिस्ट पार्टी के उम्मीदवार को लड़ाने का फ़ैसला किया गया। संयुक्त सोशलिस्ट पार्टी ने चुनाव लड़ने वाले अपने उम्मीदवारों के लिए ये नियम बनाया था कि जो उम्मीदवार लोकसभा या विधानसभा का चुनाव लड़ता है, वो आने वाले पांच साल में राज्यसभा या विधान परिषद का चुनाव नहीं लड़ सकता। इसी तरह जो उम्मीदवार राज्यसभा या विधान परिषद का चुनाव लड़ता है, वो आने वाले छह साल में लोकसभा या विधानसभा का उम्मीदवार नहीं हो सकता। मगर बनारस ज़िले में राजनारायण और प्रभुनारायण सिंह* ने इस नियम का पालन नहीं किया था।

बनारस की आराज़ी लाइन विधानसभा चुनाव क्षेत्र से राजनारायण 1952 और 1957 में विधानसभा का चुनाव जीते, मगर 1962 में वो इस क्षेत्र से चुनाव हार गए।

---

* प्रभुनारायण सिंह उत्तर प्रदेश के प्रमुख समाजवादी नेता। 1959 में चंदौली लोकसभा उप चुनाव में संसद के लिए निर्वाचित, बाद में विधान परिषद सदस्य रहे और पहले सं.वि.द. सरकार में तथा फिर कांग्रेस सरकार में कैबिनेट मंत्री रहे।

लेकिन वो फिर 1966 में उत्तर प्रदेश विधानसभा क्षेत्र से राज्यसभा का चुनाव लड़े और जीत गए और इसी तरह बनारस से ही प्रभुनारायण सिंह जो विधान परिषद के सदस्य थे और जब 1957 के बाद लोकसभा का चंदौली क्षेत्र से उप-चुनाव हुआ तो वो लोकसभा के उम्मीदवार बन गए और चुनाव जीत गए। डॉ. लोहिया इन दोनों नेताओं से इस बात के लिए बहुत नाराज़ थे और कहा करते थे कि "उत्तर प्रदेश पार्टी के लोग नियम-भंगी हैं।" डॉ. साहब ने मुझे भी सख़्ती से हिदायत की थी कि राजनारायण, जो 1972 तक लिए राज्यसभा के सदस्य हैं और प्रभुनारायण सिंह भी जो 1972 तक विधान परिषद के चुने हुए सदस्य हैं, अब फिर 1967 के चुनाव में विधानसभा और लोकसभा उम्मीदवार होना चाहते हैं। अगर तुमने राज्य मंत्री होते हुए ऐसा होने दिया तो मैं उत्तर प्रदेश में पार्टी उम्मीदवारों का चुनाव प्रचार करने नहीं आऊंगा। मैंने पार्लियामेंट्री बोर्ड की बैठक में राजनारायण और प्रभुनारायण सिंह को इस बात से आगाह कर दिया था जिसकी वज़ह से 1967 में उन्होंने चुनाव लड़ने का इरादा छोड़ दिया। चंदौली लोकसभा सीट से हमने 1967 में निहाल सिंह को और आराज़ी लाइन विधानसभा सीट से भृगप्रसाद को चुनाव लड़ाया और ये दोनों अपने-अपने क्षेत्रों से लोकसभा और विधानसभा का चुनाव जीत गए। राजनारायण का ख़्वाब था कि इस चुनाव के बाद उत्तर प्रदेश में संसोपा के नेतृत्व में ग़ैर-कांग्रेसी सरकार बनेगी और वह मुख्यमंत्री हो जाएंगे। चुनावों के दौरान वह अक्सर मुझसे कहते थे कि मुख्यमंत्री बनने पर वह मुझे भी अपने काबीना में मंत्री बनाएंगे। लेकिन मैं उनसे हंस कर कह देता था कि यह आपको मुबारक हो। हम तो खाद बनने के लिए हैं। लेकिन यह भी सही है कि '67 के इन चुनावों में राजनारायण ने बहुत मेहनत की। कभी-कभी तो वह बिना सवारी के पैदल या साइकिल पर ही चल देते थे। भारी भरकम काया वाले आदमी का साइकिल पर सवारी करना बहुत मुश्किल होता है लेकिन राजनारायण ने यह भी किया।

इलाहाबाद ज़िले में शहर की दोनों सीटों पर दो सीटिंग एम.एल.ए. छुन्नन गुरु और बाबू सालिगराम जायसवाल थे। 20 नवंबर 1966 को डॉ. राममनोहर लोहिया ने प्रयाग होटल, इलाहाबाद में कार्यकर्ताओं की बैठक की और उसके बाद प्रेस कांफ्रेंस को संबोधित किया। शाम को चंद्रशेखर आज़ाद पार्क (अल्फ्रेड पाके) में एक शानदार आम सभा हुई जिसमें 50,000 से ज़्यादा लोग शामिल हुए। उसी दिन इलाहाबाद में रूसी क्रांति के नेता स्टालिन की लड़की स्वेटलाना आयी हुई थीं। वो डॉ. लोहिया से मिलना चाहती थीं। सभा समाप्त होने के बाद वह डॉ. लोहिया से मिलने आईं। हम लोगों को मालूम नहीं था कि यह महिला कौन है। मेरे साथ युवा साथी ब्रजभूषण तिवारी* भी थे। उनके चले जाने के बाद डॉ. साहब ने हम लोगों से कहा, जानते हो ये महिला कौन थी? ये स्टालिन की लड़की स्वेटलाना है। अगर यह किसी एशियाई देश में होती तो प्रधानमंत्री या राष्ट्रपति बन गई होती। दूसरे दिन 21 नवंबर 1966 को मैं डॉ. लोहिया

---

* ब्रजभूषण तिवारी इलाहाबाद विश्वविद्यालय छात्र संघ के अध्यक्ष। छात्र जीवन से ही समाजवादी आंदोलन में सक्रिय। 1977, 1989 और 1996 में लोकसभा के सदस्य चुने गए। इस समय राज्यसभा के सदस्य।

के साथ प्रतापगढ़ ज़िले के दौरे पर गया और उनके साथ कुंडा, प्रतापगढ़ और कई देहातों में सभाएं हुईं जहां डॉ. साहब ने कांग्रेसी उम्मीदवार राजा दिनेश सिंह के ख़िलाफ़ प्रो. वासुदेव सिंह, जो संयुक्त सोशलिस्ट पार्टी के उम्मीदवार थे, का चुनाव प्रचार किया। प्रो. साहब तो लोकसभा का चुनाव हार गए मगर प्रतापगढ़ ज़िले से चार विधानसभा सीटों पर पार्टी ने कामयाबी हासिल की।

इटावा ज़िले की जसवंत नगर सीट पर जहां सीटिंग एम.एल.ए. नत्थू सिंह यादव की जगह नौजवान उम्मीदवार मास्टर मुलायम सिंह यादव को हमने टिकट दिया था, उनको विजयी बनाने के लिए बिहार से समाजवादी नेता कर्पूरी ठाकुर और दिल्ली के प्रो. परिमल कुमार दास जो बाद में जवाहरलाल नेहरू विश्वविद्यालय में प्रोफेसर हुए, को लेकर मैं जसवंत नगर क़स्बे पहुंचा जहां एक बड़ी रैली मुलायम सिंह यादव के समर्थन में निकाली गई जिसमें सैकड़ों गाड़ियां और हज़ारों साइकिलें शामिल थीं। रैली के बाद कर्पूरी ठाकुर, प्रो. परिमल कुमार दास और मैंने विशाल जन सभा को संबोधित किया और मुलायम सिंह यादव के लिए वोट मांगे। दूसरे दिन लखना, अजीतमल और औरय्या विधानसभा क्षेत्र में पार्टी उम्मीदवारों के समर्थन में सभाएं हुईं और पार्टी उम्मीदवारों को विजयी बनाने की जनता से अपील की। 23 नवंबर को मैं पार्टी कार्यालय लखनऊ वापस आ गया।

26 नवंबर 1966 की रात को मैं लखनऊ से सहारनपुर ज़िले के चुनाव दौर पर रवाना हुआ। 27 नवंबर 1966 रविवार को मैं सुबह रुड़की स्टेशन पर उतरा जहां मुल्कीराज सैनी, साथी रामशरण दास, राव गुलाम जहां और साथी मोलड़ सिंह ने हमारा स्वागत किया। रुड़की स्टेशन पर नाश्ता करने के बाद हम लोग जीप से भगवानपुर, सिकंदरपुर और सिकरौडा गांव गए। सिकरौडा में हमने पार्टी कार्यकर्ताओं की बैठक को संबोधित किया। सिकरौडा राजपूत राव लोगों की बड़ी बस्ती है और यहां मेरी रिश्तेदारी भी है। वहां मौजूद सभी लोगों ने साथी मुल्कीराज सैनी को समर्थन देने का वादा किया। वहां से हम खेड़ी-शिकोहपुर गए। ये भी राव लोगों का बड़ा गढ़ है। यहां भी सब लोगों ने मुल्कीराज सैनी को वोट देने का वादा किया। खेड़ी से छुटमलपुर होते हुए शाम को हम सहारनपुर पहुंचे जहां से गर्ग साहब पार्टी के उम्मीदवार थे। रात में सहारनपुर में हमने आम सभा को संबोधित किया और पार्टी के नारे "कांग्रेस-हटाओ, देश बचाओ" पर विस्तार से प्रकाश डाला। दूसरे दिन 27 नवंबर को जलालाबाद थाना भवन और मुज़फ़्फ़र नगर में ग़यूर अली ख़ां साहब उम्मीदवार लोकसभा और उनके नीचे विधानसभा के उम्मीदवारों के समर्थन में प्रचार करने के बाद मैं वापस लखनऊ लौट गया।

एक दिसंबर 1966 को राज्य पार्लियामेंट्री बोर्ड के अध्यक्ष बाबू विश्रामराय* के साथ मैं लखनऊ से जौनपुर ज़िले के लिए रवाना हुआ। रास्ते में केसरीनाथ पांडेय एम.एल.ए. मछली शहर ने सैकड़ों कार्यकर्ताओं के साथ हमारा स्वागत किया। मछली

---

* बाबू विश्रामराय स्वतंत्रता सेनानी। उन्हें आज़मगढ़ के गांधी के रूप में जाना जाता था। संयुक्त सोशलिस्ट पार्टी के प्रमुख नेता। संसदीय बोर्ड के अध्यक्ष रहे। विधानसभा के सदस्य भी चुने गए।

शहर में दो बजे कार्यकर्ता बैठक करने के बाद हम जौनपुर के लिए रवाना हुए जहां रात को आम सभा में बाबू विश्राम राय और मैंने सभी लोगों को एकजुट होकर कांग्रेस के ख़िलाफ़ संसोपा के उम्मीदवारों को वोट देने की अपील की। दो दिसंबर को जौनपुर से शाहगंज होते हुए हम आज़मगढ़ पहुंचे। आज़मगढ़ ज़िले में संयुक्त सोशलिस्ट पार्टी का संगठन काफ़ी मज़बूत था। यहां से 1962 के चुनाव में रामसुंदर पांडेय और मंगलदेव विशारद पार्टी के एम.एल.ए. चुनाव जीते थे। अब 1967 के चुनाव में यहां तालमेल में पार्टी को आठ विधानसभा क्षेत्र चुनाव लड़ने के लिए मिले थे जहां पार्टी ने भीमा यादव, रामसुंदर पांडेय, मंगलदेव विशारद, भाभी यादव, जितेन्द्र मिश्रा और विष्णुदेव गुप्ता को चुनाव लड़ाया। आज़मगढ़ ज़िले में बाबू विश्राम राय की राजनीतिक पकड़ मज़बूत थी और उन्हें आज़मगढ़ का गांधी कहा जाता था। रात को हमने शिबली कॉलेज में आम सभा को संबोधित किया। आज़मगढ़ ज़िले से पार्टी को 5 सीटों पर कामयाबी मिली।

चार दिसंबर की रात को मैं लखनऊ से चलकर सुबह टुंडला स्टेशन पहुंचा। दोपहर को चौधरी मुल्तान सिंह एम.एल.ए. के यहां आगरा ज़िले के कार्यकर्ताओं की बैठक हुई जिसमें क़रीब 250 से ज़्यादा कार्यकर्ता इकट्ठा हुए। इनमें चौधरी मुल्तान सिंह, हुकुमसिंह परिहार, शिवचरण लाल बाल्मीकि आदि विधायकगण मौजूद थे। शिवचरण लाल बाल्मीकि एम.एल.ए. को फ़िरोज़ाबाद रिजर्व लोकसभा सीट से और आगरे की छह अन्य सीटों के उम्मीदवार सर्वसम्मति से तय किए गए। सभी कार्यकर्ताओं ने डॉ. राममनोहर लोहिया का एक दिन का कार्यक्रम आगरे ज़िले के लिए मांगा जिसके लिए मैंने डॉ. साहब से मिलकर उन्हें कार्यक्रम देने का वादा किया। तीनों विधायकों ने अपना विधायक कोटा जो उन पर बाक़ी था, अदा कर दिया।

आठ दिसंबर को मैं लखनऊ से मैनपुरी पहुंचा और वहां शिवराज सिंह यादव को उम्मीदवार घोषित किया। नौ दिसंबर को मैनपुरी से बदायूं पहुंचा जहां रामस्वरूप शर्मा ने एक चुनाव सभा का आयोजन किया था। 10 दिसंबर को बदायूं से लखनऊ के लिए रवाना हो गया। 11 दिसंबर को लखनऊ से संयुक्त सचिव मदन पांडे के साथ कानपुर आया और वहां पार्टी कार्यकर्ताओं की सभा को संबोधित किया।

14 दिसंबर 1966 को लखनऊ से मैं और पार्टी अध्यक्ष सालिगराम जायसवाल एम.एल.ए. पटना के लिए रवाना हुए जहां राष्ट्रीय समिति संसोपा की बैठक हुई जिसमें डॉ. राममनोहर लोहिया भी तशरीफ़ लाए थे। राष्ट्रीय समिति में श्री जायसवाल के कहने पर मैंने उत्तर प्रदेश में पार्टी की चुनावी गतिविधियों पर तफ़सील से रोशनी डाली और राष्ट्रीय नेताओं से उत्तर प्रदेश में अपना कार्यक्रम देने की अपील की। डॉ. लोहिया ने पांच दिन दिसंबर में, 10 दिन जनवरी में और पांच दिन फ़रवरी, 1967 में देने का वादा किया। मधु लिमये ने पांच दिन, कर्पूरी ठाकुर ने चार दिन और निहाल अहमद एम.एल.ए., महाराष्ट्र ने पांच दिन जनवरी माह में देने का वादा किया। डॉ. लोहिया ने सूबाई कार्यालय चलाने के लिए 10,000 रुपये का चेक जो कलकत्ता के साथी

बालकिशन गुप्ता द्वारा दिया गया था, मुझे दिया। दूसरे दिन हम पटना से रात की ट्रेन से इलाहाबाद आ गए। मैं एक दिन इलाहाबाद रहकर 16 दिसंबर की रात को लखनऊ के लिए चल दिया।

18 दिसंबर, 1966 दिन रविवार को मैं और राज्य कार्यालय के साथी शंकर प्रसाद लखनऊ से चंदौसी पहुंचे। यहां पार्टी के उम्मीदवार का फ़ैसला करना था। यहां से तीन उम्मीदवारों ने चुनाव लड़ने का आवेदन दिया था। पहले थे प्रो. सहाय जो स्थानीय डिग्री कॉलेज में प्रोफेसर थे। दूसरे रामस्वरूप भूदानी और तीसरे देवेन्द्र सहाय। मैंने तीनों उम्मीदवारों से अलग-अलग बातें कीं। प्रो. सहाय और रामस्वरूप भूदानी की कोई राजनैतिक पृष्ठभूमि नहीं थी। देवेन्द्र सहाय 1962 में भी चंदौसी विधानसभा क्षेत्र से पार्टी टिकट पर चुनाव लड़ चुके थे। इएलिए मैंने पार्लियामेंट्री बोर्ड से देवेन्द्र सहाय को टिकट देने की सिफ़ारिश की।

19 दिसंबर को मैं और साथी शंकर प्रसाद चंदौसी से बदायूं को रवाना हुए जहां बदायूं शहर की सीट हमें तालमेल में लड़ने के लिए मिली थी। यहां से ज़िला अध्यक्ष राधेश्याम एडवोकेट को पार्टी उम्मीदवार घोषित किया गया। बदायूं में रात को कोतवाली मैदान में एक आम सभा राधेश्याम एडवोकेट के समर्थन में हुई जिसे कम्युनिस्ट पार्टी के स्थानीय नेताओं ने और मैंने संबोधित किया और राधेश्याम के लिए वोट मांगे। रात को ही मैं और शंकर प्रसाद बदायूं से मैनपुरी को बज़रिए रेल चल दिए। मैनपुरी में स्टेशन रोड पर शिवपाल सिंह यादव एडवोकेट, ज़िला अध्यक्ष, संयुक्त सोशलिस्ट पार्टी, मैनपुरी के यहां पहुंचे। 20 दिसंबर को उनके यहां कार्यकर्ता बैठक हुई। यहां कम्युनिस्ट पार्टी मैनपुरी शहर से चुनाव लड़ रही थी और करहल की सीट पर शिवपाल सिंह का समर्थन कर रही थी। 22 दिसंबर को हम लोगों ने मैनपुरी से फतेहगढ़ के लिए प्रस्थान किया। फ़तेहगढ़ में गिरीशचंद्र कटियार के यहां पहुंचे जहां 23 दिसंबर, शुक्रवार को उनके मकान पर फ़र्रूख़ाबाद और कन्नौज लोकसभा क्षेत्र के कार्यकर्ताओं की मिली-जुली बैठक हुई जिसमें इन दोनों सीटों के कार्यकर्ताओं से मैंने ज़ोर देकर आग्रह किया कि ये दोनों सीटें संयुक्त सोशलिस्ट पार्टी के लिए जीतना क्यों ज़रूरी है। हमारे साथी बृजराज सिंह, जो फ़िरोज़ाबाद लोकसभा सीट से 1957 में एम.पी. रह चुके थे, फ़िरोज़ाबाद की लोकसभा सीट के परिसीमन में रिज़र्व हो जाने से उन्हें फ़र्रूख़ाबाद से चुनाव लड़ाना तय हुआ और कन्नौज सीट से डॉ. लोहिया जो पहले फ़र्रूख़ाबाद से सीटिंग एम.पी. थे, अब चुनाव लड़ रहे थे। हमने अपील की कि इन दोनों को विजयी बनाने के लिए पार्टी के कार्यकर्ता एकजुट होकर चुनाव में लग जाएं। फ़तेहगढ़ से 24 दिसंबर को मैं और साथी शंकर प्रसाद कन्नौज पहुंचे। कन्नौज विधानसभा सीट डॉ. लोहिया के लोकसभा क्षेत्र के अंतर्गत आती थी और रिज़र्व थी। यहां से पार्टी उम्मीदवार बिहारीलाल जाटव और लोकसभा में डॉ. लोहिया के समर्थन में मीटिंग करके हमने वोट मांगे। दिन में कार्यकर्ता बैठक हुई जिसमें साथी बिहारीलाल के साथ-साथ डॉ. लोहिया को भी विजयी बनाने की अपील की गयी। रात को हम लखनऊ के लिए रवाना हो गए।

25 दिसंबर को मुझे लखनऊ में टेलीफोन पर डॉ. अब्दुल जलील फ़रीदी* साहब ने अपने क्लीनिक हज़रतगंज पर बुलाया। फ़रीदी साहब ने उत्तर प्रदेश में ''मुस्लिम मजलिस मुशावरत'' के नाम से मुसलमानों की एक अलग राजनीतिक जमात बनाई थी, वह आने वाले 1967 के आम चुनावों में उन्हीं उम्मीदवारों को मुस्लिम वोट देने की हिमायत करने वाले थे जो उनके चुनाव घोषणा पत्र से सहमत होते। ज़ाहिर है कि संयुक्त सोशलिस्ट पार्टी का चुनावी घोषणा पत्र उनके चुनावी घोषणा पत्र से और बातों में तो सहमत था, मगर मुल्क़ में यकसां पर्सनल लॉ (समान सिविल क़ानून) की वकालत करता था। जबकि मुसलिम मजलिस मुशावरत मुसलमानों के लिए अलग मुस्लिम पर्सनल लॉ की गारंटी चाहती थी। डॉ. अब्दुल जलील फ़रीदी साहब उत्तर प्रदेश के 1967 के चुनाव में संयुक्त सोशलिस्ट पार्टी के उम्मीदवारों को मुस्लिम वोट दिलवाना चाहते थे मगर संयुक्त सोशलिस्ट पार्टी के पूरे मुल्क़ में यकसां सिविल कोड नाफ़िज़ (लागू) करने के प्रस्ताव के ख़िलाफ़ थे। डॉ. फ़रीदी साहब ने मुझसे कहा कि आप लोहिया साहब से ये बयान दिलवा दें कि मुसलमानों पर उनकी मर्ज़ी के ख़िलाफ़ कोई सिविल कोड (समान क़ानून) जबरन नहीं लादा जाएगा। मैंने इस संबंध में डॉ. लोहिया साहब से बात करने का वादा किया और ये भी वादा किया कि जब डॉ. लोहिया लखनऊ तशरीफ़ लायेंगे तो मैं उनकी मुलाक़ात डॉ. फ़रीदी से करा दूंगा।

26 दिसंबर, 1966 को मैं सुबह आठ बजे लखनऊ मेल से दिल्ली डॉ. लोहिया के बंगला नं. सात, गुरुद्वारा रकाबगंज रोड पहुंचा। डॉ. साहब ने मुझसे पूछा कि तुम्हारा क्या प्रोग्राम है? मैंने उन्हें बताया कि 28 दिसंबर से मुझे दो दिन के लिए मधु लिमये के साथ नैनीताल, अल्मोड़ा और रानीखेत के दौरे पर जाना है। डॉ. साहब ने मालूम किया कि पहाड़ पर जाने के लिए सर्दी से बचाव के लिए मेरे पास मुनासिब कपड़े हैं या नहीं? उन्होंने मेरी अटैची खुलवाकर देखी और कहा कि इस सर्दी में पहाड़ पर जाने के लिए ये कपड़े नाकाफ़ी हैं। दोपहर के खाने के बाद वो मुझे साथ लेकर कनॉट प्लेस गए और रीगल सिनेमा के बग़ल में गांधी आश्रम से मुझे एक गर्म ओवर कोट, दो गर्म जर्सियां, दो गर्म बनियान, दो जोड़े गर्म मोज़े, एक गर्म शाल और कंबल और एक गर्म मफ़लर ख़रीदकर दिए और कहा कि पहाड़ पर जाने के लिए ये कपड़े बड़े ज़रूरी हैं। मुझे ये देखकर हैरत हुई कि डॉ. साहब अपने साथी कार्यकर्ताओं का कितना ख़्याल रखते हैं। उन्हें ये हरगिज़ गवारा नहीं था कि उनका साथी किसी भी हालत में परेशान रहे। शाम को जब मधु जी उनसे मिलने आए तो उन्होंने मधु जी से भी ये ज़िक्र किया कि हमारे साथी कैसी परेशानियों में काम करते हैं।

दूसरे दिन 28 दिसंबर को मैं मधु जी के साथ काठगोदाम के लिए रेल से रवाना हुआ। काठगोदाम से पहले ही नैनीताल के पार्टी कार्यकर्ता हल्द्वानी स्टेशन पर हमें लेने आ गए थे। वो हमें काठगोदाम से कार के ज़रिए नैनीताल ले गए। यहां शाम को

---

* डॉ. अब्दुल जलील फ़रीदी (1913-1974) उत्तर प्रदेश प्रजा सोशलिस्ट पार्टी के प्रमुख नेता। विधान परिषद के सदस्य। बाद में मुस्लिम मजलिस मुशावरत के नाम से एक जमात बनाई। 1974 में निधन।

मधु जी ने आम सभा को संबोधित किया और संयुक्त सोशलिस्ट पार्टी के उम्मीदवारों के लिए समर्थन मांगा। 29 दिसंबर को अल्मोड़ा में कार्यक्रम था जहां साथी शेर सिंह धोनी ने कार्यकर्ता बैठक और शाम को पब्लिक मीटिंग रखी। दूसरे दिन दोपहर का कार्यक्रम रानीखेत में था। मधु जी को सांस का मर्ज़ था। वो ज़्यादा देर तक सर्दी के मौसम में भाषण नहीं दे पाते थे। वहां के कार्यक्रम के बाद हम बरेली लौट आए जहां से मधुजी दिल्ली के लिए और मैं लखनऊ के लिए रवाना हुआ।

31 दिसंबर 1966 को डॉ. लोहिया साहब का लखनऊ ज़िले की मोहनलाल गंज रिज़र्व लोकसभा सीट में कार्यक्रम था। 12 बजे उन्होंने आम सभा को संबोधित करते हुए ऐलान किया कि आज के माहौल में संयुक्त सोशलिस्ट पार्टी के उम्मीदवारों को वोट देना क्यों ज़रूरी है। आम सभा के बाद उन्होंने पार्टी उम्मीदवार के लिए समर्थन और वोट मांगे। शाम को चार बजे मैं डॉ. साहब को लेकर लखनऊ डॉ. अब्दुल जलील फ़रीदी साहब के मकान पर पहुंचा जहां मुस्लिम मजलिस मशावरत और उनकी पार्टी के दीगर लोगों से तफ़सील से बातचीत हुई। उसके बाद डॉ. लोहिया ने प्रेस कांफ्रेंस करके ऐलान किया कि "संयुक्त सोशलिस्ट पार्टी मुल्क़ में यकसां सिविल कोड के पक्ष में है लेकिन अगर ऐसे सिविल कोड को मुसलमानों का बहुमत स्वीकार नहीं करता तो उन पर ऐसा कोई सिविल कोड, जिसे वो न चाहते हों, जबरन नहीं लादा जा सकता।"

हम एक जनवरी 1967 को लखनऊ से शाहजहांपुर के लिए रवाना हुए। शाहजहांपुर की लोकसभा सीट रिज़र्व थी जहां से बाबू लाखनदास सीटिंग एम.पी. थे जो संयुक्त सोशलिस्ट पार्टी में शामिल हो गए थे। तालमेल में ये लोकसभा सीट पार्टी उम्मीदवार के लिए चुनाव लड़ने को तय हुई थी। इसलिए यहां से बाबू लाखनदास को संयुक्त सोशलिस्ट पार्टी का उम्मीदवार घोषित किया गया और उनके नीचे तिलहर विधानसभा सीट से ठाकुर रूम सिंह को पार्टी का उम्मीदवार तय किया गया। ये भी तय पाया गया कि बाबू लाखनदास और ठाकुर रूम सिंह बाक़ी चार विधानसभा सीटों के उम्मीदवार तय करेंगे।

मैं दो जनवरी, 1967 को रात की गाड़ी से लखनऊ से चलकर तीन जनवरी मंगलवार की सुबह मथुरा जंक्शन पहुंचा और रेल से उतरकर डेम्पीयर पार्क में पं. राधेश्याम शर्मा एम.एल.ए. के निवास पर पहुंचा। मथुरा ज़िले से लोकसभा की सीट के लिए मनीराम बागड़ी पार्टी के उम्मीदवार तय किए गए थे। उनकी लोकसभा सीट के अंतर्गत मांट क्षेत्र से राधेश्याम शर्मा और छाता विधानसभा सीट से ठाकुर लक्खी सिंह पार्टी के सीटिंग एम.एल.ए. थे जिन्हें उनके क्षेत्रों से दोबारा चुनाव लड़ने के लिए इजाज़त दी गयी थी। इसके अलावा गोकुल रिज़र्व और वृंदावन से पार्टी उम्मीदवार तय करने का अधिकार मनीराम बागड़ी, राधेश्याम शर्मा एम.एल.ए. और लक्खी सिंह एम.एल.ए. को दे दिया गया। तीन जनवरी को मनीराम बागड़ी के साथ मैंने मांट और छाता में आम सभाएं करके पार्टी उम्मीदवारों के लिए वोट और समर्थन मांगा। इसके बाद रात को ही रेल से वापस लखनऊ लौट गया।

1967 के आम चुनाव में राजनारायण, जो उस वक़्त राज्यसभा के सदस्य थे, ने उत्तर प्रदेश पार्टी के लोकसभा और विधानसभा उम्मीदवारों की कामयाबी के लिए जो अथक कोशिश की, वो सराहनीय है। वह दिसंबर, 1966 और जनवरी, 1967 में मुस्तक़िल राज्य कार्यालय, लीला निवास, पान दरीबा लखनऊ में रहने लगे। उनकी मौजूदगी से राज्य पार्टी को ये भी लाभ हुआ कि वो पूरी तरह से हमारी रहनुमाई करते थे और रोज़ाना लखनऊ के आस-पास के जिलों में दौरे करके रात में ही वापस राज्य कार्यालय लौटते थे। कानपुर, उन्नाव, रायबरेली, सुल्तानपुर, बाराबंकी, सीतापुर और हरदोई ज़िलों में उनके रोज़ाना कार्यक्रम होते रहते थे। वो रोज़ाना 5-6 सभाओं में भाषण देकर पार्टी की रीति-नीति के आधार पर पार्टी के उम्मीदवारों के लिए समर्थन और वोट मांगते थे। इसके अतिरिक्त वो डॉ. लोहिया के लोकसभा चुनाव क्षेत्र कन्नौज में भी अपना काफ़ी समय देते थे। जनवरी के पहले सप्ताह में उन्होंने कन्नौज लोकसभा सीट में चार जनवरी को छिबरामऊ, पांच जनवरी को उमरदा और छह जनवरी को कन्नौज रिज़र्व सीट विधानसभा क्षेत्रों का व्यापक दौरा करके आम सभाओं को संबोधित किया जिसमें मुझे भी उन्होंने अपने साथ रखा।

उन दिनों प्रदेश में राज्य कर्मचारियों की कई महीनों तक लंबी हड़ताल चली थी जिसे देखते हुए राजनारायण ने 18 जनवरी, शुक्रवार को लखनऊ कार्यालय से मेरे नाम से एक प्रेस बयान जारी कर दिया कि राज्य कर्मचारियों की इस लंबी हड़ताल को देखते हुए राज्य सरकार को चाहिए कि वो प्रदेश में आगामी फ़रवरी 1967 में होने वाले आम चुनाव को उस वक़्त तक के लिए स्थगित कर दे जब तक राज्य कर्मचारी अपने काम पर वापस न लौट आएं। मेरा ये बयान लखनऊ और दिल्ली के सभी अख़बारों में प्रमुखता के साथ छपा। 21 जनवरी से डॉ. लोहिया का उत्तर प्रदेश के लखनऊ, बाराबंकी, बस्ती, गोरखपुर, बनारस और इलाहाबाद ज़िलों में चुनावी दौरा था। 21 तारीख़ को जैसे ही सुबह सात बजे मैंने लखनऊ मेल की उस बोगी के दरवाज़े को खोला जिसमें डॉ. लोहिया दिल्ली से लखनऊ आए थे, तो वह मुझे देखते ही मुझ पर बेहद नाराज़ हो गए और कहा कि "तुमने चुनाव के ऐन मौक़े पर ऐसा ग़लत बयान क्यों दे दिया? जानते हो, तुम्हारे इस बयान की आड़ लेकर अगर सरकार ने फ़रवरी में चुनाव मुल्तवी करा दिए और फिर बाद में अकेले उत्तर प्रदेश के चुनाव कराए गए तो उस मौक़े पर सारे देश की कांग्रेसी ताक़त उत्तर प्रदेश में लग जाएगी और फिर चुनाव में विपक्ष की कामयाबी की क्या संभावना रह जाएगी?" मुझे इस बात पर बेहद अफ़सोस हुआ, मगर मैंने डॉ. लोहिया को ये नहीं बताया कि ये बयान मैंने नहीं दिया बल्कि मेरे नाम से राजनारायण ने जारी किया था। राजनारायण इस तरह की शरारतें कई बार कर दिया करते थे।

21 जनवरी को लखनऊ ज़िले का प्रोग्राम पूरा करके डॉ. साहब बाराबंकी ज़िले में रामसेवक यादव एम.पी., जो बाराबंकी से लोकसभा का चुनाव लड़ रहे थे, के लोकसभा क्षेत्र में प्रचार के लिए पहुंचे तो उन्होंने रामसेवक यादव से भी मेरे कथित बयान का ज़िक्र

किया। इस पर रामसेवक यादव ने डॉ. साहब को बताया कि ये बयान कैप्टन अब्बास अली ने नहीं दिया था, बल्कि उनके नाम से राजनारायण ने दिया था। 22 जनवरी की रात को हम बाराबंकी स्टेशन से बस्ती के लिए रवाना हुए तो मैंने देखा कि डॉ. साहब का ग़ुस्सा ख़त्म हो चुका था। डॉ. साहब ने मुझसे कहा कि "तुमने राजनारायण को अपनी तरफ़ से ऐसा ग़लत बयान देने से मना क्यों नहीं किया?" मैं ख़ामोश रहा क्योंकि राजनारायण जी ने मुझे बताए बिना ही बयान अपनी तरफ़ से मेरे नाम से जारी कर दिया था।

23 जनवरी को सुबह तीन बजे ख़लीलाबाद, ज़िला बस्ती में स्टेशन पर जैसे ही गाड़ी पहुंची, सोशलिस्ट पार्टी के सैकड़ों कार्यकर्ताओं ने नारे लगाते हुए डॉ. लोहिया का स्वागत किया। ख़लीलाबाद में डॉ. साहब ने अदील अब्बासी साहब के मकान पर एक प्रेस कांफ्रेंस की और फिर हमने कार द्वारा बस्ती ज़िले के अन्य विधानसभा क्षेत्रों का दौरा किया और वहां से हम रात को गोरखपुर सर्किट हाउस पहुंचे और रात को वहीं आराम किया। दूसरे दिन 24 जनवरी को हमने डॉ. लोहिया के साथ पिपराइच विधानसभा क्षेत्र में मधुकर दिघे, पूर्व राज्यमंत्री, संसोपा के लिए आम सभा को संबोधित किया।

उस समय गोरखपुर ज़िले में 15 विधानसभा और तीन लोकसभा सीटें थीं। तालमेल समिति में हमें 10 विधानसभा और दो लोकसभा सीटें चुनाव लड़ने के लिए दी गयीं थीं। अतः इन दसों सीटों यानि झिनगा, पिपराइच, मणीराम, सहजनवा, लक्ष्मीपुर, सिसवा, महाराजगंज, श्यामदेरूआ, बांसगांव और कौड़ीराम विधानसभा सीट पर पार्टी ने अपने उम्मीदवार खड़े किए और बांसगांव रिज़र्व लोकसभा सीट से मोल्हू प्रसाद और गोरखपुर सामान्य सीट से रेलवे मज़दूर यूनियन के लीडर जमायत राम खटनानी को चुनाव लड़ाया। डॉ. लोहिया ने 24 जनवरी को गोरखपुर ज़िले में पांच जन सभाएं की और आख़िरी जन सभा छह बजे शाम को महाराजगंज में करके हम कार से गोरखपुर स्टेशन पर रात को 10 बजे वापस लौटे। रात का खाना भी मुझे और डॉ. लोहिया को गोरखपुर लोकसभा के उम्मीदवार जमायत राम खटनानी ने रेल के डिब्बे में लाकर दिया। जब हम खाने से फ़ारिग हुए तो खटनानी साहब ने मुझे सेकेन्ड क्लास थ्री टायर का टिकट लाकर दिया जिस पर डॉ. लोहिया खटनानी साहब से नाराज़ हो गए और बोले कि "आज सारे दिन कैप्टन साहब बग़ैर आराम किए मेरे साथ मीटिंगों में भाषण देते रहे हैं और अब रात को भी तुम इन्हें आराम देना नहीं चाहते!" खटनानी साहब फ़ौरन मेरे लिए बनारस तक का पहले दर्जे का टिकट ख़रीदकर लाए और डॉ. साहब के साथ मैं भी उसी कूपे में बनारस तक सोता हुआ आया।

25 जनवरी को बनारस स्टेशन पर प्रभुनारायण सिंह एम.एल.सी. और सैकड़ों साथी हमें लेने के लिए स्टेशन पर आए और फिर वहां से हम सर्किट हाऊस चले गए। दोपहर को सर्किट हाउस में हमने प्रेस कांफ्रेंस की और रात को बेनियाबाग़ में आम सभा को संबोधित किया। डॉ. साहब ने "कांग्रेस हटाओ, देश बचाओ" के नारे के साथ अपना भाषण शुरू किया। अपना भाषण शुरू करने से पहले डॉ. साहब ने मंच पर जाकर मेरा

परिचय जनता से कराया और बताया कि अंग्रेजों के ख़िलाफ़ आज़ादी की लड़ाई में मैंने किस तरह नेताजी सुभाषचंद्र बोस के साथ जंगे-आज़ादी में हिस्सा लिया और 1946 में अंग्रेज़ी हुक़ूमत ने मुझे फ़ौज में बग़ावत करने के इल्ज़ाम में सजा-ए-मौत सुनाई थी। देश की आज़ादी के साथ ही मैं भी ज़िंदा हूं। उन्होंने कहा, ''इसलिए आप मेरे भाषण से पहले कैप्टन अब्बास अली की तक़रीर सुनें।''

मेरी तक़रीर के बाद डॉ. लोहिया ने डेढ़ घंटे तक भाषण देकर ये दलील दी कि आज विपक्ष को एकजुट होकर कांग्रेस को सत्ता से हटाना क्यों ज़रूरी है। रात को 10 बजे सभा समाप्त होने पर हमने सर्किट हाउस में आराम किया और दूसरे दिन 26 जनवरी को सबेरे नहा-धो कर हमने चंदौली लोकसभा के पार्टी उम्मीदवार चौधरी निहाल सिंह के साथ चंदौली लोकसभा के अंतर्गत आने वाली चकिया, चिड़ीगांव, आराज़ी लाइन और कोलासला विधानसभा क्षेत्रों में जन सभाओं को संबोधित किया। कोलासला विधानसभा क्षेत्र में कम्युनिस्ट पार्टी ऑफ़ इंडिया के उम्मीदवार ऊदल के समर्थन में हमने जनता से वोट मांगे। यहां प्रभुनारायण सिंह एम.एल.सी. हमारे साथ थे। चंदौली विधानसभा सीट से हमारे युवा साथी चंद्रशेखर सिंह विधानसभा के उम्मीदवार थे। उन्होंने कांग्रेस के वरिष्ठ नेता पंडित कमलापति त्रिपाठी को इस चुनाव में हराया।

यूं तो डॉ. लोहिया ने 31 दिसंबर को डॉ. ए.जे. फ़रीदी से मुलाक़ात करने के बाद मुस्लिम पर्सनल लॉ के बारे में स्थिति स्पष्ट कर दी थी लेकिन फिर भी कुछ अख़बारों ने इस बारे में डॉ. लोहिया के बयान को तोड़-मरोड़कर पेश किया जिसके नतीजे में डॉ. फ़रीदी ने 23 जनवरी को एक ख़त लिखा और इस बारे में डॉ. लोहिया से स्थिति स्पष्ट करने को कहा।

डॉ. फ़रीदी का पत्र

लखनऊ 23.1.67

प्रिय डॉ. लोहिया,

समाचार-पत्रों में रपट दी गयी है कि अपने सार्वजनिक वक्तव्यों में आपने कहा है कि अगर आप सत्तारूढ़ हुए तो मुसलमानों के निजी क़ानून को बलपूर्वक बदल देंगे। इससे मुस्लिम समाज में बड़ा क्षोभ पैदा हुआ है। अतः मैं अपसे अनुरोध करूंगा कि कृपया इस मामले का स्पष्टीकरण करें।

आपका

ए.जे. फ़रीदी

डॉ. लोहिया को डॉ. फ़रीदी का यह ख़त 25 जनवरी को सारनाथ डाक बंगले में मिला और उसी दिन डॉ. लोहिया ने डॉ. फ़रीदी के इस ख़त का जवाब देते हुए अपनी स्थिति स्पष्ट की और यह भी लिखा कि वह उर्दू के हिमायती हैं और चाहते हैं कि आने वाले वर्षों में भारत का सेनाध्यक्ष और प्रधानमंत्री मुसलमान हो ताकि उनमें यक़ीन पैदा हो सके।

लोहिया का जवाब

सारनाथ 25.1.67

प्रिय डॉ. फ़रीदी

आपका ख़त मिला। यह बात सही कि मैंने एक ही सिविल ज़ाब्ते की बात कही है और मुसलमानों के निजी क़ानून को, जैसे हिन्दुओं या दीगर लोगों के, बदलने की बात कही है। यह ग़लत है कि मैंने बल के इस्तेमाल की बात कही है।

जन राज अथवा जम्हूरियत का मतलब है लोक की रज़ामन्दी। जम्हूरियत में कानून लोक की रज़ामन्दी से बनता-बदलता है। ज़ाहिर है कि इसमें मुसलमानों की रज़ामन्दी भी शामिल है। यह सवाल ही नहीं उठता कि मेरे जैसा जन राज का हिमायती मनमानी या जबर का इस्तेमाल करेगा। जो क़ानून बनाएगा, वह लोक की रज़ामन्दी से बनाएगा।

मैं आपको याद दिलाऊं कि भारत की प्रधानमंत्री ने एक तरफ़ नामज़दगी के मौक़े पर संविधान की क़सम खायी, जिसमें यकसां सिविल ज़ाब्ते की बात है और दूसरी तरफ़ उसी के घण्टा, आध घण्टा पहले या बाद वोटों को पाने की हविस में अपनी क़सम को तोड़ा और कहा कि वे निजी क़ानून न बदलेंगी। ऐसे वचन-भंगियों की बात पर क्या आज भरोसा करेंगे या अच्छा राज चला सकेंगे? मुझे यह कहने की जरूरत नहीं कि जिस प्रेस सम्मेलन में कांग्रेसी मौलवी क़िस्म के लोगों ने मुझसे यह सवाल पूछा था, उसमें मैंने यह भी कहा था कि मेरा बस चले तो भारत का प्रधानमंत्री अथवा सेनापति अगले बरसों में मुसलमान हो ताकि यक़ीन से यक़ीन पैदा हो और पांच करोड़ मुसलमानों की निडराई और समान नागरिकता

दीगर 45 करोड़ की निडराई और ताक़त का कारण बने। आज़ाद भारत में मैं सबसे पहला आदमी था जिसने दस बरस पहले सिब्ते मुहम्मद के ख़त के जवाब में उर्दू की हिमायत की थी। यह सही है कि मेरी हिमायत का मतलब ज़रूरी तौर पर अंग्रेज़ी की मुख़ालिफ़त होता है। भारत-पाकिस्तान जंग के समय जब उत्तर प्रदेश के कांग्रेसी मुख्यमंत्री ने ग़ाज़ियाबाद के आसपास पाकिस्तानी छतरी सैनिकों को उतार दिया तब मैंने ही सारे सूबे में पन्द्रह-बीस दिन घूम कर हिन्दुओं को आगाह किया था कि वे मुसलमानों का बाल भी बांका न करें।

मुझे यह सब लिखने की ज़रूरत इसलिए पड़ी कि किसी आदमी या पार्टी के बारे में फ़ैसला उनके लम्बे अरसे के कामों पर और उनकी दूसरी बातों पर करना चाहिए। कहीं इधर-उधर के चुटकुले या वचन-भंग या झूठ या सम्मानहीन वक़्ती ऐलानों पर फ़ैसले सबके लिए ख़तरनाक होते हैं।

राममनोहर लोहिया

(साभार : लोकसभा में लोहिया, भाग-13, पृष्ठ 350-352)

डॉ. लोहिया के इस स्पष्टीकरण के बाद मुस्लिम मजलिस मुशावरत ने चुनावों में संसोपा के उम्मीदवारों का खुलकर समर्थन किया। 25 जनवरी को ही सारनाथ से डॉ. लोहिया ने उत्तर प्रदेश के मतदाताओं के नाम एक संदेश जारी किया।

उत्तर प्रदेश के मतदाताओं को डॉ. लोहिया का संदेश

लोभ, लालच, घूस और भोग का युग अब ख़तम होता दीख रहा है। सादगी और कर्त्तव्य का युग शुरू होने वाला है। बिहार और उत्तर प्रदेश की जनता सन् 1857 और फिर 1942 में अंग्रेजी राज की बाग़ी रही इसलिए अंग्रेज़ों ने इसे कुचल कर रखा। कांग्रेसी सरकार अपनी वल्दियत को भूल कर उसी अंग्रेज़ी नीति को चलाती रही। इसीलिए इस दरिद्र देश में उत्तर-प्रदेश और बिहार के लोग महादरिद्र हैं। अब लोग समझ गये हैं। लोग ऊब गये हैं और उबल रहे हैं। इसीलिए हिंदी-उर्दू इलाक़ों से कांग्रेस और उसकी सरकार अब गयी, बच नहीं सकती।

मैं संयुक्त सोशलिस्ट पार्टी को क्यों पकड़े हुए हूं और आपको भी इसे पकड़ने के लिए क्यों कहता हूं क्योंकि पिछले 12-13 वर्षों में इस दल के पचास हज़ार से ज़्यादा लोग जेल गये हैं—लगान ख़तम कराने, दाम बंधवाने, अंग्रज़ी हटाने, ठाट-बाट और शान-शौक़त के खर्चे पर सीमा लगवाने। अब भी यही दल है जिसने कहा है कि

ग़ैर-कांग्रेसी सरकार राजभक्ति की क़सम खाने के छह महीने के अन्दर-अन्दर कोई एक ऐसा बड़ा काम करे जिससे जन-सरकार और राक्षस-सरकार का फ़र्क़ मालूम हो जाए, उनचास करोड़ की जन- सरकार बनाम एक करोड़ शौक़ीनों की राक्षस सरकार। केवल समाजवादी दल ने अपने सदस्यों और जनता को चुनाव प्रतिज्ञा में न्यौता दिया है कि ऐसा न होने पर वे किसी सरकार को जमने न दें और उसे उखाड़ना शुरू करें।

तन की भूख और जात के मन ने उत्तर प्रदेश और बिहार को मार रखा है। जीवन का आनन्द दिन पर दिन कम होता जा रहा है। केवल समाजवादी दल ने भूख और जात के जुड़वां रोगों को समझना शुरू किया है। मैं उत्तर प्रदेश के लोगों से निवेदन करता हूं कि बरगद के चिन्ह वाले समाजवादी दल को विजयी और शक्तिशाली बनाएं ताकि 1967 में उत्तर-प्रदेश लखनऊ की ग़ैरकांग्रेसी सरकार को चलाने और केंद्र दिल्ली की विकट स्थितयों का सामना करने के लिए अस्त्र रहे। बाक़ी सब दल देश को थामना चाहते हैं, समाजवादी दल देश को बदल कर काम करना चाहता है, इसकी भूख, अन्याय, बड़े लोगो की शौक़ीनी, टूट, कुव्यवस्था और राष्ट्रीय बेइज़्ज़ती को मिटा कर।

सारनाथ, जनवरी 25, 1967 सन्देश

(साभार : लोकसभा में लोहिया, भाग-13, पृष्ठ 352-353)

27 जनवरी की सुबह हम बनारस से मिर्ज़ापुर होते हुए इलाहाबाद के लिए रवाना हुए और रास्ते में इलाहाबाद जनपद के मेझा और कर्छना विधानसभा क्षेत्रों में पार्टी उम्मीदवारों के समर्थन में सभाएं कीं। रात को इलाहाबाद में मैंने और डॉ. साहब ने आराम किया। 28 जनवरी को डॉ. लोहिया जगदीश जोशी के साथ रीवां, मध्य प्रदेश के चुनावी दौरे पर चले गए और मैंने सालिगराम जायसवाल, अध्यक्ष, संसोपा, उत्तर प्रदेश के साथ जनेश्वर मिश्र के फूलपुर लोकसभा चुनाव क्षेत्र के अंतर्गत आनेवाले विधानसभा क्षेत्रों का दौरा किया और पार्टी उम्मीदवारों के समर्थन में वोट मांगे।

28 जनवरी की शाम को डॉ. लोहिया रीवा से वापस इलाहाबाद लल्ला बाबू के घर आ गए। वहां राजनारायण ने उन्हें बताया कि पिछले हफ़्ते मैं मथुरा जनपद गया था जहां वृंदावन में प्रभुदत्त ब्रह्मचारी, जो गौ हत्या आंदोलन के ख़िलाफ़ अनशन पर बैठे हुए हैं, उन्होंने शिकायत की थी कि क्या लोहिया मेरी अर्थी पर रोने के लिए ही यहां आएगा? इस पर डॉ. लोहिया ने अपना दिल्ली जाने का प्रोग्राम मुल्तवी कर दिया और राजनारायण से कहा कि हमारा और कैप्टन साहब का रात की गाड़ी से इलाहाबाद से टुंडले का रिज़र्वेशन करा दो और लल्ला बाबू के भाई गुलज़ारी लाल को आगरे फोन कर दो कि वो हमें चार बजे सुबह टुंडले के स्टेशन से आकर ले जाएं। तीन घंटे तक जब किसी से भी गुलज़ारी लाल जी का टेलीफ़ोन पर संपर्क न हो सका तो मैंने डॉ. साहब से कहा कि इजाज़त हो तो मैं फ़ोन मिलाऊं! इस पर डॉ. साहब ने मुझे फ़ोन मिलाने की इजाज़त दे दी और मैंने तत्काल एक्सचेंज इंचार्ज से कहा कि मैं कैप्टन अब्बास अली,

जनरल सेक्रेट्री, संसोपा, उत्तर प्रदेश बोल रहा हूं। आप मेरी लाइटनिंग कॉल आगरे के गुलज़ारी लाल जी के नंबर पर मिला दें। फ़ौरन मेरी लाइटनिंग कॉल मिला दी गई और डॉ. लोहिया ने आगरे गुलज़ारी लाल जी से बात करके 29 जनवरी सुबह चार बजे के लिए उनकी गाड़ी टुंडला रेलवे स्टेशन पर मंगवाने को कहा। फ़ोन पर बातचीत ख़त्म करने के बाद डॉ. साहब बहुत ख़ुश हुए और काफ़ी देर तक मज़ाक में कहते रहे, "भई, उत्तर प्रदेश में कप्तान का जलवा है।" इसके बाद मैंने डॉ. लोहिया से कहा कि मैं एक सप्ताह से अधिक समय से आपके साथ हूं। अब आप मुझे पार्टी कार्यालय देखने की इजाज़त दें ताकि मैं पार्टी उम्मीदवारों के चुनाव चिह्न समय से भेज सकूं। लेकिन डॉ. साहब ने कहा कि "मथुरा तक हमारे साथ चलो।"

फिर मैं रात को उनके साथ इलाहाबाद से रवाना हो गया। 29 जनवरी को आगरे पहुंच कर गुलज़ारी लाल जी के घर नहा-धो कर नाश्ते के बाद हम मथुरा होते हुए वृंदावन पहुंच गए। डॉ. साहब मुझे एक कमरे में बिठाकर प्रभुदत्त ब्रह्मचारी से मिलने, जो अनशन पर बैठे हुए थे, गए और एक घंटे के बाद वापस आ गए। उन्होंने मुझे बताया कि ब्रह्मचारी जी कल अनशन समाप्त कर देंगे और फिर हम वृंदावन से वापस क्वालिटी होटल, मथुरा आ गए जहां दिल्ली से प्रो. रमा मित्रा पहुंच गयी थीं। खाना खाने के बाद डॉ. साहब मुझसे बोले कि "अब तुम लखनऊ वापस जा सकते हो।" मैंने उनसे अर्ज़ किया कि अब मैं मथुरा से लखनऊ क्यों जाऊं?" इस पर उन्होंने कहा कि "जानते हो, मैं तुम्हे इलाहाबाद से वृंदावन क्यों लाया था? मैं चाहता था कि तुम्हारे हाथ से ब्रह्मचारी जी को जूस पिलाकर उनका अनशन तुड़वा कर एक नया इतिहास रच देता, मगर ये ढोंगी ब्रह्मचारी इस अनशन का राजनैतिक लाभ नहीं उठाना चाहता!" आख़िरकार हम मथुरा जंक्शन से दिल्ली को रवाना हो गए। रात को मैं डॉ. लोहिया साहब के पास उनके एम.पी. बंगला नं. सात, गुरुद्वारा रक़ाबगंज रोड पर ही रुका और दूसरे दिन मैंने डॉ. साहब से अर्ज़ किया कि चुनाव के ऐन मौक़े पर अपना कोई ऐसा बयान मुझे दें जिसे छपवाकर हम उत्तर प्रदेश के मतदाताओं के सामने आपकी अपील रखें और उन्हें ये बताएं कि आज के माहौल में उन्हें संयुक्त सोशलिस्ट पार्टी के उम्मीदवारों को ही वोट देना क्यों ज़रूरी है।

30 जनवरी 1967 को डॉ. लोहिया ने "उत्तर प्रदेश के वोटरों के नाम अपील" जारी की और उसमें लिखा कि "मैं ये स्पष्ट करना चाहता हूं कि 12 जुलाई 1966 को संयुक्त सोशलिस्ट पार्टी, कम्युनिस्ट पार्टी ऑफ़ इंडिया और मार्क्सवादी कम्युनिस्ट पार्टी ने जब उत्तर प्रदेश बंद का आह्वान किया तो उस वक़्त एक नक़ली विपक्षी पार्टी ने पुलिस की मुख़बिरी का काम किया और असली विपक्षी पार्टी के कार्यकर्ताओं को पुलिस के हाथों गिरफ़्तार कराया था। आज चुनाव के समय मतदाताओं का ये कर्तव्य है कि वो कांग्रेस के ख़िलाफ़ असली और नक़ली विपक्षी पार्टियों की पहचान करके अपने वोट का सही इस्तेमाल करें और मज़हब के नाम पर पाखंडी और मौक़ापरस्त विपक्षी पार्टियों के मकरो-फ़रेब (झांसे) में न आएं।"

जनवरी महीने में संयुक्त सोशलिस्ट पार्टी के केंद्रीय कार्यालय ने उत्तर प्रदेश में लोकसभा के 45 और विधानसभा के लगभग 260 उम्मीदवारों के नाम तय किये जिनकी सूची मैंने 20 जनवरी को जारी की। उत्तर प्रदेश से हमारे लोकसभा के प्रमुख उम्मीदवारों में कन्नौज से डॉ. राममनोहर लोहिया, बाराबंकी से रामसेवक यादव, मुज़फ़्फ़र नगर ज़िले से ग़यूर अली ख़ां, मेरठ से महाराज सिंह भारती, फ़िरोज़ाबाद से शिवचरण वाल्मीकि, इटावा से कमांडर अर्जुन सिंह भदौरिया, बाराबंकी से रामसेवक यादव, बांसगांव, ज़िला गोरखपुर से मुलहू प्रसाद, चंदौली, ज़िला बनारस से निहाल सिंह, आठ एम.पी लोकसभा का चुनाव जीतकर आए। अन्य प्रमुख उम्मीदवारों में प्रतापगढ़ से प्रो. वासुदेव सिंह, फूलपुर से जनेश्वर मिश्र, इलाहाबाद से सालिगराम जायसवाल, फर्रूखाबाद से बृजराज सिंह, ख़लीलाबाद से सुश्री सरस्वती अम्माल, महाराजगंज से मदन पांडे, सलेमपुर से रामनरेश कुशवाहा, घोसी से कल्पनाथ राय और मिर्जापुर से प्रो. विजयदेव नारायण शाही प्रमुख थे।

विधानसभा के 260 उम्मीदवारों में हसनपुर से रमाशंकर कौशिक, नवाब गंज से अनंतराम जायसवाल, ख़लीलाबाद से सुश्री अलमेलू अम्माल, पिपराइच से मधुकर दिघे, फ़ाज़िलनगर से रामधारी शास्त्री, सलेमपुर से हरिकेवल प्रसाद, बरहज से उग्रसेन, नाथूपुर से मंगलदेव विशारद, घोसी से विष्णुदेव गुप्त, बांसढीह से कांसीनाथ मिश्र, चमनगंज से बाबू बदरे, राजपुर से रामस्वरूप वर्मा, जसवंत नगर से मुलायम सिंह यादव, फ़तेहाबाद से हुकुमसिंह परिहार, टूंडला से मुल्तान सिंह, छाता से लक्खी सिंह, मांट से राधेश्याम शर्मा, गंगीरी से अनीसुर्रहमान शेरवानी, अलीगढ़ से हफ़ीजुर्रहमान, ग़ाज़ियाबाद से प्यारे लाल, मोदी नगर से सरयू त्यागी, किठौर से मंज़ूर अहमद, सरसावा से रामशरण दास और मुजफ़्फ़राबाद से मुल्कीराज सैनी के नाम प्रमुख हैं (सूची परिशिष्ट में संलग्न)।

इन चुनावों में डॉ. लोहिया ने समाजवादी युवजन सभा के महामंत्री सत्यदेव त्रिपाठी* को उत्तर प्रदेश की तत्कालीन मुख्यमंत्री श्रीमती सुचेता कृपलानी के ख़िलाफ़ गोंडा लोकसभा सीट से उम्मीदवार बनाने का मशविरा दिया। सत्यदेव त्रिपाठी उस समय छह माह से नज़रबंदी कानून के तहत जेल में बंद थे। डॉ. साहब ने मुझे उनके नामांकन की ज़िम्मेदारी सौंपी। सत्यदेव त्रिपाठी को पुलिस हिरासत में लखनऊ जेल से गोंडा कचहरी पहुंचाने का इंतजाम किया गया और मैं उनका मतदाता प्रमाण पत्र लेने इटावा गया लेकिन न तो इटावा में और न ही लखनऊ में मतदाता सूची में सत्यदेव त्रिपाठी का नाम था। उसी दिन गोंडा ज़िले की दूसरी लोकसभा सीट बलरामपुर से कांग्रेस पार्टी ने श्रीमती सुभद्रा जोशी और भारतीय जनसंघ ने अटल बिहारी वाजपेयी को अपना उम्मीदवार बनाया था और ये लोग भी उसी दिन गोंडा कचहरी में अपने नामांकन पत्र दाख़िल कर रहे थे। हमें उम्मीद थी कि शायद सत्यदेव त्रिपाठी का मतदाता प्रमाण पत्र आख़िर वक़्त तक कहीं से आ जाएगा इसलिए मैंने अटल जी से अनुरोध किया कि पहले

* सत्यदेव त्रिपाठी 1960 के दशक में उत्तर प्रदेश के प्रमुख छात्र नेता। इलाहाबाद विश्वविद्यालय और लखनऊ विश्वविद्यालय छात्र संघ के महामंत्री और अध्यक्ष। समाजवादी युवजन सभा के अखिल भारतीय महामंत्री। 1977 में विधायक और सरकार में मंत्री। बाद में कांग्रेस पार्टी में शामिल।

सत्यदेव त्रिपाठी को नामांकन पत्र भर लेने दीजिए क्योंकि उन्हें वापस जेल जाना है। अटल जी ने मेरा ये अनुरोध मान लिया और सत्यदेव का नामांकन दाख़िल किया गया लेकिन बाद में वह ख़ारिज हो गया।

23 फ़रवरी को डॉ. लोहिया ने मुझे लखनऊ टेलीफोन पर कहा, ''मैं 24 फ़रवरी 1967 को बिहार के बक्सर रेलवे स्टेशन से उतरकर सवेरे कार द्वारा बक्सर से बलिया पहुंच रहा हूं और मैं 24 और 25 फ़रवरी को बलिया जनपद का चुनावी दौरा करूंगा। अगर तुम 23 फ़रवरी की शाम को लखनऊ से बलिया पहुंच जाओ तो अच्छा होगा।'' मैंने 23 फ़रवरी की शाम को ही शंभुनाथ चौधरी एडवोकेट, बलिया को जो बलिया विधानसभा सीट से संयुक्त सोशलिस्ट पार्टी के उम्मीदवार थे, यह सूचना दी कि 24 और 25 फ़रवरी को डॉ. लोहिया का प्रोग्राम बलिया ज़िले में है और वो डॉ. लोहिया को बक्सर रेलवे स्टेशन से कार द्वारा बलिया लाने का इंतज़ाम करें। मैं भी 23 फ़रवरी को लखनऊ से चलकर दूसरे दिन बलिया पहुंच गया। सुबह आठ बजे डॉ. साहब बलिया डाक बंगले पर नहा-धोकर तैयार हुए और 11 बजे प्रेस कांफ्रेंस करके कांग्रेस के भ्रष्ट शासन से जनता को मुक्ति दिलाने के लिए उन्होंने सभी विपक्षी पार्टियों से एकजुट होकर कांग्रेस को चुनाव में हराने की अपील की। 24 फ़रवरी मंगलवार को ही दो बजे दोपहर स्थानीय बार कौंसिल में डॉ. लोहिया ने बलिया ज़िले के वकीलों के सामने भी यही मुद्दा उठाया और वकीलों को अपने तर्कपूर्ण भाषण से यही समझाया कि आज देश में कांग्रेस को सत्ता से हटाना क्यों ज़रूरी है। उन्होंने वक़ीलों के सवालों के जवाब भी बड़ी अक़्लमंदी से दिए और शाम को पांच बजे बलिया डिग्री कॉलेज ग्राउंड पर एक विशाल जन सभा को संबोधित किया। डॉ. साहब के भाषण से पहले पं. काशीनाथ मिश्रा और मैंने भी जनता से ''कांग्रेस हटाओ, देश बचाओ'' का आह्वान किया। डॉ. लोहिया ने अपने भाषण में ये स्पष्ट किया कि ''आज सभी विपक्षी पार्टियों का ये कर्तव्य है कि वो कांग्रेस को सत्ता से हटाने के लिए अपनी पूरी ताक़त लगा दें।'' सभा में डॉ. साहब को 10,000 रुपये की थैली पार्टी फ़ंड के लिए दी गयी जिसे डॉ. साहब ने बलिया पार्टी को मौक़े पर ही पार्टी फंड में चुनाव के लिए दे दिया। रात को बलिया गेस्ट हाउस पर आराम कर के दूसरे दिन 25 फ़रवरी की सुबह काशीनाथ मिश्रा, शंभुनाथ चौधरी एडवोकेट और डॉ. लोहिया के साथ मैंने बलिया से दोआबा, बांसडीह, सीयर और कोपाचिट विधानसभा क्षेत्रों में चुनाव प्रचार किया। यहां से लोकसभा के लिए हमारे उम्मीदवार रामेश्वर सिंह थे जो बाद में राज्यसभा के सदस्य निर्वाचित हुए। बलिया ज़िले की आठ विधानसभा सीटों में पांच सीटों पर संयुक्त सोशलिस्ट पार्टी चुनाव लड़ रही थी और तीन सीटें कम्युनिस्ट पार्टी ऑफ़ इंडिया के लिए चुनाव लड़ने के लिए छोड़ दी गयीं थीं। बलिया जनपद से शंभुनाथ चौधरी एडवोकेट के अलावा एक रिज़र्व सीट पर भी पार्टी उम्मीदवार कामयाब हुए और दो अन्य विधानसभा सीटों पर कम्युनिस्ट पार्टी के विधायक चुने गए। रात को मैंने, काशीनाथ मिश्रा और डॉ. साहब ने बलिया डाक बंगले पर आराम किया।

26 फ़रवरी, गुरुवार को ग़ाज़ीपुर से सरयू पांडेय, जो कम्युनिस्ट पार्टी ऑफ़ इंडिया की तरफ से तालमेल के उम्मीदवार थे, बलिया डाक बंगले पर ही सुबह को बलिया पहुंच गए थे और हम उनके साथ सुबह ही ग़ाज़ीपुर के लिए रवाना हो गए जहां 12 बजे दोपहर को ग़ाज़ीपुर शहर में आम सभा हुई जिसमें डॉ. साहब ने सरयू पांडेय के समर्थन में वोट मांगे और शाम को मोहम्मदाबाद गोहना में आम सभा को संबोधित करके विधानसभा के उम्मीदवार भाबी यादव जो संसोपा के उम्मीदवार थे, उनके लिए वोट मांगे। रात को वहीं डाक बंगले पर हम लोगों ने आराम किया। दूसरे दिन 27 फ़रवरी को सबेरे कार द्वारा हमने सैदपुर, सादात और ज़मानिया विधानसभा क्षेत्र का चुनावी दौरा कर के पार्टी विधानसभा उम्मीदवारों बेचन राम और कन्नौजिया के लिए वोट मांगे और रात को डॉ. लोहिया के साथ ग़ाज़ीपुर डाक बंगले पर आराम किया। 28 फ़रवरी, शनिवार को डॉ. लोहिया के साथ हम मिर्ज़ापुर जनपद के लिए रवाना हुए। वहां ज़िला अध्यक्ष और पार्टी उम्मीदवारों ने हमारा स्वागत किया।

मिर्ज़ापुर ज़िले में दो लोकसभा सीट मिर्ज़ापुर और रॉबर्ट्सगंज और चार विधानसभा सीटें तालमेल समिति ने हमें चुनाव लड़ने के लिए आवंटित की थीं। 28 फ़रवरी को मिर्ज़ापुर लोकसभा के अंतर्गत आने वाली पांच में से चार विधानसभा सीटों पर मिर्ज़ापुर, दुध्धी रिज़र्व, चुनार और छियानवे पर पार्टी उम्मीदवारों के समर्थन में सभाएं की और वोट मांगे। 29 फ़रवरी को रॉबर्ट्सगंज लोकसभा के अंतर्गत रॉबर्ट्सगंज, मछवाड़ और राजगढ़ विधानसभा क्षेत्र के उम्मीदवारों के लिए वोट मांगे और रात को मिर्ज़ापुर डाक बंगले पर आराम किया। अगले दिन डॉ. लोहिया इलाहाबाद से कालका मेल द्वारा दिल्ली रवाना हो गए और मैं लखनऊ चला आया। 1967 के आम चुनाव में मिर्ज़ापुर ज़िले से पार्टी के विधानसभा उम्मीदवार शिवदास तिवारी कामयाब हुए।

ग़ैर-कांग्रेसवाद और संविद का प्रयोग

1967 के आम चुनाव में कांग्रेस को ज़बरदस्त हार देखनी पड़ी। लोकसभा की 515 सीटों में से उसे केवल 281 सीटों पर जीत हासिल हुई, यानि उसे सिर्फ़ 45 सीटों का बहुमत मिला। श्रीमती इंदिरा गांधी दोबारा प्रधानमंत्री चुन ली गईं और मोरारजी देसाई उप प्रधानमंत्री बनाए गए। विपक्षी दलों में स्वतंत्र पार्टी को सबसे ज़्यादा 42 सीटें मिलीं, जनसंघ को 35, संसोपा को 23, सीपीआई को 22, सीपीएम को 19, पीएसपी को 13, क्षेत्रीय दलों को 37 और 41 सीटें निर्दलीयों ने जीती। इन चुनावों के बाद पहली बार नौ राज्यों में गैर कांग्रेसी सरकारें बनीं।

उत्तर प्रदेश में कांग्रेस को 425 विधानसभा सीटों में 200 से भी कम सीटों पर जीत हासिल हुई और 225 से ज़्यादा सीटों पर कांग्रेस के मुक़ाबले में विपक्ष के उम्मीदवार कामयाब हुए जिसमें भारतीय जनसंघ के 98, संयुक्त सोशलिस्ट पार्टी के 46, कम्युनिस्ट पार्टी ऑफ़ इंडिया के 16, प्रजा सोशलिस्ट पार्टी के 12, रिपब्लिकन पार्टी ऑफ़ इंडिया के 10 और 46 आज़ाद विधायक जीते। विपक्षी दलों ने एकमत से संयुक्त विधायक दल का गठन कर लिया और निर्दलीय विधायकों के नेता रामचंद्र 'विकल'* को सर्वसम्मति से विधायक दल का नेता चुन लिया। लेकिन निर्दलीय विधायकों में से काफ़ी विधायक कांग्रेस के साथ हो गए और कांग्रेस ने 15 मार्च को चंद्रभानु गुप्ता के नेतृत्व में सरकार बना ली। निर्दलीय विधायकों के समर्थन से कांग्रेस को बहुमत प्राप्त हो गया। सबसे पहले मार्च के दूसरे सप्ताह में विधानसभा के स्पीकर का चुनाव हुआ जिसमें कांग्रेस ने जगदीश स्वरूप अग्रवाल को अपना उम्मीदवार बनाया। उधर, संयुक्त विधायक दल ने फ़ैज़ाबाद के रामनारायण त्रिपाठी को अपना उम्मीदवार बनाया। जगदीश स्वरूप को 220 और संयुक्त विधायक दल के उम्मीदवार रामनारायण त्रिपाठी को 202 वोट मिले। जगदीश स्वरूप स्पीकर चुन लिए गए।

संयुक्त विधायक दल ने एक हफ़्ते लगातार बैठक करके एक तैंतीस सूत्रीय 'कॉमन मिनीमम प्रोग्राम' (साझा न्यूनतम कार्यक्रम) तैयार किया जिसे सभी दलों ने और जो निर्दलीय विधायक संयुक्त विधायक दल में शामिल थे, उन्होंने मंज़ूर कर लिया (साझा न्यूनतम कार्यक्रम परिशिष्ट में संलग्न)।

---

* रामचंद्र 'विकल' कांग्रेस पार्टी के नेता। कई बार विधायक चुने गए। 1967 में निर्दलीय उम्मीदवार के रूप में सिकंदराबाद (बुलंदशहर) से निर्वाचित। सं.वि.द. के नेता चुने गए। चरण सिंह सरकार में कृषि मंत्री रहे। बाद में कांग्रेस पार्टी में शामिल हो गए और राज्यसभा के सदस्य रहे।

इस बीच, चंद्रभानु गुप्ता, मुख्यमंत्री ने अपने मंत्रिमंडल में चौधरी चरण सिंह* को तो कैबिनेट मंत्री बना दिया लेकिन उनके गुट के किसी अन्य विधायक को मंत्रिमंडल में जगह नहीं दी और न उनसे मंत्रिमंडल के गठन के सिलसिले में कोई सलाह मशविरा किया जिससे चौधरी चरण सिंह गुप्ता जी से नाराज़ हो गए। चौधरी चरण सिंह ने कांग्रेस के नाख़ुश विधायकों को अपने माल एवेन्यू बंगले पर इकट्ठा किया जिसमें फ़ैज़ाबाद के जयराम वर्मा, हमीरपुर के उदित नारायण शर्मा और 13-14 और विधायक शामिल हुए। चौधरी साहब ने तफ़सील से इन विधायकों को बताया कि अगर संयुक्त विधायक दल (सं.वि.द.) हमें समर्थन दे दें तो हम कांग्रेस छोड़कर क्यों न संयुक्त विधायक दल में शामिल हो जाएं जहां वो मुझे मुख्यमंत्री और आप लोगों को मंत्री मान लें। इस राय से वहां मौजूद सब लोगों ने इत्तेफ़ाक किया। उधर उग्रसेन एम.एल.ए. नेता, संयुक्त सोशलिस्ट पार्टी विधायक दल और रामप्रकाश गुप्ता, नेता, भारतीय जनसंघ विधायल दल, से जब हमें ये बात मालूम हुई तो हम तीनों ने तय किया कि हम कल 30 मार्च को चौधरी चरण सिंह से उनके माल एवेन्यू बंगले पर मिलेंगे और उनसे संयुक्त विधायक दल में शामिल होने के लिए आग्रह करेंगे।

एक अप्रैल को विधानसभा में राज्यपाल के भाषण पर धन्यवाद प्रस्ताव पर मतदान होना था जिसमें सं.वि.द. की ओर से कई कटौती प्रस्ताव रखे गए थे। जब हम चौधरी चरण सिंह से मिलने उनकी कोठी माल एवेन्यू पर गए तो उन्होंने हमसे कहा कि ''आप लोग तो मुझसे बात करते हैं मगर आपका कोई राष्ट्रीय नेता मुझे यक़ीन नहीं दिलाता कि कांग्रेस छोड़ने पर आप लोग मेरे साथ क्या व्यवहार करेंगे।'' इस पर हमने उन्हें स्पष्ट तौर पर यक़ीन दिलाया कि ''आज शाम को ही हमारे राष्ट्रीय नेता आपसे बात करेंगे।'' चौधरी साहब के घर से आने के बाद मैंने और उग्रसेन ने डॉ. लोहिया से फ़ोन पर दिल्ली बात की और रामप्रकाश गुप्ता ने अटलबिहारी वाजपेयी और नानाजी देशमुख से फ़ोन पर दिल्ली बात की। रात को डॉ. लोहिया ने हमें फ़ोन पर बताया कि ''मैं और अटल बिहारी वाजपेयी कल दिल्ली में लोकसभा को नहीं छोड़ सकते क्योंकि यहां एक महत्वपूर्ण बहस होने वाली है मगर हम दोनों की बात चौधरी साहब से हो गई है और हमने उन्हें पूरा यक़ीन दिला दिया है। कल राजनारायण और रामसेवक यादव हमारी तरफ़ से और नानाजी देशमुख जनसंघ की तरफ से पहली अप्रैल को लखनऊ आ रहे हैं और हमने चौधरी चरण सिंह को ही उत्तर प्रदेश का मुख्यमंत्री बनाने का वादा कर लिया है।''

दूसरे दिन पहली अप्रैल को सवेरे ही ये तीनों नेता लखनऊ मेल से दिल्ली से आ गए। हम तीनों इन्हें लेकर चौधरी साहब के माल एवेन्यू बंगले पर गए जहां चौधरी साहब ने विस्तार से हम लोगों से बातें की और हमने चौधरी चरण सिंह को उत्तर प्रदेश का मुख्यमंत्री बनाने और उनके चंद साथियों को मंत्रिमंडल में जगह देने की बात मान ली। शाम को

---

* चौधरी चरण सिंह (1902-1987) पश्चिमी उत्तर प्रदेश में कांग्रेस पार्टी के प्रभावी नेता। 1937 में पहली बार विधायक चुने गए और 1977 तक लगातार 40 वर्षों तक विधायक रहे। 1967 में पहली ग़ैर-कांग्रेसी सरकार के मुख्यमंत्री। बाद में नेता विरोधी दल। 1969 में बीकेडी और 1974 में बीएलडी का गठन किया। 1977 में जनता पार्टी के उपाध्यक्ष बनाए गए। मोरारजी सरकार में गृह मंत्री, वित्त मंत्री और उप प्रधानमंत्री रहे। 1979 में 6 माह के लिए प्रधानमंत्री बने।

चौधरी साहब ने राज्यपाल के धन्यवाद प्रस्ताव पर वोटिंग के समय धन्यवाद प्रस्ताव के ख़िलाफ़ और सं.वि.द. के कटौती प्रस्ताव के पक्ष में वोट देने की बात की।

एक अप्रैल 1967 की शाम को जैसे ही विधानसभा में धन्यवाद प्रस्ताव पर बहसबंदी का प्रस्ताव आया, चौधरी चरण सिंह अपने 16 साथियों को लेकर विधानभवन में आए और उन्होंने अपने साथियों के साथ धन्यवाद प्रस्ताव के ख़िलाफ़ और सं.वि.द. के कटौती प्रस्ताव के समर्थन में वोट दिया। स्पीकर ने धन्यवाद प्रस्ताव के सदन द्वारा नामंज़ूरी का ऐलान किया। सरकारी प्रस्ताव गिर गया। चंद्र भान गुप्ता ने उसी वक़्त राज्यपाल के पास जाकर अपनी सरकार का इस्तीफ़ा सौंप दिया।

रात को दारूलशफ़ा के 'ए' ब्लॉक के कॉमन रूम में सं.वि.द. के विधायकों की बैठक हुई। चौधरी चरण सिंह ने अपने और अपने दल के 16 अन्य सदस्यों के सं.वि.द. में शामिल होने का आवेदन दिया जिसे सं.वि.द. के नेता रामचंद्र 'विकल' ने सहर्ष स्वीकार कर लिया और तत्काल सं.वि.द. के नेता पद से इस्तीफ़ा देकर अपनी जगह चौधरी चरण सिंह को संयुक्त विधायक दल का नेता चुन लेने का प्रस्ताव किया जिसे सभी विधायकों ने सर्वसम्मति से मान लिया। राजनारायण जी ने चौधरी साहब और उनके साथियों को सं.वि.द. के 33 सूत्रीय कार्यक्रम को पढ़ कर सुनाया जिस पर चौधरी साहब और उनके साथियों ने ख़ुशी से दस्तख़त करके उस पर अमल करने का वायदा किया।

इस मीटिंग के बाद रात को ही चौधरी चरण सिंह ने रामचंद्र 'विकल' से कहा कि मेरे ज्योतिषियों ने बताया है कि मुझे आज की ही तारीख़ में ही शपथ लेनी चाहिए। लिहाजा रात को हम सभी लोग चौधरी साहब और रामचंद्र 'विकल' को लेकर गवर्नर हाउस गए जहां रामचंद्र 'विकल' ने राज्यपाल को सं.वि.द. की अध्यक्षता से इस्तीफ़ा और चौधरी चरण सिंह को सं.वि.द. का नेता चुने जाने का प्रस्ताव दिया। इस पर राज्यपाल ने चौधरी चरण सिंह को उत्तर प्रदेश में नई सरकार के गठन करने का न्यौता दिया।

चार-पांच दिन में चौधरी चरण सिंह ने अपने मंत्रिमंडल का गठन भी कर दिया जिसमें भारतीय जनसंघ के पांच काबीना मंत्री और तीन राज्यमंत्री, संयुक्त सोशलिस्ट पार्टी के तीन काबीना मंत्री और दो राज्यमंत्री, कम्युनिस्ट पार्टी ऑफ़ इंडिया की तरफ़ से एक काबीना मंत्री और एक राज्यमंत्री और प्रजा सोशलिस्ट पार्टी की तरफ़ से एक मंत्री, रिपब्लिकन पार्टी की तरफ़ से दो राज्यमंत्री बनाए। चौधरी साहब ने अपने अलावा अपने गुट से जयराम वर्मा और उदित नारायण शर्मा को काबीना मंत्री और तीन राज्यमंत्री बनाए।

संयुक्त सोशलिस्ट पार्टी के विधानसभा के विधायक दल के नेता को मंत्रिमंडल में न शामिल करने की प्रतिक्रिया

संयुक्त सोशलिस्ट पार्टी के ज़्यादातर विधायक विधानमंडल के चुने हुए नेता उग्रसेन* को सं.वि.द. की सरकार में मंत्री देखना चाहते थे जबकि राजनारायण ने उनके

---

* उग्रसेन–उत्तर प्रदेश सोशलिस्ट पार्टी के प्रमुख नेता। विधानसभा में संसोपा विधायक दल के नेता। उत्तर प्रदेश सोशलिस्ट पार्टी के अध्यक्ष और कई बार विधायक चुने गए। 1977 में देवरिया से लोकसभा के लिए निर्वाचित। 1980 में निधन।

स्थान पर विधान परिषद के सदस्य प्रभुनारायण सिंह, जो उनके जिले बनारस के रहने वाले थे, को काबीना मंत्री बना दिया था। ये एक अजीब बात थी कि उग्रसेन ने विधानमंडल दल संसोपा के नेता पद के चुनाव में जिन रामस्वरूप वर्मा को हराया था, उन्हें तो काबीना मंत्री बनाया गया और उग्रसेन को पार्टी विधानमंडल दल का नेता होते हुए भी काबीना में शामिल नहीं किया गया। मैं और मधुकर दिघे, जो पार्टी की तरफ़ से विधानमंडल दल के सचेतक थे, राजनारायण और रामसेवक यादव के इस पक्षपात पूर्ण फ़ैसले से नाराज़ थे। इस मुद्दे को लेकर 15 अप्रैल को संसोपा विधानमंडल दल की एक हंगामी मीटिंग पार्टी के विधानसभा कार्यालय में हुई जो सात घंटों तक चली। बैठक की अध्यक्षता प्रदेश पार्टी अध्यक्ष सालिगराम जायसवाल ने की। इस बैठक में राजनारायण से सवाल किया गया कि उन्होंने जिस रहस्यमय तरीक़े से सं.वि.द. सरकार में संसोपा कोटे के मंत्रियों का चयन किया, क्या उसके बारे में किसी से सलाह-मशविरा किया गया था? इस पर राजनारायण का जवाब था कि उन्होंने ये सूची पार्टी के राज्य संसदीय बोर्ड के अध्यक्ष विश्राम राय को दिखा दी थी लेकिन बाद में विश्राम राय का कहना था कि उन्होंने राजनारायण द्वारा बनाई गई सूची को मानने से इनकार कर दिया था और उस पर दस्तख़त भी नहीं किए थे। बैठक में राजनारायण की इस भूमिका की कड़ी आलोचना की गई और यह भी पूछा गया कि उन्होंने ऐसा क्यों किया। इस बैठक के बाद पत्रकारों से बातचीत करते हुए राजनारायण ने एक और ग़लतबयानि ये की कि संसोपा कोटे के मंत्रियों को चुनने का अधिकार उन्हें केंद्रीय संसदीय बोर्ड ने दिया था, जो कि ग़लत था। (साभार जनता, 21 अप्रैल, 1967)

उत्तर प्रदेश में सं.वि.द. मंत्रिमंडल का गठन और उसमें संसोपा मंत्रियों के नामों की ख़ुशख़बरी देने जब राजनारायण दिल्ली में डॉ. लोहिया से मिले तो उलाहना देते हुए कहा, 'डॉ. साहब, आप तो साठ सैंकड़ा पिछड़ों को देने की बात करते हैं जबकि हमने तो उत्तर प्रदेश में 80 सैकड़ा कर दिया।' इतना सुनते ही डॉ. लोहिया राजनारायण पर बरस पड़े और बोले कि तुम झूठ बोलते हो। लखनऊ में जो षड्यंत्र तुम करके आए हो, वह मुझे मालूम है। मैं व्यक्तियों के नाम लेना नहीं चाहता लेकिन अगर एक मिनट के लिए मैं तुम्हारा ही तर्क मान लूं तो क्या उन पांचों मंत्रियों में कोई महिला, कोई मुसलमान है? इस पर राजनारायण ने जवाब दिया कि "हमारे विधायकों में कोई महिला नहीं जीत पाई और मुसलमान कोई पढ़ा-लिखा नहीं है।" राजनारायण का यह जवाब सुनकर डॉ. लोहिया और ज़्यादा नाराज़ हो गए और कहने लगे कि "क्या विधायक दल से बाहर के लोग चरण सिंह मंत्रिमंडल में शामिल नहीं किए गए हैं? क्या अब्बास अली को मंत्री नहीं बनवाया जा सकता था? तुम उसे पार्टी का सूबाई राज्यमंत्री चुन सकते हो लेकिन सरकार में शामिल नहीं करा सकते?" इस घटना के बाद डॉ. लोहिया, राजनारायण से इतना नाराज़ हो गए कि कई हफ़्तों तक उनसे नहीं बोले। इसी दौरान मैं एक मर्तबा डॉ. लोहिया से मिला तो वह मुझ पर भी नाराज़ हुए और कहने लगे कि "उत्तर प्रदेश के लोग वचन-भंगी और वायदा ख़िलाफ़ हैं और अब मैं उनके लिए कोई

काम नहीं करूंगा।" इस घटना के बाद जब जुलाई माह में उत्तर प्रदेश से राज्यसभा का एक उप चुनाव हुआ तो मुझे उम्मीदवार बनाया गया।

अप्रैल के दूसरे हफ़्ते में मुझे पार्टी के केंद्रीय महामंत्री, जिन्हें उस समय प्रधानमंत्री कहा जाता था, रामसेवक यादव का एक परिपत्र मिला जिसमें उत्तर प्रदेश विधानसभा चुनाव में पार्टी की क्या स्थिति रही, इस बारे में एक विस्तृत रिपोर्ट तैयार करने को कहा गया था। साथ ही, इलाहाबाद और लखनऊ में अप्रैल के अंतिम सप्ताह में और उरई में मई के पहले सप्ताह में संभागीय जांच सम्मेलन होने के बारे में सूचना दी गई थी। दरअसल डॉ. लोहिया को उत्तर प्रदेश में पार्टी की कारकर्दगी से बहुत धक्का लगा था। डॉ. साहब को उम्मीद थी कि जिन 250 लोगों को हमने अपना उम्मीदवार बनाया था, उनमें से कम से कम 100 से 125 जीतेंगे। लेकिन साधन के अभाव में हमारे सिर्फ़ 46 विधायक ही जीत पाये। इसी की तहक़ीक़ात करने के लिए डॉ. लोहिया ने संभागीय सम्मेलन करने का सुझाव दिया और ख़ुद भी उनमें शामिल रहे।

चुनाव में उत्तर प्रदेश पार्टी में कारकर्दगी

रामसेवक यादव का परिपत्र और प्रश्नावली

12.4.67

सभी सम्बन्धित जिला क्षेत्र मंत्रियों तथा पार्टी उम्मीदवारों के नाम

विषय : सम्भागीय सम्मेलन

प्रिय साथी,

गत आम चुनाव '67 के सम्बन्ध में पार्टी की उत्तर प्रदेश में क्या स्थिति रही है तथा चुनाव परिणाम के लेखा-जोखा से जो निष्कर्ष निकलता है, से ध्यान में रखते हुए साथ में संलग्न प्रश्नावली केंद्रीय कार्यलय ने तैयार किया है। इन सभी प्रश्नों को आप ध्यानपूर्वक पढ़ें और उनके उत्तर निकालने का प्रयास करें। आप अपने ज़िला व क्षेत्र से सम्बन्धित प्रश्नों के उत्तर लिखित रूप में राज्य व केंद्रीय कार्यालय में भेजें तथा संभागीय सम्मेलन में भी पेश करें।

इन सभी सवालों की छान-बीन के लिए सम्भागीय सम्मेलन निम्नलिखित तारीख़ों में होने जा रहा है :

इलाहाबाद में : दिनांक 28 व 29 अप्रैल '67 को होगा, जिसमें डॉ. राममनोहर लोहिया, रामसेवक यादव, प्रधानमंत्री, संसोपा, राज्यमंत्री व अध्यक्ष, उत्तर प्रदेश, प्रो. वासुदेव सिंह व काशीनाथ मिश्र भाग लेंगे। इनके अतिरिक्त निम्नलिखित जिलों के पार्टी उम्मीदवार जिला मंत्री व क्षेत्र मंत्री भी भाग लेंगे।

इलाहाबादः इलाहाबाद, प्रतापगढ़, जौनपुर, आजमगढ़, मिर्जापुर, वाराणसी, फतेहपुर।

लखनऊ : लखनऊ, रायबरेली, सुल्तानपुर, बाराबंकी, सीतापुर, बहराईच, गोण्डा, उन्नाव, फैजाबाद।

उरई : उरई में दो व तीन मई '67 को होगा जिसमें रामसेवक यादव, राज्यमंत्री व अध्यक्ष, उत्तर प्रदेश तथा निम्नलिखित ज़िलों के पार्टी के उम्मीदवार ज़िला मंत्री व क्षेत्र मंत्री भाग लेंगे।

उरई : जालौन, कानपुर, झांसी, बांदा, हमीरपुर।

उक्त सम्मेलन में ज़िला व क्षेत्र समितियों के सदस्य, जिला क्षेत्र कौंसिलर तथा पार्टी सदस्य भी भाग लेंगे। ज़िला मंत्री उनको अलग से सूचना भेजें।

इस अवसर पर अपने-अपने क्षेत्र ज़िला से बने सदस्यों की अद्धियां व कोटा भी साथ-साथ जमा करना होगा।

सधन्यवाद।
आपका साथी,
रामसेवक यादव,
प्रधानमंत्री

(लोकसभा में लोहिया, भाग 14, पृष्ठ संख्या 288-289 से साभार। प्रश्नावली परिशिष्ठ में संलग्न है)।

इलाहाबाद और लखनऊ संभागीय सम्मेलनों में डॉ. लोहिया ने ख़ुद शिरकत की और तफ़्सील से जायज़ा लिया और सात मई को दिल्ली पहुंच कर मुझे एक ख़त लिखा।

प्रिय अब्बास अली,

लखनऊ और इलाहाबाद की जांच की रपट फ़ौरन तैयार कर भेजना। नयी प्रश्नावली अलग से तैयार करके सबको भेज देना। मुझको भी। गोरखपुर, देवरिया, बस्ती और बलिया की जांच के लिए इनको लिखना : 1. उग्रसेन, 2. काशीनाथ मिश्र, 3. मोल्हूराम, 4. दिघे। देवरिया की जांच के समय उग्रसेन नहीं रहेंगे। एक आदमी तुममें से यानि 1. अब्बास अली, 2. वासुदेव सिंह, 3. भगवती सिंह (तुम लोगों ने पिछली सब जांचों को देखा और लिखा) रहना चाहिए। सब जल्दी करना।

अभी तक सूबे के अलग-अलग हिस्से और वहां के सब उपयुक्त नाम तुमने नहीं भेजे क्योंकि फिर मैं कैसे चुनूं या लिखूं।
इस पत्र की प्रतिलिपि चारों को भेज रहा हूं। उन्नीस को मैं आज़मगढ़ रहूंगा। क्या तीस मई को बनारस जांच बढ़ायी जा सकती है?

तुम्हारा
राममनोहर लोहिया
नई दिल्ली, 7 मई 1967

इसके जवाब में मैंने डॉक्टर लोहिया को 19 मई को ख़त लिखा।

श्रद्धेय डॉक्टर साहब,

25 और 26 मई को गोरखपुर में देवरिया, बस्ती, बलिया और गोरखपुर की जांच की तारीख तय हो गयी है। इसकी सूचना संबंधित ज़िलों और सर्वश्री उग्रसेन, काशीनाथ मिश्र, मोलहू राम और दिघे जी को दे दी है। मैं भी इसमें रहूंगा।

27, 28 मई को धनौरा (मुरादाबाद) में मुज़फ़्फ़र नगर, सहारनपुर, मेरठ, बुलंदशहर, अलीगढ़, बदायूं, रामपुर, मुरादाबाद ज़िलों की और 30, 31 मई को वाराणसी में ग़ाजीपुर, मिर्ज़ापुर, जौनपुर और वाराणसी ज़िलों की ज़ांच के संबंध में भी सम्बन्धित जिलों को लिखा जा चुका है।

नयी प्रश्नावली सभी ज़िलों को भेज दी गई है। आपके लिए पत्र के साथ संलग्न है।

लखनऊ-इलाहाबाद और उरई की जांचों की रपट प्रोफ़ेसर साहब के इंतज़ार के कारण तैयार नहीं कर सका हूं। एक-दो दिन और देखने के बाद स्वयं तैयार करूंगा।

21 मार्च की राज्य समिति की बैठक में प्रदेश को पांच भागों में बांट कर लखनऊ, इलाहाबाद, आगरा, बरेली और आज़मगढ़ केंद्र बनाये गये थे जिन पर नियुक्ति के संबंध में मेरी राय है कि आज़मगढ़—श्री मदन पांडेय, आगरा—श्री बालोजी अग्रवाल, लखनऊ—श्री भगवती सिंह को दिया जाए। बरेली और इलाहाबाद के संबंध में साथियों से राय ले कर सूचित करूंगा।

आपका

अब्बास अली, राज्य मंत्री

लखनऊ 19.5.1967

(लोकसभा में लोहिया, भाग 14, पृष्ठ संख्या 392-396 से साभार। प्रश्नावली परिशिष्ठ में संलग्न है)।

मई 1967 के पहले सप्ताह में राष्ट्रपति का चुनाव होने वाला था। कांग्रेस पार्टी ने इस चुनाव में डॉ. ज़ाकिर हुसैन को अपना उम्मीदवार बनाया जबकि डॉ. लोहिया चाहते थे कि डॉ. ज़ाकिर हुसैन आम राय से राष्ट्रपति चुने जाएं लेकिन तत्कालीन प्रधानमंत्री श्रीमती इंदिरा गांधी ने इकतरफ़ा तौर पर डॉ. जाकिर हुसैन के नाम का ऐलान कर दिया। इस पर डॉ. लोहिया ने अन्य विपक्षी दलों के साथ सलाह-मशविरा करके सुब्बाराव को डॉ. जाक़िर हुसैन के ख़िलाफ़ उम्मीदवार बनवा दिया। एक दिन, रात में जब मैं पान दरीबा ऑफ़िस में गहरी नींद में सोया हुआ था अचानक फ़ोन की घंटी बजी। मैंने थोड़े गुस्से में फ़ोन का रिसीवर उठाते हुए कहा, "अरे भई, कौन हैं?" दूसरी तरफ़ से डॉ. लोहिया की आवाज़ आयी, "अरे कप्तान, क्या सो गए थे? मैं राममनोहर बोल रहा हूं।" इस पर मुझे कुछ शर्मिंदगी हुई और मैंने कहा, "जी हां, सो गया था। क्या हुक्म है?" डॉ. साहब ने कहा, "मैं जाक़िर हुसैन के खिलाफ़ तुम्हारी तरफ़ से एक बयान जारी करना चाहता हूं और उसे तुम्हें सुनाकर तुम्हारी रजामंदी लेना चाहता था।" मैंने कहा, "डॉ. साहब, आपको इस बात की क्या जरूरत है, आप हमारे नेता हैं और जो मुनासिब समझें, करें।" इस पर डॉ. साहब का जवाब था कि "तुम्हारी रजामंदी लिए बिना मैं ऐसा नहीं करना चाहता।" और फिर उन्होंने फ़ोन पर पूरा बयान पढ़कर सुनाया। डॉ. साहब ने इस चुनाव में अपनी ओर से एक अपील जारी की जो 'लोकसभा में लोहिया, भाग-14, पृष्ठ 266-270' पर प्रकाशित भी हुई है।

सं.वि.द. के 33 सूत्री कार्यक्रम की अवहेलना

संयुक्त विधायक दल के 33 सूत्री कार्यक्रम की पहली लाईन थी कि सरकार अपने जीवन के पहले दिन ही सभी राजनीतिक गिरफ़्तार छात्रों और अन्य राजनीतिक बंदियों को रिहा कर देगी। मगर जब सरकार के गठन के एक हफ़्ते बाद भी सं.वि.द. की सरकार ने ऐसा आदेश पारित नहीं किया तो मैं और सं.वि.द. के सचिव उग्रसेन, चौधरी चरण सिंह से उनके मुख्यमंत्री कार्यालय में जाकर मिले तो उन्होंने जवाब दिया कि "कप्तान साहब, ये लॉ एण्ड ऑर्डर का मामला है। इसे चुटकी बजा कर ख़त्म नहीं किया जा सकता। पहले तो मैं इसकी फ़ाइल मंगाकर देखूंगा। फिर कोई हुक्म दूंगा।" जब अगले एक हफ़्ते में भी उन्होंने छात्रों और अन्य राजनीतिक बंदियों को रिहा करने का आदेश नहीं दिया तो मैंने डॉ. लोहिया को दिल्ली टेलीफ़ोन करके बताया। डॉ. साहब ने हमें सलाह दी कि "अभी कोई बात नहीं, और इंतज़ार कर लो।"

इसी तरह, उत्तर प्रदेश में विकास कार्य में लगी सभी ग्राम सेविकाओं को संयुक्त विधायक दल की सरकार ने सेवामुक्त कर दिया। इस बारे में ग्राम सेविकाओं का एक प्रतिनिधिमंडल संसोपा की नेत्री श्रीमती सरला भदौरिया एम.पी. के नेतृत्व में चौधरी चरण सिंह से मिला तो उन्होंने सरला जी को जवाब दिया कि "औरतों को घर-गृहस्थी का काम करना चाहिए।" इस पर सरला जी ने उन्हें एक मांगपत्र भी लिखकर दिया जिसका चौधरी साहब ने कोई जवाब नहीं दिया। इस संबंध में कांग्रेस की भूतपूर्व मुख्यमंत्री श्रीमती सुचेता कृपलानी जब लखनऊ आईं तो उन्होंने मुझे और उग्रसेन, सचिव सं.वि.द. को बुलाकर कहा कि "ये आपकी प्रगतिशील संयुक्त विधायक दल की सरकार है जिसमें स्त्रियों का शोषण हो रहा है।"

जब अल्पकालीन बज़ट सं.वि.द. की सरकार ने पेश किया तो उसमें न तो सवा छह एकड़ अलाभकारी जोतों से लगान माफ़ी का प्रावधान था और न मंत्रियों के वेतन में कटौती करके 500 रुपये प्रति मास किए गए तो मैंने और उग्रसेन ने ये बात फ़ोन पर डॉ. लोहिया को बता दी। डॉ. साहब ने मशविरा दिया कि "आप अपने पांचों मंत्रियों की मीटिंग करके मुझे बता दें ताकि मैं उनसे बात करके अपने पांचों मंत्रियों के मंत्रीपद से इस्तीफ़े का मशविरा चौधरी साहब को दे दूं।" दूसरे दिन मैंने और उग्रसेन ने अपने पांचों मंत्रियों की मीटिंग बुलाई जिन्हें डॉ. लोहिया ने मशविरा दिया कि "चौधरी चरण सिंह बराबर सं.वि.द. के 33 सूत्री कार्यक्रम की अवहेलना कर रहे हैं। इसलिए आप पांचों मंत्री इस अवहेलना के विरोध में अपने मंत्रीपद से इस्तीफ़ा दे दें।" हमने अपने पांचों मंत्रियों के इस्तीफ़े लिए और मुख्यमंत्री को एक ख़त लिखा और उसमें ये तहरीर किया कि "आपने सं.वि.द. के 33 सूत्री कार्यक्रम पर, जिस पर आपकी स्वीकृति है, अभी तक अमल नहीं किया। इसलिए हम सभी मंत्री इसके विरोध में अपने पदों से इस्तीफा देते हैं।" इसका उसी शाम को चौधरी साहब ने मुझे जवाब भेजा कि "प्रिय अब्बास जी, आज दोपहर आपने मेरे कार्यालय में मुझे मेरे मंत्रीमंडल के पांच सहयोगियों के इस्तीफ़े सवा छह एकड़ ज़मीन से लगान माफ़ी के संबंध में दिए हैं, जिसके विषय में मैं आपको

ये विश्वास दिलाता हूं कि अभी ये अल्पकालिक बज़ट है। जब पूरा बजट आएगा तो उसमें आपकी भावनाओं का, जो 33 सूत्री कार्यक्रम से संबंधित है, समावेश कर दिया जाएगा। अतः मैं आपके सभी पांच मंत्रियों के इस्तीफ़े वापस कर रहा हूं।'' हमने डॉ. लोहिया से फिर मशविरा किया और उनके मशविरे से अपने मंत्रियों के इस्तीफ़े वापस ले लिए।

संयुक्त सोशलिस्ट पार्टी के मंत्रियों ने अपने विभागों में कई सराहनीय कार्य किए मगर वे अलाभकारी जोतों से लगान माफ़ी न होने से काफ़ी नाराज़ थे। चौधरी चरण सिंह ने अनौपचारिक बातों में हमें ये भी बताया कि जनसंघ के लोग सवा छह एकड़ की लगान माफ़ी के ख़िलाफ़ हैं। हमने उन्हें बताया कि ''33 सूत्री कार्यक्रम पर उनकी भी आपकी तरह स्वीकृति है।'' दूसरी तरफ़ उन्होंने भारतीय जनसंघ के नेताओं से कहा कि संसोपा के लोग उनके मंत्रिमंडल में विस्तार और जनसंघ के और लोगों के मंत्री बनने के ख़िलाफ़ हैं।

इसके बाद सं.वि.द. की समन्वय समिति की बैठक बुलाई गयी मगर चौधरी चरण सिंह उस बैठक में तशरीफ़ नहीं लाए। रामप्रकाश गुप्ता, नेता, जनसंघ ने बैठक की अध्यक्षता की। उग्रसेन, नेता, संसोपा ने रामप्रकाश जी से पूछा कि ''आपकी तो 33 सूत्री कार्यक्रम में स्वीकृति है। फिर आप सवा छह एकड की लगान माफ़ी के अब मुख़ालिफ़ क्यों हैं?'' तो उन्होंने जवाब दिया कि ''ये तो सं.वि.द. का सर्वमान्य सूत्र है। हम इसकी मुख़ालिफ़त क्यों करेंगे।''

इसी तरह रामप्रकाश गुप्ता ने कहा कि ''चौधरी साहब ने मुझे उप मुख्यमंत्री बनाने के लिए कहा है। आप इसका विरोध क्यों कर रहे हैं?'' यह सुनकर हम अवाक रह गए। मैंने, उग्रसेन और हमारे मंत्रियों ने जवाब दिया कि ''हमने तो कभी आपको उप मुख्यमंत्री बनाने की मुख़ालिफ़त नहीं की है।'' फिर हम दोनों एक साथ चौधरी चरण सिंह से मिले और उनके सामने सारी बातें साफ़ कर दीं और इस तरह चौधरी चरण सिंह की ''डिवाइड एण्ड रूल'' की पॉलिसी उजागर हो गयी।

राज्यसभा और विधान परिषद के उप-चुनाव

बज़ट सत्र के दौरान माह जून 1967 में इलेक्शन कमीशन ने उत्तर प्रदेश विधानसभा से राज्यसभा की एक और विधान परिषद की चार ख़ाली सीटों पर उप चुनाव कराने की घोषणा की। इन उप चुनावों के सिलसिले में सं.वि.द. की कई मीटिंगें हुईं और आख़िर में तय किया गया कि राज्यसभा की एक ख़ाली सीट के लिए मुझे संयुक्त विधायक दल का उम्मीदवार और माधव प्रसाद त्रिपाठी व मान सिंह वर्मा, जो सं.वि.द. की सरकार में भारतीय जनसंघ की ओर से मंत्री थे, और रमेश सिन्हा, जो कम्युनिस्ट पार्टी और गया प्रसाद 'प्रशांत', जो रिपब्लिकन पार्टी के सचिव थे, को संयुक्त विधायक दल की ओर से विधान परिषद का उम्मीदवार बनाया गया। हम पांचों उम्मीदवारों के नामांकन चौधरी चरण सिंह और उनके मंत्रिपरिषद के लोगों ने कराए

मगर कांग्रेस पार्टी ने इन पांचों सीटों पर अपने उम्मीदवार खड़े किए और हमारा सीधा मुक़ाबला कांग्रेसी उम्मीदवारों से हुआ। मेरे मुक़ाबले में कांग्रेसी उम्मीदवार श्रीमती बिंदुमती देवी को खड़ा किया गया।

चौधरी चरण सिंह हमारा नामांकन करा कर एक हफ़्ते के लिए दिल्ली चले गए और दिल्ली से वोटिंग से दो दिन पहले लौटे। चूंकि विधानमंडल का बजट सेशन चल रहा था इसलिए सभी विधायक लखनऊ में मौजूद थे। कांग्रेस की तरफ से सी.बी. गुप्ता, कमलापति त्रिपाठी, हेमवती नंदन बहुगुणा और बाबू बनारसी दास हरेक विधायक के पास विधायक निवास में वोट मांगने जाते थे। विधायकों की कुछ समस्याएं थीं। वो चाहते थे कि अगर चौ. चरण सिंह उनसे सं.वि.द. के उम्मीदवारों के लिए वोट मांगने के लिए आएंगे तो हम उनके समक्ष अपनी समस्याएं रखेंगे और तभी अपना वोट सं.वि.द. के उम्मीदवारों को देंगे।

चुनाव से दो दिन पहले जब मैंने और माधव प्रसाद त्रिपाठी ने चौ. साहब को ये हालात बताए और कहा कि हम चुनाव हार सकते हैं तो उन्होंने सं.वि.द. के विधायकों की मीटिंग बुलाकर उनसे सं.वि.द. के उम्मीदवारों के लिए वोट देने की अपील करके संतोष कर लिया। चौ. साहब ने अलग-अलग विधायकों से संपर्क नहीं किया और न उनकी समस्याएं सुनीं जिसका नतीजा ये हुआ कि हम सं.वि.द. के पांचों उम्मीदवार कांग्रेसी उम्मीदवारों से 10-20 वोटों के अंतर से हार गए। ये एक अजीब बात थी कि बजट सेशन में सरकार हर विभाग की मांगों पर वोटिंग में 15-20 वोटों के बहुमत से बजट पास कराए और उसी सरकार के सभी उम्मीदवार उप-चुनाव में हार जाएं।

हमारी इस हार के बाद चौ. साहब ने एक और नाटक ये किया कि संयुक्त विधायक दल की एक आपातकालीन बैठक बुलाई और उसमें ऐलान किया कि चूंकि सं.वि.द. के पांचों उम्मीदवार उप चुनाव हार गए हैं इसलिए मैं राज्यपाल को सरकार का इस्तीफ़ा सौंपने जा रहा हूं। इस पर सं.वि.द. के सभी घटकों ने ये आपत्ति की कि चूंकि बजट सेशन चल रहा है और विधानसभा में रोज़ाना किसी न किसी विभाग की मांगों पर वोटिंग हो रही है और उसमें सरकार की तरफ़ से पेश मांगें सदन के सदस्यों द्वारा बहुमत से पास हो रही हैं इसलिए सरकार का बहुमत रोज़ाना सिद्ध हो रहा है और सरकार को इस्तीफ़ा देने की कोई ज़रूरत नहीं है। तब जाकर चौ. चरण सिंह ने अपनी सरकार का इस्तीफ़ा देने की ज़िद छोड़ी।

अंत में सरकार का पूरा बजट विधानसभा में बहुमत से पास हो गया और सं.वि.द. सरकार का ये संकट टला। संयुक्त सोशलिस्ट पार्टी के मंत्रियों ने पांच महीने तक सरकारी वेतन नहीं लिया क्योंकि मुख्यमंत्री चौ. चरण सिंह का कहना था कि न मैं 500 रुपये वेतन लूंगा और न किसी को 500 रुपये लेने दूंगा। इस पर संसोपा के मंत्रियों ने त्यागपत्र भी दे दिया मगर चौ. साहब अपनी ज़िद पर अड़े रहे। सं.वि.द. के अन्य दल भी 500 रुपये मासिक वेतन लेने के विरोधी थे।

अलाभकारी जोतों से लगान माफ़ी के विरोध में भी चौ. साहब अपनी ज़िद पर अंत तक क़ायम रहे। डॉ. लोहिया के इस सुझाव को भी उन्होंने स्वीकार नहीं किया कि फ़िलहाल जिन किसानों पर दो रुपये सालाना लगान है, उसे माफ़ कर दिया जाए। वास्तव में चौ. चरण सिंह विपक्ष का तेवर नहीं अपना सके और उनके ऊपर अभी तक कांग्रेस और उसके नेतृत्व वर्ग का असर क़ायम था। वो किसी भी प्रकार के जन-आंदोलन और सत्याग्रह का न केवल विरोध करते थे बल्कि उसे कुचलने के भी हामी थे। डॉ. लोहिया किसानों के सवालों को लेकर काफ़ी नाउम्मीद हो गए थे। वो चौ. चरण सिंह की हठवादिता से बेहद खिन्न थे और बराबर हमसे टेलीफ़ोन से ये पूछते रहते थे कि किसानों की लगान माफ़ी के बारे में सं.वि.द. की सरकार क्या कर रही है?

डॉ. लोहिया का जनपद अल्मोड़ा दौरा

अल्मोड़ा कुमायूं क्षेत्र में समाजवादी पार्टी के कार्यकर्ता फरवरी 1967 के आम चुनाव से पहले डॉ. लोहिया का तीन दिन का कार्यक्रम अपने जिले में चाहते थे। मगर उस समय अल्मोड़ा ज़िले के लिए डॉ. साहब तीन दिन के व्यापक कार्यक्रम के लिए समय नहीं दे सके। 29 दिसंबर 1966 को जब मधु लिमये के साथ मैंने अल्मोड़े का दो दिन का दौरा किया तब ज़िला अध्यक्ष साथी शेर सिंह धोनी से मैंने वादा किया था कि चुनाव के बाद डॉ. लोहिया की अल्मोड़ा जनपद में कार्यकर्ताओं के साथ बैठक रखी जाएगी। तय प्रोग्राम के मुताबिक डॉ. साहब 29 जुलाई को सवेरे बरेली से ट्रेन द्वारा हल्द्वानी पहुंचे। हल्द्वानी स्टेशन पर मैं, श्रीमती बसंती देवी और उनके पति और शेर सिंह धोनी ने अन्य कार्यकर्ताओं के साथ उनका स्वागत किया। डॉ. साहब के साथ प्रो. रमा मित्रा और बरेली से उत्तर प्रदेश सरकार के राज्यमंत्री अनंतराम जायसवाल* आए थे। हल्द्वानी में नाश्ता करने के बाद शेर सिंह धोनी, प्रो. रमा मित्रा और डॉ. लोहिया कार द्वारा अल्मोड़ा के लिए रवाना हुए और मैं, अनंतराम जायसवाल, श्रीमती बसंती देवी और उनके पति के साथ सरकारी कार में अल्मोड़ा गेस्ट हाउस पहुँचा। डॉ. लोहिया को गेस्ट हाउस में छोड़कर मैं और शेर सिंह धोनी अल्मोड़ा की उस धर्मशाला में पहुंचे जहां कार्यकर्ता शिविर का बंदोबस्त किया गया था। दोपहर के खाने के बाद कार्यकर्ता सम्मेलन शुरू हुआ जिसका उद्घाटन डॉ. लोहिया ने किया और बताया कि "हर विधानसभा क्षेत्र में पार्टी का कार्यालय होना चाहिए जो विधिवत रोज़ाना खुले और अगर उस क्षेत्र से पार्टी का विधायक है तो वो हर हफ़्ते एक दिन कार्यालय में मौजूद रहे। हर क्षेत्र में 1000 पार्टी के साधारण सदस्य और 50 सक्रिय सदस्य बनने चाहिए, तभी उस क्षेत्र में आइंदा पार्टी चुनाव लड़ेगी।" साथ ही उन्होंने ये भी कहा कि "20-25 अगस्त

* अनंतराम जायसवाल बाराबंकी के जुझारू समाजवादी नेता। 1967 और 1969 में विधानसभा के लिए निर्वाचित और सं.वि.द. सरकार में मंत्री। 1977 में लोकसभा के लिए निर्वाचित। उत्तर प्रदेश जनता पार्टी के अध्यक्ष और 1990 में राज्यसभा के लिए निर्वाचित।

तक मुसाफ़िरख़ाना, ज़िला सुल्तानपुर में पार्टी का जो शिविर होने जा रहा है, उसमें सभी विधायक और सक्रिय कार्यकर्ता भाग लें। जिन विधायकों पर पार्टी का मासिक शुल्क बक़ाया है, वो शिविर से पहले अपना बक़ाया शुल्क अदा कर दें।''

डॉ. साहब ने संसोपा के उन मंत्रियों को जो सं.वि.द. में शामिल थे, सलाह दी कि अलाभकारी जोतों से जल्द से जल्द लगान ख़त्म करने की कोशिश करें। उन्होंने पार्टी कार्यकर्ताओं से भी अपील की कि उन्हें सं.वि.द. के अपने मंत्रियों के भरोसे ही नहीं रहना चाहिए। दूसरे दिन 30 जुलाई, रविवार को डॉ. साहब ने अल्मोड़ा में प्रेस कांफ्रेंस में घोषणा की कि ''उत्तर प्रदेश की कांग्रेस पार्टी चंद्रभानु गुप्ता के नेतृत्व में ख़ूनी क्रांति को दावत दे रही है। पूंजीपतियों के पैसे के बल पर कांग्रेस पार्टी अल्पमत को ग़लत तरीक़े से बहुमत में बदलना चाहती है और मौजूदा ग़ैर-कांग्रेसी सरकार को गिराने की कोशिश कर रही है। मैं कांग्रसी नेताओं को आगाह करना चाहता हूं कि प्रदेश की ग़रीब जनता कांग्रेस पार्टी की ऐसी किसी चाल को बर्दाश्त नहीं करेगी, चाहे उसके लिए उसे ख़ूनी क्रांति ही क्यों न करनी पड़े।''

31 जुलाई, सोमवार को डॉ. साहब ने दोपहर एक बजे अल्मोड़ा बार एसोशिएशन में वकीलों के समक्ष ऐलान किया कि ''आज जो लोग किसी भी लालच में पड़ कर संयुक्त विधायक दल की सरकार को तोड़ना चाहते हैं, उनसे मेरा निवेदन है कि उनके निर्वाचन क्षेत्र की जनता भी उनके विरोध में जनतांत्रिक कदम उठाएगी जो उनके भविष्य के लिए भी ख़तरनाक साबित होगा।''

एक अगस्त, मंगलवार को डॉ. लोहिया और प्रो. रमा मित्रा कार से दिल्ली लौट गए और मैं, अनंतराम जायसवाल, राज्यमंत्री के साथ लखनऊ वापस आ गया।

20-25 अगस्त तक मुसाफ़िरख़ाना, ज़िला सुल्तानपुर में पार्टी का राज्य शिविर

जनपद सुल्तानपुर के क़स्बा मुसाफ़िरखाना में राज्य पार्टी की ओर से एक राज्य स्तरीय राजनीतिक शिविर का आयोजन किया गया जिसका उद्घाटन 20 अगस्त को राष्ट्रीय अध्यक्ष एस.एम. जोशी ने किया। इस शिविर के ख़र्च का बजट 10,000 रुपये था। जनपद सुल्तानपुर के पार्टी के जुझारू नेता त्रिभुवन नाथ सांडा ने आधा ख़र्च स्वयं चंदा करके जमा किया और 5000 रुपये राज्य कार्यालय से शिविर के लिए दिया गया। राज्य कार्यालय के संयुक्त सचिव रमाशंकर गुप्ता 15 अगस्त को ही मुसाफ़िरख़ाना, ज़िला सुल्तानपुर पहुंच गए। राज्य समिति के सभी सदस्य, पार्टी के राज्य सरकार के सभी मंत्री, उत्तर प्रदेश में संसोपा के सभी विधायक, सक्रिय सदस्यों को इस शिविर में आमंत्रित किया गया। 20 अगस्त को अपने उद्घाटन भाषण में राष्ट्रीय अध्यक्ष एम.एम. जोशी ने पार्टी कार्यकर्ताओं का आह्वान किया कि ''संयुक्त विधायक दल सरकार में साझेदारी के साथ हमारा पुराना संघर्ष का हथियार कुंठित नहीं होना चाहिए। पिछले 20 साल से हमारा समाजवादी आंदोलन चार महीने की सरकार की साझेदारी में रहकर कमज़ोर पड़ा है। इसलिए हमें मध्यावधि चुनाव होने की सूरत में अभी से तैयारी करनी

चाहिए और अनुशासन को मज़बूत रखना चाहिए। समाज में ज़ुल्म और अन्याय के ख़िलाफ़ लड़ाई जारी रखनी है।'' दूसरे दिन 21 अगस्त को मुख्य वक्ता मामा बालेश्वर दयाल* ने अपने भाषण में कहा कि ''मिली-जुली सरकार में कुछ कठिनाई सामने आती है। नई सरकार बनने के वक़्त कुछ ऐसे काम भी होते हैं जिससे कि आम आदमी चौराहे पर खड़ा होकर पुरानी कांग्रेसी सरकार और नई सं.वि.द. सरकार का फ़र्क़ महसूस कर सके। 33 सूत्री कार्यक्रम के अनुसार सं.वि.द. सरकार के गठन के पहले दिन जो काम होने थे, वो सरकार के चार माह पूरे होने पर भी अभी तक पूरे नहीं हुए।''

22 अगस्त को शिविर में पार्टी के राष्ट्रीय महामंत्री रामसेवक यादव ने कहा कि हमारा संगठन ही हमारी तैयारी को बना सकता है। मज़बूत संगठन पर ही हम संघर्ष के लिए तैयार हो सकते हैं। आज इस शिविर में ढाई सौ डेलीगेट होने चाहिए थे जबकि मात्र 120 डेलीगेट ही आए हैं। मंत्री और विधायकों की ग़ैर-हाज़िरी असहनीय है जिन्होंने पार्टी नियम और सिद्धांत को ताक़ पर रख दिया है।''

23 अगस्त को राजनारायण एम.पी. ने भाषण दिया और कहा कि ''ज़िला परिषद और नगर पालिकाओं के चुनाव छह माह के अंदर होने हैं। हमें अभी से उसकी तैयारी करनी चाहिए। भूमिहीनों को संगठित करके उनका आंदोलन छेड़ना चाहिए। आज अंग्रेज़ी भाषी लोग नौकरियां पा रहे हैं। इसका विरोध करना आवश्यक है।''

24 अगस्त को मधु लिमये एम.पी. ने ज़ोर देकर कहा कि ''हमारी कथनी और करनी में सामंजस्य होना चाहिए। जब हम ख़ुद दूसरों का शोषण करेंगे तो फिर शोषितों की लड़ाई कौन लड़ेगा? हमें गंभीरता से सोचना चाहिए कि हमारे विधायक एक क्षेत्र से चुनने के बाद दोबारा उस क्षेत्र से क्यों नहीं चुने जाते? हमारे विधायक भी कांग्रेसी विधायकों की तरह नियम-भंगी हैं। पार्टी विधान में जो ज़िम्मेदारी उन पर डाली गई है, वे उसे भी पूरा नहीं करते।''

25 अगस्त को समाजवादी चिंतक व मनीषी डॉ. राममनोहर लोहिया ने शिविर में पधार कर समापन समारोह में अपना भाषण बड़ी तफ़सील से दिया। हमें क्या मालूम था कि ये भाषण समाजवादी कार्यकर्ताओं के लिए उनकी जिंदगी का आख़िरी संदेश होगा क्योंकि इस शिविर के मात्र डेढ़ माह बाद 12 अक्टूबर 1967 को दिल्ली में एक मामूली ऑपरेशन के बाद वो हमारे बीच से हमेशा के लिए उठ गए।

लोहिया जी ग़ैर-कांग्रेसी सरकारों के जनक थे। उन्होंने जिस तरह 1966 और 1967 में देश भर में घूम-घूम कर ''कांग्रेस हटाओ, देश बचाओ'' का नारा दिया जिसके फलस्वरूप 1967 के आम चुनाव के बाद तमिलनाडु, केरल, उड़ीसा, पश्चिम बंगाल, बिहार, उत्तर प्रदेश, मध्य प्रदेश, पंजाब और हरियाणा में ग़ैर-कांग्रेसी राज का गठन हुआ, वह उनके जीवन की एक महत्वपूर्ण उपलब्धि थी और हमारे देश के इतिहास में एक नामुमकिन

* मामा बालेश्वर दयाल मध्य प्रदेश के प्रमुख समाजवादी नेता। संसोपा संसदीय बोर्ड के अध्यक्ष और 1978 में जनता पार्टी के सदस्य के रूप में राज्यसभा के लिए चुने गए। रचनात्मक आंदोलन करते हुए रतलाम में एक आश्रम बनाया।

काम था जिसे उन्होंने मुमकिन कर दिखाया। 1966 में जब उन्होंने संयुक्त सोशलिस्ट पार्टी का चुनाव घोषणा पत्र लिखा तो उसका पहला वाक्य था, "1967 के आम चुनाव के बाद देश में काफ़ी सूबों में ग़ैर-कांग्रेसी सरकारों का निर्माण होगा। मेरी उन ग़ैर-कांग्रेसी सरकारों को सलाह है कि अपनी सरकार के निर्माण के पहले ही दिन वो कुछ ऐसी घोषणा करें जिससे बिजली सी कौंध जाए और आम लोग चौराहे पर खड़े होकर कांग्रेसी राज और ग़ैर-कांग्रेसी राज का फ़र्क़ महसूस करें।"

मुझे अफ़सोस के साथ लिखना पड़ता है कि इन ग़ैर-कांग्रेसी सरकारों ने स्वर्गीय डॉ. लोहिया की सलाह की अनदेखी कर दी और दो साल के अंदर ही इन ग़ैर-कांग्रेसी सरकारों का एक-एक कर के पतन हो गया।

सुल्तानपुर शिविर में अपने दो घंटे के भाषण में डॉ. राममनोहर लोहिया ने विस्तारपूर्वक संयुक्त विधायक दल, उसके मंत्रिमंडल और पार्टी संगठन से उसके रिश्तों पर प्रकाश डालते हुए बताया कि "आज़ादी हासिल करने के 20 साल बाद भी आज तक ब्रिटिश राज के दमनकारी क़ानून हमारे देश में चल रहे हैं। हमारे संविधान में जो मौलिक अधिकार व्यक्ति की स्वतंत्रता के संबंध में दिए गए हैं, उन पर कांग्रेसी हुक़ूमतों ने आज तक अमल नहीं किया है। पुलिस को जो अख़्तियार अंग्रेजी हुक़ूमत ने दे रखे थे, उन पर आज भी ज्यों का त्यों अमल हो रहा है। हमारे मौलिक अधिकार संविधान की किताबों तक ही सीमित रह गए हैं। सं.वि.द. की सरकारों को चाहिए कि इन मौलिक अधिकारों पर अमल करें। आई.पी.सी. और दूसरे दमनकारी क़ानून बदले जाएं और हमारे मौलिक अधिकारों की क़ानून बनाकर रक्षा की जाए। शिक्षा नीति के संबंध में डॉ. साहब का विचार था कि "मौजूदा शिक्षा नीति लार्ड मैकाले की देन है जिसके ज़रिए अंग्रेजी राज को चलाने के लिए दफ़्तर में काम करने वाले बाबुओं को बनाया जाता था।" उनका ये भी कहना था कि "आज़ाद हिंदुस्तान में मौजूदा शिक्षा नीति में आमूल-चूल परिवर्तन किए जाने की ज़रूरत है जिसके माध्यम से कॉलेज से एम.ए. की डिग्री लेने के बाद विद्यार्थी जिस विषय में मास्टर की डिग्री लेता है, उस विषय में निपुण हो जाए और उसे नौकरी के लिए दफ़्तरों के चक्कर न काटने पड़ें।"

गांधी जी का कहना था कि हमारा देश कृषि प्रधान देश है। जब तक देश में किसानों की हालत बेहतर नहीं होगी, देश ख़ुशहाल नहीं हो सकता। इसलिए अलाभकारी जोतों से लगान का माफ़ किया जाना ज़रूरी है और किसानों की उपज का लाभकारी मूल्य दिलाना भी सं.वि.द. की सरकारों को अपने न्यूनतम कार्यक्रम में शामिल करना चाहिए और उसे समयबद्ध तरीक़े से करना चाहिए और ये भी संकल्प करना चाहिए कि सरकार गठन के छह माह के अंदर उसे क्या करना है और बाद में जनता के सुख-चैन के लिए उसका क्या कार्यक्रम है?

इसी प्रकार डॉ. राममनोहर लोहिया ने संयुक्त विधायक मंत्रिमंडल के बारे में भी कुछ मौलिक सुझाव दिए। उन्होंने राजनारायण का नाम लिए बग़ैर कहा कि "एक तरफ हमारे नेता मुख्यमंत्री और सूबाई काबीना मंत्रियों को घर से कार्यालय तक आने के लिए

मोटर की जगह साइकिल पर चलने का सुझाव देते हैं और दूसरी तरफ़ बनारस जाने के लिए वहां के मंत्री के साथ सरकारी हैलीकॉप्टर का इस्तेमाल करते हैं। ये कथनी और करनी का कितना बड़ा अंतर है? हमें सादगी का आचरण करना चाहिए।'' शिविर में आए हुए उत्तर प्रदेश के मंत्रियों की तरफ़ इशारा करते हुए उन्होंने कहा कि ''बिहार के उप मुख्यमंत्री कर्पूरी ठाकुर आज इस शिविर में कार्यकर्ताओं के साथ बैठकर दोपहर का भोजन कर रहे हैं मगर उत्तर प्रदेश के मंत्री सिर्फ़ मंगलदेव विशारद जो पी.डब्ल्यू.डी. के मंत्री हैं, उन्हें छोड़कर सब अपने विभागों के अफ़सरों के यहां भोजन करने चले गए हैं। इन मंत्रियों ने छह माह के अंदर ही अपनी वल्दियत भुला डाली।''

डॉ. साहब ने पार्टी संगठन और पार्टी के मंत्रियों के रिश्तों पर भी खुलकर बहस की और फ़रमाया कि ''ये मंत्रीगण आज पार्टी संगठन के बलबूते पर ही लाल बत्ती लगाकर चलते है। इन्हें कम से कम हफ़्ते में एक पूरे दिन पार्टी कार्यालय में बैठना चाहिए और जनता की शिकायतें सुनने के बाद कार्यकर्ताओं के माध्यम से उनका निपटारा कराना चाहिए। उन्हें अपने दिल में इस बात की भी गांठ बांध लेनी चाहिए कि पार्टी संगठन बड़ा है और सरकार छोटी है।

''हमारे कार्यकर्ता भी ये बात अच्छी तरह समझ लें कि मौजूदा सरकार संयुक्त विधायक दल की सरकार है। ये संयुक्त सोशलिस्ट पार्टी की सरकार नहीं है। इसके खट्टे और मीठे दोनों तरह के अनुभव हमें करने हैं। वो अपने मंत्रियों पर ही पूरी तरह आश्रित न रहें। अगर उनका संगठन मज़बूत है तो सरकार उसके आगे झुकेगी।'' डॉ. साहब ने कार्यकर्ताओं का ये भी आह्वान किया कि वो मंत्रियों के यहां कोशिश, सिफ़ारिश, तरक़्क़ी और तबादलों के लिए न जाकर सार्वजनिक फ़ायदे के कामों के लिए जाएं ताकि आम जनता में उनकी ख़्याति बढ़े।

डॉ. साहब ने स्थानीय नेता त्रिभुवननाथ संडा की शिविर की अच्छी व्यवस्था के लिए तारीफ़ की और मेरे लिए भी कहा कि ''इस शिविर के आयोजन के लिए एक माह पहले अल्मोड़ा में कप्तान अब्बास अली से कहा था, जो आज पूरा हुआ है। इसकी क़ामयाबी के लिए मैं उन्हें भी शाबाशी देता हूं।''

एक अक्टूबर 1967 को लखनऊ में विधायक निवास, दारूलशफ़ा के 'ए' ब्लॉक कॉमन रूम में संयुक्त सोशलिस्ट पार्टी, उत्तर प्रदेश की राज्य समिति की बैठक शुरू हुई जिसमें राष्ट्रीय अध्यक्ष एस.एम. जोशी महाराष्ट्र से पधारे थे। चूंकि उत्तर प्रदेश में सं.वि.द. की सरकार अपने गठन के छह माह गुज़रने पर भी अलाभकारी जोतों से लगान माफ़ नहीं कर सकी थी इसलिए राज्य समिति की इस बैठक में संयुक्त सोशलिस्ट पार्टी को ये तय करना था कि उसका अगला कदम क्या हो? माननीय जोशी जी ने अभी अपना भाषण शुरू ही किया था कि राज्य पार्टी के संयुक्त मंत्री रमाशंकर गुप्ता ने पार्टी कार्यालय से आकर ये सूचना दी कि ''कल डॉ. लोहिया दिल्ली के विलिंगडन नर्सिंग होम में एक ऑपरेशन के लिए भर्ती हुए हैं। उनकी बीमारी का कारण उनका 'प्रोस्टेट ग्लैंड' बढ़ना था। बग़ैर पूरे डॉक्टरी परीक्षण किए ही डॉक्टरों ने उनका ऑपरेशन कर दिया।

ऑपरेशन के बाद उनके ख़ून का बहाव तेज़ होता गया और अब उनकी हालत काफ़ी चिंताजनक है।'' जोशी जी ने ये ख़बर सुनकर फ़ौरन राज्य समिति की बैठक स्थगित कर दी और वहां मौजूद लोग जिससे जैसा बना, दिल्ली के लिए रवाना हो गए। राजनारायण जी को कुछ दिन पहले डॉ. साहब ने ख़ान अब्दुल ग़फ़्फ़ार ख़ां बादशाह ख़ां से मिलने के लिए अफ़ग़ानिस्तान भेज दिया था। उन्हें भी फ़ोन कर के फ़ौरन वापस बुला लिया गया। डॉ. साहब की बीमारी की ख़बर टेलीफोन, तार, रेडियो और समाचार पत्रों के ज़रिए देश और विदेश में कोने-कोने में फैल गई। पटना से लोकनायक जयप्रकाश नारायण और उनकी पत्नी प्रभा जी, बिहार के उप मुख्यमंत्री कर्पूरी ठाकुर और गृह मंत्री रामानंद तिवारी डॉक्टरों की एक टीम लेकर दिल्ली पहुंचे। मधु लिमये जी की कोशिशों से मोरारजी भाई बंबई के प्रख्यात सर्जन डॉ. दस्तूर को लेकर हवाई जहाज़ से दिल्ली आए। विलिंगडन अस्पताल के सामने लॉन में देश भर से 2000 से अधिक कार्यकर्ता पहुंच गए। डॉ. साहब का काफ़ी ख़ून निकल जाने की वजह से कार्यकर्ताओं की एक लंबी लाईन ख़ून देने के लिए लग गई। कोई कार्यकर्ता जो एक मर्तबा अस्पताल में पहुंच गया, वहां से वापस होने का नाम नहीं लेता था। एक दिन श्रीमती इंदिरा गांधी, जो उस समय भारत की प्रधानमंत्री थीं, डॉ. साहब को देखने आईं। जब राजनारायण जी ने डॉ. साहब को उनके आने की सूचना दी, तो ग़फलत की हालत में ही उन्होंने कहा कि ''इन्हें बिठाओ और कुछ खिलाओ-पिलाओ।'' डॉक्टरों की टीम एक दिन उन्हें देखने के लिए आई तो प्रो. रमा मित्रा ने डॉ. साहब को ये बताया कि ''ये डॉक्टर आपको देखने के लिए आए हैं।'' इस पर उन्होंने बेहोशी की हालत में ही कहा कि ''मैं तो समझता था कि भारत के राजनीतिज्ञ अनाड़ी हैं, लेकिन हमारे देश के डॉक्टर तो राजनीतिज्ञों से भी अधिक अनाड़ी हैं।''

दस दिन के अंदर उनकी हालत बिगड़ गई। किसी को उनके पास जाने की इजाज़त नहीं थी। प्रो. रमा मित्रा रात-दिन उनका हाथ पकड़े बैठी रहती थीं। जर्मनी के भारत में राजदूत जब उन्हें देखने अस्पताल आए तो उन्होंने जर्मन डॉक्टरों को फ़ोन करके दवा तजवीज़ कराई मगर उस दवा से भी फ़र्क़ नहीं आया तो उन डॉक्टरों ने मशविरा दिया कि ऑपरेशन के टांके तोड़ कर देखो कि कहीं सफ़ाई में कमी तो नहीं रह गई है। अंत में ऑपरेशन के टांके खोलकर देखा गया तो वास्तव में सफ़ाई पूरी तरह नहीं की गई थी और काफ़ी मवाद निकला। डॉ. साहब बेहोशी की हालत में भी कहते थे कि ''किसानों का लगान माफ़ हुआ या नहीं? किसानों और ग़रीबों का क्या होगा? ज़िद्दी चरण सिंह लगान माफ़ नहीं करेगा।''

कौन जानता था कि संघर्ष और सिद्धांत की मशाल बुझने वाली है। दस दिन के इस दौर में दिल्ली का विलिंगडन अस्पताल बेचैनी का केंद्र-बिंदु बन गया था। सभी मौजूद लोग अपने-अपने तरीक़े से मनौती कर के डॉ. लोहिया की ज़िंदगी के लिए दुआ करते थे। सभी उनकी बीमारी से चिंतित थे और डॉक्टरों से उनकी दशा के सुधार की ख़बर सुनने के लिए आतुर थे। सब लोग 11 अक्टूबर की रात एक बजे इस वज्रपात

का शिकार हो गए जब क़ुदरत ने हमेशा-हमेशा के लिए ग़रीबों के इस मसीहा के मानव जीवन पर अधिकार कर के शोषित और पीड़ितों के इस देवता को उनसे छीन लिया।

प्रो. रमा मित्रा, सरला भदौरिया, अध्यात्म त्रिपाठी, राजनारायण, मधु लिमये, उग्रसेन, अर्जुन सिंह भदौरिया, मैं और रमाशंकर गुप्ता वहां पहले से मौजूद थे। मोरारजी भाई, जयप्रकाश नारायण और प्रभा जी ख़बर सुनते ही वहां पहुंच गए। जे.पी. ने बिलखते हुए कहा, ''राममनोहर, तुम तो मुझे पटना से बुलावा देकर दिल्ली आए थे। मेरे आने से पहले ही चल दिए?'' चारों ओर हाहाकार मच गया। हज़ारों लोग पार्थिव शरीर के दर्शन के लिए आतुर थे। सारा शहर शोक में डूब गया। 11 अक्टूबर की रात में ही डॉ. साहब के पार्थिव शरीर को विलिंगडन अस्पताल से उनके निवास 7 गुरुद्वारा रकाबगंज रोड़ लाया गया। 12 अक्टूबर को भारत सरकार के कई मंत्री, सभी राजनीतिक दलों के प्रमुख नेता और नज़रबंद क़ैदी कश्मीर के पूर्व प्रधानमंत्री शेख मुहम्मद अब्दुल्ला हथियारबंद पुलिस की निगरानी में डॉ. साहब को आख़िरी ख़िराजे अक़ीदत पेश करने को आए मगर उत्तर प्रदेश के मुख्यमंत्री चौधरी चरण सिंह न तो उनकी 12 दिन की बीमारी में उन्हें देखने आए और न उनकी मौत के बाद संवेदना प्रकट करने के लिए दिल्ली पहुंचे।

रात को ही डॉ. साहब के कुछ मित्रों ने उनके अंतिम संस्कार के लिए मैसूर से चंदन की लकड़ी की व्यवस्था करनी चाही मगर प्रो. रमा मित्रा ने डॉ. साहब की लिखित ख़्वाहिश का पर्चा सबके सामने रख दिया जिसमें लिखा था कि ''मेरे मरने के बाद एक साधारण व्यक्ति की तरह बिजली के शवदाहगृह में मेरा अंतिम संस्कार किया जाए और मेरी राख को कहीं बिखेरा न जाए।''

12 अक्टूबर को दोपहर 11 बजे डॉक्टर साहब की शव यात्रा 7, गुरुद्वारा रकाबगंज रोड से शुरू हुई। एक खुले ट्रक में उनके शव को रखा गया। जैसे ही उनके निवास स्थान से उनकी शवयात्रा शुरू हुई, देश के कोने-कोने से आए हज़ारों लोग उनकी अर्थी के पीछे नारे लगाते हुए चलने लगे, ''जब तक सूरज-चांद रहेगा, लोहिया तेरा नाम रहेगा।'' जब कनॉट प्लेस से उनकी अर्थी गुज़र रही थी तो लोग अपनी दुकानों को बंद कर के अर्थी के पीछे चलने लगे। ये शवयात्रा जब नई दिल्ली के कॉफ़ी हाउस के सामने से गुज़री तो कॉफ़ी हाउस के वेटर तक अर्थी के पीछे-पीछे साथ हो लिए। इस कॉफ़ी हाउस में डॉ. साहब अक्सर बैठा करते थे। वेटर रोते हुए पूछ रहे थे कि अब उनके दुःख-दर्द की गाथा कौन सुनेगा?

उनकी अर्थी दो बजे शवदाह गृह पहुंची तो वहां मौजूद हम सभी लोगों ने उनके अंतिम दर्शन किए। समाजवादी पार्टी कार्यकर्ताओं के अलावा कांग्रेस के मोरारजी देसाई, भारत के गृह मंत्री यशवन्त राव चह्वाण, लोकनायक जयप्रकाश नारायण और उनकी पत्नी प्रभावती जी, केंद्रीय सरकार के अनेक मंत्री और अन्य पार्टियों के नेतागण की मौजूदगी में डॉ. साहब का दाह-संस्कार हुआ। उस दिन लोकसभा की कार्रवाई डॉ. लोहिया के निधन के कारण स्थगित कर दी गयी।

13 अक्टूबर 1967 को जब लोकसभा का सत्र शुरु हुआ तो लोकसभा में सदस्यों ने डॉ. लोहिया को श्रद्धांजलि दी। भारतीय जनसंघ के तत्कालीन नेता अटल बिहारी वाजपेयी ने सदन में भाव-विह्वल हो कर अपनी श्रद्धांजलि अर्पित की। उनके श्रद्धांजलि भाषण को सुनकर लोकसभा के अनेक सदस्य रोने लगे। इस अवसर पर वाजपेयी जी के शब्दचित्र से संसद गूंज उठी। उसमें डॉक्टर लोहिया को उनकी मौत के बाद सही अर्थों में परिभाषित किया गया। उनके श्रद्धांजलि भाषण के शब्द इस प्रकार थे :

''अध्यक्ष महोदय, एक-एक कर पुरानी पीढ़ी के प्रकाश स्तंभ ढहते जा रहे हैं। एक-एक कर हमारे मार्गदर्शक हमसे मुंह मोड़ते जा रहे हैं। एक-एक कर के हमारे कर्णधार राष्ट्र की नौका मंझधार में छोड़ कर अनंत में अदृश्य होते जा रहे हैं। जो जीवन भर आज़ादी के लिए जूझे, जिनकी जवानी जेल में जली और कष्टों के कांटों में कटी, स्वतंत्रता की गंगा को लाने के लिए जिन्होंने भगीरथ प्रयत्न किया और स्वाधीन भारत के नव-निर्माण में अपनी शक्ति के अनुसार योगदान दिया, उन सबकी स्मृति में आपने उनका नाम उल्लेख किया है। हमारी स्वतंत्रता उनके आगे नत है। हम हृदय से उनके प्रति कृतज्ञ हैं।

''डॉ. लोहिया के निधन का समाचार मुझे बैंकाक में मिला। मेरे साथ स्वतंत्र पार्टी के सोलंकी और कांग्रेस के चौ. रामसेवक जी थे। एक क्षण के लिए हम सब स्तब्ध हो गए। अपनी सुध-बुध भूल गए। मानो वज्रपात हो गया हो। हर मोर्चे पर संघर्ष करने वाला योद्धा, हर अन्याय और अभाव के विरोध में सबको लड़ने के लिए ललकारने वाला सेनानी, हर परिस्थिति को अपने अदम्य आत्मविश्वास और अपनी कर्तव्यशक्ति के अनुकूल मोड़ देने वाला नेता इतनी जल्दी जीवन की बाज़ी हार जाएगा, ऐसा हमने कभी नहीं सोचा था। शायद उनकी चिकित्सा में कोई चूक हो गई। संभवतः क्रूर काल ने अपनी क्रूरता की कोई कमी नहीं छोड़ी।

''डॉ. लोहिया एक महान देशभक्त, स्वतंत्रता संग्राम में अग्रणी नेता, मौलिक विचारक और क्रांतिकारी व्यक्ति थे। उनका व्यक्तित्व अनूठा, विविधताओं से परिपूर्ण और बहुमुखी प्रतिभाओं से भरा हुआ था। वे स्वयं विवाद का विषय रहते थे और नए-नए विवाद खड़े करने में रस लेते थे। वे जीवन से बाग़ी थे और बग़ावत जैसे उनके स्वभाव का अंग बन गई थी। उन्होंने राष्ट्र के जीवन को नई दिशा देने का प्रयत्न किया। वो एक नए राज और नए शासन के संदेशवाहक और संयोजक थे। उनके विचारों से किसी को मतभेद हो सकता है किन्तु दलितों के लिए, पीड़ितों के लिए उनके हृदय में जो अग्नि जलती थी, वो उनके निकट आने वाले को बिना झुलसाए, बिना आलोकित किए नहीं रहती थी।

''अध्यक्ष महोदय, डॉ. लोहिया आज नहीं रहे, उनका स्थान रिक्त ही रह जाएगा। राष्ट्र के जीवन में उनकी कमी शायद पूरी नहीं हो सकती। समाजवादी होते हुए सरकारीकरण का विरोध करने वाले, पुराने राजा-महाराजाओं के साथ-साथ नए राजा-महाराजाओं के विरोध तक से तेज़, तीर और व्यंग्य के बाण छोड़ने वाले परंपरागत सेठों के साथ-साथ सरकारी सेठों पर भी प्रहार करने वाले, ''अंग्रेज़ी हटाओ'' का नारा

देने वाले और भारतीय भाषाओं की अवहेलना करने वालों को भारत माता की जीभ काटने का अभियुक्त बताने वाले, एवरेस्ट को सगरमाथा और नेफ़ा को उर्वशीयम कहने पर ज़ोर देने वाले डॉ. लोहिया संसार से उठ गए।

''सबको खरी-खोटी सुनाने वाले, संगी-साथियों को भी किसी तरह की माफ़ी न देने वाले लेकिन सबके गले में बांहें डालकर उन्हें हृदय से लगाने वाले और उन्हें साथ लेकर चलने का प्रयत्न करने वाले डॉ. लोहिया हम से रूठ गए। काल ने उनका शरीर नष्ट कर दिया लेकिन उनकी कीर्ति अमर है। उनका सपना महान और शक्तिशाली भारत का सपना, तिब्बत की मुक्ति का सपना, स्वतंत्र पख़्तूनिस्तान का सपना, जन्म, वंश और कुल के आधार पर होने वाले भेद-भावों की समाप्ति का सपना, भारतीय भाषाओं की प्रतिष्ठा का सपना, उनके ये सपने आज हमारी थाती हैं। यदि हम उन्हें संजोने का प्रयत्न करें तो ये उनके प्रति सच्ची श्रद्धांजलि होगी।''

अटल बिहारी वाजपेयी के बाद अन्य नेताओं ने अपने-अपने दल की ओर से डॉ. लोहिया को श्रद्धांजलि अर्पित की और अंत में लोकसभा में दो मिनट का मौन रखने से पूर्व लोकसभा स्पीकर नीलम संजीव रेड्डी ने कहा कि ''देश ने एक अद्भुत योद्धा और मैंने विश्वस्त मित्र खो दिया।''

14 अक्टूबर को मैं और उग्रसेन दिल्ली से लखनऊ पहुंचे। हमें ऐसा लग रहा था कि मानो हम लोग दिल्ली में कोई अनमोल रत्न खो आए हों। कोई दिशा दिखाई नहीं पड़ रही थी। एक-दो दिन बाद पार्टी नेताओं के साथ सलाह-मशविरा करने के बाद तय पाया गया कि आगामी 27, 28 और 29 अक्टूबर को आगरा में जो सूबाई कांफ्रेंस होनी प्रस्तावित है, उसे स्थगित न किया जाए। मैंने आगरा के जुझारू नेता बालोजी अग्रवाल को फ़ोन करके उन्हें लखनऊ बुलाया और कांफ्रेंस की तैयारी के सिलसिले में बातचीत की। बालोजी ने कांफ्रेंस के आयोजन की पूरी ज़िम्मेदारी अपने ऊपर ले ली और मुझसे 25 अक्टूबर को आगरा आने का आग्रह किया। ये भी तय पाया गया कि 27 अक्टूबर को राष्ट्रीय अध्यक्ष एस.एम. जोशी कांफ्रेंस का उद्घाटन करेंगे। 28 अक्टूबर को मधु लिमये मुख्य वक्ता होंगे और उनके अलावा रामसेवक यादव, महामंत्री, आल इंडिया पार्टी कार्यकर्ताओं को संबोधित करेंगे। 29 अक्टूबर को मामा बालेश्वर दयाल समापन भाषण देंगे। इसी सम्मेलन में सूबाई पार्टी के नए संगठन चुनने का कार्यक्रम भी तय किया गया।

मैं 25 अक्टूबर को सुबह ट्रेन से आगरा फोर्ट पहुंचा। स्टेशन पर सम्मेलन के स्वागत अध्यक्ष बालोजी अग्रवाल, हुकुम सिंह परिहार एम.एल.ए., बृजराज सिंह पूर्व एम.पी., मुल्तान सिंह एम.एल.ए. समेत काफी कार्यकर्ताओं ने मेरा स्वागत किया। बाद में आयोजन समिति की बैठक हुई बालोजी ने बताया कि कांफ्रेंस निर्माणाधीन श्रम कॉलोनी में आयोजित की गई है जिसमें पांच सौ लोगों के रहने और खाने का इंतज़ाम किया गया है। 27 अक्टूबर को सवेरे आठ बजे एस.एम. जोशी आगरा कैंट स्टेशन पहुंचे जहां उनका स्वागत किया गया और पार्टी कार्यकर्ता जुलूस बनाकर उन्हें सर्किट हाऊस लाए जहां उनके ठहरने का इंतज़ाम किया गया था।

श्रीधर महादेव जोशी सोशलिस्ट पार्टी के संस्थापक नेताओं में से एक थे जिन्हें लोग एस.एम. के नाम से पुकारते थे। उनका सादा रहन-सहन और मधुर स्वभाव उनकी विशिष्टता थी। वो राष्ट्रसेवा दल के भी संस्थापक सदस्य थे। वह महाराष्ट्र के मशहूर सोशल नेता साने गुरु के साथी और सहायक भी रहे। जोशी जी अपने कार्यकर्ताओं का बड़ा ख़्याल रखते थे और उनकी करुणा और आत्मीयता सबके साथ समान थी। जोशी जी ने सर्किट हाउस के अपने कमरे में ही मुझे भी ठहरने की जगह दे थी। कांफ़्रेंस का उद्‌घाटन भाषण देने के बाद एस.एम. जोशी सर्किट हाऊस चले गए। दोपहर के खाने के बाद राजनारायण ने कार्यकर्ताओं का आह्वान करते हुए कहा कि "आज डॉ. लोहिया हमारे बीच नहीं हैं मगर उनके मार्गदर्शन के आधार पर हमें समाजवादी आंदोलन को आगे बढ़ाना है।" कमांडर अर्जुन सिंह भदौरिया ने भी कार्यकर्ताओं का आह्वान किया कि "आज समाजवादी आंदोलन की एकता की बड़ी आवश्यकता है और हमारे कार्यकर्ताओं को आपसी मतभेद आपस में बैठ कर दूर कर लेने चाहिए।"

28 अक्टूबर को मधु लिमये ने बड़े विस्तार से पार्टी कार्यकर्ताओं को समझाया कि सं.वि.द. सरकार पर हमें अपनी पकड़ मज़बूत रखनी चाहिए। उन्हें अपने मंत्रियों से कोशिश, सिफ़ारिश, तरक़्की और सरकारी नौकरियों के काम के बजाय सार्वजनिक हितों के मुद्‌दे हल कराने चाहिए। दोपहर के खाने के बाद महाराज सिंह भारती ने अपने मंत्रियों द्वारा गन्ना किसानों की मिलों पर बक़ाया गन्ने की क़ीमत को तत्काल अदा कराने पर ज़ोर दिया।

29 अक्टूबर, 1967 को मामा बालेश्वर दयाल ने अपने समापन भाषण में सं.वि.द. में शामिल अपने मंत्रियों को सलाह दी कि "वो अपने शासन-काल में पार्टी के उन लक्ष्यों की प्राप्ति के लिए, जिनके लिए वो पिछले 20 साल से संघर्ष करते चले आ रहे हैं, हासिल करने के लिए प्रयत्नशील रहें। अलाभकारी जोतों की लगान माफ़ी के सवाल पर अगर उन्हें सरकार से इस्तीफ़ा देना पड़े तो वो उसके लिए भी तैयार रहें।"

स्वागताध्यक्ष बालोजी अग्रवाल, पूर्व एम.एल.ए. ने कांफ़्रेंस में सुझाव रखा कि पार्टी का अगला राष्ट्रीय सम्मेलन 1968 में आगरे में ही रखा जाए। हम इसका अभी से निमंत्रण देते हैं। रामसेवक यादव, महामंत्री, राष्ट्रीय संयुक्त सोशलिस्ट पार्टी ने घोषणा की कि अगला राष्ट्रीय सम्मेलन बिहार के गया शहर में 29 दिसंबर 1967 से दो जनवरी 1968 तक होगा जिसमें पार्टी के 200 साधारण सदस्यों पर एक डेलीगेट का चुनाव करके हर राज्य पार्टी 15 दिसंबर 1967 तक केंद्रीय कार्यालय को भेज दे।

आगरा में हुए संसोपा के राज्य सम्मेलन में कमांडर अर्जुन सिंह भदौरिया को अध्यक्ष और मेरी जगह रामनरेश कुशवाहा को राज्य मंत्री चुना गया। स्वागत समिति को धन्यवाद देते हुए मैंने कांफ़्रेंस समाप्ति की घोषणा कर दी।

हठवादी चौधरी चरण सिंह

जैसा कि मैं पहले लिख चुका हूं कि किसानों के सवा छह एकड़ लगान की माफ़ी के विषय पर समाजवादी मंत्रियों ने मुख्यमंत्री चौधरी चरण सिंह से कई मर्तबा निवेदन

किया कि वो अपने वायदे के अनुसार सं.वि.द. के 33 सूत्रीय कार्यक्रम के मुताबिक लगान माफ़ी की घोषणा कर दें। मगर चौधरी साहब ने कोई ऐलान नहीं किया। उनकी हठवादिता और कांग्रेस के प्रति उनके नरम रूख़ से विधानमंडल में उनका काफ़ी विरोध होता रहा जिससे वो काफी खिन्न रहते थे और उनकी आलोचना को उनका स्वभाव बर्दाश्त नहीं करता था। मगर इसके साथ-साथ ये भी मानना पड़ता है कि वो एक कुशल और ईमानदार राजनीतिज्ञ थे और उनके कार्य पर किसी जाति विशेष, वर्ग या धर्म के लोगों के प्रभाव की बात नहीं कही जा सकती है। उनकी प्रशासनिक सूझ-बूझ, चुस्ती और ईमानदारी का प्रभाव सरकार और नौकरशाही पर पड़ता था। वो एक सख़्त और दृढ़ शासक थे। 1967 में जब तक वो उत्तर प्रदेश के मुख्यमंत्री रहे, राज्य-कर्मचारियों में उनका भय रहता था कि न मालूम कब प्रदेश के मुख्यमंत्री निरीक्षण कर लें। इस वजह से हर एक कर्मचारी और अधिकारी अपने काम पर मुस्तैद रहता था। इससे भ्रष्टाचार पर अंकुश लग गया था। अपनी नेकनीयती और ईमानदारी के साथ-साथ वो किसानों के सही मायनों में हितैषी थे। उनके मुख्यमंत्री काल में गन्ना किसानों को उनकी उपज का मुनासिब मूल्य दिलाया गया जिससे प्रदेश के किसान उनसे बहुत ख़ुश थे। मगर वो कान के बड़े कच्चे थे। लोगों की आम बुराई करने पर वे व्यक्ति विशेष के ख़िलाफ़ धारणा बना लेते थे। उनका विचार था कि ज़मींदारी उन्मूलन और अधिकतर जोत क़ानून बन जाने के बाद छोटे और बड़े किसानों में फ़र्क़ करना ग़ैर-ज़रूरी है। वो ऊपर से जितने कठोर लगते थे, मन से वो उतने ही दयालु भी थे। पर वो कांग्रेस कल्चर के पोषक थे। मुख्यमंत्री रहते हुए उन्होंने ऐसा कोई क्रांतिकारी क़दम नहीं उठाया जिससे प्रदेश की जनता कांग्रेसी राज और ग़ैर-कांग्रेसी राज का फ़र्क़ महसूस कर सके।

राष्ट्रीय सम्मेलन, गया (बिहार)

दिनांक 28 दिसंबर, 1967 से दो जनवरी, 1968 तक बिहार प्रदेश के गया शहर में संयुक्त सोशलिस्ट पार्टी का राष्ट्रीय सम्मेलन आयोजित हुआ। 28 दिसंबर को राष्ट्रीय अध्यक्ष एस.एम. जोशी ने नौ बजे सुबह झंडा फहरा कर सम्मेलन का उद्घाटन किया। दोपहर के खाने के बाद महामंत्री, संयुक्त सोशलिस्ट पार्टी रामसेवक यादव एम.पी. ने 1967 के आम चुनाव में पार्टी की देशव्यापी जीत के अलावा सात सूबों में ग़ैर-कांग्रेसी सरकार के गठन पर हर्ष प्रकट किया। रामसेवक यादव ने 1967 के आम चुनाव में स्व. डॉ. राममनोहर लोहिया के अथक प्रयास की सराहना की जिनकी कोशिशों से लोकसभा में संयुक्त सोशलिस्ट पार्टी के लोकसभा सदस्यों की निर्णायक तादाद पहुंच सकी और लोकसभा में कांग्रेस सरकार के ख़िलाफ़ दबाव का माहौल बन सका और अपनी समाजवादी छवि और जनहित में फैसले करने पर मजबूर होना पड़ा। सम्मेलन में डॉ. लोहिया के निधन पर एक प्रस्तव पारित किया गया।

अक्तूबर 1967, आगरा, संसोपा के राज्य सम्मेलन के उद्घाटन के मौक़े पर राज्य अध्यक्ष सालिगराम जायसवाल और बृजराज सिंह के साथ

संसोपा आगरा सम्मेलन में सालिगराम जायसवाल, मधुकर दिघे और अनंतराम जायसवाल के साथ

राज्य सम्मेलन में प्रतिनिधियों के साथ

आगरा सम्मेलन की समाप्ति पर प्रेस कांफ्रेंस में संवाददाताओं से बातचीत करते हुए, साथ में बृजराज सिंह

आगरा सम्मेलन के दौरान साथी यूसुफ़ बेग, प्रभुनारायण सिंह और रमाशंकर गुप्ता व अन्य प्रतिनिधियों के साथ

जनवरी 1973, बुलंदशहर में संसोपा-प्रसोपा का
राष्ट्रीय सम्मेलन विलय पर मोहर

बुलंदशहर में पुलिस ज़ुल्म के ख़िलाफ़ प्रदर्शन करते हुए

राष्ट्रपिता महात्मा गांधी के जन्मदिन पर बाराबंकी में एक आयोजन को संबोधित करते हुए, साथ में राजनाथ शर्मा

महात्मा गांधी की समाधि, राजघाट पर रघु ठाकुर एवं अन्य लोगों के साथ श्रद्धांजलि देते हुए

स्व. रियासत हुसैन की 15वीं पुण्यतिथि पर सग़ीर अहमद द्वारा सम्मानित किए जाते हुए, 2001, साथ में हैं सुरेन्द्र मोहन

बुलंदशहर में डॉ. लोहिया की 34वीं पुण्यतिथि पर एक सभा को संबोधित करते हुए, 2001

दिल्ली के कांस्टीट्यूशन क्लब में भारत-पाक-बांग्लादेश बचाओ महासंघ सम्मेलन में
ब्रजमोहन तूफ़ान, एच. एन. शर्मा और राजनाथ शर्मा के साथ

हिंद मज़दूर किसान पंचायत के सम्मेलन को संबोधित करते हुए,
साथ में नरेन्द्र गुरु और हर्षवर्धन

रामसेवक यादव ने ये भी बताया कि बिहार में पहली बार ग़ैर-कांग्रेसी सरकार बनी है और संयुक्त सोशलिस्ट पार्टी के नेता कर्पूरी ठाकुर* उप मुख्यमंत्री बने हैं। उन्होंने इस बात पर बल दिया कि इन ग़ैर-कांग्रेसी सरकारों को अपने सं.वि.द. कार्यक्रम पर समयबद्ध तरीक़े से काम करना चाहिए।

दूसरे दिन 29 दिसंबर को महामंत्री रामसेवक यादव की रिपोर्ट पर प्रतिनिधियों ने बहस शुरू की। धनिकलाल मंडल ने बिहार सरकार की आलोचना करते हुए पिछड़ों को उनकी तादाद के अनुपात से मंत्रिमंडल में जगह न दिए जाने पर असंतोष प्रकट किया। इसी तरह, सम्मेलन में उत्तर प्रदेश के प्रतिनिधि बृजराज सिंह** ने भी ऐतराज़ जताया कि उत्तर प्रदेश सं.वि.द. सरकार में पार्टी के पांच मंत्री हैं जिनमें तीन काबीना मंत्री और दो राज्यमंत्री हैं। मगर पार्टी विधायक दल के नेता उग्रसेन को मंत्रिमंडल में जगह नहीं दी गई है। इसी तरह दल की नीति के अनुसार न तो किसी मुसलमान को मंत्रिमंडल में जगह दी गई है और न किसी महिला को पांच काबीना मंत्रियों में जगह दी गई जो पार्टी की घोषित नीति के ख़िलाफ़ है। बृजराज सिंह ने सवाल उठाया कि क्या पिछड़ों में औरतें और मुसलमान नहीं आते हैं? उन्होंने कहा कि जनसंघ के विधायकों में कोई विधायक दलित नहीं है लेकिन उन्होंने एक पार्टी नेता को विधायक न होते हुए भी राज्य परिवहन मंत्री बना दिया। संयुक्त सोशलिस्ट पार्टी भी अपने कोटे से किसी महिला को बिना विधानमंडल दल का सदस्य होते हुए भी छह माह के लिए मंत्री बना सकती थी।

29 दिसंबर, 1967 को प्रतिनिधियों ने उत्तर प्रदेश की सं.वि.द. सरकार पर 33 सूत्रीय कार्यक्रम न अपनाने पर घोर आपत्ति प्रकट की और कहा कि ''जिस सरकार ने सं.वि.द. के गठन होने पर जो कार्य करना चाहिए था, वो नौ माह के कार्यकाल के बाद भी पूरा नहीं किया। ऐसी सरकार के मुतवातिर समर्थन करने पर हमारे मंत्री और विधायक क्यों ख़ामोश हैं? ऐसी सरकार से तत्काल समर्थन वापस लिया जाए।'' हुकुमदेव नारायण यादव ने इस प्रस्ताव का समर्थन किया।

30 दिसंबर को सम्मेलन में अगले साल के लिए राष्ट्रीय अध्यक्ष के लिए और राष्ट्रीय महामंत्री पद के चुनाव के संबंध में घोषणा की गयी कि कल 31 दिसंबर को इन पदों के लिए नामांकन पत्र दाख़िल किए जाएंगे। पार्टी के वरिष्ठ नेताओं ने बातचीत करके एस.एम. जोशी के आइंदा साल के लिए निर्विरोध अध्यक्ष बनाने का प्रयत्न किया। एस.एम. जोशी साहब भी इसके लिए रज़ामंद हो गए मगर उन्होंने ये शर्त रखी कि मेरे साथ मेरे पिछले दो सालों से काम कर रहे राष्ट्रीय महामंत्री रामसेवक यादव को ही राष्ट्रीय महामंत्री रखा जाए। दूसरे दिन 31 दिसंबर को राष्ट्रीय अध्यक्ष के लिए एकमात्र नामांकन पत्र माननीय एस.एम. जोशी का दाख़िल हुआ और वो सर्वसम्मति से अगले साल के लिए राष्ट्रीय अध्यक्ष चुन लिए गए। परंतु महामंत्री पद के लिए रामसेवक यादव

---

* कर्पूरी ठाकुर (1924-1988)–बिहार के प्रमुख समाजवादी नेता। पहले प्रजा सोशलिस्ट पार्टी के सदस्य बाद में संसोपा में शामिल। बिहार के उपमुख्यमंत्री और मुख्यमंत्री तथा सोशलिस्ट पार्टी के राष्ट्रीय अध्यक्ष रहे। लोकसभा के सदस्य भी रहे।

** बृजराज सिंह फ़िरोज़ाबाद से सोशलिस्ट पार्टी के उम्मीदवार के रूप में 1957 में लोकसभा के लिए चुने गए। 1973-74 में उत्तर प्रदेश सोशलिस्ट पार्टी के अध्यक्ष। 1975 में निधन।

एम.पी. और बृजराज सिंह भूतपूर्व एम.पी. दो नामों के आने के बाद पहली जनवरी 1968 को चुनाव के लिए वोट डालने की व्यवस्था की गई। बिहार के मुख्यमंत्री कर्पूरी ठाकुर ने ये प्रयास किया कि किसी तरह बृजराज सिंह अपना नाम वापस ले लें परंतु वो इसमें सफल नहीं हुए।

उत्तर प्रदेश के अधिकांश प्रतिनिधि उग्रसेन, नेता विधानमंडल दल, संसोपा को उत्तर प्रदेश काबीना में शामिल न किए जाने के सवाल पर राजनारायण और रामसेवक यादव से नाराज़ थे। वे बृजराज सिंह को नाम वापस लेने से मना कर रहे थे। बिहार के नेता रामानंद तिवारी गुट के लोगों का समर्थन बृजराज सिंह को था। अंत में कर्पूरी ठाकुर ने मुझे बुलाया और कहा कि आप उत्तर प्रदेश पार्टी के राज्य मंत्री रहे हैं। अगर आप चाहें तो बृजराज सिंह को नाम वापस लेने के लिए तैयार कर सकते हैं। मैंने कर्पूरी ठाकुर को बताया कि अब काफ़ी देर हो गई है। अब मैं भी अगर प्रयास करूं तो सफलता नहीं मिल सकती। आख़िरकार पहली जनवरी को मतदान हुआ और रामसेवक यादव मात्र 16 वोटों के बहुमत से राष्ट्रीय महामंत्री चुने गए।

एक जनवरी, 1968 को ही नेशनल प्रेस के ज़रिए अख़बारों में ख़बर आई कि कल 31 दिसंबर को मोदीनगर, ज़िला मेरठ, उत्तर प्रदेश में टेक्सटाइल मिल मज़दूरों के निहत्थे प्रदर्शनकारियों पर उत्तर प्रदेश सरकार ने गोली चलवा दी है जिसमें एक मज़दूर की मौक़े पर ही मौत हो गई और दसियों प्रदर्शनकारी पुलिस की गोलियों से जख़्मी होकर अस्पताल में दाख़िल हो गए हैं। इस ख़बर के बाद सम्मेलन में सर्वसम्मति से प्रस्ताव पास किया गया कि इस घिनौनी घटना के विरोध मे सं.वि.द. में शामिल संयुक्त सोशलिस्ट पार्टी के सभी मंत्री तत्काल इस्तीफ़ा दे दें। प्रभुनारायण सिंह ने यह प्रस्ताव पेश किया और रामस्वरूप वर्मा, उग्रसेन और कमांडर अर्जुन सिंह भदौरिया ने इसका समर्थन किया। टेलीग्राम द्वारा हमारे पांचों मंत्रियों ने जो सम्मेलन में मौजूद थे, अपने इस्तीफ़े मुख्यमंत्री चौधरी चरण सिंह को भेज दिए।

चूंकि उस दिन रमज़ान के महीने का आख़िरी दिन था और अगले दिन ईद होने वाली थी, मैं पहली जनवरी को गया से घर के लिए रवाना हो गया। मगर दूसरी जनवरी को इलाहाबाद में ही ईद की नमाज़ पढ़ी और वहीं धर्मवीर गोस्वामी के मकान पर ईद का त्यौहार मनाया। दूसरे दिन इलाहाबाद से रवाना होकर मैं अपने गांव क़लंदर गढ़ी (बुलंदशहर) पहुंच सका। एक दिन घर रुक कर जब लखनऊ वापस आया तो मालूम हुआ कि गया सम्मेलन से वापसी पर हमारे पांचों मंत्रियों ने अपने सरकारी आवास ख़ाली कर दिए हैं और मोटर कार और मंत्री होने की अन्य सभी सरकारी सुविधाएं वापस लौटी दी हैं।

एक सप्ताह के अंदर हमारे मंत्रियों के इस्तीफ़े राज्यपाल ने मंजूर कर लिए और इसके एक माह बाद चौधरी चरण सिंह ने भी अपनी सरकार का इस्तीफ़ा दे दिया जो राज्यपाल ने मंज़ूर कर लिया और प्रदेश में नए चुनावों का ऐलान कर दिया। इस तरह 11 माह पूर्व गठित सं.वि.द. की सरकार समाप्त हो गई।

चौ. चरण सिंह का जो रूप 1967 में सामने आया, वो कांग्रेस की नीतियों के फलस्वरूप था। वो किसी तरह के समझौते के लिए तैयार नहीं थे। समाजवादियों की सहायता और डॉ. राममनोहर लोहिया के सिद्धांत और राजनीति का ही नतीजा था कि उन्हें उत्तर प्रदेश के मुख्यमंत्री का पद प्राप्त हुआ जो उनका एक सपना था। उनके मंत्रिमंडल में जहां एक तरफ़ झारखडे राय और रुस्तम सेटिन जैसे कम्युनिस्ट और रामस्वरूप वर्मा, मंगलदेव विशारद और प्रभुनारायण सिंह जैसे सोशलिस्ट थे वहीं दूसरी ओर रामप्रकाश गुप्ता और गंगाभक्त सिंह जैसे कट्टर जनसंघी भी शामिल थे। चौ. चरण सिंह को समाजवाद नाम से ही चिढ़ थी। उन्हें ये भी ग़लतफ़हमी थी कि उनके अलावा हर कोई नेता बेईमान है। उनके चाटुकारों ने उन्हें ये पक्का यक़ीन दिला दिया था कि वो ही अकेले देश की आर्थिक तरक़्क़ी के कारणों को समझते हैं, वो ही किसानों के दुख-सुख समझते हैं और किसी अन्य नेता को देश का ग्रामीण जीवन बसर करने का अनुभव नहीं है।

प्रदेश में मध्यावधि चुनाव का ऐलान हो जाने के बाद चौ. चरण सिंह ने उत्तर प्रदेश में भारतीय क्रांति दल (बीकेडी) का गठन किया और कांग्रेस के अलावा अन्य राजनैतिक दलों से, मसलन भारतीय जनसंघ और संयुक्त सोशलिस्ट पार्टी से, पिछड़े वर्ग के लोगों को तोड़कर काफ़ी लोगों को फरवरी 1969 में होने वाले चुनाव में टिकट दिए।

1969 का चुनाव

1969 के चुनाव के लिए बुलंदशहर ज़िले से पार्टी उम्मीदवारों को चुनाव लड़ाने के लिए राजनारायण ने सितंबर 1968 में बुलंदशहर ज़िले का व्यापक दौरा किया। उन्होंने ज़िले में खुर्ज़ा, सिकंदराबाद, गुलावठी और रात को 8 बजे बुलंदशहर चौक में आम-सभा को संबोधित किया। इन सभी सभाओं में उन्होंने जनता से समाजवादी कार्यकर्ताओं को चुनाव जिताने की अपील की। रात को बुलंदशहर की आम-सभा के बाद उन्होंने पार्टी कार्यकर्ताओं से पूछा कि ''वो ज़िले से पार्टी की कितनी सीटें निकाल सकते हैं?'' इस पर कार्यकर्ताओं ने उनसे कहा कि ''हम तो पार्टी के चुनाव-प्रचार के लिए चुनाव लड़ रहे हैं। अगर कैप्टन अब्बास अली अगौता क्षेत्र से चुनाव लड़ें तो वो सीट निकाल सकते हैं।'' इस पर राजनारायण ने मुझसे पूछा कि आप अगौता क्षेत्र से चुनाव लड़ने के लिए क्यों तैयार नहीं हैं? मैंने जवाब दिया कि ''मेरे पास चुनाव लड़ने के लिए न तो साधन है और न पैसा है।'' इस पर उन्होंने मालूम किया कि यहां चुनाव लड़ने में कितना पैसा ख़र्च होगा? मैंने उन्हें बताया कि ''कम से कम 20 हज़ार रुपये ख़र्च होंगे।'' इस पर राजनारायण ने पार्टी कार्यकर्ताओं से पूछा कि अगर कैप्टन अब्बास अली को चुनाव लड़ाया जाए तो वो आपस में कितना चंदा इकट्ठा कर के देंगे? कार्यकर्ताओं ने जवाब दिया कि वे पांच हज़ार रुपये इकट्ठा कर सकते हैं। राजनारायण जी ने मुझसे भी मालूम किया कि मैं कितना पैसा अपने पास से ख़र्च कर सकता हूं? तो मैंने जवाब दिया, ''पांच हजार रुपये।'' तब राजनारायण जी ने कहा कि आप लोग 15 अक्टूबर को पांच-पांच हज़ार रुपये लेकर मेरे पास दिल्ली आ जाएं। बाक़ी 10,000 रुपये और एक जीप मैं कैप्टन अब्बास अली को चुनाव की व्यवस्था करने के लिए दूंगा। इसके बाद मुझे वो यक़ीन दिला आए कि चूंकि अगौता क्षेत्र आपका घर नहीं है, इसलिए आप उस क्षेत्र में घूम कर इस एक महीने में अंदाज़ा लगाओ कि क्या आप वहां से चुनाव लड़ सकते हो? मैं एक महीने के लिए अगौता चुनाव क्षेत्र में चुनाव की दृष्टि से लोगों से संपर्क करने के लिए निकल पड़ा। इस क्षेत्र में हमारी काफ़ी रिश्तेदारी थी जिनमें काफ़ी लोगों से मेरी निजी जान-पहचान थी। वहां ज़्यादातर लोग जाट बिरादरी के थे। आबादी के लिहाज़ से हमारे रिश्तेदारों की तादाद दूसरे नंबर पर थी। जाटों में सीटिंग एम.एल.ए. के अलावा पांच-छह और लोग भी चुनाव लड़ रहे थे। हमारे रिश्तेदारों ने सलाह दी कि ये मौक़ा बहुत अच्छा है और चुनाव जीतने की 50 फीसदी संभावना है। 15 अक्टूबर को मैं पांच हजार रुपये लेकर राजनारायण के एम.पी. निवास 95, साउथ एवेन्यू, दिल्ली पहुंचा और उन्हें चुनाव क्षेत्र की राजनीतिक स्थिति से अवगत कराया।

राजनारायण ने मुझसे पूछा कि आपके ज़िले से तो आज तक कोई भी कार्यकर्ता 5000 रुपये लेकर यहां नहीं आया जैसा कि उन्होंने चंदा कर पांच हजार रुपये लेकर आने को कहा था। मैंने उन्हें बताया कि मैं तो पिछले एक माह से बराबर अगौता क्षेत्र का दौरा कर रहा हूं। मुझे इस संबंध में कुछ मालूम नहीं है कि ज़िले के कार्यकर्ताओं ने चंदा इकट्ठा किया या नहीं। मैंने उन्हें ये भी बताया कि अगौता क्षेत्र का वातावरण चुनाव लड़ने के लिए काफ़ी अनुकूल है। जो जाति समीकरण उभरकर सामने आए हैं, उसके अनुसार हालांकि ये क्षेत्र जाट बाहुल्य क्षेत्र है, फिर भी पांच-छह जाट उम्मीदवार खड़े होने के आसार हैं। आबादी के अनुसार जाटों के बाद दूसरे नंबर पर मुसलमानों की तादाद है। इस क्षेत्र में जाटों के अलावा गुज्जर बिरादरी के लोग भी काफ़ी हैं जिनका समर्थन मुसलमान उम्मीदवारों को मिल सकता है। आज़ादी के बाद पिछले तीन चुनावों में यहां से जाट उम्मीदवार ही क़ामयाब होते आए हैं इसलिए क्षेत्र में जाटों के ख़िलाफ़ काफ़ी असंतोष है।

राजनारायण जी ने मुझे चुनाव लड़ने के लिए 15,000 रुपये दिए और राज्य कार्यालय, लखनऊ को एक पत्र लिखकर दिया और मुझसे कहा कि आप कल ही लखनऊ चले जाओ और जो सात जीपें पार्टी को चुनाव लड़ने के लिए मिली हैं, उनमें से एक जीप ले आओ जो चुनाव समाप्त होने तक आपके पास रहेगी।

अब मैं चुनाव लड़ने के लिए पूरी तरह तैयार हो गया। राजनारायण ने मुझे ये भी यक़ीन दिलाया कि मैं आपके चुनाव क्षेत्र में तीन दिन प्रचार के लिए दूंगा। एक दिन पर्चा दाख़िल होने पर और दूसरा कार्यक्रम चुनाव के बीच में जब आप चाहो, रख देना और चुनाव के आख़िरी सप्ताह में अंतिम कार्यक्रम रहेगा।

मैं दूसरे दिन लखनऊ रवाना हो गया और वहां राज्यमंत्री रामनरेश कुशवाहा को राजनारायण का पत्र दिया। उन्होंने मुझे रोडवेज़ की एक अच्छी जीप दिला दी।

अगौता चुनाव क्षेत्र बुलंदशहर ज़िले के उत्तर-पश्चिम में स्थित है और मेरठ जनपद से मिला हुआ है जबकि मैं बुलंदशहर जनपद के ख़ुर्जा चुनाव क्षेत्र का रहने वाला हूं जो जनपद के दक्षिण-पूर्व में स्थित है। सबसे पहले लखनऊ से आकर मैंने अपने ख़ुर्जा ब्लॉक में, जिसका मैं तीन बार उप-प्रमुख रह चुका था, एक व्यापक दौरा किया और अपने साथियों से ये पूछा कि "पार्टी मुझे अगौता चुनाव क्षेत्र से विधानसभा का चुनाव लड़ाना चाहती है। अगर मैं चुनाव लड़ूं, तो आप क्या सहयोग देंगे?" हमारे ब्लॉक प्रमुख देवी सिंह सोलंकी ने सुझाव दिया कि "एक अनौपचारिक बैठक सेठ मुरारीलाल की धर्मशाला, ख़ुर्जा में रखी जाए और ब्लॉक के सभी प्रधान और प्रमुख कार्यकर्ताओं को बुलाया जाए।" उनके सुझाव के अनुसार हमने ये बैठक रखी जहां ख़ुर्जा ब्लॉक के दसियों कार्यकर्ता, प्रधान और प्रमुख उपस्थित हुए। प्रमुख साहब ने एक हजार रुपये ख़ुद दिए और दीगर लोगों ने छह हजार रुपये मीटिंग में जमा कर लिए और काफ़ी लोगों ने चुनाव में समय देने की बात कही। इसके बाद मैं गुलावठी क़स्बे गया जो अगौता चुनाव क्षेत्र के बीच में स्थित है। यहां एक मशहूर जगह 'मौला के भाड' पर अपना दफ़्तर खोला। मेरी ख़ुशक़िस्मती थी कि मुझे एक

नए दोमंजिला मकान के मालिक ने अपना मकान दो माह के लिए बग़ैर किराया लिए दे दिया। इस मकान में मेरे बहनोई रिफ़ाकत अली ख़ान वकील हर वक़्त मौजूद रहते थे। इस मकान के एक कमरे में एक हलवाई का इंतज़ाम कर दिया जहां हर वक़्त चाय की व्यवस्था रहती थी। मैं सुबह ही अपने कुछ कार्यकर्ताओं के साथ देहात में निकल जाता और रात को वापस आकर क़स्बे में घूमता। एक हफ़्ते के बाद हमने महसूस किया कि एक जीप से सारे क्षेत्र का दौरा नहीं किया जा सकता। मेरे फूफा हाजी नियाज़ मुहम्मद ख़ां साहब ने गांव चिड़ावक से एक और जीप किराए पर ले ली। उधर हमारे बहनोई ताहिर अली ख़ां ने ज़िला मेरठ से अपने दो ट्रैक्टर मंगा लिए जो काली नदी के दोनों ओर खादर में जहां जीप नहीं जा सकती थी, वहां ट्रैक्टरों से चुनाव-प्रचार किया। मेरे साले कुंवर मक़सूद अली ख़ां जो ग़ाज़ियाबाद में ए.डी.ओ., एग्रीकल्चर थे, उन्होंने ग़ाज़ियाबाद से एक पुरानी फ़ोर्ड कार ख़रीदकर भेज दी जिस पर मेरे भतीजे मंज़ूर अली ख़ां ड्राइविंग करते थे। पार्टी कार्यकर्ताओं के अलावा मेरे दोस्त, जानकार और रिश्तेदार बड़ी लगन के साथ इस चुनाव में कूद पड़े।

जनवरी 1969 के पहले हफ़्ते में मैंने 1000 से अधिक लोगों के साथ रिटर्निंग ऑफिसर एस.डी.एम., बुलंदशहर के दफ्तर में अपना नामांकन पत्र दाख़िल किया। मेरे प्रस्तावक और समर्थक हर क़ौम, मज़हब और बिरादरी के लोग थे।

8 जनवरी 1969 को नाम-वापसी के बाद चुनाव मैदान में रह गए :

1. अब्बास अली - संयुक्त सोशलिस्ट पार्टी
2. आचार्य वाचस्पति - इंडियन नेशनल कांग्रेस
3. गुरबचन सिंह गौड़ - आज़ाद
4. जीत सिंह - आज़ाद
5. लीला सिंह - प्रजा सोशलिस्ट पार्टी
6. जगवीर सिंह तेवतिया - भारतीय लोकदल
7. रामफल - आज़ाद
8. जगवीर सिंह सिरोही एम.एल.ए - रिपब्लिकन पार्टी ऑफ़ इंडिया
9. गंगा बल - आज़ाद
10. चौधरी हरबंश सिंह - आज़ाद

इन दस उम्मीदवारों में पांच राजनैतिक दलों के उम्मीदवार थे और पांच आज़ाद उम्मीदवार चुनाव लड़ रहे थे। इन उम्मीदवारों में छह उम्मीदवार जाट, दो पंडित, एक मुसलमान और एक गुज्जर बिरादरी का था। चुनाव प्रचार के पहले दिन नौ जनवरी को राजनारायण दिल्ली से गुलावठी तशरीफ़ लाए जिन्होंने बराल, सठला और रात को आठ बजे क़स्बा गुलावठी में जन सभाओं को संबोधित किया। गुलावठी की सभा में आठ-नौ हज़ार लोगों ने हिस्सा लिया। राजनारायण ने लोगों से हाथ उठवाकर संयुक्त सोशलिस्ट पार्टी के उम्मीदवार को वोट देने की अपील की।

क़स्बा गुलावठी की आम-सभा को देखकर राजनारायण ने ख़ुश होकर मुझे बधाई दी और कहा कि अभी चुनाव में एक माह का समय बाक़ी है। इसी तरह अगर आप कोशिश करते रहोगे तो आपकी जीत निश्चित है।

दिनांक दस जनवरी को हमने अपने कार्यकर्ताओं के पांच दल बनाए और इसी तरह चुनाव क्षेत्र को भी पांच हिस्सों में बांट दिया। एक जीप मेरे साथ और एक जीप प्रेमपाल सिंह वकील के नेतृत्व में और फ़ोर्ड गाड़ी में हाजी नियाज़ मुहम्मद ख़ां के नेतृत्व में काम करती थी। दोनों ट्रैक्टरों को नदी के दोनों पार जिसमें एक ट्रैक्टर पर मेरे भतीजे अज़मत अली ख़ां और दूसरे ट्रैक्टर में उनके साढू ताहिर अली ख़ां काली नदी के दूसरी ओर चुनाव प्रचार में जुट गए। हर जाति, बिरादरी, क़ौम और मज़हब के कार्यकर्ता पूरी लगन के साथ चुनाव मे हिस्सा ले रहे थे जिसका अच्छा नतीजा दिखाई देने लगा। हमारे कार्यकर्ताओं ने सुझाव रखा कि चार फ़रवरी को वोट डाले जाएंगे। इसलिए प्रचार के अंतिम दिन दो फ़रवरी को गुलावठी में एक रैली निकाल दी जाए ताकि क़स्बे के लोग भी हमारी ताकत को देखकर हमें भारी तादाद में वोट दें। मैंने इस प्रस्ताव का काफ़ी विरोध किया, मगर कार्यकर्ताओं की ज़िद के आगे मुझे झुकना पड़ा। अंत में तय पाया कि दो फ़रवरी 1969, दिन रविवार को गुलावठी में दिन के 12 बजे रैली निकाली जाएगी जिसके लिए अगौता चुनाव क्षेत्र से ज़्यादा से ज़्यादा कार्यकर्ता भाग लेंगे। उधर खुर्ज़ा चुनाव क्षेत्र से ब्लॉक प्रमुख, खुर्जा ठाकुर देवी सिंह 5000 लोगों को बस, ट्रक और रेल से गुलावठी लेकर आएंगे। मैंने अपने सभी लोगों के लिए 15,000 भोजन के पैकेट तैयार कराए।

दो फ़रवरी 1969 को रविवार को छुट्टी का दिन था। गुलावठी में पैंठ के मैदान से 12 बजे रैली चली और सैदपुर बस अड्डे तक पहुंचते-पहुंचते तीन बज गए जहां राजनारायण जी ने रैली को संबोधित किया। इस रैली को देखकर लोकदल उम्मीदवार जगवीर सिंह तेवतिया की बहन बेहोश हो गईं और रात को उनके भाई जगवीर सिंह ने चौ. चरण सिंह को फोन पर सूचित किया कि मैं तो चुनाव हार गया। आज अब्बास की रैली में 15,000 से ज़्यादा लोग शामिल थे। अगर इन मर्दों के साथ इनकी औरतें ही वोट दे दें तो फिर अब्बास को कोई नहीं हरा सकता।

चौधरी साहब ने जवाब दिया कि तुम कल शाम चार बजे सैदपुर जाट कॉलेज में अपने अलावा पांचों जाट उम्मीदवारों को मेरी तरफ़ से निमंत्रण दे दो कि मैं उनसे बात करना चाहता हूं। अगले दिन तीन फ़रवरी को जगवीर सिंह तेवतिया ने सभी जाट उम्मीदवारों को सैदपुर कॉलेज में आमंत्रित किया और ख़ुद भी चौ. साहब को लेकर शाम के पांच बजे सैदपुर कॉलेज पहुंच गए। चौ. चरण सिंह ने पहले तो जगबीर सिंह तेवतिया की बुराई करते हुए कहा कि "ये बड़ा ग़लत आदमी है, मगर अब तो मैंने इसे टिकट दे दिया है। अगर तुम सभी जाट उम्मीदवार चुनाव लड़ोगे तो तुम सब हार जाओगे और एक मुसलमान कामयाब हो जाएगा। मैं तुमसे वादा करता हूं कि इस बार तुम इसे जिता दो, आइंदा मैं कभी इसे टिकट नहीं दूंगा और जिसे तुम कहोगे, उसे टिकट दिया जाएगा।"

दूसरे दिन चार फरवरी को सभी पांच जाट उम्मीदवारों ने अपने वोट जगवीर सिंह तेवतिया को दिलवा दिए और अपनी ज़मानत ज़ब्त करा ली। आख़िर में जब नतीज़ा निकला तो वोटों को गिनती इस प्रकार सामने आई :

कुल वोट	-	70,050
अवैध वोट	-	2,033
अब्बास अली	-	12,707
आचार्य वाचस्पति	-	13,497
गंगा बल	-	955
गुरवचन सिंह गौर	-	957
जगवीर सिंह तेवतिया	-	22,945
जगवीर सिंह सरोही एम.एल.ए.	-	8,778
जीत सिंह	-	4,490
रामफल	-	3,261
लीला सिंह	-	1,971
हरवंश सिंह	-	786

इस नतीज़े से साफ़ ज़ाहिर है कि छह जाट उम्मीदवारों में से पांच ने अपनी ज़मानत ज़ब्त करा ली और ज़्यादातर जाट वोट बीकेडी उम्मीदवार जगवीर सिंह तेवतिया को मिले और वो कामयाब हो गए।

इस चुनाव के बाद जब मैं मार्च 1969 में उत्तर प्रदेश राज्य समिति संयुक्त सोशलिस्ट पार्टी की बैठक में भाग लेने लखनऊ गया तो राजनारायण ने मेरे चुनाव अभियान की बड़ी तारीफ़ की। चुनाव के बाद कांग्रेस प्रदेश में पूर्ण बहुमत में आ गई और भारतीय क्रांति दल सबसे बड़ी विरोधी पार्टी के रूप में उभरकर आई। कांग्रेस को जहां 425 में 215 सीटें प्राप्त हुईं और उसकी सरकार बन गई, वहीं बीकेडी को 98 और भारतीय जनसंघ को 50 से कुछ अधिक सीटें मिलीं। संयुक्त सोशलिस्ट पार्टी को 30 से भी कम सीटों पर संतोष करना पड़ा।

5, 6 अप्रैल 1969 को देवरिया में संसोपा का राज्य सम्मेलन हुआ। मामा बालेश्वर दयाल ने इस सम्मेलन का उद्घाटन किया। एस.एम. जोशी, रामसेवक यादव और किशन पटनायक* ने इस सम्मेलन में विशेष आमंत्रित के रूप में भाग लिया। सम्मेलन में उग्रसेन को अध्यक्ष और रामशरण दास को राज्यमंत्री चुना गया। अर्जुन सिंह भदौरिया, सालिगराम जायसवाल, विश्राम राय, मैं और रामनरेश कुशवाहा समेत 21 लोग राज्य समिति के लिए चुने गए।

* किशन पटनायक 1962 में सोशलिस्ट पार्टी के उम्मीदवार के रूप में लोकसभा के लिए चुने गए सबसे कम उम्र के सांसद। लेखक और विचारक। सामयिक वार्ता के संस्थापक संपादक।

मई 1969 में मध्य प्रदेश के जबलपुर शहर में संयुक्त सोशलिस्ट पार्टी का राष्ट्रीय सम्मेलन हुआ। इस सम्मेलन में कर्पूरी ठाकुर को अध्यक्ष और जॉर्ज फ़र्नांडिज को महामंत्री चुना गया।

इसी साल कांग्रेस पार्टी का विभाजन हो गया और उत्तर प्रदेश में एक बार फिर सं.वि.द. की सरकार का गठन किया गया और त्रिभुवन नारायण सिंह मुख्यमंत्री बनाए गए। लेकिन यह सरकार भी ज्यादा दिन तक नहीं चल सकी।

अप्रैल 1970 में संयुक्त सोशलिस्ट पार्टी की ओर से दिल्ली में संसद भवन के सामने एक बड़ा प्रदर्शन किया गया। हम लोग जब पटेल चौक तक ही पहुंचे थे तो पुलिस ने शांतिपूर्ण तरीके से चल रहे प्रदर्शनकारियों पर लाठीचार्ज कर दिया और आंसू गैस के गोले छोड़े। राजनारायण और जॉर्ज फ़र्नांडीज़ एक ट्रक पर सवार थे। उन्हें ऊपर से उठाकर फेंक दिया गया जिसमें राजनारायण की टांग टूट गई और जार्ज सहित बहुत से कार्यकर्ताओं को गंभीर चोटें आईं। आंसू गैस के गोले से मुझे भी बहुत चोट लगी और आज तक मेरी आंख से पानी का निकलना बंद नहीं हुआ है।

1971 का आम चुनाव, महा गठबंधन और इंदिरा कांग्रेस का उदय

1969 में कांग्रेस का विभाजन हो जाने के नतीजे में कांग्रेस पार्टी का संगठन तो पुराने कांग्रेसियों के हाथों में चला गया और संसद सदस्यों और नौजवान कार्यकर्ताओं का बहुमत श्रीमती इंदिरा गांधी के साथ रहा जो उस समय देश की प्रधानमंत्री थीं। श्रीमती इंदिरा गांधी ने बैंकों के राष्ट्रीयकरण की घोषणा कर दी और क़ानून बना कर राजाओं के 'प्रीवी पर्स' समाप्त कर दिए और कई प्रगतिशील कामों को अंजाम दिया।

श्रीमती इंदिरा गांधी ने अपनी कांग्रेस का अध्यक्ष बाबू जगजीवन राम को बनाया। दूसरी ओर निजलिंगप्पा की अध्यक्षता में कांग्रेस (संगठन) थी। श्रीमती इंदिरा गांधी ने कम्युनिस्ट पार्टी का समर्थन भी हासिल कर लिया और इसके विरोध में अन्य सभी दलों ने मिलकर एक 'ग्रांड एलायंस' (महा गठबंधन) खड़ा किया। समाजवादियों ने 'ग्रांड एलायंस' में शामिल होने का फ़ैसला किया। ये फ़ैसला सामान्य कार्यकर्ताओं को अच्छा नहीं लगा पर अधिकतर कार्यकर्ताओं ने नेताओं के फ़ैसले का कोई विरोध नहीं किया। 27 से 30 दिसंबर 1970 को पूना में संसोपा का राष्ट्रीय सम्मेलन हुआ। पार्टी अध्यक्ष कर्पूरी ठाकुर ने झंडा फहराकर सम्मेलन का उद्‌घाटन किया और पार्टी महामंत्री जॉर्ज फ़र्नांडीज़ ने देश की राजनीतिक स्थिति पर रपट पेश की। इससे एक सप्ताह पहले ही यानि 22 दिसंबर 1970 को कर्पूरी ठाकुर बिहार के मुख्यमंत्री बने थे। अभी यह सम्मेलन चल ही रहा था कि इंदिरा गांधी ने लोकसभा के मध्यावधि चुनावों का ऐलान कर दिया।

1971 के लोकसभा चुनाव में राजनारायण ने 'ग्रांड एलायंस' में शामिल सभी बड़े दलों का आह्वान किया था कि उनके नेताओं में से कोई एक नेता श्रीमती इंदिरा गांधी के ख़िलाफ़ रायबरेली से लोकसभा का चुनाव लड़े। उन्होंने इस चुनाव में अटल बिहारी वाजपेयी का नाम भी प्रस्तावित किया था परंतु इंदिरा गांधी के ख़िलाफ़ खड़े होकर कोई भी नेता अपनी हार सुनिश्चित नहीं करना चाहता था। जब कोई भी नेता इस चुनौती के लिए तैयार नहीं हुआ तो राजनारायण इस मुक़ाबले के लिए आमादा हो गए और उन्होंने रायबरेली लोकसभा सीट से श्रीमती इंदिरा गांधी के ख़िलाफ़ अपना पर्चा दाख़िल

कर दिया। देश भर से कई सौ समाजवादी कार्यकर्ता रायबरेली पहुंच गए। मैं भी एक माह के लिए रायबरेली के इस चुनाव में रहा और सलोनी विधानसभा क्षेत्र कार्यालय की ज़िम्मेदारी मेरे सुपुर्द रही।

राजनारायण जी को संगठन कांग्रेस, जनसंघ, स्वतंत्र पार्टी और 'ग्रांड एलायंस' में शामिल सभी दलों का भरपूर समर्थन प्राप्त था। संगठन कांग्रेस के नेता चंद्र भान गुप्ता ने पैसे से भी उनकी पूरी मदद की। राजनारायण ने रायबरेली लोकसभा के चुनाव में हर पोलिंग स्टेशन पर अपने कार्यकर्ताओं का जाल बिछा दिया था और श्रीमती इंदिरा गांधी को नाकों चने चबवा दिए थे। इंदिरा गांधी के इलेक्शन एजेंट यशपाल कपूर के गुप्तचर हर वक़्त राजनारायण के पीछे लगे रहते थे। यशपाल कपूर ने इलाक़े के सभी गुंडे-बदमाशों को ख़रीद लिया था जिन्होने इलाक़े में आतंक फैला दिया था। ईमानदार राज्य कर्मचारियों की हमदर्दी राजनारायण जी के साथ थी। चुनाव से पहली रात को 11 बजे मुझे सलोनी टेलीफोन एक्सचेंज से ये ख़बर मिली कि सलोनी का एक मशहूर क़ातिल यशपाल कपूर से रात के 12 बजे कुछ बातें करेगा। टेलीफोन एक्सचेंज वालों ने उसकी बातें मुझे सुनवा दीं जिसने यशपाल कपूर को बताया कि "कल चुनाव के दिन जब राजनारायण सलोनी पोलिंग स्टेशन पर आएंगे, तो मैं उन्हें गोली मार दूंगा।" मैंने ये सूचना रात को ही राजनारायण को दे दी और उन्होंने पोलिंग के वक़्त सलोनी आने का कार्यक्रम सबसे अंत में रखा। जब पोलिंग ख़त्म हो गया तब वो सलोनी पहुंचे। सारे देश के समाजवादी कार्यकर्ता रायबरेली चुनाव क्षेत्र में छाए रहे। देश के अन्य हिस्सों में इंदिरा जी का जादू चाहे जितना भी सबल रहा हो, रायबरेली लोकसभा क्षेत्र में हर गांव में उनका विरोध सामने आया। श्रीमती इंदिरा गांधी ने पैसे, साधन और बाहुबलियों की मदद से ये चुनाव तो जीत लिया, मगर राजनारायण ने इस चुनाव क्षेत्र में उनके दांत खट्टे कर दिए।

लोकसभा के इस चुनाव में कांग्रेस पार्टी को भारी जीत हासिल हुई। समाजवादी, प्रजा सोशलिस्ट पार्टी और संयुक्त सोशलिस्ट पार्टी का 1971 के इस लोकसभा चुनाव में बुरा हाल हुआ। 1967 में संयुक्त सोशलिस्ट पार्टी के लोकसभा में दो दर्जन और प्रजा सोशलिस्ट पार्टी के तेरह-चौदह सांसद थे जिनमें डॉ. लोहिया, मधु लिमये, रामसेवक यादव, अर्जुन सिंह भदौरिया, जार्ज़ फर्नांडीज़, रवि राय लोकसभा में और राजनारायण, श्रीमती सरला भदौरिया और गौड़े मुराहरि राज्यसभा में छाए रहते थे। मगर 1971 के लोकसभा चुनाव के बाद ये तादाद आधा दर्जन से भी कम रह गई। चुनाव में श्रीमती इंदिरा गांधी ने नारा दिया था, "ग़रीबी हटाओ।" वहीं 'ग्रांड एलायंस' ने नारा दिया, "इंदिरा हटाओ।" अंत में "ग़रीबी हटाओ" की जीत हुई।

समाजवादी पार्टी की हार का एक कारण आपसी फूट और एकता का अभाव भी था। राजनारायण कांग्रेसी नेता चंद्र भान गुप्ता के ज़्यादा निकट होते चले जा रहे थे। ये सही है कि 1971 के चुनाव में चंद्र भान गुप्ता ने राजनारायण की अनेक प्रकार से सहायता की थी।

चुनाव समाप्त होने पर राजनारायण ने उच्च न्यायालय, इलाहाबाद हाई कोर्ट में इंदिरा जी के ख़िलाफ़ इलेक्शन के दौरान सरकारी साधनों का दुरूपयोग, भ्रष्ट तरीक़े अपनाने और सरकारी अधिकारियों द्वारा चुनाव प्रचार कराने और सीमा से अधिक चुनाव में ख़र्च करने का इल्ज़ाम लगाया और पिटीशन दायर कर दिया। इसी रिट पेटिशन पर फैसला सुनाते हुए इलाहाबाद हाई कोर्ट के जज जस्टिस जगमोहन लाल सिन्हा ने श्रीमती इंदिरा गाधी का चुनाव रद्द कर दिया था।

समाजवादी एका और विभाजन

1971 में लोकसभा चुनाव के बाद 27 से 30 अप्रैल को पटना में संयुक्त सोशलिस्ट पार्टी का विशेष राष्ट्रीय सम्मेलन आयोजित किया गया। जब हम बुलंदशहर के प्रतिनिधियों के साथ सम्मेलन स्थल पटना पहुंचे तो राजनारायण ने मुझे बुलाकर कहा कि "तुम्हारे मित्र उग्रसेन अंजुमन इस्लामिया हॉल पटना में महाराष्ट्र के नेताओं के साथ मिलकर अलग सम्मेलन कर रहे हैं। आप जाओ और उन्हें समझाकर लाओ।" मैं और राधेश्याम शर्मा*, मथुरा के पूर्व एम.एल.ए. अंजुमन इस्लामिया हॉल में गए तो हमने देखा कि पटना का अंजुमन इस्लामिया हॉल सोशलिस्ट पार्टी के कार्यकर्ताओं से खचाखच भरा हुआ है। वहां उग्रसेन के अलावा गोरखपुर के अश्विनी कुमार शुक्ला, पूर्व विधायक, सुभाषचंद्र यादव, गुंजेश्वरी लाल, आगरे से बृजराज सिंह, पूर्व सांसद, रामसिंह चौहान, पूर्व विधायक, हुकुम सिंह परिहार, विधायक, मेरठ से महाराज सिंह भारती, कानपुर से रामस्वरूप वर्मा, विधायक और श्रीमती शकुंतला श्रीवास्तव, बनारस से निहाल सिंह, पूर्व सांसद और मोतीलाल शास्त्री, देवरिया से हरिकेवल प्रसाद और हरबंश राय, विधायक, इलाहाबाद से मुंशी जगतनारायण, प्रतापगढ़ से प्रो. बासुदेव सिंह, शाहजहांपुर से रूम सिंह, विधायक आदि सैकड़ों कार्यकर्ता मौजूद थे।

मुझे और राधेश्याम शर्मा को देखकर उग्रसेन हमारे पास आए और रोते हुए बोले कि "क्या तुम दोनों मेरा साथ नहीं दोगे?" हमने उन्हें समझाया कि अभी बात करते हैं। इसके बाद बिहार, मध्य प्रदेश और महाराष्ट्र के अन्य साथियों से हमारी बात हुई।

दोपहर के खाने पर मधु लिमये, जार्ज़ फ़र्नांडीज़ और अन्य लोगों से हमारी विस्तार से बात हुई जिन्होंने बताया कि डॉ. लोहिया की मौत के बाद राजनारायण और रामसेवक यादव का रवैया तानाशाही वाला हो गया है। राष्ट्रीय अध्यक्ष एस.एम. जोशी की राय लिए बग़ैर इन लोगों ने 'ग्रांड एलायंस' में शामिल होने का फ़ैसला ले लिया राष्ट्रीय समिति बुलाए बग़ैर इस किस्म का फ़ैसला कहां तक उचित था? दोपहर के खाने के बाद बिहार के नेता रामानंद तिवारी और हुकुमदेव नारायण यादव और दीगर लोगों से भी हमारी बातें हुईं और अंजुमन इस्लामिया हॉल में 12 बजे रात तक सम्मेलन चला। दूसरे

---

* राधेश्याम शर्मा मथुरा के प्रमुख सोशलिस्ट नेता। 1962 में सोशलिस्ट पार्टी और 1977 में जनता पार्टी के उम्मीदवार के रूप में विधानसभा के लिए चुने गए। उत्तर प्रदेश में सोशलिस्ट पार्टी के सभी आंदोलनों में भाग लिया।

दिन हमने पटना के दैनिक अख़बारों में पढ़ा कि संयुक्त सोशलिस्ट पार्टी दो टुकड़ों में विभाजित हो गई है। ये विभाजन थोड़े समय के लिए था मगर इस सम्मेलन में संसोपा में विभाजन के बीज बोये जा चुके थे। दिलचस्प बात ये है कि इस सम्मेलन में समाजवादी एकता की जरूरत पर ज़ोर दिया गया और एक बार फिर प्रजा सोशलिस्ट पार्टी के साथ विलय करके एक नई सोशलिस्ट पार्टी बनाने की बात कही गई।

12, 13 जून 1971 को इलाहाबाद में उत्तर प्रदेश संयुक्त सोशलिस्ट पार्टी का राज्य सम्मेलन आयोजित किया गया जिसमें राज्य अध्यक्ष उग्रसेन और मैंने भाग नहीं लिया। राज्यमंत्री रामशरण दास ने सम्मेलन में अपनी रिपोर्ट पेश की जिससे पता चला कि हम लोगों की सार्वजनिक रूप से काफी आलोचना की गईं थी। इस सम्मेलन में जनेश्वर मिश्र को राज्य अध्यक्ष और रामशरण दास को राज्य मंत्री बनाया गया लेकिन हम लोगों को राज्य समिति में भी नहीं रखा गया।

20 जून 1971 को संसोपा और प्रसोपा को मिलाकर सोशलिस्ट पार्टी का गठन करने की पहल हुई। इसके लिए 27 जून 1971 को बिहार के मुंगेर जिले में बढ़ैय्या नामक स्थान पर पार्टी का एक और विशेष राष्ट्रीय सम्मेलन हुआ जिसमें दोनों दलों की एकता का आधार तय हुआ और नौ अगस्त के तारीख़ी दिन सोशलिस्ट पार्टी का विधिवत गठन हुआ। कर्पूरी ठाकुर नई बनी पार्टी के अध्यक्ष और प्रो. मधु दंडवते* महामंत्री चुने गए और सुरेन्द्र मोहन को संयुक्त मंत्री नियुक्त किया गया। बाद में एन.जी. गोरे संसदीय बोर्ड के अध्यक्ष और धनिक लाल मंडल बोर्ड के मंत्री नियुक्त किए गए। नौ अगस्त 1971 को सोशलिस्ट पार्टी का गठन हो जाने के बाद दस अगस्त को राष्ट्रीय तदर्थ समिति की बैठक हुई जिसमें अन्य राज्यों के अलावा उत्तर प्रदेश में भी विलय की प्रक्रिया को आगे बढ़ाने के लिए पूर्व संसोपा और पूर्व प्रसोपा के सदस्यों की एक नई राज्य तदर्थ समिति बनाने का फैसला किया गया और तय पाया गया कि 31 अगस्त तक राज्य तदर्थ समिति का गठन हो जाना चाहिए। इस संबंध में राष्ट्रीय अध्यक्ष कर्पूरी ठाकुर और प्रो. मधु दंडवते, महामंत्री लखनऊ आए ताकि नई समिति के गठन के बारे में सभी साथियों से बातचीत हो सके। इस बातचीत में मनीराम बागड़ी** और सुरेन्द्र मोहन भी शामिल हुए। लेकिन इस बातचीत में कोई सहमति नहीं बन पाई क्योंकि राजनारायण और रामसेवक गुट हमें यानि उग्रसेन, बृजराज सिंह और मुझे राज्य समिति में कोई स्थान नहीं देना चाहता था। इस बारे में राष्ट्रीय नेताओं ने भी हमारी इस बात की पुष्टि की और अपनी रिपोर्ट में लिखा कि जनेश्वर मिश्र के नेतृत्व वाला भूतपूर्व संसोपा ग्रुप उग्रसेन के नेतृत्व वाले ग्रुप को मान्यता नहीं देता और कहता है कि ये लोग संसोपा से निलंबित किए जा चुके हैं। चूंकि इस बारे में कोई सहमति नहीं बन पाई

---

* मधु दंडवते (1924-2005) महाराष्ट्र के प्रमुख सोशलिस्ट नेता। पहले प्रजा सोशलिस्ट पार्टी में, बाद में सोशलिस्ट पार्टी के महामंत्री। कई बार लोकसभा के सदस्य निर्वाचित। 1977 में केंद्र सरकार में रेल मंत्री। बाद में वित्त मंत्री और योजना आयोग के उपाध्यक्ष रहे। निधन के समय अपना देह दान कर दिया।

** मनीराम बागड़ी प्रमुख सोशलिस्ट नेता। कई बार लोकसभा के लिए चुने गए। 1962 और 1980 में हिसार से और 1977 में मथुरा से। डॉ. लोहिया के साथ संसद में ज़ोरदार विपक्षी सांसद की भूमिका निभाई।

इसलिए राष्ट्रीय अध्यक्ष और महामंत्री ने उत्तर प्रदेश के मामले को राष्ट्रीय तदर्थ समिति की अगली बैठक में पेश करने का ऐलान किया। इस बारे में रामसेवक यादव ने 30 अगस्त को एक लंबा खत लिखा जिसमें इन बातों की पुष्टि की गई थी।

डॉ. लोहिया की मृत्यु के बाद मेरा ज़्यादातर संबंध राजनारायण से ही रहा। वो मेरे साथ बड़ा स्नेह रखते थे। डॉ. साहब की मौत के बाद राजनारायण जी ही उनके लड़ाकूपन के उत्तराधिकारी थे, मगर समाजवादी चिंतक और विश्लेषक होने की विरासत मधु लिमये में थी। अगर ये दोनों मिलकर काम करते तो समाजवादी आंदोलन न बिखरता। श्रीमती इंदिरा गांधी के ख़िलाफ़ इलेक्शन में एक माह तक पूरी लगन के साथ मैंने रायबरेली में रहकर चुनाव प्रचार किया मगर अब मुझे ये देखकर बड़ा आश्चर्य होता था कि राजनारायण अपने साथियों के नाम भी बिगाड़ कर लेने लगे थे। वो मधु लिमये को मधुलिम्मी और साथी जार्ज फ़र्नांडीज़ को जार्ज फर्नवीश कहने लगे थे। उनका ये बर्ताव हमें अखरने लगा।

22, 23, 24 अक्टूबर 1971 को महाराष्ट्र के लोनावला नामक स्थान पर पार्टी की राष्ट्रीय तदर्थ समिति की दूसरी बैठक हुई। इस बैठक में संसोपा के चुनाव चिन्ह 'बरगद के पेड़' को नई पार्टी का चुनाव निशान स्वीकार किया गया। उत्तर प्रदेश के बारे में इस बैठक में फ़ैसला किया गया कि पूर्व संसोपा के 21 सदस्यों में से 13 जनेश्वर मिश्र ग्रुप के और आठ उग्रसेन ग्रुप के होंगे। रामसेवक यादव अध्यक्ष और राजवंत सिंह राज्य मंत्री बनाए गए। डॉ. एम.ए. हलीम और रामनरेश कुशवाहा संयुक्त मंत्री नियुक्त किए गए जबकि चंद्रबली सिंह को संसदीय बोर्ड का अध्यक्ष और श्रीमती बासंती देवी को बोर्ड का मंत्री नियुक्त किया गया। इसी तरह 60 सदस्यीय राज्य तदर्थ समिति का गठन किया गया जिसका मैं भी सदस्य था।

लोनावाला में राष्ट्रीय समिति की बैठक में देश की राजनीतिक स्थिति के अलावा बांग्लादेश की स्थिति पर भी चिंता व्यक्त की गई और भारत सरकार से उसे तत्काल मान्यता देने की मांग की गई।

मार्च 1972 में बिहार विधानसभा के लिए चुनाव हुए। इधर श्रीमती इंदिरा गांधी का "ग़रीबी हटाओ" का नारा ज़्यादा दिनों तक सफल नहीं रहा। उनका "ग़रीबी हटाओ" का नारा "ग़रीब हटाओ" में बदल गया। महंगाई, भ्रटाचार और पुलिस उत्पीड़न से जनता के कष्ट बढ़ गए और जनता का इंदिरा सरकार से मोह भंग हो गया। उत्तर प्रदेश में तो 1969 में विधानसभा के चुनाव हो चुके थे परंतु और राज्यों में 1972 में विधानसभा चुनाव हुए जिसमें बिहार भी शामिल था।

जार्ज फ़र्नांडीज़ ने 1972 के विधानसभा चुनाव में मुझसे प्रचार के लिए बिहार जाने का अनुरोध किया और जब मैं पटना पहुंचा तो मुझे बिहार के लोगों ने मुज़फ़्फ़रपुर भेज दिया जहां मैंने तीन दिन तक अपने समाजवादी उम्मीदवारों के समर्थन में प्रचार किया।

बिहार विधानसभा चुनावों के तत्काल बाद 17, 18 मार्च को सोशलिस्ट पार्टी की राष्ट्रीय समिति की बैठक हुई जिसमें तय हुआ कि जो लोग प्रत्यक्ष चुनावों में हार गए हैं उन्हें पिछले दरवाजे से राज्यसभा या विधान परिषद का चुनाव नहीं लड़ना चाहिए।

20 मार्च को केंद्रीय संसदीय बोर्ड की राय थी कि उत्तर प्रदेश पार्टी के संसदीय बोर्ड ने बहुमत से श्रीमती शकुंतला श्रीवास्तव को राज्यसभा का उम्मीदवार बनाने की सिफ़ारिश की है इसलिए श्रीमती शकुंतला श्रीवास्तव को ही उम्मीदवार बनाया जाए। लेकिन राजनारायण गुट ने पार्टी के इस फ़ैसले को नहीं माना और राजनारायण अगले माह अप्रैल में होने वाले राज्यसभा चुनावों में पार्टी फ़ैसले के ख़िलाफ़ चुनाव लड़े और चुनाव हार गए।

15, 16 अप्रैल को दिल्ली में राष्ट्रीय समिति की बैठक हुई जिसमें राजनारायण को छह माह के लिए पार्टी की सदस्यता से निलंबित कर दिया गया। इसी बैठक में पार्टी अध्यक्ष कर्पूरी ठाकुर के इस्तीफ़े को अस्वीकृत कर दिया गया जो उन्होंने एक दिन पहले संसदीय बोर्ड के अध्यक्ष एन.जी. गोरे और महामंत्री मधु दंडवते को भेजा था। राष्ट्रीय समिति द्वारा राजनारायण को निलंबित करने के एक माह बाद ही उनके समर्थकों ने इलाहाबाद में सम्मेलन करके अपनी अलग संयुक्त सोशलिस्ट पार्टी बना ली। राजनारायण गुट के इस सम्मेलन में भूपेन्द्र नारायण मंडल को अध्यक्ष तथा मनीराम बागड़ी को महामंत्री चुना गया।

इधर, हमारी सोशलिस्ट पार्टी की राष्ट्रीय तदर्थ समिति की पटना में 11, 12 और 13 जून 1972 को बैठक हुई जिसमें अगस्त के दूसरे हफ़्ते में राष्ट्रीय सम्मेलन करने का फ़ैसला किया गया ताकि नए अध्यक्ष और समिति का चुनाव किया जा सके। राजनारायण गुट के बारे में कहा गया कि जिन लोगों ने इलाहाबाद सम्मेलन में भाग लिया है और जो समानांतर दल के सदस्य हैं, सोशलिस्ट पार्टी के सदस्य नहीं माने जाएंगे।

कुछ नेताओं के बीमार पड़ जाने और अन्य कारणों से बुलंदशहर में होने वाला पार्टी का राष्ट्रीय सम्मेलन साल के अंत तक नहीं हो सका और इसे अगले साल जनवरी माह तक के लिए स्थगित करना पड़ा।

सात जनवरी 1973 को सोशलिस्ट पार्टी का बुलंदशहर में राष्ट्रीय सम्मेलन हुआ। इस सम्मेलन में प्रजा सोशलिस्ट पार्टी और संयुक्त सोशलिस्ट पार्टी के विलय पर मुहर लगाई गई और भविष्य में राजनारायण गुट के साथ किसी तरह का कोई सहयोग न करने का प्रस्ताव पारित किया गया। इस सम्मेलन में जॉर्ज फ़र्नांडीज़ अध्यक्ष और सुरेन्द्र मोहन* राष्ट्रीय महामंत्री चुने गए। प्रो. विनोद प्रसाद सिंह, प्रमिला दंडवते और बृजमोहन तूफ़ान संयुक्त मंत्री बनाए गए।

बुलंदशहर सम्मेलन में कई पुराने साथियों के साथ मिलन हुआ जो 1955 में हमसे छूट गए थे। इनमें प्रेम भसीन, मधु दंडवते, एन.जी. गोरे, सुरेन्द्र मोहन, बेनी प्रसाद माधव, राजवंत सिंह, जमुना प्रसाद बोस और बहुत से अन्य साथी लगभग 17 साल बाद मिले। लेकिन बहुत सारे प्यारे साथी छूट भी गए। जैसे राजनारायण, रामसेवक यादव, कर्पूरी ठाकुर, रवि राय, मनीराम बागड़ी, कमांडर अर्जुन सिंह भदौरिया, श्रीमती सरला भदौरिया,

---

* सुरेन्द्र मोहन प्रजा सोशलिस्ट पार्टी और सोशलिस्ट पार्टी के प्रमुख नेता और विचारक। 1965 में संसोपा के संयुक्त सचिव फिर प्रसोपा के संयुक्त सचिव। बाद में सोशलिस्ट पार्टी के महामंत्री। 1977 में जनता पार्टी के महासचिव नियुक्त किए गए। 1978 में राज्यसभा के लिए निर्वाचित। भारतीय राजनीति का शानदार व्यक्तित्व।

रामशरण दास, जनेश्वर मिश्र, अनंतराम जायसवाल, बृजभूषण तिवारी, भगवती सिंह, शंकर प्रसाद और हरिदास वग़ैरह। बुलंदशहर सम्मेलन के दौरान ही एक दिन मधु लिमये, जॉर्ज फ़र्नांडीज़, सुरेन्द्र मोहन और उग्रसेन रात के खाने पर मेरे गांव क़लंदर गढ़ी आए। साथी मोहन सिंह इस सम्मेलन के दौरान एक माह तक बुलंदशहर में रहे।

1973 में बिहार के बांका लोकसभा का उप चुनाव हुआ जिसमें मधु लिमये चुनाव लड़े मगर उनके ख़िलाफ़ राजनारायण चुनाव में खड़े हो गए और अपनी ज़मानत भी नहीं बचा सके। मधु लिमये ने भारी बहुमत से ये चुनाव जीता और कांग्रेस के उम्मीदवार को भी काफ़ी मतों से हराया। इस उप चुनाव के बाद लोहियावादी सोशलिस्ट दो ख़ेमों में बंट गए। एक गुट में मधु लिमये, जार्ज फ़र्नांडीज़ और बृजराज सिंह थे तो दूसरे गुट में कर्पूरी ठाकुर, राजनारायण और रामसेवक यादव थे। इस समय प्रभु नारायण सिंह, जगदीश जोशी और गौड़े मुराहरि सोशलिस्ट पार्टी छोड़कर कांग्रेस में चले गए।

28, 29 अप्रैल 1973 फ़ैज़ाबाद में विलय के बाद उत्तर प्रदेश सोशलिस्ट पार्टी का पहला राज्य सम्मेलन हुआ। इस सम्मेलन में बृजराज सिंह को अध्यक्ष और मुझे राज्यमंत्री चुना गया। 30 अप्रैल को फ़ैज़ाबाद में राज्य समिति की पहली बैठक हुई। हमारे तीन युवा साथी जयजय राम पाण्डे, मुख़्तार अनीस* और मोहन सिंह* को संयुक्त सचिव बनाया गया।

अब तक लीला निवास, पान दरीबा, जो संसोपा का राज्य कार्यालय था, उस पर राजनारायण गुट का कब्ज़ा हो गया और 5 ए.पी. सेन रोड, जो प्रसोपा का राज्य कार्यालय था, नई बनी सोशलिस्ट पार्टी का राज्य कार्यालय बनाया गया। यहां साथी सर्वजीत पहले से मौजूद थे जो हम लोगों के रहने-सहने और खाने-पीने का बंदोबस्त करते थे।

18 अगस्त को वाराणसी में पार्टी कार्यकर्ताओं ने आंदोलन किया और उसमें शिरकत के लिए मुझे भी आमंत्रित किया लेकिन प्रशासन ने इस आंदोलन पर प्रतिबंध लगा दिया और हमारे कार्यकर्ताओं को गिरफ़्तार कर लिया। मैं विजय नारायण, देवव्रत मजूमदार, बादशाह अली और मोहन प्रकाश सहित सैकड़ों कार्यकर्ताओं के साथ गिरफ़्तार हुआ और पांच दिन बनारस जेल में रहा। इसी दौरान कृष्ण जन्माष्टमी थी। इस मौक़े पर जेल में क़व्वालियों का आयोजन हुआ और कार्यकर्ताओं ने इसका पूरा आनंद उठाया।

26, 27 अगस्त को बैंगलौर में सोशलिस्ट पार्टी का एक सम्मेलन हुआ जिसमें अध्यक्ष बृजराज सिंह और संयुक्त सचिव मोहन सिंह के साथ मैंने शिरकत की और चार सितंबर को हम लोग वापस लखनऊ पहुंचे। दो सितंबर को शाहजहांपुर में ज़िला सम्मेलन हुआ। आठ, नौ सितंबर को लखनऊ में राज्य समिति की बैठक हुई।

जहां एक तरफ़ समाजवादी बिखर रहे थे और समाजवादी आंदोलन नष्ट हो रहा था, वहीं दूसरी ओर श्रीमती इंदिरा गांधी धीरे-धीरे तानाशाही की तरफ़ बढ़ रही थीं।

---

*मुख़्तार अनीस और मोहन सिंह छात्र जीवन से ही समाजवादी आंदोलन और उसकी युवा शाखा समाजवादी युवजन सभा (एसवाईएस) से जुड़े रहे। ये दोनों ही नौजवान काफ़ी पढ़ते-लिखते थे और बहुत अच्छा भाषण भी करते हैं। दोनों ही 1977 के विधानसभा चुनावों में पहले विधायक और फिर राज्य सरकार में मंत्री बने और बाद में लोकसभा के लिए भी निर्वाचित हुए।

श्रीमती इंदिरा गांधी ने सुप्रीम कोर्ट में तीन वरिष्ठ न्यायाधीशों को छोड़कर एक कनिष्ठ न्यायाधीश को सर्वोच्च न्यायालय का मुख्य न्यायाधीश बना दिया था जिसका देश भर की बार एसोसिएशनों ने कड़ा विरोध किया था। 1973 के आते-आते देश में राजनैतिक गतिविधियां श्रीमती इंदिरा गांधी के ख़िलाफ़ हो गईं थीं। गुजरात में विद्यार्थियों के आंदोलन ने एक उग्र रूप ले लिया था। चिम्मन भाई पटेल को मुख्यमंत्री पद से हटाने और भ्रष्टाचार मिटाने का गुजरात की जनता ने संकल्प ले लिया था। बिहार के नौजवानों ने भी अब्दुल ग़फ़ूर सरकार के ख़िलाफ़ आंदोलन छेड़ दिया था। उत्तर प्रदेश में भी हथियारबंद पी.ए.सी. ने बग़ावत कर दी थी। इस बग़ावत पर जल्द ही क़ाबू पा लिया गया लेकिन कांग्रेसी मुख्यमंत्री कमलापति की सरकार बर्ख़ास्त हो गई और हेमवती नंदन बहुगुणा की सरकार को उत्तर प्रदेश की कमान सौंपी गई। दिसंबर 1973 में उत्तर प्रदेश विधानसभा चुनावों की घोषणा हुई और इन चुनावों में हमारी सोशलिस्ट पार्टी को केवल पांच सीटों पर जीत हासिल हुई। हमारे साथी बेनीप्रसाद माधव खुर्जा से बहुत ज़ोर-शोर के साथ चुनाव लड़े मगर बुरी तरह हार गए। 1974 के विधानसभा चुनाव के लिए मधु लिमये ने सुझाव दिया था कि अगर उत्तर प्रदेश में राजनारायण और रामसेवक यादव, सोशलिस्ट पार्टी के टिकट 'बरगद के पेड़' पर चुनाव लड़ना चाहें तो उत्तर प्रदेश पार्टी को अपने चुनाव चिन्ह पर उन्हें विधानसभा का चुनाव लड़ने देना चाहिए। मैं ये प्रस्ताव लेकर राजनारायण और रामसेवक यादव के पास 98, बी ब्लॉक, दारूलशफ़ा, लखनऊ गया तो उन्होंने मुझे बताया कि "हम तो अपने उम्मीदवारों को चौधरी चरण सिंह के भारतीय क्रांति दल के चुनाव चिन्ह 'हलधर किसान' से चुनाव लड़ाएंगे।"

राजनारायण और रामसेवक यादव ने चौ. चरण सिंह के भारतीय क्रांति दल और डॉ. फ़रीदी द्वारा स्थापित मुस्लिम मज़लिस के लोगों को अंत में "हलधर किसान" पर चुनाव लड़ाया और हमारे प्रस्ताव को ठुकरा दिया। इसका नतीज़ा ये हुआ कि समाजवादी पार्टी के दोनों धड़े विधानसभा के चुनाव में बुरी तरह नाकामयाब हुए।

चुनाव के बाद भारतीय क्रांति दल, मुस्लिम मजलिस और राजनारायण तथा रामसेवक यादव ने मिलकर चुनाव के बाद भारतीय लोकदल का गठन किया। चौ. चरण सिंह इसके अध्यक्ष ही नहीं बल्कि सर्वेसर्वा बन गए। चौ. चरण सिंह विधानमंडल में अपने दल के नेता हो गए और रामसेवक यादव को उन्होंने भारतीय लोकदल का उपनेता बनाया और वो उत्तर प्रदेश विधानसभा में विरोधी दल के नेता हो गए। 1974 के विधानसभा चुनाव में कांग्रेस को 425 में से 216 सीटें मिलीं।

1974 के आख़िर में देवरिया में उत्तर प्रदेश सोशलिस्ट पार्टी का राज्य सम्मेलन शुरू हुआ जिसमें उग्रसेन राज्य अध्यक्ष और रघुवर दयाल वर्मा को राज्य मंत्री चुना गया। राष्ट्रीय अध्यक्ष जार्ज फ़र्नांडीज़ ने पहले दिन सम्मेलन का उद्घाटन करते हुए देश की वर्तमान हालत पर विस्तार से प्रकाश डाला और समाजवादी कार्यकर्ताओं की निष्ठा और त्याग की तारीफ़ करते हुए कहा कि "समाजवादी आंदोलन उसके कार्यकर्ताओं की क़ुरबानी और त्याग का इतिहास रहा है। डॉ. लोहिया के बताए हुए संघर्ष के रास्ते पर

चल कर अन्याय के ख़िलाफ़ हमारी लड़ाई जारी है। श्रीमती इंदिरा गांधी इस देश को तानाशाही की तरफ़ ले जाना चाहती हैं। हमें जनतंत्र की रक्षा के लिए पूरी मुस्तैदी से संकल्प लेकर आगे आना चाहिए। आज हमारे बहुत से कार्यकर्ता अपने त्याग और कुरबानी का कोई मुआवज़ा लिए बिना अपनी ज़िदगी के दिन काफ़ी मुश्किल में काट रहे हैं। साधारण कार्यकर्ता से लेकर वरिष्ठतम नेताओं की कुरबानी का अगर इतिहास लिखा जाए तो काफ़ी मोटे ग्रंथ लिख जाएंगे। आज हमारी बदक़िस्मती ये है कि भारतवर्ष के इतिहासकारों ने इन महान पुरुषों के त्याग, तपस्या, कुरबानी और वरदान को हमारे इतिहास में कहीं अंकित भी नहीं किया है।

दूसरे दिन मधु लिमये ने सम्मेलन का समापन करते हुए पार्टी कार्यकर्ताओं से अपील की कि आपसी मतभेद भुलाकर देश के सामने आज जो संकट दिखाई दे रहा है, उसका मुक़ाबला करने के लिए तैयार रहें।

इस सम्मेलन के बाद मैं और राजवंत सिंह अध्यक्ष जॉर्ज फ़र्नांडीज़ के साथ अकबरपुर, फ़ैजाबाद गए जहां साथी मुख़्तार अनीस की शादी में शिरकत की।

देवरिया सम्मेलन के बाद मुझे पार्टी की राष्ट्रीय समिति और केंद्रीय संसदीय बोर्ड का सदस्य बनाया गया।

इस बीच, लोकनायक जयप्रकाश नारायण ने बिहार में नौजवान विद्यर्थियों द्वारा चलाए गए आंदोलन की कमान संभाल ली। उधर, गुजरात में मोरारजी देसाई के नेतृत्व में जन आंदोलन ने सफलता हासिल कर ली थी। राजनारायण, चौ. चरण सिंह के भारतीय लोकदल को जयप्रकाश नारायण जी के आंदोलन से जोड़ना चाहते थे परंतु अपने स्वभाव के कारण किसी दूसरे का दोयम बनकर काम करना चौ. साहब के स्वभाव में नहीं था और उनका विद्यार्थियों के आंदोलन के बहुत से मुद्दों से विरोध था। हां, वो ये ज़रूर मानते थे कि आंदोलन में शामिल सभी राजनैतिक दलों को एक साथ मिलकर एक राजनीतिक दल का गठन करना चाहिए।

भारतीय जनसंघ, संगठन कांग्रेस और सोशलिस्ट पार्टी अभी इस बात के लिए तैयार नहीं थे। लखनऊ में विद्यार्थियों ने विधान भवन के समक्ष एक बड़ा प्रदर्शन किया जिसमें बनारस, इलाहाबाद, लखनऊ, अलीगढ़ और मेरठ विश्वविद्यालयों के छात्रसंघों के अध्यक्ष और विद्यार्थी शामिल थे और जिसे लोकनायक जयप्रकाश नारायण ने संबोधित किया। विद्यार्थियों ने इंदिरा गांधी की लोकतांत्रिक व्यवस्था के ख़िलाफ़ अपने गहरे दुख और गुस्से का इज़हार किया और इसके ख़िलाफ़ आंदोलन का संकल्प लिया।

जयप्रकाश जी ने इसके बाद इंदिरा गांधी की तानाशाही के ख़िलाफ़ और देश में बढ़ रही अव्यवस्था, पुलिस दमनचक्र, महंगाई, भ्रष्टाचार और बेरोज़गारी के ख़िलाफ़ बड़े पैमाने पर संघर्ष की आवाज़ उठाई और इस पर विचार करने के लिए सभी दलों के नेताओं को हिस्सा लेने के लिए दिल्ली आमंत्रित किया जिसे भारतीय जनसंघ, संगठन कांग्रेस, सोशलिस्ट पार्टी और भारतीय लोकदल ने सहर्ष मंजूर कर लिया। चौ. चरण सिंह भी इस मीटिंग में हिस्सा लेने के लिए दिल्ली पहुंच गए।

जेपी आंदोलन और विपक्षी एकता

गुजरात में मोरारजी भाई के नेतृत्व में जन आंदोलन को सफलता मिली और चिम्मन भाई पटेल की सरकार के इस्तीफ़े के बाद बिहार में लोकनायक जयप्रकाश नारायण ने मुख्यमंत्री अब्दुल ग़फ़ूर की सरकार के ख़िलाफ़ विद्यार्थियों का आंदोलन तेज कर दिया। समाजवादी युवजन सभा, अखिल भारतीय विद्यार्थी परिषद और तरुण शांति सेना के माध्यम से बिहार के चप्पे-चप्पे में ये आंदोलन फैल गया जिसका नारा था "गुजरात की जीत हमारी है, अब बिहार की बारी है।" बिहार संघर्ष समिति ने 17 मार्च 1974 को विधानसभा का घेराव करने का फैसला किया था लेकिन छात्र फ़ैडरेशन ने, जिसका नेतृत्व सीपीआई कर रही थी, 16 मार्च को ही प्रदर्शन कर उपद्रव कर दिया। भ्रष्टाचार और महंगाई के ख़िलाफ़ जहां संघर्ष समिति अपने आंदोलन को शांतिपूर्ण तरीक़े से चलाने के लिए वचनबद्ध थी वहीं सीपीआई से संबंधित छात्र फ़ैडरेशन, लोकनायक जयप्रकाश नारायण द्वारा संघर्ष समिति के माध्यम से चलाए जा रहे आंदोलन को बदनाम करने के लिए हिंसा पर उतर आई थी। 18 मार्च को संघर्ष समिति ने पटना में शांतिपूर्ण प्रदर्शन किया मगर बिहार पुलिस ने शांतिपूर्ण प्रदर्शनकारियों पर भी लाठी चार्ज कर दिया जिस पर भीड़ भी उग्र हो गई। फिर पत्थरबाज़ी, आगजनी हुई और प्रदर्शनकारियों पर आंसू गैस छोड़ी गई।

लोकनायक जयप्रकाश नारायण ने आख़िरकार छात्र आंदोलन के कार्यकर्ताओं को स्पष्ट संदेश दिया कि वो संघर्ष समिति के शांतिमय आंदोलन को विकृत न होने दें। उनके नेतृत्व में पटना में मौन जुलूस निकाला गया जिसमें प्रदर्शनकारी मुंह पर पट्टी बांधे और हाथ पीछे किए हुए थे। कुछ लोग तख़्तियां लिए हुए थे जिस पर लिखा था, "क्षुब्ध हृदय है बंद ज़बान।"

सन् 1974 के शुरू में इलाहाबाद संसदीय क्षेत्र में लोकसभा का उप चुनाव हुआ। यह उप चुनाव हेमवती नंदन बहुगुणा के उत्तर प्रदेश का मुख्यमंत्री चुने जाने के कारण ख़ाली हुई सीट के लिए किया गया था। इस उप चुनाव में भारतीय क्रांति दल के उम्मीदवार जनेश्वर मिश्र ने कांग्रेसी उम्मीदवार एस.सी. खरे को हरा कर यह सीट जीती। सन् 1974 में जेपी आंदोलन जोरों पर था। इसी दौरान लोकनायक जयप्रकाश नारायण पश्चिमी उत्तर प्रदेश के दौरे पर निकले और हमारे ज़िले बुलंदशहर में दो विशाल सभाओं को संबोधित किया। बुलंदशहर में जेपी की सभा की अध्यक्षता युवा नेता प्रो. किरनपाल

सिंह ने और खुर्जा में हुई सभा की अध्यक्षता प्रो. रणवीर सिंह ने की। इसी दौरान एक घटना मेरे साथ ये हुई कि एक दिन जब मैं मधु लिमये से मिलने दिल्ली आ रहा था तो ख़ुर्जा के हमारे कुछ युवा साथियों ने दिल्ली चलने और संसद की कार्यवाही देखने की ख़्वाहिश ज़ाहिर की। मैं इन लोगों को बुलंदशहर से लेकर दिल्ली आया। इन साथियों में सुरेश चंद त्यागी, वीरेन्द्र सिंह और सत्येंद्र सोलंकी वग़ैरह शामिल थे। उस ज़माने में संसद भवन की आजकल जैसी कड़ी सुरक्षा व्यवस्था नहीं होती थी। हम जैसे ही पास बनवाकर संसद भवन में दाख़िल हुए, एक सुरक्षा गार्ड ने सुरेश चंद त्यागी की तलाशी लेनी शुरू कर दी। बदक़िस्मती से सुरेश की जेब से नौ इंच का एक चाक़ू बरामद हो गया। इसके बाद हमें गिरफ़्तार कर लिया गया। आकाशवाणी पर ख़बर प्रकाशित कर दी गई कि जेपी आंदोलन में शामिल कुछ लोग श्रीमती इंदिरा गांधी की हत्या करने संसद भवन आए थे और उन्हें गिरफ़्तार कर लिया गया है। हमारे पास जेपी आंदोलन से संबंधित कुछ पर्चे, पोस्टर और काग़ज़ात भी थे और यह काग़ज़ात हम पर लगे आरोपों को साबित करने के लिए काफ़ी थे। मगर इत्तेफ़ाक़ से उसी वक़्त मधु जी वहां आ गए जहां हम लोगों को खड़ा किया गया था। मधु लिमये ने जब हमारा हालचाल पूछा और जब उन्हें पता चला कि हम लोग चाक़ू रखने के आरोप में गिरफ़्तार कर लिए गए हैं तो वह सुरक्षाकर्मियों पर बिगड़ पड़े। उन्होंने कहा कि ऐसा चाकू तो मैं भी कभी-कभी फल वग़ैरह काटने के लिए संसद भवन ले आता हूं। मधु जी की डांट सुनने के बाद सुरक्षाकर्मियों ने हमे छोड़ा। बज़रिये रेल रात को 12 बजे हम अपने गांव क़लंदर गढ़ी वापस पहुंचे। अगले दिन यह ख़बर सभी अख़बारों में मुख्य पृष्ठों पर प्रकाशित हुई और खुर्जा में तो उत्तेजित छात्रों ने एक सिनेमा हॉल को जला डाला।

सात नवंबर, 1974 को पूर्व संसद सदस्य अर्जुन सिंह भदौरिया और लोकसभा के सदस्य जनेश्वर मिश्र* ने राष्ट्रपति फ़ख़रुद्दीन अली अहमद को बिहार की विस्फोटक स्थिति के संबंध में निम्नलिखित पत्र लिखा :

> महामहिम राष्ट्रपति महोदय,
> भारत सरकार, नई दिल्ली
>
> महोदय, आज संपूर्ण बिहार एक विस्फोटक ज्वालामुखी पर बैठा है। कब विस्फोट हो जाए, कब भूचाल आ जाए, कुछ नहीं कहा जा सकता। छात्र आंदोलन जन आंदोलन का रूप धारण कर विरोध की स्थिति से आगे बढ़कर विद्रोह की स्थिति में पहुंच गया है। आजकल बिहार राज्य में सरकार नाम का कोई संगठन नहीं है। वहां की पूरी प्रशासनिक मशीनरी

---

* जनेश्वर मिश्र छोटे लोहिया के नाम से मशहूर। सोशलिस्ट पार्टी और संसोपा के प्रमुख नेता। कई बार लोकसभा के सदस्य चुने गए और केंद्र सरकार में राज्यमंत्री और कैबिनेट मंत्री रहे। फिलहाल समाजवादी पार्टी के नेता और राज्यसभा सदस्य।

विकृत व विमूढ़ होकर उसकी सारी शक्ति तिरस्कृत हो गई है। हालात यहां तक बिगड़ गए हैं कि यदि कुछ दिनों तक यह स्थिति बनी रही तो पुलिस और सरकारी मशीनरी भी विद्रोह पर उतर आएगी। आज तृतीय, चतुर्थ और सभी राजपत्रित कर्मचारी खुलकर आंदोलन के साथ हैं। उसका सबसे बड़ा सबूत तीन अक्टूबर से पांच अक्टूबर तक होने वाले तीन दिन के बिहार बंद से स्पष्ट हो गया है।

बिहार राज्य सरकार घाटे पर और बिल्कुल ही केंद्र के भरोसे ओवर ड्राफ्ट पर चल रहा है। 24 जून, 1974 से बिहार सरकार का प्रतिदिन का घाटा 99 लाख का था। 15 अगस्त के बाद ये घाटा बढ़ कर एक करोड़ 47 लाख प्रतिदिन तक पहुंच गया है। राज्य के इस घाटे के अलावा बाढ़ और सूखा से संपूर्ण बिहार बुरी तरह प्रभावित है। उत्तरी बिहार में तो पांच-पांच बार भयंकर बाढ़ का प्रकोप हुआ है और दक्षिण बिहार सूखे की चपेट में है। बाढ़ और सूखे से बिहार की आधे से अधिक आबादी प्रभावित है।

यहां के लोगों की क्रयशक्ति बिल्कुल नष्ट हो चुकी है। यहां के करोड़ों लोग भूख और अन्य रोगों से पीड़ित हैं। पशुधन तो इतना नष्ट हो गया है कि उसकी पूर्ति अगली दो पंचवर्षीय योजनाओं में भी संभव नहीं है। बाढ़ और सूखे के क्षेत्रों में जो भी सरकारी सहायता पहुंचाई जा रही है, उसका आधा हिस्सा सरकारी अफ़सर और कर्मचारी बीच में ही हड़प कर जाते हैं तथा बाढ़ और सूखा पीड़ितों तक शेष आधा भाग ही पहुंच पाता है। इस आधे हिस्से में भी कुछ अस्थायी कर्मचारी, एजेंट हड़प कर जाते हैं और बचा-खुचा ही बाढ़ पीड़तों तक पहुंचता है। बाढ़ पीड़ित क्षेत्रों की स्थिति बहुत ही भयानक और दर्दनाक है। बिहार की सरकार बिल्कुल निष्क्रिय हो चुकी है।

ऐसी स्थिति में विधानसभा भंग करके राष्ट्रपति शासन लागू करने के अलावा और कोई दूसरा रास्ता शेष नहीं है। राज्य की वित्तीय स्थिति बिगड़ने पर भारतीय संविधान के अनुच्छेद 360 के अंतर्गत आपको विधानसभा भंग करने का अधिकार प्राप्त है। अतः हमारा आपसे अनुरोध है कि आप विधानसभा को तुरंत भंग करके राष्ट्रपति शासन लागू कर बिहार राज्य की स्थिति को और अधिक बिगड़ने से रोकें। यदि अब इसमें किसी प्रकार का विलंब किया गया तो यहां की वित्तीय स्थिति तो नष्ट हो ही चुकी है, अब राज्य में शांति व्यवस्था

भी भंग होगी क्योंकि कांग्रेस सरकार में छद्मवेश में कम्युनिस्ट राज्य में हिंसात्मक वातावरण तेज़ी से फैला रहे हैं।

गत सात महीने में बिहार में चल रहे जन आंदोलन से ये स्पष्ट हो गया है कि यहां की सरकार जनता का समर्थन खो चुकी है। बिहार में खुलकर संविधान का अनादर किया जा रहा है। अभी एक दर्जन से अधिक संसद सदस्यों, भूतपूर्व संसद सदस्यों और अनेक वरिष्ठ सर्वोदय और राजनेताओं को बिहार से निष्कासित करके जनता के मौलिक अधिकारों की हत्या की गई है। ग़फूर सरकार ने संपूर्ण बिहार को एनार्की और जेल में परिवर्तित कर दिया है। पांच अक्टूबर को संपूर्ण बिहार में एक दर्जन से अधिक स्थानों पर गोलियां चलीं और अभी तक आंदोलन के दौरान 150 व्यक्तियों से अधिक लोगों को मौत के घाट उतार दिया गया और ढाई हज़ार से अधिक लोग पुलिस की गोलियों और लाठियों से घायल हुए हैं।

पांच नवंबर को बिहार सरकार ने जिस जंगलीपन और बर्बरता का व्यवहार सत्याग्रहियों और लोकनायक जयप्रकाश जी के साथ किया, वो इस सरकार का शर्मनाक और क्रूर व्यवहार अंग्रेज़ी राज के सौ वर्षों में भी नहीं हुआ। बिहार सरकार की इस प्रकार की क्रूर और संविधान विरोधी हरकतों से केवल बिहार में ही नहीं, बल्कि समस्त देश में हिंसात्मक वातावरण का जन्म होगा जो कि देश के लोकतंत्र के लिए एक चुनौती बन जाएगा। अब बिहार को कोरिया और वियतनाम बनाने की आवश्यकता नहीं है। समय रहते हुए यदि इस दिशा में कदम उठाकर बिहार सरकार को समाप्त न किया गया तो फिर केवल बिहार सरकार के विघटन की ही नौबत नहीं आएगी, बल्कि उत्तर प्रदेश और केंद्र की सरकार भी समाप्त हो जाएगी।

इसलिए हमारा आपको सुझाव है कि आप संविधान की धारा 360 का प्रयोग करके बिहार की विधानसभा को भंग कर दें और राष्ट्रपति शासन स्थापित करने का कष्ट करें क्योंकि अब बिहार की जन विरोधी सरकार जनता और सरकारी कर्मचारियों का भी विश्वास खो चुकी है।
धन्यवाद,

भवदीय
अर्जुन सिंह भदौरिया, जनेश्वर मिश्रा

बिहार ही नहीं बल्कि पूरे देश में हालात ख़राब होने लगे। सोशलिस्ट पार्टी के अध्यक्ष जॉर्ज फ़र्नांडीज़ ने 'रेलवे स्ट्राइक' का आह्वान किया। 14 दिनों तक देश में रेल का पहिया नहीं चला। लोग सड़कों पर उतर आए और आम जन जीवन बुरी तरह प्रभावित हुआ। इस बीच, लोकनायक जयप्रकाश नारायण ने छह मार्च को ''दिल्ली चलो'' का नारा दिया जिसमें सभी प्रमुख विपक्षी दलों और लोकतांत्रिक विचारधारा में यक़ीन रखने वाले लोगों ने शिरकत की। हम लोग बुलंदशहर से कई हज़ार प्रदर्शनकारियों को बसों, ट्रकों और रेलों के ज़रिये दिल्ली लाए। लाल किले से शुरू हुआ ये जुलूस जब बोट क्लब पहुंचा तो पूरे रास्ते लोगों का बड़ा हुजूम था। जेपी एक खुली जीप में इस मार्च की अगुवाई कर रहे थे। पत्रकारों और राजनीतिक विश्लेषकों का कहना था कि आज़ाद भारत में लोगों का इतना बड़ा जूलुस जिसमें महिलाएं, नौज़वान और बूढ़े सब शामिल थे, नहीं देखा गया। जेपी ने नारा दिया, ''सिंहासन खाली करो कि जनता आती है।'' इस मार्च ने श्रीमती इंदिरा गांधी को हिला कर रख दिया। इस मार्च को अभी तीन माह ही हुए होंगे कि 12 जून, 1975 को इलाहाबाद हाई कोर्ट ने फ़ैसला दे दिया कि श्रीमती इंदिरा गांधी ने रायबरेली से लोकसभा का चुनाव सरकारी साधनों के दुरुपयोग, भ्रष्ट तरीक़े अपनाने और सरकारी अधिकारियों द्वारा चुनाव प्रचार कराने और चुनाव में सीमा से अधिक ख़र्च करके जीता है। इसलिए हाई कोर्ट ने उनका चुनाव रद्द कर दिया और उन्हें छह साल के लिए चुनाव लड़ने के लिए भी अयोग्य घोषित कर दिया। कम्युनिस्ट पार्टी को छोड़कर विपक्ष के सभी दलों के नेताओं ने श्रीमती इंदिरा गांधी को अपने पद से तुरंत इस्तीफ़ा देने की मांग की।

इमर्जें सी का ऐलान

इंदिरा गांधी ने विपक्ष की इस मांग के ख़िलाफ़ 26 जून 1975 को पूरे देश में आपातकाल की घोषणा कर दी। अंधाधुंध गिरफ़्तारियां शुरू हो गईं। लोकनायक जयप्रकाश नारायण, मोरारजी भाई देसाई, चौधरी चरण सिंह, अटल बिहारी वाजपेयी, सी.बी. गुप्ता, मधु लिमये, राजनारायण, पीलू मोदी, बीजू पटनायक, चंद्रशेखर, सुरेन्द्र मोहन, मधु दंडवते, लालकृष्ण आडवाणी, देवीलाल, नानाजी देशमुख, बाबू बनारसी दास और अन्य सभी प्रमुख नेताओं को गिरफ़्तार करके जेल के सींख़चों में बंद कर दिया गया। सोशलिस्ट पार्टी और आर.एस.एस. के ज़्यादातर कार्यकर्ताओं को गिरफ़्तार कर लिया गया। मैं 25 जून को ख़ुर्जा तहसील, जनपद बुलंदशहर, उत्तर प्रदेश में किसी काम से गया था। तहसील से जब वापस लौटा तो ख़ुर्जा कोतवाली के इंचार्ज ने मुझे बताया कि पूरे देश में सरकार ने आपातकाल लगा दिया है और नेताओं की गिरफ़्तारी के आदेश आने वाले हैं। मैंने फ़ौरन अपने गांव क़लंदर गढ़ी जाकर अपनी बीवी से कहा कि हो सकता है आज रात तक मैं गिरफ़्तार हो जाऊं।

उसी दिन शाम को हमारे क़रीब के गांव मैना क़लंदर गढ़ी में हमारे चचा नियाज़ अली ख़ां की बेटी की शाम को बारात आई। चचा ने कहा कि तुम बारात के साथ ही

खाना खा लो। न मालूम तुम्हारा किस वक़्त बुलावा आ जाए। रात को खाना खाने के बाद मैंने देखा कि पुलिस की एक जीप मेरे गांव से मैना क़लंदर गढ़ी की तरफ़ जा रही है। मैं समझ गया कि ये लोग मेरी गिरफ़्तारी के लिए आए हैं। इसलिए मैं घर न जाकर अपने बाग़ में ही रात भर रुका रहा और सुबह घर से कुछ ज़रूरी कपड़े लेकर देहात में पैदल चल दिया। कुछ दिनों बाद मुझे ग्राम सरावा में ख़बर मिली कि मेरे बेटे क़ुरबान अली की घोड़े से गिरने से एक हाथ की हड्डी टूट गई है और उसकी मां उसे लेकर अलीगढ़ मेडिकल कॉलेज जा रही हैं। मैं भी अलीगढ़ मेडिकल कॉलेज के लिए रवाना हो गया। मेडिकल कॉलेज में मेरे साले अब्दुल ख़लील साहब ने मुझे बताया कि क़ुरबान के हाथ पर प्लास्टर चढ़वा दिया गया है। रात को जब मैं उसे देखने के लिए मेडिकल गया तो देखा कि क़ुरबान बहुत बेचैन है। दूसरे दिन मेरे भांजे मसरूर अली ख़ां ने एक्स-रे कर के हड्डी को दुबारा ठीक से मिलाकर प्लास्टर कराया तब जाकर उसे सुकून मिला। उसके बाद मैं अलीगढ़ से अपने ससुराल ग्राम बसावनपुर ऊंटगीर चला गया और वहां एक माह तक रहा।

आपातकाल में मेरी फ़रारी

अख़बारों में ये ख़बर काफ़ी छप चुकी थी कि विपक्ष के नेताओं और कार्यकर्ताओं की अंधाधुंध गिरफ़्तारियां किसी आंदोलन के तहत नहीं थी बल्कि श्रीमती इंदिरा गांधी की तानाशाही और दमनकारी नीति के तहत हो रही हैं और उनकी ये एक सनक है। जेल में बंद गिरफ़्तार नेताओं से भी हमें ये संदेश मिला था कि ज़्यादा से ज़्यादा कार्यकर्ता जेल से बाहर रह कर इस दमनकारी और तानाशाही नीति का विरोध करें। सोशलिस्ट नेता जार्ज फ़र्नांडीज़ भी भूमिगत हो गए। मैंने इस दौरान पश्चिमी उत्तर प्रदेश के अलीगढ़, बुलंदशहर, मेरठ, मुज़फ़्फ़र नगर, सहारनपुर और हरिद्वार का दौरा किया। इस बीच मैं अपने किसी परिचित वक़ील, रिश्तेदार या निकट संबंधी के यहां ठहरता और उनके ज़रिए पार्टी कार्यकर्ताओं को बुलाकर श्रीमती इंदिरा गांधी की इस तानाशाही का विरोध करने को तैयार करता था। ज़्यादातर कार्यकर्ता सहमे हुए थे। कुछ जुझारू लोग ही तैयार होते थे।

बुलंदशहर ज़िले से संगठन कांग्रेस के नेता बाबू बनारसी दास और उनके साथी 15-20 कार्यकर्ताओं ने जुलूस निकालकर इंदिरा गांधी की तानाशाही और आपातकाल के ऐलान के ख़िलाफ़ नारे लगाकर गिरफ़्तारी दी। सोशलिस्ट नेता बेनीप्रसाद माधव, पूर्व एम.एल.सी. के साथ उनके गांव नीम का थाना जेवर के दसियों साथियों ने आपातकाल की मुख़ालिफ़त की और जेल चले गए।

बुलंदशहर ज़िले का प्रशासन मेरी गिरफ़्तारी के लिए बड़ा प्रयास कर रहा था। सी.आई.डी. का एक इंस्पेक्टर मेरे गांव आकर मेरे घर पर मेरे बारे में मालूम किया करता था। एक दिन उसने हमारे घर की सफ़ाई करने वाली मेहतरानी छोटी को सौ रुपये का नोट देकर ये मालूम करना चाहा कि "कैप्टन साहब किस वक़्त घर आते हैं?" तो उसने

जवाब दिया कि वो तो आजकल घर आते ही नहीं हैं। मैंने भी दाढ़ी मुड़वाकर गेरूआ कपड़े पहनकर और साधू बनकर सफ़र करना शुरू कर दिया। इस तरह मैं पुलिस वालों की शिनाख़्त में भी नहीं आता था और घूम-घूम कर श्रीमती इंदिरा गांधी के आपातकाल लगाने की मुख़ालिफ़त करता था। इसका परिणाम यह हुआ कि मेरी तीन माह की फ़रारी में पश्चिमी उत्तर प्रदेश में सौ से अधिक लोग आपातकाल लागू करने की मुख़ालिफ़त करते हुए डी.आई.आर. में गिरफ़्तार हो गए।

उधर, पुलिस ने मेरे घर पर आकर मेरी चल-अचल संपत्ति कुर्क़ कर ली। एक रात जब मैं अपने घर गया तो मेरी बीवी ने मुझसे शिकायत की कि घर का तमाम सामान, मवेशी, यहां तक कि चाय के बर्तन तक भी पुलिस ने कुर्क़ कर लिए हैं। आप जेल क्यों नहीं चले जाते? जब ये सामान नीलाम हो जाएगा, तब ही आप जेल जाएंगे? आख़िरकार तीन माह तक फ़रार रहकर मैंने सितम्बर 1975 में बुलंदशहर आकर साधू के वेश में आपातकाल का विरोध करते हुए भाषण दिया। लोग ताज्जुब करते थे कि एक साधू भी आपातकाल का विरोध कर रहा है। कचहरी में मेरा भाषण सुनकर सैकड़ों लोग इकट्ठा हो गए और श्रीमती इंदिरा गांधी को बुरा-भला कहने लगे। आधे घंटे के भाषण में मैंने विस्तार से लोकनायक जयप्रकाश नारायण की नीतियों की व्याख्या की और जनता से अपील की कि वो इस सरकार का विरोध करने के लिए एकजुट होकर बग़ावत करें। आख़िरकार पुलिस दफ़्तर से एक जीप में एक डी.एस.पी., एक इंस्पेक्टर, दो एस.आई. और काफ़ी फ़ोर्स मुझे गिरफ़्तार करने के लिए आई तो वहां मौजूद लोगों ने मेरी गिरफ़्तारी का विरोध किया और पुलिसवालों से कहा कि "तुम साधू-संन्यासियों को भी नहीं बख़्शते हो। उन्हें जेल में बंद क्यों करते हो?"

इमर्जेंसी में जेल-यात्रा के अनुभव

मुझे गिरफ़्तार करके बुलंदशहर जेल लाया गया जहां एक मैजिस्ट्रेट ने मुझे बताया कि आपको डी.आई.आर. में गिरफ़्तार किया जाता है क्योंकि आपने तीन माह पूर्व ख़ुर्जा रेलवे स्टेशन के पास रेलवे लाईन को उखाड़ने की कोशिश की थी। मैंने इसे असत्य और मनगढ़ंत कहानी बताया मगर मुझे जेल में बंद कर दिया गया।

मेरी गिरफ़्तारी की ख़बर जब जेल के बैरक नंबर एक में पहुंची तो वहां पहले से मौजूद बाबू बनारसी दास, पूर्व मंत्री, उत्तर प्रदेश सरकार अन्य साथियों को लेकर मुझे जेल फाटक पर लेने आए और नारे लगाकर मेरा स्वागत किया। बाबू बनारसी दास ने मुझे बैरक नंबर एक में ले जाकर अपने क़रीब ही एक ढूले पर जगह दी। मेरा बाबू बनारसी दास के निकट रहने का ये पहला अवसर था। इससे पहले जब वो सूबाई काबीना के मंत्री थे, हम अक्सर उनकी सरकार के ख़िलाफ़ प्रदर्शन करते और नारे लगाते थे। 1967 में सं.वि.द. सरकार के गठन और उसके बाद भी हमारा उनसे राजनीतिक विरोध चलता रहा था। मगर बाबू बनारसी दास ने जेल आने पर मेरा जिस तरह से स्वागत किया, मैं उनसे बेहद प्रभावित हुआ। उनका मेरे साथ व्यवहार बहुत दोस्ताना था। बाबू जी के अलावा साथी बेनी प्रसाद माधव, ठाकुर भूदेव सिंह, राजबीर सिंह सोलंकी, हरिदास, चौ. बीरबल, शब्बीर अहमद अब्बासी, चमन सिंह, विजयराज सिंह वकील, राजेन्द्र सिंघल, प्रो. प्रेमपाल सिंह, शंकर प्रसाद, चौ. बदन सिंह और जमात-ए-इस्लामी के पंद्रह-सोलह मौलवी साहेबान इस बैरक में क़ैद थे। चूंकि रमज़ान चल रहे थे और मैं भी रोज़ा रखता था इसलिए जमात-ए-इस्लामी के लोगों के साथ नमाज़ और तराबीह भी पढ़ता था। जेल में हम सभी को उच्च श्रेणी की सुविधा हासिल थी।

बाबू बनारसी दास ने जेल में ये इंतज़ाम किया था कि मुलाक़ात के मौक़े पर दिन भर में जो फल, मिठाई और खाने की जो भी चीज़ लोग भेंट कर जाते थे, उनमें से पहले रोज़दारों की ज़रूरत के फल, मिठाई और डबल रोटी आदि उन्हें दे दिए जाते और बाक़ी सामान दीगर साथियों में बांट दिया जाता। इस तरह रोज़दारों की सहरी से जो दूध बच जाता, वो सब लोगों में बांट दिया जाता। उनकी इस व्यवस्था से सब लोग ख़ुश थे। ये अजीब बात थी कि आर.एस.एस. और जमात-ए-इस्लामी के सब लोग मिलजुल कर रहते थे और किसी तरह का कोई तनाव लोगों में नहीं पाया जाता था। बैरक में एक तंदूर लगा

हुआ था जिसकी तंदूरी रोटियां सब लोग खाते थे। सब्ज़ी और दाल भी बैरक में ही बनती थी और एक साथ सब लोगों को खाना परोसा जाता था। खाना बनाने और तंदूरी रोटियां सेंकने वाले इख़लाकी क़ैदी हम लोगों के बर्ताव से बेहद ख़ुश थे।

जेल में रोज़ाना दो घंटे के लिए लोकनायक जयप्रकाश नारायण के 'लोकतंत्र बचाओ' आंदोलन पर बैठक होती थी जिसमें सब लोग अपने विचार रखते थे। आर.एस.एस. के लोग सुबह स्नान करके राजा नील से लेकर महात्मा गांधी तक गुज़रे सभी देश के बुजुर्गों को याद करते थे और शाम को रोज़ा-इफ़्तार करने के बाद जमात-ए-इस्लामी के लोग तराबीह पढ़ते थे। ये ऐसा माहौल था जिसे देखकर कहना पड़ता था कि श्रीमती इंदिरा गांधी ने मुख़्तलिफ़ मज़हबी विचार रखने वाले लोगों को एक साथ जेल में बंद करके सर्वधर्म समभाव की प्रेरणा पैदा कर दी थी। सभी राजनैतिक विचारधारा वाले लोग ये अनुभव कर रहे थे कि अगर ये सद्भाव और भाईचारा जेल से रिहा होने के बाद भी क़ायम रहे तो ये देश के लिए बहुत बड़ी उपलब्धि होगी और इसका श्रेय जयप्रकाश नारायण को जाएगा।

बुलंदशहर जेल में हमने ये भी अनुभव किया कि हमने आज तक जिस बाबू बनारसी दास का विरोध किया था, वो दरअसल एक महान व्यक्ति हैं, जो अपना सब काम ख़ुद अपने हाथ से करते थे। वो अपने कपड़े भी अपने हाथ से जेल में धोते थे और कभी किसी मशक़्क़ती से जो इख़्लाक़ी क़ैदी यहां हमें काम करने के लिए मिले हुए थे, से अपना ज़ाती काम नहीं लेते थे।

जैसा कि मैं पहले लिख चुका हूं कि मुझे डी.आई.आर. में गिरफ़्तार करके सितम्बर 1975 में जेल में भेजा गया था। यहां से हमें हर 15 दिन के भीतर अदालत जाने का मौक़ा मिलता था और वहां अपने दोस्त, रिश्तेदारों और संबंधियों से मुलाक़ात हो जाती थी। आज़ादी से पहले और आज़ादी के बाद मुझे जेल जीवन का काफ़ी अनुभव था। सबसे पहले 1942 में जब मैं हिंदुस्तानी फ़ौज में लेफ्टिनेंट था, उस समय जनरल परसीविल की एक लाख फ़ौज के साथ सिंगापुर में जापानियों के सामने हथियार डालने के बाद क़ैद में जाना पड़ा। जापानियों ने हमें अंग्रेज़ी अफ़सरों और अंग्रेज़ी फ़ौज से अलग मलाया में क़ैद में रखा। उस वक़्त हमारी ये पहली जेल यात्रा थी जिसमें एक तरह से हमें नज़रबंद रखा गया था और शुरू 1942 में जब नेताजी सुभाषचंद्र बोस ने जर्मनी से सिंगापुर आकर आज़ाद हिंद फ़ौज का गठन किया तो फिर 1942 के अंत तक हमें जापानियों ने जेल से रिहा कर दिया। पांच-छह माह जापानियों द्वारा नज़रबंदी के बाद उन्होंने हमें आज़ाद हिंद फ़ौज में भर्ती होने पर रिहा कर दिया।

दूसरी मर्तबा 1945 के अंत मे जब जापानियों ने मलाया में अंग्रेज़ी फ़ौज के सामने हथियार डाल दिए तो आज़ाद हिंद फ़ौज ने भी लड़ाई बंद करके अंग्रेज़ी फ़ौज के सामने 'सरेंडर' कर दिया। अंग्रेज़ों ने हमें क़ैद कर के हिंदुस्तान रवाना कर दिया और एक साल तक हम मुल्तान क़िले में क़ैद रहे जहां हमारा 1946 में कोर्ट मार्शल हुआ जिसमे मुझे सज़ा-ए-मौत तजवीज़ की गई। ये क़ैद बेहद तकलीफदेह थी। जहां बाहर की दुनिया से

हमारा कोई संपर्क नहीं रहा था। 1947 के शुरू में जब मुल्क़ आज़ाद हो गया तो हमारी भी जानख़लासी हो गई। 1948 में सोशलिस्ट पार्टी में शामिल होने के बाद भी आज़ाद हिंदुस्तान में आपातकाल से पूर्व 40 बार से ज़्यादा जेल जाने का इत्तफ़ाक हुआ। आपातकाल में 1975 में 15 माह से अधिक जेल में रहने का अनुभव हुआ।

एक माह के रोज़े बुलंदशहर जेल के माहौल में बिल्कुल मालूम नहीं हुए। 1975 में हमारी ईद बुलंदशहर जेल में हुई। ईद के त्यौहार पर बाबू बनारसी दास ने जेल में मिलने वाले दूध के अलावा बाहर से एक मन दूध का विशेष प्रबंध किया और सेवइयां और छुहारे मंगाकर जेल के अंदर बेहतरीन क़िस्म का शीर तैयार कराया जिसे सभी साथियों ने बेहद पसंद किया। उधर मेरे फूफा हाजी नियाज़ मोहम्मद ख़ां साहब ने महौली से काफ़ी मिक़दार में शीर बनवाकर भिजवाया जैसे खाकर बाबू बनारसी दास ने कहा कि "ऐसी स्वीट डिश मैंने पहले कभी नहीं खाई।"

ईद के ख़ुशगवार माहौल के बाद एक तकलीफ़ देने वाला वाक़या सामने आया। हमारे बैरक नंबर एक में विजयराज सिंह वकील ने जमात-ए-इस्लामी के 16 लोगों से कहा कि "हम सबको सुपीरियर क्लास में खाने के लिए गोश्त और अंडे भी राशन में मिल सकते हैं और अगर वो चाहें तो जेल में 'नॉनवेज मेस' का इंतज़ाम भी हो सकता है।" उन्होंने जेल अधीक्षक के नाम नॉनवेज मेस क़ायम करने के लिए एक दरख़्वास्त दे दी जिसमें जमात-ए-इस्लामी के 16 लोगों के अलावा उन समेत आठ हिंदू साथियों ने भी नॉनवेज मेस में शामिल होने की सहमति दे दी। जेल अधीक्षक इस प्रार्थना पत्र को लेकर बाबू बनारसी दास के पास आया और उसने बताया कि "एक बैरक में 'वेजीटेरियन' और 'नॉनवेजीटेरियन मेस' के इंतज़ाम होने में दिक़्क़त आएगी। अगर नॉनवेज मेस बनाना ही है तो फिर इसके लिए नॉनवेज मेस अलग बैरक में बनाना पड़ेगा।" इसे सुनकर बाबू बनारसी दास ने शब्बीर अहमद अब्बासी को मेरे पास भेजा क्योंकि मैं जमात-ए-इस्लामी के लोगों के साथ काफ़ी नज़दीक रहता था। मैंने जमात-ए-इस्लामी के लोगों से पूछा कि "इस क़दर अच्छे माहौल को आप लोग ज़बान के चटख़ारे के लिए क्यों बिगाड़ना चाहते हैं? बाबू बनारसी दास की वजह से आप लोगों को जेल में सुपीरियर क्लास मिली है और अब आप लोग 'नॉनवेज मेस' क़ायम कर के इस बेहतरीन माहौल को क्यों ख़राब करना चाहते हैं?" मेरे कहने का उन पर ये असर हुआ कि उन लोगों ने दूसरी अर्ज़ी देकर 'नॉनवेज मेस' और मीट तथा अंडे का राशन न लेने के लिए कह दिया जिससे बैरक का माहौल फिर ख़ुशगवार हो गया।

सेक्युलर ज़ेहन रखने वाले लोगों ने बाबू बनारसी दास से ये शिक़ायत की कि "आर.एस.एस. के लोग अपनी बैरकों में ये प्रचार करते हैं कि मुसलमान बादशाहों ने तलवार के बल पर भारत में इस्लाम धर्म फैलाया है और लोगों को डरा-धमका कर मुसलमान बनाया है।" बाबू बनारसी दास ने आर.एस.एस. के लोगों को बुलाकर कहा कि "कल सुबह के नाश्ते की जगह पूरा भोजन सब लोग साथ लें और कल हम सब लोग सुबह से ही इस विषय पर विचार करेंगे कि 'क्या भारत में इस्लाम धर्म तलवार के बल पर फैला

है?' " सब लोगों ने दूसरे दिन सुबह आठ बजे से शाम पांच बजे तक इस विषय पर अपने विचार रखे और अंत में पांच बजे शाम बाबू बनारसी दास बोले और कहा कि "अगर तलवार के बल पर इस्लाम मत फैलाया जाता तो हमारी वैश्य जाति का तो कोई आदमी आज बाक़ी नहीं रहता। हम तो तलवार के डर से सबसे पहले इस्लाम धर्म क़ुबूल कर लेते। लेकिन आज हिन्दुस्तान में एक भी वैश्य मुसलमान नहीं है। ये आरोप मुसलमान बादशाहों पर बेबुनियाद है। हिंदू मज़हब को कट्टरपंथियों ने इतना सख़्त और जात-बिरादरियों और ऊंच-नीच में बांट कर ऐसा बना दिया जिससे समाज में इसके ख़िलाफ़ ऐसा विस्फोट हुआ कि लोगों ने मज़हब बदल कर समाज में बराबरी और समानता का दर्जा हासिल किया और उन्होंने प्रस्ताव रखा कि जब तक हम जेल में रहें, एक-दूसरे के ख़िलाफ़ घृणा का वातावरण न बनाएं और प्यार-मोहब्बत से रहें।"

जेल में काफ़ी दिनों तक रहने का मेरा पुराना अनुभव था। जेल में रहते अभी पांच-छह महीने भी नहीं हुए थे कि आर.एस.एस. के लोग जेल से घबराने लगे थे। कुछ लोग जिन पर डी.आई.आर. लगा था, जब तारीख़ पर मैजिस्ट्रेट के सामने जाते तो अपने माफ़ीनामे भी लिखकर मैजिस्ट्रेट के सामने रख देते थे। लोकदल के कई गिरफ़्तार कार्यकर्ताओं ने भी ये कमज़ोरी दिखाई लेकिन संगठन कांग्रेस और सोशलिस्ट पार्टी के किसी कार्यकर्ता ने ऐसा नहीं किया। आर.एस.एस. के कार्यकर्ता, प्रचारक और शिशु मंदिरों के अध्यापक जेल से छूटने की चिंता से परेशान रहते थे। हमारे एक मित्र वकील जब डी.आई.आर. की तारीख़ पर अदालत की पेशी पर गए तो वापसी पर पुलिस गार्ड को साथ लेकर अपनी कोठी पर चले गए और दो-तीन घंटे घर पर बिताकर शाम को वापस जेल आए। जमात-ए-इस्लामी के 16 लोग बड़ी हिम्मत से अपना वक़्त काट रहे थे और हर वक़्त क़ुरान-शरीफ़ और हदीसों को पढ़ने में लगे रहते थे। मैं भी किताबों और अख़बारों को पढ़ने में अपना अधिकतर समय बिताता था और कुलदीप नैयर की किताब 'बिट्वीन द लाइन्स' पढ़ा करता था। जेल में जब आर.एस.एस. के कार्यकर्ता उदास होकर अपने घर को याद कर के रोने लगते तो मैं उनका ढांढ़स बंधाता। प्रो. प्रेमपाल सिंह बनैल वाले जो आर.एस.एस. प्रमुख स्व. राजेन्द्र सिंह उर्फ़ रज्जू भैया के चचाज़ाद भाई हैं और जो बाद में एन.आर.ई.सी. डिग्री कॉलेज ख़ुर्जा के प्रिंसीपल हुए और स्वतंत्रता संग्राम सेनानी लाला करन लाल जी खंदोई वाले, हरिदास, चौधरी बीरबल सिंह और ठाकुर चमन सिंह हमारे बड़े मित्र थे। इनकी सोहबत में रहकर हमें जेल की ज़िदग़ी बिल्कुल नहीं अखरती थी और सब लोग मिलकर अपनी ज़िदगी के पुराने अनुभव सुनाते थे।

ईद के दो-तीन माह बाद बाबू बनारसी दास, जो डी.आई.आर. में बंदी थे, अदालत से रिहा हो गए। दीगर बंदियों को भी आशा बंधी कि हम भी जल्द छोड़ दिए जाएंगे मगर आगे चलकर बुलंदशहर जेल के लगभग सभी डी.आई.आर. बंदियों पर मीसा लगा दिया गया जिनमें मैं भी शामिल था। एक रात किसी अप्रिय घटना की वजह से जेल के बैरक नंबर एक में रात भर नारे लगाए गए। दूसरे दिन बहुत से बंदियों को फ़तेहगढ़ और बरेली

सेंट्रल जेलों में भेज दिया गया। मेरे और बेनीप्रसाद माधव के साथ बुलंदशहर जेल से 25 बंदी बरेली सेंट्रल जेल में भेजे गए जहां हम लोगों को नेहरू बैरक में रखा गया। आज़ादी की लड़ाई के दौरान यहां पं. जवाहरलाल नेहरू को रखा गया था। इस बैरक में कमांडर अर्जुन सिंह भदौरिया पहले से मौजूद थे। यहां हमें जेल के साथी फ़ार्म मे घूमने की पूरी सुविधा थी। आर.एस.एस. के सूबाई प्रचारक कौशल किशोर, जो बाद में जनता पार्टी बनने पर हमारे सूबाई मंत्री रहे और धामपुर, ज़िला बिजनौर के सोशलिस्ट पार्टी के ज़िला अध्यक्ष चरण सिंह सुमन के सुझाव पर यहां रोज़ाना दो घंटे के लिए लोकनायक जयप्रकाश नारायण जी के 'लोकतंत्र बचाओ आंदोलन' पर बहस हुआ करती थी। यहां जमात-ए-इस्लामी के भी काफ़ी लोग आ गए थे और लोकदल के नेता मोहम्मद मसूद ख़ां* आज़मगढ़ से तब्दील होकर आ गए थे। ये मसूद ख़ां जनता पार्टी की सरकार बनने के बाद उत्तर प्रदेश में पी.डब्ल्यू.डी. के मंत्री हुए। बरेली सेंट्रल जेल के इस बैरक में 'नॉनवेज मेस' बना दिया गया। जेल से मैं रोज़ाना राशन लाता था और मसूद ख़ां अपनी देखरेख में खाना बनवाते थे। यहां हफ़्ते में दो दिन मछली, दो दिन मुर्ग़ा और दो दिन मीट बनता था। जिस दिन मुर्ग़ा बनता था, मसूद साहब एक दिन आगे का घी भी लेकर ख़र्च कर देते थे और फिर मुझे अगले दिन उसे 'एडजस्ट' करना पड़ता था। बरेली सेंट्रल जेल में छह माह के अंदर मेरा वज़न छह-सात किलो बढ़ गया था। आगरे से उर्दू के मशहूर शायर जख़्मी अकबराबादी और फ़ैज़ाबाद से मौलाना कछोछवी भी यहां आए हुए थे। आज़मगढ़ से मौलाना अबुल लैस साहब, अमीर, ज़मात-ए-इस्लामी हिंद का भी बरेली सेंट्रल जेल में तबादला हो गया था। जून 1976 में यहां फ़ैज़ाबाद जेल से लखनऊ हाई कोर्ट के वकील जनाब वर्मा साहब भी तब्दील हो कर आ गए थे जिन्होंने मीसा में गिरफ़्तार हम लोगों की गिरफ़्तारियों को भारत के संविधान में दिए गए मौलिक अधिकारों के ख़िलाफ़ बताकर 'रिट पेटिशन' तैयार कर के जेल अधिकारियों के माध्यम से हाई कोर्ट भेज दिए थे और हम लोगों ने इन रिट पेटिशनों में ज़ाती सुनवाई की हाई कोर्ट से अपील की थी। इस वजह से जुलाई 1976 में हम रिटकर्ताओं को बरेली सेंट्रल जेल से नैनी सेंट्रल इलाहाबाद भेज दिया गया था ताकि हमारी रिटों की सुनवाई के मौक़े पर हमें नैनी सेंट्रल जेल से इलाहाबाद हाई कोर्ट ले जाया जा सके।

नैनी सेंट्रल जेल में उत्तर प्रदेश में विपक्ष के बड़े नेताओं से हमारी मुलाक़ात हुई। यहां भारतीय जनसंघ के नेता माधव प्रसाद त्रिपाठी, रामप्रकाश गुप्ता, डॉ. मुरली मनोहर जोशी और गंगाभक्त सिंह, लोकदल के नेता जनेश्वर मिश्रा, रामनरेश यादव, मौलाना अब्दुल रऊफ़ लारी, जयराम वर्मा, सोशलिस्ट पार्टी के नेता उग्रसेन, डॉ. हलीम, हरिकेवल प्रसाद, मुंशी जगत नारायण और संगठन कांग्रेस के नेता डॉ. मदन मोहन सिद्धू, कैलाश प्रकाश, राममूर्ति और रामलखन शुक्ला से हमारी मुलाक़ात हुई। नैनी सेंट्रल जेल में एक स्पेशल बैरक मे हम लोगों को रखा गया था। हाई कोर्ट में पेशी के दिन हम लोगों को

---

* मोहम्मद मसूद ख़ां मुसलिम मजलिस और लोकदल के सदस्य। 1977 में विधानसभा के लिए चुने गए और उत्तर प्रदेश में कैबिनेट मंत्री बनाए गए। बाद में राज्यसभा और विधान परिषद के सदस्य भी रहे।

इलाहाबाद ले जाया जाता था। अगस्त महीने में नैनी जेल में मुझसे मिलने के लिए, मेरे गांव क़लंदर गढ़ी से मेरे मामूज़ाद भाई फ़ैज़ अली खां आए थे जिन्होंने ये दुखद ख़बर सुनाई कि मेरे वालिद अय्यूब अली ख़ां जिनकी उम्र 99 साल हो चुकी थी, काफ़ी बीमार हैं। उधर, बिजली विभाग ने मेरे ट्यूबवेल का कनेक्शन काट दिया था जिसकी वजह से मेरी खेती बर्बाद हो रही थी।

हाई कोर्ट में तीन-चार पेशियों के बाद हमारी रिट पेटिशन ख़ारिज कर दी गई और हुक्म सुना दिया कि आपातकाल में व्यक्ति के मौलिक अधिकारों की रिट पेटिशन नहीं सुनी जा सकती जिसके नतीजे में बरेली से आए हुए हम सभी मीसा बंदियों को वापस बरेली सेंट्रल जेल भेज दिया गया। मैं अपने वालिद अय्यूब अली ख़ां की बीमारी से बेहद परेशान था। एक तो वो काफ़ी बीमार थे और दूसरे ऐसे वक़्त में जब वो बीमार थे, मेरे जेल जाने की वजह से उन्हें एक ज़ेहनी दबाव था। 1918 में फ़ौज से पेंशन लेकर आने के बाद 1976 तक वे कभी बीमार नहीं हुए और न इन 58 सालों में उन्होंने कभी कोई दवा खाई। उन्हीं दिनों ख़बर मिली कि इंदिरा गांधी के छोटे बेटे संजय गांधी और उत्तर प्रदेश के उस समय के मुख्यमंत्री नारायण दत्त तिवारी ग्राम नरायनपुर जो दानपुर विकास खंड, ज़िला बुलंदशहर में स्थित है, किसी कार्यक्रम में आ रहे हैं तो मेरे होने वाले दामाद अब्दुल रब मेरे बेटे क़ुरबान अली को लेकर नरायनपुर गए और मौलान फ़तेह मोहम्मद ख़ां के घर पर हमारे दोस्त ठाकुर ईश्वरी सिंह से मिले जो ख़ुर्जा विधानसभा क्षेत्र से एम.एल.ए. थे और उनसे मुझे वालिद की बीमारी के कारण एक माह के लिए पैरोल पर छोड़ने के लिए कोशिश करने को कहा। इस पर ठाकुर ईश्वरी सिंह ने मेरे बेटे को जवाब दिया कि "पैरोल की क्या ज़रूरत है, अगर वो माफ़ीनामा भिजवा दें तो मुझे जेल से छोड़ दिया जाएगा।" इस पर क़ुरबान ने उन्हें जवाब दिया कि "अगर वो माफ़ी मांगने को तैयार हो गए होते तो फिर हम आप से एक माह के लिए पैरोल पर छोड़ने को क्यों कहते?" और ये कह कर वो वहां से वापस चले आए।

जब बाबू बनारसी दास को मेरे वालिद की बीमारी की ख़बर हुई तो वो उन्हें देखने के लिए मेरे गांव आए और उन्होंने वापसी में लखनऊ जाकर मुख्यमंत्री नारायण दत्त तिवारी से मुझे एक माह के पैरोल पर छोड़ने के लिए ख़त लिखा। मगर मेरी बदक़िस्मती थी कि बुलंदशहर के एस.पी. ने मेरे वालिद साहब की बीमारी की तो तसदीक़ की मगर साथ ही ये भी ऐतराज़ कर दिया कि "अगर मुझे पैरोल पर छोड़ दिया गया तो ज़िले भर में फिर आग लग जाएगी और जो आंदोलन अब कमज़ोर हो गया है, फिर तेज़ हो जाएगा।" मेरे दामाद अब्दुल रब वकील को जब ये मालूम हुआ तो वो बाबू बनारसी दास के पास लखनऊ पहुंचे। तिवारी जी ने एस.पी. बुलंदशहर का वो रिमार्क बाबू बनारसी दास को दिखाया तो बाबू जी ने तिवारी जी से कहा कि आप तो अब्बास जी को जानते हैं। वो तो आपके साथ सोशलिस्ट पार्टी में रहे हैं। पुलिस की ये टिप्पणी बेबुनियाद है। मैं इसकी ज़िम्मेदारी लेता हूं कि अब ऐसा कुछ नहीं होगा।" तब जाकर एस.पी. बुलंदशहर की मुख़ालिफ़त के बावजूद दिसंबर 1976 में तिवारी जी ने मेरा एक माह का पैरोल मंज़ूर

फ़रवरी 1977 में लोकसभा चुनावों के दौरान खुर्जा में मोरारजी देसाई का स्वागत करते हुए। साथ में मोहन लाल पिप्पल जो बाद में सांसद चुने गए। इस सभा के एक माह बाद ही मोरारजी देसाई प्रधानमंत्री बने।

1977, आगरा में उत्तर प्रदेश जनता पार्टी के अध्यक्ष के रूप में

दिल्ली में चंद्रशेखर के निवास पर समाजवादी मित्रों के साथ। बाएं से : राजधारी, गौरी भैया, ओम प्रकाश श्रीवास्तव, सरदार हरभजन सिंह, मैनेजर सिंह और बेनी प्रसाद माधव

1977, सिकंदराबाद, बुलंदशहर में विधान सभा के तत्कालीन अध्यक्ष बाबू बनारसी दास और जनता पार्टी के ज़िला अध्यक्ष शब्बीर अहमद अब्बासी के साथ

1977, आगरा में उत्तर प्रदेश, जनता पार्टी अध्यक्ष के रूप में

अलीगढ़ में दंगों के दौरान चंद्रशेखर, रामधन, अय्यूब अली एवं ओम प्रकाश श्रीवास्तव के साथ

अलीगढ़ में दंगों के दौरान लाडली मोहन निगम, चंद्रशेखर और रामधन एवं ओम प्रकाश श्रीवास्तव के साथ

अलीगढ़, नवंबर 1978, नवाब छतारी और चंद्रशेखर के साथ

जनता पार्टी अध्यक्ष चंद्रशेखर के साथ उनके निवास 3 साउथ एवेन्यू लेन में।
साथ हैं हरी कृष्ण श्रीवास्तव, कुंवर रेवती रमण सिंह और गौरी भैया

1977, लखनऊ में उत्तर प्रदेश सरकार के मंत्रियों गणेश दीक्षित, भगवती सिंह, मधुकर दिघे और लक्ष्मण सिंह के साथ

1977, मैना, क़लंदर गढ़ी में एक जनसभा को सम्बोधित करते हुए

1977 में मैना में पुराने सोशलिस्ट साथियों राजवीर सिंह सोलंकी, गिरिराज सिंह और लाला मंगलसैन के साथ

बुलंदशहर में चंद्रशेखर, रामजीलाल सुमन और प्रेमपाल सिंह के साथ

देवी सिंह और राजबीर सिंह सोलंकी के साथ मैना की एक सभा में

कुंवर शमशाद अली ख़ां, अज़मत अली ख़ां, डॉ. अशफ़ाक़ अली ख़ां और राजबीर सिंह सोलंकी के साथ मैना में, 1977

लखनऊ में जनता पार्टी के अल्पसंख्यक सम्मेलन को संबोधित करते हुए
तस्वीर में राजनारायण, रियासत हुसैन और सग़ीर अहमद भी। अगस्त 1983

लखनऊ में जनता पार्टी के अल्पसंख्यक सम्मेलन को संबोधित करते हुए कमांडर अर्जुन सिंह भदौरिया

उ.प्र. जनता पार्टी के अल्पसंख्यक सम्मेलन में सग़ीर अहमद, अर्जुन सिंह भदौरिया और सैयद शहाबुद्दीन के साथ। नवंबर 1985

स्व. रियासत हुसैन के स्कूल में एक समाजवादी सम्मेलन में सग़ीर अहमद, सत्य प्रकाश त्यागी और सौलत अली के साथ

अतरौली, अलीगढ़ में फ़रहत अली के घर पर, 1978

1978, अतरौली, अलीगढ़ में अब्दुल रब, मौलाना फ़तेह मुहम्मद, फ़रहत अली, अनवार ख़ां और नियामत अली ख़ां के साथ

फ़रमाया। मैं दिसंबर 1976 के अंत में जब एक माह के पैरोल पर घर पहुंचा तो पिताजी को बेहद बीमार पाया। सबसे पहले मैंने उन्हें डॉक्टर को दिखाया जिसकी दवा से उनकी हालत में कुछ सुधार हुआ। फिर खेती की हालत को ठीक किया, जो पिछले 15 माह से बिल्कुल चौपट हो गई थी। इसके बाद मैं लखनऊ गया जहां मेरी मुलाक़ात साथी विजय नारायण* से हुई जो जार्ज फ़र्नांडीज़ के साथ बड़ौदा डायनामाइट केस के आरोप में फ़रार थे। मैंने उन्हें अपने साथ खाना खिलाया और उन्हें कुछ जेब ख़र्च भी दिया। लखनऊ में मैं पुराने साथी मंज़ूर अहमद एम.एल.ए. के साथ नारायण दत्त तिवारी से भी मिला और पैरोल पर रिहा करने के लिए उनका शुक्रिया अदा किया जिन्होंने मेरा एक माह का पैरोल और बढ़ा दिया।

18 जनवरी 1977 को लोकसभा चुनावों की घोषणा कर दी गई जिससे आपातकाल के हटने की उम्मीद पैदा हुई। फरवरी 1977 में आपातकाल की समाप्ति की घोषणा हुई और लोकसभा के चुनाव हुए। इन चुनावों में उत्तर भारत में इंदिरा कांग्रेस का पूरी तरह सफ़ाया हो गया।

---

* विजय नारायण वाराणसी के सक्रिय समाजवादी नेता। जार्ज फ़र्नांडीज़ के साथ बड़ौदा डायनामाइट केस में अभियुक्त रहे। उत्तर प्रदेश जनता पार्टी राज्य कार्यकारिणी के सदस्य। जीवन भर संघर्ष किया।

1977 के लोकसभा चुनाव और जनता पार्टी का गठन

लोकसभा के आम चुनाव की घोषणा के बाद दिल्ली में संगठन कांग्रेस, भारतीय जनसंघ, लोकदल और सोशलिस्ट पार्टी के नेताओं की बैठक हुई जिसमें सभी दलों को एक करके एक नया दल गठित करने पर विचार हुआ। लोकनायक जयप्रकाश नारायण की कोशिशों से तय पाया गया कि सभी विपक्षी दल एक चुनाव निशान और एक झंडे तले चुनाव लड़ेंगे और इस तरह जनता पार्टी का गठन हुआ। मोरारजी देसाई को जनता पार्टी का अध्यक्ष और चौधरी चरण सिंह को उपाध्यक्ष बनाया गया। लालकृष्ण आडवाणी, सुरेन्द्र मोहन, सिकंदर बख़्त, रामधन और भानुप्रताप सिंह महासचिव बनाए गए और शांतिभूषण कोषाध्यक्ष बनाए गए। संगठन कांग्रेस के दफ़्तर 7, जंतर-मंतर रोड को जनता पार्टी का मुख्यालय बनाया गया। चुनाव से कुछ दिन पहले बाबू जगजीवन राम और हेमवती नंदन बहुगुणा ने भी इंदिरा कांग्रेस छोड़ दी और कांग्रेस फ़ॉर डेमोक्रेसी बनाकर जनता पार्टी में शामिल हो गए जिनके आने के बाद चुनाव में एक नया जोश और उत्साह आ गया। अब पूरे देश में चुनाव का माहौल ही बदल गया। ख़ासकर हिंदी भाषी राज्यों में इंदिरा कांग्रेस के ख़िलाफ़ वातावरण बन गया था। लोकसभा चुनाव से पहले तय पाया गया कि उत्तरी भारत में चौधरी चरण सिंह और दक्षिणी और पश्चिमी भारत में मोरारजी भाई देसाई जनता पार्टी के उम्मीदवार तय करेंगे और चुनाव अभियान के ज़िम्मेदार होंगे।

बुलन्दशहर में हम चाहते थे कि बाबू बनारसी दास को जनता पार्टी का उम्मीदवार बनाया जाए। उसी मक़सद से मैं चौधरी चरण सिंह से मिलने लखनऊ गया और 8, माल एवेन्यू स्थित उनके बंगले पर उनसे मुलाक़ात की। मुझे देखते ही चौधरी साहब बोले कि "क्या आप बुलन्दशहर से चुनाव लड़ेंगे?" तो मैंने उन्हें जवाब दिया कि "मेरी माली हालत ठीक नहीं है। इमरजेंसी के दौरान जेल में रहने से मेरी खेती-बाड़ी चौपट हो गयी है। हम तो चाहते हैं कि बुलन्दशहर से बाबू बनारसी दास को टिकट दिया जाए।" यह सुनते ही चौधरी साहब चिराग़ पां (नाराज़) हो गए और अपने जातिगत समीकरण गिनाते हुए कहने लगे कि "उत्तर प्रदेश में कितने बनिए चुनाव लड़ेंगे?" मेरठ से कैलाश प्रकाश और बरेली से राममूर्ति लड़ ही रहे हैं, अब बुलन्दशहर से भी किसी बनिए को

मैं टिकट नहीं दे सकता। वहां से या तो जाट जीत सकता है या मुसलमान और चूंकि कांग्रेस पार्टी का सीटिंग एम.पी. सुरेन्द्रपाल सिंह जाट है इसलिए वहां से कोई मुसलमान ही जनता पार्टी का उम्मीदवार हो सकता है। अगर आपको लड़ना हो तो बताइए?'' इस पर मैंने कहा कि ''अगर आप 50 हज़ार रुपये दें तो मैं ये चुनाव लड़ सकता हूं।'' इसके जवाब में चौधरी साहब ने तंज़ किया कि अच्छा मैं आपको पार्टी का टिकट भी दूं और 50 हज़ार रुपये भी दूं? मुझे तो ऐसा आदमी चाहिए जो अपना चुनाव ख़ुद लड़ सके। इस पर मैंने अपने दोस्त ख़ां साहब महमूद हसन ख़ां का नाम सुझाया मगर साथ ही ये भी कहा कि ''वो इमरजेंसी में जेल नहीं गए थे।'' इस पर चौधरी साहब ने कहा कि ''हमने कौन सा सत्याग्रह किया था? हमें तो इंदिरा गांधी ने ज़बरदस्ती जेल में बंद कर दिया था। आप महमूद हसन ख़ां को फौरन मेरे पास भेजिए।'' मैंने अगले दिन ख़ुर्जा आकर महमूद हसन ख़ां को ये बात बताई और फ़ौरन लखनऊ जाने को कहा। महमूद हसन ख़ां 1974 के विधानसभा चुनावों में ख़ुर्जा से चौधरी चरण सिंह की बीकेडी पार्टी के उम्मीदवार रह चुके थे मगर इमरजेंसी के दौरान निष्क्रिय हो गए थे। लिहाज़ा चौधरी साहब ने उन्हें बुलन्दशहर से जनता पार्टी का उम्मीदवार बना दिया। हमारे ज़िले की दूसरी लोकसभा सीट यानि खुर्जा (रिज़र्व) से बाबू जगजीवन राम के उम्मीदवार मोहन लाल पिप्पल को जनता पार्टी का उम्मीदवार बनाया गया। मैंने अपने ज़िले में इन दोनों उम्मीदवारों के लिए जम कर प्रचार किया और मोहन लाल पिप्पल ढाई लाख से भी ज़्यादा वोटों से चुनाव जीते जो उत्तर प्रदेश में सबसे बड़ा रिकॉर्ड था। इन लोकसभा चुनावों में चौधरी चरण सिंह ने सोशलिस्ट पार्टी के सिर्फ़ दो उम्मीदवारों को जनता पार्टी का उम्मीदवार बनाया। ये थे देवरिया से उग्रसेन और फ़िरोज़ाबाद (रिजर्व) से रामजीलाल सुमन।*

हालांकि लोकदल के कोटे से हमारे कई पुराने सोशलिस्ट साथी जैसे राजनारायण, कमांडर अर्जुन सिंह भदौरिया, मंगलदेव विशारद, अनंत राम जायसवाल, जनेश्वर मिश्र, बृजभूषण तिवारी, रामधारी शास्त्री, रामनरेश कुशवाहा, रामनरेश यादव, चंद्रशेखर सिंह, मुल्तान सिंह, मनीराम बागड़ी आदि जनता पार्टी से लोकसभा उम्मीदवार बनाए गए और चुनाव भी जीते।

लोकसभा के इस चुनाव से पहले कोई कल्पना भी नहीं कर सकता था कि इस चुनाव में उत्तरी भारत से इंदिरा कांग्रेस का पूरी तरह सफ़ाया हो जाएगा और जनता पार्टी सभी सीटों पर चुनाव जीत जाएगी। उत्तर प्रदेश की सभी 85 सीटों पर इंदिरा कांग्रेस की हार हुई। इस चुनाव में जनता पार्टी के उम्मीदवार राजनारायण ने रायबरेली से इंदिरा गांधी को करारी शिकस्त दी। इस चुनाव के बाद केंद्र में मोरारजी भाई के नेतृत्व में जनता पार्टी की सरकार का गठन हुआ जिसमें चौधरी चरण सिंह गृह मंत्री,

---

* रामजीलाल सुमन छात्र जीवन से ही समाजवादी विचारधारा से प्रभावित। 1977 में 26 वर्ष की उम्र में छठी लोकसभा के लिए चुने गए सबसे कम उम्र के सदस्य। 1989 में दोबारा चुने गए और चंद्रशेखर सरकार में राज्यमंत्री। अब तक चार बार लोकसभा के लिए चुने जा चुके हैं। तेज तर्रार सदस्य।

बाबू जगजीवन राम रक्षा मंत्री, अटल बिहारी वाजपेयी विदेश मंत्री, प्रो. मधु दंडवते रेल मंत्री, राजनारायण स्वास्थ्य मंत्री, लालकृष्ण आडवाणी सूचना प्रसारण मंत्री, जार्ज फ़र्नांडीज़ उद्योग मंत्री, डॉ. प्रतापचंद्र चंदर शिक्षा मंत्री, हेमवती नंदन बहुगुणा पेट्रोलियम मंत्री, रविन्द्र वर्मा श्रम मंत्री, बृजलाल वर्मा संचार मंत्री, पुरुषोत्तम कौशिक नागरिक उड्डयन मंत्री और सिकंदर बख़्त को आवास एवं निर्माण मंत्री बनाया गया।

एक मई 1977 को दिल्ली के प्रगति मैदान में जनता पार्टी का एक बड़ा सम्मेलन हुआ जिसमें संगठन कांग्रेस, भारतीय जनसंघ, भारतीय लोकदल, सोशलिस्ट पार्टी और जगजीवन राम की कांग्रेस फ़ॉर डेमोक्रेसी का विधिवत जनता पार्टी में विलय कर दिया गया। लोकनायक जयप्रकाश नारायण की सलाह पर चंद्रशेखर* को जनता पार्टी का अध्यक्ष बनाया गया। मधु लिमये, नानाजी देशमुख, रवि राय, विजय सिंह नाहर और रामकृष्ण हेगड़े महासचिव बनाए गए और चंद्रभानु गुप्ता कोषाध्यक्ष।

मई में गृहमंत्री चौधरी चरण सिंह ने फ़ैसला किया कि जिन राज्यों में इंदिरा कांग्रेस का पूरी तरह सफाया हो गया है और जिन राज्यों में एक भी लोकसभा सीट उसे प्राप्त नहीं हुई है, वहां की विधानसभा भंग करके नए चुनाव कराए जाएं। हालांकि मधु लिमये ने इस फ़ैसले का विरोध किया था कि लोकतांत्रिक ढंग से चुनी हुई सरकारों को बर्ख़ास्त करना सही नहीं है लेकिन चौधरी चरण सिंह ने उनकी नहीं सुनी। इस फ़ैसले के मुताबिक़ उत्तर प्रदेश की विधानसभा भी भंग कर दी गई और मई में बुलंदशहर ज़िले की दस विधानसभा सीटों के लिए उम्मीदवारों की दरख़्वास्तें मांगी गईं। मैंने भी बुलंदशहर ज़िले की ख़ुर्जा विधानसभा सीट से टिकट मांगा जबकि बाबू बनारसी दास ने ख़ुर्जा, अनूपशहर और सिकंदराबाद में से कोई एक सीट चुनाव लड़ने के लिए मांगी। अंत में ख़ुर्जे से बाबू बनारसी दास, बुलंदशहर से विजयराज सिंह, शिकारपुर से त्रिलोक चंद, सिकंदराबाद से प्रताप सिंह, अनूपशहर से हमारे साथी बेनीप्रसाद माधव, डिबाई से बाबू हिम्मत सिंह, जेवर से एदल सिंह, दादरी से तेज सिंह और स्याने से आरिफ़ मोहम्मद ख़ां को टिकट दिए गए। जिस दिन इन टिकटों का ऐलान हुआ, मैं बाबू बनारसी दास के दिल्ली स्थित फ़्लैट पर ठहरा हुआ था। बाबू बनारसी दास ने मुझसे दरियाफ़्त किया कि "अब आप क्या करेंगे?" मैंने उन्हें जवाब दिया कि "अब मैं आपका और पार्टी के दूसरे उम्मीदवारों का इलेक्शन लड़ाऊंगा।" उन्होंने मुझसे कहा कि "अगर आप मेरा इलेक्शन लड़ाना चाहते हैं तो फिर मेरे इलेक्शन इंचार्ज बनकर चुनाव लड़ाइये।" मैंने उन्हें बताया कि "आपका इलेक्शन इंचार्ज बनकर मुझे एक परेशानी आएगी कि बाहर के लोग आकर मेरी बनाई हुई व्यवस्था में दख़ल देंगे जिसे मैं पसंद नहीं करूंगा।" इस पर बाबू बनारसी दास ने फ़रमाया कि "आपकी बनाई हुई व्यवस्था में कोई दख़ल नहीं देगा मगर मैं इस 30 दिन के चुनाव प्रचार में दस दिन अपने क्षेत्र से बाहर रहूंगा।" मैंने

* चंद्रशेखर (1927-2007) उत्तर प्रदेश में प्रजा सोशलिस्ट पार्टी के प्रमुख नेता। 1962 में राज्यसभा के लिए निर्वाचित हुए। 1964 में कांग्रेस पार्टी में शामिल। 1975 तक कांग्रेस पार्टी में रहे और आपातकाल में जेल गए। 1977 में जनता पार्टी के अध्यक्ष और 1990 में प्रधानमंत्री बने।

उन्हें बताया कि "आप उन तारीख़ों को मुझे पहले से बता दें कि कब आप बाहर प्रचार करने जाएंगे।" इस पर उन्होंने मुझे वो दस तारीख़ें बता दीं। इसके बाद मैं उनका इलेक्शन इंचार्ज बन गया और मैंने उनका चुनाव लड़वाया। साथ ही मैं ज़िले के अन्य विधानसभा क्षेत्रों ख़ासकर जेवर, अनूपशहर, बुलंदशहर और आसपास के ज़िलों में चुनाव प्रचार के लिए गया और मैंने जनता पार्टी के उम्मीदवारों के समर्थन में जन सभाओं को संबोधित किया और वोट मांगे। 15 जून को इलेक्शन में बाबू बनारसी दास ख़ुर्जा चुनाव क्षेत्र से 20 हज़ार से ज़्यादा वोटों से ठाकुर ईश्वरी सिंह को हराकर कामयाब हुए। 16 जून को ख़ुर्जा शहर में उनका विजय जुलूस निकाला गया। जब कोई उनके गले में हार डालता, तो वो उस हार को मेरे गले में डाल देते।

वालिद का इंतक़ाल

इन दिनों मेरे वालिद जिनकी उम्र अब 100 साल की हो गई थी, वे फिर बीमार हो गए। मैं दिन भर इलेक्शन में रहता। जब रात को अपने घर पहुंचता तो वालिद साहब उस वक़्त तक मुझे जागते मिलते और मेरे आने पर वो मुझसे दरियाफ़्त करते, "लाला तुम आ गए, अब मुझे नींद आ जाएगी।" 21 जून को मेरे वालिद अय्यूब अली ख़ां मुझे अकेला छोड़ कर हमेशा के लिए रुख़सत हो गए। मेरे वालिद ने 100 साल की उम्र पाई। वो पहली जंग-ए-अज़ीम (विश्वयुद्ध) से पूर्व जो 1914 से 1918 तक चला था, अंग्रेजी फ़ौज में भर्ती हुए थे और उस वक़्त भारत के उत्तर-पश्चिमी इलाक़े वज़ीरीस्तान में तैनात रहे थे। उन्होंने 1918 से जून 1977 तक 57 साल से ज़्यादा फ़ौज से पेंशन ली थी। वो बहुत मिलनसार और ख़ुशमिज़ाज शख़्स थे। वो बहुत कम नाराज़ होते थे। अपने ज़िदगी के आख़िरी दिनों में वो रोज़ सबेरे ख़ुर्जा जंक्शन आते थे जहां हमारे गांव का डाक घर था। गांव की सब डाक लेकर वापस पहुंच कर पहले वो गांव की डाक तक़्सीम करते थे और उसके बाद ही कोई काम करते थे। उन्हें मुझसे बेहद मुहब्बत थी और कभी उन्होंने मुझे एक थप्पड़ भी नहीं मारा। उन्होंने कभी चश्मा नहीं लगाया। मेरे बड़े भाई साहब जो पाकिस्तान चले गए थे, जब पाकिस्तान से ख़त भेजते थे तो उन्हें वालिद साहब बग़ैर चश्मे के ही पढ़ लेते थे और बग़ैर चश्मे के ही उन्हें जवाब देते थे। उनकी मौत के बाद मैंने ऐसा महसूस किया कि मेरे उपर एक ढाल थी जो उतर गई। अब मुझे कोई 'लाला' कह कर पुकारने वाला नहीं रहा।

विधानसभा चुनावों में उत्तर प्रदेश में जनता पार्टी को 425 में से क़रीब 375 सीटें मिलीं जिसके बाद चौधरी चरण सिंह ने राजनारायण के कहने पर रामनरेश यादव* एम.पी. को प्रदेश का मुख्यमंत्री बनाया। बनारसी दास प्रदेश एसेंबली के स्पीकर बनाए गए। रामनरेश यादव के मुक़ाबले में आज़मगढ़ के दलित नेता रामधन नेता पद के

---

* रामनरेश यादव आज़मगढ़ ज़िले में संसोपा के सक्रिय सदस्य और वकील। आपातकाल में जेल में रहे। 1977 में आज़मगढ़ से लोक सभा के सदस्य निर्वाचित। बाद में मुख्यमंत्री बनाए गए। विधानसभा के सदस्य रहे। 1988 में राज्यसभा के सदस्य। फिलहाल कांग्रेस पार्टी में।

उम्मीदवार हो गए और चुनाव लड़ा। मगर विधायक दल के नेता पद के चुनाव में उन्हें रामनरेश यादव से कम मत मिले इसलिए रामनरेश यादव बहुमत के आधार पर मुख्यमंत्री बनाए गए। अब उत्तर प्रदेश में पार्टी संगठन के अध्यक्ष बनाने का सवाल खड़ा हुआ। मधु लिमये ने प्रस्ताव रखा चूंकि भारतीय जनसंघ उत्तर प्रदेश की जनता पार्टी सरकार में शामिल है इसलिए उत्तर प्रदेश पार्टी संगठन का अध्यक्ष कोई मुसलमान होना चाहिए। इस प्रस्ताव को सेंट्रल पार्लियामेंट्री बोर्ड ने सर्वसम्मति से मान लिया। चंद्रभानु गुप्ता ने इस पद के लिए संगठन कांग्रेस के बुज़ुर्ग नेता सैयद मुज़फ़्फ़र हुसैन साहब को, जो गुप्ताजी की काबीना में वज़ीर ट्रांसपोर्ट रह चुके थे, का नाम अध्यक्ष पद के लिए पेश किया। मगर चौधरी चरण सिंह उसके लिए तैयार नहीं हुए। चौ. साहब गोरखपुर के मौलाना अब्दुल रऊफ़ लारी को जनता पार्टी उत्तर प्रदेश का अध्यक्ष बनाना चाहते थे। दो महीने तक ये रस्साकशी चली। आख़िर में सेंट्रल पार्लियामेंट्री बोर्ड में मधु लिमये ने मेरा नाम पेश किया जिसका समर्थन राष्ट्रीय अध्यक्ष जनता पार्टी चंद्रशेखर ने भी किया और प्रधानमंत्री मोरारजी भाई देसाई ने, जिनका स्वागत मैंने लोकसभा के चुनावों के दौरान ख़ुर्जे आने पर किया था और उनकी सभा की अध्यक्षता भी की थी, ने मेरे नाम का समर्थन किया। हालांकि मैं उस वक़्त तक बाबू जगजीवन राम से कभी नहीं मिला था, लेकिन ख़ुर्जा लोकसभा रिज़र्व सीट के उम्मीदवार मोहनलाल पिप्पल के चुनाव में मैंने जिस मेहनत से काम किया था, उसकी तारीफ़ मोहनलाल पिप्पल ने जगजीवन राम से की थी। लिहाज़ा उन्होंने भी मेरे नाम का समर्थन किया। पार्लियामेंट्री बोर्ड में मेरे नाम पर बहुमत हो जाने के बाद चौधरी साहब ख़ामोश हो गए और मेरे नाम का विरोध नहीं किया।

तीन नवंबर 1977 को मेरा नाम अध्यक्ष पद के लिए घोषित कर दिया गया। मेरे साथ जो लोग अन्य राज्यों में जनता पार्टी के अध्यक्ष बनाए गए, उनके नाम इस प्रकार थे :

1. असम - गोलप बोरबोरा (बाद में असम के मुख्यमंत्री बने)
2. बिहार - सत्येंद्र नारायण सिंह (बाद में बिहार के मुख्यमंत्री बने)
3. आंध्र प्रदेश - टी. विश्वनाथन
4. हरियाणा - श्रीमती चंद्रावती एम.पी.
5. हिमाचल प्रदेश - टी.एस नेगी एम.पी.
6. जम्मू कश्मीर - अब्दुल ग़नी लोन
7. मध्य प्रदेश - कुशाभाऊ ठाकरे (बाद में बीजेपी के अध्यक्ष बने)
8. उड़ीसा - विश्वनाथ पंडित
9. राजस्थान - टीकाराम पालीवाल
10. महाराष्ट्र - एस.एम. जोशी (पूर्व अध्यक्ष, संसोपा)
11. पश्चिम बंगाल - पी.सी. सेन
12. तमिलनाडु - एस.बी. लक्ष्मण

13.	पंजाब	- यज्ञदत्त शर्मा (बाद में उड़ीसा के राज्यपाल बने)
14.	कर्नाटक	- एच.डी. देवेगौड़ा (बाद में कर्नाटक के मुख्यमंत्री और देश के प्रधानमंत्री बने)
15.	गुजरात	- इंदु भाई पटेल
16.	बंबई	- डॉ. शांति पटेल
17.	दिल्ली	- प्रो. विजय कुमार मल्होत्रा, एम.पी.

(जनता बुलेटिन, दिसंबर 1977)

मेरे साथ 7 उपाध्यक्ष, 7 महामंत्री, एक कोषाध्यक्ष और 96 सदस्यों की एक कार्यकारिणी बनाई गई जिसमें उस समय के उत्तर प्रदेश जनता पार्टी के सभी प्रमुख नेताओं को शामिल किया गया। तत्कालीन मुख्यमंत्री राम नरेश यादव तो उस कार्यकारिणी के सदस्य थे ही बाद में इस कार्यकारिणी के तीन सदस्य मुलायम सिंह यादव, कल्याण सिंह और रामप्रकाश गुप्ता प्रदेश के मुख्यमंत्री बने। इसके अलावा दो अन्य सदस्य राजमंगल पाण्डेय और डॉ. मुरली मनोहर जोशी बाद में केंद्र सरकार में मंत्री और भारतीय जनता पार्टी के अध्यक्ष भी बने। सूबाई कार्यकारिणी इस तरह थी (परिशिष्ट में संलग्न)।

नवंबर माह में एक दिन जब मैं अपना ट्यूबवेल ठीक करा रहा था, डी.एम. बुलंदशहर मुझे ये ख़बर देने के लिए मेरे गांव क़लंदर गढ़ी पहुंचे कि ''आपको जनता पार्टी उत्तर प्रदेश का अध्यक्ष बनाया गया है। आप लखनऊ पहुंचकर अपना चार्ज संभाल लें।'' दूसरे दिन भाई शब्बीर अहमद अब्बासी के साथ मैं लखनऊ के लिए रवाना हो गया। अगले दिन सुबह सात बजे ट्रेन लखनऊ पहुंची जहां स्टेशन पर बाबू बनारसी दास स्पीकर, उत्तर प्रदेश एसेंबली, रामनरेश यादव, मुख्यमंत्री, उत्तर प्रदेश और उनके मंत्रिमंडल के कई सदस्यों ने मेरा स्वागत किया। जब हम स्टेशन से बाहर आए तो सी.बी. गुप्ता* के एक ख़ास सहयोगी रामलखन शुक्ल ने मुझे एक ख़त दिया जिसमे गुप्ता जी ने मुझे पार्टी दफ़्तर जाने से पहले उनके साथ उनके मकान पान दरीबा में चाय पीने की ख़्वाहिश ज़ाहिर की थी। मैंने बाबू बनारसी दास से कहा कि मैं पान दरीबा गुप्ता जी के पास जा रहा हूं जहां से मैं नौ बजे तक वापस आऊंगा। बाक़ी लोगों से मैंने कहा कि आप सब लोग नौ बजे तक पार्टी दफ़्तर आ जाएं।

मैं रामलखन शुक्ला के साथ सी.बी. गुप्ता के मकान पान दरीबे पहुंचा जहां उन्होंने मेरा पुरज़ोर स्वागत किया और मुझे बताया कि उनके मकान के किस कमरे में जयप्रकाश नारायण रहते थे और किस कमरे में डॉ. लोहिया ठहरते थे। उन्होंने मुझे ये नसीहत भी दी कि संगठन बड़ा है और सरकार छोटी है। ''अगर चीफ़ मिनिस्टर साहब को आपसे

---

* चंद्रभानु गुप्ता उत्तर प्रदेश के प्रमुख कांग्रेसी नेता। पहले राज्य सरकार में मंत्री, फिर मुख्यमंत्री। कई बार विधानसभा के सदस्य चुने गए। 1969 में कांग्रेस से अलग होकर संगठन कांग्रेस का गठन किया। 1977 में जनता पार्टी के कोषाध्यक्ष बनाए गए। 1980 में निधन।

कुछ सलाह-मशविरा करना है तो उसे आपके पास आना चाहिए। आप उसकी कोठी पर न जाएं। इस पद पर जिस पर आप हैं, इस पर कभी अलगू राय शास्त्री और पुरूषोत्तम दास टंडन बैठते थे।'' इसके बाद मैं नौ बजे जनता पार्टी के सूबाई दफ़्तर लाजपत भवन, 6, क़ैसर बाग़ पहुंचा जहां, मुख्यमंत्री रामनरेश यादव और उनके मंत्रिमंडल के अन्य सहयोगियों से विस्तार से बात हुई। दो दिसंबर को मैं लखनऊ से खुर्जा आया जहां मेरे सम्मान में स्वागत समारोह आयोजित किए गए थे लेकिन उसी दिन मेरी चाची फ़ातिमा बेगम की मौत हो गई।

जनता पार्टी की अध्यक्षता

जनता पार्टी का गठन अजीब परिस्थितियों में हुआ था। फरवरी 1977 में लोकसभा के चुनाव की घोषणा होने तक सभी विपक्षी पार्टियां अलग-अलग थीं मगर लोकसभा के चुनाव का ऐलान होने के बाद लोकनायक जयप्रकाश नारायण की प्रेरणा से विपक्षी दलों के नेताओं ने मिलकर एक नए दल 'जनता पार्टी' का गठन किया और इन सभी दलों ने तय किया कि एक चुनाव निशान और एक झंडे के नीचे लोकसभा का चुनाव लड़ेंगे। राजनीति में ये एक अनोखा तजुर्बा था कि बग़ैर एक संगठन के एक चुनाव निशान पर चुनाव लड़ा गया। जैसा कि मैं पहले बता चुका हूं कि लोकसभा के चुनाव के बाद केंद्र में जनता पार्टी का संगठन खड़ा किया गया और इसका अध्यक्ष पुराने समाजवादी चंद्रशेखर को बनाया गया केंद्र में एक पार्लियामेंट्री बोर्ड बनाया गया जिसमें मोरारजी भाई देसाई, चौधरी चरण सिंह, बाबू जगजीवन राम, अटल बिहारी वाजपेयी, जार्ज फ़र्नांडीज़ और चंद्रशेखर शामिल थे। जनता पार्टी में यही सबसे बड़ी 'अथॉरिटी' थी और इसकी सलाह पर हीं केंद्र और सूबों में जनता पार्टी संगठन को खड़ा किया गया था।

लोकसभा के चुनाव के बाद चौधरी चरण सिंह लखनऊ से दिल्ली चले गए थे और 1974 में रामसेवक यादव का असामयिक निधन हो चुका था। अब उत्तर प्रदेश में जो संगठन खड़ा किया गया, वो घटकवाद के आधार पर था। मुझे भी उत्तर प्रदेश में एक ऐसा संगठन मिला जिसमें मेरे सभी उपाध्यक्ष, महामंत्री और कार्यकारिणी के सदस्य केंद्र से घटकवाद के आधार पर मनोनीत किए गए थे। सूबाई काबीना के मंत्री भी घटकों के आधार पर बनाए गए थे। इसलिए मेरी कोई सीधी पकड़ न तो पार्टी संगठन पर थी और न सूबाई काबीना पर थी। केंद्र से हमें निर्देश मिला कि ज़िलों के अध्यक्ष, मंत्री और कार्यकारिणी को हम सूबे से हर घटक का ध्यान रख कर बनाएंगे। मैंने अपने उपाध्यक्षों, महामंत्रियों और सूबाई कार्यकारिणी के सदस्यों की सलाह से हर ज़िले में दो पर्यवेक्षक भेजे जो एक माह के अंदर ज़िले में कार्यकर्ताओं की बैठक बुलाकर हर ज़िला समिति के पदाधिकारियों और कार्यकारिणी के सदस्यों की सिफ़ारिश करें। उधर सूबे में विधानसभा की दो सीटों के उप चुनाव इलेक्शन कमीशन ने घोषित कर दिए—एक लखनऊ सेंट्रल सीट से और दूसरा अयोध्या, ज़िला फ़ैज़ाबाद से।

लखनऊ लोकसभा सीट से हेमवती नंदन बहुगुणा लोकसभा के सदस्य चुने गए थे जिनकी लोकसभा सीट के अंतर्गत लखनऊ विधानसभा सीट आती थी। मगर चौधरी

चरण सिंह ने केंद्रीय पार्लियामेंट्री बोर्ड और श्री बहुगुणा से सलाह-मशविरा किए बिना राजनारायण के सुझाव पर लखनऊ सेंट्रल सीट से अक्षयवर मल को और अयोध्या सीट से जयशंकर पांडेय को जनता पार्टी का उम्मीदवार घोाति कर दिया। लखनऊ सेंट्रल सीट पर कांग्रेस ने श्रीमती स्वरूप कुमारी बख़्शी को अपना उम्मीदवार बनाया जो एक पढ़ी-लिखी महिला थीं जबकि अक्षयवर मल मामूली पढ़े-लिखे थे और पिछड़े वर्ग के थे। वे लखनऊ म्यूनिस्पल बोर्ड के सभासद थे। उनके चुनाव प्रचार में हेमवती नंदन बहुगुणा दिल्ली से लखनऊ आए और उन्होंने लोगों से अक्षयवर मल के लिए 50 हज़ार रुपये चंदा इकट्ठा कराया और चुनाव सभाएं कीं, लेकिन एक इंतिहाई पढ़े-लिखे चुनाव क्षेत्र में एक मामूली पढ़े-लिखे व्यक्ति को कैसे वोट मिलते! अक्षयवर मल चुनाव हार गए। मैंने इस चुनाव के नतीजे आने पर प्रेस कांफ़्रेंस करके चुनाव की समीक्षा की और चुनाव में हारने के कारणों पर प्रकाश डाला। उसी दिन राजनारायण ने दिल्ली से लखनऊ आकर प्रेस कांफ़्रेंस कर के इस चुनाव की हार की ज़िम्मेदारी हेमवती नंदन बहुगुणा पर डाल दी। मेरी प्रेस कांफ़्रेंस में प्रेस वालों ने ये सवाल उठाया कि ''जनता पार्टी के एक केंद्रीय नेता इस उप चुनाव की हार के लिए हेमवती नंदन बहुगुणा को ज़िम्मेदार बताते हैं। आपका इस संबंध में क्या कहना है?'' मैंने उन्हें साफ़-साफ़ बता दिया कि ''मेरी जानकारी में तो बहुगुणा ने अक्षयवर मल को चुनाव के लिए 50 हज़ार रुपये का चंदा कराया और लखनऊ में उनका चुनाव प्रचार किया। मेरी जानकारी में तो बहुगुणा ने उनका कोई विरोध नहीं किया। यदि राजनारायण के इल्म में उनका कोई विरोध आया हो तो वो बताएं।''

इस पर राजनारायण मुझसे बेहद नाराज़ हो गए और उन्होंने दिल्ली पहुंचकर मधु लिमये से मेरी शिकायत की।

लखनऊ उप चुनाव के बाद मैं अयोध्या उप चुनाव में पार्टी उम्मीदवार के प्रचार के लिए एक सप्ताह वहां रहा। जयशंकर पांडेय* वहां हमारे उम्मीदवार थे। मैंने जयशंकर पांडेय के चुनाव में काफ़ी प्रचार किया। फ़ैज़ाबाद से लोकसभा के सदस्य अनंतराम जायसवाल ने भी मेरे साथ इस उप चुनाव में पार्टी उम्मीदवार के प्रचार में काफ़ी मेहनत की। मगर पंडे-पुरोहितों के इस क्षेत्र में हम मात्र 800 वोटों से ही ये चुनाव जीत सके।

उधर, उत्तर प्रदेश के मुख्यमंत्री रामनरेश यादव जो आज़मगढ़ से एम.पी. थे और जिन्हें चौधरी चरण सिंह ने जून 1977 में उत्तर प्रदेश का मुख्यमंत्री बनाया था, उन्हें छह माह के अंदर दिसंबर 1977 तक उत्तर प्रदेश एसेंबली का सदस्य चुना जाना ज़रूरी था। उन्हें किसी ऐसी सीट से चुनाव लड़ाना था जहां से वह आसानी से सीट जीत जाएं और मुख्यमंत्री बने रह सकें इसलिए निधौली कलां एसेंबली चुनाव क्षेत्र, ज़िला एटा से तत्कालीन विधायक से इस्तीफ़ा दिलाया गया और उनकी जगह निधौली कलां उप चुनाव का ऐलान हो गया। मैं लखनऊ से निधौली कलां चुनाव क्षेत्र के लिए रवाना हो गया

---

* जयशंकर पांडेय छात्र जीवन से संसोपा के सक्रिय सदस्य। जनता पार्टी के दौर में विधायक। 1989 में जनता दल उम्मीदवार के रूप में उस समय अयोध्या से चुनाव जीते जब राममंदिर आंदोलन ज़ोरों पर था।

और रात को 3 बजे कासगंज, ज़िला एटा रेलवे स्टेशन पर जब रेल से उतरा तो 'अमर उजाला' अख़बार के प्रतिनिधि ने मुझे बताया कि "अध्यक्ष जी, यहां सभी क़ौमों ने आपके यादव उम्मीदवार के ख़िलाफ़ एक संयुक्त मोर्चा बना लिया है और सबका एक ही नारा है कि 'यादव हटाओ, कांग्रेस जिताओ।' " मैंने उनसे कहा कि "मैं तो आज ही यहां आया हूं। अभी चुनाव में 20 दिन बाक़ी हैं। देखिए आगे क्या होता है।" सुबह को मैं नहर के डाक बंगले 'सुन्ना' पहुंचा जहां रामनरेश यादव मुझसे मिलने के लिए आए। मैंने देखा कि मुल्तान सिंह यादव एम.पी. दोपहर 12 बजे तक रामनरेश यादव को सरकारी अफ़सरों के तबादले और पोस्टिंग में व्यस्त रखे हुए हैं और उसके बाद चुनाव प्रचार को निकलते हैं। उनका मानना था कि "अगर क्षेत्र के कुल यादव वोट ही हमें मिल जाएं तो हम कांग्रेसी उम्मीदवार स्वामी प्रसाद सिंह को, जो कांग्रेस की तरफ़ से कभी उत्तर प्रदेश के काबीना में मंत्री रह चुके थे, उन्हें हरा देंगे।" मैंने रामनरेश यादव से कहा कि मुझे आज ही सुबह कासगंज रेलवे स्टेशन पर एक पत्रकार ने बताया है कि "आपके ख़िलाफ़ सभी जातियों ने एक संयुक्त मोर्चा बना लिया है और आप सिर्फ़ मुलतान सिंह के भरोसे यादव वाटों पर उम्मीद लगाए बैठे हैं।" इस पर रामनरेश यादव ने मुझे अपनी मजबूरी बताई और कहा कि "मैं क्या करूं मैं तो इनका बंधक बनकर रह गया हूं।" मैंने उन्हें बताया कि कल सुबह आप एटा पी.डब्ल्यू.डी. के डाक बंगले पर आ जाएं और वहां से हम और आप दोनों चुनाव प्रचार में निकलेंगे। दूसरे दिन हमने ऐसा कार्यक्रम बनाया कि निधौली कलां चुनाव क्षेत्र में एक तरफ़ से गांव-गांव जाकर वोट मांगने शुरू कर दिए और रात को 12 बजे चुनाव प्रचार से लौटकर आते थे। इस बीच में निधौली कलां चुनाव क्षेत्र में एक दिन चौधरी चरण सिंह, गृह मंत्री, भारत सरकार का कार्यक्रम हुआ जो हेलीकॉप्टर से दिल्ली से आए और मैंने उस कार्यक्रम की अध्यक्षता की। चौधरी साहब ने रामनरेश यादव से मालूम किया कि "चुनाव की क्या स्थिति है?" तो उन्होंने बताया कि "20 दिन से कैप्टन अब्बास अली साहब ने लखनऊ से यहां आकर चुनाव की गति तेज़ कर दी है और हम ये चुनाव बहुमत से जीत जाएंगे।" इसके बाद चौधरी चरण सिंह ने जन सभा में दस मिनट तक मेरी तारीफ़ की जो ग़ैरज़रूरी थी और तफ़सील से बताया कि "1967 में सं.वि.द. सरकार का गठन करने और चौधरी साहब को मुख्यमंत्री बनवाने में मेरी क्या भूमिका थी। साथ ही उन्होंने ये भी बताया कि "हम इन्हें लोकसभा का उम्मीदवार बनाना चाहते थे लेकिन इन्होंने विधानसभा का उम्मीदवार बनने की ख़्वाहिश की लेकिन हमने इन्हें टिकट नहीं दिया, लेकिन अब हमने उत्तर प्रदेश में अपनी पार्टी की कमान अब्बास अली साहब को सौंपी है।" निधौली कलां में चौधरी साहब की जन सभाओं का बड़ा असर हुआ।

इस बीच, मैंने बिरादरियों के लिहाज़ से भी सूबे भर के नेताओं को एटा ज़िले में बुला लिया था। निधौली कलां विधानसभा चुनाव क्षेत्र में मेरी रिश्तेदारियां भी थीं जिनमें मैंने ये ख़बर भिजवा दी थी कि अगर वो मुझे सूबाई जनता पार्टी का अध्यक्ष देखना चाहते हैं तो रामनरेश यादव को भारी बहुमत से इलेक्शन जिताएं। इसी तरह मैंने पंडितों

के गांवों में राधेश्याम शर्मा एम.एल.ए. मथुरा को और लोध बिरादरी के गांव में हिम्मत सिंह और कल्याण सिंह को प्रचार के लिए लगा दिया। इस चुनाव में मैंने अपनी पूरी ताक़त झोंक दी जिसका नतीजा ये हुआ कि जब चुनाव का नतीजा सामने आया तो स्वामी प्रसाद सिंह को 18 हज़ार और रामनरेश यादव को 58 हज़ार वोट मिले। चुनाव परिणाम घोषित होने के बाद रामनरेश यादव ने मुझे गोद में उठा लिया और कहा कि इतनी बड़ी जीत तो मुझे अपने ज़िले आज़मगढ़ में भी नहीं मिलती।

इस उप चुनाव के बाद मैंने उत्तर प्रदेश में पार्टी संगठन खड़ा करने पर अपनी पूरी तवज्जो केंद्रित कर दी मगर इस संबंध में जनता पार्टी में फैले घटकवाद ने क़दम-क़दम पर मेरे काम में रोड़े अटकाए। भारतीय जनसंघ के लोगों ने तो पहले दिन से ही जनता पार्टी में दिल से अपना विलय नहीं किया था। वो अपनी 'पैरलल' (समानांतर) पार्टी अपने पुराने जनसंघ के दफ़्तर से ही चलाते थे। उन्होंने अपने पुराने संगठन युवा मोर्चा, श्रम मोर्चा, विद्यार्थी परिषद और दूसरे संगठनों के माध्यम से एक अलग पार्टी चला रखी थी। मैंने उत्तर प्रदेश के हर जनपद के लिए जो पर्यवेक्षक ज़िले के कार्यकर्ताओं की राय लेकर ज़िला संगठन बनाने की बात रखी थी, तो ये पर्यवेक्षक ज़िलों में कार्यकर्ताओं की राय लेने के लिए हर ज़िले में पहुंचे ताकि कार्यकर्ताओं का मशविरा लेकर ज़िला संगठन बनाया जाए। ये पर्यवेक्षक जब ज़िलों में गए तो ज़िलों में कई जगह आपस में झगड़े हो गए और कई जगह मार-पीट की नौबत आ गई। मैंने इन हालात से पार्टी आलाकमान और राष्ट्रीय कार्यकारिणी को भी अवगत करा दिया। ये बातें अर्जुन सिंह भदौरिया एम.पी. ने लोकनायक जयप्रकाश नारायण तक के कानों तक पहुंचा दीं मगर वो भी इसका हल निकालने में असमर्थ दिखाई दिए।

रामनरेश यादव के उप चुनाव के बाद उत्तर प्रदेश जनता पार्टी की राज्य कार्यकारिणी की पहली बैठक 30-31 दिसंबर को मेरी अध्यक्षता में रविन्द्रालय चार बाग में हुई। इस बैठक में मुख्यमंत्री रामनरेश यादव के अलावा 84 सदस्यों ने भाग लिया। पार्टी के राष्ट्रीय कोषाध्यक्ष और पूर्व मुख्यमंत्री चंद्रभानु गुप्ता ने पदेन सदस्य के रूप में विशेष तौर पर इस बैठक में भाग लिया। इस दो दिवसीय बैठक में देश की स्थिति और प्रदेश की स्थिति तथा कई ज्वलंत समस्याओं पर विस्तार से चर्चा हुई और कई प्रस्ताव पास किए गए (बैठक की कार्यवाही और प्रस्ताव परिशिष्ट में संलग्न)।

उत्तर प्रदेश जनता पार्टी का अध्यक्ष पद संभालने के बाद से ही मेरे सामने घटकवाद और पार्टी को एक रखना एक बड़ी चुनौती थी। मुख्यमंत्री राम नरेश यादव न तो कुशल प्रशासक थे और न ही पार्टी संगठन चलाने का उन्हें कोई तर्जुबा था। उधर नेता पद के चुनाव में हार जाने के बाद सांसद रामधन* उनके ख़िलाफ़ लगे ही हुए थे। इसी बीच,

* रामधन आज़मगढ़ के प्रमुख सोशलिस्ट नेता बाद में कांग्रेस पार्टी में शामिल। 1975 में कांग्रेस के युवा तुर्क कहलाए गए और पार्टी से निष्कासित किए गए। 1977 में जनता पार्टी 1989 में कांग्रेस पार्टी और 1989 में जनता दल उम्मीदवार के रूप में लोकसभा के सदस्य चुने गए।

लखनऊ में शिया-सुन्नी दंगा हो गया और नौजवान नेता आरिफ़ मुहम्मद ख़ां* ने इसी मुद्दे पर रामनरेश मंत्रिमंडल से इस्तीफ़ा दे दिया। आरिफ़ बुलंदशहर जिले के स्याने विधानसभा क्षेत्र से चुने गए थे और आबकारी उपमंत्री बनाए गए थे। मंत्रिमंडल से इस्तीफ़ा देने के बाद आरिफ़ मुहम्मद ख़ां ने भी रामनरेश यादव के ख़िलाफ़ मुहिम शुरू कर दी। फ़रवरी 1978 आते-आते कानपुर की स्वदेशी कॉटन मिल, पूरनपुर और फ़िरोज़ाबाद में पुलिस द्वारा किसानों और मज़दूरों पर गोली चलाए जाने की घटनाएं हुईं। इन घटनाओं को लेकर जनता पार्टी के असंतुष्ट विधायकों ने मुख्यमंत्री के इस्तीफ़े की मांग कर दी। आरिफ़ मुहम्मद ख़ां के अलावा अब इन लोगों में शतरुद्ध प्रकाश, रामाधार राय, राकेश चतुर्वेदी और ख़ान ग़ुफ़रान ज़ाहिदी भी शामिल हो गए।

मार्च 1978 में इलेक्शन कमीशन ने उत्तर प्रदेश से राज्यसभा और विधान परिषद के द्विवार्षिक चुनावों की घोषणा कर दी जिसमें उत्तर प्रदेश से राज्यसभा के लिए 11 सदस्य और विधान परिषद के लिए 12 सदस्य विधानसभा क्षेत्र से चुने जाने थे। जनता पार्टी के केंद्रीय संसदीय बोर्ड ने राज्यसभा के लिए घटकवाद के आधार पर 8 उम्मीदवार तय किए। दो-दो उम्मीदवार भारतीय लोकदल और जनसंघ ने घटकों को और एक-एक सीट कांग्रेस संगठन सोशलिस्टों, सी.एफ.डी. और चंद्रशेखर गुट को देना तय हुई। संसदीय बोर्ड की बैठक में चन्द्रभानु गुप्त ने प्रधानमंत्री मोरारजी देसाई की मार्फ़त ये सुझाव दिया कि सोशलिस्ट गुट को जो सीट दी जानी है, वो पार्टी के प्रदेश अध्यक्ष कैप्टन अब्बास अली को दी जाए क्योंकि उन्हें प्रदेश भर में दौरा करना पड़ता है और पार्टी के काम से दिल्ली और दूसरी जगहों पर जाना पड़ता है। इसलिए उनका सांसद बनना ज़रूरी है। मोरारजी भाई के इस सुझाव का बाबू जगजीवन राम और चंद्रशेखर ने समर्थन किया लेकिन मधु लिमये ने मेरी जगह सुरेन्द्र मोहन के नाम का प्रस्ताव किया और ये तर्क दिया कि अब्बास अली को हम विधान परिषद में भेज सकते हैं जहां वे ज़्यादा उपयोगी रहेंगे। लिहाज़ा मुझे विधान परिषद का चुनाव लड़ने के लिए कहा गया ('कोलेप्स ऑफ़ द जनता एक्सपेरीमेंट', पृष्ठ सं. 35, लेखक : मधु लिमये)।

सुरेन्द्र मोहन सोशलिस्ट पार्टी के वरिष्ठ नेताओं में थे और पार्टी का जनता पार्टी में विलय होने से पहले तक वह सोशलिस्ट पार्टी के राष्ट्रीय महासचिव रहे थे। जनवरी 1977 में जब मोरारजी देसाई के नेतृत्व में जनता पार्टी का 'एडहॉक' गठन किया गया था तो सुरेन्द्र मोहन, लालकृष्ण आडवाणी, सिकंदर बख़्त और रामधन के साथ पार्टी के महासचिव बनाए गए थे जबकि चौधरी चरण सिंह उपाध्यक्ष थे। सुरेन्द्र मोहन बहुत ही विद्वान, विचारक और ईमानदार नेता रहे हैं और बहुत ही सादगी के साथ अपना जीवन जिया है जिसकी मिसाल आजकल कम ही मिल पाती है।

---

* आरिफ़ मुहम्मद ख़ां अलीगढ़ मुस्लिम विश्वविद्यालय छात्र संघ के अध्यक्ष रहे। शुरू में स्वतंत्र पार्टी फिर भारतीय लोकदल, जनता पार्टी, कांग्रेस, जनता दल और बीएसपी में रहे। बाद में बीजेपी में शामिल। 1977 में उत्तर प्रदेश विधानसभा के सदस्य और उपमंत्री रहे। 1980 में लोकसभा के सदस्य और केंद्र सरकार में उपमंत्री, राज्यमंत्री और कैबिनेट मंत्री रहे।

मैं मई 1978 में छह वर्षों के लिए विधान परिषद का सदस्य निर्वाचित हो गया। नवंबर 1977 में मैंने जनता पार्टी उत्तर प्रदेश के अध्यक्ष के रूप में चार्ज लिया था परंतु लखनऊ में मेरे निवास के लिए राज्य सरकार ने कोई व्यवस्था नहीं की जिसके बारे में मैंने कई बार मुख्यमंत्री रामनरेश यादव को मौखिक और लिखित रूप से भी आग्रह किया। चार मई 1978 को जब मैं उत्तर प्रदेश विधान परिषद का सदस्य चुन लिया गया तो फिर मैंने मुख्यमंत्री से पत्र लिखकर मकान एलॉट करने के लिए आग्रह किया क्योंकि अब मैं विधान परिषद के सदस्य के नाते सरकारी मकान पाने का हक़दार हो गया था। पिछले नौ-दस माह से मैं बाबू बनारसी दास के सरकारी मकान 13-ए, माल एवेन्यू, स्पीकर भवन में रहता था। स्पीकर साहब अपने ज़ाती मकान पुराना क़िला रोड, सदर पर रहते थे। इस दौरान एक घटना ये हुई कि एक दिन जब मैं दिल्ली आया हुआ था तो मैं गृह मंत्री चौधरी चरण सिंह से मिलने उनके निवास पर गया।

चौधरी साहब मुझसे बड़े प्यार से मिले और उन्होंने मुझसे मालूम किया कि "तुम लखनऊ में कहां रहते हो?" मैंने उन्हें बताया कि "अभी तक मुझे कोई सरकारी मकान एलॉट नहीं हुआ है हालांकि पिछले छह माह से तो मैं विधान परिाद के सदस्य होने के नाते सरकारी एकोमोडेशन का हक़दार भी हो गया हूं। मजबूरी में आजकल 13-ए, माल एवेन्यू, स्पीकर भवन में रहता हूं, चूंकि स्पीकर बाबू बनारसी दास अपने ज़ाती मकान सदर में रहते हैं।" इस पर चौधरी साहब ने मुझसे कहा कि "तुम्हारा मुख्यमंत्री रामनरेश तो ये कहता है कि आप अपनी ख़ुशी से स्पीकर भवन में रहते हैं।" तो मैंने उन्हें बताया कि "जब मुख्यमंत्री ने मुझे सरकारी मकान एलॉट नहीं किया तो मैं मजबूरी में स्पीकर भवन में रहता हूं, अपनी ख़ुशी से नहीं।"

तीन-चार दिन बाद मैंने सुबह अख़बार में पढ़ा कि दारूलशफ़ा में स्थित कोठी नंबर तीन से राज्य संपत्ति अधिकारी ने श्रीमती मोहसिना क़िदवई, जो प्रदेश कांग्रेस की अध्यक्ष थीं, का सामान निकलवा कर सड़क पर डलवा दिया है और कोठी पर सरकारी क़ब्ज़ा हो गया है। अभी मैं अपने दफ़्तर जाने के लिए तैयार हो रहा था कि बाबू बनारसी दास का टेलीफ़ोन आया जिसमें उन्होंने मुझसे ये कहा था कि "अगर मुझे फ़ुर्सत हो, तो दस मिनट के लिए उनसे मिल लूं।" मैं उनसे मिलने के लिए उनके मकान पर पहुंचा तो उन्होंने मुझसे दरियाफ़्त किया कि क्या मैंने चौधरी चरण सिंह से मुख्यमंत्री रामनरेश यादव की कोई शिकायत की है कि मुझे उन्होंने सरकारी रिहाईश एलॉट नहीं की है। इसकी वजह से मुख्यमंत्री को श्रीमती मोहसिना क़िदवई की कोठी जबरन ख़ाली करानी पड़ी।

मैंने बाबू बनारसी दास को बताया कि "दरअसल मुख्यमंत्री रामनरेश यादव मेरी शिकायत चौधरी साहब से कर आए थे कि मैं स्पीकर भवन में रहता हूं और स्पीकर साहब के कहने से पार्टी चलाता हूं। इस पर मैंने चौधरी साहब को वो पत्र दिखाए जिनके अनुसार मैं पिछले छह माह से मुख्यमंत्री को अपनी रिहाईश के लिए लिखता रहा हूं। जहां तक दारूलशफ़ा में स्थित नंबर तीन कोठी का ताल्लुक़ है, तो मुझे इतना बड़ा

मकान नहीं चाहिए जिसमें 18 कमरे हैं। मुझे तो पांच-छह कमरों का मकान काफ़ी होगा।" इसके बाद मुझे पार्क रोड स्थित फ़्लैट नंबर 4-सी एलॉट किया गया और श्रीमती मोहसिना क़िदवई को वापस कोठी नंबर तीन दारूलशफ़ा दे दी गई।

इधर, दिल्ली में चौधरी चरण सिंह और मोरारजी भाई देसाई में भी मतभेद उभर कर सामने आने लगे। चौधरी चरण सिंह केंद्र की सरकार में गृह मंत्री थे परंतु उन्होंने मोरारजी देसाई सरकार की सार्वजनिक रूप से आलोचना करनी शुरू कर दी जिसके नतीजे में मोरारजी भाई ने उन्हें इस्तीफ़ा देने पर मजबूर कर दिया। चौधरी चरण सिंह को पहले से ही मोरारजी भाई के कामों से असंतोष था। उत्तर भारत में चौधरी साहब के नेतृत्व में जनता पार्टी को भारी विजय मिली थी जिसका चौधरी चरण सिंह को बड़ा गुमान था। उन्हें ऐसा लगता था कि जनता पार्टी ने उन्हें प्रधानमंत्री न बनाकर मोरारजी भाई को प्रधानमंत्री बनाया जो बक़ौल उनके बड़ा अन्याय था। वास्तव में जनता पार्टी में अंदर से झगड़ा पैदा करने का काम भारतीय जनसंघ पहले से ही कर रही थी। भारतीय जनसंघ ने पहले दिन से अपना विलय जनता पार्टी में दिल से नहीं किया था। उनकी दोहरी नीति के कारण ही फूट के बीज पहले दिन से ही बो दिए गए थे मगर अख़बारों में इस फूट के लिए राजनारायण को ज़्यादा ज़िम्मेदार बनाया गया। केंद्र के इस विवाद का उत्तर प्रदेश पर असर पड़ना स्वाभाविक था। केंद्र में जनता पार्टी की सरकार पहले बनी और बाद में चंद्रशेखर को पार्टी का अध्यक्ष बनाया गया। इसी तरह, उत्तर प्रदेश में भी जून 1977 में विधानसभा के चुनाव हुए। जुलाई के पहले सप्ताह में उत्तर प्रदेश में सरकार बनी और नवंबर 1977 में मुझे उत्तर प्रदेश जनता पार्टी का अध्यक्ष बनाया गया। इस तरह पहले सूबाई सरकार बनी और उसके बाद राज्य में संगठन खड़ा किया गया।

उत्तर प्रदेश में सूबाई एसेंबली के लिए जो उम्मीदवारों की सूची चौधरी चरण सिंह ने बनाई थी, उसमें राष्ट्रीय अध्यक्ष जनता पार्टी चंद्रशेखर ने 80-85 नामों का फेरबदल कर दिया था जिससे चौधरी चरण सिंह, चंद्रशेखर से बेहद नाराज़ थे। मगर वो अपनी नाराज़गी की कोई सार्वजनिक टिप्पणी नहीं करते थे। वो अपनी नाराज़गी का इजहार राजनारायण जी के ज़रिए कराते थे। इंदिरा गांधी को रायबरेली से चुनाव हराने की वजह से भारतीय राजनीति में राजनारायण का क़द ऊंचा हो गया था जिसकी वजह से पार्टी के दीगर नेता उनसे ईर्ष्या करने लगे थे। राजनारायण अपने स्वभाव से प्रत्येक राजनैतिक संकट में न सिर्फ़ उसको हल करने के लिए अगुवाई करते थे बल्कि उसकी बहुत सी ज़िम्मेदारियों को भी ख़ुद उठाते थे। मोरारजी देसाई को प्रधानमंत्री बनवाने में उनकी अहम भूमिका थी और जयप्रकाश नारायण तथा आचार्य कृपलानी के प्रस्ताव को चौधरी चरण सिंह से मनवाने का श्रेय भी राजनारायण को ही जाता है। दरअसल चौधरी चरण सिंह को भारत का प्रधानमंत्री बनने की लालसा पहले दिन से ही रही। यही कारण जनता पार्टी की टूट का मुख्य कारण था।

मार्च-अप्रैल 1978 में रामनरेश यादव के ख़िलाफ़ असंतुष्ट विधायकों की मुहिम तेज़ होने लगी। इसी बीच आज़मगढ़ लोकसभा क्षेत्र का उप चुनाव आ गया जिसमें

जनता पार्टी की ओर से रामवचन यादव को और इंदिरा कांग्रेस की ओर से मोहसिना क़िदवई को अपना उम्मीदवार बनाया। इस उप चुनाव में कांग्रेस के एक अन्य धड़े के उम्मीदवार के रूप में चंद्रजीत यादव भी उम्मीदवार थे। मुसलमानों में जनता पार्टी के ख़िलाफ़ बढ़ती नाराज़गी और यादव वोटों में हुए विभाजन के कारण रामवचन यादव यह चुनाव हार गए। इससे 'रामनरेश यादव हटाओ' अभियान ने और तेज़ी पकड़ ली। एक तो आज़मगढ़ रामनरेश यादव का गृह ज़िला था। दूसरे उन्हीं के द्वारा ख़ाली की गई सीट पर यह उप चुनाव हुआ था। इस बीच दो मई 1978 को रामनरेश यादव ने अपने मंत्रिमंडल के एक वरिष्ठ सहयोगी सत्यप्रकाश मालवीय* को बर्ख़ास्त कर दिया। सत्यप्रकाश मालवीय पुराने समाजवादी थे और मार्च 1977 में चौधरी चरण सिंह के गृहमंत्री बनने के बाद वह उत्तर प्रदेश विधानसभा में विपक्ष के नेता थे। 1977 में उत्तर प्रदेश में जनता पार्टी के सत्ता में आने के बाद उन्हें राज्य का मुख्यमंत्री होना चाहिए था लेकिन जातिगत समीकरणों के चलते ऐसा नहीं हुआ।

उनकी बर्ख़ास्तगी के दिन मैं लखनऊ के बलरामपुर अस्पताल में भर्ती था। मैंने अस्पताल से इस बर्ख़ास्तगी के ख़िलाफ़ बयान जारी किया और मुख्यमंत्री की इस कार्रवाई को अपमानजनक, अलोकतंत्रीय और सभी संसदीय परंपराओं के ख़िलाफ़ बताया। अगले दिन एक और उप मंत्री मुख़्तार अनीस ने इस कार्रवाई के विरोध में मंत्रिमंडल से इस्तीफ़ा दे दिया। विधायकों के बढ़ते असंतोष को देखते हुए पार्टी के केंद्रीय संसदीय बोर्ड ने मुख्यमंत्री रामनरेश यादव से विधायक दल का विश्वास मत हासिल करने का निर्देश दिया। चार जून 1978 को लखनऊ में विधानभवन के तिलक हॉल में जनता पार्टी विधानमंडल दल की बैठक बुलाई गई जिसमें संसदीय बोर्ड के सदस्य और तत्कालीन केंद्रीय उद्योग मंत्री जार्ज फ़र्नांडीज़ ने पर्यवेक्षक के रूप में हिस्सा लिया। पूर्व जनसंघ घटक दल के विधायकों के समर्थन से 375 सदस्यीय जनता विधान मंडल दल में रामनरेश यादव को 275 सदस्यों का समर्थन मिला और वह नेता विधायक दल और मुख्यमंत्री बने रहने में सफल रहे। इस बैठक के बाद पार्टी में कटुता और बढ़ गई। आरिफ़ मुहम्मद ख़ां को जनता पार्टी से निष्कासित कर दिया गया। उन पर आरोप था कि आज़मगढ़ के उप चुनाव में उन्होंने कांग्रेसी उम्मीदवार मोहसिना क़िदवई का चुनाव प्रचार किया था।

रामनरेश यादव के ख़िलाफ़ अभियान विफल हो जाने के बाद कुछ लोगों ने मुझे अध्यक्ष पद से हटाने की मुहिम शुरू कर दी जिसमें राज्य पार्टी के कई पदाधिकारी शामिल थे। इनमें महामंत्री कौशल किशोर, बेनी प्रसाद वर्मा, ओम प्रकाश श्रीवास्तव, मोहन सिंह और उपाध्यक्ष बेनी प्रसाद माधव और अलीगढ़ ज़िले से एक मंत्री राजेन्द्र

---

* सत्यप्रकाश मालवीय इलाहाबाद में संसोपा के प्रमुख नेता। 1974 में लोकदल के उम्मीदवार के रूप में विधानसभा का चुनाव लड़ा और उत्तर प्रदेश विधानसभा में विपक्ष के नेता और बाद में मंत्री रहे। 1984 और 1990 में राज्यसभा के लिए निर्वाचित। चंद्रशेखर सरकार में कैबिनेट मंत्री। फ़िलहाल कांग्रेस में।

सिंह शामिल थे। इन लोगों ने पार्टी अध्यक्ष चंद्रशेखर से मिलकर मेरी शिकायत की लेकिन चंद्रशेखर ने इन शिकायतों पर कोई ध्यान नहीं दिया।

केंद्र में एक साल के बाद जनता पार्टी की सरकार में टूट के आसार दिखाई देने लगे। चूंकि चौधरी चरण सिंह ने सार्वजनिक तौर पर केंद्रीय सरकार की आलोचना शुरू कर दी थी, इसलिए प्रधानमंत्री ने चौधरी चरण सिंह और राजनारायण को अपने मंत्रिमंडल से निकाल दिया। भारतीय जनसंघ के नेताओं ने भी केंद्र में खुलकर चौधरी चरण सिंह का साथ नहीं दिया। राजनारायण तो पहले से ही जनसंघ की आंखों में खटकते थे। मोरारजी भाई, भारतीय जनसंघ और कुछ पुराने समाजवादी भी उनकी मुख़ालिफ़त करने लगे थे। इसके विरोध में 28 अप्रैल को चौधरी चरण सिंह ने जनता पार्टी की राष्ट्रीय कार्यकारिणी और संसदीय बोर्ड से इस्तीफा दे दिया। जनता पार्टी की राष्ट्रीय कार्यकारिणी में जब चौधरी चरण सिंह को जनता सरकार में वापस लेने के लिए बहस हुई तो राजनारायण को वापस सरकार में लेने के लिए मधु लिमये को छोड़कर किसी ने भी उनका समर्थन नहीं किया।

11 जुलाई 1978 को पार्लियामेंट एनेक्सी दिल्ली में जनता पार्टी की राष्ट्रीय कार्यकारिणी की बैठक में सुरेन्द्र मोहन ने एक प्रस्ताव रखा जिसमें चौधरी चरण सिंह से आग्रह किया गया था कि वह अपना इस्तीफ़ा वापस ले लें। इस प्रस्ताव पर पूरे दिन गरमा-गरम बहस हुई जिसके कुछ अंश साप्ताहिक 'रविवार' ने ज्यों के त्यों प्रकाशित किए :

> 'जनता पार्टी की राष्ट्रीय कार्यकारिणी हमेशा असली मुद्‌दों से हटकर अगल-बगल की बहसें करती रही हैं। 11 जुलाई को हुई बहस के केंद्र में चरण सिंह थे। 41 बोलने वालों में कुछ के भाषणों के अंश साबित करते हैं कि पूरी बहस के मुद्‌दे ये थे-चरण सिंह भी पार्टी में रहें, गद्‌दी सर्वोपरि है और जनता पार्टी ही राष्ट्रीय हित में है।'
>
> **चंद्रभानु गुप्ता :** यह जिसके साथ रहता है, उसी की टांग खींचता है। सबके खिलाफ़ आरोप लगाता है, जिन्हें कभी साबित नहीं कर सकता। कृषि का 'एक्सपर्ट' बनता है, उसी में असफल रहा है। इसने गोविंद वल्लभ पंत, संपूर्णानंद, मुझे, सुचेता कृपालानी किसी को नहीं बख़्शा। इस्तीफा देकर ब्लैकमेल करने की इसकी आदत पुरानी है। मोरारजी भाई को ही क्यों छोड़ेगा। इसका इस्तीफ़ा मंजूर कर लेना चाहिए। इसको मैं 40 सालों से जानता हूं।
>
> **बीजू पटनायक :** (बीच में टोककर) दिस आउटबर्स्ट इज़ नाट ऑफ़ एनी कांसिक्वेंसेज़ टु द करेंट इश्यूज़ (ये सारी बातें वर्तमान मुद्‌दों से हटकर हैं)।
>
> **चंद्रभानु गुप्त :** तुम यू.पी. के बारे में क्या जानते हो?

बीजू पटनायक : मै यह जानता हूं कि चुनावों में आपकी ज़मानतें ज़ब्त होती थीं। यही बताता है कि लोग आपसे कितनी दूर थे।

रवींद्र वर्माः मै प्रस्ताव की प्रशंसा करता हूं लेकिन मेरी कुछ आपत्तियां हैं। डू नाट स्वीप द इश्यूज़ अंडर द कार्पेट (असली बातों को ढंकिए मत) पार्टी चल कैसे रही है, इसे आपको डिसकस करना होगा। पिछली बार बहस टाल दी गई थी। नतीजा यह कि हम एक संकट से दूसरे संकट तक पहुंच गए हैं। चौधरी साहब के पास बड़ी शक्ति और आधार है, पर 'पर्सनाल्टी कल्ट' (व्यक्ति-पूजा) को बढ़ावा नहीं मिलना चहिए। उनका इस्तीफ़े का ख़त प्रेस के पास चंद्रशेखर, जिनको वह संबोधित था, से पहले पहुंच गया। ख़त की भाषा अपमानजनक थी। क्या वे अपने सभी आरोप भी वापस लेने को तैयार हैं? क़ानून से ऊपर कोई भी नहीं होता।

नानाजी देशमुख : मैं प्रार्थना करता हूं कि अपनी पार्टी को हम मिलकर बचाएं। स्थिति काफ़ी गंभीर है। जनता, पार्टी में एकता चाहती है। हमें एकता के लिए प्रयत्नशील होना है। जनता हमसे इसकी अपेक्षा कर रही है। पार्टी में भावनात्मक एकता हो, फिर देखें चित्र क्या बनता है। समाज हमसे निराश न हो।

लक्ष्मीकांतम्मा : चंद्रशेखर को हालात से निपटाने के अधिकार हैं। प्रधानमंत्री और चौधरी साहब को आपसी मतभेद निपटाने चहिए।

मोरारजी देसाई : क्या यह संकट चरण सिंह के साथ मेरे मतभेदों के कारण है? यह सही नहीं है।

बीजू पटनायक : हमें पार्टी बनानी है। हमें ज़बरदस्ती सरकार में बैठा दिया गया था। अब हमें पिछली बातें भूल जानी चहिए और अब कोई झगड़ा नहीं होना चाहिए।

पीलू मोदी : हमें समझना चहिए कि हम दुनिया की सबसे बड़ी डेमोक्रेसी के शासक दल के कार्यकारिणी हैं। लोकतंत्र कसौटी पर है। जनता पार्टी को सफल होना ही चाहिए। अब यह बीच से टूटी हुई है। हम मिल-जुल कर काम नहीं कर रहे हैं। हमें मसले की जड़ पर प्रहार करना चहिए। सरकार बुरी नहीं है। घटवाद के कारण 'प्रोजेक्शन' नहीं हो रहा...मुझे चारों और तकलीफ़ और निराशा का वातावरण दिखता है।

मोरारजी : कहां है वह ?

टीकाराम पालीवाल : प्रस्ताव की भावना सराहनीय है। पर पत्र में गंभीर आरोप लगाए गए हैं। पार्टी की छवि धूमिल न हो जाए, इसलिए आरोपों को हटाना होगा।

मोरारजी देसाई : हम लोग बहुत ही गंभीर मुद्दे पर बहस कर रहे हैं। 28 अप्रैल की चिट्ठी इस्तीफ़े की साधारण चिट्ठी नहीं थी। अगर यह एक

साधारण खत होता तो चरण सिंह से अपील की जा सकती थी। लेकिन ख़त में आरोपों की भरमार है। आरोप मेरे खिलाफ हैं। चौधरी चरण सिंह ने अपने ख़त मे केंद्रीय मंत्रिमंडल के एक मंत्री के ख़िलाफ आरोप लगाए हैं कि उसने यू.पी. विधानसभा के एक उप चुनाव में अधिकृत पार्टी के उम्मीदवार की मुख़ालिफ़त की थी। मैंने मुख्यमंत्री से मालूमात की कि शिकायत कैसे दूर हो, वे मुझसे मिले ही नहीं। आरोप वापस होना चाहिए। राष्ट्रीय कार्यकारिणी पार्टी का आत्मसम्मान होता है। इस पत्र के असर को देखना होगा। मैं एकता का महत्व मानता हूं लेकिन मैं अपने आत्मसम्मान की क़ीमत का भी आदर करता हूं? औरों के आत्मसम्मान का भी आदर करता हूं। यह गंभीर मामला है और उतने ही गंभीर आरोप। अगर मैं ज़िम्मेदार हूं तो मैं किसी भी वक़्त हटने को तैयार हूं पैबंदबाज़ी से काम नहीं चलेगा।

मधु लिमये : मैं प्रधानमंत्री की भावनाओं का आदर करता हूं। लेकिन मैं प्रधानमंत्री का आत्मसम्मान रखने में किसी से कम नहीं हूं। सभी एकता चाहते हैं पर यह एकता सम्मान के साथ होनी चाहिए। इसलिए राष्ट्रीय कार्यकारिणी को माननीय चौधरी साहब से प्रार्थना करनी चाहिए कि वे अपना इस्तीफा वापस लें। यह एकता की दिशा में प्रथम कदम होगा। मैं मानता हूं कि चौधरी साहब के कुछ आरोप ग़लत हैं। लेकिन यह भी सच है कि कुछ आरोप सच भी हैं। अगर हम सत्य को सामने लाना चाहते हैं तो एक कमेटी बनानी होगी जो भविष्य की बातचीत का आधार खोजे...हमें स्थिति का जायज़ा राष्ट्रीय हित को ध्यान में रखकर लेना चाहिए। अगर जनता पार्टी टूट गई तो देश में लोकतंत्र खत्म हो जाएगा। मैं स्थायी हल चाहता हूं पैबंदबाज़ी नहीं।

लालकृष्ण आडवाणी : यह प्रस्ताव चौधरी चरण सिंह के इस्तीफ़े के कारण आया है। कुछ लोग समझते हैं कि हम चौधरी साहब को पार्टी से निकालना चाहते है। यह ग़लत है। अनुशासन के साथ एकता और एकता के साथ अनुशासन होना चाहिए। यह शुरुआत मानी जाए। चौधरी साहब के पत्र में छोटे-मोटे आरोप ही हैं।

मोरारजी देसाई : मैं इस राय से इत्तेफ़ाक़ नहीं रखता कि आरोप छोटे-मोटे हैं।

भानुप्रताप सिंह : अकेले ये ही लोग नहीं हैं। बहुत लोगों ने अनुशासनहीनता की है। चौधरी साहब को 'सिंगल आऊट' नहीं कर सकते। मैं नाम नहीं लेना चाहता।

मोरारजी देसाई : नाम लीजिए।

भानुप्रताप सिंह : रामधन।

रामधन : सबसे पहले पार्टी का अनुशासन-विरोधी काम आपने किया था। जनता पार्टी के महामंत्री के रूप में लोकसभा चुनाव में आपने 'नॉमिनेशन' बदल दिए थे और 'सिंबल एलॉट (चुनाव-चिह्न आवंटित) कर दिए थे।

हेमवती नंदन बहुगुणा : ये बातें सही नहीं है। अनुशासनहीनता के जनक की जांच होनी चहिए। जनक वह है जिसने लोकसभा चुनावों में 21 से 13 किए। विधानसभा चुनावों से पहले चंद्रशेखर ने सभी बड़े नेताओं की सहमति से 88 नाम काटे तो उसके ख़िलाफ प्रदर्शन, नारे किसने लगवाए? इसका श्रेय चरण सिंह जी के मित्रों को है। पता करना चाहिए चुनावों में वे कैडर कहां गए, कहां-कहां नहीं। अनुशानहीनता के जनक का पता कीजिए। पीड़ा का तभी सही परिप्रेक्ष्य में समाधान होगा।

जगजीवन राम : हमने मुंह जान बूझकर बंद रखा हैं। वरना बोलने को हमारे पास भी बहुत है।

रामधन : चरण सिंह तीन बार पार्टी से वे इस्तीफा दे चुके हैं। सरकार से दो बार। अब क्या गारंटी है कि वे फिर इस्तीफ़ा न दे दें। इसलिए इस्तीफ़ा स्वीकार करना चाहिए। सरकार ने जब उनसे इस्तीफा मांगा तो हरिजनों ने घी के दिए जलाए। उनके हट जाने से मुसलमान और हरिजन नज़दीक आएंगे।... (**चंद्रशेखर :** अच्छा हरिजनों के पास इतना घी भी है।)...अगर मधु लिमये को प्राइवेट बातों के आधार पर ही फ़ैसले करने हैं तो मधु लिमये जी ने अमेरिका से आकर मुझे समझाया, "रामधन, तुम चौधरी चरण सिंह की मुख़ालिफ़त क्यों करते हों। असली दुश्मन तो जनसंघ है।" इस 'डबल टॉक' (दोहरी बातचीत) का क्या फ़ायदा? मधु लिमये ने ही 'ट्रिब्यून' को कल इंटरव्यू में कहा कि भारतीय संसदीय प्रणाली में सरकार में प्रधानमंत्री का कोई 'प्रेरोगेटिव' (विशेषाधिकार) नहीं हैं।

कर्पूरी ठाकुर : पार्टी में शुरू से अनुशासन का अभाव रहा है। वह आना चाहिए। किंतु नेतृत्व ने अनुशासनहीनता को क्यों स्वीकृति दी? मैं बिहार में 22 अप्रैल से पहले से अनुशासनहीता भुगत रहा हूं। आगे से ऐसी अनुशासनहीनता नहीं चलने देंगे, ऐसा सकंल्प लें। राष्ट्रीय आचार संहिता बनानी होगी।

कृष्णकांत : कर्पूरी की भावना को पूरा करना चहिए। पर प्रस्ताव में आना चाहिए कि इस्तीफ़े के पत्र के साथ वे आरोप भी वापस ले रहें है। सभी एकता चाहते हैं पर कौन लाए और कैसे। पहले आठ मंत्रियों ने कोशिश की। प्रधानमंत्री से, बाबू जगजीवन राम से मिले, पर चरण सिंह से क्यों नहीं मिले? मामला ठीक होने के बजाए इस्तीफ़ा आ गया। अबकि बार

जो चार मंत्री एकता लाने वाले बने, वे भी ख़ास घटकों के थे। पहले आठ में भी संगठन कांग्रेस और सी.एफ़.डी. का कोई नहीं था। इस बार भी नहीं था। शक होता हैं कहीं बीच-बचाव के नाम पर गठजोड़ तो नहीं है।

अटल बिहारी वाजपेयी : चौधरी चरण सिंह ने इस्तीफ़ा 28 अप्रैल को दिया था। आज 11 जुलाई है। इतनी देर कैसे हुई ? हमने चौधरी साहब के साथ न्याय नहीं किया। राष्ट्रीय कार्यकारिणी की बैठक पहले क्यों नही बुलाई गई?

चंद्रशेखर : आप भी जनता संसदीय बोर्ड के सदस्य है। आपने ही कहा था कि मामला राष्ट्रीय कार्यकारिणी के सामने आना चाहिए। तब यह फ़ैसला हुआ कि जब चौधरी चरण सिंह स्वस्थ हो जाएं तो बैठक बुलाएंगे। बाद में प्रधानमंत्री विदेश चले गए। आप भी नहीं थे। ऐसे में क्या करते?

वाजपेयी : सदस्यों को 'प्रॉसेस ऑव इंटीग्रेशन' (एकात्म की प्रकिया) को बढ़ावा देना चहिए। जनता पार्लियामेंट्री बोर्ड के मामले में यह नहीं भूला जा सकता कि इट लैक्ड कांस्टीट्यूशनल कंपीटेंस विदाउट चरण सिंह। द वेरियस ग्रुप्स ऑफ़ कांस्टीटुएंस हैड बीन वूवन इनटू द बोर्ड। इन द ऐबसेंस ऑफ़ चरण सिंह, समवन शुड हैव बीन आस्क्ड टु रिप्रेज़ेंट हिम ऐट द बोर्ड्स मीटिंग (चरण सिंह के बाहर रहने से उसने सांविधानिक क्षमता खो दी थी। बोर्ड में तमाम दलों और घटकों के लोगों को लिया गया था। चरण सिंह की अनुपस्थिति में किसी को बोर्ड की बैठक में उनका प्रतिनिधत्व करने के लिए कहा जाना चहिए था)। इसने जनता से बहुत वादे किए थे। भाग्यहीनता ही है कि सरकार की उपलब्धियां भी कोई पार्टी न होने के कारण प्रोजेक्ट (प्रक्षेपित) न की जा सकीं।

सुरेद्र मोहन : सरकार को अपनी 'इमेज प्रोजेक्ट' (छाप प्रक्षेपित) करने से किसने रोका था?

वाजपेयी : ठीक है, सरकार की गलती है। देश का भविष्य पार्टी से जुड़ा है। हम सभी छाती पर हाथ रखकर कहें कि किसी ने ग़लती नहीं की। सभी ने ग़लतियां की हैं।

मोरारजी : (बीच में टोककर) मैंने एक भी ग़लती नहीं की।

वाजपेयी : (मज़ाक़ में) हां, एक की–चरण सिंह को गृह मंत्री बनाकर।

वाजपेयी : चौधरी साहब को जो मिलना चाहिए था, वह भी नहीं मिला। उप प्रधानमंत्री पद का आश्वासन दिए जाने पर भी उन्हें बनाया नहीं गया।

मोरारजी : यह वायदा किसने किया था?

पीलू मोदी : मैंने किया था।

बीजू : डोंट डिस्कस द मैटर लाइटली (हलके ढंग से बातें न करें)।

(रविवार, 30.7.1978)

राष्ट्रीय कार्यकारिणी की बैठक में सुरेन्द्र मोहन द्वारा पेश किए गए प्रस्ताव पर हुई बहस में मैंने भी भाग लिया और प्रस्ताव का समर्थन किया। शाम सात बजे सुरेन्द्र मोहन का यह प्रस्ताव कुछ संशोधनों के साथ सर्वसम्मति से पास हो गया। मगर राजनारायण के बारे में कार्यकारिणी में कोई चर्चा नहीं हुई। नतीजा ये हुआ कि राजनारायण को जनता सरकार और पार्टी ने दूध की मक्खी की तरह बाहर निकाल दिया। चौधरी चरण सिंह ने भी राजनारायण को अपने से अलग कर लिया। अब राजनारायण, मोरारजी भाई की सरकार और जनता पार्टी का खुल्लम-खुल्ला विरोध करने लगे। चौधरी चरण सिंह को दोबारा सरकार में लेने के बाद उन्हें दोबारा गृह विभाग नहीं दिया गया बल्कि वित्तीय विभाग देकर मंत्रिमंडल में वापस ले लिया गया। हां, उन्हें और बाबू जगजीवन राम को उप प्रधानमंत्री ज़रूर बनाया गया।

चौधरी चरण सिंह जब केंद्रीय मंत्रिमंडल से निकाले गए तो उन्हें पूरा यक़ीन था कि भारतीय जनसंघ घटक उनका पूरा साथ देगा मगर इस काम में जब मोरारजी भाई के ख़िलाफ़ जनसंघ घटक ने उनका साथ नहीं दिया तो उन्होंने उत्तर प्रदेश में मुख्यमंत्री रामनरेश यादव पर ये दबाव डाला कि वो उत्तर प्रदेश मंत्रिमंडल से भारतीय जनसंघ के मंत्रियों को निकाल दें। उधर, जनसंघ घटक अपनी रणनीति के अनुसार राष्ट्रीय स्वयंसेवक संघ को हर मौक़े पर प्रधानता देकर काम कर रहा था जिसके कारण मुख्यमंत्री रामनरेश यादव भी असमंजस में थे कि क्या करें।

इस बीच, रामनरेश यादव ने स्थानीय निकायों के चुनावों का ऐलान कर दिया। चूंकि ये एक नीतिगत सवाल था और उन्होंने राज्य पार्टी को विश्वास में लिए बिना ही चुनाव की घोषणा की थी, इसलिए मैंने मुख्यमंत्री रामनरेश यादव को टेलीफ़ोन कर के आगाह किया कि "इस समय प्रदेश का राजनैतिक माहौल ऐसा नहीं है कि ये चुनाव कराए जाएं।" मुख्यमंत्री ने मेरी सलाह को ये कह कर ठुकरा दिया कि "अब तो मैंने ऐलान कर दिया है, आप इसका विरोध न करें।" मैंने प्रेस कांफ्रेंस करके घोषणा की कि ये एक नीतिगत प्रश्न है और सरकार को संगठन को विश्वास में लेकर ही चुनाव का ऐलान करना चाहिए था। मैंने राष्ट्रीय अध्यक्ष चंद्रशेखर से भी इसकी शिकायत की जिन्होंने मुझे और मुख्यमंत्री रामनरेश यादव को दिल्ली बुलाया और फिर रामनरेश को समझाया कि वो इस मामले में ज़िद न करें और जब प्रदेश में चुनाव के अनुकूल वातावरण बन जाए, तब राज्य पार्टी की सलाह लेकर चुनाव कराएं। नतीजा ये हुआ कि स्थानीय निकायों के चुनाव टाल दिए गए।

अलीगढ़ का सांप्रदायिक दंगा

एक दिन मैं अलीगढ़ अपने घर पर आया हुआ था जब अक्टूबर 1978 में एक मामूली बात पर हिंदू-मुसलमानों में सांप्रदायिक दंगा हो गया। अलीगढ़ शहर से तीन-चार मील दूर खेरेश्वर मंदिर पर अक्टूबर 1978 में एक मेला लगा। इस मेले में दो पहलवानों की कुश्ती हुई जिसमें एक पहलवान मुसलमान था और दूसरा हिंदू। कुश्ती की हार-जीत पर पहलवानों में झगड़ा हो गया जिस पर भीड़ में भगदड़ मच गई। इस भीड़ में भूरा पहलवान ने मुसलमान पहलवान पर हमला कर दिया। मुसलमान पहलवान वहां से तो जान बचाकर भाग गया मगर रात में शहर में आकर उसने भूरा पहलवान पर जो अपनी मिठाई की दुकान पर बैठा था, चाक़ू से हमला कर दिया। ज़ख़्मी भूरा पहलवान को पुलिस ने अलीगढ़ के मलखान सिंह अस्पताल में दाख़िल करा दिया जहां दो-तीन दिन अस्पताल में रहने के बाद उसकी मौत हो गई। भूरा पहलवान कांग्रेस पार्टी से संबंध रखता था मगर उसकी अस्पताल में मौत होने के बाद जनता पार्टी के नगर अध्यक्ष कृष्ण कुमार नवमान ने उसकी लाश का शहर में जुलूस निकाला और शहर में हिंदू-मुसलमान तनाव पैदा हो गया। आर.एस.एस. ने इस मौक़े पर शहर में हिंदू-मुसलमान दंगा भड़काया। रात-भर मैं अपने घर से गोलियों की आवाज़ सुनता रहा। जब मैंने टेलीफ़ोन से डी.एम. और एस.एस.पी. अलीगढ़ से जानकारी ली तो उस वक़्त तक शहर में तीन-चार मौतें हो चुकी थीं। प्रशासन ने पूरे शहर में कर्फ़्यू लगा दिया था मगर इक्का-दुक्का हमलों में बराबर लोग मारे जा रहे थे। इस कर्फ़्यू के दौरान लखनऊ से भारतीय जनसंघ घटक के मंत्री कल्याण सिंह और लोकदल घटक के मंत्री राजेन्द्र सिंह के आ जाने पर प्रशासन पंगु बन गया। गिरफ़्तार लोगों को मंत्रियों की दख़लअंदाज़ी से छोड़ा जा रहा था। पी.ए.सी. ने भी अंधाधुंध गोलियां चलाईं। उनका रवैया भी पक्षपातपूर्ण था। मैंने रात ही में प्रधानमंत्री मोरारजी देसाई से इसकी शिकायत की जिन्होंने दिल्ली से पी.ए.सी. की जगह बी.एस.एफ़. और सी.आर.पी.एफ़. की पांच बटालियन भेजी और राज्य सरकार को सलाह दी कि अलीगढ़ शहर से पी.ए.सी. को वापस बुला लिया जाए। दो हफ़्ते तक शहर में चले इस नंगे नाच ने जनता पार्टी की छवि ख़राब कर दी। उस समय कुछ शरारती लोगों ने मेरे नाम से ये बयान दे दिया कि इस दंगे में आर.एस.एस. का कोई हाथ नहीं है जबकि मेरा कहना ये था कि इन दंगों में जनता पार्टी का कोई हाथ नहीं है।

विधान परिषद में कम्युनिस्ट पार्टी के वरिष्ठ नेता डॉ. ज़ेड.ए. अहमद ने पी.ए.सी. की ज़्यादतियों के ख़िलाफ़ 'काम रोको' प्रस्ताव लाकर इस पर बहस करनी चाही तो सरकार की तरफ़ से उसका विरोध हुआ। मगर डॉ. ज़ेड.ए. अहमद ने विधान परिषद में मेरी तरफ़ इशारा करते हुए कहा कि "जनता पार्टी के सूबाई अध्यक्ष कैप्टन अब्बास अली उस दिन अलीगढ़ में मौजूद थे जो आज यहां सदन में ही बैठे हैं। पी.ए.सी. की ज़्यादतियों के संबंध में उनसे मालूम कर लिया जाए।" अंत में जब परिषद के अध्यक्ष ने मुझसे बोलने का आग्रह किया तो मुझे स्वीकार करना पड़ा कि "अल्पसंख्यक समुदाय

का इतना नुक़सान बलवाईयों ने नहीं किया है जितना हमारी पी.ए.सी. ने किया है।" मेरे इस बयान को लेकर मुख्यमंत्री रामनरेश यादव ने चौधरी चरण सिंह से शिक़ायत की जिस पर चौधरी साहब ने मोरारजी भाई को बताया। पार्टी अध्यक्ष चंद्रशेखर ने मुझे दिल्ली बुलाया और मुझे प्रधानमंत्री से मिलवाया। मैंने मोरारजी भाई से दरख़्वास्त की कि वो ख़ुद पी.ए.सी. की ज़्यादतियों को अलीगढ़ चल कर अपनी आंखों से देख लें। आख़िरकार मोरारजी भाई ने चंद्रशेखर जी को दूसरे दिन अलीगढ़ भेजा और उन्होंने ख़ुद अलीगढ़ जाकर पी.ए.सी. की ज़्यादतियों के मुत्ताल्लिक़ मेरे बयान की मोरारजी भाई से तस्दीक़ (पुष्टि) की। फिर मोरारजी भाई ख़ुद अलीगढ़ गए और पी.ए.सी. की ज़्यादतियों को देखा। अलीगढ़ में दंगे के हालात दिसंबर तक बने रहे। इस बीच 21 नवंबर को मेरी दोनों बेटियों सितारा परवीन और निगहत की शादी मेरे गांव कलंदर गढ़ी में हुई। बारात हमारे पुराने रिश्तेदार हाजी न्याज़ मुहम्मद ख़ां के घर महौली से आई और उनके दो पोतों इस्लाम ख़ां से सितारा और अब्दुल रब से निगहत का निकाह हुआ। इस मौक़े पर बड़ी तादाद में हमारे रिश्तेदार इकट्ठा हुए। चंद्रशेखर, बाबू बनारसी दास, सांसद महमूद हसन ख़ां और मोहन लाल पिप्पल तथा बेनी प्रसाद माधव, ओमप्रकाश श्रीवास्तव और उत्तर प्रदेश सरकार के कई मंत्रियों ने इस शादी में शिरकत की।

प्रधानमंत्री मोरारजी देसाई ने जिस दिन चौधरी चरण सिंह को अपने मंत्रिमंडल में वापस लिया और उन्हें वित्त मंत्री के साथ-साथ उप प्रधानमंत्री बनाया, ठीक उसी दिन उत्तर प्रदेश के वित्तमंत्री मधुकर दीघे और जनता पार्टी के विधानमंडल दल के सचिव रमाशंकर कौशिक ने मुख्यमंत्री रामनरेश यादव से भारतीय जनसंघ घटक के कुछ मंत्रियों पर कार्यवाई करने के लिए कहा। नतीजा यह हुआ कि रामनरेश यादव ने जनसंघ घटक के कई मंत्रियों को अपने मंत्रिमंडल से बर्ख़ास्त कर दिया।

शक्ति-परीक्षण में रामनरेश यादव की हार

रामनरेश यादव द्वारा जनसंघ घटक के मंत्रियों की बर्ख़ास्तगी के बाद पूर्व जनसंघ घटक के लोगों ने 'रामनरेश हटाओ' अभियान शुरू कर दिया और उत्तर प्रदेश में शक्ति परीक्षण कराये जाने की मांग करने लगे। नतीजे में पार्टी के केंद्रीय संसदीय बोर्ड ने एक बार फिर रामनरेश यादव को विधायक दल का विश्वास मत हासिल करने का निर्देश दिया। इस मुद्दे पर जनसंघ घटक को सोशलिस्ट गुट, चंद्रशेखर गुट, संगठन कांग्रेस और लोकदल के नाराज़ ग्रुप सत्यप्रकाश मालवीय का समर्थन भी मिल गया। उधर, काबीना मंत्री चौधरी राजेन्द्र सिंह और सहकारिता मंत्री मुलायम सिंह यादव ने भी छुपे तौर से रामनरेश यादव का विरोध किया। एसेंबली के स्पीकर बाबू बनारसी दास ने भी इस गुप्त मतदान में रामनरेश यादव का विरोध किया। 15 फरवरी 1979 को रामनरेश यादव थोड़े ही वोटों के अंतर से शक्ति परीक्षण में हार गए। इस हार के बाद दिल्ली में संसदीय बोर्ड की बैठक में बाबू जगजीवन राम ने मुझे मुख्यमंत्री बनाए जाने का प्रस्ताव रखा और यह भी जोड़ा कि जनता पार्टी की जीत में मुस्लिम मतदाताओं का अहम रोल

था। ऐसे में अगर हम कैप्टन अब्बास अली को उत्तर प्रदेश का मुख्यमंत्री बनाते हैं तो पूरे देश में इसका अच्छा संदेश जाएगा। लेकिन चौधरी चरण सिंह ने बाबू जगजीवन राम के प्रस्ताव का कड़ा विरोध किया। बैठक में तय पाया गया कि रेल मंत्री प्रो. मधु दण्डवते को केंद्रीय पर्यवेक्षक बनाकर लखनऊ भेजा जाए और विधान मंडल दल की बैठक में पर्चियों के ज़रिए चुनाव करके ये तय किया जाए कि कि उत्तर प्रदेश में जनता विधान मंडल दल का नेता कौन हो। इस बीच चौधरी चरण सिंह गुट ने विधानसभा के स्पीकर बाबू बनारसी दास को विधान मंडल दल के नेता पद के लिए मैदान में उतारने का फ़ैसला किया। दरअसल बाबू बनारसी दास यूं तो उत्तर प्रदेश की राजनीति में हमेशा चौधरी चरण सिंह के विरोधी और चंद्रभानु गुप्ता के नज़दीकी लोगों में थे लेकिन जनता पार्टी की सरकार बनने के बाद जब उन्हें लगा कि गुप्ता जी के साथ रहने से कोई फ़ायदा नहीं है तो उन्होंने चौधरी साहब से दोस्ती कर ली।

उधर, विद्रोही विधायकों ने, जिनमें जनसंघ गुट, सोशलिस्ट गुट चन्द्रशेखर गुट और सी.एफ़.डी. गुट शामिल था, चन्द्रभानु गुप्त को अपना नेता चुनने का प्रस्ताव किया। पूर्व मुख्यमंत्री चन्द्रभानु गुट ने भी इसे क़ुबूल कर लिया और नेता पद के उम्मीदवार हो गए। उस दिन जब लखनऊ में विधान मंडल दल की बैठक होनी थी, उससे एक दिन पहले जनता पार्टी महासचिव मधु लिमये लखनऊ पहुंचे और सी.बी. गुप्ता साहब से जाकर मिले। उन्होंने गुप्ता जी को याद दिलाया कि पार्लियामेंट्री बोर्ड का ये फ़ैसला है कि विधान मंडल से बाहर का कोई सदस्य नेता पद का चुनाव नहीं लड़ सकता। ये सुनते ही गुप्ता जी ने बिना एक मिनट की देर किए अपने आपको उत्तर प्रदेश जनता विधान मंडल दल के नेता पद की उम्मीदवारी से अलग कर लिया। चन्द्रभानु गुप्त की इस बात के लिए तारीफ़ करनी पड़ेगी कि वे अपने उसूलों के बड़े पाबंद थे। हालांकि हमारे कुछ साथियों ने जिनमें राजनारायण भी शामिल थे, उन्हें कभी 'चोर बाज़ार गुप्ता' भी कहा था जब वो उत्तर प्रदेश में मुख्यमंत्री थे। एक अप्रैल 1967 को जब चौधरी चरण सिंह ने विधानसभा में उनकी सरकार से अलग होने का एलान किया था तो चन्द्रभानु गुप्त ने बिना कोई मौक़ा गंवाए राज्यपाल से मिलकर उन्हें अपना इस्तीफ़ा दे दिया था। चन्द्रभानु गुप्ता के नेता पद की दौड़ से बाहर हो जाने के बाद विधायकों के असंतुष्ट गुट ने सी.एफ़.डी. नेता राजमंगल पांडेय* को अपना नेता चुनने के लिए बैठक की और ये तय पाया कि कल विधायक दल की बैठक में उन्हें विधिवत रूप से केंद्रीय पर्यवेक्षक की मौजूदगी में नेता और उत्तर प्रदेश का अगला मुख्यमंत्री चुन लिया जाएगा। इस ख़ुशी में राजमंगल पांडेय ने अपने घर पर विधायकों की दावत की जिसमें कई सांसद भी शामिल हुए। अभी ये दावत चल ही रही थी कि ख़बर मिली कि सी.एफ़.डी. गुट के नेता और केंद्रीय मंत्री हेमवती नंदन बहुगुणा विशेष विमान से लखनऊ पहुंच गए हैं। ये ख़बर

* राजमंगल पांडेय कांग्रेस पार्टी के वरिष्ठ नेता। कई बार विधायक चुने गए। राज्य सरकार में मंत्री हुए। 1980 में कांग्रेस में दोबारा शामिल। 1984 और 1989 में लोकसभा के लिए चुने गए और केंद्र सरकार में मानव संसाधन विकास मंत्री रहे।

मिलते ही सी.एफ.डी. गुट के विधायक वहां से भागने शुरू हो गए। बाद में पता चला कि दिल्ली में चौधरी चरण सिंह ने बहुगुणा जी से मिलकर उत्तर प्रदेश में बाबू बनारसी दास को मुख्यमंत्री बनाने के लिए उनका सर्मथन मांगा और इसी काम के लिए उन्हें विशेष विमान से रात में लखनऊ भेजा। अगले दिन विधान भवन के तिलक हॉल में जनता विधान मंडल दल की बैठक हुई जिसमें बाबू बनारसी दास को 212 विधायकों का समर्थन मिला। राजमंगल पाण्डेय को 177 विधायकों ने वोट दिया। बाबू बनारसी दास नेता चुन लिए गए और राजमंगल पांडेय की हार हो गई। मेरे लिए ये बड़ी अजीब स्थिति थी। प्रदेश अध्यक्ष रहते हुए मैंने पार्टी को एकजुट रखने की हर संभव कोशिश की थी लेकिन जब रामनरेश यादव के ख़िलाफ़ विधायकों का बहुमत बढ़ता गया और वो मेरी किसी भी बात को मानने के लिए तैयार नहीं हुए था तो मैं भी उनके ख़िलाफ़ हो गया था। लेकिन बाबू बनारसी दास के चौधरी चरण सिंह के साथ चले जाने के बाद मेरे लिए बड़ी अजीब स्थिति पैदा हो गई। पिछले 4-5 वर्षों में मेरा उनका बड़ा नज़दीकी साथ हो चला था लेकिन बावजूद इसके मैं उनकी राजनीति से सहमत नहीं था। नतीजे में मैंने उनके ख़िलाफ़ वोट दिया।

बाबू बनारसी दास मुख्यमंत्री के रूप में

बाबू बनारसी दास को मुख्यमंत्री की शपथ लेने के साथ केवल एक और मंत्री मधुकर दिघे को, जो रामनरेश यादव मंत्रिमंडल में वित्त मंत्री थे, शपथ दिलाई गई। अन्य मंत्रियों की सूची पर निर्णय बाद में लेने को कहा गया। रामनरेश यादव को चौधरी साहब ने उप मुख्यमंत्री और इसी के साथ सी.एफ़.डी घटक के एक वरिष्ठ साथी नारायण सिंह को उप मुख्यमंत्री बनाया। बाबू बनारसी दास ने बड़ी कुशलतापूर्वक अपना मंत्रिमंडल चलाया।

अलीगढ़ में अब भी सांप्रदायिक दंगे जारी थे। एक दिन मुख्यमंत्री बाबू बनारसी दास अलीगढ़ दंगों के संबंध में मुझसे बात करने मेरे निवास स्थान पार्क रोड पर आए और मुझसे कहा कि "कैप्टन साहब, अलीगढ़ के सांप्रदायिक दंगे रुक नहीं पा रहे हैं। ये दंगे कैसे रोके जाएं?" मैंने उनसे कहा कि "क्या वास्तव में आप ये दंगे रोकना चाहते हैं?" तब उन्होंने मुझसे पलटकर कहा कि "अगर मेरी इच्छा इन दंगों को रोकने की नहीं होती तो मैं आपसे सलाह करने के लिए क्यों आता?" मैंने उन्हें सलाह दी कि "इसी बिल्डिंग में एस.पी., सी.आई.डी. मंज़ूर अहमद रहते हैं। अगर आप उन्हें अलीगढ़ का एस.एस.पी. बना दें तो देखिए, दंगे रुकते हैं कि नहीं।" दूसरे दिन बाबू बनारसी दास ने मंज़ूर अहमद को अपने दफ़्तर बुलाकर उन्हें अलीगढ़ का एस.एस.पी. तैनात कर दिया और उन्हें हिदायत दी कि अलीगढ़ में सांप्रदायिक दंगे तुरंत बंद होने चाहिए। मंज़ूर अहमद ने मुख्यमंत्री से विनती की कि "आपके मंत्रिमंडल के सदस्य यदि मेरे कार्य में मदाख़लत (हस्तक्षेप) न करें तो मैं अपना काम आज़ादी से कर पाऊंगा।" मुख्यमंत्री ने उन्हें ये यक़ीन दिलाया कि वे किसी भी मंत्री को उनके काम में हस्तक्षेप करने की

इजाज़त नहीं देंगे। आख़िरकार एक हफ़्ते के अंदर ही अलीगढ़ के सांप्रदायिक दंगे बंद हो गए।

मैं 1979 में मिर्ज़ापुर जनपद के दौरे पर रॉबर्ट्सगंज गया। दोपहर को कार्यकर्ता बैठक में भाग लेने के बाद मैंने खाना खाया और उसके बाद क्षेत्र में और कई जगह पार्टी कार्यक्रमों में भाग लेने के लिए चला गया और शाम को मिर्ज़ापुर रवाना हो गया जहां से लखनऊ जाने वाली गाड़ी में मेरा रिज़र्वेशन था। जब मैं इलाहाबाद स्टेशन पर पहुंचा तो मेरे शैडो (अंगरक्षक) ने रात के खाने के बारे में मुझसे मालूम किया। मैंने रात के खाने के लिए मना कर दिया और ख़रबूज़े लाने के लिए कहा। मैंने एक ख़रबूजा खाया जो बहुत मीठा था। ख़रबूज़ा खाने के बाद मैंने ग़लती से पानी पी लिया जिसकी वजह से मुझे रात में ही 'लूज़ मोशन' शुरू हो गए और लखनऊ पहुंचते-पहुंचते डिहाइड्रेशन बढ़ गया। दोपहर बाद मुझे बलरामपुर अस्पताल में दाख़िल करा दिया गया जहां मेरी हालत बेहद ख़राब रही। जब बाबू बनारसी दास को मेरी हालत का पता चला तो वो मुझे देखने के लिए किंग जार्ज मेडिकल कॉलेज के सुपरिंटेंडेंट मिश्रा को भी साथ लाए जिन्होंने आते ही तजवीज़ किया कि मुझे एक साथ तीन ग्लूकोज़ चढ़ाया जाए। फिर बनारसी दास जी ने मेरी बिगड़ती हालत को देखते हुए डी.एम. बुलंदशहर पी.एल. पूनिया को फ़ोन करके मेरे बीवी-बच्चों को फ़ौरन लखनऊ भिजवाने की व्यवस्था करने को कहा। दूसरे दिन सुबह मेरी बीवी-बच्चे अस्पताल में मेरे पास पहुंच गए। एक हफ़्ते अस्पताल रहकर आहिस्ता-आहिस्ता मेरी हालत में सुधार हुआ और फिर मैं अपने घर पार्क रोड आ गया और पार्टी के दफ़्तर आने-जाने गया।

उत्तर प्रदेश में बनारसी दास जी के नेतृत्व में मंत्रिमंडल कुशलतापूर्वक चल रहा था। वो एक अनुभवी, कुशल प्रशासक और विधानसभा के कामों में माहिर थे। हालांकि भारतीय जनसंघ घटक के विधायकों ने उनकी सरकार बनने के पहले दिन से ही मुख़ालिफ़त करनी शुरू कर दी मगर बाबू बनारसी दास अपनी संसदीय परंपराओं की जानकारी के बल पर दलीय अंतर्कलह और विपक्ष को दबाने में कामयाब रहे। उन्होंने एक साल तक अपने मुख्यमंत्री काल में कोई अप्रिय काम नहीं होने दिया मगर दिल्ली में केंद्रीय सरकार के आपसी झगड़े ख़त्म होते नज़र नहीं आ रहे थे।

जनता पार्टी की टूट

मोरारजी भाई ने चौधरी चरण सिंह को तो अपने मंत्रिमंडल में वापस ले लिया मगर राजनारायण को न सिर्फ़ मंत्रिमंडल से बाहर रखा बल्कि उन्हें जनता पार्टी से भी निष्कासित कर दिया। उधर दिल्ली में चौधरी चरण सिंह के नाम से किसानों की एक विशाल रैली निकाली गई जिससे केंद्र में हालात दिन-ब-दिन तनावपूर्ण हो गए थे। लोकसभा में कांग्रेसी विपक्ष के नेता यशवंत राव चह्वाण ने मोरारजी भाई की सरकार के ख़िलाफ़ अविश्वास का प्रस्ताव रखा जिस पर बहस के दौरान पूर्व सोशलिस्ट घटक के उत्तर प्रदेश के नेता उग्रसेन ने भी मोरारजी देसाई की सरकार के ख़िलाफ़ भाषण दिया और उसके फ़ौरन बाद अपने क्षेत्र देवरिया चले गए जहां उनके क्षेत्र के लोगों ने उन्हें बेहद शर्मिंदा किया। मैं इन दिनों दिल्ली में लोकसभा सदस्य रामजीलाल सुमन के फ़्लैट पर ठहरा हुआ था जो पार्टी अध्यक्ष चंद्रशेखर और मोरारजी भाई के समर्थक थे। मोरारजी भाई की ज़िद के कारण आख़िरकार जनता पार्टी की सरकार गिर गई। अगर मोरारजी भाई ने समय रहते जनता संसदीय दल के नेता पद से इस्तीफ़ा दे दिया होता और उनकी जगह बाबू जगजीवन राम नेता चुन लिए गए होते तो शायद जनता पार्टी की सरकार ना गिरती।

चौधरी चरण सिंह कांग्रेस के समर्थन से प्रधानमंत्री बन गए। भारत के राष्ट्रपति नीलम संजीव रेड्डी ने उन्हें लोकसभा में अपना बहुमत साबित करने के लिए समय दे दिया। जिस दिन लोकसभा में चौधरी चरण सिंह को अपना बहुमत साबित करना था, उसी दिन इंदिरा कांग्रेस ने चौधरी चरण सिंह सरकार से अपना सर्मथन वापिस ले लिया लिहाज़ा चौधरी चरण सिंह ने राष्ट्रपति को अपना इस्तीफ़ा देकर लोकसभा भंग करने की सिफ़ारिश कर दी और लोकसभा में हाज़िर होने के बजाए उन्होंने सीधे जनता के बीच जाने का फ़ैसला किया। राष्ट्रपति ने मध्यावधि चुनाव होने तक उन्हें केयर टेकर (कामचलाऊ) प्रधानमंत्री बने रहने को कहा।

जनता पार्टी से अलग होने के बाद चौधरी चरण सिंह ने अपनी नई पार्टी का नाम जनता पार्टी (सैक्यूलर) रक्खा और राजनारायण को अपना कार्यकारी अध्यक्ष बनाया। यहां मेरे लिए इम्तहान की एक और घड़ी आई। जिन मधु लिमये और जार्ज फ़र्नांडीज़ के लिए हमने 1971 में पटना के अंजुमन इस्लामिया हॉल में राजनारायण से झगड़ा किया था और जो राजनारायण, चरण सिंह को 'चेयर सिंह' कहते थे, उन्हीं चरण सिंह और

राजनारायण के साथ अब मधु लिमये और जार्ज फ़र्नांडीज़ भी जनता (एस) में शामिल हो गए। मधु लिमये ने तो जनता पार्टी की टूट को 'एतिहासिक आवश्यकता' तक क़रार दिया था। इन हालात में हम उत्तर प्रदेश के पूर्व सोशलिस्ट पार्टी के लोगों ने रामजीलाल सुमन, सांसद के आवास 139, साऊथ एवेन्यू में एक बैठक की जिसमें उग्रसेन एम.पी. और उत्तर प्रदेश के 20 से ज़्यादा विधायक जिनमें बेनी प्रसाद माधव, श्याम दत्त पालीवाल, रविन्द्रनाथ तिवारी, रामदत्त जोशी, हुकुमसिंह परिहार, राधेश्याम शर्मा, जनार्दन प्रसाद ओझा और राजनाथ शर्मा, राजवंत सिंह वग़ैरह शामिल थे। तय पाया गया कि जिन उद्देश्यों को लेकर सोशलिस्ट पार्टी को जनता पार्टी में विलीन किया गया था, वो अभी पूरे नहीं हुए हैं और ऐसी हालत में जनता पार्टी को तोड़ना सही नहीं होगा लिहाज़ा हम जनता पार्टी 'तोड़कों' में शामिल नहीं होंगे और लोकनायक जयप्रकाश के सपनों के इस दल को मज़बूत बनाने का काम करेंगे।

जुलाई 1979 में जनता पार्टी का विभाजन हो जाने के बाद उत्तर प्रदेश जनता पार्टी का पुर्नगठन किया गया। कालीचरण यादव और हरिराज सिंह त्यागी महामंत्री बनाए गए जबकि राजनाथ शर्मा* नए संगठन मंत्री नियुक्त किए गए।

इधर, उत्तर प्रदेश में बाबू बनारसी दास की सरकार चौधरी चरण सिंह समर्थक हो गई। बनारसी दास ने लोकसभा के मध्यावधि चुनाव में चौधरी चरण सिंह के उम्मीदवारों का समर्थन किया।

संगठन कांग्रेस, भारतीय जनसंघ, सोशलिस्ट पार्टी और सी.एफ़.डी. के लोग पुरानी जनता पार्टी में रहे जिसके नेता बाबू जगजीवन राम घोषित किए गए। मोरारजी भाई ने घोषणा की कि वो इस लोकसभा चुनाव में इलेक्शन नहीं लड़ेंगे मगर जनता पार्टी के उम्मीदवारों का चुनाव प्रचार करेंगे। उसी निर्णय के अनुसार वो बंबई से एक चार सीटर हवाई जहाज़ लेकर लखनऊ आ गए और उन्होंने मुझसे संपर्क किया। पहले दिन मैं उनके साथ जहाज़ से अमौसी हवाई अड्डे, लखनऊ से बाबतपुर, बनारस हवाई अड्डे पहुंचा जहां दिन भर जौनपुर, आज़मगढ़, बलिया, ग़ाज़ीपुर और रात को बनारस (बेनियाबाग़) में चुनाव प्रचार करके मैंने और मोरारजी भाई ने जन सभाओं को संबोधित किया। इसके बाद रात को हमने वाराणसी में आराम किया। दूसरे दिन बाबतपुर, बनारस हवाई अड्डे से हम इलाहाबाद के लिए रवाना हुए परंतु जब हमारा जहाज़ मिर्ज़ापुर के ऊपर उड़ रहा था तो दिल्ली से जनता पार्टी के राष्ट्रीय अध्यक्ष चंद्रशेखर का वायरलेस मैसेज आया कि लोकनायक जयप्रकाश नारायण नहीं रहे। इस ख़बर से मैं बेहद दुखी हुआ। थोड़ी देर बाद चंद्रशेखर का दूसरा वायरलेस मैसेज आया कि अब आप अपना आगे का कार्यक्रम रद्द कर दें और तुरंत पटना रवाना हो जाएं जहां कल सुबह लोकनायक जयप्रकाश नारायण की गंगा के तट पर अंत्येष्टि होगी। मैं अभी इस सदमे से उबर भी पहीं पाया था कि मोरारजी भाई ने मुझसे पूछा कि "अब इन कार्यक्रमों का क्या होगा?" तो मैंने उन्हें जवाब दिया कि

* राजनाथ शर्मा बाराबंकी के प्रमुख समाजवादी साथी। संसोपा, सोपा और जनता पार्टी में सक्रिय रहे। आजकल गांधी ट्रस्ट चलाते हैं और भारत-पाक-बांग्लादेश महासंघ बनाने के लिए कई सम्मेलन कर चुके हैं।

"मोरारजी भाई, देश का इतना बड़ा नुक़सान हो गया है। ये सब कार्यक्रम जयप्रकाश बाबू की शोक सभाओं में परिवर्तित हो जाएंगे।" मोरारजी इस पर भी ख़ामोश नहीं रहे और मुझसे कहने लगे कि "लोग जेपी को 'लोकनायक-लोकनायक' कहते हैं लेकिन 'आई वाज़ सीनियर टू हिम' (मैं उनसे वरिष्ठ था)।" ये सुनकर क्षण भर के लिए तो मैं अवाक रह गया लेकिन मैंने मोरारजी को जवाब दिया कि "आप बेशक उम्र में जेपी से बड़े हैं लेकिन जब आप अंग्रेज़ बहादुर की नौकरी कर रहे थे और मजिस्ट्रेट थे, जेपी देश की आज़ादी की लड़ाई लड़ रहे थे और जेपी इतने बड़े नेता हैं कि आप उन्हीं के चलाए जन आंदोलन की बदौलत प्रधानमंत्री बन सके।" मेरा जवाब सुनकर मोरारजी ख़ामोश हो गए और इसके बाद हम लोग पटना की तरफ़ चल दिए। पटना हवाई अड्डे पर जनता पार्टी के सूबाई अध्यक्ष सत्येंद्र नारायण सिंह हमें लेने के लिए आए और उनके साथ हम उनकी कोठी पर चले गए।

दूसरे दिन लोकनायक जयप्रकाश नारायण की अंत्येष्टि पटना में गंगा के किनारे की गई जिसमें मोरारजी भाई के अलावा देश के और बड़े नेता भी इस मौक़े पर पटना पहुंच गए थे। उनकी उपस्थिति में लोकनायक जयप्रकाश नारायण का दाह संस्कार किया गया। लोकनायक जयप्रकाश नारायण की अंत्येष्टि के बाद मैं पटना से लखनऊ वापस लौट आया। यहां आने के बाद लोकसभा के मध्यावधि चुनाव के सिलसिले में मुझे राष्ट्रीय अध्यक्ष चंद्रशेखर, जो ख़ुद भी बलिया से जनता पार्टी के टिकट पर चुनाव लड़ रहे थे, ने मुझे राय दी कि केंद्र से जिन नेताओं का कार्यक्रम उत्तर प्रदेश में चुनाव प्रचार के लिए मिले, उसे मैं सभी क्षेत्रों में व्यवस्थित तौर पर लगाऊं।

जनता पार्टी जगजीवन राम के नेतृत्व में चुनाव लड़ रही थी जिसमें उनकी कांग्रेस फ़ॉर डेमोक्रेसी के अलावा संगठन कांग्रेस, भारतीय जनसंघ और सोशलिस्ट पार्टी घटक के लोग भी चुनाव लड़ रहे थे। जनता पार्टी ने बाबू जगजीवन राम को देश का अगला प्रधानमंत्री बनाने के नाम पर चुनाव लड़ा। वे ख़ुद भी बिहार के सासाराम क्षेत्र से लोकसभा का चुनाव लड़ रहे थे। जनता पार्टी के उम्मीदवारों के चुनाव प्रचार के लिए उनके लिए उत्तर प्रदेश में हैलीकॉप्टर की व्यवस्था की गई।

लोकसभा के इस मध्यावधि चुनाव में जहां जनता पार्टी का एक तरफ़ इंदिरा कांग्रेस से मुक़ाबला था, वहीं दूसरी तरफ़ चौधरी चरण सिंह के नेतृत्व में जनता पार्टी से अलग हुए उम्मीदवारों से भी मुक़ाबला था। जनता पार्टी की ताक़त दो जगह बंट गई और नतीजतन 1977 के लोकसभा चुनाव में जहां उत्तरी भारत में कांग्रेस का सफ़ाया हो गया था, वहीं तीन साल के अंदर जनता पार्टी की फूट के कारण इंदिरा कांग्रेस को 1980 के इलेक्शन में उत्तर और दक्षिण भारत दोनों जगह प्रचंड बहुमत मिला। उत्तर प्रदेश में लोकदल को क़रीब 40 सीटें मिलीं जबकि जनता पार्टी को चुनाव में सिर्फ़ तीन सीटें मिली। जनवरी 1980 के लोकसभा चुनाव में कांग्रेस ने श्रीमती इंदिरा गांधी के नेतृत्व में भारी सफलता प्राप्त की और केंद्र में उसकी सरकार बन गई। इन चुनावों में जनता

पार्टी की भारी पराजय हुई और उसे देश भर में केवल 30 स्थानों पर कामयाबी मिली। जिस उत्तर प्रदेश में हमारी 50 से ज्यादा सीटें थीं, वहां केवल तीन स्थानों पर ही हम जीत हासिल कर सके। इन चुनावों के बाद जनता पार्टी में टूट की प्रक्रिया भी शुरू हो गई। पहले बाबू जगजीवन राम अलग हुए और फिर दोहरी सदस्यता के सवाल पर जनसंघ गुट के लोग भी अलग हो गए और उन्होंने भारतीय जनता पार्टी के नाम से अलग पार्टी बना ली।

उत्तर प्रदेश में सत्ता परिवर्तन

श्रीमती इंदिरा गांधी ने केंद्र में सत्ता हासिल करने के बाद सबसे पहले उत्तर प्रदेश के बनारसी दास मंत्रिमंडल की सरकार पर हमला कर दिया। बाबू बनारसी दास ने इस हमले का जवाब काफ़ी बुद्धि और शक्ति से दिया। इस समय उत्तर प्रदेश के देवरिया ज़िले के नारायणपुर गांव में एक घटना हो गई जिसमें आरोप था कि पुलिस ने एक गांव में जाकर हरिजनों और ग़रीब लोगों के घरों में घुस कर बेरहमी से लोगों की पिटाई की और महिलाओं के साथ अत्याचार किया। इस घटना के बाद, जिसकी जांच की घोषणा कर दी गई थी और जिसकी जांच की रिपोर्ट आने से पूर्व ही केंद्र सरकार ने बनारसी दास की सरकार के ख़िलाफ़ तमाम मर्यादित सीमाएं तोड़कर विषवमन शुरू कर दिया। इसका नतीजा ये हुआ कि 18 फरवरी 1980 को केंद्र के आदेश पर बनारसी दास मंत्रिमंडल को बर्ख़ास्त कर के उत्तर प्रदेश में राष्ट्रपति शासन लागू कर दिया गया और उत्तर प्रदेश में विधानसभा भंग कर के मध्यावधि चुनाव की घोषणा कर दी गई। जनता पार्टी में हुए कई विभाजनों के कारण जून 1980 में हुए विधानसभा चुनावों के दौरान पार्टी का चुनाव निशान हलधर किसान भी विवादित हो गया और इन चुनावों के दौरान चुनाव आयोग द्वारा हमें 'छतरी' चुनाव निशान दिया गया। लोकसभा चुनावों में हुई भारी हार के कारण उत्तर प्रदेश में आम मतदाताओं और पार्टी कार्यकर्ताओं में जनता पार्टी के प्रति दिलचस्पी काफ़ी कम हो गई। हालत इतनी ख़राब हुई कि हम 425 सीटों में से केवल चार सीटें जीत पाएं। दो बलिया ज़िले से और दो गोरखपुर ज़िले से। बलिया से रामगोविंद चौधरी और गौरी भैय्या और गोरखपुर से गौरी देवी और जर्नादन प्रसाद ओझा ही जीत सके। बाद में तीन निर्दलीय विधायक जिनमें मुरादाबाद के पुराने सोशलिस्ट नेता रियासत हुसैन* शामिल थे जनता पार्टी में शरीक हुए। इस तरह विधानसभा में हमारे पार्टी विधायकों की संख्या सात हो गई जबकि विधान परिषद में हम चार लोग थे। मैं, रामलखन शुक्ल, नागेन्द्र नाथ सिंह और सरयू प्रसाद त्यागी।

---

* रियासत हुसैन मुरादाबाद ज़िले के प्रमुख सोशलिस्ट नेता। कई बार विधायक चुने गए। बाद में कांग्रेस पार्टी में शामिल हो गए। 1977 से 1985 तक उत्तर प्रदेश विधानसभा में प्रमुख विपक्षी नेता की भूमिका निभाई। 1986 में निधन।

जनता पार्टी तोड़क कौन?

30 साल बाद यदि हम आज इस विषय की समीक्षा करें कि जनता पार्टी को किसने तोड़ा तो हमें 1979 की राजनैतिक घटनाओं पर गंभीरता से विचार करना होगा। वास्तव में जनता पार्टी को राजनारायण ने नहीं तोड़ा। उन्हें तो 1979 में पहले मोरारजी भाई ने चौधरी चरण सिंह के साथ अपने मंत्रिमंडल से अलहदा किया और बाद में उन्हें जनता पार्टी से निकाला था। जनता पार्टी में जब चौधरी चरण सिंह को मोरारजी भाई ने वापस मंत्रिमंडल में ले लिया और राजनारायण को छोड़ दिया, तभी जनता पार्टी के महामंत्री मधु लिमये ने सुझाव दिया था कि जब चौधरी साहब को दोबारा मंत्रिमंडल में शामिल किया जा रहा है तो राजनारायण को भी वापस लिया जाए, जिसे प्रधानमंत्री मोरारजी भाई ने नज़रअंदाज़ कर दिया। जनता पार्टी ने ये ही ग़लती की जिसके कारण नाराज़ होकर राजनारायण ने मोरारजी भाई की सरकार को गिरा कर चौधरी चरण सिंह की सरकार बनवा दी। राजनारायण के साथ जनता पार्टी के लोगों ने दुर्व्यवहार और अन्याय किया था जिसका राजनारायण ने बदला लिया। मगर जिन चौधरी चरण सिंह को उन्होंने प्रधानमंत्री बनाया था, उन्हीं चरण सिंह ने उन्हें बाद में लोकदल से भी दूध की मक्खी की तरह निकाल कर बाहर कर दिया।

लोकसभा के मध्यावधि चुनाव की घोषणा होते ही चौधरी साहब के परिवार, रिश्तेदार और उनकी बिरादरी के प्रमुख लोगों ने जो प्रधानमंत्री बनने के बाद उनके क़रीब आए थे, वो राजनारायण से ईर्ष्या रखने लगे और चौधरी साहब के कान राजनारायण के ख़िलाफ़ भरने लगे। इन लोगों ने राजनारायण के ख़िलाफ़ साज़िश रचनी शुरू कर दी। चौधरी चरण सिंह में एक दुर्गुण ये भी था कि वो कान के बड़े कच्चे थे और बहुत जल्दी किसी बात पर यक़ीन कर लेते थे। उन्हें अपने अलावा अन्य लोगों के भ्रष्ट रहने का आभास रहता था। यदि किसी ने उनके कान में किसी व्यक्ति के ख़िलाफ़ झूठी चुगली करते हुए उसके ख़िलाफ़ भ्रष्टाचार की शिकायत कर दी तो उसे वो तुरंत मान लेते थे और बाद में जब झूठ उनके सामने साबित हो जाता था तो फिर वो पश्चाताप करते और अपनी ग़लती को महसूस भी करते थे। मगर उनके झूठ पर यक़ीन करने से जो नुक़सान होता था, वो तो हो ही जाता था। जनता पार्टी की टूट का ये भी कारण था। मुझे याद आता है कि एक बार उत्तर प्रदेश के मुख्यमंत्री रामनरेश यादव ने जब दिल्ली आकर चौधरी साहब से मेरी शिकायत की और कहा कि ''कप्तान साहब तो आजकल बनारसी दास जी के घर में रहकर जनता पार्टी चला रहे हैं।'' चौधरी साहब ने मुझसे इस बात की तस्दीक़ की और पूछा कि ''क्या ये बात सही है?'' तो मैंने जवाब दिया कि ''मुख्यमंत्री ने आपको आधी बात बताई है। ये सही है कि मैं बनारसी दास जी के सरकारी मकान में बहैसियत रहता हूं लेकिन इसकी वजह ये है कि आपके मुख्यमंत्री ने मुझे अभी तक सरकारी मकान एलाट नहीं किया है।'' ये सुनकर चौधरी साहब ने रामनरेश यादव को फ़ोन लगाया और उन्हें काफी डांटा कि तुम मुझसे अब्बास जी के बारे में ग़लतबयानी करते हो।

बेटी सितारा और निगहत की शादी के मौक़े पर पत्नी सुल्ताना बेगम और बेटे कुरबान अली के साथ क़लंदर गढ़ी में। नवंबर 1978

बेटे कुरबान अली की मंगनी के मौक़े पर दोनों बेटियों सितारा और निगहत और दोनों दामादों इस्लाम ख़ां और अब्दुल रब के साथ। अगस्त 1990

अगस्त 1990, बेटे क़ुरबान अली की मंगनी के मौक़े पर बहू हिना के साथ अलीगढ़ में

अगस्त 1990, भाई अब्दुल ख़लील के साथ अलीगढ़ में

बेटे क़ुरबान अली, बहू हिना और उर्सिला के साथ दिल्ली में

भाई और दोस्त फ़ैज़ अली ख़ां की बेटी तसनीम की शादी के मौक़े पर क़लंदर गढ़ी में, 1987

पोते कबीर के जन्मदिन पर पोती उर्सिला और कुछ दूसरे बच्चों के साथ

फ़रीदा ओसिन और आइको के साथ अपने 89वें जन्मदिन पर

पोते कबीर के साथ

हज़ के दौरान मक्का में

हज़ के दौरान दानिश के साथ

साथी कॉमरेड हरिदास के साथ बुलंदशहर में, सन् 2000 में

साथी कस्तूरी लाल और रामगोपाल वकील के साथ खुर्जा में

लोकतंत्र रक्षक सेनानियों के सम्मेलन में, नई दिल्ली, 26 जून 2008, जार्ज फ़र्नांडीज़ के साथ

लोकतंत्र रक्षक सेनानियों के सम्मेलन में, नई दिल्ली, 26 जून 2008, मुलायम सिंह यादव के साथ

लोकदल से अलग होकर फिर सोशलिस्ट पार्टी

1980 में उत्तर प्रदेश में विधानसभा के मध्यावधि चुनाव होने से पहले राजनारायण ने लोकदल से अलग होकर फिर सोशलिस्ट पार्टी बनाई और समाजवादी पार्टी के लोग इस नई पार्टी से चुनाव लड़े और तक़रीबन सभी उम्मीदवार चुनाव हार गए। राजनारायण पहले ही लोकसभा का चुनाव हार चुके थे। समाजवादी पार्टी ने अपनी बरसों की मेहनत से जो ताक़त अर्जित की थी, वो चौधरी चरण सिंह को समर्पित कर दी। नतीजा ये हुआ कि 1980 के विधानसभा चुनाव में उनकी समाजवादी पार्टी को हार देखनी पड़ी।

समाजवादी दल ने डॉ. लोहिया के नेतृत्व में पिछड़ों को जायज़ हक़ और न्याय दिलाने के लिए जो 'विशेष अवसर' और 'सत्ता प्राप्ति' के लिए 'ग़ैर कांग्रेसवाद' के अलग-अलग दो उसूलों को मानकर अपने राजनैतिक उद्देश्यों को निश्चित किया था, उसकी वजह से उत्तर भारत ख़ासकर बिहार और उत्तर प्रदेश में पिछड़ी जाति, अहीर, कुरमी, केवट, कोइरी, लोध और गड़रिया जाति में समाजवादी दल का प्रभाव बढ़ गया था लेकिन सोशलिस्टों में फूट के कारण उसका लाभ चौधरी चरण सिंह को मिला।

उधर, श्रीमती इंदिरा गांधी ने दिल्ली में केंद्र सरकार संभालने के बाद अपना वोट बैंक ठीक करने के लिए ब्राह्मण, मुसलमान तथा दलितों का एक वोट बैंक बनाकर इसे अपनी जीत के लिए इस्तेमाल किया। इस तजुर्बे को करने में उन्हें कामयाबी मिली। इंदिरा कांग्रेस के झंडे के नीचे ऊंची हिंदू जातियों, मुसलमानों और दलितों को एक करने के मक़सद के ख़िलाफ़ पिछड़ी जातियों के एकीकरण की प्रतिक्रिया हुई। डॉ. लोहिया ने पिछड़ों को विशेष अवसर देने के साथ-साथ जाति तोड़ो, शिक्षा, बिना मुनाफ़े की खेती पर लगान की समाप्ति का आंदोलन खड़ा किया। ये दुर्भाग्य ही है कि विशेष अवसर के सिद्धांत के साथ भारत में वर्ग-विहीन समाज स्थापित करने के डॉ. लोहिया ने प्रयत्न किए लेकिन उनकी मौत के बाद सब दलों ने सत्ता हासिल करने की दौड़ में जातिवाद का उपयोग करना शुरू कर दिया।

ग़ैर-कांग्रेसवाद

भारत की आज़ादी के 15 साल बाद तक इस देश में कांग्रेसी हुकूमत केंद्र और अधिकांश सूबों में क़ायम रही जिसके ख़िलाफ़ 1962 के आम चुनाव के बाद डॉ. लोहिया ने एक नारा दिया कि "कांग्रेस हटाओ, देश बचाओ" और इस रणनीति के तहत उन्होंने ग़ैर-कांग्रेसी पार्टियों का आह्वान किया कि वो आपस में सीटों का बंटवारा कर के ग़ैर-कांग्रेसी वोटों का विभाजन न होंने दें। ये एक रणनीति थी मगर ये रणनीति अवसरवादी लोगों के लिए सत्ता हथियाने का एक खिलौना बन गयी। ग़ैर-कांग्रेसवाद, कांग्रेस से निकाले गए लोगों के लिए समाज परिवर्तन के बजाए कुर्सी हथियाने का एक ज़रिया बन गया। ग़ैर-कांग्रेसवाद के द्वारा जो सत्ता हासिल हुई, उसका उपयोग बेमन से किया गया और समाज में फ़ैली ग़रीबी और आर्थिक ना-बराबरी को दूर करने का कोई प्रयास नहीं किया गया।

ये सही है कि देश की तरक़्क़ी और जनतांत्रिक मूल्यों को स्थापित करने में समाजवादी आंदोलन ने बढ़-चढ़ कर काम किया। ग़रीबी मिटाने और समाज में फ़ैले शोषण का अंत करने के लिए समाजवादी कार्यकर्ताओं ने बेहद कठिन रास्ते पर चलकर सत्ता से टक्कर ली और उसे मिटाने के लिए और परिवर्तन की धारा बहाने में कोई कोर-कसर बाक़ी नहीं रखी परंतु राजनीति में रणनीति का सही इस्तेमाल और धीरज की कमी की वजह से समाजवादी कार्यकर्ता अपनी मंज़िल तक नहीं पहुंच सके।

सन् 1967-77 तक देश भर में लोकनायक जयप्रकाश नारायण, मधु लिमये, जार्ज फ़र्नांडीज़, राजनारायण, कर्पूरी ठाकुर, एम.एम. जोशी, नानाजी गोरे, मामा बालेश्वर दयाल, अर्जुन सिंह भदौरिया, मुलायम सिंह यादव, सुरेन्द्र मोहन, किशन पटनायक, जनेश्वर मिश्रा और रामविलास पासवान, सत्यदेव त्रिपाठी, बृजभूषण तिवारी, मोहन सिंह, मुख़्तार अनीस, राजकुमार जैन, विजय नारायण, देवव्रत मजूमदार, रघु ठाकुर, प्रो. विनोद प्रसाद सिंह, मोहन प्रकाश, शरद यादव, सत्यपाल मलिक, आरिफ़ मोहम्मद ख़ां, लालू प्रसाद जैसे नौजवान नेताओं ने पूरे मुल्क़ में घूम-घूम कर एक ऐसा माहौल बना दिया जिसके कारण इमर्जेंसी के 19 महीने बाद पूरे मुल्क़ में जनतंत्र की रक्षा के लिए और श्रीमती इंदिरा गांधी की तानाशाही के ख़िलाफ़ डॉ. लोहिया का वो सपना "कांग्रेस हटाओ, देश बचाओ" 1977 में साकार हुआ और पंजाब से लेकर बंगाल तक 1977 के लोकसभा चुनाव में इंदिरा कांग्रेस साफ़ हो गई।

ये हक़ीक़त है कि समाजवादी कार्यकर्ताओं पर स्वार्थ के लिए दल-बदल का आरोप नहीं लगाया जा सकता। समाजवादी कार्यकर्ता समाज में परिवर्तन लाने के लिए खाद बने। आज भारत में जितने भी राजनीतिक दल हैं, वो चाहे कांग्रेस हों, कम्युनिस्ट हों या भारतीय जनता पार्टी, समाजवादी पार्टी के नारों को तोड़-मरोड़ कर प्रयोग कर रहे हैं। हमें आशा है कि आने वाले युग में एक बार फिर समाजवादी करवट लेंगे और सब मिलकर उन मूल्यों के लिए, जिसको स्थापित करने के लिए उन्होंने अनंत क़ुरबानियां दी हैं, फिर क़ायम करने की कोशिश करेंगे। क्या ये असत्य है कि जातिवाद के ख़िलाफ़ लड़ने वाले लोगों को समाज ने ठुकरा दिया और उनका समाज ने समर्थन नहीं किया? अब लोग मूल्यों की राजनीति छोड़कर अवसरवाद, जातिवाद और आपराधिक तत्त्वों के सहारे राजनीति करने लगे हैं। जिसने भी मूल्यों को ठुकराकर अवसरवादी नीति अपनाई, उसको ही समाज ने प्रतिष्ठा दी और सभी प्रकार के सुख उपलब्ध कराए।

1980 के उत्तर प्रदेश में विधानसभा के चुनावों के बाद जनता पार्टी के पूर्व लोकसभा सदस्य और उत्तर प्रदेश सरकार के पूर्व मंत्री बाबू राममूर्ति मेरी जगह जनता पार्टी के सदर बनाए गए। मैं उन्हें सूबाई पार्टी के अध्यक्ष पद का चार्ज देकर विधान परिषद में सक्रिय विपक्षी सदस्य की भूमिका निभाने में जुट गया और अपना ज़्यादातर समय अपने गृह जनपद बुलंदशहर के राजनीतिक संगठन को मज़बूत बनाने में लगाने लगा।

1980 और 1985 के उत्तर प्रदेश के विधानसभा चुनावों में समाजवादी पार्टी के उम्मीदवारों की हार के बाद समाजवादी आंदोलन कुछ कमज़ोर पड़ गया। मूल्यों की

राजनीति करने वाले कार्यकर्ता और जातिवाद के ख़िलाफ़ लड़ने वाले समाजवादी कार्यकर्ताओं का समर्थन समाज ने नहीं किया जिसका परिणाम ये हुआ कि मूल्यों की राजनीति छोड़कर अवसरवाद और आपराधिक तत्त्वों के सहारे लोग राजनीति करने लगे। ये देश की बड़ी बदक़िस्मती है और समाजवादी आंदोलन के छिन्न-भिन्न होने से बहुत बड़ी गिरावट आ गई है। आज राजनीतिक पार्टियां चुनाव से पहले घोषणा करती हैं कि वो आपराधिक तत्त्वों को चुनाव में टिकट नहीं देंगी मगर जब उनके उम्मीदवारों की सूची प्रकाशित होती है तो उनकी कथनी और करनी का अंतर सामने आ जाता है।

1981 में मैंने अपने साथी बेनीप्रसाद माधव, भूतपूर्व एम.एल.सी. व भूतपूर्व एम.एल.ए. से संपर्क किया और उनके मशविरे से बुलंदशहर ज़िले में कार्यकर्ताओं का ज़िला सम्मेलन आयोजित किया। 1980 के विधानसभा चुनाव में हम बुलंदशहर ज़िले से कोई सीट नहीं जीत सके परंतु बुलंदशहर जनपद में अब भी काफ़ी कार्यकर्ता जनता पार्टी में सक्रिय थे जिन्होंने इमर्जेन्सी में 19 महीने जेल काटी थी। इन कार्यकर्ताओं में अधिकांश संगठन कांग्रेस और समाजवादी घटक के ही लोग थे जिनमें बाबू बनारसी दास, भूतपूर्व मुख्यमंत्री उत्तर प्रदेश, बेनीप्रसाद माधव, लाला करण लाल, भूदेव सिंह, राजेन्द्र सिंघल, प्रो. प्रेमपाल सिंह, प्रयाग दास वकील, प्रेमपाल सिंह वकील, बाबू हरिदास, राजबीर सिंह सोलंकी, शब्बीर अहमद अब्बासी, चौधरी बीरबल सिंह, ठाकुर चमन सिंह, मुरारीलाल जैन, मुज़फ़्फ़र अली, चौधरी रघुनाथ सिंह और गुलावटी के विश्वबंधु गुप्ता ख़ास थे।

पत्नी का निधन

1983 में ख़ुर्जा ब्लॉक में प्रमुख का चुनाव हो रहा था। मेरे दोस्त राजबीर सिंह सोलंकी प्रमुख का चुनाव लड़ रहे थे। इसी दौरान मेरे बड़े भाई ज़फ़र अली ख़ां, जो 1947 में पाकिस्तान चले गए थे, हिन्दुस्तान आए। जब मुझे उनके आने की ख़बर मिली तो मैं उनसे मिलने अपने गांव क़लंदर गढ़ी गया। मेरी बीवी ने मुझसे शिकायत की कि बड़े भाई पाकिस्तान से आए हैं और आप इलेक्शन में लगे हुए हैं। मैंने उन्हें तसल्ली दिलाई मगर फिर दूसरे दिन चुनाव में मसरूफ़ हो गया। 26 मई 1983 को शाम साढ़े छह बजे मेरी बीवी का 'ब्रेनहेमरेज' हो गया और उन्हें बेहोशी की हालत में लेकर मैं अलीगढ़ मेडिकल कॉलेज पहुंचा। मेरे साले कुंवर अब्दुल ख़लील ख़ां मेडिकल कॉलेज में थे। उनकी मदद से डॉक्टरों ने मेरी बीवी को बचाने की बेहद कोशिश की मगर होनी होकर रही और अगले दिन 27 मई को रात सात साढ़े आठ बजे वो हमेशा के लिए हमसे जुदा हो गईं। 1950 में मेरी शादी हुई थी और 1983 में वो हमेशा के लिए हमसे रूख़सत हो गईं। मरहूमा का साथ 33 साल रहा और उन्होंने मेरे साथ ये 33 साल जिस मोहब्बत के साथ बिताए, राजनीति में फंसकर मैं उनके प्यार का भी सही बदल नहीं दे सका। इसका मुझे मरते दम तक मलाल रहेगा।

'हो गईं ग़ालिब बलाएं सब तमाम,
एक मर्गे ना गहानी और है।'

1983 में चंद्रशेखर ने कन्याकुमारी से दिल्ली तक की पदयात्रा की। चंद्रशेखर जी ने ग़रीब भारत का पैदल चलकर सही हालत का जायज़ा लिया जहां देहात में ग़रीबों को पानी तक की सुविधा हासिल नहीं थी। देश की एक तिहाई आबादी 40 साल की आज़ादी के बाद भी एक वक़्त भूखा रहकर गुज़ारती है। चंद्रशेखर की इस पदयात्रा के दौरान मैंने भी अपने ढाई सौ साथियों के साथ रमज़ान के महीने में बुलंदशहर से दिल्ली तक क़रीब 85 किलोमीटर तक की पदयात्रा की और जब चंद्रशेखर दिल्ली की सरहद में शामिल होने वाले थे तो बदरपुर बार्डर पर मैंने उनसे मुलाक़ात की और फिर गांधी समाधि तक पदयात्रा में उनका साथ दिया। शाम को दिल्ली के रामलीला मैदान में एक बड़ी जन सभा हुई जिसे वरिष्ठ समाजवादी नेता एस.एम. जोशी, मधु दंडवते, इंद्र कुमार गुजराल, शरद पवार वग़ैरह ने संबोधित किया। रात को हम लोग अपने साथियों के साथ वापस बुलंदशहर लौट आए। लेकिन अफ़सोस की बात यह है कि चंद्रशेखर की इतनी बड़ी पदयात्रा का लाभ जो लगभग चार हज़ार किलोमीटर का सफ़र तय करके छह माह में दिल्ली पहुंचे थे, राजनीतिक रूप से जनता पार्टी को नहीं मिल पाया।

इस पदयात्रा के बाद अगस्त 1983 में लखनऊ में जनता पार्टी का एक बड़ा अल्पसंख्यक सम्मेलन हुआ जिसके संयोजक सैयद सग़ीर अहमद* थे। सग़ीर साहब ने अमीनाबाद पार्क स्थित गंगा प्रसाद मेमोरियल हॉल में यह सम्मेलन कराया जिसमें राष्ट्रीय अध्यक्ष चंद्रशेखर के अलावा राजनारायण, कमांडर अर्जुन सिंह भदौरिया, बनारसी दास, सुरेन्द्र मोहन, सैयद शहाबुद्दीन, डॉ. सुब्रह्मण्यिम स्वामी और यशवंत सिन्हा ने हिस्सा लिया। मरहूम रियासत हुसैन एम.एल.ए. और मैंने बारी-बारी से इस सम्मेलन का संचालन किया। चंद्रशेखर जी की पदयात्रा के बाद पार्टी का यह पहला बड़ा कार्यक्रम था।

बुलंदशहर उप चुनाव

1980 के लोकसभा चुनाव में बुलंदशहर ज़िले की सीट पर लोकदल के टिकट पर ख़ां साहब महमूद हसन ख़ां चुनाव जीते थे। 1982 में उनका निधन हो गया। उनकी ख़ाली हुई लोकसभा की सीट का दिसंबर 1983 में उप चुनाव हुआ। लोकदल ने इस सीट पर ख़ां साहब महमूद हसन ख़ां के दामाद सरवर हुसैन को टिकट दिया जिनके मुक़ाबले में कांग्रेस ने पूर्व मंत्री मुमताज़ मोहम्मद ख़ां के बेटे इम्तियाज़ मोहम्मद ख़ां को उम्मीदवार बनाया।

---

* सैयद सग़ीर अहमद सहसवान (बदायूं) के वरिष्ठ समाजवादी। 1953 से 1964 तक प्रजा सोशलिस्ट पार्टी में। बाद में चंद्रशेखर के साथ कांग्रेस पार्टी में शामिल। नारायण दत्त तिवारी और श्रीमती सुचेता कृपलानी के नज़दीकी। 1982 में उत्तर प्रदेश जनता पार्टी के महामंत्री बनाए गए।

जनता पार्टी ने भूतपूर्व मुख्यमंत्री बाबू बनारसी दास को लोकसभा का चुनाव लड़ाया। जनता पार्टी के कार्यकर्ता इस उप चुनाव में बड़ी मेहनत और लगन से जुट गए। बदायूं से जनता पार्टी के नेता सैयद सग़ीर अहमद साहब एक माह तक इस चुनाव में बुलंदशहर रहे। इसी तरह मथुरा ज़िले से पं. राधेश्याम शर्मा यहां आकर एक माह तक रहे। राष्ट्रीय अध्यक्ष, जनता पार्टी चंद्रशेखर ने इस उप चुनाव में भारी मदद की और वो ख़ुद भी चुनाव के वक़्त प्रचार के लिए कई मर्तबा बुलंदशहर आए और कई सभाओं को संबोधित किया। मेरी ये बदक़िस्मती थी कि चुनाव के दौरान मेरे चचा साबिर अली ख़ां बीमार हो गए और मुझे उन्हें अलीगढ़ मेडिकल कॉलेज में दाख़िल कराना पड़ा जहां से मैं रोज़ाना इस चुनाव प्रचार में आता था। चुनाव के दौरान ही उनका निधन हो गया।

इस उप चुनाव के प्रचार में एक तकलीफ़ देने वाली बात सामने आई। चूंकि कांग्रेस और लोकदल दोनों के ही लोकसभा उम्मीदवार मुसलमान थे, हमारे कुछ जाहिल कार्यकर्ताओं ने चुनाव से पहले ये नारे लगाने शुरू कर दिए कि "वोट मत दो बुंदू को, वोट दो हिंदू को।" बाबू बनारसी दास ने जब ये नारा सुना तो वो अपने कार्यकर्ताओं पर बेहद नाराज़ हुए मगर इस नारे से जो ज़हर फ़ैलना था, वो तो फैल ही गया। इस उप चुनाव में बाबू बनारसी दास 12,000 से अधिक वोटों से कामयाब हुए।

1980 में पंजाब में सिखों ने अलहदा ख़ालिस्तान बनाने का आंदोलन शुरू कर दिया था। इस आंदोलन के सर्वेसर्वा जनरैल सिंह भिंडरावाला थे जिन्होंने अमृतसर में अकाल तख़्त और स्वर्ण मंदिर को फ़ौजी सामान से लैस कर के एक फ़ौजी छावनी का रूप दे दिया था। श्रीमती इंदिरा गांधी ने जून 1984 में एक फ़ौजी कार्रवाई कर के भिंडरावाला के मंसूबों को नाकाम बना दिया। भारतीय फ़ौज ने अकाल तख़्त और स्वर्ण मंदिर पर क़ब्ज़ा कर लिया। इस फ़ौजी कार्रवाई से सिख समुदाय में प्रधानमंत्री इंदिरा गांधी के ख़िलाफ़ काफ़ी नफ़रत और नाराज़गी फैल गई। नतीजे में 31 अक्टूबर 1984 को प्रधानमंत्री निवास, 1, सफ़दरजंग रोड में प्रधानमंत्री के हिफ़ाज़ती गार्ड दो सिखों ने श्रीमती इंदिरा गांधी पर ताबड़तोड़ गोलियां चला कर उनकी हत्या कर दी।

श्रीमती इंदिरा गांधी की हत्या के बाद देश भर में सिख समुदाय के ख़िलाफ़ नफ़रत की लहर दौड़ गई। हज़ारों सिखों को बिना वजह क़त्ल कर दिया गया। उनके घरों और कारख़ानों में आग लगा दी गई। राजधानी दिल्ली में एक पूर्व केंद्रीय मंत्री एच.के.एल. भगत और बाहरी दिल्ली से कांग्रेस के लोकसभा सदस्य सज्जन कुमार के ख़िलाफ़ सिखों के उत्पीड़न, क़त्ल और आगज़नी के मुक़दमात चलाये गए जिन पर सिख विरोधी हिंसा भड़काने का आरोप था।

1984 में मुल्क़ में लोकसभा चुनाव की घोषणा हुई। मैं लोकसभा के इस चुनाव को नहीं लड़ना चाहता था मगर जनता पार्टी के अध्यक्ष चंद्रशेखर जी के आग्रह पर मुझे ये इलेक्शन लड़ना पड़ा। अब जनता पार्टी से संगठन कांग्रेस घटक के लोग भी पार्टी छोड़कर जा चुके थे। लोकदल पहले ही हम से अलग हो चुका था, इसलिए इस चुनाव में हमारी बड़ी दुगर्ति हुई। जिस लोकसभा के चुनाव को महमूद हसन ख़ां ने 1977 में

डेढ़ लाख वोटों से और 1980 में पचास हज़ार वोटों से जीता था, उसी क्षेत्र से मेरी ज़मानत भी वापस नहीं लौट पाई। इस चुनाव से मेरे दिल पर बड़ा असर पड़ा और मैंने तय कर लिया कि अब भविष्य में कोई चुनाव नहीं लड़ूंगा। 1984 में हुए लोकसभा के चुनावों में राजीव गांधी को सहानुभूति वोट द्वारा भारी बहुमत मिला और वह प्रधानमंत्री बने।

जून 1985 में मेरे सगे बड़े भाई ज़फ़र अली ख़ां का क़स्बा किलासवाला, तहसील पसरूर, ज़िला स्यालकोट पाकिस्तान में इंतक़ाल हो गया। उनका चेहल्लुम 12 जुलाई 1985 को पाकिस्तान में हुआ जिसमें शरीक होने के लिए मैं दस जुलाई को पाकिस्तान चला गया और एक माह तक पाकिस्तान में रहा। इस बीच जुलाई 1985 में संवरा, ज़िला बलिया, उत्तर प्रदेश में जनता पार्टी का राष्ट्रीय सम्मेलन हुआ जिसमें मुझे शामिल होने का मौका नहीं मिला। मैं अगस्त के आख़िर में ही पाकिस्तान से वापस हिंदुस्तान लौटा।

दो और तीन नवंबर 1985 को लखनऊ में जनता पार्टी की तरफ़ से क़ैसर बाग़ लखनऊ में सैयद सग़ीर अहमद साहब के संयोजन में एक अल्पसंख्यक कांफ्रेंस हुई जिसमें राष्ट्रीय अध्यक्ष चंद्रशेखर ने हिस्सा लिया। इस कांफ्रेंस में सग़ीर अहमद (बदायूं), शौकत अली ख़ां (रामपुर), अतहर जमाल लारी (बनारस), नवाबुद्दीन अंसारी (ग़ाज़ियाबाद), प्रदीप कुमार यादव (बाराबंकी), राजनाथ शर्मा (बाराबंकी), रामजी लाल सुमन (आगरा), रघुवर दयाल वर्मा (फ़िरोज़ाबाद), जयशंकर पांडेय (फ़ैज़ाबाद), भंते कौंडिल्य (आगरा), जमुनाप्रसाद बोस (बांदा), बहादुर ख़ां (आगरा), हरिकेवल प्रसाद (देवरिया), छोटेलाल यादव (फ़तेहपुर), अर्जुन सिंह भदौरिया (इटावा), सहदेव सिंह यादव (इटावा), जनार्दन प्रसाद ओझा (गोरखपुर), हर्षवर्धन (गोरखपुर), मज़ाहिर राणा (सहारनपुर), गोवर्धनदास त्यागी (सहारनपुर), विष्णुदेव गुप्ता (आज़मगढ़), बाबू विश्राम राय (आज़मगढ़), सरयू प्रसाद त्यागी (मेरठ), अनंतराम जायसवाल (फ़ैज़ाबाद), अनीसुर्रहमान शेरवानी (अलीगढ़), बलवान सिंह यादव (कानपुर), अनीस अहमद (देहरा, ग़ाज़ियाबाद), रियासत हुसैन (पूर्व एम.एल.ए., मुरादाबाद), बाबू राधेश्याम वकील (बदायूं), जुगेन्द्र सिंह (मथुरा), सैयद अनवार अहमद (कमालगंज, फ़रुख़ाबाद), बशीर महमूद जुबैरी (एटा), श्रीमती बासंती देवी (नैनीताल), अब्दुल लतीफ़ सिद्दिक़ी (खटीमा, नैनीताल), ग़ज़नफ़र अली ख़ां (शाहजहांपुर), अशोक वाजपेयी (हरदोई), सूफी गुलाम किब्रीया (लखनऊ), इरफ़ान अली (लखनऊ), एम.ए. लारी (लखनऊ), रामकिशन ख़ज़ांची (बरेली), अब्दुल हफ़ीज़ एडवोकेट (टांडा ज़िला, फ़ैज़ाबाद), नुरूल हसन नोमानी (बाराबंकी), अफ़सर हुसैन जाफ़री एडवोकेट (सादुल्ला नगर, गोंडा), मिसबाउद्दीन वारसी (गोरखपुर), रफ़ीउल्लाह (पूर्व एम.एल.ए., बलिया), कुलदीप सक्सेना एडवोकेट (कानपुर), निर्भय सिंह एडवोकेट (हमीरपुर), मोहम्मद आशिक़ अली ख़ां कुरैशी (पूर्व एम.एल.ए., आगरा), चंद्रपाल सिंह गौतम (हाथरस), ज़ाहिद अली ख़ां (सिवाल, मेरठ), हृदयनारायण शुक्ला (इलाहाबाद), विष्णुदेव पांडेय (इलाहाबाद), विजय नारायण (बनारस), रामछबीला मिश्रा (देवरिया), धर्मराज सिंह (देवरिया), लालजी सिंह (देवरिया), सत्यनारायण त्रिपाठी (मिर्ज़ापुर),

कृष्णकांत ओझा एडवोकेट (प्रतापगढ़), आफ़ताब जमाल सिद्दिक़ी (चमनगंज, कानपुर), गणेश दीक्षित (कानपुर), सरदार देवेंद्र सिंह (गोरखपुर), मैनेजर सिंह (एम.एल.ए., बलिया), रामगोविंद चौधरी (एम.एल.ए., बलिया) विशेष रूप से शरीक हुए।

दस अप्रैल, 1986 में पूना के पास परंदवाड़ी, महाराष्ट्र में जनता पार्टी का राष्ट्रीय सम्मेलन हुआ। इस सम्मेलन में उत्तर प्रदेश से सैयद सग़ीर अहमद (बदायूं), राजनाथ शर्मा (बाराबंकी), नवाबुद्दीन अंसारी (ग़ाज़ियाबाद), मज़ाहिर राणा (सहारनपुर) और मैं बहैसियत डेलीगेट शरीक हुए। इस सम्मेलन में शाहबानो के तलाक़ के मामले को उछाला गया। श्रीमती प्रमिला दंडवते ने सम्मेलन में एक प्रस्ताव रखा जो मुस्लिम समाज से संबंधित था। इस प्रस्ताव में मुस्लिम पर्सनल लॉ की बुराईयों को उजागर किया गया था। इसमें मैंने एक संशोधन रखा जिसका समर्थन सैयद सग़ीर अहमद साहब (बदायूं) और चंद अन्य डेलीगेटों ने किया।

ये एक अजीब मौक़ा था कि जब श्रीमती प्रमिला दंडवते ने सम्मेलन में अपना प्रस्ताव रखा, उस समय राष्ट्रीय अध्यक्ष चंद्रशेखर किसी ज़रूरी काम से बाहर चले गए थे और प्रोफ़ेसर मधु दंडवते सम्मेलन की अध्यक्षता कर रहे थे। जब मैं और अन्य डेलीगेट्स मूल प्रस्ताव में संशोधन के पक्ष में बोल रहे थे तो बहस में काफ़ी गरमा-गरमी हो गई। चंद्रशेखर ने जब ये सुना तो वो ख़ुद सम्मेलन की अध्यक्षता करने के लिए मंच (डाइस) पर आ गए। हालांकि श्रीमती प्रमिला दंडवते का प्रस्ताव बहुमत से पारित हो गया मगर सम्मेलन में आए हुए काफ़ी लोगों ने हमारे संशोधन के पक्ष में वोट दिए। हमारा कहना था कि कॉमन सिविल कोड ज़बरदस्ती लागू नहीं किया जाना चाहिए और इसके लिए पहले देशव्यापी बहस होनी चाहिए। मैंने राष्ट्रीय अध्यक्ष चंद्रशेखर को यह भी बताया कि डॉ. राममनोहर लोहिया भी इसी राय के थे।

अक्टूबर 1986 में जनता पार्टी की ओर से सारे देश में 'रेल रोको' आंदोलन की घोषणा की गई जिसमें बुलंदशहर ज़िले से 500 से अधिक सत्याग्रहियों ने भाग लिया। उत्तर रेलवे के अलीगढ़ से दिल्ली जाने वाले रेलवे ट्रैक पर डांवर स्टेशन पर मेरे साथ 300 सत्याग्रहियों ने सुबह सात बजे कई घंटों तक रेल यातायात को रोका। इसके कारण टुंडला से दिल्ली तक और दिल्ली से टुंडले तक का यातायात ठप हो गया और मुझे साथी हेमंत कुमार और 300 अन्य साथियों के साथ गिरफ़्तार कर के जी.आर.पी. पुलिस ख़ुर्जा और थाना पुलिस अरनिया ने एस.डी.एम. ख़ुर्जा मैजिस्ट्रेट के सामने पेश किया जिसमें धारा 151 के तहत ताबर्ख़ास्त अदालत की सज़ा देकर हमें छोड़ दिया।

चार जून 1987 को दिल्ली में वेस्टर्न कोर्ट में साथी लाडली मोहन निगम* की अध्यक्षता में एक बैठक हुई जिसमें हिंद मज़दूर किसान पंचायत को सक्रिय बनाने पर ज़ोर दिया गया। उत्तर प्रदेश में हिंद मज़दूर किसान पंचायत को सक्रिय बनाने की ज़िम्मेदारी साथी गिरीश चंद्र पांडेय को सौंपी गई।

---

* लाडली मोहन निगम मध्य प्रदेश के वरिष्ठ समाजवादी नेता। डॉ. लोहिया के क़रीबी सहयोगी। 1978 में राज्यसभा के लिए चुने गए। जीवन भर अविवाहित रहते हुए समाज सेवा की।

इन दिनों उत्तर प्रदेश में मुलायम सिंह यादव के नेतृत्व में क्रांतिकारी मोर्चे का गठन हुआ इसमें जनता पार्टी के साथ-साथ दोनों कम्युनिस्ट पार्टियां भी शामिल हुई। मुलायम सिंह ने इस मोर्चे में पुराने समाजवादी साथियों को लेकर पिछड़ी जातियों और अल्पसंख्यक वर्ग का समर्थन हासिल किया। 14 दिसंबर 1987 को मुलायम सिंह ग़ाज़ियाबाद से 'क्रांति रथ' लेकर मोहाना अहीर इंटर कॉलेज, ज़िला बुलंदशहर पहुंचे तो वहां डी.पी. यादव ने कॉलेज प्रांगण में उनका स्वागत किया और एक लाख रुपये की थैली भेंट की। मुलायम सिंह ने मोहाने की आम सभा में पिछड़ी जातियों और अल्पसंख्यक वर्ग की कठिनाइयों पर प्रकाश डालते हुए उन्हें संगठित होने का आह्वान किया। उन्होंने मोहाने की आम सभा के बाद बुलंदशहर और ख़ुर्जा की आम सभाओं को संबंधित किया। ख़ुर्जा की आम सभा के बाद उन्होंने मुझे अपने क्रांति रथ में अलीगढ़ तक चलने के लिए आग्रह किया।

इस दौर में सैयद शहाबुद्दीन साहब* ने मुसलमानों की आर्थिक और सामाजिक स्थिति को ठीक करने के लिए भारत के मुसलमानों की एक पार्टी 'इंसाफ़ पार्टी' के नाम से बनाई थी। मैंने उनके मुसलमानों की अलहदा जमात बनाने के मशविरे के ख़िलाफ़ ये बताया कि "मुल्क़ में जिसका संविधान सभी देशवासियों के लिए समान है, मुसलमानों की अलग जमात बनाने का उनका विचार मुसलमानों के मफाद में नहीं होगा और हम एक अलहदा जमात बना कर उनके भविष्य को बेहतर नहीं बना सकते। हमारे लिए तो ज़रूरी ये है कि हम बहुसंख्यक समाज में जो पार्टियां हमारे वर्ग के साथ इंसाफ़ से काम लें, उनका हमें सहयोग करना चाहिए। तभी हमारा भविष्य सुरक्षित रहेगा।"

दिसंबर 1987 में मेरे सगे बहनोई गुलाम मोहम्मद साहब का क़स्बा किलावासा, ज़िला स्यालकोट में निधन हो गया और 20 जनवरी 1988 को मुझे पाकिस्तान जाना पड़ा। 22 जनवरी 1988 को उनका चहल्लुम था। तीन माह तक पाकिस्तान में रहकर मैं अप्रैल 1988 में हिंदुस्तान लौटा। उस समय जनता पार्टी भारत के संविधान में आमूल-चूल परिवर्तन करने का आंदोलन चला रही थी। पांच मई 1988 को दिल्ली के मावलंकर हॉल, रफी मार्ग पर संविधान संशोधन आंदोलन के लिए एक मीटिंग हुई जिसमें बुलंदशहर से हरिदास, राजेन्द्र सिंघल, विनोद गौतम, रामगोपाल एडवोकेट और मैंने भाग लिया।

इस बीच, बोफ़ोर्स तोपों की ख़रीदारी में इटली के एक दलाल के मार्फ़त कमीशन खाने का मामला प्रकाश में आया जिस पर राजीव गांधी सरकार में रक्षा मंत्री वी.पी. सिंह ने इस्तीफ़ा दे दिया और आरोप लगाया कि इस कमीशन में राजीव गांधी और उनके सहयोगियों ने भी हिस्सा लिया है। देश भर में बोफ़ोर्स तोपों की दलाली में कमीशन खाने पर कांग्रेसी सरकार के ख़िलाफ़ आंदोलन शुरू हो गया।

12 अक्टूबर 1988 को कर्नाटक के बैंगलोर शहर में जनता पार्टी का जनता दल में विलय हो गया। इस मौक़े पर बैंगलोर शहर में एक विशाल रैली निकाली गई जिसका

---

* सैयद शहाबुद्दीन भारतीय विदेश सेवा के वरिष्ठ अधिकारी, कई देशों के राजदूत रहे। 1979 में जनता पार्टी में शामिल और राज्यसभा के लिए चुने गए। 1985 व 1991 में लोकसभा के लिए निर्वाचित।

रामकृष्ण हेगड़े, वी.पी. सिंह और चंद्रशेखर ने नेतृत्व किया। इस मौक़े पर हज़ारों लोगों ने रैली में शरीक होकर अपनी ख़ुशी का इज़हार किया।

फ़रवरी 1986 में तत्कालीन प्रधानमंत्री राजीव गांधी के आदेश से अयोध्या में बाबरी मस्जिद और राम मंदिर के विवादास्पद जगह का ताला खुलवाकर रामभक्तों को दर्शन की इजाज़त दे दी गई थी जिसके कारण पूरे देश के मुसलमानों में बेचैनी फैल गई। इसके बाद बाराबंकी में पुलिस द्वारा गोली चलाई गई जिसमें 30 मुसलमानों की मौत हो गई। 1987 में अप्रैल से लेकर जून तक तीन माह तक मेरठ में खूंरेज़ फ़सादात हुए जिसमें तीन सौ से ज़्यादा लोग मारे गए। यहां बड़े पैमाने पर मुसलमानों के साथ ज़्यादतियां होने के मामले सामने आए। एक मामला तो ऐसा था कि यू.पी. पुलिस और पी.ए.सी. ने हाशिमपुरा और इमलियान मोहल्लों के 50 से ज़्यादा मुस्लिम युवकों को उनके घरों से उठा कर और बाद में गोली मारकर गंग नहर में बहा दिया। ये मुकदमा अभी भी दिल्ली की तीस हज़ारी अदालत में चल रहा है।

22 फ़रवरी 1989 को वी.पी. सिंह लखनऊ तशरीफ़ लाए और सभी विपक्षी पार्टियों को राष्ट्रीय मोर्चे में शामिल होने का आह्वान किया। 1989 के लोकसभा चुनाव में राष्ट्रीय मोर्चा द्वारा विधानसभा और लोकसभा चुनावों में अच्छा प्रदर्शन किया। वामपंथी दल और भारतीय जनता पार्टी, राष्ट्रीय मोर्चा सरकार में तो शामिल नहीं हुए मगर मोर्चा सरकार को बाहर से समर्थन देने के लिए राज़ी हो गए। इन चुनावों के दौरान संसोपा में हमारे साथ रहे युवा साथी सत्यपाल मलिक* को अलीगढ़ से जनता दल ने अपना उम्मीदवार बनाया। उनका चुनाव कार्यालय मेरे ही घर पर था। सत्यपाल मलिक ने काफ़ी वोटों के अंतर से कांग्रेसी उम्मीदवार श्रीमती उषा रानी तोमर को हराया और केंद्र सरकार में राज्यमंत्री बने। बुलंदशहर से सरवर हुसैन भी कांग्रेसी उम्मीदवार सुरेन्द्र पाल सिंह को हराकर कामयाब हुए और बाद में चंद्रशेखर सरकार में मंत्री बने।

उत्तर प्रदेश में मुलायम सिंह यादव के नेतृत्व में जनता दल सरकार बनी। बाद में बिहार में चुनाव हुए और वहां भी जनता दल की तरफ़ से लालू प्रसाद मुख्यमंत्री बने। केंद्र में राष्ट्रीय मोर्चा सरकार गठन के समय चंद्रशेखर और वी.पी. सिंह में नेता पद के लिए रस्साकशी हुई। अंत में अरुण नेहरू की तिकड़म और चौधरी देवीलाल ने बीच में पड़कर वी.पी. सिंह को प्रधानमंत्री बनवा दिया।

---

* सत्यपाल मलिक मेरठ विश्वविद्यालय छात्र संघ के अध्यक्ष और समाजवादी युवजन सभा में सक्रिय रहे। 1974 में चौ. चरण सिंह के लोकदल में शामिल होकर विधायक बने। बाद में राज्यसभा सदस्य और कांग्रेस में शामिल। वी.पी. सिंह सरकार में केंद्र में राज्यमंत्री बने। 1989 में लोकसभा के लिए निर्वाचित और फिलहाल भाजपा में।

सक्रिय राजनीति से दूरी

1990 का साल मेरे लिए बेहद आज़माइश का साल रहा है। साल के शुरू में ही मेरे साले और अजीज़ दोस्त अब्दुल ख़लील साहब जो जवाहरलाल नेहरू मेडिकल कॉलेज, अलीगढ़ विश्वविद्यालय में थे, ने अपना रिटायरमेंट ले लिया। हालांकि उनकी उम्र के लिहाज़ से रिटायरमेंट अभी उन पर लागू भी नहीं हुआ था मगर नौकरी की कुछ ऐसी शरायत थीं जिसके मुताबिक़ उन्हें वक़्त से पहले भी रिटायरमेंट मिल सकता था जिसके तहत उन्होंने अपने पद से जनवरी 1990 में रिटायरमेंट ले लिया।

शमशाद मार्किट, जेल रोड अलीगढ़ पर एस.एस.पी. अलीगढ़ के बंगले के क़रीब उन्होंने अपने मकान की तकमील की और उसके बाद अपने बच्चों की शादी की तरफ़ तवज्जो दी। इस सिलसिले में मैंने उनसे अपने बेटे कुरबान अली का रिश्ता उनकी लड़की हिना सल्लमाहा से करने की तजवीज़ रखी जिसे उन्होंने कुबूल कर लिया। इसी दौरान जॉनसन कंपाउंड की जिस कोठी में हम रहते थे और जो हमें रिहाइश के लिए एलॉट हुई थी, उसके मालिक नवाबजादा राहत मियां ने उसे फरोख़्त करने का इरादा कर लिया। हर माह तीन-चार ख़रीदार मकान देखने आते रहते थे। मैंने ख़लील साहब से मशविरा किया तो उन्होंने मुझे बताया कि आजकल देहात की ज़मीन की क़ीमत बहुत कम बढ़ती है जबकि शहरी ज़मीन की क़ीमत हर साल बढ़ जाती है। उन्होंने मुझे मशविरा दिया कि आप अपनी देहात की ज़मीन फ़रोख़्त कर के इस कोठी को ख़रीद लें। ये आज भी अपनी क़ीमत ख़रीद से दोगुनी क़ीमत की है। चुनांचे मैं ख़लील साहब को लेकर नवाब साहब के पास गया और उनसे दरख़्वास्त की कि आपकी इस कोठी में हमें रहते हुए 12 साल से ज़्यादा हो गए हैं। सुना है कि आप इस कोठी को फरोख़्त कर रहे हैं तो नवाब साहब ने हमें साढ़े छह लाख रुपये में कोठी दे दी। 50 हज़ार रुपये हमने उसी वक़्त पेशगी के तौर पर नवाब साहब को दे दिए और बाक़ी छह लाख रूपए बवक़्त बैनामा देने का वादा किया।

नवंबर 1990 में अलीगढ़ में हिंदू-मुसलमान फ़िरकेवाराना फ़साद हो गया और ये फ़साद इस क़दर शिद्दत पकड़ गया कि पुराने शहर और सिविल लाइन इलाक़े में भी प्रशासन को कर्फ़्यू लगाना पड़ा। सारे शहर में पी.ए.सी. लगा दी गई। कर्फ़्यू के दौरान पी.ए.सी. ने अल्पसंख्यक वर्ग के साथ बहुत बेरहमी से सूलूक किया और उनकी बेजा गिरफ़्तारियां भी कीं। ख़लील साहब का मकान पी.ए.सी. के कैम्प से मिला हुआ था

ख़लील साहब बेहद हस्सास इंसान थे। आख़िर पी.ए.सी. की ज़्यादतियां देखकर उन्होंने तय किया कि वो अलीगढ़ से फ़िलहाल कुछ दिनों के लिए अपने ससुराल क़स्बा बछरायूं, ज़िला मुरादाबाद चले जाएं। अलीगढ़ में पी.ए.सी. की ज़्यादतियों की ख़बर से दिल्ली से बी.बी.सी. की एक टीम जिसमें सतीश जैकब और मेरे लड़के कुरबान अली भी शामिल थे, अलीगढ़ आए हुए थे। ख़लील भाई ने मुझे उस दिन दिल्ली वेस्टर्न कोर्ट क़रीब एक बजे फ़ोन से इत्तला दी कि वो आज शाम को चार बजे अलीगढ़ छोड़ देंगे मगर उसके एक घंटे बाद ही मुझे मेरे बेटे क़ुरबान ने फ़ोन किया कि उनका दिल की हरकत बंद होने से इंतक़ाल हो गया है। मेरे लिए ये एक बड़ा हादसा था। मैं दिल्ली से केंद्रीय श्रम राज्यमंत्री रामजीलाल सुमन की कोशिश से बुलंदशहर तक सरकारी कार में आया और फिर बुलंदशहर से पुलिस कार में रात के 11 बजे अलीगढ़ पहुंचा। रात भर हम ख़लील भाई की मैयत को लेकर अपने अज़ीज़ जनाब नादिर अली साहब के मकान पर रहे जो अलीगढ़ यूनीवर्सिटी के उर्दू विभाग में प्रोफ़ेसर थे और सुबह होने तक उनके दो लड़के, जो दुबई में रहते थे और दो लड़कियां और दो दामाद अलीगढ़ आ गए। उनकी मौजूदगी में ख़लील साहब की तद़फीन (दफ़न) कर्फ़्यू के दौरान ही यूनीवर्सिटी के क़ब्रिस्तान में की गई।

साल 1990 ख़त्म होने से पहले ही भारतीय जनता पार्टी द्वारा राष्ट्रीय मोर्चा सरकार से समर्थन वापस ले लिया गया। साथ ही जनता दल में विभाजन हो गया। नतीजे में वी.पी. सिंह की सरकार ने इस्तीफ़ा दे दिया और चंद्रशेखर ने कांग्रेस के समर्थन से केंद्र में सरकार बना ली मगर चंद्रशेखर की सरकार भी चार माह से ज़्यादा नहीं चल सकी। राजीव गांधी और उनकी पार्टी के सांसदों ने कुछ ऐसे हालात पैदा कर दिए कि चंद्रशेखर को लोकसभा में ऐलान करना पड़ा कि वह अपना इस्तीफ़ा और लोकसभा भंग करने की सिफ़ारिश राष्ट्रपति से करने जा रहे हैं। नतीजे में मई 1991 में लोकसभा के मध्यावधि चुनाव हुए।

इन चुनावों के दौरान ही 21 मई, 1991 को तमिलनाडु में श्रीलंका के तमिल उग्रवादी संगठन एल.टी.टी.ई. ने राजीव गांधी की हत्या कर दी। राजीव गांधी की हत्या के बाद 1991 के लोकसभा चुनाव में कांग्रेस को स्पष्ट बहुमत तो नहीं मिला लेकिन कुछ छोटे दलों की मदद से उसने सरकार बना ली। झारखंड मुक्ति मोर्चा और अजित सिंह के लोकदल से चुने कुछ सांसदों के सहयोग से केंद्र में नरसिंह राव के नेतृत्व में सरकार बनी।

19 अक्टूबर 1991 को मेरे बेटे कुरबान अली की शादी हुई जिसमें चंद्रशेखर, पूर्व प्रधानमंत्री अलीगढ़ तशरीफ़ लाए और उनके साथ इस शादी में जनता पार्टी के लीडर सैयद सग़ीर अहमद, पूर्व श्रममंत्री रामजीलाल सुमन, ओमप्रकाश श्रीवास्तव, डॉ. पन्नालाल, बेनी प्रसाद माधव, सुरेन्द्र सिंह चौहान, घनश्याम सिंह, पूर्व सांसद, प्राण सब्बरवाल, सत्यपाल मलिक, पूर्व केंद्रीय मंत्री, के सी त्यागी, पूर्व सांसद, किरणपाल सिंह और इम्तियाज़ मुहम्मद ख़ां पूर्व विधायक और सौलत अली शरीक़ हुए। बी.बी.सी. के सतीश जैकब और उनकी बीवी कमलेश जैकब और उदयन शर्मा और उनकी पत्नी नीलिमा शर्मा शादी में तशरीफ़ लाए।

1992 में लालकृष्ण आडवाणी ने गुजरात के सोमनाथ मंदिर से अयोध्या तक की रथयात्रा शुरू कर दी जिसका मक़सद अयोध्या में बाबरी मस्ज़िद को गिरा कर राम मंदिर का निर्माण करना था। उधर, उत्तर प्रदेश की सरकार ने कल्याण सिंह के नेतृत्व में सर्वोच्च न्यायालय में ये आश्वासन दिया था कि वो बाबरी मस्ज़िद के ढांचे को किसी भी हालत में गिरने नहीं देंगे। मगर छह दिसंबर 1992 को अयोध्या में काफ़ी भीड़ जमा हो गई। केंद्र की सरकार ने अयोध्या में काफ़ी फ़ौज तैनात की थी मगर उन्हें ये हिदायत दी गयी थी कि वो उत्तर प्रदेश की सरकार के हुक्म के बिना कोई क़दम नहीं उठायेंगे।

कल्याण सिंह की मिलीभगत से भीड़ बाबरी मस्ज़िद पर चढ़ गई और उसे खंडित करके पूरी तरह ध्वस्त कर दिया। मगर आयुक्त और डी.एम. फ़ैज़ाबाद, डी.आई.जी और एस.एस.पी. फ़ैज़ाबाद और केंद्र और सूबे की सारी फ़ोर्स मूकदर्शक बनी रही और किसी ने मस्जिद को टूटने से नहीं रोका। मेरा बेटा क़ुरबान अली, बी.बी.सी. संवाददाता मार्क टली के साथ उस दिन अयोध्या में ही था। इन दोनों लोगों के ज़रिए ही बी.बी.सी. पर सुना कि अयोध्या में बाबरी मस्ज़िद ढा दी गयी है। उसके बाद केंद्र ने उत्तर प्रदेश की सरकार को बर्ख़ास्त कर दिया और प्रदेश में राष्ट्रपति शासन लागू कर दिया गया।

देश भर में हिंदू-मुसलमान फ़सादात हुए जिसमें हज़ारों हिंदू-मुसलामन मारे गए। मुसलमानों में तो ख़ासकर बाबरी मस्ज़िद के विध्वंस से बड़ा रोष पैदा हुआ और वे आज तक इस घटना को भूल नहीं पाए हैं और मानते हैं कि संघ परिवार और भारतीय जनता पार्टी ने बाबरी मस्ज़िद को गिराने का जो ऐलान किया था, वो उसमें कामयाब हुए और कांग्रेस ने भी बाबरी मस्जिद की हिफ़ाज़त का जो ऐलान किया था, वो उसमें असफल रही। आज भी उत्तर प्रदेश का मुसलमान ये मानता है कि भारतीय जनता पार्टी ने उसके साथ जो विश्वासघात किया था, कांग्रेस भी उसमें बराबर की शरीक थी। छह दिसंबर 1992 को अयोध्या में बाबरी मस्जिद गिराए जाने के बाद उत्तर प्रदेश के ज़्यादातर शहरों में कर्फ़्यू लगा दिया गया जो कई हफ़्तों तक जारी रहा।

मेरा बेटा क़ुरबान अली 1989 से दिल्ली में रह रहा था और 1991 में उसकी शादी हो जाने के बाद उसकी बीवी हिना भी दिल्ली में रहने लगी। 1992 में हमने अलीगढ़ का मकान फ़रोख़्त करने का फ़ैसला किया ताकि दिल्ली में एक मकान ख़रीद सकें। लिहाज़ा इसी साल हमने ये काम अंजाम देकर दिल्ली में मयूर विहार इलाक़े में एक फ़्लैट ख़रीद लिया और इसी साल मैंने हज पर जाने का इरादा किया और फ़ार्म भर दिया।

इसी बीच, 21 जनवरी 1992 को मैं जब अलीगढ़ में था, मुझे दिल्ली से क़ुरबान अली का फ़ोन मिला कि मेरी बहू हिना के ख़ुशी होने वाली है और वो हल्वेशिया अस्पताल में दाख़िल है। उसी दिन मैं अलीगढ़ से दिल्ली आ गया। दूसरे दिन 22 जनवरी को जब मैं अस्पताल पहुंचा तो सफ़दर हाशमी की बहन सबीहा हाशमी और शेषनारायण सिंह ने मुझे मुबारकबाद दी कि आप दादा बन गए हैं, आपके पोती हुई है। बच्ची और उसकी मां ख़ैरियत से हैं।

हज यात्रा

1993 में मई के महीने में मैं हज के लिए जद्दा, सऊदी अरब के लिए रवाना हो गया। यहां मेरी ज़िंदगी की एक बड़ी ख़्वाहिश पूरी हुई। इससे पहले मेरे सगे चचा साबिर अली ख़ां को 1972 में हज की सआदत हासिल हुई थी और 1932 में मेरे दादा वाजिद अली ख़ां को ये मौक़ा नसीब हुआ था। हालांकि उन्होंने सऊदी अरब का अपना सफ़र पानी के जहाज़ से किया था जबकि मुझे हवाई जहाज़ से जद्दा जाने का मौक़ा मिला। अरब में मई महीने में मक्का शरीफ़ में गर्मी तेज़ होती है फिर भी हमें हज की ख़ुशी में ये गर्मी मालूम नहीं होती थी। हज कमेटी ने हमें रहने के लिए जो रिहाइश देने का वादा किया था, वो एयरकंडीशंड रिहाइश का था मगर जब हम वहां पहुंचे तो हमारे कमरे एयरकंडीशंड नहीं थे बल्कि बिजली के साधारण पंखों की ही व्यवस्था थी। बहरहाल, जो व्यवस्था थी, उसी के हिसाब से हमने हज के दौरान अपना वक़्त पूरा किया।

मक्का शरीफ़ में हाजियों को जो अरकान अदा करने होते हैं, आजकल के मोअल्लिम हाजियों को वो अरकान नहीं बताते। मैं जब पहली मर्तबा काबे शरीफ़ की ज़ियारत के लिए गया तो मैं वहां एक कोने में अकेला खड़ा था। उसी समय एक हाजी साहब मुझे देखकर मुझसे बोले कि आप शायद हज के लिए पहली मर्तबा आए हैं और यहां जो अरकान अदा होने हैं, उनसे आप शायद नावाक़िफ़ हैं। मैंने उनकी बात की ताईद की तो फिर उन्होंने मुझसे कहा कि आप मेरे साथ चलें, मैं आपको हज के अरकान अदा कराता हूं। फिर वो मुझे लेकर काबा शरीफ़ के तवाफ़ (परिक्रमा) को निकले। सात मर्तबा काबे शरीफ़ का तवाफ़ करने के बाद फिर वो मुझे सात मर्तबा सई कराने के लिए ले गए जहां दो पहाड़ियों के बीच हज़रत इब्राहिम की बीवी हाजरा ने सई की थी। जब मैं सई कर चुका तो उन हाजी साहब ने मुझसे फ़रमाया कि आपने हज के सब अरकान अदा कर लिए हैं, अब आप दो नफ़िल नमाज़ शुक्राना अदा करें। चुनांचे मैंने उनके हिदायत के मुताबिक दो नफ़िल शुक्राने अदा किए और नमाज़ के बाद जब मैंने चारों तरफ़ देखा, तो वो हाजी साहब मुझे कहीं दिखाई नहीं दिए। ये मेरी ज़िंदगी का एक ऐसा अजीब वाक़्या था जिसे मैं कभी भूल नहीं सकता। जब हमें हज के अरकान अदा करने के बाद मक्का मुअज़्ज़मा से मदीने मुनव्वरा में आठ दिन रखा गया तो वहां हमारे कमरे में ए.सी. का इंतज़ाम था। आख़िरकार शुरू माह जून में हम हज कर के वापस हिंदुस्तान लौटे।

नई दिल्ली हवाई अड्डे पर मुझे लेने के लिए क़ुरबान और उसकी बीवी हिना, मेरी दोनों बेटियां नूर चश्मी सितारा परवीन और नूर चश्मी निगहत परवीन और उनके शौहर इस्लाम ख़ां व अब्दुल रब, मेरे दोस्त फ़ाजली साहब और ज़हीरूद्दीन, मेरे भतीजे जलील क़ादिर, फ़रहत अली ख़ां मौजूद थे। हम लोग रात में क़ुरबान अली के फ़्लैट मयूर विहार फ़ेस 2 में ठहरे और फिर दूसरे दिन अलीगढ़ रवाना हो गए। सभी अज़ीज़ रिश्तेदारों को मेरी वापसी पर बड़ी ख़ुशी हुई और मैंने वापसी पर अलीगढ़ में अपने सभी अज़ीज़ रिश्तेदारों और दोस्तों को दावत दी। हज कर लेने से मुझे बड़ा सुकून मिला।

यूं तो मेरी राजनीतिक गतिविधियां 1989 के आम चुनाव के बाद से तक़रीबन ख़त्म हो गई थीं लेकिन 1993 में हज से वापस आने के बाद तो वह पूरी तरह ख़त्म हो गईं। अब ज़्यादातर वक़्त मैं मज़हबी किताबों के पढ़ने और इबादत में देता हूं।

हज से वापस आने के बाद मैंने अपने बेटे क़ुरबान अली से ये ज़िक्र किया कि मैंने अपना हज तो पूरा कर लिया लेकिन मेरी ये ख़्वाहिश है कि मैं अपने वालिद और अपनी मां का हज बदल करूं। इसका मौक़ा भी मुझे पहले 1996 में और फिर 2007 में नसीब हो गया। पहले मैंने वालिद का हज बदल किया और फिर वालिदा का।

1996 में मैं एक रात अलीगढ़ में बैठा हुआ था कि मुझे दिल्ली से क़ुरबान अली का फ़ोन मिला और उन्होंने मुझे कहा कि अगर आप हज पर जाने के लिए तैयार हों तो आपको हिंदुस्तान से भारत सरकार की ओर से जो हज डेलीगेशन जा रहा है, उसमें जाने का मौक़ा मिल सकता है। उसने मुझे ये भी बताया कि अगर आप इस ख़ुशक़िस्मती को हासिल करना चाहते हैं तो कल सवेरे आठ बजे तक दिल्ली पहुंच जाएं। मैंने उन्हें जवाब दिया कि अब मेरी ज़िंदगी का यही मक़सद रह गया है। मैं ख़ुदावंदताला से ये दुआ करूंगा कि वो मुझे इसका मौक़ा अता फ़रमाए।

तीन-चार रोज़ में ही हमने हज पर जाने की सभी तैयारी पूरी कर ली। सफ़र के दिन शाम को मैं क़ुरबान अली और अपने दामाद अब्दुल रब के साथ दिल्ली हवाई अड्डे पर पहुंच गया और वहां डेलीगेशन के दूसरे लोगों से हमारी मुलाक़ात हुई। डेलीगशन में कई मेंबरान मुझे पहले से जानते थे जिनमें एक हकीम मसूद अहमद साहब दिल्ली के रहने वाले थे और दूसरे इक़बाल मोहम्मद ख़ां साहब हमारे गांव के क़रीब खुर्ज़े के रहने वाले थे। उनके बड़े बेटे शहज़ाद मोहम्मद ख़ां और उनकी बहू शहनाज़ और उनकी बीवी भी उनके साथ थे। हमारे एक और दोस्त सैयद मुज्तबा हुसैन भी इस डेलीगेशन में शामिल थे जो उर्दू के सहाफ़ी (पत्रकार) होने के साथ-साथ बहुत ही ख़ुशमिज़ाज इंसान हैं और उनकी सोहबत में रहकर हमारा वक़्त बहुत ख़ुशगवार तरीक़े से गुज़रा। हमारे डेलीगेशन के सदर प्रो. ए.एम. ख़ुसरो थे जो अलीगढ़ मुस्लिम यूनिवर्सिटी के वाईस चांसलर रह चुके थे। हम शाम को दिल्ली से बंबई के लिए रवाना हो गए और फिर वहां से रात को हमने मुंबई हवाई अड्डे पर क़याम किया। दूसरे दिन हम जद्दा, सउदी अरब के लिए रवाना हो गए।

जद्दे में हवाई जहाज़ से उतर कर दूसरे दिन हमें मक्का मुर्करमां पहुंचाया गया और हरम शरीफ़ के क़रीब एक बड़े होटल में पूरे डेलीगेशन के लोगों को रखा गया। ये होटल बड़ा आलीशान था और इसी होटल में एक-दो दिन के बाद प्रो. एम.एम. खुसरो मय अपनी बीवी के शामिल हुए। डेलीगेशन में शामिल लोगों ने हिंदुस्तान से गये हाजियों की तक़लीफें सुनी। मक्का मुर्करमा में हज के सभी अरकान अदा करने के बाद हम लोग आठ रोज़ के लिए मदीना मुनव्वरा गए और वहां भी हम लोगों ने मुख़्तलिफ़ ज़ियारतों को देखा और आठ रोज़ के बाद जद्दा रवाना हो गए। जद्दे में हमारी मुलाक़ात हिंदुस्तानी सफ़ीर (राजदूत) जनाब हामिद अंसारी साहब से हुई और एक रोज़ उन्होंने और उनके चीफ़ प्रोटोकॉल और कौंसुल जनरल ने हमें दावत दी। हमारे डेलीगेशन की तरफ़ से ये ख़्वाहिश ज़ाहिर की गई कि हम लोग यहां सऊदी अरब के उन आला अफ़सरों से भी मिलना चाहते हैं जो हज का इंतज़ाम देखते हैं ताकि उनके सामने हिंदुस्तानी हाजियों की परेशानियों को रख सकें। जनाब हामिद अंसारी साहब के ज़रिए से हमारी मुलाक़ात सऊदी अरब के गृह विभाग के इंचार्ज प्रिंस अब्दुल्ला बिन अब्दुल अज़ीज़ (यही अब्दुल्ला अज़ीज़ इस समय सऊदी अरब के शासक हैं) से हुई जिन्होंने बख़ुशी हमें खाने पर आमंत्रित किया और जब हमने हिंदुस्तानी हाजियों की तक़लीफों का ज़िक्र उनसे किया तो उन्होंने फ़रमाया कि मैं आपकी शिकायत को सऊदी अरब के शाह तक पहुंचा दूंगा। हिंदुस्तान के हाजियों की सबसे बड़ी शिकायत ये थी कि हमारे मुल्क़ की आबादी क़रीब एक अरब है जिसमें मुसलमान भी काफ़ी तादाद में हैं इसलिए हमारे मुल्क़ के हाजियों का कोटा बढ़ाया जाए।

जद्दे में हिंदुस्तान के मुख़्तलिफ सूबों से बसे हुए लोगों से हमारी मुलाक़ातें हुईं। खुर्ज़ा ज़िला बुलंदशहर, उत्तर प्रदेश के बहुत से लोग हमसे मिलने आए और एक शाम हमारे डेलीगेशन के सभी लोगों को उन्होंने दावत पर होटल में बुलाया और बड़ी ख़ुशइख़्लाक़ी से बातचीत की। हमारे दोस्त मुज्तबा हुसैन पूर्व हैदराबाद स्टेट के रहने वाले हैं, उन्होंने भी एक शाम हैदराबादी होटल में डेलीगेशन के लोगों की दावत की जिसमें हैदराबादी बिरयानि सभी लोगों को बेहद पसंद आई और हम सबने हैदराबादी भाइयों की मोहब्बत का शुक्रिया अदा किया। एक दिन अलीगेरियन नौजवानों ने भी हमें एक होटल पर खाने के लिए मदू किया और बड़े प्यार और मोहब्बत के माहौल में रात के 10 बजे तक डिनर चलता रहा। लोगों ने अपनी बेहद मोहब्बत का इज़हार किया। क्योंकि हमारे डेलीगेशन के सदर प्रो. ए.एम. खुसरो थे जो मुस्लिम यूनिवर्सिटी के वाइस चांसलर रह चुके थे, इसलिए सभी अलीगेरियन भाइयों ने प्रो. खुसरो, उनकी बेगम और डेलीगेशन के सभी साथियों का बड़ी गर्मजोशी के साथ इस्तक़बाल किया। इस तरह हमारा डेलीगेशन बहुत ख़ुशी के साथ दिल्ली वापस लौटा।

22 अगस्त 1997 को मैं अलीगढ़ से बन्नेराशरीफ़ स्थित ग्राम चौंढ़ेरा, जनपद बुलंदशहर में उर्स ग्यारहवीं शरीफ़ के मौक़े पर दरगाह हज़रत बहाउद्दीन शाह साहब

बद्र-उल-हिंद में शरीक़ होने के लिए चौंढ़ेरा गया था। ये दरगाह काली नदी के किनारे जंगल में है। 23 अगस्त को शाम की फ़ातेहा के बाद मैं वहां दरगाह के आगे फर्श पर लेटा हुआ था, तभी मेरे पास सूफ़ी ज़मीर अहमद साहब व सूफ़ी मुज़म्मिल साहब तशरीफ़ लाए। सूफ़ी ज़मीर अहमद साहब ने मेरा तार्रूफ़ (परिचय) सूफ़ी मज़म्मिल साहब से कराया। ये दोनो बुज़ुर्ग मुझसे बेहद प्यार करते थे। सूफ़ी ज़मीर अहमद साहब ने सूफ़ी मुज़म्मिल साहब से अर्ज़ किया कि कैप्टन साहब दरबार शरीफ़ के पुराने ख़ादिम हैं। इनके वालिद और मां सरकार बद्र-उल-हिंद से मुरीद थे। कैप्टन साहब के एक पोती है। इनकी ख़्वाहिश है कि ये अपने बेटे क़ुरबान अली के यहां एक लड़का देख जाएं। चुनांचे सूफ़ी मुज़म्मिल साहब ने दरबारशरीफ़ के सामने दुआ के लिए हाथ उठाए और मुझे और सूफ़ी ज़मीर अहमद साहब से भी कहा कि आप लोग भी ख़ुदा से दुआ मांगें कि वो इन्हें पोता अता फ़रमाए।

दूसरे दिन 23 अगस्त को मैं सुबह की नमाज़ के बाद दरगाह शरीफ़ से अलीगढ़ आया तो मुझे मेरे बेटे क़ुरबान का टेलीफ़ोन मिला कि हमारी बहू नूरचश्मी हिना सल्लमहा हल्वेशिया अस्पताल में दाख़िल है और मुझे फ़ौरन दिल्ली पहुंच जाना चाहिए। मैं दोपहर को ही गोमती एक्सप्रेस से दिल्ली पहुंच गया और दूसरे रोज़ सुबह जब मैं नूरचश्मी हिना को देखने के लिए अस्पताल गया तो हिना की वालिदा ने मुझे ये ख़ुशख़बरी सुनाई की ख़ुदा ने आपको पोता अता किया है जिसका नाम 'कबीर' रखा गया। मैंने दो रकत नमाज़ शुक्राना अदा की कि अल्लाह पाक ने मेरी दुआ क़बूल फरमायी। ये मेरी ज़िदगी की एक बहुत बड़ी ख़्वाहिश थी जिसके पूरा होने पर मुझे बेहद ख़ुशी हासिल हुई।

मुझे अपनी मां फ़ैज़न बेगम का हज्जे बदल करने का मौक़ा दिसंबर 2007 में मिला जब मुझे एक बार फिर भारत सरकार के हज डेलीगेशन में सऊदी अरब जाने का मौक़ा मिला। इस डेलीगेशन की क़यादत (नेतृत्व) मरकज़ी वज़ीर अब्दुल रहमान अंतुले ने की। इस डेलीगेशन में हमारे साथ मुरादाबाद के सांसद शफ़ीक़ुर्रहमान बर्क़, सांसद महबूबा मुफ़्ती, प्रो. अख़्तर-उल-वासे, पूर्व सांसद वसीम अहमद, जनाब नाज़िम निज़ामी साहब और उनकी अहलिया, डॉ. ए.ए. ख़ान और उनकी अहलिया और दूसरे दीगर मेम्बरान शामिल थे।

जद्दा में हज के दौरान वहां तैनात कौंसुल जनरल औसाफ़ सईद और कौंसुल हज सुहेल ऐजाज़ ख़ां ने हमारा बड़ा ख़्याल रखा और किसी तरह की कोई परेशानी नहीं होने दी। लेकिन सबसे ज़्यादा मेरा ख़्याल अज़ीज़म दानिश और उनकी बीवी फ़रीदा ने रखा। दानिश ने तो बिल्कुल मेरे बेटे की तरह हर वक़्त मुझे किसी तरह की तकलीफ़ न हो, इसका ख़ास ख़्याल रखा। दानिश ने अपने घर पर एक बड़ी दावत भी की और अपनी दोनों बेटियों ओशिन और आईको के साथ तीन जनवरी को मेरा यौमे पैदाईश (जन्मदिन) भी बड़ी धूमधाम के साथ मनाया। पांच जनवरी 2008 को मैं अपना तीसरा हज करने के बाद वापस दिल्ली पहुंचा।

सन् 2008 में मुझे दो और ख़ुशियां देखनी नसीब हुईं। 20 अक्टूबर को मेरी बड़ी नवासी नूरचश्मीं ज़ेबा की शादी अज़ीज़म शाहनवाज़ के साथ अलीगढ़ में और 25 अक्टूबर को मेरे बड़े नवासे आदिल रब की शादी कानपुर में अज़ीज़ी समीरा के साथ अंजाम पाई। इन दोनों शादियों में हमारे सारे अज़ीज़ और दोस्तों ने शिरकत की जिससे मुझे बड़ा सुकून मिला और दिली मर्सरत हुई।

तीन हज करने के बाद मेरी राजनीतिक और सामाजिक गतिविधियां बिल्कुल ख़त्म हो गई हैं और अब मैं इबादत करने और मज़हबी किताबें पढ़ने में अपना वक़्त गुज़ारता हूं और ख़ुदा से दुआ करता हूं कि मुझे चलते-फिरते मौत आ जाए और मैं किसी का दस्तनिगर होकर न मरूं।

परिशिष्ट

1. उत्तर प्रदेश सोशलिस्ट पार्टी का प्रपत्र : 1960
2. संयुक्त सोशलिस्ट पार्टी का चुनाव घोषणापत्र : 1967
3. डॉ. लोहिया की चुनाव अपील : 1967
4. श्रीमती इंदिरा गांधी की चुनाव अपील : 1967
5. उत्तर प्रदेश में संसोपा के विधानसभा और लोकसभा उम्मीदवारों की सूची : 1967
6. उत्तर प्रदेश में सं.वि.द. का 33 सूत्रीय न्यूनतम साझा कार्यक्रम : 1967
7. उत्तर प्रदेश के संभागीय जांच सम्मेलनों की प्रश्नावली
8. संसोपा राज्य समिति के प्रस्ताव, जून : 1967
9. डॉ. लोहिया को अंतिम पत्र, सितंबर : 1967
10. उत्तर प्रदेश जनता पार्टी के सदस्यों की कार्यकारिणी की सूची : 1977
11. प्रदेश जनता पार्टी की पहली बैठक की कार्यवाही और प्रस्ताव, दिसंबर : 1977
12. डॉ. लोहिया पर लेख

परिशिष्ट 1

<u>सोशलिस्ट पार्टी उ० प्र०</u>

प्रकाशनार्थ

सोशलिस्ट पार्टी राज्य कार्यालय में प्राप्त सूचनाओं के अनुसार सविनय अवज्ञा आन्दोलन के सिलसिले में अबतक गिरफतार कर जेल भेजे गए सत्याग्रहियों की संख्या २३७० है।

सोशलिस्ट पार्टी द्वारा चलाए गए आन्दोलन के छठवें संचालक श्री अब्बासअली खां ने राज्य के पश्चिम जिलों का दौरा करने के बाद ता० २६- ६- ६० को बुलन्दशहर में एक जत्थे के साथ सत्याग्रह करने के पहले उन्हों ने अपने एक वक्तव्य में शांति मय अहिंसक सत्याग्रहियों के साथ सरकारी कर्मचारियों (पुलिस और जेल) का व्यवहार अत्यन्त निन्दनीय है। उन्हों ने सत्याग्रहियों के धर्य और अपने सिद्धान्त मारेंगे नहीं पर मानेंगे नहीं के प्रति अटूट अथा ओछी कटुता की प्रशंसा की तथा सरकार को समय रहते सचेत होने तथा अपनी नीति में तत्काल परिवर्तन लाने को कहा। क्योंकि इस नीति से जनतंत्र को दिन ब दिन खतरा बढ़ता चला जा रहा है। अन्त में आप ने जनतंत्र और समाजवादी पथ को अधिक प्रशस्त करने के लिए सिविलनाफरमानी को सफल बनाने की अपील की।

श्री अब्बासअली खां अपनी गिरफतारी के पूर्व श्री सहदेव सिंह गौतम वकील जलसा को सप्तम संघर्ष संचालक नियुक्त किया।

तार द्वारा प्राप्त सूचनानुसार जिला जेल अलीगढ़ में सोशलिस्ट सत्याग्रहियों पर लाठी चार्ज की सूचना प्राप्त हुई है जिसमें कई सोशलिस्ट बन्दियों को सख्त चोट आयी है।

दिनांक २८- ६- ६०

(कमला प्रसाद)

परिशिष्ट 2

डॉ. राममनोहर लोहिया द्वारा तैयार किया गया संयुक्त सोशलिस्ट पार्टी का चुनाव घोषणा पत्र : 1967

संयुक्त समाजवादी दल जानता है कि पहली ग़ैर-कांग्रेसी सरकार चाहे केंद्र अथवा कोई प्रदेश में, किसी एक दल की न होकर कई दलों की मिली-जुली सरकार होगी। जब किसी एक दल की अपनी सरकार होती है तब भी जितना ठोस चिन्तन सरकार बनने से पहले किया गया हो, उतना ज़्यादा सरकार का काम और कानून पक्का होता है। फिर भी, एकपक्षीय सरकार होने के कारण बिन लिखी मान्यताएं भी उस सरकार को दिशा और एकात्मकता देती रहती हैं। मिली-जुली सरकार को बिन लिखी मान्यताओं का सहारा न होने के कारण, ज़रूरी है कि हर विरोधी दल एक सुस्पष्ट ठोस और समय निर्धारित कार्यों और क़ानूनों का कार्यक्रमों से नहीं हो सकता। क्योंकि न ये ठोस होते हैं और न समय से बंधे, और इनमें जनता को भुलावा देने की शक्ति भले ही हो, लेकिन सरकार को चलाने की शक्ति नहीं होती।

20 वर्षों तक कांग्रेसी सरकारों ने लोगों को बड़ी गहरी हताशा दी है। किसी साधारण काम से यह हताशा दूर न होगी। इसको दूर करने का एक मात्र उपाय है ऐसे असाधारण काम जो भारतीय राजनीति के आसमान में एक तरफ बिजली की तरह कौंधें और दूसरी तरफ़ सूरज की तरह टिकाऊ रहें। उसे काम से हर एक को पता लग जाए कि कांग्रेस राज और जनराज में क्या और कितना अन्तर है। हर सरकार का स्वधर्म है कि वह बनी रहे। जैसे जीव का आधार है कि वह जिन्दा रहे, वैसे ही सरकार का आधार है कि वह बनी रहे। किन्तु यही इच्छा एक गैर-कांग्रेसी सरकार, विशेषकर प्रदेश सरकार, के लिए घातक हो सकती है अगर ठोस और समय निर्धारित कार्यक्रम की सहायता इच्छा ने उसे मज़बूत न किया।

ग़ैर-कांग्रेसी प्रदेश सरकार को हमेशा ख़तरा रहेगा कि केंद्र की कांग्रेस सरकार और उसके दल का संगठन उसे मौक़ा पाते ही ख़त्म न कर दें। इसलिए ऐसी प्रदेश सरकार को जितना लोगों की हताशा को दूर करने के लिए, उतना ही अपनी हिफ़ाज़त के लिए शीघ्र ऐसे क़ानून चाहिए जो केंद्र की प्रतिगमिता और प्रदेश की क्रान्तिकारिता को धड़ाके के साथ सामने लाएं। यदि कांग्रेसी केंद्र इस क़ानून को मान लेता है और राष्ट्रपति

अथवा अन्य साधनों द्वारा रोड़े नहीं अटकाता तो जनराज और कांग्रेसराज का अन्तर साफ़ सामने आता रहेगा। अगर कांग्रेसी केंद्र से क़ानून को रुकवाया तो प्रदेश की क्रान्तिकारिता और केंद्र की प्रतिगामिता की लड़ाई से देश में वह गर्मी पैदा होगी जो केंद्र से भी कांग्रेसी शासन को शीघ्र ख़त्म करेगी।

हर हालत में सरकार को अपने कामों से बोलना चाहिए। पिछले 20 वर्षों में सरकारों ने बोल से काम चलाया है। पहली ग़ैर-कांग्रेसी सरकार को अपने काम से बोलना चाहिए। बोल से काम न चलाकर, काम से बोलकर ग़ैर-कांग्रेसी सरकार लोगों की हताशा को मिटाकर नये युग का आरभ कर सकेगी। जिस दिन से ग़ैर-कांग्रेसी सरकार शपथ ले उससे छह महीने के अन्दर-अन्दर ऐसा कोई काम हो जाना चाहिए, कोई न कोई क़ानून बन जाना चाहिए जिससे कांग्रेस राज और जन-राज का अन्तर साफ़ सामने आए।

खेती का सुधार आज का सबसे बड़ा काम है। इस काम को अनेक नामों से पुकारा गया है, अन्न पूर्ति, खेती सुधार, अकाल और जमीन व्यवस्था। किन्तु शब्दों और क़मजोर प्रस्तावों के अलावा अभी तक कुछ भी ठोस और बड़े पैमाने पर हो नहीं पाया है। बहुत समय तक सरकार की उस नादानी ने देश को बरबाद किया जो सोचती रही कि कारखाने चलाकर पक्का माल बहुतायत में उन देशों को भेजा जा सकेगा जहां से ग़ल्ला मंगाया जाय। बहुत पागल सपने देखे गए कि कच्चे माल और मशीनों के विदेशी व्यापार को लाभ होता है, उस देश को जो उद्योग निर्यात करता हो। नादान इच्छाओं और सपनों का ठीक उल्टा हुआ। विदेशी मुद्रा का संकट आया। उद्योगीकरण न हो पाया। देश को हमेशा पेट भरने की ही विपत्ति का सामना करना पड़ रहा है। एक और प्रस्ताव जिस पर सरकारी पार्टी ने सन् '62 का चुनाव लड़ा था, पंचायती खेती, का पांच वर्षों में नतीजा निकला कि 32 करोड़ एकड़ की खेती में से तीन लाख से भी कम एकड़ की खेती पंचायती बन पाई। इस रफ़्तार से संकल्प को पूरा करने में पांच हज़ार वर्ष लगेंगे। चुनाव संकल्प का इतना बड़ा वचन भंग और कहीं नहीं हुआ। अब अकाल हर वर्ष की घटना हो गई है। इस सरकार के लिए अन्न का उत्पादन बढ़ाना असंभव है और अन्न के दामों की लूट में यह खुद शामिल है। पहली ग़ैर-क़ांग्रेसी सरकार खेती और अन्न की नीति ठोस और दृढ़ चलायेगी जिसके मुख्य पाये होंगे :

1. मालगुज़ारी अथवा भू-राजस्व की समाप्ति। आय कर के दायरे में आने वाले किसानों से आय कर लिया जाय, किन्तु मालगुजारी पूरी तरह से समाप्त हो।

2. सात वर्षों की योजना बनाकर सब सिंचाई योग्य जमीन को सिंचाई से पानी दिया जाय। सिंचाई का पानी सब किसानों को मिलना चाहिए। बिजली तथा अन्य साधनों पर सिंचाई की प्राथमिकता लादी जाय। जो ज़मीन जिस सिंचाई के लायक़ हो उसे उपलब्ध कराया जाये।

3. खेतिहर तथा उद्योगी दामों में सन्तुलन क़ायम किया जाय और दैनिक ज़रूरतों की उद्योगी चीज़ों के बिक्री दाम लागत और ढुलाई ख़र्च के डेढ़ गुना से ज़्यादा किसी

हालत में न हों तथा दो फसलों के बीच किसी अनाज का दाम बीस सैकड़ा से ज्यादा न बढ़े।

4. ज़मीन का एक न्यूनतम उत्पादन क़ायम किया जाए और उससे नीचे जाने वाली ज़मीन की ज़ब्ती हो। शर्त यह है कि हर उचित साधन को सरकार पहले मुहय्या करे, ताकि मेहनत करने वाले किसान की ज़मीन कभी न जाए।

5. नई ज़मीन पर आधुनिक ढंग की निजी खेती क़ायम करने की भी सुविधा हो, पर अधिकतम सीमा के अन्तर्गत इस पूरे कार्यक्रम को शपथ लेने से छह महीने के अन्दर हासिल करना असभंव है। इसलिए संयुक्त समाजवादी दल दृढ़-प्रतिज्ञ है कि पहले काम को छह महीने के अन्दर कर देगा और बाक़ी सबका आरंभ हो जायगा।

संयुक्त समाजवादी दल ख़ूब जानता है कि उन अतिवादी क़ागज़ी कार्यक्रमों से कोई फ़ायदा नहीं जो राज्य का ख़र्च बढ़ाते हों और आमदनी घटाते हों। उसे पता है कि सरकार ने बड़े लोगों को ठाठ, शान और ऐयाशी बढ़ाते रहना सिखाया है। नतीजा यह हुआ कि देश का उत्पादन बढ़ने में बड़ी रुकावट आई। सब लोगों के सामने आदर्श आया ऐसे आदमियों का जो जीवन की दौड़ में सफल हुए, लेकिन झूठ, चापलूसी, चुगलख़ोरी, बेईमानी और कम काम के सहारे। हर व्यक्ति अपना, अपने कुटुंब, जाति, वर्ग अथवा समूह का कल्याण खोजने लगा। बीस बरस में देश लोगों की आंखों के सामने से धीरे-धीरे हटते रहे। सामने आया स्वार्थ, आराम, छीनाझपटी, आपसी कलह और घटते हुए राष्ट्र भण्डार से खुद के बढ़ते हुए हिस्से के लिए झगड़े। कांग्रेस दल और उसकी सरकार ने लगातार बीस बरस से लोक और देश का लोप किया है।

लोक और देश की फिर से उपलब्धि हर नागरिक को हो, यही ग़ैर-कांग्रेसी सरकार का ध्रुवतारा होगा। इसके लिए बड़े लोगों के ख़र्च की सीमा बांधनी होगी। यह सीमा ऐसी होगी कि एक तो सर्वसाधारण में चौतरफ़ा कर्तव्य तथा कम ख़र्च और ज़्यादा काम की भावना का उदय होगा और दूसरे, खेती-कारखाने को सुधारने के लिए समुचित पूंजी का निर्माण होगा। सब लोग समझेंगे कि आधुनिकता का अर्थ है उत्पादन की आधुनिकता। खपत की आधुनिकता को 20-30 वर्ष तक टालकर रखना चाहिए। बड़े लोगों का जीवन सर्वसाधारण के जीवन से कुछ आराम वाला ज़रूर होगा, लेकिन मर्यादा के भीतर और ऐसा जो देश की एकात्मकता को हासिल कर सके। टूटता हुआ देश इकट्ठा होना शुरू होगा। मरते हुए 50 करोड़ लोग प्राणवान होने लगेंगे। संयुक्त सोशलिस्ट पार्टी ने अभी तक हज़ार रुपये महीने की बात कही है। ज़ाहिर है कि अवमूल्यन से यह रक़म बढ़ी है। यह भी सही है कि बड़े लोगों की डेढ़ हजार के आसपास सीमा बांध देने पर चीजों के दाम घटेंगे और घटते रहेंगे।

समाजवाद का अर्थ है समता और संपन्नता। अत्यधिक ग़रीब देशों में दोनों एक-दूसरे से इतना नज़दीक जुड़े हुए हैं कि प्रथम समाजवादी ग़ैर-कांग्रेसी सरकार को इन्हें एक-दूसरे के माध्यम से ढूंढ़ना होगा। संपन्नता समता के द्वारा हासिल करने के लिए, अधिकतम और न्यूनतम में दस और एक से ज़्यादा हासिल करने के लिए,

अधिकतम और न्यूनतम में दस और एक से ज़्यादा का फ़र्क़ न होगा। अधिकतम हासिल करना हफ़्तों का काम है, भले न्यूनतम को हासिल करने में देर लगे।

समाजवादी दल ख़र्च की अधिकतम सीमा को कई एक-दूसरे के पूरक रास्तों पर चलकर हासिल करेगा। जहां जरूरत होगी, राष्ट्रीयकरण करेगा। दूसरे, कर पद्धति को ऐसे बनायेगा कि ख़र्च के लिए ज़्यादा धन न रहे। तीसरे, ख़र्च की अधिकतम सीमा से ज़्यादा आमदनी के कुछ अंश को उपार्जक के हिसाब में लिखता रहेगा ताकि 25-30 बरस बाद उसको या उसके वारिसों को मिल जाए। चौथे, विलासी ख़र्चों की संभावनाओं को कम या समाप्त करेगा। केवल सरकारी नौकरों की सीमा बांधना असंभव नासमझी थी। सबके ख़र्च की सीमा निश्चित बंध सकेगी। कोने-कोने और हड्डी-हड्डी में व्याप्त भ्रष्टाचार शायद इतने से ही हटने लगे। पूरक उपाय लागू करने होंगे। प्रथम ग़ैर-कांग्रेसी सरकार को एक स्थायी जांच आयोग बैठाना होगा जो बड़े से बड़े लोगों से शुरू करता हुआ, चाहे सरकारी अथवा ग़ैर-सरकारी लोग हों, राज्य शक्ति के दुरुपयोग से इकट्ठा किये गए धन की जांच करेगा। किसी भी मंत्री अथवा नौकरशाह के दो पीढ़ी तक के रिश्तेदारों की जांच हो सकेगी। उससे संबंधित व्यापारियों की जांच होगी। राज्य शक्ति का दुरुपयोग सिद्ध होने पर धन ज़ब्त किया जायगा। इस तरह के जांच आयोग द्वारा भ्रष्ट धन की पहली ज़ब्ती होते भष्ट्राचार के युग का अन्त शुरू होगा।

शान का ख़र्चा रोकने के लिए, शिक्षा में आमूल परिवर्तन के लिए और सर्वसाधारण में एकात्मकता लाने के लिए, संयुक्त समाजवादी दल प्राथमिक शिक्षा में संपूर्ण समता लाना चाहता है। प्राथमिक स्तर के सभी स्कूलों के खर्च, अध्यापकों के वेतन, इमारत, किताब इत्यादि पर, एक जैसे होने चाहिए। पहली ग़ैर-कांग्रेसी सरकार विशेष ख़र्चे के प्राथमिक स्कूलों को शपथ लेने से छह महीने के अन्दर क़ानून से बन्द कर देगी।

राष्ट्रपति से लगाकर भंगी तथा वकील, डॉक्टर से लगाकर किसान, मज़दूर, दुकानदार तक के बच्चों को एक ही ढंग से स्कूलों में पढ़ाना होगा। ज़्यादा आमदनी की चाह का एक बड़ा कारण ख़त्म होगा उसके साथ-साथ प्राथमिक सम-शिक्षा द्वारा, एक जाग्रत और संपन्न लोकशाही की नींव पड़ेगी।

संयुक्त समाजवादी पार्टी शिक्षा के और स्तरों में परिवर्तन प्रारंभ करेगी। माध्यम मात्र भाषा होगी। अंग्रेजी का माध्यम तत्काल ख़त्म होगा। कॉलेज और विश्वविद्यालयों में भरती के नियम ढीले किए जायेंगे और यह संभव न हो सकेगा कि साधारण विद्यार्थी फ़ेल होने पर भी विदेशी शिक्षा पा जाएं। परीक्षा के नतीजों का प्रतिशत ऊंचा किया जाएगा, विशेषकर अंग्रेजी भाषा को ऐच्छिक विषय बनाकर। क्योंकि शिक्षा केवल प्रमाणपत्र विद्या रह गई है, विचारों की साहसिकता और हुनर प्राप्ति के द्वारा उसके उद्देश्यों की पुनर्स्थापना होगी। विशेषकर अध्यापकों की मर्यादा क़ायम करके। दरिद्र और कम पढ़े-लिखे इलाक़े के विद्यार्थियों के लिए फ़ीस की सुविधा होगी तथा भोजन के ख़र्च में सरकार की ओर से मदद होगी। अध्यापकों के वेतन रुतबे का आधार संभव समता होगा। एक स्तर के सभी अध्यापकों के वेतन, चाहे सरकारी, चाहे ग़ैर-सरकारी,

सम्पूर्ण सम होगा। प्राथमिक, माध्यमिक और ऊँची शिक्षा के अध्यापकों तथा व्यवस्थापकों के वेतन में यथासंभव समता लाई जायेगी।

संयुक्त समाजवादी दल का संकल्प है कि वह पहली ग़ैर-कांग्रेसी सरकार के द्वारा विश्व स्वास्थ्य संघ के सहकार से ऐसी योजना चलाए जिससे हैज़े और चेचक का, सर्दी-बुख़ार की तरह शीघ्र विनाश हो। संयुक्त समाजवादी पार्टी का प्रयत्न रहेगा कि 49 करोड़ सर्वसाधारण का ध्यान रखते हुए स्वास्थ्य विभागों का मन प्रतिरोधात्मक औषधी और पुष्टकर भोजन की ओर ज़्यादा खिंचेगा बनिस्बत शौकीनी औषधी के।

संयुक्त समाजवादी दल जानता है कि कांग्रेस सरकार की नाव डगमगाती रही है और अब डूब की स्थिति में है क्योंकि उसकी सिवा उद्योगीकरण के और कोई नीति नहीं रही है। नीति यानि पतवार नहीं रही है। उद्योगीकरण की नीति तभी सफल होती है जब उसकी सहायक नीतियां जैसे संपत्ति, भाषा, जाति, प्रशासन इत्यादि नीतियां साथ-साथ चलें। पहली ग़ैर-कांग्रेसी सरकार यह सब अन्योन्याश्रित नीतियां साथ-साथ चलाएगी। भारी उद्योग बन नहीं पाए, जो बने उनकी शक्यता पूरी तरह से इस्तेमाल नहीं हो रही है। निजी धन्धों और सार्वजनिक धन्धों ने एक-दूसरे के दोष सीधे लिए हैं और दोनों को भ्रष्टाचार के सांप ने डस लिया है। ऊपरी इलाज करके रोग बढ़ाया जाता है जैसे कपड़ा कारख़ानों को जब तब उधार न देकर एक सुनिश्चित योजना बनाकर आधुनिक मशीनों से सजेगी, ताकि वे संसार में निर्यातशक्य हो सके। एक समिति बैठाकर फ़ैसला किया जाएगा कि सब कपड़ा कारख़ानों अथवा बाहर कपड़ा भेजने वाले अंश का राष्ट्रीयकरण किया जाए। सभी उद्योगों में कारख़ाना, मज़दूर और उपभोक्ता तीनों हितों का प्रतिनिधित्व रहेगी। मज़दूर आंदोलन के वर्तमान बिखराव और कमज़ोरी को दूर करने के लिए मज़दूर संघों को मान्यता गुप्त मतदान के आधार पर दी जाएगी। विज्ञान के बिना उद्योगीकरण संभव नहीं। आजादी के बीस वर्षों में विज्ञान को नौकरशाही तथा भतीजावाद का गुलाम बनाया गया है। वैज्ञानिक यंत्र और इमारतों की प्राथमिकताओं को उलटकर जो विज्ञानद्रोह सरकार ने अब तक किया है, उसे पहली ग़ैर-कांग्रेसी सरकार सुधारेगी।

विज्ञान के प्रथम उद्देश्यों में जिस तरह सिंचाई होगी उसी तरह मकान निर्माण विज्ञान का काम है कि जो कच्चा माल देश में हो उसी का सबसे ज़्यादा वैज्ञानिक इस्तेमाल करके प्रश्न को निबटाया जाए। साथ ही ज़मीन का ऊंचे दाम और भारी किरायों के सवाल से पहली ग़ैर-कांग्रेसी सरकार को ताकत से जूझना होगा। यह निर्विवाद है कि घुड़दौड़-गोल्फ़ जैसे लम्बे-लम्बे मैदानों में, नौकरशाही के ठाठदार महलों ने शहरों के मकानों का किराया अब वर्ग फुट पीछे एक रुपया महीना चढ़ा दिया है। पहली ग़ैर-कांग्रेसी सरकार को शपथ लेने के छह महीने के अन्दर-अन्दर मकान की मल्कियत और सरकारी ज़मीनों तथा बंगलों के संबंध में ऐसे कारगर पग उठाने होंगे जिससे किराया एक वर्ग गज पीछे एक रुपया हो सके।

गांव के सभी मकान मुंह बाये हुए हैं, क्यों? विज्ञान इस हालत को सुधारेगा। कमज़ोर लोगों पर विभिन्न आफ़तें हैं, जैसे बीच-बीच में मकान से निकासी। इसे बन्द कराना होगा। क़ानून और लोक-संगठन के द्वारा संयुक्त समाजवादी दल अथवा उससे संबंधित सरकार हर कुटुंब को मकान लायक़ ज़मीन के बारे में निश्चिन्त कराएगी।

संयुक्त समाजवादी दल जानता है कि भारत का मामला लोक-दिल का मामला है। 95 फ़ीसदी लोगों के दिलों के दीए बुझ चुके हैं। इनको बुझाया है कांग्रेस दल ने। जिस विश्वास के अंकुर आज़ादी की लड़ाई के त्याग और तकलीफ़ के दिनों में उगने शुरू हुए थे, उसे कांग्रेस सरकार के क्रूर हाथों ने मसल डाला है। चारों तरफ स्वार्थ और छीना-झपटी का साम्राज्य है। फिर से लोकमन में विश्वास के अंकुर उगाना और दिल की दिवाली के दीए जलाना तभी संभव होगा जब ग़ैर-कांग्रेसी लोग कानून निर्माण और लोकशक्ति के पारस्परिक संबंध को समझते हुए प्रयोग कर सकेंगे। बड़े परिवर्तनों के कानून जैसे लोकसभा या विधानसभा में बनते हैं वैसे सड़कों, खेतों, कारख़ानों, स्कूलों आदि में बनेंगे। जनता अब अंगड़ाई लेती है किसी परिवर्तन के लिए, तब लोकसभा उसे क़ानून का रूप देती है। छोटे-मोटे सुधार के क़ानून लोकसभा के कारख़ाने में दिन-प्रतिदिन बना करते हैं। किंतु समाज में बड़े परिवर्तन के क़ानून की प्रेरणा जब और कहीं से मिल जाती है तब लोकसभा उस पर अपनी छाप लगाती है। क़ानून निर्माण हो जाने पर भी कई बार क़ानून का इस्तेमाल नहीं हो पाता है, जैसे ज़मीन के न्यायोचित बंटवारे, न्यूनतम खे़त-मज़दूरी अथवा विधवा-विवाह या स्त्री सम्पत्ति के क़ानून, क्योंकि इनको लागू करवाने की ताक़त अथवा इच्छा समाज के संबंधित वर्गों में नहीं होती। संयुक्त समाजवादी दल इस इच्छा और शक्ति को जगाना चाहता है। क़ानून निर्माण और लोकशक्ति का उद्‌गम दोनों ही इसके श्रेय हैं। जो लोग जनआंदोलन को लोकतंत्र विरोधी क़रार देते हैं। क़ानून निर्माण और लोकशक्ति भी पैदा कर सकते हैं, जैसे उनका अभाव मृत्यु की स्थिति। कांग्रेसी सरकार ने जो बारी-बारी इन दोनों स्थितियों को उकसाया है और कलह तथा मृत्यु के पाटों के बीच जीवन और सुलह को पीस डाला है।

संयुक्त समाजवादी दल और उससे संबंधित सरकार का काम होगा कि वह लोक जीवन से लोक के 50 लाख सामंती लोगों की जगह 50 करोड़ ज़िन्दादिल लोगों को उठाना है, कांग्रेस सरकार के भाषा, प्रदेश, जाति इत्यादि के टूट और विग्रह की जगह सारे देश को एक और अभेद्य करना है। लोक-भूषा, लोक-भवन और लोक-भोजन का निर्माण करना है; सामंती भाषा, भोजन, भवन और भूषा का विनाश करना है; 50 करोड़ के अभेद्य देश के निर्माण के लिए आवश्यक है कि संयुक्त समाजवादी दल और उससे संबंधित सरकार विशेष अवसर के सिद्धांत को अपनाए। जो सदियों से दबे और पिछड़े हैं और जिन्हें समाज की क्रूरताओं ने दिमाग़ी कामों से अलग रखकर दिमाग़ी लुंज बनाया है, जैसे औरत, शूद्र, हरिजन, आदिवासी, धार्मिक अल्पसंख्यकों की पिछड़ी जातियां, विशेष अवसर के अधिकारी इन नब्बे प्रतिशत जनता के लिए जीवन के विभिन्न विभागों के 60 प्रतिशत ऊंचे स्थान सुरक्षित रखे जाएंगे।

संयुक्त समाजवादी दल जनता और दल के सदस्यों को सावधान करता है कि वे पहली जन-सरकार के विभिन्न अंशों को यह सोचकर चुनें कि उनसे शपथ लेने के छह महीने के अंदर-अंदर कोई एक काम ऐसा कराना है जिससे जन-सरकार और कांग्रेस सरकार का फ़र्क सामने आ जाये। इस घोषणापत्र में ऐसे कामों का ठोस उल्लेख किया गया है। अच्छा हो ये सब अथवा अधिकाधिक काम किये जायें, किन्तु किसी एक काम का करना अनिवार्य हो; या यह एक काम हो अथवा पहली ग़ैर-कांग्रेसी सरकार जाये।

देश की रक्षा नीति का आधार होगा कि जिस तरह आदमी की सीमा है उसकी चमड़ी, उसी तरह देश की चमड़ी है उसकी सीमा। जिस तरह आदमी की चमड़ी पर आघात होने से वह तिलमिला उठता है, उसी तरह देश की सीमा पर हमला होने से सजीव राष्ट्र तिलमिला उठता है। कांग्रेस काल में ऐसा नहीं हुआ। संयुक्त समाजवादी दल और पहली ग़ैर-सरकार का काम होगा कि वह राष्ट्र को सीमा सुरक्षा का संकलन सिखायें। सुरक्षा के लिए ज़रूरी है एक संकल्प, दो अर्थ-शक्ति, तीन सेना-शक्ति। अर्थशक्ति बांह है और सेनाशक्ति मुट्ठी और पहली ग़ैर-कांग्रेसी सरकार की कोशिश होगी कि बांह लंबी हो और मुट्ठी कसी हो। क्योंकि बांह और मुट्ठी दोनों को ताक़त दिल देता है इसलिए सुरक्षा के लिए सर्वोपरि आवश्यक है संकल्प। जहां यह संकल्प मज़बूत होता है वहां बहुधा दुश्मन झांकते तक नहीं, इसलिए पहली जन सरकार का काम होगा उस संकल्प को सुदृढ़ बनाना। संयुक्त समाजवादी दल मानता है कि विश्व संसद और उसकी उत्तरदायी विश्व सरकार बनने के बाद राष्ट्रीय सीमाओं के प्रश्न को हल करने का अधिकार उन्हें भी मिल जाता है। तब तक अपनी भूमि का एक इंच भी किसी विदेशी को हथियाने नहीं दिया जायेगा। जन सरकार सैनिक संगठन में आमूल और चौतरफ़ा परिवर्तन करेगी; उसे आज़ाद देश के अनुरूप बनायेगी। युद्ध काल में सैनिक भर्ती लाज़मी और उमर समूहों के अनुसार होगी। इस सिद्धांत के तले कितने अन्य परिवर्तन किये जायेंगे। संयुक्त समाजवादी दल और उससे संबंधित सरकार का प्रयत्न होगा कि हिन्दुस्तान की इतिहास, प्रकृति और पड़ोस प्रदत्त सीमाओं को हासिल करे, कम से कम पन्द्रह अगस्त सन् सैंतालीस की।

जो देश अंदर से अशक्य है और अपनी कमज़ोरियों को हटाने के लिए पग नहीं उठता, उसकी विदेश नीति लम्बे अर्से के पैमाने पर नितांत अशक्य रहेगी। कांग्रेस सरकार की विदेश नीति देशहित और विश्वहित दोनों कसौटियों पर नितांत असफल रही है। उसने बिना पक्षपात अथवा बिनपसन्दगी के सिद्धांत को निरपेक्षता और बिनलगाव की नीति में बदल दिया। बिनलगाव, बिनपसन्दगी का एक अंश था और अंश को पूर्ण समझने की ग़लती से विदेशी नीति विकृत हो गई। बिनलगाव से आभास होता है प्रभुसत्ता का, वास्तव में असलियत ऐसी नहीं है। जो देश मन से और असल में प्रभुसत्ता संपन्न हैं वे अपनी चाल चलते हैं, अपनी शक्यता और मात्रभेद इत्यादि को समझते हुए जिन देशों की स्थिति डांवाडोल है, विशेषकर जिनका मन अस्थिर है, वे दूसरे शक्तिशाली देशों की चाल हमेशा देखते रहते हैं और अपनी आज़ादी इसी में समझते हैं कि वे

किस-किस देश से क़दम मिलायें अथवा नहीं; हां या ना करने की इस शक्यता को कभी-कभी आज़ादी और निरपेक्षता समझ लिया जाता है। वास्तव में आज़ादी और प्रभुसत्ता निखरती है जब देश और उसके लोग साधन और उद्‌देश्य की स्वतंत्र नाप-तौल करके अपनी चाल स्वयं निर्धारित करते हैं। पहली जन सरकार स्वतंत्र विदेश नीति के इस स्वतंत्र चिंतन के खम्भे को मज़बूत बनायेगी। नई दुनिया के निर्माण के लिए अमरीका-रूस दो शक्तिशाली देशों के बीच पक्षपात की नीति बरतेगी और बिना किसी पूर्व आग्रह के उन लोगों और सरकारों से बिन पक्षपात अपेक्षा करेगी कि वे सहयोग करें।

उधार अस्त्र, उधार कारखाने, उधार धन, उधार अन्न और उधार चिंतन ने विदेश नीति को उखाड़ दिया है। विदेश नीति को सुधारने का पहला पग है उधार चिंतन का खात्मा और स्वतंत्र चिंतन का आरंभ लेकिन यह पग तभी उठ सकता है, जब उधार अन्न आना बंद हो और उधार धन पर आश्रय न हो।

संयुक्त समाजवादी दल के लिए संसार से ग़रीबी मिटाने का कार्य उसी सिक्के का दूसरा चेहरा है जिसका एक चेहरा अनुचित ढंग से ज़्यादा विख़्यात हो चुका है, संसार के निरस्त्रीकरण का कार्यक्रम। क्योंकि अभी तक रंगीन दुनिया में स्वतंत्र चिंतन शुरू नहीं हुआ है, इसलिए साम्राज्यशाही का सबसे विकराल रूप, उत्पादन की असमता, लोगों की ज़बान पर नहीं चढ़ा है। संयुक्त समाजवादी दल और उससे संबंधित सरकार इस सवाल को दुनिया की महफिलों में उठायेगी और दुनिया के शक्तिशाली अंग को मज़बूत करेगी कि या वह मानव-कुटुंब की बात करना बंद कर दे और नहीं तो इस बात का सामना करे कि भारत अथवा इथियोपिया के साठ मिनट, चीन के चालीस, रूस के छह और अमरीका के तीन मिनट में उत्पादन के हिसाब से क्रूर समता है। दक्षिण अफ़्रीकी और रोडेशिया जैसे जाति असमता के प्रश्नों पर पहली जन सरकार कारगर पग उठायेगी।

विभाजित देशों विशेषकर भारत-पाक विभाजन के प्रश्न पर संयुक्त समाजवादी दल और उससे संबंधित सरकार महासंघ अथवा एकीकरण के अपने स्पष्ट मत को चलायेगी। जहां यह सरकार स्तर पर संभव न होगा, वहां लोक तथा उनके दल अथवा संस्थायें यह काम आगे बढाएंगे।

समाजवादी दल बरसों से चिल्ला रहा है कि अकाल और कांग्रेसी सरकार जुड़वा भाई-बहन हैं। वैसे अकाल वार्षिक घटना बन गया है, इस 1966-67 के साल बिन खाये तड़पते लाखों लोगों के मरने की संभावना है; दिन-रात अकाल की राजनीति करने वाली और जनतंत्री विरोधियों को विध्वंसक करार देने वाली सरकार भूख़ से मृत्यु होते ही सब दलों से राजनीति बंद करने का चौतरफ़ा निवेदन करने लगती है। संयुक्त समाजवादी दल साफ करता है कि वह कारगर राहत कामों में, जब तक हो, जहां कहीं हो, मदद देता रहेगा, किंतु भूखों मरने के बदले और पहले अकालकर्ता के खिलाफ़ जनता के रोष को संगठित और प्रकट करना, चुनाव अथवा आंदोलन के ज़रिये, अपना पुनीत कर्तव्य समझता रहेगा।

कांग्रेस सरकार अकाल की सरकार है। यह झूठ और बेईमानी की सरकार है। परमार्थ और सर्वोदय का विनाश करके विशुद्ध स्वार्थ, सम्पत्ति संचय और फ़िज़ूलख़र्ची की सरकार है। कांग्रेस सरकार राष्ट्र की शरम की सरकार है। सिकुड़ती सीमाओं और भूमि की सरकार है, ऐसी भी भूमि जो दुश्मनों के कब्ज़े में चली गई और जो देश के नक़्शे से हटा दी गई। उद्योगीकरण के नाम को बेचकर जिंदा रहने वाली यह सरकार ग़रीबी की सरकार है। सामंती भाषा को अपनाकर लोक भाषाओं को मारने वाली यह सरकार है। प्रदेश, भाषा, जाति, धर्म के अलगाव और झगड़ों को बढ़ाकर देश को छिन्न-भिन्न करने वाली यह देशतोड़क सरकार है। समाजवाद का मंत्र जप कर आमदनी और ख़र्चों के हजारों और नित नये-नये स्तर कायम करने वाली एकात्मता-द्रोही और बगुला भगत सरकार है। सरकार और व्यवस्था के नाम पर लोगों पर प्रायः रोज गोली चलाने वाली यह सरकार राजदंड पर इतना आश्रित हो चुकी है कि इसकी मातहती में मनमानी, उच्छृंखलता, कानून-भ्रष्टता, कत्ल बढ़ते जा रहे हैं और व्यवस्था तथा क़ानून का निरंतर कटाव होता जा रहा है। जनता उबकर त्राहि-त्राहि कर रही है और इस सरकार का अंत चाहती है।

संयुक्त समाजवादी दल ने इस ऊब की अगुवाई की है। इसीलिए उसने केवल तालमेल से लेकर मोर्चे के रास्ते मिलन तक के कार्यक्रम विभिन्न विरोधी दलों के सामने रखे हैं। सरकारपरस्त लोगों ने इसीलिए उस पर अवसरवादिता और सिद्धांतहीनता का आरोप लगाया है, जबकि सही यह है कि सम्पत्ति और आमदनी तथा रूस, अमरीका, चीन तथा हिन्दू-मुसलमान संबंधी सिद्धांतों और कार्यक्रमों में इसमें रत्ती भर अवसरवादी हेरफेर नहीं किया और देश के किसी भी दल की अपेक्षा किसी भी निराकार सिद्धांत और साकार कार्यक्रमों में इसने रत्ती-भर अवसरवादी हेरफेर नहीं किया और देश के किसी भी दल की अपेक्षा इसके निराकार सिद्धांत और साकार कार्यक्रम में ज्यादा मेल है। संयुक्त समाजवादी दल ने तालमेल का कार्यक्रम इसलिए अपनाया कि गरीबी, अकाल, भ्रष्टाचार और राष्ट्रीय शर्म की सरकार जल्दी हटाई जा सके और जनता के ऊब का सक्रिय और सिद्धांत में संगठन हो ताकि विभिन्न विरोधी दल सुधरें अथवा टूटें। संयुक्त समाजवादी दल स्वयं सुधरना अथवा हटना चाहता है और अन्य विरोधी दलों को इसी पद पर चलने के लिए निमंत्रण देता है। मार्ग में अभी बहुत मोड़ आ सकते हैं। किंतु यह भी संभव है कि पहली मंज़िल की सफलता अब दूर न हो। पचास करोड़ लोगों के जीवन और सुलह के लिए समता और संपन्नता के लिए उनके अभेद देश के लिए संयुक्त समाजवादी दल उनके सामने प्रार्थी के रूप में खड़ा है। ताकि वे उसे अपना नौकर और रक्षक बनायें।

परिशिष्ट 3

लोक-सभा में लोहिया

कन्नौज लोक सभा क्षेत्र के लोग गर्व कर सकते हैं कि उनका प्रतिनिधि वह आदमी है जिसकी आवाज में एक तरफ तो देश की आत्मा बोलती है, दूसरी तरफ उन्यास करोड़ गरीब-दुखियों का दर्द, जिनकी जिन्दगी आज जानवरों से भी बदतर हो गई है।

देश बंटा है, सीमाएं टूटी हैं। लोकसभा में लोहिया का मतलब है एक ऐसी ताकत जो देश को फिर से एक करने की तरफ बढ़ेगी, जो संकल्प और देश के उद्योग-धंधों की ताकत को बना टूटी सीमाओं को जोड़ कर अभेद्य बनाने का रास्ता देगी।

लोकसभा में लोहिया का मतलब है देश के दबे पिसे लोगों के लिए विश्वास और उम्मीद की नई किरन, खेती और कारखानों को बनाने का एक ठोस कार्यक्रम, समता और सम्पन्नता की मजबूत आवाज, यानी—

● लगान खतम हो ● सारी खेती क सिंचाई की लिए सात साला योजना ● सभी के निजी खर्चों पर १५०० मासिक की सीमा ● दाम बधें : कारखानों की जरूरी चीजों के लागत और दुलाई खर्च के ड्योढ़े पर; अनाज के दाम में दो फसलों के बीच उतार-चढ़ाव बीस फीसदी के अन्दर ● सब बच्चों की एक जैसी पढ़ाई ● सरकारी काम काज में अंग्रेजी का खात्मा।

कांग्रेस हटाओ  **देश बचाओ**

बरगद पर मोहर लगाओ

संयुक्त सोशलिस्ट पार्टी

के

लोक-सभा के उम्मीदवार डा० राममनोहर लोहिया।

उमरवा विधान सभा के उम्मीदवार होरी लाल यादव

के बरगद निशान पर मोहर लगाइये।

राज आर्ट प्रेस दिल्ली

प्रकाशक

संयुक्त सोशलिस्ट पार्टी

1967 मे चुनाव प्रचार के दौरान डॉ. लोहिया की अपील

Please vote for Congress.

काँग्रेस को वोट दीजिये

کانگریس کو ووٹ دیجیے

Indira Gandhi

इन्दिरा गांधी

اندرا گاندھی

5.2.67

1967 के आम चुनावों में तत्कालीन प्रधानमंत्री श्रीमती इंदिरा गांधी की अपील खुद उनकी ही कलम से तीन भाषाओं में

उ० प्र० से लोक सभा के संसोपा उम्मीदवारों की सूची

३०६ २- गढ़वाल श्री चरन सिंह सुमन १५
३०८ ४- नैनीताल ,, अब्दुल लतीफ सिद्दीकी १५,१६,१८,२१
~~६- मुरादाबाद ,, भारत सिंह~~
३०९ ९- बदायूं ,, मुंशी टीकाराम १५,१६,२१
३१० ११- शाहजहांपुर ,, लालनदास (एम० पी०) १५,१६,१८
३०१ १६- सीतापुर ,, बच्चूलाल यादव १६,२१
३०२ १७- मिसरिख ,, मूल चन्द्र १५,१६,१८
~~२२- रायबरेली ,, [illegible]~~
३१२ २३- प्रतापगढ़ प्रो० वासुदेव सिंह १५,१६,१८
३१३ २४- अमेठी ,, अम्बिका प्रसाद पाण्डे १५,१६
३०५ २८- रामसनेही घाट ,, शिव कैलाश १५,१६,१८,२१
३०४ २९- बाराबंकी ,, राम सेवक यादव (एम०पी०) १६,१८,२१
~~३२- गोण्डा ,, सत्यदेव त्रिपाठी~~
३१४ ३६- खलीलाबाद ,, कुमारी सरस्वती अम्मल १६,१८
३१५ ३७- बांसगांव ,, मोल्हू प्रसाद १५,२१
३१६ ३८- गोरखपुर ,, जे० बार० खटनानी १६,१८,२१
३४९ ३९- महाराजगंज ,, मदत पाण्डे १६,१८
३१८ ४०- पडरौना ,, राम सुमन वर्मा १५,१६
३१९ ४१- देवरिया ,, रामेश्वर लाल १६,१८
३२० ४२- सलेमपुर ,, रामनरेश २१
३२१ ४३- बलिया ,, रामेश्वर सिंह १५,१६,१८
३४४ ४४- घोसी ३५४ कल्पनाथ राय १८,२१
३४५ ४५- आजमगढ़ ३५३ विश्राम राय १५,१६
३२३ ४६- लालगंज ,, विश्राम प्रसाद (एम० पी०) १५,१६,१८
३२४ ४८- सैदपुर ,, गजाधर प्रसाद १५,१६,२१
३४८ ५१- चन्दौली ,, निहाल १५,१६,१८
३२६ ५३- राबर्ट्सगंज ,, [illegible] विद्यार्थी १५,१६,२१
३२७ ५४- मिर्जापुर प्रो० विजयदेवनारायण शाही १८,२१
३२८ ५५- फूलपुर ,, जनेश्वर मिश्र १८,२१
३२९ ५६- इलाहाबाद ,, सालिगराम जायसवाल (एम०एल०ए०) १५,१६

३३० ६२- जालौन श्री पूरन प्रसाद १५,१६,१८,२१
३४६ ६३- घाटमपुर ,, मदारीलाल १५,१६
३३१ ६४- बिल्हौर ३५६, जगदीश अवस्थी १५,१६,१८,२१
३०३ ६६- इटावा ,, अर्जुन सिंह भदौरिया १६,१८,२१
३३२ ६७- कन्नौज डा० राममनोहर लोहिया (एम०पी०) १५,१६,१८,२१
३३३ ६८- फर्रुखाबाद श्री बृजराज सिंह १५,१६
३४३ ६९- मैनपुरी ,, ~~श्रीकृष्ण दीक्षित~~ महमूद १६,१८,२१
३४६ ७०- कासगंज ३५५ वशीर [illegible] १५,१८,२१
३३५ ७२- फिरोजाबाद ,, शिवचरन (एम०एल०ए०) १८,२१
३०६ ७४- मथुरा ,, बलबीर सिंह [illegible] १५,१६,१८,२१
३३६ ७५- हाथरस ,, [illegible] प्रकाश १५,१६
३३८ ८०- मेरठ ,, महाराज सिंह भारती १५,१६
३३९ ८२- मुजफ्फरनगर ,, रामप्यारी त्यागी १६,१८,२१
३४१ ८३- कैराना ३५६, गय्यूर अली खाँ १५,१६
३४२ ८४- सहारनपुर ,, संगत सिंह १५,१६,१८,२१
३६६ ४८- जौनपुर " राजपति सिंह १५,१८
३६४ १० - आंवला " हरिशचन्द्र सिंह १६,१८,२१
३६२ २६- अकबरपुर रामधनी १५,१६

उत्तर प्रदेश विधान सभा के [illegible] उम्मीदवारों की सूची

क्रम	क्षेत्र	उम्मीदवार	क्रम	क्षेत्र	उम्मीदवार
३-२४६	देवप्रयाग २२६	श्री सूरत सिंह सजवाण १५, १८, २१	३३ ७६-	महमूदाबाद	श्री गोमती प्रसाद वर्मा १८
२ ६-२०२	डीडीहाट	,, चन्द्र सिंह गर्ब्याल १५	३४ ७७-	[illegible] २२६	,, विश्राम १८
३ ११-	अल्मोड़ा	,, सोबन सिंह अधिकारी १८	३० ७९-	लहरपुर	,, हरगोविन्द वर्मा १६
४ १२-	बागेश्वर	,, भूमित्र आर्य १५	३१ ८०-	हरगांव	,, पूरनलाल चौधरी १६
२०१ १३-	द्वाराहाट	,, रामदत्त मठपाल १५	३५ ८१-	मिसरिख	,, डा० अवधेश सिन्हा (एम०एल०ए०) १५
५ १५-	नैनीताल	श्रीमती बसन्ती देवी १८	३६ ८२-	मछरेहटा	,, नत्थूलाल १५
६ १७-	काशीपुर	,, मोहम्मद इस्लाम कुमार २१	३७ ८३-	बेनीगंज	,, नरायन लाल १६
७ १८-	नूरपुर	,, मुकुन्दी सिंह १८	३८ ८६-	हरदोई	,, रामपाल सिंह २१
८ १९-	धामपुर	,, कुलमणि सिंह १५	२७ ८९-	शाहाबाद	,, नरेन्द्रपाल सिंह १८
१४५ २०-	अफजलगढ़	,, जिलेश कुमार १५	~~४० ९०-~~	~~बिलग्राम~~	~~,, विश्रामप्रसाद यादव~~ रनारि
१४६ २२-	नजीबाबाद	,, यशपाल सिंह २१	५६ ९३-	उन्नाव	,, सत्यनारायण जायसवाल १
८ २७- ४२	हसनपुर	,, रमाशंकर कौशिक १५	५७ ९५-	भगवन्त नगर	,, सत्यनारायण यादव २१
२१६ २८-	गंगेश्वरी	,, रघनलाल सहदेव १५	४१ १०२-	लखनऊ मध्य	,, ज्ञानेन्द्र निगम १५
१० ३०- ४६	बिलारी	,, बोधा सिंह २१	१४८ १०३-	लखनऊ पश्चिम	,, राम चन्द्र १५
११ ३१-	चन्दौसी	,, देवेन्द्र १६	५४ १०५-	सरोजनीनगर	,, रामशरण यादव १८
१२ ३३- ५५	मुरादाबाद देहात	,, रईस अहमद १६	५५ १०६-	मोहनलालगंज	,, श्रीराम २१
१३ ४१-	गुन्नौर	,, लायक सिंह यादव १६	१०७-	बछरावाँ	,, शिवदर्शन २१ / ~~,, भगवानदीन एम०एल०ए०~~
१४ ४२-	सहसवान	,, नाथूराम शर्मा १५	५२ १०८-	तिलोई	,, रामबहादुर सिंह १६
१५ ४४-	बदायूं	,, राधेश्याम २१	४६ १०९-	रायबरेली	,, राऊरदीन १८
१६ ४७-	बिनावर	,, नत्थू सिंह १८	४७ ११०-	सतांव	,, रामकृष्ण अवाची १८
१७ ५२-	बरेली शहर	,, सुशीला सक्सेना १८	४८ १११-	सरेनी	,, विन्दालाल मंडल १५
१८	बरेली कैन्ट	,, सूब चन्द १८	२१५ ११२-	डलमऊ	,, शम्भूनाथ यादव १६
१९ ५८-	बीसलपुर	,, जयदेव प्रसाद गंगवार १८	५३ ११३-	सलोन	,, शिव प्रसाद पासिया २१
२१ ६०-	पूरनपुर	,, सन्तोष कुमार २१	५१ ११४-	रोखा	,, रामआसरे विन्दा १५
२२ ६१-	पोवायां	,, सुन्दर लाल १५	५८ ११५-	कुन्डा	,, हरपाल पटेल १५
२३ ६२-	निगोही	,, ज्ञाराम १५	५९ ११६-	बिहार	,, गया प्रसाद १६
५८ ६३-	तिलहर	,, अमर सिंह / ~~,, रूप सिंह~~ १८	६० ११७-	रामपुर खास	,, तेजभानु (एम०एल०ए०) १५
२५ ६४-	जलालाबाद	,, कन्हई सिंह १८	६१ ११८-	लक्ष्मनपुर	,, बैजनाथ पाल १६
२६ ६५-	ददरौल	,, देव नारायण भारती १६	२१८ ११९-	प्रतापगढ़	,, देवी शरण शुक्ल १८
२८ ७४-	बेहटा	,, सोबरनलाल २१	२१९ १२०-	बीरापुर	,, रामदेव दुबे १८
६१६ ७५-	बिसवां	,, गनपतराम २१	२२० १२१-	पट्टी	,, भगवत प्रसाद २१

(२)

१२३- गौरीगंज श्री साधुराम मौर्य १५
६३ १२४- जगदीशपुर ,, गयादीन १५
६४ १२५- अमेठी ,, शिव प्रसाद १६
६५ १२६- जयसिंहपुर ,, शीतला प्रसाद सिंह
६६ १३२- भठालपुर ,, उदितनारायण शुक्ल १५
६७ १३३- अलीगंज ,, बदलूराम १५
६८ १३४- टांडा ,, गंगाशरण मिश्र १६
६९ १३६- बीकापुर ,, चिन्तामणि मिश्र २१
७० १४०- रुदौली ,, हरिकरननाथ सिंह १५
७१ १४१- दरियाबाद ,, मसूद हसन नुमानी १६
७२ १४२- सिधौर ,, राधेश्याम रावत १६
७३ १४३- हैदरगढ़ ,, जंग बहादुर वर्मा १५
७४ १४४- मसौली ,, मुन्नीलाल वर्मा १८
७५ १४५- नवाबगंज ,, कान्तराम जायसवाल
७६ १४६- फतेहपुर ,, नन्दलाल कुरील २१
७७ १४७- रामनगर ,, रामबालक वर्मा २१ (एम०एल०ए०)
७८ १४८- कैसरगंज ,, प्यागनारायण यादव १५
७९ १४९- गैसड़ी ,, अब्दुल्लाह १५
८० १६१- सादुल्लानगर ,, इकबाल अहमद १६
८१ १६२- मनकापुर श्रीमती गंगाजली देवी १८
८२ १६४- गोन्डा ,, माधवी [illegible] १८
८३ - कर्नलगंज ,, मोलू सिंह २१
८४ - तरबगंज ,, गोविन्द शरण २१
८५ १७०- मदका ,, दीन दयाल १८
२०४ १७४- डुमरियागंज ,, अब्दुल अजीज १६
२०५ १७६- बैसरहा ,, त्रिलोकी नाथ १६
२०६ १८०- रुदौली ,, ढोढ़े गिरि १६
२०७ १८२- खलीलाबाद कुमारी [illegible] अहमद १८
२०८ १८३- हैसर बाजार ,, बहादुर प्रसाद १८
२०९ १८४- बांसगांव ,, जगदीश सिंह १५
२१० १८५- धुरियापार ,, रामपति १५
२११ १८६- चिल्लूपार ,, श्यामनारायण सिंह १५
२१२ १८७- कौड़ीराम ,, दर्शनी कुमार शुक्ल १५
२१३ १८८- फगहा ,, रामपति २१

२१४ १८९- पिपराइच श्री मधुकर दिघे १८
१९१- मनीराम ,, सुभाषचन्द्र उपाध्याय २१
२२२ १९२- सहजनवा ,, रामचरण मिश्र १६
२२५ १९६- सिसवा ,, मदन पाण्डेय १८
४२ १९८- श्यामदेउरवा ,, [illegible] शर्मा १८
२४१ १९९- नौरंगिया ,, जगबहादुर १५
२४२ २००- रामकोला ,, षष्ठी सिंह १५
२४३ २०१- हाटा ,, [illegible] (एम०एल०ए०) १६
२४४ २०२- पडरौना ,, रामशरणमणि १५
२४५ २०३- सेवरही ,, इन्द्रासन सिंह १५
२४६ २०४- फाजिलनगर ,, रामधारी शास्त्री १६
२४७ २०५- कुशीनगर ,, रामनरेश पाण्डे १६
२४८ २०६- गौरी बाजार ,, कमला सिंह १८
२४९ २०७- रुद्रपुर ,, बसन्तलाल १८
२५० २०८- देवरिया ,, कृष्णाराम (एम०एल०ए०) १८
२५१ २०९- भाटपाररानी ,, हरिवंश २१
२५२ २१०- सलेमपुर ,, हरिकेवल प्रसाद २१
२५४ २११- बरहज ,, उग्रसेन सिंह (एम०एल०ए०) २१
२६२ २१२- नाथुपुर ,, मंगलदेव विशारद (एम०एल०ए०) २१
२६३ २१३- घोसी ५६० ,, विष्णुदेव २१
१४२ २१४- सगड़ी ५६८ ,, रामकुंवर (एम०एल०ए०) १८
२६६ २१५- गोपालपुर ५६६ ,, [illegible] सिंह १६
२६६ २१६- आजमगढ़ ,, भीमा प्रसाद (एम०एल०ए०) १६
२७२ २१७- रानीकीसराय ५६६ जितेन्द्रनाथ मिश्र १६
२१८- अतरौलिया ५६५ मारकण्डे १५
२८० २१९- फूलपुर ,, दीपलाल (एम०एल०ए०) १५
२८१ २२०- मार्टिनगंज ,, सीताराम १५
२८२ २२१- मेंहनगर ५६१ ,, नरेश १६
१३८ २२२- लालगंज ,, गजराज सिंह १५
१४० २२३- मुबारकपुर ,, मामी १८
२८५ २२४- मुहम्मदाबाद गोहना ,, श्यामलाल १८
१४१ २२५- मऊ २२५ ,, [illegible] २१

(कु० प० उ० ---३)

(३)

२६६– रसड़ा २६४ श्री हरेराम १८

२४५ २२७– सियार ,, शिवलाल यादव २१

२५६ २२८– सिकन्दर ,, रामाशा यादव १८

२६७ २३०– बांसडीह ,, काशीनाथ मिश्र १५ (एम०एल०ए०)

२६८ २३१– दोआबा ,, डा० बैजनाथ यादव १५

२६९ २३२– बलिया ,, शम्भूनाथ चौधरी १६

२६१ २३३– कोपाचिट्ट ,, रामनगीना सिंह १६

२८० २३४– कासिमाबाद ,, रामसुन्दर सिंह १८

२८१ २३५– मुहम्मदाबाद ,, उमाशंकर राय १८

२३६ २३९– जमानिया ,, श्रीराम २१

२८८ २४०– सदात ,, कालीचरण सिंह १५

२८८ २४१– सैदपुर ,, मूलचन्द १५

२८३ २४२– धानापुर ,, बैजनाथ सिंह १५

२८४ २४३– चन्दौली ,, चन्द्र शेखर सिंह १५

२८५ २४४– चकिया ,, बैजनाथ १५

२८६ २४५– मुगलसराय ,, उमाशंकर तिवारी १६

२८७ २४६– वाराणसी छावनी ,, मृगनाथ १८

३०० २५२– चौराई ,, गया प्रसाद (एम०एल०ए०) २१

१०३ २५३– ज्ञानपुर ,, अब्दुल वहाब २१

१३ २५६– मड़ियाहू ,, श्याम कार्तिक १८

१४४ २५७– केराकत ,, जंग बहादुर २१

१३२ २६– रारी ,, विश्वनाथ सिंह १८

२८७ – शाहगंज ,, नौरंगी १५

१३६ २६६– रावर्टसगंज ,, राम दुलारे १५

१३४ २६७– राजगढ़ ,, फूलचन्द १६

२८८ २६८– चुनार ,, शिवदास तिवारी १५

२८८ २६९– मझवा ,, राम अवतार १६

१०४ २७०– मिर्जापुर २२५, अश्विनी कुमार चतुर्वेदी १८

१०५ २७१– छानबे ,, कुंवर विश्वामित्र १८

११६ २७२– मेजा ,, शिव प्रसाद १५

१०६ २७३– करछना ,, कै० पी० तिवारी १५

१०७ २७४– बारा ,, सत्यनारायण पाण्डेय (एम०एल०ए०) १५

१०८ २७५– बहादुरपुर ,, रूपनाथ सिंह १८

१०९ २७६– हंडिया श्री राजितराय पांडे २१

११० २७७– प्रतापपुर ,, श्याम सूरत २१

११५ २७८– सोरांव ,, रामदुलारे पटेल २१

१११ २७९– कौड़िहार ,, श्याम लाल २१

११२ २८०– इलाहाबाद उत्तरी ,, रामाधार यादव १६

११३ २८१– इलाहाबाद दक्षिणी ,, कल्याण चन्द्र मोहिले (एम०एल०ए०) १६

११४ २८२– इलाहाबाद पश्चिम ,, मरकण्डे लाल चौहान १६

११६ २८३– चायल ,, रामदुलारे १८

११८ २८४– मंझनपुर ,, भैरो प्रसाद सरोज १८

२४५ २८५– सिराथू ,, रामचरण त्रिपाठी १८

१२१ २८७– किशनपुर ,, बागेश्वर २१

१२२ २८८– हसवा ,, सुखलाल १८

१२८ २८९– फतेहपुर ,, दीपनारायण सिंह (एम०एल०ए०) १६

१२९ २९०– खजुहा १५०,, वंश गोपाल १५

१३० २९१– बिन्दकी १९६, अमरनाथ उर्फ मुन्नूबाबू १६

२३६ २९३– घाटमपुर ,, बाबू बदी १८

२३७ २९४– बिल्हौर ,, रामविलास गुप्ता १८

२३८ २९५– कानपुर कैन्ट,, रेवा शंकर त्रिवेदी १८

२३२ २९८– सरसौल ,, मोतीलाल अवस्थी १५

२२८ २९९– घाटमपुर ,, शिवनाथ सिंह (एम०एल०ए०) १५

२२९ ३००– भोगनीपुर ,, केशरीलाल १५

२३० ३०१– राजपुर ,, रामस्वरूप वर्मा १६

२३३ ३०२– सरवनखेड़ा ,, चन्द्र दत्त त्रिपाठी १६

२३४ ३०३– चौबेपुर ,, बलजीत सिंह यादव २१

२३५ ३०४– बिल्हौर ,, मोतीलाल देहलवी २१

२३१ ३०५– डेरापुर ,, रामपाल सिंह यादव १६

८२ ३०६– औरैया ,, भारत सिंह चौहान १५

६६ ३०७– अजीतमल ,, रामचरण दोहरे १६

८३ ३०८– लखना ,, कन्हैया लाल दोहरे १८

८० ३०९– इटावा ,, लाल सिंह वर्मा २१

६८ ३१०– जसवन्तनगर ,, मुलायम सिंह १८

८१ ३११– बिधूना ,, राम अधार १५

(कु० प० उ० –––४)

(४)

८०३१२- मथना श्री सहदेव सिंह (एम०एल०ए०) ९६ — ८६ ३६७- छाता श्री लक्ष्मी सिंह (एम०एल०ए०) ९५

२४० ३१३- कन्नौज ,, बिहारीलाल ९८ — ३६८- मांठ ,, राधेश्याम (एम०एल०ए०) ९५

२४१ ३१४- उमरधा ,, होरीलाल यादव (एम०एल०ए०) २१ — ८८ ३६९- गोकुल ,, [illegible] सिंह ९६

— ९० ३७०- सादाबाद ,, नागेन्द्र सिंह ९६

२४२ ३१५- छिबरामऊ ,, श्याम सिंह यादव ९८ — ५२८ ३७२- सासनी ,, रतन सिंह ९६

२४३ ३१६- कमाल गंज ,, अनवार अहमद ९६ — ५३१ ३७४- गंगीरी ,, अनीसुर्रहमान ९५

२४६ ३१७- फर्रुखाबाद ,, शिव शरण लाल दुबे ९५ — ५३२ ३७५- अतरौली ,, भगवान दास ९५

२४८ ३१८- कायमगंज ,, सैयद मोहम्मद कबीरशाह ९५ — ५३२ ३७६- अलीगढ़ ,, हफीजुर्रहमान २१

२५० ३१९- मुहम्मदाबाद ,, नारायण सिंह ९६ — ५३४ ३८०- चन्दौस ,, महावीर सिंह ९८

[illegible] ३२[illegible]- नरौनी ,, चन्द्रभान सिंह आजाद २१ — ५३५ ३८१- बैर ६०१ ,, कंवन सिंह ९६

५०१ ३२[illegible]- हमीरपुर ,, निर्भय सिंह ९५ — ५३६ ३८२- खुर्जा ,, राधेश्याम शर्मा ९५

५०२ ३२[illegible]- राठ ,, वंशीधर ९६ — ५३६ ३८३- जहांगीर ६०२ ,, चन्दन सिंह ९६

५०३ ३३[illegible]- ललितपुर ४९३ ,, चमनलाल ९५ — ५३८ ३८५- अनूपशहर ६०३ ,, बदन सिंह २१

५०४ ३३६- कौंच ,, कामता प्रसाद वर्मा ९५ — ५४० ३८६- सियाना ६०४ ,, सुरवन सिंह २१

५०६ ३३७- उरई ,, अमरचन्द ९६ — ५३८ ३८८- सिकन्दराबाद ६०३ ,, उपेन्द्र पाल सिंह ६०६ [illegible] ९५

५०६ ३३८- काल्पी ,, मन्नीलाल अग्रवाल ९८ — ५४२ ३९१- गाजियाबाद ,, प्यारे लाल ९८

५१० ३[illegible]- किशनी ५५८ ,, शिवराज सिंह ९५ — ५४३ ३९३- मोदी नगर ,, सरयू प्रसाद त्यागी ९८

५११ ३४२- करहल ,, रामबरन ९६ — ५५६ ३९९- किठौर ,, मंजूर अहमद ९६

५१२ ३[illegible]- शिकोहाबाद ,, सत्य पाल सिंह ९८ — ५४४ ४००- मेरठ ,, अब्दुल मजीद ९५

५१३ ३४५- घिरोर ,, रामस्वरूप ९८ — ५४१ ४०१- मेरठ कैन्ट ,, वीरेश्वर त्यागी ९५

५१४ ३४६- मैनपुरी ,, सीताराम यादव ९६ — ५४८ ४०७- खतौली ५६५ ,, रघुवीर सिंह त्यागी ९८

५१५ [illegible]- सोरी ,, मथुरा प्रसाद ९८ — ५४६ ४०९- मोरना ५६६ ,, भगवीर सिंह २१

५१६ [illegible]- कासगंज ,, कम्मन सिंह ९८ — ५४८ ४१३- पवन ५६७ ,, मक्खन सिंह ९५

५१८ ३५१- एटा ,, राजेन्द्र पाल सिंह ९६ — ५५० ४१५- सरसावा ५८१ ,, रामशरण ९६

५१८ ३५३- निधौलीकलां ,, हुकुम सिंह २१ — ५४८ ४१६- नागल ५६८ ,, बुद्धी सिंह ९५

५२० ३५४- जलेसर ,, रतन लाल २१ — ५५१ ४१९- छुटमलपुर ५८७ ,, मौलड़ सिंह ९८

५२१ ३५५- फिरोजाबाद ,, मक्खन सिंह यादव ९८ — ५५२ ४२०- मुजफ्फराबाद ५८८ ,, मुस्लिम [illegible] २१

५२२ ३५६- बाह ,, रघुवशी २१ — ५५३ ४२२- लक्सार ५८५ ,, भरत सिंह ९५

५२४ ३५७- फतेहाबाद ,, हुकुम सिंह परिहार २१ — ५५५ ४२३- हरिद्वार ५८६ ,, रामबाबू ९५

५२५ ३५८- टूण्डला ,, मुल्तान सिंह (एम०एल०ए०) ९८

समर्थित उम्मीदवार

-------०००-------

५२६ ३५९- दयालबाग ,, राजेश कुमार सिंह ९८ — २२३ १६३- पनियारा श्री रामकृष्ण पाण्डेय ९६

२२४ १६५- लक्ष्मीपुर ,, अब्दुल हक फरीदी ९६

५२७ ३६२- आगरा पश्चिम ,, मथुरा प्रसाद ९६ — २५८ २५८- [illegible] ,, [illegible]नारायण सिंह (एम०एल०ए०) २१

५०२ ३४०- [illegible] ,, [illegible] सिंह ९५

५२८ ३६४- फतेहपुर सीकरी ,, जिदा सिंह ९५ — ३९७- [illegible] ,, शिवदान सिंह एम०एल०ए०

५४६ ४१२- बलदावल ५६६ ,, हरिश्चन्द्र ९६

८५ ३६५- गोवर्धन ,, शिवचरन ९८ — ५५८ ४२५- मंसूरी ,, [illegible] ९६

३५८- [illegible] ,, [illegible] ९५

:[illegible]:

दिनांक : २० जनवरी, ६७

([illegible] अली),
राज्य मन्त्री, संसोपा, उ०प्र०
लखनऊ, उ० प्र० ।।

परिशिष्ट 6

संयुक्त सोशलिस्ट पार्टी

उत्तर प्रदेश राज्य कार्यालय
लीला निवास, पान दरीबा

लखनऊ 10 अप्रैल, 67

सभी ज़िला एवं क्षेत्रीय मंत्रियों, विधायकों तथा प्रमुख साथियों के नाम :

प्रिय साथी,

मुझे आपको सूचित करते हुए हर्ष हो रहा है कि आदरणीय डॉ. राममनोहर लोहिया जी की भविष्यवाणी सत्य सिद्ध हुई और गत् आम चुनावों में कांग्रेस को सरकार बनाने के लिए पर्याप्त बहुमत नहीं प्राप्त हुआ। यह भी साफ़ हो चुका है कि, भारतीय गणतंत्र की अधिक से अधिक इकाइयां कांग्रेसी कुशासन से मुक्त होकर सर्वदलीय, संयुक्त सरकारों के तत्वावधान में अपनी उलझनों, समस्याओं तथा कांग्रेसी कुशासन से निबटने में लगी हुई है।

हमारे प्रदेश में अल्पमत में होते हुए भी जिस अप्रजातांत्रिक ढंग से निर्दलीय विधायकों का सहयोग प्राप्त कर कांग्रेस ने सरकार का गठन किया था तथा उसे बरक़रार रखने के लिए जिस प्रकार प्रदेश में शोषक वर्ग के विपुल साधनों का प्रयोग किया, यह इस प्रदेश में ही नहीं बल्कि, सारे संसार के प्रजातंत्र के इतिहास में अत्यन्त घृणित अध्याय के रूप में अंकित होगा। परन्तु जनता के सहयोग तथा सभी विरोधी दलों की दृढ़ता के कारण उक्त सरकार को अपदस्थ होना पड़ा और डॉ. लोहिया की दूसरी भविष्यवाणी भी सत्य सिद्ध हुई, जिसके फलस्वरूप राज्य में प्रथम ग़ैर-क़ांग्रेसी मंत्रिमंडल का गठन संभव हुआ। आज हमारे प्रदेश में चौधरी चरण सिंह के नेतृत्व में सर्वदलीय विधायक दल का मंत्रिमंडल बन चुका है। जिसमें पार्टी की तरफ़ से पांच लोगों ने शिरकत की है।

हमारी पार्टी के साथी प्रभुनारायण सिंह उद्योग तथा श्रम विभाग, साथी रामस्वरूप वर्मा वित्त विभाग, साथी मंगल देव विशारद सार्वजनिक निर्माण विभाग तथा साथी रूपनाथ यादव एवं साथी अनन्तराम जायसवाल उप मंत्री पद वर्तमान सरकार में संभाले हुए हैं तथा सर्वदलीय विधायक दल द्वारा स्वीकृत 33 सूत्रीय कार्यक्रम को लागू करने में अन्य दलों के सहयोग के साथ जुटे हुए हैं।

कांग्रेसी कुचक्र अभी भी जारी है, वर्तमान शासन द्वारा अपने न्यूनतम कार्यक्रम को लागू करने के प्रति दृढ़ता से भयभीत शोषक वर्ग जी जान से लगा हुआ है कि, वर्तमान सरकार को येन केन प्रकारेण असफल करे। यह निश्चित है कि पार्टी द्वारा गत आम चुनाव में तालमेल की नीति तथा पार्टी कार्यक्रम की लोकप्रियता एवं पार्टी के साथियों की लगन तथा तत्परता से ही यह सफलता मिली है। यदि अन्य दलों ने भी 'ताल मेल की नीति' पर चुनाव से पहले ही अमल शुरू कर दिया होता तो आज कांग्रेसी ख़तरा एकदम दूर हो गया होता तथा निश्चिंत होकर वर्तमान सरकार को जन कष्ट निवारण का अवसर मिलता।

ऐसी स्थिति में पार्टी संगठन में पार्टी संगठन की ज़िम्मेदारियां बढ़ गयी हैं। अब पार्टी की हर इकाई को, वर्तमान सरकार को कांग्रेसी कुचक्र से बचाने तथा जन कष्टों के निवारण में तत्परता बरतने के साथ-साथ अपने संगठन को अधिक मज़बूत और तेज़ बनाने का प्रयास करना पड़ेगा। संगठन की इकाई का आधार पार्टी के कार्यक्रम को अमली जामा पहनाने का एक मात्र आधार है।

सदस्यता भर्ती की अंतिम तिथि 30 जून है। फार्म 12 रुपये प्रति हज़ार के हिसाब से प्रदेशीय कार्यालय से प्राप्त किये जा सकते हैं। आवश्यकतानुसार फ़ार्म मंगाकर सदस्यता अभियान चलायें ताकि आगामी सम्मेलन के पहले पार्टी संविधान के अनुसार प्रदेश भर में इकाइयां संगठित हो जायें तथा सम्मेलन कार्यक्रम के अनुसार हो जाए। सदस्यता फ़ार्म वी.पी. से भेजने की व्यवस्था नहीं है। उर्दू के भी फ़ार्म तैयार हैं।

पार्टी ने 'ताल मेल की नीति' के अनुसार प्रदेश में लगभग 250 उम्मीदवार विधान सभा के लिए तथा 43 लोकसभा हेतु गत आम चुनाव में खड़े किये थे। उनमें से विधान सभा के और लोकसभा के क्रमशः 46 और 8 साथी चुनाव में विजयी हुए। बाकी स्थानों पर पार्टी को हारना पड़ा। जिसके अनेक कारण थे। अनेक स्थानों से सूचना है कि कुछ कार्यकर्ताओं ने अनुशासनहीनता करते हुए पार्टी उम्मीदवारों के ख़िलाफ़ चुनाव में काम किए। ऐसे अनुशासनहीनता के समस्त मामले अविलम्ब राज्य कार्यालय को लिखित रूप से भेजें। पार्टी अनुशासनहीनता किसी भी दशा में बर्दाश्त नहीं करेगी।

गत आम चुनाव में पार्टी की हार के कारणों की छानबीन करने का काम स्वयं लोहिया जी ने अपने हाथ में लिया है। हार के कारणों और छानबीन के तरीकों पर अपने सुझाव निम्नांकित पते पर लोहिया जी को भेजें : माननीय डॉ. राममनोहर लोहिया एम.पी., संयुक्त सोशलिस्ट पार्टी, 7, गुरुद्वारा, रकाबगंज रोड, नयी दिल्ली।

संयुक्त विधायक दल के 33 सूत्रीय कार्यक्रम की प्रतिलिपि भेजी जा रही है। उसे छपवा कर अधिक से अधिक संख्या में कार्यक्रम की सफलता हेतु, तथा जनता का सहयोग प्राप्त करने के लिए बटवायें। यह प्रति ज़िला मंत्रियों के पास भेजी जा रही है।

लोकसभा तथा देश के अन्य भागों से पार्टी की गतिविधियों एवं पार्टी की नीति रीति का अधिक प्रचार हो सके। इसके लिए दिल्ली से प्रकाशित 'जन' व 'मैनकाइंड' की बिक्री अधिक संख्या में हो। यह प्रयास करना चाहिए तथा जहां तक सभंव हो विचार

गोष्ठियों का भी आयोजन होना चाहिए। सदस्यता भर्ती तथा संगठन संबंधी अन्य बातों की मदद के लिए प्रदेश मंत्री तथा संयुक्त मंत्रियों के दौरे भी शीघ्र ही होंगे। उसकी सूचना शीघ्र ही आपके पास भेजी जायगी।

आशा है आप सभी सहयोगियों सहित सानंद होंगे।

क्रांतिकारी अभिवादन के साथ,
आपका, अब्बास अली
राज्य मंत्री, संसोपा

संयुक्त विधायक दल द्वारा स्वीकृत न्यूनतम कार्यक्रम : 1967

संयुक्त विधायक दल उत्तर प्रदेश राज्य के नागरिकों और मतदाताओं को धन्यवाद देता है कि बहुत कुछ विपरीत परिस्थितियों के होते हुए भी उन्होंने सरकारी दल कांग्रेस को 68 प्रतिशत वोट के बहुमत से हराया और जमीन तैयार कर दी कि इस दल की बची-खुची सत्ता भी जल्द से जल्द समाप्त कर दे।

संयुक्त विधायक दल राज्य की जनता और सभी विधायकों से अपेक्षा करता है कि कठोर इच्छा शक्ति और लचीले दिमाग समिक्षण से 20 वर्षों के भ्रष्ट और जनहित विरोधी कांग्रेसी-कुशासन जन्य विरासत में मिले अकाल, बढ़ते दाम, जुल्म, शौकीनी, बुरी आदतें, व्यापक काम-चोरी, बढ़ते टैसी का बोझ और भ्रष्टाचार की स्थिति को समाप्त करेगी। प्रशासन के रोजमर्रा के काम और विशेष परिवर्तन निश्चित अवधि के भीतर कानून परिवर्तन द्वारा ऐसी व्यवस्था होगी जिससे लोक में विश्वास जगे कि अकाल-युग समाप्त हुआ और समता तथा समृद्धि का युग शुरू हुआ इस उद्देश्य की पूर्ति हेतु संयुक्त विधायक दल अपनी सरकार के जीवन के पहले दिन :

1. छात्र तथा अन्य राजनैतिक बंदियों को जेल से रिहा करेगा।
2. हाल के गोली कांडों पर न्यायिक जांच होगी, और एक स्थायी जांच-आयोग की नियुक्ति की घोषणा की जायेगी जो हर एक गोली कांड की जांच करेगा।
3. मंत्रियों के जीवन और ख़र्च को सादा बनायगा, किसी मंत्री का 500 रुपये मासिक से अधिक वेतन न होगा, और अतिरिक्त 500 रुपये भीतर तक अन्य भत्ते तथा सुविधायें रहेंगी।
4. राज-काज के सभी अंगों से अंग्रेज़ी हटेगी और पूरे प्रशासन में हिंदी भाषा का प्रयोग होगा। उर्दू दूसरी भाषा मानी जायगी (जनसंघ ने असहमति प्रगट की)।

इसके अतिरिक्त संयुक्त विधायक दल की सरकार जल्द से जल्द कार्यों का नियोजन करेगी।

कीमतें

खाद्य समस्या का वास्तविक हल खाद्य पदार्थों का उत्पादन बढ़ाना है। (मैं इस स्थापना से सहमत नहीं हूं कि खाद्य समस्या का हल केवल उत्पादन बढ़ाना है। इसके लिए वितरण की उचित व्यवस्था भी आवश्यक है—राजनारायण, संसोपा, शंकरदयाल तिवारी, कम्युनिस्ट पार्टी मार्क्सवादी) परन्तु उत्पादन बढ़ाने की कोई योजना उस समय तक सफल नहीं हो सकती है, जब तक किसानों को उनकी उपजाई हुई वस्तुओं का लाभ-लाभप्रद मूल्य न मिले। अतः संयुक्त विधायक दल कोई भी ऐसी कृषि मूल्य नीति नहीं अपनायेगा जिसके फलस्वरूप किसानों को अपनी उपज अलाभ कर मूल्यों पर बेचनी पड़े। आज की असाधारण स्थिति का मुक़ाबला करने के लिये 'संयुक्त विधायक दल' उत्पादक तथा उपभोक्ता दोनों के हितों की रक्षा के लिये निम्नलिखित क़दम उठायेगा :

1(अ) : सभी अनाजों के मूल्य कृषि उपयोगी वस्तुओं तथा कल कारखानों से बनने वाली जीवनोपयोगी आवश्यक वस्तुओं के मूल्यों में संतुलन (पैरिटी) बनाये रखने की दृष्टि से निश्चित किये जायेंगे। जिन्हें 'संतुलित मूल्य' कहा जायगा।

(ब) : यदि अनाजों की कीमतें 'संतुलित मूल्य' के 89-1/2 प्रतिशत से नीचे गिरेगी या 'संतुलित मूल्य' से 112-1/2 प्रतिशत ऊपर चढ़ेगी तो सरकार ग़ल्ले के व्यापार में प्रवेश करेगी।

(स): किसान की बेच तथा बाजार की बेच के भावों में किसी भी दशा में 20 प्रतिशत से अधिक का फर्क नहीं होने दिया जायगा।

(द) 'संतुलित मूल्य' के 87-1/2 प्रतिशत से नीचे मूल्य गिरने पर सरकार किसानों का गल्ला संतुलित मूल्य पर खरीदने पर बाध्य होगी।

2. 'संतुलित मूल्य' के 112-1/2 प्रतिशत से ऊपर मूल्य बढ़ने में सरकार पारिवारिक और कृषि कार्य संबंधी आवश्यकताओं के लिए पर्याप्त गल्ला छोड़ कर शेष गल्ला किसानों और व्यापारियों दोनों से 'संतुलित मूल्य' पर वसूल करेगी।

ऊपर लिखे सिद्धांत के अन्तर्गत सरकार ग़ल्ला व्यापार में व्याप्त चोर बाज़ारी, अनुचित मुनाफ़ाख़ोरी और ज़ख़ीरेबाज़ी को ख़त्म करने के लिए कड़े क़दम उठायेगी।

2. मिल में बनने वाली जीवनोपयोगी आवश्यक वस्तुएं किसी भी हालत में लागत ख़र्च के ड्योढ़े से ज़्यादा बाज़ार में नहीं बिकेगी।
3. जीवनोपयोगी वस्तुओं पर निर्धारित मूल्य अंकित होंगे और मूल्य से अधिक पर बेचने वालों को सख़्त सज़ा दी जायगी।

पैदावार

कृषि पैदावार बढ़ाने तथा अन्न संकट का सामना करने के लिए निम्नांकित क़दम उठाये जायेंगे :

1. कृषि भूमि को सींचने के लिए सुनियोजित योजना बनायी, जिसमें 5 वर्षों के भीतर पूर्ण कृषि भूमि की सिंचाई की व्यवस्था की जा सके।
2. कृषि कार्य के लिए बिजली उसी सस्ते दर पर दी जायेगी जिस पर वह औद्योगिक उत्पादन के लिए दी जाती है।
3. कृषि कार्य के लिए किसानों को बिजली देने में प्राथमिकता तथा सुविधा दी जायेगी।
4. किसानों को शुद्ध बीज पर्याप्त मात्रा में देने के लिए एक 'राज्य बीज निगम' की स्थापना की जायेगी। और 'शुद्ध बीज अधिनियम' लागू किया जायेगा।
5. उर्वरकों और कीट नाशक दवाओं को लागत मूल्य पर बिना लाभ, बिना हानि के आधार पर पर्याप्त मात्रा में वितरण की व्यवस्था की जायेगी।
6. सामुदायिक विकास खण्ड को समाप्त करके उसमें लगे कर्मचारियों को विशेष प्रशिक्षण देकर कृषि विकास के कार्य के लगाया जायेगा।
7. कृषि योग्य उसर, परती, बंजर ज़मीन मुफ्त बांट दी जायेगी और वितरण में खेतिहार मज़दूर, भूमिहीन किसान, हरिजन, बोबसा, थारू आदि कमज़ोर तबक़ों को प्राथमिकता दी जायेगी।
8. ग्राम समाज की भूमि तथा जोत हदबन्दी के फलस्वरूप प्राप्त ज़मीन नियमों के विरुद्ध बांट दी गयी है। ऐसे पट्टे रद्द कर दिये जायेंगे और विशेष अधिकारी की नियुक्ति करके खेतिहर मज़दूर, हरिजन आदि को नये सिर से पट्टे कर दिये जायेंगे।
9. उन सरकारी फ़ार्मों जो निरन्तर घाटे में चल रहे हैं तोड़कर खेती करने वाले शिक्षित नवयुवकों को छोटे फ़ार्मों में तक़सीम कर दिया जायेगा।
10. जंगल विभाग ने बहुत सी कृषि योग्य जमीन को 'सुरक्षित वन' घोषित करके अपने अधिकार में ले लिया है, परन्तु उसमें वृक्षारोपण नहीं किया, ऐसी भूमि का पुनः सर्वेक्षण करके निश्चित किया जायेगा कि कितनी ज़मीन खेती के लिए निकाली जा सकती है।
11. किसानों की बेदख़ली नहीं की जायेगी।
12. जल निकासी, बाढ़ नियंत्रण एवं भूमि संरक्षण की योजनाओं को शीघ्रातिशीघ्र पूरा किया जायेगा।
13. भूमि अधिकरण अधिनियम में उचित संशोधन किया जायेगा ताकि मालिकों के साथ हक़ तलफ़ी न हो।

अकाल

वर्तमान 'अकाल संहिता' की धाराओं में इस तरह का संशोधन किया जायेगा कि अकालग्रस्त लोगों को पर्याप्त सहायता दी जा सके।

कर-नीति

1. माल गुज़ारी या लगान समाप्त किया जायेगा। सब किसानों को बिना कुछ लिये 'भूमिधर' बनाया जायेगा। 20 एकड़ तक के किसान पर इसके एवज़ में कोई नया बोझ न डाला जायेगा।
2. सिंचाई विभाग की फ़िजूलख़र्ची रोकी जायेगी और सिंचाई को मुनाफे का साधन नहीं बनाया जायेगा ताकि सिंचाई दरों में कमी की जा सके। किसान को सिंचाई किये बिना 'सिंचाईकर' नहीं देना पड़ेगा।
3. भूमि भवन कर, पेशा कर, बहुसूत्री बिक्री कर समाप्त कर दिया जायेगा।
4. फ़ौजदारी के मुक़दमों की कोर्ट फ़ौरन ख़त्म की जायेगी।
5. जीवनोपयोगी आवश्यक वस्तुओं से बिक्री कर हटा लिया जायेगा और केंद्रीय सरकार से मांग की जायेगी कि ऐसी वस्तुओं पर से एक्साइज ड्यूटी समाप्त या पर्याप्त मात्रा में कम की जाए।

महंगाई-भत्ता

महंगाई भत्ता को जीवन निर्वाह के सूचकांक से संबद्ध किया जायगा और उसकी शत-प्रतिशत पूर्ति की जायगी। जीवन निर्वाह के सूचकांक में भी सुधार किया जायगा।

सामाजिक-न्याय

1. अनुसूचित जातियों को राजकीय सेवा में 18 प्रतिशत स्थान के संरक्षण को ईमानदारी से लागू किया जायेगा।
2. स्थायी जांच आयोग का गठन, जो स्वराज्य के वर्षों में सत्ता एवं पक्के अनुचित इस्तेमाल द्वारा संचित की हुई नेताओं, नौकरशाही तथा अन्य लोगों की संपत्ति की जांच करेगा और नाजायज़ संपत्ति को ज़ब्त करेगा।
3. समान सेवा के लिए समान पुरस्कार की नीति पर अमल किया जायेगा।
4. हरिजनों के लिए मकान, ज़मीन और पीने के पानी की मुफ्त व्यवस्था की जायेगी।
5. अल्पसंख्यकों को भाषा, उचित ओहदे तथा अधिकारी के सबंध आश्वस्तता तथा निर्भयता प्रदान की जायेगी।
6. अनाथों, विधवाओं तथा अपाहिजों के लिए सरकार विशेष व्यवस्था करेगी ताकि वे सम्मानपूर्वक रह सकें।
7. जंगल के आस-पास रहने वाले किसानों को ज़मीन संबंधी परंपरागत अधिकार वापस कर दिये जायेंगे।
8. पर्वतीय एवं अविकसित क्षेत्रों के लिए विकास बोर्ड का गठन किया जायेगा।

शिक्षा

1. सब के लिए समान तथा अनिवार्य प्रारम्भिक शिक्षा की व्यवस्था की जायेगी।
2. हाई स्कूल तक की शिक्षा मुफ्त दी जायेगी।
3. विश्वविद्यालयों तथा अन्य शिक्षण संस्थाओं में सरकार कोई हस्तक्षेप नहीं करेगी। छात्रों की यूनियनों को मान्यता रहेगी। विश्वविद्यालयों तथा अन्य विद्यालयों के प्रांगण में पुलिस, संस्था के अधिकारी के आज्ञा के बिना, नहीं घुसेगी।
4. ग्रामीण क्षेत्रों में वैज्ञानिक व तकनीकी शिक्षा को विकसित करने के उद्देश्य से शैक्षणिक संस्थाओं में समुचित प्रयोगशालायें तथा कार्यशालायें स्थापित की जायेंगी।
5. सभी शिक्षकों की हैसियत, वेतन तथा भत्ते सरकारी शिक्षकों के समान होंगे।

न्याय

1. सस्ते और शीघ्र न्याय की व्यवस्था रहेगी। न्यायपालिका तथा कार्यपालिका का पूर्ण पृथकीकरण किया जायेगा। आनरेरी मजिस्ट्रेट प्रथा समाप्त की जायेगी।
2. मंत्रियों तथा उच्च अधिकारियों के भ्रष्टाचार की रोक और जांच के लिये एक स्वतंत्र अधिकरण स्थापित किया जायेगा।

अन्य

1. पुलिस कोड व जेल संहिता में इस तरह का संशोधन किया जायेगा जिससे वह अधिक मानवीय हो सके।
2. आवश्यक सेवा संरक्षण अधिनियम समाप्त किया जायेगा।
3. असलहा कानून (आर्म्स ऐक्ट) रद्द किया जायेगा।
4. राज्य तथा पब्लिक सेक्टर के कर्मचारियों के वैधानिक अधिकारों को स्थापित किया जायेगा। उन पर वह श्रमिक क़ानून लागू होंगे जो अन्यत्र लागू हैं। जो कर्मचारी राज्य आयोग में लगे हैं, उन्हें, राजनीति में भाग लेने का अधिकार प्राप्त होगा।
5. जनमत संग्रह के आधार पर ट्रेड यूनियन की मान्यता के विवाद को हल किया जायेगा। और त्रिदलीय सम्मेलनों के निर्णयों व श्रमिक क़ानून को पूर्णरूपेण लागू किया जायेगा।
6. कल कारख़ाने, उद्योग अनुष्ठान जो बन्द पड़े हैं या चालू नहीं किये जा सके हैं उन्हें चालू किया जायेगा।
7. एक साल से काम कर रहे अस्थायी कर्मचारियों तथा मज़दूर जो स्थायी काम में लगे हों, को स्थायी किया जायेगा। बोनस ऐट के आधार पर बोनस दिया

जायेगा और वर्क चार्ज की व्यवस्था ख़त्म की जायेगी। 8-15 वें श्रम सम्मेलन के निर्णयानुसार आवश्यकता पर आधारित निम्नतम वेतन को लागू करने का प्रयत्न किया जायेगा और मौजूदा निम्नतम वेतन क्रम में इस तरह संशोधन किया जायेगा कि किसी भी उद्योग में निम्नतम वेतन 100 रुपये मासिक से कम न हो।

मौजूदा स्थिति में बेकारी बढ़ाने की योजनायें रोकी जायेगी। और जीवन बीमा निगम तथा अन्य कार्यालयों में स्वचालित बिजली यंत्रों (आटोमेशन) का प्रयोग बन्द करने की केंद्रीय सरकार से मांग की जायेगी।

हस्ताक्षर

1 हरीश तिवारी, भारतीय कम्युनिस्ट पार्टी
2 गया प्रसाद प्रशांत, रिपब्लिकन पार्टी
3 अब्बास अली, संयुक्त सोशलिस्ट पार्टी
4 राम प्रकाश गुप्त, जनसंघ
5 रामचंद्र 'विकल', निर्दलीय
6 भानु प्रताप सिंह, अध्यक्ष, स्वतंत्र पार्टी
7 शंकर दयाल तिवारी, कम्युनिस्ट पार्टी (मार्क्सवादी)
8 प्रताप सिंह नेता, प्रजा सोशलिस्ट पार्टी,

दिनांक 10.03.67

(**नोट :** संयुक्त विधायक दल का यह 33 सूत्रीय साझा न्यूनतम कार्यक्रम सं.वि.द. सरकार बनने से पहले प्रचार किया गया था कि उस समय रामचंद विकल सं.वि.द. के नेता चुने गए थे और उपरोक्त नेताओं ने उस पर हस्ताक्षर किए थे। बाद में एक अप्रैल 1967 को जब कांग्रेस पार्टी के नेतृत्व वाली चंद्रभानु गुप्ता सरकार विपक्षी 'कटमोशनों' पर गिर गयी। तो उसी दिन कांग्रेस से अलग हुए गुट के नेता चौ. चरण सिंह को संयुक्त विधायक दल का नेता चुना गया और उन्होंने भी इस 33 सूत्रीय साझा न्यूनतम कार्यक्रम पर हस्ताक्षर किए लेकिन बाद में चौधरी साहब इस कार्यक्रम से मुकर गए और केवल उन्हीं 19 'कटमोशनों' को उन्होंने सरकार का न्यूनतम कार्यक्रम माना जिन पर सी.बी. गुप्ता सरकार गिरी थी। हालांकि उन 19 संशोधनों में से लगभग तमाम सं.वि.द. के 33 सूत्रीय कार्यक्रम में शामिल थे जिनमें सवा छह एकड़ ज़मीन से लगान माफ़ करने और सभी छात्र और राजनीतिक बंदियों की रिहाई की बात शामिल थी, लेकिन चौधरी साहब ने ये काम भी पूरे मन से नहीं किया।)

परिशिष्ट 7

उत्तर प्रदेश के संभागीय जांच सम्मेलनों की प्रश्नावली

(क) साधारण

1. पिछली बार जितने विधायक और संसद सदस्य थे उनमें कितने 1967 के चुनाव में भी उम्मीदवार रहे, उनमें कितने हारे, क्या उनकी जगह नये उम्मीदवार होते तो जीतने की सम्भावना बढ़ सकती थी? क्या चुनाव के पहले परिवर्तन की बात चली थी। यदि हां तो किस आधार पर?
2. पुराने विधायक और संसद सदस्यों के स्थान पर कहां-कहां नये उम्मीदवार खड़े किये गये थे? उनमें से कितने जीते या हारे? क्या जीतने या हारने का मुख्य कारण उम्मीदवार में परिवर्तन था? किस आधार पर यह परिर्वतन हुआ था?
3. कम्युनिस्ट, जनसंघ, कांग्रेस दलों में कितने स्थान पर पुराने विधायक और संसद सदस्य की जगह नये प्रत्याशी खड़े किये थे? उनमें से कितने जीते? क्या उम्मीदवार का परिवर्तन जीतने के लिए सहायक रहा?
4. पं. बंगाल में कांग्रेस को कुल 41 प्रतिशत वोट मिले थे, जबकि उत्तर प्रदेश में 31 प्रतिशत से भी कम। लेकिन बंगाल में कांग्रेस की सरकार बनना असम्भव था। (कुल स्थान 280 में से कांग्रेस को 128 मिले) और उत्तर प्रदेश में कांग्रेस सरकार थोड़ी देर के लिए बन गयी (कुल स्थान 425 में 198 मिले)। क्या इसका कारण सिर्फ़ तालमेल का अभाव है या और कोई कारण था?

(ख) प्रचार और सिद्धांत

1. क्या प्रचार का बड़ा हिस्सा कांग्रेस विरोधी नकारात्मक था, या समाजवाद के पक्ष में सकारात्मक बातें भी तर्क और प्रवोधन के रूप में अक्सर आती थी? क्या वहां हमारा 'कांग्रेस हटाओ' प्रचार दूसरे गैर कांग्रेसी दलों के लिए भी उपयोगी सिद्ध हुआ। अगर हुआ तो अपनी तरफ़ वोट खींचने के लिए क्या किया गया था?
2. पिछले 20 साल के अंदर समाजवादी आंदोलन से लोगों को जो-जो फ़ायदा हुआ है (उदाहरणार्थ बुड्ढ़ों को पेंशन, लगान माफ़, सिचाई कर में कमी, सरकारी नौकरों या मास्टरों की तन्ख़्वाह में वृद्धि, हरिजन मंदिर प्रवेश या

आंदोलनों के जरिये किसी एक मांग या समस्या के ऊपर राज्य का ध्यान जाए आदि) क्या उसका प्रचार संतोषजनक ढंग से हुआ था? क्या इन बातों को लेकर अध्ययन केंद्र या किताब वगैरह छपी थी? क्या सिर्फ़ अपने कार्यकर्ताओं के मुंह से नहीं बल्कि लोगों की बातचीत में भी इन चीज़ों का जिक्र हुआ करता था, इतना आंदोलन, आंदोलन से लोगों का फ़ायदा, समाजवादियों का त्याग–इन सबको लेकर जनता में संसोपा के लिए समर्थन या हमदर्दी की जो एक चित्तवृत्ति बन जानी चाहिए थी क्या वैसा हुआ था? अगर नहीं हुआ था तो उसका क्या कारण हो सकता है? क्या वे सब काम प्रभावशाली नहीं थे? या हम लोगों ने इस रूप में आंदोलन नहीं चलाया जिससे लोगों को फ़ायदा भी हो और उनका दिमाग़ भी बने? या आंदोलन के बाद कुछ कामों का अभाव रह गया?

3. संसोपा विरोधी प्रचार मुख्यत : क्या-क्या थे? किन दलों का यह प्रचार था? क्या उसका जवाब देने में, जिससे लोगों पर हुआ बुरा असर का निराकरण हो, हमारे लोग कुशल थे? उदाहरणार्थ :

   (क) मुसलमानों के निजी क़ानून को संसोपा खतम करना चाहती है, इसका क्या जवाब दिया जाता था? क्या इस प्रचार से हमारा नुक़सान हुआ?

   (ख) या इस प्रचार के बारे में कि संसोपा अराजकता और गड़बड़ी की पार्टी है?

   (ग) या इस प्रचार के बारे में कि संसोपा की दाम नीति से किसान को अनाज का दाम कम मिलेगा।

   (घ) और कौन से विरोधी प्रचार वैसे थे जिनका प्रभाव लोगों के ऊपर हमारे लिए बुरा होता था, और अपनी तरफ़ से संतोषजनक उत्तर नहीं दिये जा रहे थे।

4. क्या इस बात का भी अपने खिलाफ़ प्रचार हुआ था कि संसोपा एक ग़ैर-हिंदी भाषी प्रधानमंत्री चाहती है? क्या उसका प्रभाव लोगों के मन में बुरा हुआ? क्या अपनी तरफ से भी इस बात को कहा जाता था–पूर्णरूप में यानि हिंदी इलाक़ों की गरीबी और उद्योगीकरण के अभाव और उसकी मांग को लेकर?

5. कांग्रेसी सरकार बनेगी, इस आधार पर कंग्रेस को बहुत वोट मिल जाते हैं–क्या अपनी तरफ़ से इस बात का ज़ोरदार प्रचार हुआ था, लोगों के दिमाग़ में इस बात को बैठाने की कोशिश हुई थी कि इस बार कांग्रेसी सरकार नहीं बनेगी? कांग्रेसी सरकार नहीं बनेगी–यह सिर्फ नारा था या पिछले चुनाव के आंकड़े तथा तालमेल का तर्क दिया जाता था?

6. 'समानता के जरिये सम्पन्नता' तथा दोनों एक साथ क्या यह बात और उस पर विवेचना संसोपा के प्रचार का एक मुख्य अंग रहा है?

7. क्या दूसरे समकक्षी दलों के घोषणा पत्र के साथ अपने घोषणा पत्र की तुलनात्मक विवेचना, पार्टी के अंदर समिति बैठक या अध्ययन केंद्र में हुआ था? क्या तुलनात्मक बातें प्रचार में बार-बार आती रही? क्या इसमें अपने लोग कुशल नहीं थे?
8. कम्युनिस्टों की देशद्रोहिता, जनसंघ की साम्प्रदायिकता, 12 जुलाई को सरकार से जनसंघ का सहयोग, कांग्रेस कर्म की निरर्थकता—क्या इन सबका विश्लेषण अपने लोग कर पाते थे?

(ग) जाति नीति

1. क्या जाति नीति से राज्य स्तर पर पार्टी को चुनाव में फ़ायदा हुआ है? अगर हां, तो किस रूप में?
2. क्या जाति नीति पर अमल पार्टी के संगठन में हुआ है? राज्य स्तर पर पार्टी समिति, विधायक दल, चुनाव समिति आदि में तथा जिला और क्षेत्र स्तर की समितियों में तथा उम्मीदवारों के चयन में इसका पालन किया गया था या नहीं? क्या पिछले दस-पंद्रह वर्ष में यह नीति बढ़ती गयी है?
3. इससे सिर्फ़ कुछ पिछड़ी जातियों की तरक़्क़ी हुई है या सब या अधिकांश पिछड़ी जातियों की? क्या इस पहलू पर भी ध्यान दिया गया था कि अहीर जैसी जाति अकेली में बड़ी है लेकिन धोबी, नाई, लोहार वग़ैरह मिल कर संख्या में ज़्यादा हो जाएंगे?
4. कहां तक इस नीति से पिछड़ी जाति के सिर्फ़ कुछ व्यक्तियों की उन्नति हुई है, और कहां तक पूरी जाति को या सारे पिछड़े वर्ग को?
5. क्या इस नीति से प्रभावित होकर कुछ जाति राज्य के स्तर पर संसोपा की तरफ़ खिंची है?
6. क्या कुछ जातियों में (इस नीति के फलस्वरूप या अन्य कारणों से) इस तरह भूख जगी है कि हरेक दल के ज़रिये अपने उम्मीदवारों को और प्रतिष्ठा को बढ़ाने की कोशिश की गयी है? क्या ऐसे उदाहरण हैं कि एक ही जिले में या इलाक़े में जहां एक जगह उस जाति का उम्मीदवार संसोपा के ज़रिये जीतने के लिए जाति का सहारा ले रहा था उसी के पड़ोस में उस जाति का उम्मीदवार दूसरी पार्टी का खड़ा था और जाति का समर्थन उसको भी प्राप्त था?
7. क्या जाति नीति के कारण जाति का नाश हो रहा है? उसके क्या लक्षण हैं? अगर नहीं हो रहा है तो क्यों?

(घ) स्थायी संगठन

1. क्या आपके इलाक़े में हर साल मेम्बरी का काम चलता था, पिछले पांच सालों में औसत साल की मेम्बरी क्या रही और चुनाव वाले साल में क्या रही है?

2. क्या पार्टी की मेम्बरी के अलावा महिला, युवजन, मज़दूर संगठन भी है? क्या इस चुनाव में किसी ख़ास तबक़े का (महिला, मजदूर या युवजन) समर्थन बिलकुल नहीं प्राप्त हुआ? किस वजह से?
3. क्या 'जन' और 'मैनकाइंड' तथा अन्य प्रकाशनों की खपत इस क्षेत्र में है? क्या इनका प्रसार न होने के कारण शिक्षित लोगों में पार्टी के बारे में गलत धारणाएं बनी है (या प्रसार के कारण विशेष गलत धारणा नहीं रही)?
4. क्या स्कूल, विचार बैठक आदि इस इलाक़े में चल रहे थे?
5. पिछले पांच साल में क्या-क्या आंदोलन हुए थे, कितने लोग जेल गये थे? चुनाव में उनका क्या असर रहा?

(च) उम्मीदवारों का चयन

1. किस तारीख को उम्मीदवार का चयन हुआ? क्या औपचारिक चयन से ही तय हो गया था? कब?
2. वहां दूसरी पार्टी के उम्मीदवार कब से चुन लिये गये थे। अगर संसोपा के चयन में देर हुई तो क्यों हुई?
3. क्या उम्मीदवार होने के लिए कई साथियों की इच्छा जगी थी? क्या कुछ नेता या अफ़सर लोगों को आशा दिलाते हुए इस इच्छा को जगाया था?
4. क्या कार्यकर्ताओं के बीच इस बात पर चर्चा थी कि जैसे विधानसभा या संसद वैसे म्युनिसिपैलिटी वग़ैरह का प्रतिनिधित्व भी महत्त्वपूर्ण है? क्या नेताओं ने कुछ कार्यकर्ताओं के मन को ब्लाक या म्युनिसिपैलिटी की तरफ़ खींचने की कोशिश पहले से की थी? या एक ही आदमी है जो ब्लाक, म्युनिसिपैलिटी, विधानसभा प्रत्येक स्थान के लिए उम्मीदवार होने के लिए निकल आता है?
5. क्या बिलकुल नये लोग (जो पार्टी के सदस्य नहीं थे) चुनाव के वक़्त उम्मीदवार बन गये? क्या इससे जीत या हार हुई? क्या दूसरे दल के ठुकराये लोगों को टिकट दी गयी थी?

(छ) चुनाव संगठन

1. आपके क्षेत्र के लिए चुनाव कार्यालय कितने पहले काम करने लगे थे? क्या मतदाताओं की सूची में अपने समर्थकों के नाम जोड़ने या ठीक करने का काम हुआ था? कब हुआ था? कितने नये मतदाता का नाम जोड़ा गया था?
2. जब मतदान केंद्र की सूची का मसविदा तैयार हुआ, क्या मतदाताओं की सुविधा-असुविधा पर सोच कर उसमें परिवर्तन करने के लिए कोशिश हुई थी?

3. क्या हर क्षेत्र (विधानसभा तथा संसद) में चुनाव समिति बन गयी थी? कब से?
4. क्या लोकसभा और विधानसभा उम्मीदवारों के बीच सहयोग था—पैसे, दफ्तर, प्रचार पत्र, सभा, जात का समर्थन दिलाने आदि में।
5. क्या वैसे प्रभावशाली नेता या साथी जिनका प्रभाव दूसरे क्षेत्र में हो सकता था, अपने ही क्षेत्र में सीमित रहे? क्या उनके लिए असंभव था?
6. क्या लोगों ने अपने क्षेत्र में वैसे व्यक्तियों का या संस्था का सहारा लिया जो दूसरे क्षेत्रों में संसोपा के विरोधी थे?
7. क्या दल के ही लोग अपनी जाति के कारण अपने उम्मीदवारों के खिलाफ़ गये?
8. क्या राज्य दफ्तर का सहयोग ठीक ढंग से था? क्या नेता लोग सभा के लिए अपना काम का ऐलान करवा कर भी नहीं आये?
9. क्या हर मतदान केंद्र के लिए संगठन हुआ था, जिम्मेदार कार्यकर्ता या व्यक्ति पर कम सौंपा गया था? कितने मतदान केंद्रों पर जिम्मेदार कार्यकर्ता रह नहीं पाये थे? क्या चुनाव चिह्न से हर मतदाताओं को परिचित कराया गया था? उसके लिए क्या तरीक़े अपनाये गये थे?

(ज) आपसी मनमुटाव

1. कहां तक आपसी मनमुटाव से चुनाव को नुक़सान पहुंचा? क्या यह मनमुटाव उम्मीदवारी के लिए था? या संगठन में कई दिनों से चला आ रहा था? क्या इसका आधार जाति, व्यक्तिगत महत्त्वाकांक्षा या वैसा कुछ जो मालूम पड़ता है। यह आपसी विरोध बिलकुल स्थानीय है या राज्य, ज़िला या क्षेत्र स्तरीय किसी झगड़े या गुटबंदी की एक कड़ी है?
2. क्या इसको मिटाने के लिए कोशिश हुई थी? अभी तक क्यों नहीं मिट पायी है?
3. क्या इस आपसी विरोध के कारण पार्टी के नियम तथा संविधान विरोध काम भी हुए हैं? अगर हां, तो उनको अनुशासित करने के लिए कमेटी या सम्मेलन में क़दम उठाये गये थे या नहीं?

(झ) अन्य

1. विशुद्ध धनाभाव से या साधन के अभाव से कहां-कहां हार हुई?
2. क्या तालमेल से भी कहीं नुक़सान पहुंचा है, किस तरह?
3. क्या छोड़ी गयी सीटों पर भी उम्मीदवार खड़े कर दिये गये?
4. क्या तालमेल के उम्मीदवार भी एक दूसरे के खिलाफ गये?
5. मजलिस मसविरात से फ़ायदा मिला या नुक़सान?
6. क्या कोई विशेष स्थान या जाति का उम्मीदवार न होने के कारण हार हुई?

चुनाव परिणामों की छानबीन संबंधी पूरक प्रश्न :

इसके पूर्व एक प्रश्नावली आपके पास भेजी गयी थी। खेद है कि बहुत कम साथियों ने उनके जवाब भेजे हैं। कृपया नीचे लिखे प्रश्नों का जवाब तथा इसके पूर्व भेजी गयी प्रश्नावली के जवाब भेजने का कष्ट करें।

1. आपके जिले में लोकसभा तथा विधानसभाओं में सोशलिस्ट पार्टी और प्रजा सोशलिस्ट पार्टी को 1962 में, संसोपा और प्रसोपा को सन् 67 में कुल कितना-कितना वोट मिला। इसी प्रकार सन् 62 और 67 में जनसंघ और कांग्रेस को कुल कितना वोट मिला।
2. चुनाव में संयुक्त सोशलिस्ट पार्टी ने प्रति क्षेत्र औसत खर्च कितना किया? यह खर्च उम्मीदवारों ने अपने पास से किया या चन्दे से? अन्य दलों का औसत खर्च क्या रहा?
3. पार्टी के उम्मीदवारों की औसत उम्र क्या थी?
4. क्या अभिजात कुल (राजा-महाराजा, बड़े जमींदार, प्रधानमंत्री का लड़का-लड़की आदि) के उम्मीदवारों से आपके यहां नुकसान पहुंचा? यदि हां तो कितने क्षेत्र में और किन दलों के द्वारा?
5. प्रत्येक क्षेत्र के इन्हीं 5,7 या उससे भी ज्यादा गांवों के सभी घरों के प्रत्येक मतदाता से निम्नलिखित प्रश्नों के उत्तर पूछ कर भेजें।

   (1) आपने किसको वोट दिया?

   (2) आपके घर के कितने लोगों ने वोट नहीं दिया? और क्यों?

   (3) आपके घर के लोगों ने अलग-अलग उम्मीदवारों को वोट दिया या सभी ने एक ही उम्मीदवार को।

   (4) जिसको आपने वोट दिया उसको क्यों?

   (5) सन् 62 के चुनाव में किसको वोट दिया था?

नोट : ध्यान रहे कि आपको मई के अंत तक प्रश्नावली के उत्तर निश्चित रूप से भेज देने हैं।

परिशिष्ट 8

संयुक्त सोशलिस्ट पार्टी, उत्तर प्रदेश की राज्य समिति का प्रस्ताव

17-18 जून, 1969

संयुक्त सोशलिस्ट पार्टी, उत्तर प्रदेश की राज्य समिति की संयुक्त विधायक दलीय सरकार द्वारा पेश किये गये प्रथम बजट से मालगुजारी माफ़ी की बात न आने से निराशा हुई। सरकार के बनने के तुरंत बाद से ही पार्टी सरकार पर ज़ोर देती रही है कि संयुक्त विधायक दल द्वारा स्वीकृत न्यूनतम कार्यक्रम पर अमल किया जाए परन्तु इस ओर अभी तक इस संबंध में कार्यवाही नहीं हुई।

समिति की राय में प्रदेश व देश की वर्तमान कठिनाइयों का कोई कारगर हल तब तक नहीं मिल सकेगा जब तक यहां का किसान अधिक उत्पादन करने की ओर अग्रसर नहीं होता। इसके लिए आवश्यक है कि उसके द्वारा देय मालगुजारी समाप्त हो विशेषकर अलाभकारी जोतों से, जिसकी परिभाषा पिछले 10 साल में विभिन्न आंदोलनों द्वारा सवा छह एकड़ की जा चुकी है और जिसे प्रदेश के किसान जनमानस ने इसी प्रकार स्वीकृत किया हुआ है।

समिति की राय है कि अलाभकारी जोतों से मालगुजारी तुरंत समाप्त की जानी चाहिए। इसमें देर करने या टालमटोल करने से अहित ही होगा। समिति की राय में प्रदेश की जनता की आकांक्षाओं की पूर्ति हेतु संयुक्त विधायक दल की सरकार का सफलतापूर्वक काम करते रहना आवश्यक है। परन्तु उतना ही आवश्यक उक्त प्रकार से परिभाषित अलाभकर जोतों की मालगुज़ारी समाप्त करना भी है। समिति इन दोनों ही आवश्यकताओं की पूर्ति हेतु अपनी पूरी शक्ति से काम करेगी। समिति स्पष्ट करना चाहती है कि इस विषय में सारी गलतफ़हमी दूर हो जाना चाहिए। समिति विधान मंडल संयुक्त सोशलिस्ट पार्टी को निर्देश देती है कि इन दोनों ही आवश्यकताओं की पूर्ति हेतु अथक परिश्रम करे और उन्हें पूरा कराए।

तार : "सोशलिस्ट"

फोन : २१११४

संयुक्त सोशलिस्ट पार्टी उत्तर प्रदेश

राज्य कार्यालय

अध्यक्ष
—सालिगराम जायसवाल
एम० एल० ए०

लीला निवास, पानदरीबा, लखनऊ

संयुक्त मन्त्री { रमाशंकर गुप्त, भगवती सिंह, मदन पांडेय

राज्य मन्त्री
—अब्बास अली

दिनांक २६-६-६७ १९६

माननीय डा०राममनोहर लोहिया और।

आदरणीय [illegible],

बरहज जिला देवरिया मे पार्टी कार्यकर्ताओं का एक शिक्षण शिविर १ से ४ नवम्बर तक आयोजित किया गया है जिला पार्टी तथा हम सभी लोग चाहते है कि आप कम से कम १ दिन का समय इस शिविर के लिए अवश्य देने की कृपा करे।

राज्य पार्टी प्रदेशीय सरकार द्वारा लगान सम्बंधी की गयी घोषणा को पूरा न किये जाने के कारण आन्दोलन करने जा रही है और १५ अक्टूबर को जिला केन्द्रो पर प्रदर्शन करने की तैयारियां भी की जा रही है। हम चाहते है कि आप इसकी तैयारी हेतु कुछ दिनो का समय अवश्य देने की कृपा करे। आशा है आपका शीघ्र ही उत्तर प्राप्त होगा ताकि निश्चित तिथियों के आधार पर कार्यक्रम बनाया जा सके और उसकी समुचित तैयारी प्रारंभ हो सके।

कष्ट के लिए धन्यवाद।

आपका,

अब्बास अली

(अब्बास अली)

राज्य मंत्री

डॉ. लोहिया को लिखा अंतिम पत्र। इसके 12 दिन बाद डॉ. साहब का निधन हो गया।

परिशिष्ट 10

उत्तर प्रदेश जनता पार्टी की राज्य कार्यकारिणी : 1977

अध्यक्ष	श्री अब्बास अली	सदस्य	श्री कल्याण सिंह
उपाध्यक्ष	श्रीमती कमला बहुगुणा	सदस्य	श्री अब्दुलरऊफ लारी
उपाध्यक्ष	श्री मुरली मनोहर जोशी	सदस्य	श्री राम वचन यादव
उपाध्यक्ष	श्री अनन्तराम जायसवाल	सदस्य	श्री जगबीर सिंह
उपाध्यक्ष	श्री राम प्यारे तिवारी	सदस्य	श्री मुलायम सिंह यादव
उपाध्यक्ष	श्री गंगा भक्त सिंह	सदस्य	श्री ओम प्रकाश त्यागी
उपाध्यक्ष	श्री गनेशीलाल चौधरी	सदस्य	श्री रघुवर दयाल वर्मा
उपाध्यक्ष	श्री बेनीप्रसाद माधव	सदस्य	श्री राजमंगल पांडे
कोषाध्यक्ष	श्री कैलाश प्रकाश	सदस्य	श्री कल्याणचंद बाल्मीकि
महामंत्री	श्री कौशल किशोर	सदस्य	सुश्री कुमारी दया बहन
महामंत्री	श्री बेनीप्रसाद वर्मा	सदस्य	श्री राजा दिनेश सिंह
महामंत्री	श्री राम लखन शुक्ल	सदस्य	श्री वीरेन्द्र अग्रवाल
महामंत्री	श्री ओम प्रकाश श्रीवास्तव	सदस्य	श्री रामधारी शास्त्री
महामंत्री	श्री शिवानन्द नौटियाल	सदस्य	श्री गौरी शंकर राय
महामंत्री	श्री मोहन सिंह	सदस्य	श्री राजकुमार सामा
महामंत्री	श्री दीनानाथ सेवक	सदस्य	श्री डॉ. एम.एम.एस. सिद्धू
सदस्य	श्री महादेव प्रसाद त्रिपाठी	सदस्य	श्री राजबली तिवारी
सदस्य	श्री मुज़फ़्फ़र हसन	सदस्य	श्री मुल्तान सिंह यादव
सदस्य	श्री महादेव प्रसाद वर्मा	सदस्य	श्रीमती शान्ती देवी
सदस्य	श्री उग्रसेन	सदस्य	श्री देवीदास आर्य
सदस्य	श्री राममूर्ति	सदस्य	श्री पद्माकर लाल
सदस्य	डॉ. सुशीला नायर	सदस्य	श्री गोविन्द सिंह
सदस्य	श्री रामधन	सदस्य	श्री शिवनन्दन सिंह
सदस्य	श्री मंगलदेव विशारद	सदस्य	श्री कलराज मिश्र
सदस्य	श्री राम प्रकाश गुप्त	सदस्य	श्री राम सागर
सदस्य	श्री राजेन्द्र सिंह	सदस्य	श्री शिव मंगल सिंह
सदस्य	श्री मो. मसूद ख़ां	सदस्य	श्री विजयनारायण सिंह
सदस्य	श्री मधुकर दिघे	सदस्य	श्री नारायण सिंह

सदस्य	श्री रूद्रसेन चौधरी	सदस्य	श्री हरिकेश बहादुर
सदस्य	श्री मकवूल हुसैन	सदस्य	श्री हरवंश सिंह भल्ला
सदस्य	श्री चरण सिंह सुमन	सदस्य	श्री अशोक निगम
सदस्य	श्री राम करण सिंह	सदस्य	श्री मनोहर लाल
सदस्य	श्री चंद्रपाल सिंह	सदस्य	श्री रमाशंकर कौशिक
सदस्य	श्री चौ. बलवन्तसिंह	सदस्य	श्री गजेन्द्र दत्त नैथानी
सदस्य	श्री मोहन लाल कपूर	सदस्य	श्री ब्रह्मदत्त दुबे
सदस्य	श्री क़ाज़ी मोहीउद्दीन	सदस्य	श्री राजनाथ शर्मा
सदस्य	श्री कैलाशनाथ यादव	सदस्य	श्री लालजी टण्डन
सदस्य	श्री श्यामसुन्दर गुप्त	सदस्य	श्री अवधेश चन्द्र सिंह
सदस्य	श्री उदित नारायण शर्मा	सदस्य	श्री जगत सिंह
सदस्य	श्री राम करण यादव	सदस्य	श्री ओम प्रकाश पथिक
सदस्य	श्री दीनानाथ पाण्डेय	सदस्य	श्री बृजभूषण तिवारी
सदस्य	श्री विनय कुमार	सदस्य	श्री ब्रजेश कुमार
सदस्य	श्री महिपाल सिंह शास्त्री	सदस्य	श्री अशोक वाजपेयी
सदस्य	श्री मेजर रणजीत सिंह	सदस्य	श्री राजवन्त सिंह
सदस्य	श्री रामजीलाल सुमन	सदस्य	श्री सोहनवीर सिंह तोमर
सदस्य	श्री अशफ़ाक़ अहमद	सदस्य	श्री कासिम हसन
सदस्य	सुश्री कुमारी श्रद्धा देवी	सदस्य	श्री एम. ए. लारी
सदस्य	श्री जी.सी. भट्टाचार्य	सदस्य	श्री रामनरेश यादव, मुख्यमंत्री

पदेन सदस्य

श्री चंद्रशेखर, राष्ट्रीय अध्यक्ष, जनता पार्टी
श्री चंद्रभानु गुप्त, राष्ट्रीय कोषाध्यक्ष
श्री चौधरी चरण सिंह, सदस्य पार्लियामेंट्री बोर्ड
श्री राजनारायण, केंद्रीय स्वास्थ्य मंत्री
श्री हेमवती नंदन बहुगुणा, केंद्रीय पेट्रोलियम मंत्री
श्री नानाजी देशमुख, महासचिव, जनता पार्टी
श्री सुरेन्द्र मोहन

परिशिष्ट 11

जनता पार्टी उत्तर प्रदेश

लाजपतराय भवन, 6 कैसरबाग, लखनऊ

कार्यकारिणी समिति की 30-31 दिसंबर, 1977 की बैठक की कार्यवाही

उत्तर प्रदेश जनता पार्टी कार्यकारिणी तदर्थ समिति की बैठक, 30-31 दिसम्बर, 1977 को बाल रवीन्द्रालय, चारबाग, लखनऊ मैं अब्बास अली ख़ां की अध्यक्षता में हुई।

उपस्थिति (श्रीमती कमला बहुगुणा, श्री रामप्यारे तिवारी, डॉ. सुशीला नायर, श्री रामधन, मो. मसूद ख़ां, श्री राजमंगल पांडे, श्री दिनेश सिंह, श्री गौरीशंकर राय, श्री मुल्तान सिंह यादव, श्री रामसागर, श्री रमाशंकर कौशिक को छोड़कर सभी पदाधिकारियों और कार्यकारिणी के सदस्यों ने भाग लिया। पदेन सदस्य के तौर पर श्री चंद्रभानु गुप्ता ने भी शिरकत की।)

कार्यवाही :

1. शोक प्रस्ताव :

सर्वश्री-

(1) सुमित्रानन्दन पंत

(2) प्रकाशवीर शास्त्री

(3) राम प्रताप, विधायक, सोरो एटा

(4) लाला अंगल लाल (पिता श्री वेनीप्रसाद माधव)

के आकस्मिक निधन पर कार्यकारिणी समिति ने अपना गहरा शोक प्रकट किया और दो मिनट मौन खड़े होकर सदस्यों ने उन्हें श्रद्धांजलि अर्पित की।

2. प्रलंयकारी समुद्री तूफान से पीड़ित नागरिकों के प्रति हार्दिक संवेदना एवं उनके पुनर्स्थापन कार्य में सहायता का योग :

निम्नलिखित प्रस्ताव सर्व सम्मति से स्वीकार हुआ :

उत्तर प्रदेश जनता पार्टी कार्यकारिणी समिति की यह बैठक देश के दक्षिणी भाग के चार प्रांतों आंध्र, पाण्डिचेरी, केरल और तमिलनाडु में हाल ही में प्राकृतिक प्रकोप से हुए

जन-धन के भारी विनाश से पीड़ित परिवारों के प्रति हार्दिक संवेदना प्रकट करती है। प्रदेश जनता पार्टी की राय में यह स्थिति कोई क्षेत्रीय संकट मात्र नहीं है बल्कि यह एक राष्ट्रीय विपत्ति है जिसका सामना समूचे देश को एकजुट होकर करना है। भारत की राष्ट्रीय एकात्मता का तक़ाजा है कि इस अवसर पर देश की जनता अपनी पूरी शक्ति से राहत कार्यों में सहायता के लिए आगे आये। उत्तर पद्रेश जनता पार्टी प्रदेश की जनता का आह्वान करती है कि वह मुख्यमंत्री सहायता कोष में मुक्त हस्त से सहायता देकर देश के दक्षिणांचल के समुद्री प्रकोप से प्रताड़ित भाइयों के प्रति अपने कर्तव्य का पालन करें।

जनता पार्टी की राय में ऐसे अवसरों पर राहत कार्य सिर्फ सरकारी तंत्रों पर ही निर्भर नहीं रहने चाहिए बल्कि सभी राजनैतिक, सामाजिक एवं स्वयंसेवी संस्थाओं तथा युवा छात्र संगठनों को इस अवसर पर आगे आना चाहिए और इस राष्ट्रीय संकट का सामना करने में अग्रसर होकर रचनात्मक भूमिका निभानी चाहिए। पार्टी का सुझाव है कि प्रदेश एवं जिला स्तर पर इस प्रकार की गैर सरकारी समितियों का गठन किया जाए। पार्टी अपने अध्यक्ष को अधिकृत करती है कि वे इस दिशा में पहल करें।

यह भी निश्चय हुआ कि इस दिशा में निम्नलिखित कदम उठायें जायें :

1. प्रदेश जनता पार्टी के पदाधिकारियों की देखरेख में एक टीम इन प्रदेशों में भेजी जाए जिसमें डॉक्टरों एवं दूसरे समाजसेवी संगठनों के प्रतिनिधियों को भी शामिल किया जाए जो वहां कुछ दिन रहकर यथासंभव सहायता करें।

2. मंत्रि परिषद के सदस्यों एवं अपने दल के समस्त विधायकों से कम से कम एक माह का उनका वेतन मुख्यमंत्री सहायता कोष में जमा कराया जाए।

3. प्रत्येक जिले में एक सहायता समिति निर्मित की जाए जिसमें विभिन्न राजनैतिक एवं समाजसेवी संगठनों को सम्मिलित किया जाए।

4. समिति का संयोजक कोई गैर सरकारी व्यक्ति हो जैसे लोकसभा, विधानसभा सदस्य अथवा प्रतिष्ठित नागरिकों में से। संग्रह की प्रक्रिया में प्रोत्साहन एवं जन मानस में मोवलाइजेशन का कार्य सरकारी व्यक्तियों द्वारा अधिकाधिक कराया जाए। संग्रह की रसीद एवं हिसाब का दायित्व जिला अधिकारियों या उनके द्वारा नियुक्त प्रतिनिधि की है।

3. पारस्परिक परिचय :

पार्टी के पदाधिकारियों एवं सदस्यों में पारस्परिक परिचय हुआ।

4. माध्यमिक शिक्षकों की हड़ताल :

विषयक निम्नलिखित प्रस्ताव विचार विमर्श के पश्चात सर्व सम्मति से स्वीकार हुआ :

जनता पार्टी उत्तर प्रदेश की तदर्थ समिति राज्य में माध्यमिक शिक्षकों के एक वर्ग द्वारा गत 28 दिनों से की गई हड़ताल पर चिंता और क्षोभ प्रकट करती है। छहामी परीक्षाओं की निकटता के कारण वर्ष का यह भाग छात्रों की पढ़ाई-लिखाई की दृष्टि से विशेष महत्त्व रखता है। ऐसे समय में हड़ताल का रास्ता अपना कर शिक्षकों के एक वर्ग ने छात्रों के भविष्य के प्रति जो उदासीनता दिखायी है वह दुर्भाग्यपूर्ण है।

समिति का निश्चित मत है कि हड़ताली शिक्षक संघ द्वारा जो मांगें प्रस्तुत की गई है उनके लिए वर्तमान हड़ताल का कोई औचित्य नहीं है तथा हड़ताल राजनीति प्रेरित है। शासन ने हड़ताली शिक्षक संघ द्वारा प्रस्तुत 25 मांगों में से 13 को पहले ही स्वीकार कर लिया है तथा 4 मांगें शासन के विचाराधीन है। कुछ मांगें जिनके कारण राज्य के कोष पर अतिरिक्त व्यय भार पड़ेगा उसे मानने की स्थिति में शासन नहीं है क्योंकि इसका परिणाम सामान्य जन पर करभार बढ़ाना होगा जो पहले से ही करभार से दबी जनता के प्रति अन्याय होगा।

यह समिति स्पष्ट करना चाहती है कि हड़ताली शिक्षक संघ का यह आरोप निराधार है कि सरकार शिक्षकों की मांगों के बारे में वार्ता करने के लिए तैयार नहीं। इसके विपरीत वस्तुस्थिति यह है कि प्रदेश के शिक्षा मंत्री ने बिना शर्त कई बार शिक्षक प्रतिनिधियों और मध्यस्थतों से बात की परन्तु हड़ताली शिक्षक संघ के प्रतिनिधियों की हठवादिता के कारण वार्ता सफल न हो सकी।

समिति यह महसूस करती है कि शिक्षकों द्वारा प्रस्तुत कुछ मांगे जैसे, शिक्षा का राष्ट्रीयकरण, शिक्षा को समवर्ती सूची में रखने, विद्यालयों को अल्पसंख्यक संस्था घोषित करने आदि ऐसी है जिन पर विस्तृत चर्चा और विचार विमर्श की आवश्यकता है। हड़ताल एवं तथाकथित सत्याग्रह द्वारा शिक्षा संस्थाओं तथा प्रदेश में जैसा उत्तेजनापूर्ण वातावरण बनाया गया है उसमें उपरोक्त विषयों पर शान्तिपूर्ण विचार संभव नहीं है। ऐसी स्थिति में समिति शिक्षकों से अपील करती है कि वे तत्काल अपनी हड़ताल समाप्त कर शान्तिपूर्ण वातावरण बनाने में सहायक हो। इसी संदर्भ में प्रदेश मंत्रिमंडल ने गिरफ्तार शिक्षकों की आम रिहाई का जो निश्चय किया है, समिति उसका स्वागत करती है और शिक्षकों से अपेक्षा करती है कि वे हड़ताल समाप्ति की तत्काल घोषणा कर सद्भावना के इस कदम के अनुरूप अपनी प्रतिक्रिया व्यक्त करेंगे, साथ ही समिति शासन को सुझाव देती है कि पूरी शिक्षा व्यवस्था में दूरगामी परिवर्तन हेतु एक ऐसी समिति गठित करें जिसमें शासन, शिक्षकों तथा अभिभावकों का उचित प्रतिनिधित्व हो।

समिति को विश्वास है कि शिक्षक हड़ताल समाप्त कर वार्ता का रास्ता अख्तियार करेंगे और शासन उनके प्रति उदार रुख अपनायेगा।

समिति उन शिक्षकों को विशेष रूप से धन्यवाद देना चाहती है जिन्होंने विषम परिस्थितियों में हड़ताल पर न जाकर शिक्षण कार्य जारी रखा है।

5. संगठन व्यवस्था :

स्थानीय जिला शहर समितियों के गठन के संबंध में संगठन व्यवस्था विषयक निम्नलिखित प्रस्ताव एवं सम्मति से स्वीकार हुआ :

उत्तर प्रदेश जनता पार्टी की तदर्थ समिति यह अनुभव करती है कि प्रदेश के सभी जिला इकाइयों का गठन कार्य शीघ्रता से किया जाये। इन इकाइयों के गठन न हो सकने के फलस्वरूप दल के हजारों कार्यकर्ताओं की शक्ति समायोजन कार्य रुका पड़ा है तथा प्रदेश की जनता अपनी समस्याओं के समाधान के लिए एक सक्षम तंत्र का अभाव अनुभव करती है।

यह समिति निश्चय करती है कि प्रदेश अध्यक्ष जिलावार पर्यवेक्षकों की नियुक्ति करे जो जिलों में जाकर जिला समिति के विषय में वहां के कार्यकर्ताओं के विचार जाने और उसके प्रकाश में अपने सुझाव 20 जनवरी के अंत तक अध्यक्ष जी को प्रेषित कर दें। प्रदेश अध्यक्ष पर्यवेक्षकों की रिपोर्ट पर विचार करके जिला समितियों की घोषणा जनवरी 1978 के अंत तक करें। जिला समिति में 31 सदस्य होंगे जिसमें पिछड़े वर्ग, अल्प संख्यक, अनुसूचित, युवा और महिलाओं का समुचित प्रतिनिधित्व होगा।

यह समिति निश्चय करती है कि जिला समिति के निर्माण के विषय में राष्ट्रीय समिति द्वारा दिए गए निर्देशों का पालन होगा।

यह समिति निश्चय करती है कि पार्टी संविधान के अन्तर्गत माध्यमिक व प्राथमिक इकाइयों के क्षेत्रफल आदि के निर्धारण करने का तथा प्रदेश संविधान का ढांचा तैयार करने का कार्य एक उप समिति को सौंपा जाए जिसको प्रदेश अध्यक्ष नियुक्त करें।

यह समिति प्रदेश अध्यक्ष को अधिकार देती है कि वे महिला, हरिजन, किसान, मजदूर, अल्पसंख्यक आदि विभिन्न समितियों का निर्माण करें तथा संसदीय समिति एवं अनुशासन समिति की घोषणा करे।

6. शहर समितियों का गठन

शहर समितियों के गठन के संबंध में निम्नलिखित प्रस्ताव एवं सम्मति से स्वीकार हुआ :

उत्तर प्रदेश में सदैव एक लाख और उससे अधिक आबादी के नगरों में राजनैतिक दलों की शहर कमेटियां काम करती रही है, जिनका स्तर जिला कमेटी का था। वर्तमान राजनैतिक स्थिति को दृष्टिगत रखते हुए जनता पार्टी की प्रदेशीय समिति सर्व सम्मति से यह निश्चय करती है कि एक लाख और उससे अधिक की आबादी के सभी नगरों में शहर समितियां गठित की जाये जिनका दर्जा जिला समिति के समान होगा।

यह समिति राष्ट्रीय कार्य समिति से उपरोक्त प्रकार की शहर समिति बनाने की अनुमति चाहती है।

7. जिला शहर तदर्थ समितियों का गठन :

निश्चय हुआ कि :

(1) प्रदेश के सभी 56 जिलों और एक लाख से अधिक आबादी के 22 शहरों के स्तर पर तदर्थ समितियां गठित की जाए।

(2) सभी जिलों में तदर्थ समितियों के गठन के लिए दो-दो पर्यवेक्षक भेजे जायें।

(3) पर्यवेक्षकों का मनोनयन अध्यक्ष जी करें।

(4) जिला, शहर तदर्थ समिति में—अध्यक्ष एक, कोषाध्यक्ष एक, उपाध्यक्ष तीन और मंत्री तीन, कुल आठ पदाधिकारियों और 23 सदस्य रखे जायें। एम.पी., एम.एल.ए., एम.एल.सी. पदेन सदस्य माने जायेंगे।

(5) जिला, शहर तदर्थ समिति में उन व्यक्तियों को न रखा जाए जो विधानसभा के विगत चुनाव में जनता पार्टी के प्रत्याशियों के खिलाफ़ चुनाव लड़े हों। इस श्रेणी में वे व्यक्ति नहीं आवेंगे जिन्होंने मतदान तिथि से पूर्व अपने को रिटायर घोषित कर लिया और उसका प्रकाशन पर्चे छपवा कर एवं समाचार पत्रों में करवा दिया हो।

8. गन्ने का मूल्य :

विषयक प्रस्ताव सर्व सम्मति से स्वीकार हुआ जो निम्नलिखित है :

उत्तर प्रदेश के किसानों की मुख्य फसल गन्ना है। पिछले 30 वर्षों से गन्ना मूल्य के संबंध में सरकार की कोई नीति नहीं थी बल्कि सरकार चीनी मिल मालिकों को लाभ पहुंचाने की दृष्टि से गन्ना उत्पादकों की उपेक्षा करती ही है। जनता पार्टी की सरकार बनने से किसानों में नयी आशा का संचार हुआ है परन्तु 12.50 और 13.50 प्रति क्विंटल गन्ना मूल्य की घोषणा किसानों के प्रति न्यायपूर्ण कदम नहीं है। केंद्रीय सरकार ने खुले बाज़ार की चीनी पर 17.50 प्रतिशत तथा लेवी की चीनी पर 12 प्रतिशत एक्साइज ड्यूटी में छूट दी है जिसका लाभ किसानों को नहीं मिल रहा। उत्तर प्रदेश जनता पार्टी की कार्यकारिणी का निश्चित मत है कि एक्साइज ड्यूटी में दी गयी छूट का लाभ गन्ना उत्पादकों को मिलना चाहिए।

अतः यह समिति केंद्रीय सरकार से निम्नलिखित सिफारिश करती है :

1. गन्ने का दाम कम से कम 15 रुपया प्रति क्विंटल निर्धारित किया जाए।
2. गुड़ के निर्यात पर लगी पाबंदी हटा ली जाए।
3. चीनी मिलों की एक्साइज़ ड्यूटी में दी गयी छूट के अनुपात से खंडसारी में भी छूट दी जाए।
4. चीनी की दोहरी मूल्य प्रणाली समाप्त की जाए।
5. गन्ना मूल्य पूर्वी एवं पश्चिमी क्षेत्रों के लिए समान रूप से रखा जाए।

9. शांति व्यवस्था :

शांति व्यवस्था विषयक निम्नलिखित प्रस्ताव एवं सम्मति से स्वीकार हुआ :

उत्तर प्रदेश में जनता पार्टी की सरकार को पदारूढ़ हुए लगभग 8 महीने हो गए। पार्टी ने शासन में आने के साथ से ही अपने वचन के अनुसार समाज के पिछड़े, परिगणित और अल्प संख्यकों के हितों की रक्षा के लिए ठोस कदम उठाने शुरू किए। परिगणित जातियों, जन जातियों एवं अल्प संख्यकों के हित को ठोस रूप देने के लिए आयोगों की नियुक्ति की गई। हरिजनों के ऊपर होने वाले अत्याचारों में पहल करने के लिए अलग से पुलिस सेल खोला गया। उनको मिले पट्टों के मुकदमों के शीघ्र निस्तारण के आदेश दिए गए तथा मिले हुए पट्टों पर शीघ्र कब्जा दिलाया गया फिर भी उत्तर प्रदेश जनता पार्टी तदर्थ समिति को इस बात से चिन्ता है कि हरिजनों और समाज के निर्बल वर्ग पर होने वाले सामाजिक अन्यायों में कोई कमी नहीं हुई। पार्टी शासन से यह अपेक्षा रखती है कि समाज के निर्बल वर्ग के हितों की हिफ़ाजत में शासन तंत्र को कठोर बनायें।

उत्तर प्रदेश जनता पार्टी उन तत्त्वों की तीव्र भर्त्सना करती है जिन्होंने सत्ताच्युत होने के बाद अपने निहित स्वार्थों की पूर्ति के लिए समाज के विभिन्न वर्गों को शासन के विरुद्ध भड़काने की चेष्टा की। छात्र-असंतोष को हिंसक मोड़ देने का प्रयास हुआ। मजदूर आंदोलन में समाज विरोधी तत्त्वों को प्रविष्ट कराकर हिंसा तथा तोड़-फोड़ की घटनायें हुई। स्वदेशी काटन मिल कानपुर की घटना उसी षड्यंत्र का हिस्सा है। प्रदेश में साम्प्रदायिक तनाव को तीव्र करने का प्रयास हुआ। पार्टी शासन को इस बात के लिए बधाई देती है कि उसने ऐसी उत्तेजक और कठिन घड़ी में काफी धीरज से काम किया। लखनऊ और कानपुर के शिया-सुन्नी दंगों को आगे बढ़ने से रोक दिया तथा वाराणसी के दंगे को बढ़ाकर प्रदेशव्यापी बनाने का संगठित प्रयास विफल कर दिया गया। पार्टी की शासन से अपेक्षा है कि शीघ्र चाहने वाले तत्त्वों के षड्यंत्र का सफाया हो सके। साथ ही अल्पसंख्यकों के हितों की रक्षा के लिए ठोस उपाय किए जायें।

प्रदेश के मुख्यमंत्री और सरकार के बारे में एक अस्थिरता का बनावटी और अख़बारी प्रचार करके भी प्रशासकीय नियंत्रण को ढीला करने का एक प्रयास हुआ। निघौली कलां से भारी बहुमत से मुख्यमंत्री के जीत कर आने के बाद से यह वातावरण समाप्त हुआ है। जनता पार्टी को यह विश्वास है कि प्रदेश सरकार मजबूती के साथ अफसरशाही को नियंत्रित करेगी और प्रदेश में बढ़ती अराजकता की प्रवृति, डाका, कत्ल, राहजनी, साम्प्रदायिक तनाव तथा कर्मचारियों की बढ़ती अनुशासनहीनता पर कड़ाई से काबू करेगी। प्रदेश जनता पार्टी अपने समस्त कार्यकर्ताओं तथा अमन पसंद जनता का आवाहन करती है कि वह सरकार द्वारा समाज विरोधी तत्त्वों की गतिविधियों पर नियंत्रण पाने के हर कदम का समर्थन करेंगे साथ ही समस्त प्रचार माध्यमों से अपील है कि सामाजिक असुरक्षा पैदा करने वाली अफवाहों का खण्डन करें और एक ऐसा वातावरण तैयार करें जिससे सामाजिक विश्वास पैदा हो।

10. सदस्य भर्ती :

कार्यकारिणी समिति ने निश्चय किया कि संगठन का आधार उसकी साधारण और सक्रिय सदस्यता है; जनता पार्टी के इस प्रदेश में देर से गठन के कारण सदस्य भर्ती का कार्य व्यवस्थित रूप से नहीं चल सका है अतः आगामी 31 मार्च तक पूरे प्रदेश में सदस्य भर्ती का कार्य व्यवस्थित रूप से चलाया जाए। कार्यकारिणी ने अध्यक्ष को यह अधिकार दिया कि वे ऐसी व्यवस्था करे कि सदस्य बनाने वाले कार्यकर्ताओं को सदस्यता फार्म उपलब्ध हो और फार्मों का दुरुपयोग भी न हो।

10. आगामी एक वर्ष का बजट :

कोषाध्यक्ष श्री कैलाश प्रकाश ने आगामी एक वर्ष का तात्कालिक आवश्यकता की दृष्टिकोण से आय-व्यय का बजट प्रस्तुत किया। कार्यकारिणी समिति ने विचार-विमर्श के पश्चात बजट सर्व सम्मति से स्वीकार किया। यह भी निश्चय हुआ कि यूनाइटेड कामर्शियल बैंक, हजरतगंज से जनता पार्टी उत्तर प्रदेश के नाम एक चालू खाता खोला जाए जिसका संचालन अध्यक्ष अब्बास अली खां, कोषाध्यक्ष श्री कैलाश प्रसाद और महामंत्री श्री राम लखन शुक्ल तीन पदाधिकारियों में से कोई दो संयुक्त रूप से करें।

यह भी निश्चय हुआ कि कार्यकारिणी के सदस्य एक-एक हजार रुपया और पदाधिकारी दो-दो हजार रुपए एकत्र करके पार्टी को कार्य संचालन के लिए दें। अनुमानित बजट संलग्न है।

(12) स्थानीय निकायों एवं जिला परिषदों के चुनावः

निश्चय हुआ कि नगरपालिकाओं के आगामी चुनाव दल की ओर से लड़ें जाएं।

परिशिष्ट 12

राममनोहर लोहिया

प्रसिद्ध समाजवादी नेता, चिंतक और विचारक डॉ. राममनोहर लोहिया का देश की आज़ादी की लड़ाई यानि राष्ट्रीय आंदोलन और उसके बाद हुई राजनीति को दिशा देने में बड़ा योगदान रहा है और देश में इस समय जो कई ग़ैर-कांग्रेसी, गैर कम्युनिस्ट और ग़ैर संघी दल हैं वे डॉ. लोहिया को अपना आदर्श मानते हैं और उनके विचारों पर चलने का दावा करते हैं लेकिन दुर्भाग्य से इन दलों ने डॉ. लोहिया के राजनीतिक सिद्धांतों पर चलने के बजाय उनकी अपने मन मुताबिक़ व्याख्या की है और उनके नारों का इस्तेमाल अपने क्षुद्र राजनीतिक हितों के लिए किया है इसलिए आज यह ज़रूरी है कि आज़ादी के बाद डॉ. लोहिया द्वारा की गयी राजनीति का एक अवलोकन किया जाये और यह जाना जाये कि समाजवादी आंदोलन के जरिए उन्होंने जो राजनीतिक मंत्र दिए थे उन पर उनके उत्तराधिकारी होने का दावा करने वाले लोग कितना अमल कर रहे हैं और आज की भारतीय राजनीति में डॉ. लोहिया की क्या प्रासंगिकता है?

डॉ. लोहिया ने अपने राजनीतिक दर्शन के जरिए देश से ग़रीबी हटाने, नर-नारी समानता, जाति तोड़ने, दाम बांधने, अंग्रेजी हटाने, हिंद पाक महासंघ बनाने और सबसे अहम ये कि समता मूलक समाज बनाने के लिए कई बड़े आंदोलन किये। डॉ. लोहिया का नारा था, "एक हाथ में फावड़ा और एक पैर जेल में" यानि रचनात्मक काम के साथ-साथ सिविल नाफरमानी ताकि नौकरशाही और पुलिस की मनमानी पर अंकुश लगाया जा सके। डॉ. लोहिया ने एक बार कहा था कि उनके मुताबिक़ हिंदुस्तान की राजनीति के पांच बड़े मक़सद हैं—एक है बराबरी, दूसरा जनतंत्र, तीसरा विकेंद्रीकरण, चौथा अहिंसा और पांचवां समाजवाद और अपने इसी उद्देश्य की पूर्ति के लिए वे जीवन भर संघर्ष करते रहे। 1948 में आचार्य नरेंद्र देव और लोकनायक जयप्रकाश नारायण के साथ मिलकर सोशलिस्ट पार्टी का गठन करने के बाद डॉ. लोहिया ने स्वतंत्र भारत में पहली बार कांग्रेस पार्टी के विरोध में एक रचनात्मक विपक्ष की शुरुआत की और 1952, 57 तथा 62 के आम चुनावों में कांग्रेस पार्टी को कड़ी चुनौती दी लेकिन जब इन तीन आम चुनावों में कांग्रेस पार्टी को लोकसभा में स्पष्ट बहुमत मिलता रहा और उसके सत्ता से हटने की कोई संभावना बनती दिखायी नहीं पड़ी तो डॉ. लोहिया ने ग़ैर कांग्रेसवाद की रणनीति बनायी और कांग्रेस विरोधी मतों को एकजुट करना शुरू

कर दिया और 1963 में संयुक्त सोशलिस्ट पार्टी के कलकत्ता सम्मेलन में अपनी इस रणनीति की विस्तृत व्याख्या की।

दिलचस्प बात ये है कि उस समय डॉ. लोहिया की इस रणनीति से उनके दो क़रीबी सहयोगी मधु लिमये और जॉर्ज फर्नांडीज़ सहमत नहीं थे और मधु लिमये तो इसी कारण कलकत्ता सम्मेलन में गये तक नहीं और अपनी ओर से उन्होंने जार्ज फर्नांडीज़ को इस सम्मेलन में अपनी बात रखने के लिए भेजा। उस समय के युवा नेता आग उगलने वाले जार्ज फर्नांडीज़ ने सम्मेलन में ग़ैर कांग्रेसवाद की रणनीति वाले डॉ. लोहिया के प्रस्ताव का जमकर विरोध किया और अनेक तर्क देते हुए कहा कि दक्षिणपंथी संगठनों जैसे तत्कालीन भारतीय जनसंघ और शिवसेना जैसे सांप्रदायिक संगठनों से वह कैसे हाथ मिला सकते हैं? इसके जवाब में डॉ. लोहिया रात 2 बजे भाषण देने के लिए खड़े हुए और जार्ज फर्नांडीज़ का नाम लिए बिना उन्होंने कहा कि "हमारे एक नौजवान नेता जब बंबई बंद कराते हैं तो सभी ग़ैर-कांग्रेसी दलों और संगठनों का समर्थन लेते हैं लेकिन आज वे मेरे इस प्रस्ताव का विरोध कर रहें हैं।" डॉ. लोहिया ने जोड़ा कि "मैं नहीं कहता कि ग़ैर कांग्रेसवाद कोई राजनीतिक सिद्धांत है लेकिन इसे एक रणनीति के तौर पर इस्तेमाल किया जाये क्योंकि लगातार तीन चुनाव जीतने के बाद कांग्रेस के बारे में देश में यह राय बनती जा रही है कि ये पार्टी चाहे जो कुछ करे इसे सत्ता से नहीं हटाया जा सकता।" नतीजे में जार्ज फर्नांडीज़ के भारी विरोध के बावजूद डॉ. लोहिया का ग़ैर कांग्रेसवाद की रणनीति वाला प्रस्ताव भारी बहुमत से सम्मेलन में पारित हो गया।

लेकिन दुर्भाग्य ये है कि जो लोग डॉ. लोहिया की इस रणनीति के विरोधी थे उन्होंने ग़ैर-कांग्रेसवाद को डॉ. लोहिया का 'राजनीतिक सिद्धांत' बना दिया।

डॉ. लोहिया की ग़ैर कांग्रेसवाद की रणनीति का पहला प्रयोग 1967 के आम चुनावों में हुआ। इन चुनावों में ग़ैर-कांग्रेसी दल यानि समाजवादी, वामपंथी, जनसंघी, स्वतंत्र और रिपब्लिकन पार्टियां कोई एक संयुक्त मोर्चा बनाकर तो चुनाव नहीं लड़ीं लेकिन 7 राज्यों में इन दलों को भारी सफलता मिली और कांग्रेस से अलग हुए विधायकों को मिलाकर 7 राज्यों में संयुक्त विधायक दल यानि एस.वी.डी. का गठन हुआ और ग़ैर-कांग्रेसी सरकारें बनीं। उत्तर प्रदेश में चौधरी चरण सिंह ऐसी ही पहली सरकार के मुख्यमंत्री बनाये गये।

अपने निधन से कुछ दिन पहले डॉ. लोहिया ने अपनी पत्रिका 'जन' के सम्पादकीय में ग़ैर कांग्रेसवाद और ग़ैर-कांग्रेसी सरकारों का मुल्यांकन करते हुए लिखा था कि "गैर कांग्रेसवाद कुछ अपने में ही उलझ गया है और उतना नहीं कर पा रहा है जितनी उससे अपेक्षा थी। कई राज्यों में ग़ैर-कांग्रेसी सरकारें कई अर्थों में बांझ और ठूंठ रही हैं इसका एक कारण तो ये है कि केंद्र में कांग्रेसी सरकार विराजमान है यानि पटवारी बदला लेकिन कलेक्टर ज्यों का त्यों रहा, मगर एक बड़ा परिवर्तन लोगों के मन में यह हुआ है कि कांग्रेस जा सकती है। जनता में परिवर्तन की भूख जगी है। यह भूख अभी तेज़ नहीं है, न इसकी कोई दिशा है। ग़ैर-कांग्रेसी सरकारों में 7-8 दिशायें हैं लेकिन

निःसंदेह इन दिशाओं को मिलाकर समाजवादियों ने आम जनता में तब्दीली की भूख जगायी है।''

अपने इसी संपादकीय लेख में डॉ. लोहिया ने समाजवादियों को सचेत करते हुए लिखा कि ''ग़ैर कांग्रेसवाद के नाम पर आम जनता में परिवर्तन की जो भूख जगी है उसे उन्हें खत्म नहीं होने देना चाहिए और अगर ये भूख खत्म हुई तो समझो सबकुछ खत्म हुआ। जो व्यक्ति मंत्री बन जाते हैं उनको इस भूख की उतनी फिक्र नहीं रह जाती जितनी अपनी स्थिरता और जैसे तैसे अपने पद पर बने रहने की।

राजनीति का साधारण कार्यकर्ता दर्शक हो गया है। वह चिपकू भी हो गया है और किसी न किसी बड़े नेता या मंत्री के साथ चिपके रहने में ही अपना कल्याण समझता है। वह अपने आपको किसी लायक़ नहीं बनाता जबकि देश-विदेश की जानकारी और छोटी से बड़ी इत्तलायें और उनके विश्लेषण तथा सिद्धांतों के बारे में साधारण कार्यकर्ता को जानकारी होनी चाहिए, साथ ही उसे अपने कर्मक्षेत्र में कुछ करके दिखाना चाहिए। दरबारगीरी, चापलूसी और चुगलखोरी साधारण कार्यकर्ता के दुश्मन हैं, इसी के सहारे वह उठना चाहता है और दूसरे उसकी नक़ल करते हैं जिनके नतीजे बड़े कठिन होते हैं। यथास्थितिवाद का कफन भारत की राजनीति पर चढ़ गया है। सब लोग कुछ होना चाहते हैं, बन जाना चाहते हैं। कुछ करने की इच्छा प्रायः सबकी मर चुकी है और जिनमें है भी वह भी बहुत कमज़ोर हो चुकी है।''

आज के दौर में लोहिया की प्रासंगिकता ये है कि उन्होंने इस देश में ग़रीब, दलित, शोषित, पिछड़े, अल्पसंख्यक और महिलाएं चाहे वे किसी भी जाति की हों, को आवाज़ देने का काम किया। और अपने हक़ के लिए लड़ना सिखाया। लोहिया का नारा था, ''संसोपा ने बांधी गांठ, पिछड़े पावें सौ में साठ।'' ये डॉ. लोहिया की रणनीति का ही नतीजा था कि देश के पहले तीन आम चुनावों में लगातार कामयाब होने वाली कांग्रेस पार्टी का विकल्प तैयार किया और बताया कि ये देश किसी एक पार्टी या विचारधारा की बपौती नहीं है और वोट के जरिए दलों को सत्ता से हटाया या बिठाया जा सकता है।

डॉ. लोहिया कहा करते थे, ''जब तक केंद्र में पांच-सात बार विभिन्न दलों की सरकारें नहीं बनेंगी, तबतक देश में सही मायने में लोकतंत्र क़ायम नहीं हो सकता।'' वे पंचायती राज व्यवस्था और चौखंभा राज के हिमायती थे और भ्रष्टाचार को देश के विकास के लिए एक बड़ा कोढ़ माना करते थे। उनका कहना था, ''जब गंगोत्री में सड़ांध आ जाएगी तो कानपुर और इलाहाबाद के लोगों को पीने का साफ पानी नहीं मिल सकता।'' उनका आशय था कि अगर सत्ता के शीश पर बैठे लोग भ्रष्टाचार में लिप्त होंगे तो निचले स्तर पर भ्रष्टाचार को नहीं रोका जा सकता।

❑❑❑